Zahn, J

Capodistrias

Zahn, J

Capodistrias

Inktank publishing, 2018

www.inktank-publishing.com

ISBN/EAN: 9783747771419

Capodistrias.

Zur Vorbereitung

für die

künftige Geschichte der politischen Wiederherstellung

Griechenlands.

Vitam impendere vero.

Aarau 1842.

Verlag bei Heinrich Remigius Sauerländer.

Seit dem Sturz der Bastille hat der Parteigeist die Menschheit entzweit. Unablässig bemüht, dem Privatinteresse nahe liegende Vortheile vorzuspiegeln, hat er verstanden, die menschliche Gesellschaft ins Unendliche zu zersplittern. In diesem Divide hat er sein Impera gesucht, und nicht vergeblich. Die Idee des allgemeinen Besten, welche ehemals die Wohlgesinnten auf allen Punkten der Erde verband, ist durch den Parteigeist fast zur Fabel geworden; kaum findet man sie noch in den öffentlichen Prunkreden flüchtig angedeutet. Das Wort, das seit dem Jahre 89 so gellend durch alle Ohren fuhr, wird nur mit Schüchternheit ausgesprochen, weil an die Sache nicht mehr geglaubt wird. Das Wort ist höhnisch an die Ideologen verwiesen.

Der Parteigeist hat kein Mittel unversucht gelassen, um auf den Trümmern des allgemeinen Besten seinen Thron zu erbauen. Das mächtigste und umfassendste Mittel hat er zu seinem Scepter gemacht: die Presse. Durch sie hat er die Welt seit fünfzig Jahren mit Schriften in allen Formaten und Gewändern überschwemmt, von denen nur ein kleiner Theil übrig bleiben würde, wollte man sie von dem säubern, was dem Parteigeist, als Mittel oder als Zweck, angehört. Die Presse ist in seiner Hand zum Welthebel geworden; den Stützpunkt dieses Hebels, der umsonst gesucht wurde, um die physische Welt aus ihren Angeln zu rücken, hat er für die moralische zu finden gewußt: er hat ihn aus dem Egoismus der Menschen verfertigt.

Nachdem dieser herrschsüchtige Erdgeist inne geworden, was er durch die Presse vermag, ist er zu dem Dünkel gelangt, daß wenn er den Beistand derselben versagt, die Welt in Stillstand gerathe; daß ihr Schweigen ungeschehen mache, was geschehen ist. Er ist endlich bis zu dem Wahn gerathen, das, was in der wirklichen Welt nicht seinen Beifall erhalten habe, sei nicht vorhanden gewesen.

So hat sich der Parteigeist bei einer der denkwürdigsten Begebenheiten unserer Zeit bewiesen, bei der politischen Wiederherstellung Griechenlands. Die, die er in seinen Dienst genommen, haben sich der beschränkten Ansicht Preis gegeben, daß sie auf des Gebieters Geheiß, Ereignisse und Menschen aus der Kette der Begebenheiten herausreißen und zur Vergessenheit verdammen könnten. Diese kurzsichtigen Helfer haben nicht geahnet, daß jeder Moment in der Geschichte das Resultat aller vorhergegangenen Momente ist, von welchen keines fehlen darf, wenn das Resultat das sein soll, was es ist. Noch weniger haben sie sich einer Leitung von Oben versehen, welche die Minuten zählt, wie die Jahrhunderte: sie haben ohne Umstände die erste Epoche von Griechenlands Wiederaufleben vom Walten der Vorsehung ausgeschlossen. So hat der Parteigeist die Zeitgeschichte gehandhabt.

Keinem Zeitbeobachter ist es entgangen, daß seit der blutigen Catastrophe der Präsidentschaft in Griechenland, ein erkünsteltes Schweigen über die erste Epoche des neuerstandenen Staates geherrscht hat. Jeder Zeitungsleser hat das systematische Einverständniß wahrgenommen, welches in den Tageblättern befolgt wurde, um den Namen Capodistrias und die Zeit seines Wirkens in Dunkel zu hüllen und hiemit in Vergessenheit zu bringen. Seit zehn Jahren ist es gewesen, als hätte das Gewissen der Meuchelmörder allen Mitwissenden die Zunge gelähmt: als hätte das Schweigen des Verbrechens über allen Zeitblättern geschwebt. Wenn hier oder dort ein Laut aus dem Dunkel hervorbrach, so war es ein Lästerwort gegen den Schatten des Geopferten, gleichsam zur Rechtfertigung eines geplagten Gewissens.

Daß die politischen Leidenschaften der Betheiligten, einerseits die damalige Eifersucht Englands über die Mitwirkung Rußlands, andrerseits die Lüsternheit der Franzosen zur Einmischung in die Angelegenheiten des revolutionirten Orients, das Verschweigungssystem aus allen Kräften unterstützten, läßt sich begreifen und es wäre vielleicht nicht unmöglich, die Quelle der materiellen Handhabung desselben aufzufinden. Aber immer bleibt es schwer zu erklären, daß in einem Lande wie Deutschland, welches mit Griechenland in keiner unmittelbaren äußern Beziehung steht, sondern von jeher nur durch geistige Verwandtschaft die edelsten Sympathien mit demselben theilte, jenes Verhüllungssystem so knechtisch befolgt worden ist. Man hätte erwarten sollen, daß aus der Mitte einer Nation, deren biederer und rechtlicher Sinn anerkannt ist, und deren Bildung durch Ernst und Forschungsliebe sich auszeichnet, irgend eine Stimme sich erheben würde, um die Verläumdungen und Lügen, welche bisweilen aus jenem Dunkel in deutschen Tageblättern hervorbrechen, zurückzuweisen. Aber statt Gerechtigkeit zu üben haben die edlen Wortführer der Deutschen sich auch über Griechenlands Wiedererstehung dem Schweigen beigesellt. Umsonst hat man ihre Stimme von dem erhabenen Standpunkt ächter Welt-Beobachtung herab zu vernehmen gewünscht. Keine einzige ist in Deutschland während der langen Epoche des Interdikts für die Sache der Wahrheit laut geworden. Die ihr feindselige Partei allein hat das Wort gehandhabt. Wie in den Ton gebenden englischen und französischen Blättern ist auch in den deutschen der Name, der den Anfang der Geschichte des neuen Staates fast ganz in sich schließt, der Name Capodistrias nur berührt worden, um ihn mit Verläumdungen und Lästerungen zu überhäufen. Wie in jenen auswärtigen Blättern hätte der blinde Parteigeist auch in Deutschland diesen Namen gerne in die Liste politischer Unholde eingetragen, wenn bei dem deutschen Rechtlichkeitssinn irgend eine Thatsache dazu eine Möglichkeit dargeboten hätte.

Aus dem Munde der Parteimenschen wehete es kalt und warm. Der unverschämten Verläumdung ging kriechende Schmeichelei zur Seite. Wenn jene den loyalen Karakter der deutschen Nation entehrte, so entstellte ihn diese. Wer hat nicht die deutschen Zeitungsartikel bemerkt, in welchen die Verfasser sich stellten, als wäre in Griechenland nie eine „provisorische“ Regierung vorhanden gewesen, in welcher sie im Angesichte des hochsinnigen und einsichtsvollen Königs verstehen zu geben wagten, daß mit seiner Regierung die Zeitrechnung des wiederhergestellten Griechenlands beginne. Mit welchen Gefühlen muß nicht der gerechte und wohlunterrichtete Fürst auf Aeußerungen wie diese, herabgeblickt haben!

Als der Parteigeist beschloß, mittelst seines Verheimlichungs- und Verläumdungssystems den Namen Capodistrias aus dem Buche der Zeitgeschichte auszutilgen, hatte er nicht überlegt, daß mit dieser Austilgung auch eine ganze Reihe anderer ehrenwerther Namen aus den Jahrbüchern verbannt werden müßte, Namen von Männern, welche an Griechenlands Wiederherstellung thätig Theil nahmen und sich dieser Theilnahme nicht schämen, weil sie wissen, daß auch ihnen eine Stelle in der Zeitgeschichte gebührt. Haben denn, muß man fragen, jene erbitterten Geschichtsverstümmler sich keines einzigen der Männer erinnert, welche bei dem denkwürdigen Ereigniß der Wiederherstellung Griechenlands als kräftige Beförderer derselben auftraten und als Wohlthäter der Menschheit ehrenvoll glänzten? Mit welchem Rechte wagen engherzige Parteigänger die Edlen unserer Zeit ihrer Ansprüche an einem Weltereignisse zu berauben, dessen Bedeutung erst in den folgenden Jahrhunderten klar werden wird? Ist denn nie in die Ohren dieser neuen Weltrichter der Name des Königs Ludwig von Baiern, oder des Admirals Codrington gedrungen? Scheinen diese Namen den Unerbittlichen keiner Beachtung werth? Ist ihnen denn nie zur Kenntniß gelangt, was der unermüdliche und nie wankende Griechenfreund Eynard in Genf für die griechische Sache gethan, was der begeisterte Obrist Fabrier, was der beharrliche Obrist Church, was der so vielseitige als biederherzige und diensttreue Obrist Heideck, was der sich hingebende Leibarzt Goße und so mancher Andere für sie geleistet? Haben jene vermummten Vehmrichter nie in Erfahrung gebracht, wie die Ehrenmänner, die Frankreich mit der wiedergebornen Hellas in Dienstbeziehung gesetzt, für ihre Sache gedacht, sich ausgesprochen, für sie gewirkt haben? Der Graf Laferronay, der Marschall Maison, der General Schneider, haben sie sich ihnen in Rücksicht der griechischen Sache nicht bemerklich gemacht? Ist ihnen nie Kunde zugegangen, wie wesentlich die Bemühungen des Prinzen Leopold von Coburg zur Befriedigung der ersten Bedürfnisse und Wünsche des neuen Staates beigetragen? Sollten alle diese und so viele andere hochherzige Männer der Vergessenheit Preis gegeben werden, weil es verhüllten Richtern in ihren dunkeln Höhlen gefallen hat, den Stab über das Haupt der neuangegangenen Regierung zu brechen? Soll denn die unbestechliche Geschichte die Ansprüche der Edlen unserer Zeit auf eine gerechte Anerkennung ihrer Leistungen, nicht geltend machen dürfen?

Fast zehn Jahre lang nach dem Meuchelmorde auf der Schwelle der Spiridion-Kirche in Nauplia hatte der Parteigeist, unerschütterlich in seinem Haß, sein dumpfes Verheimlichungs- und Verläumdungssystem über Capodistrias und seine Präsidentschaft in strenger Ausübung erhalten. Keine Stimme der Billigkeit hatte sich hörbar zu machen vermocht. Der Parteigeist glaubte das Schweigen für immer organisirt und den lästigen Namen auf ewig in Vergessenheit gebracht zu haben. Sein Sieg schien ihm vollkommen. Siehe da, plötzlich schien es ihm an der Zeit, die Presse des Schweigens zu entbinden und durch ihr allmächtiges Wort dem verhaßten Andenken den Todesstoß zu versetzen*).

Hierzu war die bekannte Pariser-Zeitschrift La Revue des deux mondes ausersehen. Am 15. April 1841 trat sie in ihrem 26. Bande mit einem Aufsatze ans Licht, welcher die Ueberschrift Capodistrias trug. Er hatte einen Umfang von beinahe vierzig Seiten, in welchen sich ein glückliches Talent der Darstellung nicht verkennen ließ. Kein Mittel der stylistischen Kunst war vergessen, um die Aufmerksamkeit der Leser auf diesen Aufsatz zu ziehen. Zu seinen Lesern gehörte auch der Verfasser gegenwärtiger Flugschrift. Durch Lage und Neigung zum Studium historischer Gegenstände geführt, sah er sich veranlaßt, die neuen Ereignisse Griechenlands näher ins Auge zu fassen. Er hatte Gelegenheit gehabt, sich über die Menschen und die Dinge, welche sich im Lande seiner Vorliebe bewegten, schätzenswerthe Kenntnisse zu erwerben. Mit freudiger Ungeduld ergriff er daher den Aufsatz, dessen Titel ihn so lebhaft

---

*) Es gibt ein Buch in zwei ganzen Bänden, worin das Lügen- und Verläumdungssystem mühsam durchgeführt ist. Aber es soll hier von ausgedehnten Werken die Rede nicht sein, sondern bloß von periodischen Schriften. Der Verfasser dieses Buchs, das über den Zustand von Griechenland handelt und die Jahreszahl 1834 trägt, Herr Thiersch, ist in Deutschland als Philolog und Pädagog geschätzt, und man versichert, daß er das, was er über Griechenland vorbringt, ehrlich glaube. Männer, welche zu diesem Gelehrten Zuneigung haben, wollen behaupten, der Gedanke seines Werks stamme nicht von ihm selbst, sondern sei ihm von Leuten eingegeben worden, welche auf seinen literarischen Ruf eifersüchtig, ihm in der politischen Welt einen übeln Namen machen wollten.

in Anspruch genommen. Aber Schritt vor Schritt ihm folgend, traute er seinen Augen nicht, als er nichts las, als was ihm unerhört sein mußte; von einer Anführung zur andern stieg sein Erstaunen und er fragte sich selbst: ob der Berichterstatter der Zeitschrift, oder ob er, der Lesende, der Getäuschte sei? Es war ihm zu Muthe wie einem Menschen, welcher aus einem glänzend erleuchteten Saale plötzlich in einen dunkeln Keller geworfen würde. In dieser schwarzen Finsterniß, wo er sich selbst suchen mußte, blieb ihm nichts als ein kleines Flämmchen in seinem Innern, an dessen Schein er sich selbst wieder fand. Vor Gott und seinem Gewissen hielt er die strengste Selbstprüfung. Dann prüfte er seine Erinnerungen, seine vieljährigen Beobachtungen und Erfahrungen, seine aus Studium und Wirklichkeit gewonnenen Ansichten, und, sie mit seinen gesammelten Beweisstücken vergleichend, fand er die Aufstellungen der Revue mit der historischen Wahrheit im entschiedensten Widerspruch. Es kam ihm vor, als wenn der Berichterstatter jener Zeitschrift ein junger Mann sein müsse, dessen glückliches Talent man gemißbraucht hätte, um die Geschichte zu verwirren. Es schien ihm, als hätte man den Neuling überredet, zu glauben, daß durch Schöngeisterei alle und jede Forderungen der Geschichte überflüssig gemacht werden könnten. Statt ihn auf die Höhe zu stellen, von welcher alle Parteien zu übersehen sind, hatte man augenscheinlich sein Ohr mit Parteimenschen umstellt, und seine Unerfahrenheit verführt, alle geschichtlichen Quellen zu verachten oder mit voller Willkür zu verstümmeln. Der Verfasser gegenwärtiger Flugschrift konnte sich des Bedaurens nicht erwehren, daß geistige Anlagen, wie die des Berichterstatters, nicht für die Sache der Wahrheit Anwendung gefunden: sie hätten so viel Licht in die Geschichte gebracht, als sie Ungewißheit und Dunkel in sie zu werfen gestrebt haben. Der jugendliche Berichtsteller hätte weit weniger Mühe und Anstrengung gebraucht und weit weniger Schwierigkeiten gefunden, hätte die Wahrheit ihm vorgeleuchtet, als daß er die traurige Aufgabe sich gemacht, Thatsachen zu mißstalten oder zu umgehen, falsche Motive zu erfinnen, um sie den wahren unterzuschieben und alle Künste der Dialektik aufzubieten, um aus der Geschichte das Gegentheil von dem zu machen, was sie sein soll. Man erstaunt, wenn man das Gewebe von Unwahrheiten aufwirrt, welches eine schreibfertige Hand über den aufgegebenen Gegenstand ausgebreitet hat.

Ohngeachtet der periodischen Ueberfluthung, welche die zeitvertreibende Tageslekerei wegschwemmt, war zu erwarten, daß der Aufsatz „Capodistrias“ in der Revue des deux mondes nicht ohne Einrede dahingleiten würde. Seit langer Zeit waren nicht dreistere Herausforderungen an die Freunde der Wahrheit gemacht worden, als in diesem Aufsatz, welcher Ehre und Gewissen vergessend, oft zur Rolle einer Schmäh- und Lästerschrift herabsinkt. Der Verfasser dieser Zeilen vertraute auf den Rechtlichkeitssinn der Zeitschriftsteller und schmeichelte sich mit der Hoffnung, es würde in irgend einem Blatt ein freiwilliger Vertheidiger für die Sache der Wahrheit aufstehen. Aber umsonst hat er gehofft. Kein Vertheidiger ist aufgestanden, und nachdem mehr als ein Jahr seine Hoffnung getäuscht ward, nimmt er selbst das Wort, nicht anders, als jeder rechtliche Mann, unter dessen Augen ein großes Unrecht begangen wird, Hand anzulegen sich befugt hält, um ihm zu steuern; nicht anders, als jeder ehrliche Mann, dem eine schamlose Unwahrheit ins Gesicht geworfen wird, sie Lügen zu strafen den Muth hat und den Lügner zum Erröthen zwingt. Soll ein Verstorbener beschimpft werden dürfen, weil er sich im Grabe nicht vertheidigen kann? .....

Nicht also wegen seines literarischen Werthes soll der besagte Aufsatz hier aus der Vergessenheit gezogen werden, sondern er wird wegen seiner schweren Versündigung an der Geschichte an das Tageslicht gebracht. Er beweist den wüthenden Kampf, den die Tagesgeschichte mit der Weltgeschichte führt, und in welchem der Parteigeist mit dem Geist des allgemeinen Wohls auf Leben und Tod ringt. Er kann als Denkzettel dienen, wie weit die Verwirrung aller Begriffe über die Pflichten des Geschichtschreibers gegenwärtig gediehen ist. Er kann der Folgezeit zur Lehre und Warnung dienen über die zweideutige Natur der Nachrichten, welche unsere Mitzeit ihr überliefert. Er wird den Nachkommen Anzeige sein, daß die Geschichtschreiber unserer Tage alle Forderungen, welche die Geschichte an sie machte, aus den Augen gesetzt haben; ihre Unkenntniß, ihre Verachtung, ihre Verstümmelung aller historischen Aktenstücke, ihre Unbekanntschaft mit den Grundsätzen der Kritik, ohne welche keine Geschichte möglich ist, darf der Folgezeit nicht unbekannt bleiben.

Mit dem Tone des Selbstvertrauens rühmt sich der Verfasser, aus Quellen geschöpft zu haben, welche seinen biographischen Vorgängern über den Grafen Capodistrias nicht zugänglich gewesen. Um seine Aufgabe in ihrem ganzen Umfange zu lösen, ergreift er das Leben des Grafen von der Geburt an. Zum Hauptzweck hat er sich gesetzt: zu zeigen, daß Capodistrias von jeher ein Anhänger Rußlands gewesen und sich dadurch bis zu seinem Ende alles Zutrauens verlustig gemacht habe. Der Biograph gründet seine Behauptung auf das bekannte Faktum, daß Capodistrias als Jüngling nach dem Frieden von Tilsit es vorzog, sich nach Rußland zu begeben, statt in die Dienste des damaligen Frankreichs zu treten, welches die Herrschaft über die Jonischen Inseln erhalten hatte. Mit einiger Billigkeit und einiger Kenntniß des menschlichen Herzens hätte der Verfasser nicht unerwogen gelassen, daß der jugendliche Capodistrias, durch das Studium des griechischen Alterthums begeistert, schon frühe in seiner Brust Ideen zur Befreiung seines Vaterlandes genährt hatte und daß es ihm natürlich schien, die Verwirklichung seiner Ideen eher vom glaubensverwandten Kaiser von Rußland als vom Repräsentanten des extemporirten Kaiserthums Frankreich zu erwarten. Der Artikel weiß zu erzählen, daß Graf Capodistrias eine bedeutende Summe Geldes vom Kaiser Alexander angenommen, als er sich nach Rußland begeben. Es ist schwer, diese Anführung zu würdigen, da die Quelle, aus der sie geschöpft worden, unbekannt ist. Uebrigens ist sie nicht von dem Gewicht, das der Erzähler in sie legt, da Entschädigungszugeständnisse bei Beamtenberufungen nie als etwas Tadelhaftes angesehen worden und in Rußland stets üblich gewesen sind. Dem Erzähler schien dieser Umstand für den Zweck seiner Verdächtigungen von Bedeutung und er glaubte aus ihm einen der Grundzüge des Gemäldes, welches er aufzustellen gedachte, machen zu müssen. Was er von der ersten Dienstzeit des Grafen in der russischen Diplomatie berichtet, ist aus bekannten Nachrichten geschöpft und bezieht sich meistentheils nur auf seine äußere Stellung: in das Innere seines Wirkens und den moralischen Karakter seiner Leistungen ist der Verfasser nicht eingedrungen. Nichtsdestoweniger wirft er ungünstige Blicke auf das Ganze des diplomatischen Lebens des Grafen; er findet in ihm eine Art von Dunkel, von diplomatischem Zwielicht, er erblickt zweideutige Wiederscheine, verwickelte Räthsel, und doch stellt er den Namen Capodistrias neben den des Fürsten Talleyrand, als „den am wesentlichsten diplomatischen Namen der neuern Zeit" (S. 234). Er hofft die Arbeiten zukünftiger Forscher zu erleichtern und Licht ins Dunkel zu werfen. Dies geschieht nicht auf den ersten achtzehn Seiten. Erst auf Seite 252 wird die Ernennung des Grafen Capodistrias zum Präsidenten von Griechenland angeführt.

Nunmehr beginnt die Berichterstattung über den eingetretenen Beamten, über welchen der Verfasser des Artikels sich als wohlunterrichtet ankündigt und neue Offenbarungen verspricht. Diese sind allerdings neu, so neu und unerwartet, daß sie jedem, dem Capodistrias nicht fremd gewesen, ein Aufstutzen abnöthigen und Manchen, der ihn zu würdigen gelernt, zu einem unwillkührlichen Schrei der Entrüstung gebracht haben.

Unter den Anführungen, die der Artikel zum Besten gibt, mögen hier, so viel der Raum dieses Flugblattes gestattet, einige kenntlich gemacht werden.

Es heißt Seite 252: „Als Capodistrias zum Präsidenten erwählt wurde, kannte er das Resultat zum voraus, seine Agenten hatten seine Ernennung bewerkstelligt." — Zugegeben, daß er von seiner Ernennung gewußt, wie ist es möglich, darf man fragen, daß einige Seiten nachher (255) derselbe Mann, der sich durch seine Anhänger auf die höchste Stufe im Staat zu erheben verstanden, ein Mensch genannt wird, „der im Lande unbekannt ist und die Fäden von keiner Sache in der Hand hält“?

Man liest S. 252 u. 253: „in Petersburg hielt Kapodistrias sich nicht lange auf. Seine Instruktionen hatte er im voraus und lange vorher schon erhalten und kommentirt.“ — Eine mit solcher Bestimmtheit gemachte Angabe, welche sich auf das Dasein so wichtiger Aktenstücke bezieht, hätte für die Geschichte mit genauer Bezeichnung von Zeit und Umständen ans Licht gebracht werden müssen. — Ist es wohl nöthig, zu bemerken, daß eine Muthmaßung eines Einzelnen, mit so vieler Zuversicht sie auch ausgesprochen sein mag, nie für eine Thatsache gelten kann, aus welcher Folgerungen gezogen werden dürfen? .... Der Artikel macht eine Muthmaßung zur Basis des ganzen Systems. Welches Licht hätte nicht das Dasein von Instruktionen, wenn es ein Faktum gewesen wäre, auf die griechische und orientalische Frage geworfen? — Unmittelbar darauf liest man: „Der Kaiser Nikolaus ließ den Präsidenten nach London abreisen, wo dieser das Ansehen hatte, sich ausschließlich mit den Angelegenheiten Griechenlands zu beschäftigen.“ Sollte man nach dieser Zusammenstellung nicht fragen, ob er vielleicht in England für Rußlands Interesse gewirkt hätte? Ob die Lebensfrage der griechischen Finanzen und ihre langwierige und schwierige Verhandlung nicht auf Griechenland Bezug hatte?

Ferner heißt es vom Präsidenten: er habe in seinen Briefen schon aus London, Paris und Italien den Beweis von der Mißachtung, die er gegen die griechische Nation hegte, gegeben; er habe sie vor seiner Ernennung, in seiner Korrespondenz im Auslande angeschwärzt und verläumdet. Der Verfasser scheint nie eines der vielen Schreiben und Berichte zu Gesichte bekommen zu haben, in welchen der Präsident die Hellenen die wackere, die vortreffliche, die bewundernswürdige Nation nennt, und er scheint nicht zu wissen, daß diese Benennung, unablässig in seinen Amtsschriften wiederholt, selbst unter seinen Freunden einer überspannten Vorliebe für seine Landsleute beigemessen worden ist. Aber der Präsident verstand unter seiner Bezeichnung den nationalen Stamm der griechischen Bevölkerung; nicht, wie sein Ankläger, die Primaten und Kriegshäuptlinge, welche diesen Stamm bisher unter ihrer Botmäßigkeit gehalten hatten und noch halten wollten. Eine Doppelbedeutung, die im ganzen Verlaufe des Artikels herrscht, und aus welcher sich alles erklärt!

Der Artikel bringt S. 254 folgende Erzählung vor: „Noch ehe der Präsident“, heißt es, „die englische Fregatte, die ihn nach Ankona gebracht, verlassen hatte, gab er seine Anhänglichkeit an Rußland, zur großen Verwunderung derer, die ihn umgeben hatten, zu erkennen. In Gegenwart von mehr als sechszig Personen versicherte er, daß weder von Frankreich, noch vom brittischen Kabinet wahre Beihülfe zu erwarten sei, sondern einzig und allein von dem hochherzigen und mächtigen Rußland.“ Diese Aeußerung, setzt der Erzähler mit Recht hinzu, sei desto unschicklicher gewesen, da er auf demselben Schiff, auf welchem er sie that, eine so achtungsvolle Aufnahme gefunden hatte. — Dieser Anekdote, welche dem Präsidenten eine auffallende Unklugheit und Schonungslosigkeit zuschreibt, läßt sich keine aktenmäßige Widerlegung entgegensetzen, so wenig, als der angeführte Vorfall bei seiner Flüchtigkeit schriftlich konstatirt ist. Aber es ist eine Reihe von Briefen, vom Präsidenten an den Admiral Codrington gerichtet, vorhanden, worin sich das Verhältniß der aufrichtigsten Hochachtung und des unumschränktesten Zutrauens ausspricht, und worin der Präsident mit Dank die während seiner Ueberfahrt genossene Aufmerksamkeit rühmt und die See-Offiziere namentlich bezeichnet, welche ihm während ihres Aufenthalts mit der Fregatte in den griechischen Gewässern die wichtigsten Dienste geleistet haben. Uebrigens kann gegen sie das moralische Zeugniß eines ganzen Lebens aufgestellt werden. Alle diejenigen, die sich des Grafen Capodistrias aus der Wirklichkeit erinnern, werden das Bild der gemessensten Umsicht und der vollendetsten Klugheit bewahrt haben und werden zu den Ungläubigen der Anekdote gehören. Außerdem erzählen die, die ihn seit seiner Ernennung zum Präsidenten gesehen haben, mit Rührung, was für Aeußerungen im Vertrauen unablässig sein Herz erleichterten. „Die erste und wichtigste Aufgabe, die mir zu lösen bevorsteht,“ sagte er wiederholt, „ist die, die strengste Unparteilichkeit in Bezug auf Rußland zu üben. Diese Lösung muß stets herrschend und unabänderlich sein. Dies ist meine Pflicht gegen die Schutzmächte und die unerläßliche Bedingung für das Gelingen der griechischen Sache.

Ich kenne sie, ich kenne ihren ganzen Umfang; aber, fügte er mit erheiterter Miene hinzu: ich verzage nicht, ich werde beweisen, hoffe ich, daß der Mensch fähig ist, der Pflicht alle andern Rücksichten unterzuordnen und ihr alles zu opfern. Gott wird mir beistehen."

Auf der Seite 257 wird gesagt: „Der Chef der Regierung wollte für keinen Preis sich mit der Nation vermengen; er wollte seine Gewalt bloß dem Auslande zu verdanken haben." Auf der Seite 260 wird als Erörterung hierüber hinzugefügt: Ohngeachtet der Versicherung von Ergebenheit für England und Frankreich, zeigte sich der Präsident weit geneigter, des Schutzes Rußlands zu genießen. Die Erhöhung der Eingangsrechte auf 10 Prozent hatte dem englischen Handelsstand sehr mißfallen, da er nur 2 Prozent zu zahlen gewohnt gewesen. Der Minister des Tzaren war stets der vertraute Rathgeber, für den der Präsident am meisten Gefälligkeit zeigte. Dieser dagegen, heißt es, habe aus Geneigtheit die Verfügungen des Präsidenten gutgeheißen und habe wiederholt erklärt, er sei nur in Griechenland, um ihm beizustehen. Die Bevollmächtigten von Frankreich und von England hätten, lautet es ferner, offiziell dieselbe Sprache geführt, aber unter vier Augen ganz anders gedacht und gesprochen. Es ist ziemlich wahrscheinlich, fährt der Berichtsteller fort, daß der Präsident seine frühere Anhänglichkeit für Rußland beibehalten hat, es ist sogar nicht unmöglich, daß er den Instruktionen des Tzaren treu geblieben ist."

Demungeachtet genoß Rußland in Griechenland keiner besondern Vortheile. Die griechische Armee enthielt keine russische Offiziere und kein Zweig der Verwaltung hatte Glieder von russischer Abkunft aufzuzeigen. Die häufigen und nahen Verhältnisse des Präsidenten mit Herrn von Rückmann sind die einzigen Fingerzeige des russischen Einverständnisses, welche man seit der Ankunft des Präsidenten in Griechenland bezeichnen könnte. — Und wie erklärt der Artikel diese Räthsel?

Neben dem Hauptzweck des Verfassers, die Vorliebe des Präsidenten für Rußland betreffend, verfolgt er einen zweiten, nämlich den, darzuthun, daß der Präsident feindselige Absichten gegen Griechenlands Unabhängigkeit gehegt. Bei dieser doppelten Aufgabe sah der Verfasser sich genöthigt, im Widerspruche mit seiner Grundhypothese dem Präsidenten treulose Gesinnungen gegen Rußland beizulegen. Er will S. 261 zugeben, daß Graf Capodistrias „in der ersten Hälfte seines Lebens und selbst bis zu seiner Ernennung, Rußland treu gewesen sei"; aber es stellen sich ihm Zweifel und Bedenken ein. — Der Präsident zieht die Russen nicht ins Land, er benutzt sie, aber bloß um sich und die Seinen festzusetzen. Er vertraut die Stellen Fremden, welche aus seiner Heimath kommen und ihm angehören; er erhebt seinen Bruder zu den höchsten Ehrenstellen im Staat. Diese Umstände bringen den Verfasser auf Wallenstein, den Verräther an seinem Kaiser.

Die Zusammenstellung, welche der Verfasser zwischen diesem und dem Präsidenten von Griechenland macht, ist so sonderbar, daß sie wirklich ins Drollige fällt. Bei der Härte der Maßregeln, die der Präsident gegen Griechenland, nach der

Versicherung des Verfassers, nimmt, stützt er sich, heißt es, auf Rußland, und unter dem Schilde des verblendeten Kaisers fährt er in seinen Maßregeln fort, ohne etwas von Frankreich oder von England zu befürchten. Weit entfernt davon, freut er sich, durch den von ihm gestatteten Vorzug Eifersucht erzeugt zu haben, denn von dem Augenblicke an, wo Rußland den Zweck seiner Entwürfe entdeckt haben wird, wird der Präsident seine vorübergehende Gewalt von sich werfen, um die absolute zu ergreifen, oder er wird die Unterstützung der beiden andern Mächte anrufen; er wird ihren Zorn rege machen, indem er die treulosen Absichten des Petersburger-Kabinets aufdeckt, und, von nun an ihres Schutzes gewiß, wird er aus ihren feindseligen Gesinnungen Vortheil für sich zu ziehen wissen. — Nach diesem Gewebe von politischen Hypothesen wirft der Verfasser die Frage auf: Sollte Capodistrias nicht Rußland getäuscht und für sich selbst gearbeitet haben? —

In der Idee dieses doppelten Verrathes gefällt der Verfasser des Artikels sich so wohl, daß er Seite 271 sie ins Poetische hinüberführt. „Nicht bloß eine nahe Vereinigung Griechenlands mit dem russischen Reiche träumte der treulose Präsident, sondern eine Befriedigung des persönlichen Ehrgeizes.“ Nun stellt der Verfasser sich hoch auf seine politische Seherwolke, und, auf das unglückliche Griechenland herabblickend, gewahrt er entsetzliche Dinge, die dort hätten vorgehen können. Geschah es, fragt er, um dem künftigen Präfekten des Kaisers einen bequemen Weg zu bahnen, daß der Präsident mit so vieler Anstrengung die griechischen Häuptlinge zu vernichten sich bestrebte? Die Agenten, die er, in Bauden, aus Corfu an sich zog, sollten sie auf ein gegebenes Zeichen aus der griechischen Verkleidung, welche sie schon trugen, in eine neue Uniform gesteckt werden, oder waren sie nicht schon die gebornen Helfershelfer ihres Landsmanns? Die Auflösung dieses sonderbaren Räthsels, hätte sie nicht den russischen Admiral Rikord noch mehr aus der Fassung gebracht, als die Befehlshaber der englisch-französischen Flotte? —

In dieser so tief dringenden Muthmaßung muß jedermann dem politisirenden Frager Recht geben. Er meint auch, daß man noch eine ganze Reihe von Fragen aufstellen könnte, welche aber ein einziger Mensch aufzulösen nicht im Stande sei. — Hier irrt sich der Seher. Ein einziger ist vorhanden, der sie alle, gingen sie auch ins Unendliche, auflösen kann; dieser Einzige ist Er selbst.

Mag die Manier, die Geschichte romanisch zu behandeln, als ein jugendlicher Versuch Mitleid verdienen, so ist sie doch durchaus nicht zu entschuldigen; aber noch weniger ist sie es, wenn sie sich erlaubt, mit Wissen und Willen Thatsachen, die auf offenkundigen Aktenstücken beruhen, abzuläugnen und durch falsche Angaben zu entstellen.

„Um sich der Wahlen zu bemächtigen", heißt es, „führt der Präsident die geheime Stimmgebung ein." — Diese absprechende Behauptung ist durch eine Reihe ausdrücklicher Vorschriften über die Wahlen widerlegt. —

In einem Ausschreiben des Präsidenten vom 21. April 1828 wird dem außerordentlichen Kommissär in Nauplia eingeschärft, „die Wahlen jeder Art vor aller Willkühr zu schützen und sie unter die Obhut des Gesetzes zu stellen. Zu den ersten Pflichten gehört, sagt er, so zu verfahren, daß das Amt der Wähler nur durch diejenigen Bürger verübt werde, die dazu berechtigt sind."

Nicht die Neuheit der Vorschrift für die Wahlen, sondern die Vorschrift selbst ist es, was die Menschen außer Fassung bringt, welche ehemals dem Volk Gesetze vorschrieben und welche ihm ihre Anhänger aufdringen wollen. — In einer Verfügung vom 29. April liest man: Die Wahl muß gesetzmäßig sein, sie muß den Gesinnungen und Wünschen des Volkes entsprechen und nicht den Absichten einiger Individuen huldigen, welche darauf bestehen, das Monopol der Ansprüche und der Einkünfte des Staates für sich zu behalten. — Unter dem 30. Juli erklärt er dem Panhellenium in Betreff der Wahlen zum Kongreß: „Seit Griechenland seine Rechte wieder erworben hat, war kein Augenblick entscheidender. Die Berathungen des Kongresses werden, so zu sagen, unter den Augen der ganzen civilisirten Welt geschehen." — Am 2. Februar 1829 sagt er derselben Behörde, in Bezug auf das Wahlgeschäft: „ich erkenne mir keine Macht zu, irgend ein Gesetz zu machen, und noch weniger ein Gesetz, welches dem Wahlrecht Beschränkungen setzen soll." — Ein andermal schreibt er dem Civilgouverneur von Corinth: „Wir werden Ihre Meinung für das Wahlrecht für gut anerkennen, wenn sie sich vollkommen auf das gründet, was recht ist, und auf das, was recht ist, wird sie sich nur gründen, wenn sie unumschränkt den Ansprüchen der großen Mehrheit günstig ist. Man muß den Geist der kleinen Provinzialvortheile dämpfen oder wenigstens neutralisiren; nur so kann man den Bürgern die Möglichkeit verschaffen, endlich den Genuß des Wahlrechts zu erhalten." — Unter dem 29. Mai 1829 deutet er den Regierungsbeamten: „Wir empfehlen Ihnen noch einmal für die Wahlen Regelmäßigkeit und Oeffentlichkeit. Unter dieser doppelten Schutzwehr wird der Intrigengeist sich vernichtet sehen." — In einer Zuschrift vom 11. Juni 1829 an den Commissär in Syra heißt es: „So rein auch Ihre Absichten sind, wenn Sie den Gedanken haben, die Wahlen der Abgeordneten unter den Schutz der Commissäre und Gouverneure zu stellen, so würde eine solche Verfügung angesehen werden, als wenn die Regierung durch sie die Gewissen und Abstimmungen der Bevollmächtigten leiten oder beherrschen wollte. Wenn ich sie annähme, so würde ich in Griechenland und im Auslande die Meinung erwecken, daß ich die Macht des Kongresses fürchte und daß ich Vorsichtsmaßregeln treffe, um sie meiner Willkühr zu unterwerfen." — Am 16. Februar 1830 schrieb der Präsident dem Senat: „Der Eckstein des ganzen Gebäudes der Staatsgesellschaft liegt in der festen Bestimmung des Rechtes der Bürger, welches wir das Wahlrecht nennen." — In diesem Geiste sind alle Verfügungen über das Wahlrecht abgefaßt und es ist nicht zu begreifen, worauf die Anklage über die treulosen Absichten des Präsidenten bei den Wahlen, sich stützt.

Es wird S. 254 versichert, der Präsident habe sich geweigert, den Eid für Griechenlands Unabhängigkeit zu leisten, aus dem Grunde, „weil er Herrscher und unumschränkter Herrscher sein wollte." — Wenn der Präsident vielleicht, aus peinlicher Wortdeutung, hier einen Fehler beging, der zu vermeiden gewesen wäre, so ist doch nirgends eine Spur vorhanden, welche auf die Absicht deutet, die ihm hier untergelegt wird. Die versprochene Unabhängigkeit, so wie die Grenzbestimmung Griechenlands war damals noch nicht förmlich von den drei Schutzmächten ausgesprochen. Griechenlands Schicksal schwebte in einer Ungewißheit, welche von Ereignissen abzuhängen schien, die außer aller menschlichen Berechnung lagen. Der Präsident erklärte sich feierlich darüber, als er sagte: „Kein Mann von Ehre in der Welt kann sich mit einem Eide für eine Sache verbürgen, die noch nicht vorhanden ist."

Die Anschuldigung, die von Anfang an dem Präsidenten gemacht und durch den ganzen Artikel wiederholt wird, als hätte er von jeher gegen Griechenlands Unabhängigkeit feindselige Absichten gehegt und sich zum unabhängigen Beherrscher desselben zu machen gestrebt, diese Anschuldigung ist durch nichts erwiesen. Dagegen kann man den Erfinder derselben auf Aeußerungen aufmerksam machen, welche aus dem Innern des Präsidenten gegen seine Vertrautesten sich ergossen und eine ganz entgegengesetzte Richtung seines Gemüthes bezeichneten. Schon im Januar 1829, als der Obrist Heideck in seine Heimath zurückzukehren wünschte, schrieb er diesem: „Warten Sie noch, wir wollen beide zusammen abtreten; aber das wollen wir, wie Ehrenmänner es thun müssen." Im December desselben Jahres schrieb er an Hrn. Eynard: „Wir wollen gemeinschaftlich uns zurückziehen und im Stillen am Genfer-See uns ausruhen; ich will in meinen alten Tagen Ihr kleines Pavillon Fleur d'eau (fleur d'eau) bewohnen." —

Ein anderes Mal schrieb er an Hrn. Matsarowitsch: „Denken Sie bisweilen an mich, wer kann sagen, ob wir uns nicht irgendwo noch wiedersehen? Warum nicht auf einer einsamen Insel unsers schönen Archipels." — Dem Grafen Moncenigo schreibt er im Juni 1831: „Ich weiß nicht, wann und wie Gott mich von den Geschäften erlösen wird. Diese Gnade werde ich benützen, um meine Gesundheit wieder herzustellen .... Wir wollen hoffen, lieber Graf, daß ich mich herausziehen werde: daß ich das Vergnügen haben werde, Sie wieder zu sehen und mit Ihnen einige Zeit in einem Bade oder am traulichen Kaminfeuer zuzubringen." — Ueberhaupt, der Verfasser dieser Zeilen kann dreist den Urheber der Anklage auffordern, eine einzige Redensart, ein einziges Wort aus den mündlichen oder schriftlichen Aeußerungen des Präsidenten beizubringen, woraus jener schwere Verdacht gefolgert werden könnte. Wir fordern alle seine erklärten und nichterklärten Feinde dazu auf. Dagegen ist es leicht, dem lesenden Publikum amtliche Verfügungen und authentische Dokumente vorzulegen, in welchen der Präsident sein unablässiges Streben beweist, das Ideal seiner Jugend, Griechenlands Freiheit, auf jede Weise zur Wirklichkeit zu bringen.

Keine in der ganzen Reihe der Ausstellungen über den Präsidenten ist geschichtlich um ein Haar besser begründet, wie die angeführten. Alles, was in der neuen Verwaltung zu loben gewesen wäre, wird getadelt und in seinen Absichten verdächtigt. Die Bemühungen des Präsidenten für die Bildung der Jugend, welche eine so einstimmige Anerkennung gefunden, werden herabgesetzt und wie im Vorbeigehen wird vom

Schulwesen gesagt: „Er errichtete einige Primarschulen“; da man doch weiß, daß nach einem Jahre die verschiedenen Schulanstalten 7000 Zöglinge zählten. Von den Schulbüchern heißt es: er habe nur den Gebrauch verstümmelter griechischer Schriftsteller gestattet, als wenn Plato und Aristoteles zu Leseübungen für Anfänger dienen könnten. Die Ausrottung der Seeräuberei wird mit Geringschätzung besprochen; die Organisation der Finanzen und des Militärwesens wird kaum berührt; von den Pestanstalten wird nicht gesprochen. Die Karakterfestigkeit des Präsidenten wird Härte gescholten, die Consequenz seines von der Nationalbehörde genehmigten Verwaltungssystems wird als Willkühr bezeichnet. Die Erzählung wird durchgehends mit den Lieblingsausdrücken „absolute Gewalt, eisernes Joch, Volkshaß“ durchwürzt. —

Man müßte ein Buch schreiben, wenn man alle die Erdichtungen, die dreisten Lügen, die Wort- und Sinnverdrehungen, die falschen und boshaften Auslegungen von Handlungen und von Gedanken aufzählen wollte, welche den Inhalt des anmaßenden Artikels der Revüe ausmachen. Man sollte es nicht glauben, und doch ist es so: die meisten seiner Behauptungen sind aus der Luft gegriffen; fast keine der wichtigen ist als Thatsache anerkannt. Fast gegen jede seiner Anführungen lassen sich, aus authentischen Aktenstücken, Berichtigungen oder Beweise des Gegentheils aufstellen. Die Unkenntniß oder böswillige Deutung von Dokumenten spricht laut allenthalben. Der Verfasser kannte keine andere Dokumente, als die, die er in seinem Busen fand. Das war das Archiv, aus welchem er seine Angaben zog. An einer Stelle verwirft er die Glaubwürdigkeit der Aktenstücke, weil sie offiziell sind; an einer andern läßt er die vertraulichen Mittheilungen nicht gelten, weil sie vertraulich sind. Was bleibt noch übrig für die Geschichte? Der jugendliche Verfasser scheint etwas Drittes zu fordern, welches jenseits aller Thatsachen und aller schriftlichen Belege liegt. Das sind die Eingebungen persönlicher Leidenschaften und uneingeschränkte Willkühr sie zu benützen. Das heißt, die Tradition des Parteigeistes.

Im Laufe dieser Anführungen wird der Abfall jedes bisherigen Anhängers vom Präsidenten mit Schadenfreude bezeichnet. Die Empörung der Hydrioten wird im Triumphton gefeiert; die Nichttheilnahme der englischen und französischen Eskadren an der Vertheidigung der Regierung wird belobt; der Beistand, den der russische Admiral ihr gegen die Empörer geleistet, wird getadelt. Zum Schluß werden die blutigen Auftritte, die den Todestag des Präsidenten bezeichneten, malerisch dargestellt und dramatisirt; seine Mörder mit glänzenden Farben geschildert, und für sie und die Verschwornen wird die ganze Empfindsamkeit der Leser pathetisch in Anspruch genommen.

Nachdem im ganzen Aufsatz alles aufgeboten worden, um den moralischen Karakter des Präsidenten zu beschimpfen, legt man es darauf an, seine intellektuellen Eigenschaften zu vernichten. Nachdem alle bei seiner Verwaltung ins Leben getretene Thatsachen mit Wegwerfung berührt sind, wird über seine gesammte Intelligenz folgendes Endurtheil gefällt:

„Als Capodistrias an die Spitze einer Regierung gestellt „war, und als er von der Theorie zur Praxis berufen, nicht

„mehr mit bloßer Protokollmacherei beschäftigt, sondern auf „lebendige, thatsächliche Gegenstände angewiesen war, da hatte „seine Geschicklichkeit ein Ende. Er schien es darauf anzu„legen, ohne Noth das Gefühl seiner Nation zu verwunden „und ihrem Unabhängigkeitshange die Verschmelzungen und „Klassifizirungen aufzudrängen, welche er im Norden be„wundert hatte. Mit Hilfe dieser Ansichten, und den Namen „des Allerhöchsten stets im Munde führend, verstand er nur „Gewalt zu üben. Ehe er wußte, ob er die ausgezeichneten „Männer Griechenlands gewinnen könnte, entfremdete er sie „von sich." — „Endlich," so fährt der Artikel über die intellektuellen Eigenschaften Capodistrias fort, „obschon er mit „Talent begabt war," so erwarb er sich, sobald er aus dem „Bereich der Gesellschaftssäle und der Kanzleistuben in den „weiten Luftkreis des Regierens hinaustrat, eher Vergessenheit, „als er Haß verdiente." — Auch nicht ein einziger Zug, wenn man gewissenhaft prüft, von allen denen, welche in diesen Zeilen zusammengewürfelt sind, ist mit Reinheit aus der Wirklichkeit aufgefaßt: man sieht es ihnen an, daß sie aus Hörensagen und aus schiefen Vorzimmerbeobachtungen hervorgegangen sind. Unter den Klassifizirungen scheint der unkundige Verfasser drollig genug die russischen Beamtenklassen im Sinne gehabt zu haben. Ueberhaupt mag es ihm gesagt sein, daß kompetentere Richter über administrative Gegenstände, als er, welche den Grafen Capodistrias aus der Diplomatie her gekannt hatten, verwundert gewesen sind, als sie ihn als Präsidenten in Griechenland auftreten sahen. Seine ersten Schritte kündigten ein durchdachtes, systematisches Verfahren, eine gewisse praktische Sicherheit und eine Vielseitigkeit von Kenntnissen an, wovon seine Bescheidenheit nichts hatte ahnen lassen. Die Verfügungen, die er hinterlassen, sind Beweise davon. Es ist unbegreiflich, daß ein neuerstandener Zeitrichter sich einbildet, den Namen und das Dasein des Präsidenten von Griechenland mit jenen hochfahrenden Worten einer vornehmen Herabsetzung auf ewig in das Nichts der Vergessenheit verwiesen zu haben.

Hundert und hundert Zeitgenossen haben den Grafen Capodistrias gekannt. Viele von ihnen sind noch am Leben. Einige haben ihn in den hohen Sphären des Staatslebens erkannt; andere in den Verhältnissen des Dienstes; noch andere sind ihm in den Berührungen der Gesellschaft nahe gebracht worden. Viele haben ihn in den Gegenden Europa's, die er berührt, gesehen, gehört oder gesprochen. Die, die ihm ins Auge geblickt, haben sein Bild im Herzen bewahrt. Sie mögen sagen, ob sie in jenem Gemälde, welches der Parteigeist von ihm geliefert, den Grafen Capodistrias erkennen, ob sie einen einzigen Zug der Aehnlichkeit mit dem Urbilde gefunden haben? Alle ohne Ausnahme hatten in ihm eine ausgezeichnete Erscheinung an Gaben des Geistes und des Herzens wahrgenommen; von diesen hat ihm der Parteigeist keine gelassen; er hat ihn als eine armselige, winzige Gestalt hingestellt, voll enger und mangelhafter Ansichten; ein Wesen von einer Gemeinheit des Karakters mit allen Fehlern und Flecken, mit allen den kleinlichen und egoistischen Leidenschaften behaftet, durch welche die Parteien unserer Zeit sich kenntlich machen und sich der Verachtung der Wohldenkenden Preis geben. Aber noch mehr, der Parteigeist begnügt sich nicht, den Präsidenten durch Beilegung von Fehlern und Mängeln zu verkleinern, er dichtet ihm lasterhafte Neigungen an, um ihn in den Koth herabzuziehen; nach ihm ist Capodistrias ehrgeizig, herrschsüchtig, hartherzig, despotisch, treulos und Verrath brütend. Man könnte diese Angaben mit einem einzigen Worte beantworten, wenn man sagte: das Gegentheil von allem war Capodistrias in ausgezeichnetem Grade; aber die Geschichte gestattet keinen Machtspruch, sie fordert Beweise. Zum Glück sind diese vorhanden. Vielleicht ist der Augenblick nicht fern, der sie ans Licht zieht.

Auf diese Weise läßt der Parteigeist die Geschichte unserer Zeit schreiben! Nach diesem Muster hat er seinen Organen ihre Aufgaben zugemessen! Mehr als einmal ist die Bemerkung gemacht worden, daß der Haß, der sich in dem Pariser-Aufsatz mit einer so großen Erbitterung ausspricht, eigentlich auf Rußland gemünzt sei und daß der Name **Capodistrias** nur zum Vorwande diene, um diesem Haß Luft zu machen. Es ist hier nicht der Ort zu untersuchen, ob und wie fern diese Meinung gegründet sein mag. Aber nicht auf Rußland, sondern auf die Persönlichkeit des Präsidenten von Griechenland kommt es hier an, und es ist Pflicht das Wort zu ergreifen, um endlich seinem geschichtlichen Karakter die Stelle, die ihm nach seinen Thaten zukommt, zu bereiten. Die Frage ist: **Hat Capodistrias, Griechenlands Präsident, das Amt, zu welchem die Vorsehung ihn berufen hatte, nach Gewissen und Pflicht verwaltet, oder sind die Beschuldigungen, die ihn bis jenseits des Grabes** verfolgen, gegründet? Auf diese Frage allein kömmt es hier an, auf eine Frage, die jedem Wohldenkenden am Herzen liegen muß, die jeden, dem der Ruf nicht gleichgültig ist, den er nach seinem Tode zurückläßt, in Anspruch nimmt.

Wann wird der Augenblick kommen, wo die Presse, die in den Ketten des Parteigeistes gefangen liegt, von ihnen befreit, die Rechte der öffentlichen Meinung zu üben im Stande sein wird? Die öffentliche Meinung, aus der offenen freien Luft des Himmels durch den Parteigeist verscheucht, hat sich in die Tiefe der Gemüther geflüchtet, wo sie den geretteten Schatz, die Wahrheit, bewacht. Wann wird der Augenblick kommen, diesen Schatz ans Licht des Tages zu ziehen? Dieser Schatz, darf er noch ferner der Tagespresse anvertraut werden, die ihn verscherzt hat? Soll die herrlichste Erfindung des menschlichen Geistes, die gefeierte Presse, unwürdigen Taglöhnerhänden Preis gegeben werden? Soll die Ehre des menschlichen Geistes, im neunzehnten Jahrhundert zur Magd der verworfensten Leidenschaften herabgewürdigt, zu seiner Schande in den Augen der Nachwelt werden?

Umsonst war im Jahre 1839 die gehaltvolle Briefsammlung des Präsidenten von Griechenland durch E. A. Betant in Genf herausgegeben worden. Mit Mühe konnte in den französischen Blättern für die Anzeige von dieser Erscheinung Platz gefunden werden. Nur Schweizerblätter machten sie mit Ausführlichkeit kenntlich. Das Andenken an den Betrauerten machte sie eindringlich und rührend. Nach dem feindseligen Artikel in der Revue des deux mondes haben, so viel wir wissen, nur zwei Pariser-Journale es gewagt, das Wort für den angefeindeten Verstorbenen zu ergreifen: Das Journal des Débats am 6. und la France am 19. September vorigen Jahres. Ihre Achtung für den Verstorbenen hat ihnen den Muth gegeben, Gutes von ihm zu sagen. Der Muth aber, den Verläumdern den Handschuh hinzuwerfen, war noch nicht erwacht.

Er wird erwachen. Der Augenblick der Befreiung der Presse vom Joche des Parteigeistes wird kommen. Er wird da sein, sobald die Geschichte in ihrer wahren Gestalt auftritt. Sobald die Geschichte hoch über der Zeit und ihren Leidenschaften schwebend, hoch über alle politischen und religiösen Parteiungen erhaben, ernst und hehr, tiefdringend und streng, ihr Antlitz zeigt; dann wird Licht sein, wo Finsterniß war. Der Parteigeist ist dann verscheucht, die Lüge zerstiebt. Die Presse, von ihrer Bahn gewichen, nimmt die ihr entrissene Stelle wieder ein; Millionen warten auf das Licht, die Wahrheit ist Bedürfniß. Capodistrias Geist auf seinen lichten Höhen freut sich der Rückkehr der Wahrheit in jene Welt, wo er nur Ankläger fand und keine Richter. Die Männer, mit allen Eigenschaften begabt, um den Ausspruch der Geschichte zu thun, fehlen nicht; Capodistrias erwartet ihn aus ihrem Munde. Alle Aktenstücke, um ihn zu bilden, liegen bereit, sie sind in werthvollen Dokumenten vorhanden. Nie war das Leben eines Staatsmannes der neuern Zeit bis in das Innerste seines Getriebes so mit Zeugnissen belegt, als das des Präsidenten von Griechenland. Er wohnte in einem durchsichtigen Hause von Kristal.

Hier sind die Quellen, welche die Geschichte in Anspruch zu nehmen hat. Correspondance du comte Capodistrias, président de la Grèce, herausgegeben von E. A. Betant in Genf, 1839. 4 Bände. — Mémoires biographiques historiques sur le président de la Grèce, le comte J. Capodistrias, von Andreas Papodopuolo-Bretos, Paris bei Firmin Didot 1837. 2 Bände. — Documents rélatifs à l'état présent de la Grèce, herausgegeben vom philhellenischen Comité in Paris, im Jahr 1826 — 1828. 9 Hefte. — Renseignemens sur la Grèce et sur l'administration du Comte Capodistrias. Par un Grec, témoin oculaire des faits qu'il rapporte. Paris 1833. S. VI und 202.

Diese gehaltvollen Aktenstücke reichen hin, den öffentlichen Karakter des Präsidenten von Griechenland ins Licht zu setzen. Aber auch, um ihn als Mensch zu würdigen, enthalten sie Zeugnisse, wie sie selten der Geschichte zu Gebote stehen. Sie sind lehrreich für jeden, der sie zu lesen versteht.

Wenn Capodistrias, der Präsident von Griechenland, in der Lösung seiner schweren Aufgabe Mißgriffe that und in Irrthümer verfiel, so entrichtete er der menschlichen Schwäche den allgemeinen Tribut; aber die Reinheit der Motive seiner Handlungen, die Hoheit seiner Gesinnungen ist über allen Zweifel erhaben und wird von der Nachwelt erkannt werden. Capodistrias trug den hohen Geist des klassischen Alterthums in einer christlichen Brust.

Der Verfasser jenes Artikels, der von der Höhe des selbsterbauten Richterstuhls sein Vernichtungsmanifest gegen den Präsidenten von Griechenland ertönen läßt, sagt zum Schlusse desselben folgende Worte: „Es ist keine Spur von Capodistrias auf griechischem Boden übrig geblieben.“

3

Es ist nicht jedermanns Sache, umfangreiche Sammlungen von amtlichen Berichten und Erlassen zu lesen und es läßt sich begreifen, daß ein junger Mann, der, wie der Verfertiger jenes Pariser-Artikels, sich in rhetorischen Strebungen zu gefallen scheint, für ein solches Lesen weder Zeit noch Stimmung findet, aber er hätte wohlgethan, sich durch Sachverständige über den administrativen Inhalt der Briefsammlung unterrichten zu lassen, ehe er sie mit seinen Machtsprüchen verdammte. Es ist wahrlich eine große Anmaßung erforderlich, um im Angesichte derer, die seit der Präsidentschaft das Ruder der Regierung in Griechenland führten, einen Ausspruch über Capodistrias Verwaltung, wie den obigen, zu thun. Niemand ist im Stande, wie sie es sind, die Schwierigkeiten zu beurtheilen, die der Präsident vorgefunden, um die Folgen einer vierhundertjährigen Knechtschaft und einer achtjährigen Periode von Anarchie und Krieg aus dem Wege zu räumen. Sie wissen besser als jemand, was der Präsident zur Erreichung dieses Zweckes gethan und was er ihnen hinterlassen hat. Sie, und nur sie, können bezeugen, ob sie Spuren von der vorhergegangenen Regierung angetroffen und wie diese Spuren beschaffen gewesen. Durch das, was diese Männer von dem Vorgefundenen beibehalten, was sie modifizirt, was sie erweitert oder vervollkommnet, haben sie bewiesen, daß sie nicht kleinen persönlichen Rücksichten Gehör gegeben, sondern daß sie, der Sache allein redlich ergeben, das Gute und Nützliche aufgefaßt haben, wo sie es fanden. Nur diese Männer sind stimmfähig. Die gegenwärtige Regierung weiß am besten, wie viele Hindernisse sie bei dem redlichsten Willen und den konsequentesten

Bestrebungen gefunden, um Griechenland der Civilisation, deren Muster es einst war, wieder zuzuführen. Manche der Klagen des verewigten Präsidenten bewähren sich, wie eine Prophezeiung, noch bis auf heutigen Tag. Aber sie werden verstummen vor der hohen Rechtlichkeit und der Weisheit der bestehenden Regierung.

Ein edles Herrschergeschlecht reichte den Hellenen bei ihrem Wiederauferstehen die hilfreiche Hand, es wird sie nicht von ihnen zurückziehen. Schöne Erinnerungen umschweben das Geschlecht, erhabene und große Hoffnungen gehen ihm entgegen. Durch den Mund der Mächtigsten des neunzehnten Jahrhunderts ist der Stolz und die Ehre seiner denkwürdigen Vorzeit erneuert worden; durch ihren Mund hat die Vorsehung dem königlichen Sprößling das hohe Athen zum Sitz angewiesen. Nie ist ein Wink in seiner ganzen Bedeutung so erkannt worden, wie dieser. Gott ist mit Griechenland, Gott ist mit denen, in deren Hände er seine Zukunft legte.

Hier legt der Verfasser obiger Blätter die Feder nieder. Sie werden hinfliegen, wo sie hinzufliegen Beruf haben, denn so leicht ihr Gewicht sei, sie sind von der Führung nicht ausgeschlossen, ohne welche kein Haar vom Haupt des Menschen und kein Sperling vom Dach fällt. Die Reinheit der Absichten des Verfassers kennt der, unter dessen Augen er diese Blätter schrieb, der, der Herzen und Nieren prüft. Von dem Todten hat der Verfasser nichts zu erwarten, und an die Lebenden macht er keine Ansprüche: sein Lohn kann ihm nur von der Anerkennung der Wahrheit kommen, nur ihrer Sache hat er sein Scherflein dargebracht. Hierzu war er in seinem Innern gedrungen; dem Drange folgend, hat er sein Herz erleichtert. Für sich hat er sein Ziel erreicht, das Uebrige steht in der höhern Hand: er traut auf Gott. Er sagt sich: Dixi et salvavi animam meam.

Die

Männer der Gegenwart.

Neue Folge. III.

Heinrich von Gagern.

Leipzig
Costenoble und Remmelmann.
1850.

Heinrich von Gagern.

Eine biographische Skizze

von

M. Duncker.

Leipzig
Costenoble und Remmelmann.
1850.

Die politische Partei in Deutschland, welche die Bewegung des Jahres 1848 zu fester Einigung unserer Nation durch den constitutionell organisirten Bundesstaat hinzuführen bemüht war und seitdem unablässig gestrebt hat, die kämpfenden Elemente unseres Vaterlandes in diesem Ziele zu versöhnen, schaart sich in engern und weitern Kreisen um den Namen Heinrich von Gagern. Das Vertrauen und die Verehrung der Parteigenossen, wie die Vorwürfe und der erbitterte Haß der Gegner, legen gleichmäßig Zeugniß dafür ab, daß die Einheitsidee vorzugsweise in diesem Manne einen Träger und Hort gefunden habe.

Seitdem das einheitliche Band, welches ehedem mit der Kraft des Kaiserthums die deutschen Stämme zusammengehalten hatte, zerrissen war, hat es in aufstrebenden und erregten Perioden unserer Geschichte, bereits vom 15. und 16. Jahrhundert her, niemals an patriotischen und weitblickenden Männern gefehlt, welche die unheilvollen Wege, auf welche die Nation mit diesem Zerfallen gerathen war, tief beklagten, welche die Abgründe ermaßen, wohin man gelangen müsse, wenn keine Umkehr erfolge, welche zu neuer Belebung und Kräftigung der noch vorhandenen Formen der Einheit, dringend ermahnten. Aber diese Einsicht wurde erst weiter verbreitet, als sich die vereinzelten Stämme Deutschlands im 18. Jahrhundert, nach langer Trennung, in der Schöpfung einer nationalen Literatur wieder zusammenfanden, als sich Deutschland eine geistige Heimath, eine Einheit des Geschmacks und der Bildung wieder gegeben hatte. In demselben Moment als diese wieder aufgelebte Bildung unseres Volks, diese seine erste selbstständige Arbeit nach langer Dürre und Erschlaffung ihren Gipfelpunkt erreichte, brachen die Namen und Formen vollends zusammen, welche bis dahin noch an die Einheit des Vaterlandes erinnert hatten. Eine Fremdherrschaft folgte, wie sie Deutschland auch zu den Zeiten Ludwig's XIV. nicht erfahren hatte. Gerade in diesem Zusammentreffen der literarischen Erhebung, der eben errungenen geistigen Reife und Mündigkeit mit der politischen

Unterdrückung, mit der Häufung der Schmach auf die deutschen Staaten und das deutsche Volk wurde das nationale Gefühl, die nationale Idee in Deutschland wiedergeboren.

In diese Zeit der ersten keimenden Regeneration, in diese Bewegungen des deutschen Lebens fällt die Jugend Heinrichs von Gagern. In dieser Luft ist er aufgewachsen. Der Familienkreis, welchem er angehörte, war erfüllt von diesen Interessen. Sein Vater, Hans Christoph Ernst von Gagern, stand unter den Vorkämpfern gegen Frankreichs Herrschaft in Deutschland. Die Gesinnung des Vaters erbte auf die Söhne: Heinrich war der dritte, am 20. August 1799 geboren. Die frühsten Eindrücke der Knaben, welche die tiefsten Wurzeln im Herzen zu schlagen pflegen, waren die Liebe zum Vaterlande, der Haß gegen die fremde Unterdrückung. Die natürliche und unmittelbare Empfindung bereitete der spätern Begeisterung und Ueberzeugung den Boden, so daß Verstand und Gefühl, Einsicht und Gemüth, Naturell und Selbstbestimmung, allmälig zu jener unauflöslichen, festen und harmonischen Einheit verschmelzen konnten, welche für Heinrich von Gagern eigenthümlich und auszeichnend geworden ist.

Als sich das Volk in Deutschland erhob, die Ketten Frankreichs zu brechen, focht der älteste Bruder Heinrichs, Friedrich von Gagern, in den Schlachten von Dresden, Kulm und Leipzig. Als Napoleon von Elba zurückkehrte, die verlorene Herrschaft wieder zu erringen, griff auch Heinrich, obwol noch nicht sechszehn Jahre alt, zu den Waffen. In der Schlacht von Waterloo, welche die französische Armee zum ersten Male unter Napoleon's Führung in wilde Flucht auflöste und vernichtete, führte Heinrich von Gagern die nassauische Compagnie, in welcher er diente, nachdem die ältern Offiziere todt oder verwundet waren. Auch er bezahlte den Siegespreis mit einer leichten Wunde.

Nicht blos um der Herrschaft Frankreichs in Deutschland ein Ende zu machen, hatte die Jugend Deutschlands die Waffen genommen; sie focht zu gleicher Zeit für die bessere Gestaltung des deutschen Staatslebens im Innern, für die Erhebung der zu Boden getretenen Nation zur Freiheit, Einheit und Größe. Diese Gedanken auszubilden, zu fördern und zu verbreiten, war Heinrich von Gagern's eifriges Bestreben, als er, gereift durch seinen Kriegeszug, in den folgenden Jahren zu Heidelberg, Göttingen und Jena den Studien oblag. Dem wüsten Treiben des alten Studententhums gegenüber, in welchem nur zu viel edle Jugendkraft und Begeisterung vergeudet worden war, gründeten einige aus den Feldzügen rückkehrende Jünglinge mit gleichgesinnten Genossen, die Vereine der deutschen

Burschenschaft. Wenn die Landsmannschaften auf den deutschen Universitäten sich bis dahin nach den einzelnen Stämmen und Staaten Deutschlands zusammengefunden und gegliedert hatten, so sollte diese neue Verbindung die Einheit des Vaterlandes darstellen und so stark als möglich betonen, an die Stelle des kecken und rohen Gebahrens, des ungezügelten Freiheitsrausches während weniger Semester, sollte eine ernste und strenge Vorbereitung in Sitte und Wissenschaft treten. Das vaterländische Interesse sollte dem Gemüth näher gebracht, die Liebe zum Vaterlande sollte gekräftigt und gehoben werden, die Beschäftigung mit der deutschen Geschichte, mit Deutschlands politischer Lage und den Institutionen seiner Staaten, sollte dem Vaterlande eine neue Generation bilden, welche in tüchtigem Streben nach politischer Einsicht in Zucht und Ehrbarkeit herangereift, dem Vaterlande eine bessere Zukunft zu gewähren im Stande wäre. Mit der geistigen Bildung wurde eine neue körperliche Uebung und Abhärtung in der Turnkunst verbunden; frisch an Geist und Körper, voll fröhlichen Muthes und frommen Sinnes des Glaubens und der Thaten der Väter gedenkend, sollte die akademische Jugend fortan heranwachsen. Die „sittliche und wissenschaftliche Ausbildung" der deutschen Jugend auf den Hochschulen „zur Herbeiführung eines in Einheit und Freiheit gerecht geordneten Nationallebens:" das war der Gedanke, welcher der Stiftung der deutschen Burschenschaft zu Grunde lag. Heinrich von Gagern gehörte zu ihren Begründern in Heidelberg, er versuchte einen burschenschaftlichen Verein in Göttingen zu bilden, er gehörte dieser Verbindung in Jena an und befand sich unter den Abgeordneten, welche 1819 einen regelmäßigen Verkehr und Verband unter den Burschenschaften der verschiedenen Hochschulen zu begründen bemüht waren.

Jedermann kennt die Schicksale der deutschen Burschenschaft, die Verfolgungen, welche sie erfahren, die Verirrungen, welche meist in Folge dieser Bedrückung, in ihrem Schooße Platz fanden. Kein Unbefangener wird aber auch den sittlichen Kern dieses Strebens, den großen und berechtigten Gedanken verkennen, welcher diese Verbindungen geschaffen und dreißig Jahre lang trotz aller Maßregeln der Regierungen erhalten hat, Niemand wird den schönen Zug nach einer freien sittlichen und patriotischen Nationalerziehung, im gleichen und vereinten Streben der Jünglinge gering schätzen, Niemand die Idee der nationalen Einheit heute noch verdammen wollen. Nur das schmerzliche Bedauern bleibt übrig, daß die deutschen Regierungen in ihrer kleinlichen Verblendung und Engherzigkeit, so edle Kräfte von sich stoßen konnten, und der Vorwurf wird für immer auf den damaligen Lenkern der deutschen Staaten haften, mit diesen und freilich noch vielen andern Maßregeln, den ganzen Bildungsgang der Nation verkümmert und auf gefährliche Abwege gedrängt, die sittlichen Basen für die nothwendige Regeneration unserer Zustände, welche heute schmerzlich vermißt werden, selbst verdorben und vergiftet zu haben. Der Burschenschaft bleibt das Verdienst, die nationale Idee durch trübe Zeiten hindurch gerettet, den Gedanken der Einheit lebendig erhalten zu haben, als das Volk, von der ungewohnten Anstrengung der Freiheitskriege ermattet, den Regierungen die Zügel allzufrüh und allzuwillig überließ. Als sich späterhin der Sturm im Frühlinge des Jahres 1848 erhob, waren es doch fast allein Männer aus jenen burschenschaftlichen Kreisen, welche man der Bewegung entgegenzustellen vermochte, und was anders hat sich in jenem Jahre, in den folgenden Bestrebungen Preußens für die deutsche Union siegreich erwiesen, als der so lange verfolgte Gedanke der deutschen Burschenschaft?

Solche Bestrebungen erfüllten die Jugend Heinrichs von Gagern. Jene Jahre, welche bei andern nur der eigenen Ausbildung und Vorbereitung gewidmet zu sein pflegen — bei ihm waren es bereits Zeiten der Thaten in Krieg und in Frieden, er legte hier schon mit andern die Keime zu folgenreichen Gestaltungen in den empfänglichen Boden der deutschen Hochschulen. Auch auf diesen Wegen begleitete ihn der Geist des Vaterhauses. Auf den Akademien wie in den nächstfolgenden Jahren (schon 1821 trat er nach vollendeter Prüfung als Assessor bei dem Landesgerichte in Lorsch ein) bleibt er im engsten Verkehr mit seinem ältesten Bruder, dem nachmaligen General Friedrich von Gagern. Die edle Humanität, die durchgebildete Einsicht dieses Mannes, welchen Deutschland mit tiefem Schmerz unter die Opfer zählen muß, welche die Demokratie der Revolution von 1848 treulos und hinterlistig geschlachtet hat, die hohe Vaterlandsliebe, von welcher sein Leben und sein Tod Zeugniß ablegen, wirkten um so fördernder und kräftiger auf Heinrich von Gagern, je näher beide Brüder einander standen, je mächtiger der Eindruck war, den Friedrichs Persönlichkeit auf alle, die mit ihm in Berührung kamen, hervorzubringen pflegte. Die poetischen Fragmente, welche von ihm überliefert sind, sprechen seinen männlichen Freiheitssinn, seinen festen und glühenden Glauben an das Vaterland, den Ernst und die Ausdauer seines politischen Strebens, in schönen und einfachen Formen aus. Neben Friedrich und Heinrich stand der jüngere Bruder Max von Gagern. Bei gleicher Entschiedenheit der politischen Richtung brachte dieser das Element des beweglicheren Geistes und die

Gewandtheit der Form dem brüderlichen Bündnisse zu. Für die ersten Mannesjahre Heinrichs tritt zu dieser Gemeinschaft mit den Brüdern, noch ein engeres Verhältniß, und wir betrachten es gern als einen deutschen Zug im Leben Heinrichs von Gagern, daß es die Liebe einer zarten und edlen Frau war, die seine feurige Natur in das Maß der Selbstbeherrschung fügte und seinem innern Leben diejenige Durchdrungenheit und Geschlossenheit gab, welche durch alle Stürme, Kämpfe und Parteiungen hindurch den Menschen in ihm unversehrt erhalten hat. Leider wurde durch den frühen Tod der Gattin — nur vier Jahre (1827 bis 1831) waren dieser Ehe vergönnt — für Heinrich von Gagern die Erfahrung des herbsten Verlustes zu den Segnungen einer idealen Lebensgemeinschaft gefügt.

Mit ungebrochener Kraft tritt Gagern aus diesen Erlebnissen in ein neues Stadium der öffentlichen Wirksamkeit. Es war im Jahre 1832, daß er, bereits seit elf Jahren in der Verwaltung des Großherzogthums Hessen, zuerst bei der Regierung der Provinz Starkenburg, dann im Ministerium des Innern und der Justiz thätig, als Abgeordneter für den Wahlbezirk Lorsch in die hessische Kammer trat. Mit seinem Eintritt begann ein Aufschwung des parlamentarischen Lebens in Hessen. Die Regierung, welche, dem damaligen Gange der Dinge folgend, die Verfassung des Landes Schritt vor Schritt zu entkräften und illusorisch zu machen, nicht ohne Erfolg versuchte, sah ihn bald an der Spitze der Opposition. Aber als diese nun kühner und erfolgreicher auftrat, wurde der Landtag unter Schmähungen auf dessen widersetzliche Haltung aufgelöst (2. Nov. 1833) und Gagern aus dem Staatsdienste mit Pension entlassen. Außerdem wurde ihm der Kammerherrnschlüssel abgefodert. Gagern verzichtete auf die Pension und die Wähler von Lorsch sendeten ihn im folgenden Jahre abermals in die Kammer (Mai 1834). Auch in dieser fanden die Absichten der Regierung keine Majorität und eine zweite Auflösung folgte (25. Oct. 1834). Der dritte Landtag (1835—1836) ergab endlich vermittelst großer Anstrengungen und Eingriffe der Regierung, die gewünschte Mehrheit, doch war auch Gagern zweimal gewählt. Auch in der Minorität kämpfte er unverzagt und unermüdet. Aber nach dem Schlusse dieser Versammlung wollte er nicht länger Willen und Kraft in vergeblicher Arbeit aufreiben. Er schied mit jenem Worte: „Wo ist bei uns, was der Freiheit gliche!" —

Seitdem widmete er sich in freiwilliger Zurückgezogenheit der Landwirthschaft auf seinem väterlichen Gute zu Monsheim. Bald gewann er auch in diesen neuen Verhältnissen Ansehen und Einfluß, und er selbst hat späterhin oft versichert, daß er diesen Jahren der

Einsamkeit und des Schweigens vieles verdanke. Auf dem Boden, welchen er mit eigener Hand bebaute, gründete er sich nun auch einen neuen Heerd durch die Verbindung mit der Tochter eines pfälzischen Gutsbesitzers. Dieser zweiten Ehe gehören die Kinder Heinrichs von Gagern an. Erst im Jahre 1846, als ihm die Wendung der Dinge unter einer reformirenden Regierung in Preußen, neuen Muth und Hoffnung auf eine ersprießliche Wirksamkeit gegeben, trat er wieder in die hessische Kammer. Wie er das erste Mal seine parlamentarische Thätigkeit durch eine Schrift über die damals von der Regierung beabsichtigte „Verlängerung der Finanzperioden" eingeleitet hatte, so ging auch seinem Wiedereintritt in die Kammer eine wirkungsreiche polemische Arbeit zum Schutze der gefährdeten Rechtsinstitutionen der Provinz Rheinhessen voran.

Die politischen Ueberzeugungen, welche Gagern in diesen Schriften wie in der hessischen Kammer geltend gemacht hat, sind dieselben, denen er sein Leben hindurch treu geblieben ist. Von Anfang an finden wir ihn mit unwandelbarer Stätigkeit in den verschiedensten Situationen dem gleichen Ziele zugewandt, und wenn ihm auch später und bis auf den heutigen Tag jene Jugendlichkeit geblieben ist, welche in dem tapfern Glauben an dem Rechte und dem Siege seiner Sache und in der vollen Hingebung an diese besteht, so hat ihn doch sein praktischer und gesunder Sinn, seine staatsmännische Anlage und Natur gleich vom Beginne seiner politischen Laufbahn her, auch in engbegrenztem Wirkungskreise vor allen Ueberschwenglichkeiten und Maßlosigkeiten bewahrt. Energisch zugleich und maßvoll, weit hinausreichend in seinem Streben und doch immer anknüpfend an das Bestehende und Vorhandene, und den gewonnenen Boden, sei er auch noch so schmal, niemals verlassend — so ist Heinrich von Gagern schon in seinem ersten Auftreten auf dem Landtag, so ist seine Argumentation in den angeführten Schriften. „Der Grund und Boden des historischen Rechts muß vertheidigt werden bis das Bedürfniß der Neuerung erwiesen und unabweisbar ist." Diesen Grundsatz stellt er gleich in seiner ersten Schrift auf. Seine Opposition gegen die Regierung steht auf dem Boden der hessischen Verfassung. Das constitutionelle Princip, wie es in England ausgebildet und erprobt worden, gilt ihm als die auch für uns gebotene und normale Staatsform, als das System, „in welchem Freiheit und Principat sich kämpfend vertragen," in welchem „die Gewalten, beständig sich auszudehnen bemüht, beständig sich ins Gleichgewicht setzen." Aus dem Entwickelungsgange der europäischen Staaten hat er erkannt, daß die constitutionelle Monarchie die Form ist, in welcher auch die Strebungen unserer Epoche zur Befriedigung kommen werden und müssen. Aus dem Standpunkte dieses Systems und den Principien seiner Institutionen bekämpft Gagern die unablässig erneuten Versuche der hessischen Regierung, die Verfassung zu umgehen und immer tiefer herabzudrücken. So hatte er schon in seiner ersten Schrift den Antrag bekämpft, welcher von Seiten der Regierung eingebracht worden war: zwar alle drei Jahre nach der Vorschrift der Verfassung einen Landtag zu berufen, aber das eine Mal ausschließlich für die Gesetzgebung; das andere Mal für die Budgetbewilligung auf je sechs Jahre, so trat er später sehr entschieden dem Verlangen des hessischen Gouvernements, auf die Bildung permanenter Ausschüsse (um die Sessionen abzukürzen und in ihrer Bedeutung zu schwächen) entgegen, so vertheidigte und foderte er die Selbstregierung der Gemeinden und die Geschworenengerichte auch für die Provinzen auf dem rechten Rheinufer. Aus denselben Gesichtspunkten beurtheilt er die Vorzüge und Mängel der bestehenden Verfassung selbst.

Auf dem schmalen Rechtsboden eines kleinen deutschen Staates hielt Gagern das Banner der constitutionellen Freiheit in schlimmer und trostloser Zeit hoch aufgerichtet. Aber sein Blick endete nicht an der Grenze des Großherzogthumes, er umfaßte den Horizont des ganzen Vaterlandes. „Ich halte mich zuerst — so sagte er im Jahre 1832 auf dem hessischen Landtag — für einen Deutschen, war zuerst ein Deutscher, ehe ich ein Hesse war,“ und sein politisches Streben in dieser hessischen Kammer ist stets gehoben und getragen durch die Beziehung auf Deutschland. Nicht nur, daß ihm die Staatsform, für welche er in Hessen kämpft, zugleich als diejenige gilt, zu deren Ausbildung die deutschen Stämme gleichmäßig berufen sind, auch in dem damaligen (und leider noch gegenwärtigen) Zustande der Ungleichheit und Zerrissenheit, hält er jeden Faden der Verbindung fest, jede Beziehung zur Gesammtheit klingt in ihm an, und stets ist sein Glauben und Hoffen auf die Herstellung der Einigung Deutschlands gerichtet. Er weiß „daß die große Idee der Einheit und Macht in dem Bewußtsein der ganzen Nation liegt, daß es nicht mehr möglich ist, sie zu trennen“, wenn er auch zugleich bekennt: „daß das Factum, welches zur Zeit die staatsrechtliche Gestaltung Deutschlands ausmacht,“ den Ansprüchen jener Idee sehr fern stehe (17. Juni 1833). Er beklagt, daß „der Freund seines Volkes und Vaterlandes dem Bundestage gegenüber in einen inneren Widerstreit befangen sei, daß er das einzige Symbol und Organ der Einheit Deutschlands bekämpfen müsse, um die Freiheit zu erhalten.“ Es ist die deutsche Bedeutung des Ereignisses, welche ihm sogleich bei der Berufung des vereinigten Landtages in

Preußen im Jahre 1847 in die Augen springt. „Wie mangelhaft auch in den Formen der neuen preußischen Verfassung das constitutionelle Princip verwirklicht sein möge — so sagte er in der hessischen Kammer — so ist durch diese Vertretung dennoch der Schwerpunkt der deutschen Politik aus dem Lager der unumschränkten Gewalt auf die Seite der constitutionellen Staaten gerückt." Nun erwartet er mit Zuversicht das Nahen des Zeitpunktes, in welchem das Princip der Einheit sich kräftig entfalten, „in welchem die lockeren Bande des Staatenbundes in die festeren Formen des Bundesstaates allmählig übergehen werden." — „Wenn aber — so fährt er fort — die Stunde der Gefahr diesen Zeitpunkt herangeführt haben wird, dann wird es gelten, den Bund sowohl in der Vertretung der nationalen Interessen nach außen, als bei der Entwickelung unserer öffentlichen Zustände im Innern, zum Ausdruck der Nationalgesinnung und des Nationalwillens zu machen."

Wer eine Jugend, ein Mannesalter von solchen Bestrebungen und Thaten hinter sich hatte, wer der großen Idee der deutschen Einigung in den trübsten und ödesten Zeiten treu geblieben war, wie Heinrich von Gagern, wer so lange das Ziel der deutschen Entwickelung fest im Auge, auf der einsamen Warte gestanden, den konnte der Sturm nicht zu Boden werfen, welcher nach langer Windstille im Jahre 1848 plötzlich über Deutschland hereinbrach. Als die Bewegung jenes Frühlings die bisherigen Freunde, Schmeichler und Lakaien der deutschen Throne wie Spreu von hinnen jagte, da traten die mißachteten, die schwer gekränkten und verleumdeten, die häufig verfolgten Männer der constitutionellen Opposition, zum Theil unmittelbar aus ihren Kerkern, wie Jordan von Marburg, zwischen die aufgeregten freiheitstrunkenen Bevölkerungen und die niedergeworfenen betäubten Fürsten. So wurde es auch Heinrich von Gagerns erste Aufgabe, den kleinen Staat, in welchem er bisher gewirkt hatte, vom Untergange zu retten. Vom Vertrauen der gesammten Bevölkerung getragen, gelang es ihm, die Bewegung in Hessen in die Bahn der Reform hinüber zu führen. Aber in jener Krisis konnten die Geschicke des Einzelstaats nur in dem Geschicke Deutschlands entschieden werden. In dem Programm vom 6. März, mit welchem Gagern das hessische Ministerium antrat, war in großen Zügen der Weg bereits vorgezeichnet, auf welchem die Nationalversammlung späterhin die Neugestaltung Deutschlands versuchte, und in demselben Augenblicke, als die Ereignisse des 18. und 21. März in Berlin die alten Antipathien in Süddeutschland gegen Preußen, Neid, Furcht und unvergessenen Groll zu blindem und wüthendem Hasse angestachelt hatten, sprach er unbeirrt vor den hessischen Ständen die Ueberzeugung aus, daß „Preußen an die Spitze des neuen Deutschlands gestellt werden müsse. Preußen sei durch seine Geschichte und seine Lage darauf hingewiesen, sich auf Deutschland zu stützen, und nur durch die traurigen Schwankungen seiner inneren Politik in den letzten Decennien daran verhindert worden. Das nunmehr frei gewordene Oestreich werde erst das Verhältniß seiner Bestandtheile im Innern neu zu ordnen haben, Deutschland aber dürfe mit seiner Constituirung nicht auf Oestreich warten, wenn auch das mächtige Oestreich niemals ganz von Deutschland gelöst werden dürfe."

Es war der rettende Gedanke, welchen Gagern für Deutschland gefunden und hier zum ersten Male öffentlich ausgesprochen hatte, die Lösung des alten schweren Räthsels, welches die Sphinx unserer Zerrissenheit und Zwietracht früher oder später in den Abgrund stürzen wird, die Aufhebung des Dualismus der beiden Großmächte und des damit verbundenen Schaukelsystems der kleineren und mittleren Staaten, die Möglichkeit der Constituirung Deutschlands zu einem kräftigen politischen Ganzen, der einzige Weg zur wahrhaften und wirklichen Einheit. Mag früherhin schon dieser und jener den Gedanken Gagerns angestreift haben (auch vor Columbus wurde das Westland gesehen) er hat ihn zuerst festgehalten, ausgebildet, nach allen Seiten hin geltend gemacht und kämpfend vertreten. Er ist der Mittelpunkt seiner deutschen Politik von Anfang gewesen und geblieben, der Gang, welchen die deutschen Geschicke seitdem genommen haben und nehmen werden, beruht auf dieser Combination. Und wenn Heinrich von Gagern nichts gethan hätte, als diesen Gedanken zu finden und auszusprechen, die Nation würde ihn dankbar zu ihren großen Männern zu zählen haben. Aber Deutschland hat diesem Manne noch Größeres zu danken. Nicht allein die Erfassung dieses Gedankens, sondern auch dessen Durchführung in einer nach den freiesten Formen, mitten in einer Revolution gewählten Vertretung der gesammten deutschen Nation, und was kaum minder ins Gewicht fällt — die Bewahrung des Vaterlandes vor der Durchführung der Revolution, vor den Schicksalen Frankreichs in dessen erster Umwälzung und allen lange fortwirkenden traurigen Folgen solcher Zuckungen, zu einer Zeit, wo nur mit moralischen Waffen gekämpft und gesiegt werden konnte, wo es unmöglich war, die Ordnung mit den Bayonetten aufrecht zu halten, wo es unmöglich war, die Bataillone zu gebrauchen, auch wenn man deren besaß — auch das ist vorzugsweise Gagern's Verdienst. Verdienste, Zeiten und Umstände freilich, welche dem kurzen Gedächtniß vieler, namentlich hochgestellter Zeitgenossen, völlig entschwunden zu sein scheinen.

Schon im Herbste des Jahres 1847, als das Patent vom 3. Februar und die Haltung des ersten vereinigten Landtags in Preußen die Hoffnungen aller deutschen Patrioten neu belebt hatte, waren Männer aus den verschiedenen deutschen Ständeversammlungen — Gagern unter ihnen — in Heppenheim zusammengetreten, um ein übereinstimmendes Wirken und zusammenstimmende Schritte der deutschen Vertretungen für die Ausbildung des constitutionellen Princips und die Reform der Bundesverfassung anzubahnen. Der Stoß des Frühjahrs sollte nun früher an dieses Ziel, aber nicht über dasselbe hinausführen. In diesem Sinne trat eine zweite Versammlung in den ersten Märztagen 1848 zu Heidelberg zusammen. Es waren insbesondere Kammermitglieder süddeutscher Staaten, in welchen die längere Dauer und Uebung des constitutionellen Lebens, einer größeren Anzahl von Männern für die Ausbildung politischer Einsicht sowohl, wie des Talents und Characters, Spielraum gegeben hatte. Ohne diese süddeutsche Schule, ohne Männer wie Soiron, Welker, Bassermann, Mathy, Binding, Zaup, Buhl u. m. würde es schwerlich gelungen sein, der Bewegung Zaum und Zügel aufzulegen. Zeigten sich auch hier in Heidelberg schon Abfälle, kam auch hier schon der Bruch in der bisher geschlossenen Opposition dieser Kammern zu Tage, wendeten sich auch hier schon einige unzuverlässige Elemente zur Republik hinüber, so beschloß dennoch die weit überwiegende Mehrheit der ziellos schweifenden Bewegung die Losung der deutschen Einheit und die Parole des deutschen Parlaments zur Herstellung dieser Einheit zuzurufen. Es sollte streng festgehalten werden an den Grundsätzen der constitutionellen Monarchie, die Bewegung sollte in die Reform hinübergeleitet, mit dem deutschen Parlamente sollte die Revolution geschlossen werden. Um den Bundestag zur Berufung eines solchen zu bestimmen, um der Revolution einen bestimmbaren Mittel- und Haltpunkt zu geben, sollte zunächst ein Vorparlament aus ehemaligen oder gegenwärtigen Mitgliedern der deutschen Ständekammern und etwa von größeren Städten, besonders zu diesem Zweck abzuordnenden Männern, auf die letzten Märztage einberufen werden. Zur weitern Veranstaltung dieser Versammlung und zur Vorbereitung ihrer Berathungen wählten die in Heidelberg Vereinigten die Siebnercommission, in welche auch Heinrich von Gagern eintrat.

Es fehlte wenig, daß gleich in dieser Versammlung, im Vorparlament, dessen Zusammensetzung man nicht hatte beherrschen können, in welchem Norddeutschland sehr gering, Oestreich gar nicht vertreten war, welches von einer übermäßigen Zuhörermenge terrorisirt wurde, die radicale Partei, welche sich zahlreich eingefunden hatte, zu einem verderblichen und in der damaligen Lage entscheidenden Siege gelangte. Obwohl in der Minderheit, ließen die Republikaner kein Mittel unversucht, die Majorität zu erschleichen, zu ertrotzen oder zu erzwingen. In jenen Stunden, wo die Entscheidung fallen mußte, ob Republik, ob Monarchie, wo kein Monarch in Deutschland seinen Thron zu behaupten vermochte, sobald er ernsthaft angegriffen wurde, wo die Partei des alten Systems rathlos und betäubt, nicht einmal einen Gedanken an Widerstand, geschweige denn Entschluß und Kraft zu einem solchen hatte, trat Heinrich von Gagern kühn und groß vor ganz Deutschland in die Schranken. Sein Auftreten entschied gegen die Republik und die Permanenz des Vorparlaments, welche die Radicalen sofort beim Beginn der Versammlung beantragt hatten. „Wir wollen praktische Fragen an die Spitze unseres Programms stellen, rief er aus — Lassen sie uns deutsch sprechen und sagen: daß die große Mehrheit von Deutschland und selbst von Süddeutschland hier nicht gehörig vertreten ist, und daß es sich von Vorschlägen einer Minorität handelt, die nach Problemen hascht und unerreichbare Dinge erstrebt. Die Gesammtheit muß uns am Herzen liegen und wir wollen einen Aufruf in diesem Sinne an Deutschland erlassen. Es giebt noch Principien der Freiheit, um die man sich schaaren und nach denen Freiheit bestehen kann — ohne daß man sich auf Probleme einläßt. Sprechen Sie die Ansicht dieser Versammlung aus — daß wir an der Monarchie festhalten, daß wir zwar eine Versammlung bilden, welche die Freiheit will und um des Volkes und der Volkssouveränität willen besteht, aber dem Princip der Monarchie im Staate treu bleibt und zugleich der Nothwendigkeit der Durchführung der Einheit huldigt."

Es ist kein Zweifel, das Vorparlament hatte gewandtere Redner in seiner Mitte, die Paulskirche hat glänzendere Talente auf ihrer Tribüne gesehen, als Heinrich von Gagern. Gewandtheit der Form, künstlerische Gliederung und Abrundung, logische Schärfe und Feinheit, gleichmäßiger Fluß der Worte, bequeme Fassung, witzige Schlagfertigkeit, glänzende Pointen, vielseitige Beherrschung des Gegenstandes sind anderen Rednern in höherem Maaße zu eigen. Wenn der heißblütige Welcker, trotz seiner Jahre, in jeder parlamentarischen Schlacht voran ist und im braven Ungestüm fast über die Menge seiner eigenen Gesichtspunkte stürzt, wenn Mathy in überlegener Ruhe und Kälte den Gegner mit klaren weitverzweigten Argumenten niederwirft, wenn Soiron mit der Unwiderleglichkeit des gesunden Menschenverstandes den Nagel jedesmal auf den Kopf trifft, wenn Bassermann die schwachen Punkte der feindlichen Bollwerke mit scharfem Blick zu gewahren, den verdeckten Angriff mit sicherer Hand zu entlarven, die Argumente des Gegners ihm zerbrochen vor die Füße zu werfen versteht, wenn Vinke's kernhafte Schärfe, seine unermüdliche Streitbarkeit, sein unerschöpfter Humor, wenn Dahlmanns inhaltschwere und wuchtende Rede, Beselers Feinheit und weittragende Anschauung, Simsons frappante Antithesen und glänzende Diction, stets großer Wirkungen gewiß sind, so ist es doch Gagern, dessen Eintreten im Vorparlament wie in der Paulskirche, den Debatten den Schwerpunkt, die entscheidende Wendung, die Peripetie im Sinne der Alten gab. Worin liegt diese Gewalt seiner Rede? Ist es diese hohe stolze Gestalt, die mächtigen Brauen, die den geraden Blick des treuen offenen Auges überschatten, die edle Kraft in Haltung und Gebärde, diese tiefe und volle Stimme, deren männlicher Klang niemals überspannt wird? Dies alles wirkt nur darum so mächtig, weil es der Ausdruck einer vollen, in sich beruhenden Natur, ihrer Gediegenheit und Kraft ist, weil die Gewalt einer tief erfüllten Seele aus Stimme, Haltung und Geberde hervorleuchtet. Die innerliche Betheiligung des ganzen sittlichen Menschen ist es, welche Gagerns Wort einschneidend, seine Rede gewaltig macht. Seiner Natur ist es eigen, jedesmal den Gesichtspunkt zu nehmen, in welchem die sittliche und die politische Seite der Sache zusammen fallen, bei ihm ist die Lösung jeder Frage, das Ergreifen der Entscheidung Gewissenssache. Wie er sich der Sache ganz und voll hingiebt in seiner gesunden ungebrochenen Natur, in welcher der Mensch, der Mann von Ehre, der Patriot und der Staatsmann nicht auseinander fallen, sondern in voller Einheit zusammenwirken — so faßt er auch jede Frage in ihrem eigentlichen Kern- und Mittelpunkte, aus dem Vollen und Ganzen ihrer Bedeutung; und für die so genommene Ansicht tritt er mit seiner ganzen Person ein. Da ist keine Vorsicht, einen Weg für den Rückzug offen zu halten, keine Dunkelheit, welche über die letzte Meinung des Redners einen Zweifel ließe, kein geheimnißvolles Zurückhalten, keine Andeutungen, welche den Redner von der Bedeutung und den Consequenzen der Entscheidung, für die er eintritt, unterscheiden oder fern halten sollen. Je wichtiger der Augenblick, je größer die Gefahr, um so schärfer zeichnet sich Gagern seinen Weg, um so williger giebt er sich preis. Ihm heißt Vorsicht nicht das Bedenken der eigenen Sicherheit, sondern das gewissenhafte Erwägen dessen, was die Sache fordert, eine

Schonung seiner selbst, welche hinter dieser Forderung zurückbliebe, gilt ihm nicht für Klugheit, sondern für Feigheit. Dieses rückhaltslose Eingehen in das Mark jeder Frage, ihre Beantwortung in dem Sinne, wie das Wesen der Partei in ihr wieder gespiegelt ist, die Kühnheit und unwiderrufliche Bestimmtheit, mit welcher Gagern seine Position einnimmt, das ist das Geheimniß seiner Größe und seiner parlamentarischen Bedeutung. In den mächtigen Strom seines Ganges müssen alle abweichenden Arme einzelner Meinungen, abgesonderter Gesichtspunkte wieder münden. An seiner Rede werden sich stets die unsicheren und schwankenden Meinungen orientiren und zurecht finden; die Verzagten wird er stets mit sich fortreißen, die Gedrückten aufrichten, und wie fein und scharf die individuelle Absicht sich innerhalb seiner eigenen Partei hier und da von ihm getrennt haben mag, wie vorsichtig dieser und jener die Klippen zu umgehen sucht, welche Gagern dreist überschreitet — die Macht der Sache und ihre schließliche Entscheidung wird da sein, wo sie in der vollen Ueberzeugung ihrer Berechtigung mit Offenheit und Kühnheit verfolgt wird. Das ist es, was Gagern wie zum hervorragendsten Parteiführer, so zum mächtigsten Manne und Redner in der Paulskirche gemacht hat. Jede große Sache wird von dem am besten und eingreifendsten vertreten, dessen innere Betheiligung auf der Höhe derselben steht, der ihre ganze Schwere, wie sie in die Wagschale seiner eigenen Entscheidung gefallen ist, in seiner Darstellung zum Ausdruck bringt.

Der formellen Schönheit der Rede ist diese durchgehende Stimmung Gagern's nicht günstig. Die Wucht des Gegenstandes scheint den Redner zu drücken, er arbeitet die Gedanken mühsam und einzeln empor, sie reihen sich nicht leicht und fügsam an den Faden, aber allmälig kommt der Redner in Feuer, die schweren Metalle kommen in Fluß, und wie die Rede ihrem Mittelpunkte sich nähert, fügt sich das Material der Form, die vereinzelten Betrachtungen schließen sich endlich in den Ring des leitenden Gedankens, der von ihnen emporgetragen, allen sichtbar und von allen empfunden, mächtig hervorragt.

Die deutsche Nationalversammlung bot bei ihrem Zusammentreten (18. Mai 1848) das in der Geschichte der Völker unerhörte Beispiel dar, daß eine mitten in der Revolution nach einem radicalen Wahlgesetz gewählte Vertretung in ihrer starken Majorität entschlossen war, sich dem Weitergreifen der Umwälzung entgegenzustellen und nach einer langen Periode schwerer und unwürdiger Bedrückung, den Besiegten, welche sich so gut wie auf Gnade und Ungnade ergeben hatten, denen damals kein Mittel des Widerstandes zu Gebote stand,

2

Bedingungen zu bieten, welche unter den vorhandenen Umständen den Character großmüthiger Mäßigung und Besonnenheit an sich trugen. Die Majorität wollte die constitutionelle Monarchie, wie die verwandten Stämme Englands und Belgiens dieselbe erprobt und ausgebildet hatten, in freien und großen Formen; nach demselben Princip sollte der deutsche Bundesstaat die Mannichfaltigkeit unserer Stämme und Staaten zu einem organischen und starken Ganzen zusammenfassen. Es galt diese Gesinnungen sofort beim Beginn der Verhandlungen zu bethätigen und ihnen in dem ersten Akte der Versammlung in der Wahl des Präsidenten einen deutlichen Ausdruck zu verschaffen. Nach einem dafür geeigneten Manne zu suchen, war überflüssig. Gehörte doch Heinrich von Gagern der Versammlung an, der wie kein Anderer die Idee der deutschen Einheit von seinem ersten Jünglingsalter an, im Busen getragen; der als Jüngling und Mann dafür gestrebt und gestritten, der zuerst den Weg gefunden hatte, auf welchem allein zu diesem Ziele zu gelangen sein würde, der treu und fest die constitutionellen Grundsätze vertheidigt, der dieser seiner politischen Ueberzeugung das Opfer seines Amtes und seines Einkommens gebracht, dem eben jetzt die Revolution ein viel schmerzlicheres Opfer abgefordert hatte, das Leben seines älteren Bruders Friedrich. Vor allem auf Heinrichs Wunsch und dringende Bitten hatte dieser die Führung der bereits desorganisirten badischen Truppen gegen Hecker übernommen, um großherzig und patriotisch in der Stunde der Gefahr in die Bresche zu treten und den schwankenden Soldaten durch die moralische Macht einer großen Persönlichkeit Halt und Standhaftigkeit zu geben. — Auch im Hinblick auf die radicale Partei, welche die Minorität in der Versammlung bildete, empfahl sich die Wahl Heinrich von Gagern's, auch diese Partei konnte seiner Unparteilichkeit gewiß sein, auch sie konnte Vertrauen zu solchem Character fassen, auch sie mußte die Ehre und den Patriotismus der ganzen Versammlung durch diesen Präsidenten vertreten finden.

Es war mehr als eine Phrase, mehr als die Stimmung des Augenblicks, wenn Gagern bei der Annahme der Präsidentur von einem Gefühl der Demuth sprach, mit welchem diese Erhöhung ihn erfülle. Es ist ihm die Demuth großer und ursprünglicher Naturen eigen, welche in der Unmittelbarkeit ihres Wesens, nicht etwa im verzagten Selbstgefühl oder ängstlicher Vergleichung mit anderen wurzelt. Einzelne Talente und Fähigkeiten können gemessen und verglichen werden, sie pflegen auch dem bewußt zu sein, welcher solche Eigenschaften besitzt, wo aber, wie bei Gagern, die Macht der Person auf dem glücklichen Zusammenwirken aller einzelnen Kräfte basirt, welches dem Willen und der Reflexion nicht unterworfen, aus dem tiefen Grunde der Individualität hervorgeht, da ist auch das eigene Bewußtsein außer Stande, sich über seine Bedeutung und Wirkung Rechenschaft zu geben. So sieht sich Gagern mit Verwunderung an die Spitze von Männern gestellt, welche er in einzelnen Eigenschaften weit über sich erkennt, er beklagt, daß der großen Sache (für welche ihm freilich jede Kraft zu klein scheinen würde), nicht bessere Kräfte zu Dienste stehen, aber er weigert es dem Vertrauen seiner Freunde nicht, diese wie jede andere Stelle einzunehmen, in welcher es gilt, sich rückhaltlos der Sache hinzugeben. Wo das Vertrauen aller ihm entgegenkam, erblickte er nur einen Triumph der Sache, welcher er diente.

In jenen ersten Zeiten der National-Versammlung erschien Gagern wohl von stolzer Freudigkeit emporgerichtet, seine Haltung und Geberde war gehoben von dem Gefühl edler Würde und Kraft, die Hoffnung Deutschlands lag auf seinem Antlitz. So fern er davon war in seiner Person die Stütze der deutschen Sache zu erblicken, so fühlte er sich doch stolz an der Spitze dieser Versammlung, freudig in der Arbeit das so lang gesteckte, nun so viel näher gerückte Ziel, bald zu erreichen. Je theurer ihm das Ziel ist, um so gewissenhafter ist seine Entschließung, wenn es aber zum Handeln kommt, so handelt er mit ganzem und fröhlichem Herzen, weil er nach treuer Erwägung so handeln zu müssen glaubt. Diese volle Natur seines Thuns, diese Ganzheit des Handelns, diese Fülle der Stimmung giebt seinem Auftreten eine unserer Zeit fast ganz abhanden gekommene Frische und Ursprünglichkeit, die Gewalt des Werdens und Schaffens, die Weihe einer höheren Nothwendigkeit.

Es war kein leichtes Amt, das Gagern zu verwalten hatte. Auch in jenen Tagen nicht, da die Majorität Sieg auf Sieg gegen die Revolution erkämpfte, da sie die Rolle der Convents zurückwies, zu welcher die Auflösung aller Ordnung und Autorität sie fast hindrängte, da es ihr gelang, in der provisorischen Centralgewalt das constitutionelle Princip klar und fest an die Spitze der Neugestaltung Deutschlands zu stellen und dem Vaterlande nach langem Entbehren, das weite sichtbare Zeichen und Pfand seiner Einheit zu geben. Mit jedem Erfolg der constitutionellen Partei wuchs die Erbitterung der radicalen Minorität, je weiter die Hoffnung für die Republikaner schwand, innerhalb der Versammlung durchzudringen, um so heftiger, wilder und mißachtender wurde ihr Benehmen. Zudem fehlte dieser Partei die Voraussetzung jedes parlamentarischen Körpers und des parlamentarischen Kampfes: daß die Versammlung sich in der Majorität anerkenne und achte, daß der Gedanke den Gedanken, die

2*

Ueberzeugung die Ueberzeugung zu besiegen habe; oder man ließ wenigstens diese Voraussetzungen nicht gelten, weil man entschlossen war, innerhalb wie außerhalb der Versammlung, den Sieg mit allen Mitteln zu versuchen. Das Recht des gegnerischen Standpunkts wurde von dieser Seite mißachtet, die parlamentarischen Waffen wurden mit Hohn, mit Schmähungen und Verdächtigungen auch gegen die Mitglieder der Versammlung vergiftet. Während die Abgeordneten der Linken es nicht verschmähten, die unverletzlichen Glieder einer constituirenden Versamlung zu sein, behaupteten sie in der Paulskirche wie in der Presse und in den Volksversammlungen das Recht und die Nothwendigkeit der fortgesetzten, der permanenten Revolution.

Diesem Treiben gegenüber genügte es nicht, den Buchstaben der Geschäftsordnung aufrecht zu erhalten und den Abstimmungen ihren Lauf zu geben. Es galt dem lärmenden Ungestüm einen festen und muthigen Willen, der Frivolität und Frechheit die Unverletzlichkeit des sittlichen Adels gegenüber zu stellen, es galt der Versammlung Selbstachtung und Würde zu geben. Dieser Aufgabe ist Gagern in unübertroffener Weise gerecht geworden, nicht allein durch den hohen Ernst, mit welchem die Aufgabe der Versammlung ihn erfüllte, nicht allein durch die ihm natürliche Gerechtigkeit, mit welcher er jede Meinung zur Geltung gelangen ließ, nicht allein durch großmüthige Milde und Versöhnlichkeit nach jedem Conflikt, sondern auch durch jenen mächtigen Zorn, welcher in Momenten wilder Unordnung oder frecher Auflehnung die ganze Energie und Hoheit seines Characters offenbarte. Der kleine Zorn des Hasses, der den Feind vernichten möchte und vergebens gegen die Schranken der eigenen Kraft sich auflehnt, macht den Zürnenden ohnmächtig; anders der schmerzvolle Zorn des Kämpfers für eine große Sache, gegen welche Fanatismus und Niedrigkeit sich auflehnen. Dieser Zorn fällt dem Gegner das Urtheil, ohne sich Mann gegen Mann zu messen. Die Linke wurde nicht müde, den Streit auf das Gebiet der Persönlichkeiten zu ziehen, aber Gagerns Zürnen ging wie ein grollender Donner über ihren Häuptern hin und ihre frivolen Einwürfe erschienen nur wie Versuche und Ausreden, sich des beschämenden Eindrucks zu erwehren.

Je kräftiger Gagern die Würde der Versammlung gegen die Feinde derselben in ihrem eigenen Schooße zu wahren und aufrecht zu halten wußte, um so wirksamer war auch das Wort der Versöhnung und des Friedens aus seinem Munde. Nach jedem Conflikt, nach jeder Bedrohung und Störung rief er wieder auf zu einmüthigem Wirken, stärkte er den Glauben der Versammlung an sich selbst durch die Hinweisung auf ihren hohen Beruf. Der Aufstand vom 18. September 1848 drohte die Versammlung in zwei Heerlager zu sondern, zwischen denen die parlamentarische Debatte, ja die parlamentarische Gemeinschaft kaum noch möglich schien. Die Majorität hatte den Malmoeer Waffenstillstand mit großer Selbstüberwindung genehmigt, weil sie die Einheit Deutschlands nicht auf einem schweren Conflikt von unberechenbaren Folgen mit dem ohnehin vielfach verletzten Preußen gründen zu können meinte, weil sie der Democratie in Preußen nicht durch einen verwerfenden Beschluß zum wahrscheinlichen Siege verhelfen wollte. Viele Mitglieder der Minorität erkannten diese Motive an, wenn sie auch die Durchführung des Kampfes gegen Dänemark im nationalen Interesse voranstellten. Anders stand die Linke diesem Beschluß gegenüber. Ihr war Mäßigung Feigheit, Schonung Preußens Fürstendienerei; mehreren Genossen dieser Fraction war der gegen die Stimmung Süddeutschlands gefaßte Beschluß ein erwünschter Anlaß, die constitutionelle Majorität gewaltsam auseinander zu treiben und mit der Republik durchzudringen. Mitglieder der Linken hetzten in einer großen Volksversammlung bei Frankfurt die Menge gegen die Majorität auf, die gesammte Linke verhandelte mit Deputationen „des Volks", welche von ihr begehrten, daß sie die Führung des Aufstandes übernähme, ohne dem Reichsministerium oder Mitgliedern der Majorität eine Warnung zukommen zu lassen. Am Morgen des Aufstandes selbst, während wüthende Haufen die Thüren der Paulskirche zu sprengen versuchten, verlangten Anträge der Linken die Zurückziehung der Truppen, ja auch später, mitten im Kampfe selbst, wurde diese Forderung von einigen Mitgliedern dieser Fraktion dem Ministerium wie dem Reichsverweser gegenüber wiederholt. Es lag ein schwerer Druck, eine schwüle unheilschwangere Luft auf der Versammlung als sich die Majorität, aus deren Mitte zwei hervorragende Mitglieder der blinden Wuth des aufgestachelten Volkes erlegen waren, am Morgen des 19. Septembers denen wieder gegenübersah, welche die moralische Verantwortung des Aufstandes, dieser blutigen Scenen trugen. Die Ehre der gefallenen Genossen, die eigene Ehre stand trennend zwischen denen, welche der Aufstand mit wildem Mord getroffen und denen, welche er als seine Freunde bezeichnet hatte. Im Angesicht solchen Zwiespalts und des Treibens, welches ihn hervorgerufen, in einem Moment, welcher mit der Erinnerung an seinen ermordeten Bruder alle Wunden seines eigenen Herzens wieder aufgerissen hatte, gehörte Gagern's Glaube an den besseren Geist in der Versammlung, an ihren Beruf zu Deutschlands Rettung, es gehörte der Muth und die Größe seiner Sinnesart dazu, dennoch die heilende Hand an die klaffende Wunde der Versammlung zu legen und mit dem vollen Gefühl der Schmach und Gefahr, welche diese Ereignisse über das Vaterland brachten, das Wort der Versöhnung zu sprechen, das Vertrauen der Versammlung zu sich selbst wieder wachzurufen und „die Fahne der Hoffnung neben diese Todten zu pflanzen." — „Die Bewegung in unserem Vaterlande," so eröffnete Gagern die Sitzung vom 19. September — „seine Neugestaltung hat neue Opfer verlangt. Ich sagte verlangt, das ist ein unrichtiger Ausdruck, sie sind auf die niederträchtigste Art meuchlings ermordet, sie sind muthwillig und barbarisch hingeschlachtet worden. Ich will nicht aufregen, aber das Gefühl der Schaam über die Schmach, welche durch solche Thaten über die Nation kommt, kann ich nicht unterdrücken. Für die Entscheidungen dieser Versammlung verlangt die Nation den Gehorsam aller. Dieser Gehorsam ist von einer Anzahl verblendeter oder irre geleiteter Menschen verweigert worden. Daß eine solche bösliche und auflehnende Weigerung des Gehorsams nicht ungestraft hingehen kann, darüber wird in dieser Versammlung kein Zweifel sein. Wir werden unseren Weg einhalten, der auch die Freiheit schützt. Wir werden keinem Gelüste Vorschub leisten, das etwa rückwärts führen könnte. Es ist bei der Stellung der provisorischen Centralgewalt leicht, mittelst dieser Versammlung bei einer Velleität von Abneigung gegen einzelne Persönlichkeiten, bei der Unzufriedenheit und Kritik über einzelne Regierungshandlungen ein Ministerium zu stürzen, aber schwer, daß ein solches sich wieder gestalte. Daraus muß für diese Versammlung die Warnung hervorgehen, daß es unerläßlich sei, unsern ganzen Zustand zur Erwägung zu ziehen, ehe wir zu entscheidenden Beschlüssen schreiten. Wir sind in diesem Augenblick in der Lage, welche uns die Pflicht auferlegt: das provisorische Ministerium stützen zu müssen. Die Ereignisse und ihre Verwickelungen sind bedeutend, ein kräftiges und entschiedenes Eingreifen dringend und die Verantwortung, die auf den Ministern ruht, groß. Es sind Maaßregeln zur Wiederherstellung der öffentlichen Ruhe von dem Reichsministerium getroffen worden und wir werden gewiß zu allem die Hand bieten, was zur Herstellung der gesetzlichen Ordnung nothwendig ist und zwar sowohl zur Erhaltung der Achtung vor dem Gesetz als auch zur Kräftigung der Vollziehung. Ich bin überzeugt, die Mehrheit der Versammlung, alle werden daran mitwirken. Wollen wir die Freiheit, so müssen wir sie mit Maaß wollen und ihr Maaß lehren. Wollen wir die Einheit, so lassen sie uns vor Allem hier einträchtiger zusammenwirken!" So wußte Gagern an der Größe der Aufgabe auch in den traurigsten Momenten die erschütterten Gemüther wieder aufzurichten. Während er das strengste Gericht über die verübten Frevel hielt, schloß er Keinen von der Anforderung aus, durch gemeinsame Rettung des bedrohten Werkes das, was geschehen war, zu sühnen, und rief die gegenseitig erbitterten Gemüther in dem gemeinschaftlichen Ziele zum Frieden.

In diesem großen Sinne, mit solcher Würde und Kraft hat Gagern acht Monate lang das Präsidium der National-Versammlung geführt. In stürmischer Zeit hat er der Versammlung Recht, Würde und Maaß gegeben und sie auf diesem Wege erhalten (was kein anderer vermocht hätte), er hat ihr den Stempel seines eigenen Characters aufgedrückt und das Bewußtsein ihres hohen Berufes ihr stets lebendig erhalten. Was an Vaterlandsliebe, an Glauben und Muth für das Gelingen des Werkes, an Entschlossenheit und ausharrender Treue in dieser Versammlung lebte, hat in ihm stets seinen Mittelpunkt und seinen Ausdruck gefunden. In technischer und formeller Rücksicht war seine Leitung keineswegs vollkommen. Fehlte ihm auch für jeden die Würde und die Ordnung des Hauses verletzenden Zwischenfall ein treffendes und gewichtiges Wort der Rüge oder der Ausgleichung nicht, so geschah es doch zuweilen, daß er irrte und eine rasche Aeußerung zurücknehmen mußte. Und an dem Wesen war ihm so viel und so wenig an der Form und an dem Schein gelegen, daß er gern jeden Fehltritt eingestand. So kühn und groß er in all seinem Thun, in seinen politischen Entschließungen und Handlungen war, eben so willig und bereit war er sich zu beugen, wo es die Wahrheit verlangte. Aber derselbe Sinn, der in sicherem Instincte, in dem freien und glücklichen Zuge seines Innern die verworrensten Fragen aus dem Wesen der Sache heraus zu lösen wußte, stockte öfter vor kleinen Verwickelungen und es gelang ihm nicht immer und nicht ohne Mühe die Fragestellung streng logisch und zweckmäßig zu ordnen.

Wenn Gagern schon als Präsident auf die Versammlung einen bedeutenden Einfluß ausübte, so hat er auch außerdem auf ihre Politik, auf den gesammten Verlauf der Dinge sehr wesentlich eingewirkt. In entscheidenden Augenblicken trat er in die Reihe der Abgeordneten zurück, um das Gewicht seiner Ansicht und Ueberzeugung auch in der Debatte zur Geltung zu bringen. Am eingreifendsten und vom öffentlichen Urtheil am meisten gepriesen wie am schärfsten angegriffen, war sein Auftreten bei der Einführung der provisorischen Centralgewalt. War die Majorität der Versammlung auch darüber einig, daß das constitutionelle Princip in der

Form dieser Regierung an die Spitze der deutschen Verhältnisse gestellt werden müsse, so blieb es doch fraglich, ob bereits im Provisorium die Executive eine einheitliche sein könne, oder ob nicht zunächst ein Directorium als Uebergangsform vorzuziehen sei. Alle Erwägungen staatsmännischer Einsicht waren in dem Bericht des Ausschusses von Dahlmann zu Gunsten des letzteren Ausweges entwickelt. Gerade um des letzten Zieles, um der Einheit willen, so schien es, müsse zunächst auf das Ideal verzichtet, müsse zunächst das Verlangen gemäßigt werden. Vor allen Dingen war es nothwendig, daß diese Centralgewalt eine wirkliche Gewalt war; die vorhandene Gestaltung des deutschen Lebens mußte ihr deshalb zu Grunde gelegt und in ihr vertreten werden. Darum sollten die drei großen Theile, in welche die Geschichte Deutschland zerlegt hatte, Oesterreich, Preußen und die Gesammtheit der mittleren und kleineren Staaten, in einem dreiheitlichen Directorium vertreten sein. Aber wie schwer auch diese Gründe wiegen mochten, das Verlangen der nationalen Einheit war so stark in den Gemüthern und wurde so entschieden als die herrschende Idee der Bewegung, als der Lebenskeim der neuen Epoche empfunden, daß die einheitliche Spitze, welche zudem von der streng monarchischen Rechten, wie von der republikanischen Linken her gleichmäßig unterstützt wurde, im Laufe der Debatte auch in den Centren größeren Raum gewann. Ueber die Art der Begründung dieser neuen Gewalt, über das Recht, welches den Regierungen hierbei einzuräumen sei, gingen die Meinungen ebenfalls weit auseinander. Die Mehrzahl der Mitglieder war der Ansicht, den Regierungen den Vorschlag, der Versammlung die Zustimmung und dann den Regierungen wiederum die Einsetzung der Centralgewalt zuzugestehen.

Gagern entschied sich für die Einheit. Daß der Inhaber dieser Gewalt ein Fürst sein müsse, daß er einer der beiden Großmächte angehören müsse, um schon durch seine Geburt republikanischen Zumuthungen und Gestaltungen entgegen zu treten und das monarchische Princip in Deutschland aufrecht erhalten zu können, daß kein Anderer berufen werden könne, als der Erzherzog Johann von Oestreich, damals der einzige Fürst von populärem Ruf, der einst in hoffnungsloser Zeit ein unvergessenes Wort deutscher Gesinnung gesprochen hatte, stand bei ihm von vorn herein fest. Bei der Art der Einsetzung fragte sich Gagern, ob es im Interesse Deutschlands, im Interesse der Fürsten sei, der baldigen Verwirklichung dieser auf das Dringendste von den Umständen geforderten Gewalt Hindernisse und Verzögerungen zu bereiten, indem man die Regierungen zuerst über die Personen von Directoren oder über die Person des Reichsverwesers sich zu vereinbaren veranlaßte, dann die Versammlung votiren ließ und endlich wieder einen Akt der Regierungen forderte? Mußte ein Beschluß der den Interessen der Regierungen freiwillig Rechnung trug, durchaus auch in seiner Ausführung ihnen anheimgegeben werden, während die Lage der Dinge zur schleunigsten That drängte? Lag es endlich im Interesse der Versammlung eine solche Art der Einsetzung trotz einer starken und widerwilligen Minderheit zu beschließen? Konnte dies einem Beschlusse, der die Neugestaltung Deutschlands inauguriren sollte, konnte dieß der Stellung und der moralischen Stärke der zukünftigen provisorischen Centralgewalt vortheilhaft sein? Was konnte endlich in der damaligen Situation ein strenger Sieg durch die Mehrheit frommen, der nichts enthielt, was den Sympathien der linken Seite des Hauses, was den von der Demokratie beherrschten Gesinnungen des Volkes entsprach? Und worauf sollte denn schließlich diese neue Gewalt, welche nicht die alten Verhältnisse, sondern die neue Bewegung verlangte, errichtet werden, als auf moralischen Grundlagen, wodurch konnte sie stark sein, als durch die Stimmung und Zuneigung der Mehrheit des deutschen Volkes?

Ohne Verabredung mit irgend einer Partei, ohne die Unterstützung irgend eines seiner Freunde trat Gagern am Schlusse der Debatte mit dem Resultate seiner weit überschauenden Erwägungen vor die Versammlung. Er drängte dieselben in wenige inhaltschwere Sätze zusammen. „Ich würde es bedauern — sagte er — wenn es als ein Princip gälte, daß die Regierungen in dieser Sache nichts sollten zu sagen haben. Aber, meine Herren, ich thue einen kühnen Griff, ich sage Ihnen, wir müssen die provisorische Centralgewalt selbst schaffen. Darum müssen wir sie selbst schaffen: Sie muß stark sein, sie muß Vertrauen einflößen. Wir müssen sie aber besonders darum selbst schaffen, weil wir ihrer schnell bedürfen und weil wir nicht gewiß sind, daß sie dann schnell geschaffen werden wird, wenn wir die Mitwirkung der Regierungen in Anspruch nehmen. Es ist ein Unterschied, ob wir die Vollziehungsgewalt aus Dreien oder aus Einem bestehen lassen. Würde die Ansicht die überwiegende sein, daß sie aus Dreien bestehen sollte, dann wäre die Schwierigkeit nicht so groß, vielleicht läge die Verständigung der Regierungen schon vor, oder sie wäre leicht zu erreichen. Aber die Majorität dieser Versammlung scheint mehr und mehr zu der Ansicht gekommen zu sein, welche ich theile, daß die künftige Centralgewalt Einem Reichsverweser mit verantwortlichen Ministern übertragen werden müsse. Meine Herren, über diesen Einen könnten solche Schwierigkeiten entstehen, daß wir die Regierungen nur einer großen Verantwortlichkeit überheben, indem wir auf ihre nachträgliche Einstimmung rechnen und ihnen die Wahl und den Vorschlag erlassen. Aus der höchsten Sphäre müssen wir den Reichsverweser nehmen, denn wir bedürfen jetzt eines Mannes, der hoch steht und sich der Unterstützung aller Staaten ohne Widerspruch muß versichert halten können, wenn er das Amt antreten soll, das Sie ihm zudenken. Die Unterstützung der Versammlung und des Volks wird ihm von der einen Seite werden, weil er ein Fürst ist, von der andern, weil er, obgleich ein Fürst, von der National-Versammlung gewählt ist."

Stürmischer Beifall folgte. Gagern hatte die Entscheidung aus dem Kern der Frage, aus dem Wesen der Situation heraus getroffen. Es war als ob er das innerste Bedürfniß der Versammlung gefunden und ausgesprochen, als wenn er die Mehrheit durch seinen Vorgang und Vorschlag von dem Zwang ihres eigenen Princips, ihrer eigenen politischen Ueberzeugung befreit hätte. Dennoch fanden sich bei der Abstimmung über die Frage, „ob der Reichsverweser von der National-Versammlung zu wählen sei," 135 verneinde Stimmen, von denen nur einige dreißig der Rechten angehörten, welche das Princip der Vereinbarung mit den Regierungen streng aufrecht erhielt. Die übrigen würden für eine Fassung des Antrags im Sinne Gagern's: daß die Versammlung im Vertrauen auf die Zustimmung der Regierungen den Reichsverweser erwähle, ihre Stimme gegeben haben. Aber die linke Seite hatte, weil unmittelbar nach Gagern's Rede die Debatte geschlossen worden war, die Einbringung neuer Anträge aus formellen Gründen hartnäckig und tumultuarisch verweigert. So war den Männern, welchen es über jeden augenblicklichen Erfolg hinaus wichtig erschien, die Zustimmung der Regierungen und damit den Beistand ihrer noch vorhandenen Macht der Centralgewalt zu sichern, welche principiell die Autorität der Regierungen durch die Versammlung nicht geschwächt, sondern gehoben sehen wollten, nichts übrig als in der Negative zu bleiben. Dennoch war es ein großes Gelingen, daß dieser Weg eingeschlagen, daß in demselben Zuge die constitutionellen Grundlagen der provisorischen Regierung festgestellt und die Wahl des Reichsverwesers vollzogen wurde. Das Princip der constitutionellen Monarchie wurde dadurch mitten in der Revolution und durch dieselbe selbst sanctionirt, in dem Reichsverweser war der künftige Kaiser vorgebildet, aus der Umwälzung heraus war eine Macht geschaffen, welche eben durch diesen Ursprung die Revolution zu bändigen im Stande war und dieser Aufgabe in wohlthätiger Weise genügt hat. Die Versammlung aber hatte sich eine regelmäßige Regierung gegenübergestellt und sich damit selbst vor künftigen Uebergriffen gesichert.

Nicht minder bedeutend als bei diesem Beschlusse trat Gagern in die Debatte über die ersten Bestimmungen der Reichsverfassung ein. Es handelte sich um die Vorschriften, daß kein Theil des deutschen Reichs mit nichtdeutschen Ländern zu einem Staate vereinigt sein dürfe, und daß in dem Falle, wenn ein deutsches Land mit einem nichtdeutschen Lande dasselbe Staatsoberhaupt habe, das Verhältniß zwischen beiden Ländern nach den Grundsätzen der reinen Personalunion geordnet werden müsse. In diesen Festsetzungen lag der Grundstein und Kern des ganzen Baues; es handelte sich um das Verhältniß Oestreichs zu Deutschland, es handelte sich dabei zugleich um die Oberhauptsfrage, die von der Stellung Oestreichs zu Deutschland vollkommen abhängig war. Die Versammlung hielt fast in ihrer Totalität diese Bestimmungen mit Recht für die unerläßlichen Bedingungen eines lebenskräftigen Bundesstaates; der Linken waren sie willkommen, weil sie den Ruin des alten Oestreichs beschleunigen mußten; von den Centren waren viele ebenfalls der Ansicht, man müsse mit diesen Bestimmungen die Trennung Deutsch-Oestreichs von den außerdeutschen Gebieten erleichtern, um jeden Preis müsse g a n z Deutschland dem neuen Reiche gesichert werden. Welches Verhältniß, Preußen und Oestreich im Bundesstaat neben einander gestellt, einnehmen sollten und möglicher Weise einnehmen könnten, wie das eine dem andern sich unterordnen werde oder könne — das war den meisten zur Zeit dieser Debatte (Ende October 1848) wie die ganze Oberhauptsfrage noch völlig unklar. Einige meinten allerdings, wenn die Habsburger Italien, Ungarn und Galizien aufgäben, so müsse man sie dafür an die Spitze Deutschlands bringen — aber ob sich Preußen dann fügen würde und wie diese Unterordnung zu bewerkstelligen sein werde, war schwer zu beantworten, andere glaubten sich auf die systematische Feststellung der Verfassung beschränken und das Uebrige den Ereignissen überlassen zu müssen. Die bedeutenderen Mitglieder der Majorität waren der Ansicht, daß man Oestreich gegenüber die Bedingungen des Bundesstaats in der Verfassung streng festsetze, und daß man es sodann Oestreich selbst überlassen müsse, wie es sich zu diesen stellen werde, wolle und könne; ob es diesen Bedingungeu gerecht zu werden gedächte, oder welches andere Verhältniß zum Bundesstaate ihm erwünschter und angemessener erscheinen möchte.

Anders Gagern, dessen Auffassung von der nothwendigen Stellung Oestreichs zu Deutschland wir bereits kennen. Er hatte niemals zu Denen gehört, welche eine Einheit für ganz Deutschland träumten, die Vorschwebungen von einem mitteleuropäischen Weltreich, welches ganz Oestreich und das übrige Deutschland in gemeinschaftlicher Verfassung umschließen sollte, mit welchen ein paar östreichische Abgeordnete damals zuerst hervortraten, gingen ohne Wirkung an seinem praktischen und gesunden Sinne vorüber. Niemals hat Gagern auch theuern Idealen zu Liebe die Natur der Dinge verkannt; er wollte die Verfassung für Deutschland auf dessen dauernde und unvergängliche Beziehungen und Formationen gründen, welche durch die Revolution wol einen Augenblick zurückgedrückt und geschwächt, aber niemals beseitigt und ausgerottet werden konnten. Den theoretischen Consequenzen aus der Natur des Bundesstaates, welchen man auch in der Mehrheit so viel Gewicht beilegte, setzte Gagern die reale Lage der Dinge gegenüber. Ihm galt es mehr, daß die Verfassung in ihren positiven Bestimmungen den wirklichen, durch eine Geschichte von Jahrhunderten fixirten Grundverhältnissen Deutschlands entspreche, als daß eine systematisch vollendete Norm für den Bundesstaat gegeben werde. Er hielt es für unweise, die Lebensfrage für die deutsche Nation und für die Verfassung offen zu lassen, für unstaatsmännisch, Oestreichs Antwort abzuwarten, da diese schon in dessen Wesen gegeben sei, für unklug, zu warten wo man durch Handeln zuvorkommen könne, für unzweckmäßig, harte Bedingungen einem Staate gegenüber auszusprechen, von dem man sehr wol wisse, daß er diesen niemals gerecht werden könne, ohne sich selbst aufzugeben; er hielt es endlich für feige, von den Ereignissen die Lösung fundamentaler und schwieriger Fragen sich in die Hand drücken zu lassen. Es kam dazu, daß in jenen Tagen, in welchen über jene Artikel abgestimmt werden sollte, Oestreich in den Zuckungen einer neuen Revolution lag, daß die Demokratie in Wien mit den Ungarn, Italienern und Polen im Bunde die Regierung bekämpfte, daß die Hauptstadt in den Händen der radikalen Partei war. Das Aussprechen jener Bestimmungen in der Reichsverfassung auch für Oestreich, hieß in diesem Augenblicke die Zwecke des Aufstandes wesentlich befördern, hieß der Rebellion neue Kräfte und Vorwände zuführen. Solches Verfahren erschien dem Patriotismus Gagern's, der als ein wahrhaft „großdeutscher" auch Oestreich stets umschlossen hat, unbrüderlich und nicht loyal. Für ihn war das Verhältniß, welches Deutschland und Oestreich zu einander einzunehmen hätten, durch den über beiden stehenden Beruf der deutschen Nation festgestellt. Oestreich war seiner Ansicht nach nicht bestimmt, den Kernpunkt des deutschen Lebens zu bilden und dessen politische Entwickelung zu führen. Oestreichs Aufgabe war es nach Gagern's Auffassung vielmehr, in der Herrschaft der deutschen Bestandtheile über die undeutschen, das Vorschreiten der deutschen Bildung und Colonisation nach dem Osten zu tragen und zu leiten. Dazu gehört aber, daß Oestreich unabhängig steht von dem centralen deutschen Leben, dessen Bedingungen auf andern Grundlagen ruhen. Warum sollte dieses Verhältniß nicht sofort ausgesprochen werden, warum sollten mit den für Oestreich unannehmbaren Bedingungen für den deutschen Bundesstaat nicht zugleich die positiven Bestimmungen eines möglichst engen Verbandes zwischen diesem und der östreichischen Monarchie ausgesprochen werden? Den Schein, welchen die meisten fürchteten, als ob man dadurch Oestreich von Deutschland absichtlich ausschließen wolle, fürchtete Gagern nicht, wenigstens schlug er ihn geringer an, als den Schein: mit der schroffen Festsetzung der Normen des Bundesstaats auf den Zerfall Oestreichs zu speculiren. So brachte Gagern zu jenen Artikeln der Verfassung, welche auch er unverändert beschlossen wissen wollte, folgenden Zusatzantrag ein: „Oestreich bleibt in Berücksichtigung seiner staatsrechtlichen Verbindung mit nichtdeutschen Ländern und Provinzen mit dem übrigen Deutschland in dem beständigen und unauflöslichen Bunde. Die organischen Bestimmungen für dieses Bundesverhältniß, welche die veränderten Umstände nöthig machen, werden Inhalt einer besondern Bundesacte."

Besonders mächtig und ergreifend sprach sich Gagern in der Rede, welche diesen Antrag begleitete, über die Bedeutung der östreichischen Monarchie aus. „Es könne zweifelhaft erscheinen — so sagte er — was der Hauptbestandtheil der östreichischen Monarchie sei. Aber wenn auch das deutsche Element der Zahl nach in der Minorität sei, so sei doch nicht zweifelhaft, daß es das einflußreichste in dieser Monarchie sei. Darum dürfe eine Abtrennung Deutsch-Oestreichs wie das Verhältniß der Personalunion sie verlangen würde, nicht gefordert werden. Die Personalunion werde für Oestreich die Auflösung der Monarchie sein, wie man dies auch bemänteln möge. In deutschem Sinn und Interesse aber sei die östreichische Monarchie nicht zu zerstören, sondern so zu sichern, daß sie ein mächtiges Reich bleibe, mit dem deutschen Bundesstaate zur Lösung der großen und gemeinsamen nationalen Aufgabe eng verbunden." „Wir haben zwar den Beruf", so fuhr er fort, „dem gesammten deutschen Volke eine Verfassung zu schaffen, aber wir haben auch die Verpflichtung mit diesem Berufe übernommen, den Verhältnissen, den Thatsachen diejenige Rechnung zu tragen, welche getragen werden muß, wenn wir die Verfassung lebensfähig schaffen wollen. Andere Völker würden es für ihre erste Pflicht halten, durch ihre Verfassung den Besitz nicht eines Dorfes in Frage zu stellen, und wir sollten leichtsinnig mit der Auseinanderreißung Oestreichs eine ganze reiche Anwartschaft nationaler Entwickelung dem bisherigen Zusammenhang entfremden, dem Zufalle preisgeben? Wir sollen jetzt in diesem Augenblicke die Fackel in das brennende Haus schleudern?"

Vergebens wies Gagern diesmal der Versammlung den richtigen Weg. Die Sprache des Staatsmanns verhallte vor der Unentschlossenheit, vor der Abstraction des „ganzen Deutschlands", vor der unweisen und kurzsichtigen Klugheit nüchterner Berechnung, vor der ängstlichen Besorgniß, den Schein der Ausschließung Oestreichs auf sich zu laden. Die Versammlung folgte Gagern zu ihrem großen Nachtheil nicht wie bei der Gründung der provisorischen Centralgewalt. Entschloß man sich damals mit ihm groß und kühn die Initiative zur Ordnung des Verhältnisses zu Oestreich in die Hand zu nehmen, kam man zugleich mit diesem Beschlusse der östreichischen Regierung in ihrer damaligen bedrängten Lage zu Hülfe, unterhandelte man schnell und aufrichtig über die näheren Bedingungen eines solchen Verbandes, welche Gagern in seiner Rede bereits in den Grundzügen angedeutet hatte, damals als die Verhältnisse in Deutschland noch flüssiger waren — man hätte den Abschluß des ganzen Verfassungswerkes, die Entscheidung der Oberhauptsfrage wesentlich erleichtert und beschleunigt und die Zustände Deutschlands lägen heute vielleicht ganz anders. Freilich tragen auch hier die Abgeordneten Oestreichs, wie in den letzten Entscheidungen über die Verfassung, den größten Theil der Schuld — sie verhielten sich, wie gegen jene Artikel der Verfassung, so auch gegen den Antrag Gagerns nur abwehrend, ohne alle positiven Vorschläge.

Gagern sah das Schicksal seines Antrags bei der Abstimmung voraus, er zog ihn mit den prophetischen Worten zurück: „Ich weiß, daß mein Antrag die Mehrheit des Hauses nicht erhalten wird. Die Lösung der Frage, wie ich sie von der Zukunft erwarte, habe ich nach meiner Ueberzeugung darstellen zu müssen geglaubt. Bis zur zweiten Abstimmung über die Verfassung (die Versammlung hatte zwei Lesungen der Verfassung beschlossen) wird die National-Versammlung Gelegenheit haben, aus den Ereignissen und den entwickelten Ansichten ein Resultat zu ziehen. Die Zeit dieser Versammlung will ich mit einem Namensaufruf über meinen Antrag nicht verschwenden lassen, und ziehe ihn deshalb bis zur zweiten Lesung zurück."

Es vergingen nicht zehn Wochen und die Majorität mußte dem Antrage Gagerns zustimmen, der jetzt vielleicht nicht 60 Stimmen erhalten hätte. Aber eine kostbare Zeit war unwiederbringlich verloren. Was Gagern vorausgesehen hatte, geschah. Unwillig wies die Stimme der deutsch-östreichischen Provinzen die „versuchte Auseinanderreißung" der Gesammtmonarchie zurück, mit der Hinrichtung

Blum's warf die siegreiche östreichische Regierung der Nationalversammlung einen blutigen Fehdehandschuh ins Antlitz, der erste Act der neubefestigten kaiserlichen Politik war das Programm von Kremsier, welches von Wien her der Ansicht Gagerns begegnete und die gesonderte Neugestaltung Gesammtöstreichs und Deutschlands verlangte: erst dann werde sich das Verhältniß beider zu einander feststellen lassen. Zu gleicher Zeit gestaltete sich das Verhältniß der Nationalversammlung zu Oestreich von Tag zu Tag feindseliger; Graf Deym sprach es offen von der Tribüne aus: wenn die National-Versammlung Oestreich haben und beherrschen wolle, so möge sie Oestreich erobern. Wollte man zu einem ersprießlichen Verhältniß kommen, so mußte auf Gagern's Antrag, auf seine Auffassung der gebotenen Stellung Deutschlands zu Oestreich zurückgegangen werden. Damit war zugleich die Lösung der Oberhauptsfrage in Gagern's Sinn gegeben, für welche die gleichzeitig eintretende Wendung der Dinge in Preußen durch die Auflösung der Versammlung in Berlin, durch die Octroirung der Verfassung und die damit verbundene Wiederherstellung der Gewalt und Autorität der Regierung zu Anfang des December nur von wesentlicher Förderung sein konnte. Das Reichsministerium unter dem Präsidium des Herrn von Schmerling war selbst der Ansicht, daß zu Unterhandlungen mit Oestreich über dessen Verhältniß zu dem zu begründenden deutschen Bundesstaate geschritten werden müsse. So sehr sich Schmerling in gewandter Führung der Geschäfte in den schwierigsten Lagen bewährt hatte, so entschlossene Maßregeln er der weiter greifenden Umwälzung entgegengestellt hatte, so war er doch zu sehr Oestreicher, als daß es angemessen erscheinen konnte, ihm selbst die Führung dieser Unterhandlungen zu überlassen. Zudem war er zuvor dem Gagernschen Antrage entgegen gewesen, er fühlte selbst, daß die Leitung dieses Geschäfts ihm nicht allein oder in erster Reihe übertragen werden könne; wie die übrigen Mitglieder des Ministeriums wünschte er zu diesem Behufe den Eintritt Gagerns. Gagern war augenblicklich bereit, auch unter Schmerling's Präsidium in das Cabinet zu treten, die Besorgniß seiner Freunde, daß er in dieser Verbindung seine Popularität, seinen Einfluß in der Versammlung gefährden werde, theilte er nicht. Ihm war es genug, überall für seine Ueberzeugung einzutreten — hatte er doch bereits für sich die Acte des Bündnisses mit Oestreich mit jenem standhaften Fleiße ausgearbeitet, der ihn immer die Wege zu seinem kühn ergriffenen Ziel Schritt für Schritt zurücklegen ließ. Noch weniger kam es ihm darauf an, der erste zu sein, am wenigsten trieb ihn Ehrgeiz, eine hohe und mindestens äußerlich gebietende Stellung einzunehmen. Gewichtiger schienen die Bedenken Anderer, daß mit dem Bleiben Schmerling's im Cabinet, die Unterhandlung selbst gefährdet sein würde, daß Schmerling, immer in intimer Kenntniß des Standes derselben, in ausschließlichem Interesse Oestreichs dieselbe hinterrücks verzögern, misleiten und durch Intriguen kreuzen werde. Auch diese Gründe schlugen bei Gagern nicht an, selbst durchsichtig und wahrhaft bis auf den Grund des Herzens, fehlt ihm sogar das Organ des Mistrauens. Dennoch mußte Schmerling endlich vor dem entschieden ausgesprochenen Willen der Centren aus dem Ministerium weichen, nachdem er die Ermächtigung, welche er im Namen des Ministeriums für die Unterhandlung mit Oestreich forderte, dahin erklärt hatte: daß die ersten Schritte derselben dahin gerichtet sein müßten, auch Oestreich in den Bundesstaat aufzunehmen. Man würde die östreichische Regierung dann auffodern, anzugeben, welche Modificationen sie verlange, um eintreten zu können. Wenn sie überhaupt nicht eintreten wolle, so würde die Frage dahin erweitert werden müssen, welches völkerrechtliche Verhältniß Oestreich zu Deutschland einzunehmen habe. (Haym, die deutsche National-Versammlung II., S. 133.) Schmerling wollte also über Modificationen der Verfassung des Bundesstaats zu Gunsten Oestreichs unterhandeln, Gagern ging von dem völkerrechtlichen Verhältniß beider aus. Und welcher Spielraum war der Verzögerung, welche Gelegenheit jeder Intrigue gegeben, wenn man auf diesen Weg Schmerling's einging! Nach Allem, was von Oestreich trotz des habsburgischen Reichsverwesers und des östreichischen Ministerpräsidenten der Nationalversammlung gegenüber bis dahin geschehen war, nach allen Erfahrungen, die man gemacht hatte, gewann es den Anschein, als ob Schmerling diese Unterhandlungen nur einleiten wolle, um Zeit und günstigere Gelegenheit für Oestreich zu gewinnen, vielleicht den Abschluß des Bundesstaats für Deutschland ganz zu verhindern. Und dazu sollte man Gagern hergeben, den besten Mann der Versammlung, den letzten Anker und Stern aller Patrioten, die einzige Bürgschaft für den glücklichen Abschluß des Verfassungswerks? In einem solchen Conflicte mußte wol eine schon längst in der Versammlung wachsende Abneigung gegen Schmerling den Sieg davontragen. Man entschied sich für die Uebergabe des Ministeriums an Gagern allein.

Am 18. December 1848 übergab Gagern der Versammlung sein Programm. Es verlangt die Sonderstellung Oestreichs zu Deutschland, aber zugleich die Aufrechthaltung des bestehenden Bundesverhältnisses und die Umbildung desselben mittelst einer besondern Bundesacte zu einer nähern Union Oestreichs mit dem deutschen Bundesstaate. Zu diesem Ende fordert das Ministerium die Ermächtigung der Versammlung, eine gesandtschaftliche Verbindung mit Oestreich zu eröffnen: von dieser Unterhandlung ist die Verfassung des deutschen Bundesstaats ausgenommen. Gleichzeitig erklärte Gagern dem Erzherzog-Reichsverweser: daß seine Wirksamkeit als Minister sich darauf richten werde, die Würde des Reichsoberhaupts der Krone Preußen erblich zu übertragen. Da war keine Unklarheit, kein Hinterhalt, niemals ist ein Ministerium mit größerer Offenheit angetreten, niemals mit freiwilligerem Verzicht auf jeden Schein geführt worden.

Gagern verhehlte sich die Größe der Aufgabe nicht, welche er übernommen hatte. Aber es galt, den entscheidenden Kampf um den Abschluß der Verfassung in der Versammlung, um die Einführung derselben in Deutschland. Er wußte, welche Coalition von Gegnern in der Versammlung, wenigstens in der Negative gegen ihn einig sein würde, er wußte, daß die alte Majorität, welche bis dahin einmüthig gegen die linke Seite zusammengehalten hatte, jetzt wo es an das positive Gestalten, an den positiven Abschluß der Verfassung ging, zusammenbrechen würde, er wußte, welcher Kampf gegen die verschiedenartigsten Interessen bevorstände. Die Oestreicher wollten sich nicht aus Deutschland hinauswerfen lassen, die Baiern wollten in Oestreichs Festhaltung in Deutschland eine Stütze gegen Preußen, die Ultramontanen (die preußischen nicht ausgenommen) wollten die katholische Großmacht nicht missen, am wenigsten ein protestantisches Kaiserthum zugeben, die Linke wurde nicht müde, den Ruf: „das ganze Deutschland soll es sein," ertönen zu lassen und über Verrath am Vaterlande zu schreien, die Particularisten endlich wollten das Schaukelsystem für ihre kleinen Staaten zwischen Oestreich und Preußen durch die Abscheidung Oestreichs vom Bundesstaate nicht stören lassen. Die „Diplomaten" wie die „Phantasten der deutschen Einheit" standen gleichmäßig gegen Gagern und den einzig möglichen Weg zur deutschen Einheit und Verfassung in den Waffen.

Dennoch siegte Gagern. Wenn eindringliche Worte eines hervorragenden Mannes vermögen, Erzürnte zu versöhnen, Kleinmüthige zu erheben, Gleichgültige zu erwärmen, Mißtrauende zur Hingebung zu stimmen, Unklarheiten zu lichten und die Gemüther auf ein großes, festes und klar erkanntes Ziel hinzulenken, so muß die Rede, mit welcher Gagern am 13. Januar 1849 die dreitägige Debatte über sein Programm schloß, an diesem Siege einen erheblichen Antheil gehabt haben. Er begann mit einem Hinblick auf die Stammeseifersucht zwischen Oestreich und Preußen, welche im Laufe der Debatte, mehrfach angeregt, widerwärtig genug zu Tage gekom-

3

men war — hatte doch Vogt in seiner frechen Weise Gagern selbst vorgeworfen: sein Project sei nichts als eine Hohenzollernsche Intrigue. „Es ist eine niederdrückende Erscheinung — so begann er — daß selbst in diesem Saale an Sympathien und Antipathien der einzelnen Stämme appellirt worden ist, daß man diese Feinde der Einheit, die wir längst besiegt zu haben glaubten, wieder heraufbeschworen hat. Sympathien und Antipathien müssen niedergekämpft werden, sonst ist die Lösung der Frage, welche uns vorliegt, nicht möglich." Schonend und entschuldigend berührte er sodann das feindliche Verhältniß Oestreichs zur Centralgewalt, nicht eine Anklage, sondern einen neuen Beweis für die Unmöglichkeit, daß Oestreich eine andere Stellung als die eines weiteren Bundesgenossen zu Deutschland einnähme, zog er aus jenen Ereignissen. Er zeigte die Unmöglichkeit eines Eintritts des Gesammtreichs in den Bundesstaat, jenes Mittelreichs von 70 Millionen Menschen, er bewies, daß es mit den Forderungen der deutschen Nationalität unvereinbar sei — und mit den Forderungen der Freiheit noch weniger sich vertrage, ein Dutzend fremder Nationen im deutschen Parlament tagen zu lassen; daß Oestreich mit den deutschen Provinzen allein nicht eintreten könne, ohne den Gesammtstaat aufzuheben, oder wenn dies nicht geschehen solle, es die Bildung des Bundesstaats verhindern oder nur unter so laxen Formen zulassen könne, daß dieser nichts anderes als die Erneuerung des Elends des Bundestags herbeiführen könne. Nicht ausweichend, sondern mit voller Betonung accentuirte er den Zusammenhang dieser Frage über Oestreich zur Oberhauptsfrage. Er wies auf die Nothwendigkeit einer einheitlichen Executivgewalt, auch aus dem Gesichtspunkte der parlementarischen Regierung hin, die unmöglich bei einer zusammengesetzten Behörde, welche von den Aufträgen der Einzelstaaten abhänge, bestehen könne. Er war der erste, der es direct und offen in der Paulskirche aussprach: „Ich will ein einheitliches und zwar ein erbliches Oberhaupt. Der Bildung eines solchen werden die dynastischen Interessen, die Gefühle und Traditionen einzelner Volksstämme, noch viele Schwierigkeiten in den Weg legen. Aber ich rechne auf den gesunden Sinn des Volks, auf den Einfluß, den seine Vertreter, welche hier sitzen, haben werden, und auf die Einsicht der Fürsten, die an der Spitze stehen. Es werden dazu entscheidende Schritte nöthig sein, es gehört namentlich in der letzten Stunde die Erhebung dieses Hauses dazu, um die Uebereinstimmung zu einer That zu bezeugen, und ich gebe die Hoffnung nicht auf.

Gagern hatte sein Programm in schwerem Kampf durchgesetzt, mit großer Anstrengung hatte er einen Boden für seine Politik gewonnen. Aber die Schwierigkeit des Antritts wurde von den Hindernissen, welche die Führung des Ministeriums fand, noch weit überboten. Nur mit einer Majorität von 37 Stimmen hatte Gagern gesiegt, niemand verkannte, daß diese schwache Mehrheit zum großen Theil eine persönliche war, die allein dem Ansehen und dem Einfluß des Ministerpräsidenten verdankt wurde. Mehrere hatten trotz der eigenen entgegenstehenden politischen Ansicht, doch kein Votum direct gegen Gagern abgeben wollen. In der That mislang gleich der folgende Schritt; im Fortgange der ersten Lesung der Verfassung wurde die Erblichkeit des Reichsoberhaupts mit 263 gegen 211 Stimmen verworfen. Bildeten nun auch diese Stimmen die einzige compacte Partei in der Versammlung, welche von einem positiven Gedanken für die Gestaltung der deutschen Verfassung geleitet wurde, standen ihr auch nur in der Negation einige Fractionen der verschiedensten Tendenz, Republikaner, Particularisten, Ultramontane, Oesterreicher und Baiern als solche gegenüber, so vermochte jene kaiserliche Partei es doch, trotz aller Anstrengungen Gagerns und seiner Freunde nicht, mehr als 250 Stimmen für sich zu gewinnen, während das östreichische Gouvernement eiligst die Lücken in den Reihen ihrer Abgeordneten in ihrem Sinne ergänzen ließ. In so schwankender Lage, unter so aufgelösten Verhältnissen und so frivolen Combinationen in der Versammlung, mußte die zweite Lesung der Verfassung begonnen werden. Am schlimmsten war offenbar, daß alle jetzt abgerissenen Theile der ehemaligen Majorität entschlossen waren, nicht bloß in der Oberhauptsfrage gegen Gagern Stand zu halten, sondern auch in den übrigen Bestimmungen der Verfassung gegen ihre eigene, meist sogar durch frühere Abstimmungen in der Versammlung documentirte Ueberzeugung, im Sinne der linken Seite zu stimmen. Die Oestreicher, die Baiern, die Ultramontanen wußten sehr wohl, daß für ihre Intentionen keine Entscheidung der Versammlung zu erwarten stand, daß die Directorialverfassung oder was man sonst in diesen Kreisen anstreben mochte, in der Paulskirche nicht zur Geltung zu bringen wäre, daß man selber bedeutend schwächer sei, als die kaiserliche Partei; aber in Verbindung mit der Linken durfte man doch hoffen, den Gedanken Gagern's zu zerstören, wenigstens die Verfassung so zu verderben und so radical zu gestalten, daß sie für Preußen, für die übrigen Regierungen unannehmbar sein werde. Mit unsäglicher Mühe von der Gagern'schen Partei fast auf allen Punkten zurückgeschlagen, gelang es dieser Coalition, welche das deutsche Volk um seine theuersten Hoffnungen betrogen hat, dennoch ein radicales Wahlgesetz und das suspensive Veto in die Verfassung hineinzu-

3*

bringen. Darauf erklärten 14 bis 15 Mitglieder der Linken, daß ihren Principien in der Verfassung Genüge geschehen sei, daß sie nunmehr für die Erblichkeit des Oberhaupts stimmen würden; obwohl oder weil sie sehr gut wußten, wie sehr die Annahme der Verfassung durch ihre eigenen Vota in jenen beiden Punkten, namentlich in Betreff des suspensiven Veto erschwert worden sei. Die Erblichkeit ging durch, der König von Preußen wurde am 28. März 1849 mit 290 gegen 248 Stimmen zum erblichen Oberhaupt des deutschen Bundesstaates gewählt. In der Versammlung hatte Gagern obgesiegt, wenn auch der Sieg mit schweren Opfern erkauft worden war.

Nicht so gut sollte es ihm bei den deutschen Regierungen werden. Während Schmerling das Ministerium geführt hatte, war die völlig machtlose und von dem guten Willen der Regierungen abhängige Stellung der Centralgewalt nicht sehr schroff zum Vorschein gekommen. So lange es galt, der Anarchie entgegenzutreten, waren die Regierungen mit dem Reichsministerium einverstanden gewesen und hatten demselben zu diesem Behufe bereitwillig ihre Kräfte und Machtmittel zur Verfügung gestellt und sich dessen Anordnungen unterzogen. Jetzt aber galt es, dieselben in eine positive Gestaltung Deutschlands einwilligen zu lassen, jetzt galt es, das Provisorium in eine definitive Staatsform umzuwandeln, welche ihnen allen größere oder geringere Opfer auferlegte. Ueberdies waren sie bis zu Anfang des Jahres 1849 wieder einigermaßen zu Kräften gekommen, wenigstens waren sie viel stärker, als im vergangenen Sommer und Herbst. Die National-Versammlung selbst hatte den Stoß der Bewegung gehemmt, die Waffen zerbrochen oder abgestumpft, mit welchen die Regierungen im vergangenen Jahre so hart bedrängt worden waren. Hinter der Versammlung und von ihr gedeckt, hatten sich die Regierungen erholt. Allmälig begann ihre Sprache eine andere zu werden, und eine lebhafte Diplomatie bemächtigte sich der deutschen Frage, welche man bis dahin der National-Versammlung ausschließlich überlassen hatte. Gagern bemühte sich trotz aller Bedrängniß, die er in der Versammlung selbst zu bestehen hatte, unablässig gegen Ende des Januar und im Laufe des Februar die Regierungen zu Erklärungen zu veranlassen, in welchen sie ihr Einverständniß mit der Constituirung Deutschlands unter einem erblichen Oberhaupt aussprechen und ihre Bereitwilligkeit, sich demselben unterzuordnen, zusagen sollten. Er hatte damit zugleich die Absicht, die Schwankungen in der Versammlung zu beseitigen, und unterstützt von einer ansehnlichen Zahl von Regierungen seiner Absicht eine sichere Majorität im Parlamente zu verschaffen. Bei den meisten kleineren Staaten waren seine Bemühungen von Erfolg. Die Königreiche aber waren weit entfernt, auf solche Intentionen einzugehen, und ihre eingebildete Souveränität im souveränen Bundesstaate den Hohenzollern unterordnen zu wollen. Sie fanden sich nicht mehr in dem Maaße bedrängt, als früher, sie wußten, daß die Democratie dem Kaiserplane äußerst abgeneigt war, und vor allen Dingen: sie fanden Unterstützung bei Oestreich. Oestreich war auf die Unterhandlungen über das Unionsverhältniß zum deutschen Bundesstaat nicht eingegangen, Gagerns Vorschläge blieben ohne Erwiderung. Das war ein Factum von großer, von entscheidender Bedeutung. Es war dem verletzten Selbstgefühl oder dem falsch verstandenen vaterländischen Interesse des Herrn von Schmerling gelungen, das östreichische Gouvernement von der Stellung, welche es in dem Programm von Kremsier zur deutschen Frage eingenommen hatte, wieder zu entfernen. Man war jetzt in Wien entschlossen, sich nicht aus Deutschland „hinauswerfen" zu lassen, man war entschlossen, die Positionen, welche man durch den Reichsverweser, durch die exclusiv katholischen Interessen in Deutschland noch inne hatte, zu behaupten, man war entschlossen, das preußische Principat in dem Bundesstaat nicht zuzugeben, den Abschluß dieses Bundesstaats zu verhindern. Man unterhandelte und intriguirte nun zunächst gegen den Bundesstaat und gegen Gagern an den kleinen Höfen, man concentrirte seine Anstrengungen mit richtigem Blick auf die königlichen Regierungen, von denen man unbedingte Mitwirkung zu erwarten hatte, so lange man nicht etwa eine Unterwerfung unter die östreichische Herrschaft von ihnen selbst verlangte. Man ging weiter, man stachelte ihren Ehrgeiz auf, man zeigte ihnen, daß sie bei der Neugestaltung Deutschlands wesentliche Vortheile statt einer schmählichen Unterordnung unter Preußen erndten könnten, man proponirte deshalb eine Directorialverfassung, in welcher die vier Königreiche neben Oestreich und Preußen Sitz und Stimme haben sollten; die jedem Königreiche zunächst gelegenen kleinen Staaten sollten dessen Leitung untergeordnet und in Reichskreise verwandelt werden: eine Regierungsform, welche Deutschland viel ärger als jemals zerrissen haben würde. Gegen so perfide Anstrengungen einer Großmacht, gegen alt eingewurzelte dynastische Interessen, welche das Messer nicht mehr an der Kehle fühlten, waren Gagern's Bemühungen natürlich erfolglos. Es kam dazu, daß Preußen, zu dessen Gunsten alle diese Anstrengungen gemacht wurden, die Dinge nicht kräftig in die Hand nahm und kein zureichendes Gegengewicht gegen die Intriguen Oestreichs an den Höfen wie in der Versammlung darbot. Zwar

war es Gagern und seiner Politik zu danken, daß Preußen sich der National-Versammlung freundlicher als bisher annäherte, aber zu gleicher Zeit sprach es seine Bedenken über ein zu errichtendes Kaiserthum aus, behielt es sich seine Erklärungen über das Reichsoberhaupt vor, erklärte es sich Oestreich gegenüber bereit, über ein Directorium zu unterhandeln. Außerdem machte man dem Reichsministerium von Berlin aus in den Verhandlungen mit Dänemark die bedenklichsten Schwierigkeiten. Man verlangte alle möglichen Concessionen, um den Ausbruch eines neuen Krieges zu verhindern, ließ sich nur nach weitläufigen Erörterungen mit großer Mühe bewegen, 12000 Mann nach Schleswig marschiren zu lassen und benutzte endlich den preußischen Oberbefehlshaber der Reichsarmee dazu, in Jütland einen schmählichen Scheinkrieg ausführen zu lassen.

Es war eine verzweifelte Situation für das Ministerium Gagern. Der Staat, welcher aus Deutschland weichen sollte, wollte nicht weichen, der andere, welchem Deutschland übergeben werden sollte, wollte nicht zugreifen, die Mittelstaaten waren renitent und die kleinen Staaten, welche zu helfen bereit standen, waren ihrer geringen Bedeutung wegen unfähig, ein sehr erhebliches Gewicht in die Wagschale zu legen. Dazu wurde der Reichsverweser, von Anfang an mißgestimmt gegen das Ministerium, immer widerwilliger, allmälig hemmte, erschwerte oder verzögerte er jeden Schritt desselben, die Versammlung war schwankend und ohne festen Halt, viele alte Freunde und Genossen saßen jetzt unter den Gegnern und die Linke wurde in ihren Angriffen und Schmähungen gegen die kaiserliche Partei, gegen Gagern, immer wilder und ungeberdiger, je näher die Entscheidung rückte. In der That, es gehörte der Muth eines Mannes dazu, solchen Schwierigkeiten ungebeugt Trotz zu bieten, und unter den unermüdlich fortgesetzten persönlichen Bedrohungen und Aufhetzungen der demokratischen Partei, die seit einem Jahre vorzugsweise gegen Gagern gerichtet waren, unter den Verläumdungen und Scheußlichkeiten, welche die radicale Presse nicht müde wurde, tagtäglich gegen ihn zu schleudern: daß er im Solde der Fürsten stehe, das Volk zu verrathen, daß er an Oestreich verkauft, daß er an Preußen verkauft sei, daß er Robert Blum in Wien habe erschießen lassen u. s. w. Glauben und Thatkraft nicht zu verlieren.

Unverdrossen arbeitete Gagern weiter. Nach dem Schluß der ersten Lesung der Verfassung nahm er es über sich, um heftigeren Zwiespalt zwischen der Versammlung und den Regierungen zu vermeiden, die Erklärungen und Aeußerungen sämmtlicher Regierungen über die Resultate derselben einzufordern. Er wußte, daß darüber eine kostbare und vielleicht unwiederbringliche Zeit von mindestens vier Wochen verstreichen werde, aber er hoffte, daß die Ausstellungen der Regierungen bei der zweiten Lesung volle Berücksichtigung finden, daß damit der streitige Punkt zwischen den Regierungen und der Versammlung, wer von beiden in letzter Instanz endgültig über die Verfassung zu entscheiden habe, umgangen, wenigstens erheblich gemildert werden könne. Die preußische Regierung war bereits auf diesem Wege zuvor gekommen, mit ihr gaben die 28 Regierungen der kleinern deutschen Staaten ihre Erklärung über die erste Lesung der Verfassung in einer Collectivnote vom 16. Februar ab; die meisten in derselben monirten Punkte wurden bei der zweiten Lesung abgeändert. Ueber die Oberhauptsfrage war die Erklärung offen gehalten worden. Zögernd, vereinzelt kamen gegen Ende Februar und Anfang März die Noten der Königreiche an, sie sprachen sich gegen das einheitliche und erbliche Oberhaupt an der Spitze des deutschen Bundesstaates aus und verlangten ein Directorium. Endlich erklärte Oestreich, daß es sich niemals der von einem anderen Fürsten gehandhabten Centralgewalt fügen würde, daß es sich niemals einer Gesetzgebung unterordnen werde, die ihren Sitz außerhalb der Grenzen Oestreichs habe.

Das war das Verhalten der deutschen Regierungen zum deutschen Verfassungswerk, als gegen Ende des März die National-Versammlung ihrer Seits zum Schluß kam und ungeirrt durch alle diese Meinungen, Interessen und Absichten das erbliche Principat Preußens beschlossen hatte. Die Entscheidung lag jetzt allein bei Preußen, seine Antwort entschied über Leben und Tod des deutschen Verfassungswerkes. Nahm Preußen die dargebotene Würde an, so war das vereinzelte Widerstreben der Königreiche sehr bald durch den Andrang ihrer Bevölkerung, durch die Größe und Wucht der That überwunden und Deutschlands Regeneration zur Einheit, Freiheit, Größe und Macht in den Grundlagen vollendet.

Der König von Preußen gab am 3. April 1849 eine ausweichende Antwort. Er verlangte zunächst „eine gemeinsame Berathung aller Regierungen, um zu prüfen, was in der Verfassung dem Ganzen wie dem Einzelnen fromme," eine Vereinbarung, welche das ganze Werk wieder in Frage stellte. In der edelsten und schönsten Hoffnung getäuscht, übernahm es Gagern mit seiner Partei dennoch, einen Ausweg zu suchen, übernahm er die trost- und aussichtslose Aufgabe, die Versammlung hinzuhalten, Zeit zu gewinnen, bis man in Berlin zu einem definitiven Entschluß gekommen wäre, er übernahm es, diesen Beschluß zu Gunsten der Annahme hinzuwenden. Während Beckerath und Bassermann nach einander mit Vermittelungsvorschlägen nach Berlin gesendet wurden, während man außerdem in jeder Weise thätig war, dort den gewichtigsten Gründen für die Annahme Geltung zu verschaffen, während Mathy nach München, andere zuverlässige Genossen an die übrigen Königshöfe, die ihren Widerstand nun auch auf die Antwort des Königs von Preußen stützen konnten — abgingen; wiewohl verzögert und aufgehalten, durch die Weigerung des Reichsverwesers ihre Vollmachten zu vollziehen — brachte Gagern am 11. April die Vertreter der 28 kleinen deutschen Staaten dahin, daß sie die preußische Aufforderung zu gemeinsamer Berathung der Verfassung durch eine Collectivnote beantworteten, in welcher sie erklärten, daß sie die von der Reichsversammlung beschlossene Verfassung ohne weitere Bedingungen annähmen und der erblichen Kaiserwürde der Hohenzollern ihre Zustimmung gäben. Nicht mindere Anstrengungen legte ihm die Ungeduld der Versammlung auf: er wurde nicht müde seinen mäßigenden und beschwichtigenden Einfluß von der Tribüne geltend zu machen.

Alle diese Bemühungen waren vergebens. Am 28. April erfolgte die definitive Ablehnung der Verfassung von Seiten Preußens. Gagerns Politik war verloren, er aber gab sie mit der ihm eigenthümlichen Zähigkeit noch nicht auf. War wirklich politische Reife über das deutsche Volk gekommen, war wirklich die Idee der Einheit mächtig und entscheidend in den Herzen der Stämme, so mußte es möglich sein, durch eine große friedliche und gesetzliche Agitation die widerstrebenden Regierungen zur Annahme derselben moralisch zu zwingen. Hielt die National-Versammlung, die Centralgewalt streng an der beschlossenen Verfassung, blieb sie selbst von jedem revolutionären Schritt fern, und verleugnete sie alle derartige Versuche, die etwa von anderer Seite begonnen wurden, ermuthigte sie dagegen alle gesetzlichen Kundgebungen für die Reichsverfassung, gab sie diesen den Mittelpunkt und den Nachdruck ihrer höheren Autorität, so waren die Regierungen früher oder später gezwungen, nachzugeben. Alles kam darauf an, auf dem gesetzlichen Wege fest auszuharren. In dieser Richtung brachte die Partei Gagern am 4. Mai 1849 in der National-Versammlung den Beschluß durch, die Regierungen, die gesetzgebenden Körper der Einzelstaaten, die Gemeindebehörden, das gesammte deutsche Volk aufzufordern, die Reichsverfassung zur Anerkennung und Geltung zu bringen, und Gagern erklärte von der Tribüne, in welcher Absicht dieser Antrag eingebracht, in welchem Sinne er zu verstehen sei. Gleichzeitig legte Gagern dem Reichsverweser ein Programm vor, in welchem die Principien der Thätigkeit des Reichsministeriums unter den gegenwärtig veränderten Umständen vorgezeichnet waren. Dasselbe sprach „die Befugniß und die Verpflichtung für das Ministerium aus, mit allen gesetzlichen und friedlichen Mitteln und durch das Gewicht der moralischen Macht der Centralgewalt die Durchführung der Reichsverfassung in den deutschen Staaten zu unterstützen und für die Beseitigung der Hindernisse Sorge zu tragen, welche dieser Durchführung und der darauf gerichteten gesetzlichen Aeußerung des Volkswillens in den Einzelstaaten entgegen treten möchten". „Auflehnungen aber gegen die Regierungen und gewaltthätige Eingriffe in die Funktionen der ordentlichen Behörden müssen eben so zurückgewiesen werden, wie jede Intervention eines oder mehrerer Einzelstaaten zur Unterdrückung etwaiger Bewegungen für die Anerkennung der Reichsverfassung in anderen Einzelstaaten." Außerdem hoffte Gagern, daß es möglich sein werde, die kleineren Staaten, unter ihnen Baden und die beiden Hessen, welche die Reichsverfassung anerkannt und die Note vom 11. April unterzeichnet hatten, vorläufig in einen engeren Verband zu bringen und auf diese Staaten nebst dem Königreich Würtemberg, welches in den letzten Tagen des April bereits durch die allgemeine Bewegung seines Volkes zur Unterwerfung unter die Reichsverfassung gebracht worden war, gestützt, mit den Königreichen im Norden, mit Preußen, Sachsen und Hannover über die Annahme der Reichsverfassung weiter unterhandeln zu können.

Auch dieser letzte Weg wurde gekreuzt und ungangbar gemacht. Diesmal nicht durch die Regierungen, sondern durch das Volk. Während es in Preußen, mit Ausnahme der Rheinprovinz an jeder großartigen gesetzlichen Demonstration, die Regierung zur Annahme der Reichsverfassung zu drängen, fehlte, während das preußische Volk die National-Versammlung in Frankfurt ohne Unterstützung ließ, nachdem es sich vor fünf Monaten seiner eigenen Vertretung so eifrig angenommen hatte, ließen sich die Bewohner von Sachsen, die Bevölkerungen der Pfalz und Badens durch die Agitationen der Republikaner zu gewaltsamen, thörichten und verderblichen Aufständen hinreißen. Dem Reichsministerium gebrachen bald die Mittel des Einschreitens, die ministerielle Partei in der Versammlung konnte nichts thun, als die Anträge der Linken, welche diese Aufstände in Schutz nahmen und weiter treiben sollten, abwehren, und der Reichsverweser entzog dem Ministerium Gagern endlich auch seine moralische Stellung, indem er nach mehrtägiger Zögerung die Gutheißung des vorgelegten Programms verweigerte (10. Mai 1849).

Eine Politik des Friedens und der Vermittelung war forthin unmöglich, das Wort verhallte unter dem Waffenlärm, unter dem die Reaction und die Revolution auf einander trafen. Gagern und seine Partei hatten alle Mittel erschöpft, eine positive Politik war auf ihrem Wege fortan völlig unmöglich, eine sichere Mehrheit in der Versammlung hatten sie seit Gagern's Eintritt in das Ministerium niemals gehabt; seit der Kaiserwahl, seit der definitiven Ablehnung Preußens war diese Partei durch den Austritt vieler Mitglieder, die ihr Mandat erfüllt oder die Durchführung der Verfassung für unmöglich hielten und nach der Abwesenheit eines vollen Jahres in die Heimath geeilt waren, noch bedeutend geschwächt worden. Diese Männer waren wie die Verhältnisse nunmehr lagen, in die einfache Alternative gedrängt, entweder auf die Seite der Revolution zu treten oder ihr Mandat in der Versammlung niederzulegen und den kämpfenden Parteien der Anarchie und der Reaction das Feld zu überlassen; wenn sie nicht durch ihr Verweilen in einer macht- und hülflosen Minorität das moralische Gewicht der revolutionären Beschlüsse der Linken, welche durch diesen Umschwung der Dinge in die Majorität gekommen war, unterstützen wollten.

Aber was bezweckten diese Aufstände und ihre Leiter? Doch niemals das, was Gagern und seine Partei gewollt hatten, — die wirkliche und wahrhafte Durchführung der Reichsverfassung. Hatte die linke Seite, welche sich jetzt dieser Verfassung so eifrig annahm, derselben nicht in allen wesentlichen Bestimmungen ein ganzes Jahr lang den eifrigsten Widerstand entgegengesetzt, hatte sie und ihre Anhänger die Reichsverfassung nicht erst dann acceptirt als Preußen abgelehnt und sie damit unmöglich gemacht hatte, als sie nur noch zum Hebel für einen heftigen Conflikt mit den Regierungen für einen Vorwand zur Einführung der Republik gut genug war? Erklärten nicht überall die provisorischen Comités der Revolution, daß man für die Reichsverfassung „mit Ausnahme der erledigten Bestimmungen über das Oberhaupt kämpfe?“ Konnte diese Verfassung ohne Preußens Principat, mit dieser Aufhebung des Compromisses zwischen den sehr weitgehenden Freiheiten und dem gesicherten monarchischen Princip, wie er in derselben von der Gagern'schen Partei durchgeführt worden war, noch irgend einen Werth für diese haben? Und welche Aussichten warteten der constitutionellen Partei, wenn sie wirklich durch ihr moralisches Ansehen — so sehr dies die Radicalen durch unermüdliche Verläumdungen, Wühlereien und Aufhetzungen zu untergraben versucht hatten, die Zwecke der Republikaner unterstützt hätte? Am Tage des Sieges wäre sie bei Seite geworfen, mit Hohn und Verachtung vernichtet worden. Aber es gab für einen Sieg keinerlei Aussichten. Nur im ersten Aufschwunge, im ununterbrochenen fortreißenden Verlauf sind Revolutionen unwiderstehlich, diesen hatte die Gagern'sche Partei selbst gebrochen. Unterstützte man die Linke noch weiter durch passive Assistenz, so konnte diese Bewegung wohl großes Unheil anrichten — viel größeres als wirklich geschehen ist, — aber nach der Stimmung der Bevölkerung im Norden Deutschlands niemals zum Siege gelangen. Und wenn die Bewegung siegte? Im Princip stand so viel fest, daß man eher den Gewaltmitteln der Reaction, als denen der Revolution nachgeben dürfe, daß das deutsche Volk im gesetzlichen Kampfe gegen die Reaction in wenigen Jahren zu thatkräftiger und mannhafter politischer Reife gelangen werde, während es in revolutionären Zuckungen und Excessen sehr bald erschöpft, überreizt, matt, verbraucht und demoralisirt zu Boden sinken werde. Nach schweren inneren Kämpfen, nach langen und erschöpfenden Debatten im Schooße der Partei trat Gagern mit seinen Genossen am 20. Mai 1849 aus der deutschen National-Versammlung.

Unverzagt hatte er seine Partei auch durch die Gefahren und Anstrengungen dieser letzten Zeiten geführt. Sein unerschütterlicher Glaube an den Beruf der deutschen Nation, ein Staat zu werden unter den Staaten Europa's hatte ihn noch aufrecht gehalten, da schon alles zagte. Seine Hände waren nicht müde und sein Blick war nicht finster geworden, so lange es noch irgend einen Weg, irgend welche Aussicht gab, das Ziel zu erreichen. Als alles verloren war, da brach zu allem anderen über ihn auch der Zweifel herein, ob nicht eine andere Führung glücklichere Resultate ergeben haben könnte. Gagern ist nicht der Mann, der bei dem Mißgeschick des Vaterlands im Gefühl seines persönlichen Werthes einen stolzen Trost zu finden wüßte. Er war tief gebeugt.

Konnte Gagern an seinem Berufe einen Augenblick irre werden — von dem Gedanken, an welchen er wie kein anderer sein Leben gesetzt hatte, vermochte er nicht zu lassen. Preußen hatte die Sache der deutschen Einigung in die Hand genommen, nachdem es die National-Versammlung vernichtet. Es hatte die Frankfurter Verfassung im Verein mit Sachsen und Hannover wieder aufgenommen und diese mit Modificationen, welche das Wesen der Sache nicht erheblich änderten, am 26. Mai dem deutschen Volke dargeboten. Die Hoffnung war gering, daß es bei der Zahl und Gewalt der widerstrebenden Elemente und Interessen gelingen werde, diese Verfassung ins Leben zu führen. Schon ihres Ursprungs halber standen ihr die Sympathieen der Bevölkerungen nicht bloß in demselben Maaße entgegen, wie sie für die Frankfurter Verfassung lebendig gewesen waren; sie wurde überall mit dem größten Mißtrauen in die wirklichen Absichten der Urheber aufgenommen und wenn man sich bereitwillig jedes Opfer, welches von Frankfurt aus für die deutsche Einheit gefordert wurde, gefallen lassen wollte, die Octroirung von Berlin aus rief den Stolz und das Selbstgefühl auch der kleineren Stämme und Staaten wach. Der Democratie war diese Verfassung nicht freisinnig genug, den Particularisten zu centralistisch, den Königshöfen mißfiel das preußische Principat, wenn es auch auf die Executive beschränkt war und nicht unter dem Titel des Kaiserthums auftrat. Und diese Verfassung sollte auf dem Wege der Vereinbarung mit 34 Regierungen und ebenso vielen Ständekammern ins Leben gerufen werden! Dennoch hielt es Gagern für eine Pflicht des Patriotismus auch diesen Weg zu versuchen, der doch eine Möglichkeit der Rettung zeigte, er verschmähte den Versuch nicht, nachdem sein Schiff noch im Hafen gestrandet, auf leckem Boot die Schätze der Ladung zu bergen. Es schien ihm weise, an dem Ziel festzuhalten und nicht an dem Wege es zu erreichen, er wollte der preußischen Regierung wenigstens die Unterstützung der deutschen und constitutionellen Partei zuführen. Es schien ihm weiter für das Unternehmen Preußens förderlich ein Beispiel der Selbstüberwindung zu geben und damit die moralische Kraft des Widerstands gegen diese Verfassung zu brechen, welcher sich auf die Frankfurter Verfassung stützte; damit sollte zugleich den Regierungen der kleinen Staaten, welche von ihren Ständeversammlungen an der Frankfurter Verfassung festgehalten wurden, der Weg des Uebergangs zur preußischen Verfassung gebahnt werden. Er wollte endlich, daß man die drei verbündeten Regierungen beim Worte nähme und bei denselben festhielte, ehe die Wogen der anschwellenden Reaction auch diese freilich sehr articulirten Verheißungen hinwegspülten. Aus diesen Erwägungen berief Gagern die Genossen seiner Partei Ende Juni 1849 nach Gotha zusammen. Mehr als 130 erschienen und vereinigten sich bald über die Grundsätze, nach welchen sie sich der preußischen Aufstellung gegenüber übereinstimmend halten und bekennen wollten. Die Gothaer Erklärung sprach aus, „daß den Versammelten der Zweck höher stände, als die Mittel, in diesem Sinne glaube man, daß in der preußischen Verfassungsaufstellung, indem sie den wesentlichen Bedingungen des Bundesstaats gerecht werde, der verloren gegangene Einigungspunkt für Deutschland wieder gefunden werden könne, unter der Voraussetzung, daß die dargebotene Verfassung als eine unverbrüchliche Zusage, an welche die Fürsten gebunden seien, feststände und daß die deutschen Regierungen dem zu berufenden Parlament in einem einheitlichen Organ vereinigt gegenüberträten. Sei das der Fall, so dürfe auch auf das beschränkende Wahlgesetz kein erhebliches Gewicht gelegt werden; alle

Mitglieder der Partei würden bereit sein, unter diesen Voraussetzungen zur Durchführung der Verfassung vom 26. Mai nach allen Kräften zu wirken."

Mochte die Democratie diese Gothaer Beschlüsse immerhin als einen Verrath am Vaterlande, an der Volkssouveränität, an der Frankfurter Verfassung bezeichnen, die in der Geschichte beispiellose Selbstverläugnung, mit welcher die Urheber der Frankfurter Verfassung ihr eigenes Werk preis gaben, damit es der heißersehnten Einigung nicht länger im Wege sei, ist nicht ohne Wirkung gewesen, Preußens Politik auf dem eingeschlagenen Pfade zu erhalten, es hat den Regierungen der kleineren Staaten den Uebergang zur Berliner Aufstellung sehr wesentlich erleichtert und der Vorgang angesehener und einflußreicher parlamentarischer Männer hat denselben Schritt in den Ständeversammlungen dieser Staaten allein möglich gemacht.

Preußen schritt langsam und zögernd vorwärts. Große und günstige Momente des Gelingens wurden im Sommer 1849 unbenutzt vorübergelassen, die Sympathieen, das Selbstgefühl der Nation wurden in dem Vertrage mit Dänemark, in der Behandlung der Schleswig'schen Verhältnisse vielfach verletzt; je weiter man von der Revolution abkam, um so weniger zeigten sich Fürsten und Regierungen zu Opfern geneigt. Sachsen und Hannover fielen ab, die größeren unter den kleineren Staaten, welche sich an Umfang und Bedeutung den Königreichen nähern, begannen zu schwanken und Schwierigkeiten zu machen. Nur nach den größten Anstrengungen gelang es Preußen das Parlament von Erfurt am 20. März 1850 zu eröffnen. Die deutsche Partei war zahlreich in demselben vertreten. Es galt wenigstens, wie man sich in Gotha zur Unterstützung der Verfassung vom 26. Mai verpflichtet hatte, so jetzt die verbündeten Regierungen in legitimer Weise an ihr Versprechen zu binden, es galt mindestens die rechtliche Gültigkeit dieser Verfassung festzustellen und damit den Rechtsanspruch des Volkes, die rechtliche Existenz des Bundesstaates feierlich und förmlich durch sofortige Annahme der Verfassung im Ganzen zu sichern, wenn man den Bundesstaat selbst auch nicht ins Leben zu rufen vermöchte.

In der schwankenden und unsicheren Weise, in welcher die preußische Politik in dieser deutschen Sache von Anfang geführt worden war, verlangten auch hier die officiellen Vertreter Preußens und des Bundesstaats, daß die Verfassung nicht im Ganzen angenommen werde, daß das Band gelöst werde, welches sie selbst, aber auch ihre unsicheren Verbündeten rechtlich an dieses Werk fesselte. Diesem unbegreiflichen Ansinnen widersetzte sich die Partei Gagern's wie ein

Mann, sie hatte zu zeigen, daß es auch für sie eine Grenze der Resignation gäbe. Indem Gagern die Annahme im Ganzen verlangte, sprach er ein letztes Wort für sich und seine Freunde. Er führte aus, daß die Hauptbedeutung des Bündnisses vom 26. Mai darin liege, daß diese Verfassung für ganz Deutschland zur Geltung komme. Den Bundesstaat jetzt in engerem Umfange zu Stande zu bringen, habe nur in so fern Werth, als diese Thatsache das Mittel sei zur Errichtung des Bundesstaats für ganz Deutschland. Diese Auffassung müsse die maaßgebende sein. Darum dürfe auch der Rechtsboden des bestehenden Vertrages, das Band, welches dieser um die abgefallenen und schwankenden Regierungen schlinge, nicht aufgelöst werden. Nachdem er dann weiter die Gefahren nachgewiesen, welchen man mit der Aufgebung der rechtlich bindenden Form das Bündniß aussetze, wendete er sich an die Leiter der preußischen Politik und ermahnte sie das festzuhalten beim Bündniß, was jetzt dazu gehöre: je kleiner der Bund abgeschlossen werde, um so schwächer sei die Hoffnung, daß er größer werde. Es sei Preußens Pflicht, die Durchführung des Bündnisses vom 26. Mai wenigstens zu versuchen; die jetzt mit Preußen verbündeten Staaten könnten demselben keinen bedeutenden Zuwachs an Macht bringen; werde aber der Glaube der Nation an die Absicht Preußens geschwächt: „*eine Verfassung für die ganze Nation zu gewähren, so verliere Preußen eine bedeutende Hülfsmacht.*" „Preußen rette die unbefleckte Fahne der deutschen Einheit im parlamentarischen Bundesstaat" — so schloß er, „und bewahre sie, ein der Zukunft anvertrautes Pfand! Es nöthige aber nicht, die Standarte mit dem Trauerflor zu umhüllen, was geschehen müßte, wenn mit halbem Rückzug das große Ziel aufgegeben und mit minderem sich begnügt würde. Müßte Preußen für jetzt zurücktreten, so thue es dies *ganz*, ohne Vergrößerung, und ohne jeglichen Vortheil. Dann bleibt die Fahne unbefleckt; die Achtung und steigende Sympathie der Nation vor so gerader und offner Politik ist gesichert und die Partei, die es für ein deutsches Bedürfniß hält, daß Preußen an die Spitze des deutschen Bundesstaats gelange, geht ihr dann nicht verloren." — „Es ergeht der Ruf, den Bundesstaat zu gewähren, aber den *ganzen*, den deutschen Bundesstaat. Preußen hat das Recht auf seiner Seite, ihn zu entwickeln; es hat die Pflicht dazu anerkannt; es ist sein Interesse und es hat die Macht: Ueben Sie sie!"

So sprach Gagern in Erfurt, im Namen der deutschen Nation fest und unbeugsam seinem Ziele treu, den Vertretern einer Politik schwankenden Willens und verzagter Rücksichten gegenüber. Er ist von seiner Macht aber nicht von seiner Bedeutung herabgestiegen, er leitet die Politik der deutschen Einigung nicht mehr, ja er trat in Erfurt nicht einmal mehr als Parteiführer auf, aber es ist eben so groß, wenn auch weniger glänzend, geduldigen Muthes auszuharren und der erkannten Wahrheit unter jeder Bedingung zu dienen, als zu anderer Zeit mit kühner Hand die Ereignisse zu machen und große Entscheidungen herbeizuführen. —

Die Skizze eines Lebens, reich an Thaten und Dulden, dem Vaterlande von früher Jugend an geweiht wie kein anderes, liegt hinter uns. Die Liebe, die Kraft, die Ehre dieses Mannes gehört dem Werke der deutschen Einigung. Mit dem Fortschreiten und Gelingen dieses Werkes wird er fortleben und wirken, mit dessen Scheitern untergehen. Aber solche Treue für ein alleiniges Ziel, das immer mit reinen Händen erstrebt ward, solches Festhalten eines Gedankens in guten und bösen Tagen, solche Haltung, welche den Feinden der Einheit eben so sehr zum Aergerniß gereicht als den Feinden der Freiheit, solcher Muth und solcher Glauben, solche Hingebung für die Sache des Vaterlandes muß endlich siegreich aus allen Wechseln hervorgehen und seinem Volk einen seltenen Mann und einen großen Character bewahren. Oder beruhte sein Leben, Trachten, Streben und Ringen nicht auf dem innersten Bedürfniß der Nation, wäre sein Gedanke des Bundesstaats, der Union mit Oestreich nicht auf ihre unleugbaren geschichtlichen Verhältnisse gebaut? — Sollte es Heinrich von Gagern nicht vergönnt sein, den siegreichen Augenblick zu erleben, in welchem sich die Glieder des deutschen Landes nach einer Trennung von sechs Jahrhunderten von Neuem zu einem Bundesstaat in Wahrheit und Wirklichkeit zusammenschließen, wo sich die deutsche Nation wirklich zu neuer Kraft und Größe erhebt, so wird doch die Erinnerung des Volkes dankbar zu dem zurückkehren, welcher zuerst den Glauben an diesen ihren Beruf bekannt und wachgerufen hat, welcher ihr zuerst den rettenden Pfad aus dem Labyrinth der Spaltung und Zerrissenheit gewiesen hat. Und wenn Heinrich von Gagern sich selbst nur für einen Gleichen unter gleichgesinnten Freunden hält, wenn er selbst für sich kein besseres Zeugniß in Anspruch nimmt, als das „dem Genius Deutschlands nicht untreu gewesen zu sein" und mit Schmerz bekennt, seiner Aufgabe nicht genügt zu haben, so wird einst die Geschichte von ihm zu sagen wissen, daß dieser Mann vor vielen anderen klar erkannt und mit der ganzen Kraft seines Lebens redlich erstrebt habe, worin das einzige Heil für Deutschland liegt; das deutsche Volk aber habe nicht Einsicht, Ausdauer und Reife genug gehabt, diesem wackeren Führer zu folgen und ihn so, wie es Noth that, zu unterstützen.

Die Männer der Gegenwart.

Neue Folge. Mit Portraits.

Jede Biographie, je nach ihrem Umfange, zu 5 oder 7½ Ngr.

Davon sind bereits erschienen:

I. Joseph von Radowitz.
II. Dr. Alexander Bach, k. k. österr. Minister des Innern.
III. Heinrich von Gagern. Von M. Jacker.

Demnächst werden erscheinen:

IV. C. Freiherr von Bruck, k. k. österr. Minister des Handels.
V. Otto Freih. v. Manteuffel, k. preuß. Minister des Innern.
VI. L. von der Pfordten, k. baier. Ministerpräsident.
VII. Anton Ritter von Schmerling, k. k. österreichischer Justizminister.
VIII. Dr. Simson, Professor der Rechte, k. preuß. Apellationsgerichtsrath.
IX. Freiherr von Carlowitz, k. sächs. Minister a. D., Mitglied des Verwaltungsraths der deutschen Union.
X. Felix Fürst Schwarzenberg, k. k. österr. Ministerpräsident.
XI. Dr. Römer, k. würtembergischer Minister a. D.
XII. Dr. G. Beseler, Mitglied der Schleswig-Holsteinschen Statthalterschaft.
XIII. von Vincke, k. preuß. Landrath a. D.
XIV. Fürst Metternich, k. k. österreichischer Haus-, Hof- und Staatskanzler.
XV. Leo Graf Thun, k. k. österreichischer Minister des Cultus und öffentlichen Unterrichts.

Leipzig, Costenoble & Remmelmann.

Druck von F. A. Brockhaus in Leipzig.

Freundes-Worte

eines

teutschen Mannes an das [illegible] Volk.

Von

L. H. Fischer,

Großherzogl. Oldenburgischem Staatsrathe.

Redet was wahr ist; thut was recht ist; und was daraus entstehen kann, — das stellt dem waltenden Geschicke anheim.

Pfeifer.

Frankfurt am Main,

Verlag der J. C. Hermann'schen Buchhandlung.

(F. E. Suchsland.)

1842.

I.

Die Veranlassung.

Im rauschenden Wellenschlage des Dampfschiffes entzog ich mich dem Getümmel des von allen Seiten mit Reisenden überströmten Mainz. Auf dem Schiffe traf ich vier bis fünf Badische Reisende. Ihre Aeußerungen verriethen, daß sie dem gebildeten Gewerbstande zugehörten und daß die Mainzer Industrie-Ausstellung der Zweck ihrer Reise gewesen war. Ich freute mich über die verständigen Ansichten dieser Männer und mischte mich gerne in ihre Unterhaltung. Das Gespräch führte bald auf die letzten Ereignisse des Badischen Landtages. Da umwölkte trüber Ernst die Stirn der heitern Reisegefährten. Sie gehörten sämmtlich zu den Anhängern der siegreichen Oppositionspartei, aber in die Siegesfreude mischte sich unverkennbar ein Gefühl der Unbehaglichkeit und des Bewußtseins, daß dieser Sieg doch nicht die erwarteten Früchte getragen habe. Das Gespräch wandte sich auf die Persönlichkeit des Regenten. Keine Spur jenes Sansculottismus, der sich in höhnischer Verachtung gegen das Staatsoberhaupt gefällt; nur stille Trauer über den Verlust eines ihnen sonst so lieb gewesenen Freundes, den eine engverbundene Ministerklique, in ihren Fesseln eng umstrickt, dem Volke entfremdet habe.

„Dieser von Blittersdorf muß wohl ein recht böser Mensch sein?“ fragte ich die Männer. „„Nichts weniger,““ antworteten sie, „„es ist „„sonst ein ganz ehrenwerther Mann, aber er ist ein der Verfassung ab„„holder Aristokrat.““ „Und die andern Minister?“ — „„Auch diesen „„läßt sich eben so wenig Böses nachsagen, es sind kluge und rechtliche „„Männer, — aber was hilft das Alles, wenn man die Verfassung an„„tastet““ u. s. w.

Wieder traf ich auf der Reise einige Ministeriellgesinnte. Scheu sahen sie sich erst um, und musterten das Terrain, ehe sie dem unbekannten Fremden Rede standen. Dann flüsterten sie, in steter Sorge vor Horchern und Lauschern, welch unseliger Geist der Zweiung in dem von der Natur so reich gesegneten Badischen Lande bestehe; wie die Parteisucht in den Familien die freundlichsten Bande trenne; wie sie in Gewerbs- und Verkehrsverhältnisse sich mische; wie kein Oppositionsanhänger dem Ministeriellgesinnten, und umgekehrt, etwas abkaufen wolle; wie nicht die Ueberzeugung der Tüchtigkeit, sondern die politische Farbe das Vertrauen des Volkes zu den Beamten bestimme, und dergleichen mehr.

„Diese Oppositionshäupter sind wohl arge Intriguanten oder recht „verblendete Menschen?“ „„Nichts weniger!““ antwortete man mir. „„v. Itzstein ist eine der intelligentesten Capacitäten des Landes, und „„Welcker und Bassermann ꝛc. sind grundehrliche Leute.““

„Ist es möglich? — Ein von allen Parteien anerkannter, wohlwol„lender Fürst an der Spitze, ehrenwerthe und verständige Minister an seiner „Seite, und talentvolle wie grundehrliche Oppositionshäupter gegenüber, „und dennoch solche traurige, an den Herzen des Volkes nagende Zerwürf„nisse? — Und es sollte kein Mittel geben, diese Mißstände beizulegen?“ —

„„Die Aufgabe ist schwer,““ antwortete man mir, „„auf dem Wege „„des Vergleiches, dem natürlichsten, kaum möglich. Die Grundlage jedes „„Vergleiches, wechselseitige Concessionen, muß da scheitern, wo beide „„Theile in schroffem Gegensatze nach entgegengesetzten Richtungen steuern. „„Wo die Frage zweifelhaft ist, ob der Weg nach Osten oder nach „„Westen geht, ist es gewiß, daß der nach Süden und Norden der un„„richtige ist. Die Regierung kann in der Hauptsache nicht nachgeben, „„ohne auf der einen Seite grade so viel zu verlieren, als sie auf der an„„dern gewinnen würde. Sie kann der Liebe zum Frieden nicht das Recht „„und das Staatswohl opfern.““

„„Auf der andern Seite ist die antiministerielle Majorität der Stände „„Sieger geblieben; wer will ihnen zumuthen, ihren mit so vielem Triumph„„gepränge gefeierten Sieg durch freiwilligen Rückzug aufzugeben?““

„„Hier kann nur die Rechtsentscheidung zum Ziele führen.““

„Und so gäbe es in Baden keinen Mann, der, das Volksvertrauen mit „gründlicher Kenntniß verbindend, ruhig aufträte, und an den gesunden „Sinn eines so verständigen Volkes appellirte, um die Richtigkeit der in seiner „Repräsentantenversammlung beiderseits erörterten Ansichten zu prüfen?“

„„Es giebt keinen! Jeder Badener muß entweder die eine oder die „„andere Farbe tragen, und dieses Zeichen ist eine Vertrauens-Exclusion „„für die entgegengesetzte Partei.““ —

Ich betrat die Nachbargrenze, das in heiterm Rebenschmucke prangende Würtemberg. Wie ganz anders fand ich es da! Auf jedem Schritte die Segnungen eines in traulicher Einigung zwischen Regierung und Regierten sich froh fühlenden Landes. Wer weiß es nicht, daß Ehrendenkmale, Vivatgeschrei, springende Champagner-Pfropfen und poetische Trinksprüche eine gar sehr abgenutzte Münze sind, wo erst der Probierstein der Wahrheit den ächten Schrot und Korn entdecken läßt. — Hier war Wahrheit! — Hier war Einigung, und jedem Einheimischen und Fremden mußte sich in einer Versammlung gebildeter Männer fast aus allen Provinzen Teutschlands der nahe liegende Wunsch aufdrängen: Möchte es doch allenthalben im teutschen Vaterlande so sein! — Ich dachte dabei an das durch Stammesverwandtschaft und Verfassung sich so nahe an Würtemberg anschließende Badener Land.

Es durchzuckte mich der Gedanke: Ist es Dir doch so manchmal schon im Leben gelungen, minder durch den Ausdruck kunstvoller Rede, als einer aus den Urquellen eines bewegten Gemüthes hervorgegangenen, herzlichen Sprache freundlichen Anklang bei Herzen zu finden, die noch Glauben an menschliche Wahrhaftigkeit haben und in denen nicht der Frost des conventionellen menschlichen Treibens den edeln Keim eines liebeerfüllten Gemüthes ertödtet hat. Könntest Du nicht den Versuch wagen, in das von der Parteisucht verzerrte, düstere Schattengemälde der politischen Zustände einige Lichtbilder einzuzeichnen, und so die Zeichnung der Wahrheit näher zu bringen, daß dem Unbefangenen statt eines entstellten Zerrbildes eine richtige Gestaltung sich darböte? —

II.

Die Sachlegitimation.

In Parteikämpfen kommt es in Bezug auf den Eindruck eben so viel auf den Redner an, als auf die Rede.

Wer spricht? — Ein Ungenannter? — Dahin ist von vorne herein jedes Vertrauen! Ein Ministerieller? — Wahrscheinlich ein Stellencandidat; man giebt sich gar nicht die Mühe, ihn zu hören. Ein Oppositionsmann? — Zuverlässig ein Schreier, der sich bemerklich machen will, — spricht wieder die andere Partei, und so zerfließt schon in der Persönlichkeit die Kraft des Wortes. Darüber war ich daher nicht im Zweifel, daß, wenn ich sprechen wollte, ich in ehrlicher, offener Weise den Leuten vor die Augen treten müsse. Nun, ich denke, es ist ein ehrliches, offenes Auge, was ich dem Blicke des Publicums darbieten kann. Ich darf's darauf wagen!

Zweifelhafter war mir die Frage: wirst Du nicht in den Augen des Publikums als ein eitler Mann erscheinen, der sich einbildet, in Fragen von so großer Wichtigkeit auch eine Stimme zu haben? Wird man nicht fragen: was gehen Dich diese Händel an? —

Und mein Gewissen antwortete: Für einen berühmten Mann halte ich mich nicht, aber für einen an vielen Orten bekannten ehrlichen, und das ist auch Etwas. Dann nenne ich mich einen teutschen Mann, und die Badener Teutsche, und erkenne es als Recht und Pflicht, nach meinen Kräften treulich zu schirmen und zu fördern teutsches Recht und teutsche Eintracht. —

An Euch, verständige Männer des Gewerbstandes und des Ackerbaues, zu denen ich schon vor 22 Jahren als Volksschriftsteller manches trauliche Wort gesprochen habe, richte ich diese Schrift. Eure Gelehrten werden freilich an meiner Rede manchen Anstoß nehmen. Aber auch ich habe an manchen ihrer Reden Anstoß genommen, besonders deßhalb, weil sie nicht immer daran gedacht haben, daß, wenn vom Badischen Volke die Rede ist, Ihr die Mehrzahl bildet, und daß bei Berücksichtigung des Staatswohles es hauptsächlich darauf ankommt, was zu Euerm, der Mehrzahl, Frieden dient, weniger aber darauf: ob die Staatseinrichtungen so ganz in allen Dingen der Zufriedenheit und dem vollkommenen Wohlbehagen von einigen Hundert Männern entsprechen, welche in ihren verfeinerten geistigen und materiellen Bedürfnissen eine Menge Anforderungen an den Staat machen, die Euch, der großen Volksmehrheit, sehr gleichgültig sein können.

Ich weiß übrigens, daß ich keine Gelehrte, aber Männer vor mir habe, die auf der Bildungsstufe stehen, um mit ihnen in einer von gelehrtem Prunke freien, aber solchen Sprache zu sprechen, welche für Männer von gereiftem Verstande und natürlicher Urtheilskraft sich eignet.

Indem mir kein berühmter Name zur Firma dient, ist es nothwendig, zunächst ein ehrliches Leumundszeugniß vorzulegen, damit Ihr vor Allem prüfen möget, ob das Herz des Mannes, welches er Euch öffnet, rein ist von unedeln Absichten, und ob er auf dem Standpunkte der Unparteilichkeit und Sachkenntniß stehe, welche die Umstände voraussetzen.

Fragt Ihr zunächst nach meiner Farbe, so würde Euch ein ziemlicher Band gedruckter Landtagsverhandlungen des Herzogthums Sachsen-Hildburghausen von den Jahren 1818—25 diese sehr deutlich bezeichnen.

Die landständische Verfassung jenes zwar kleinen, aber in politischer Entwickelung damals nicht zurückgebliebenen Landes enthielt alle und jede Elemente der Badischen, nur in Einer Kammer, und wurde durch sechs Deputirte der Ritterschaft, einen Deputirten des geistlichen Standes, fünf Deputirte der Städte und sechs des Bauernstandes vertreten. In einem so kleinen Gebiete konnte nicht darauf gerechnet werden, viele wissenschaftlich gebildete Glieder in die Versammlung zu bringen; daher gab die Verfassung in der Anstellung eines der Staatsverhältnisse kundigen Consulenten den Landständen ein Organ, um diejenigen Gegenstände zur Berathung vorzubereiten, welche in größern Stände-Versammlungen durch Ausschüsse und Berichts-Commissionen behandelt werden.

Diese wichtige Stelle wurde durch einstimmige Wahl der Landstände mir anvertraut.

Das Herzogliche Haus war durch die Unwirthlichkeit der Vorfahren des damaligen Herzogs in ein sehr verwirrtes Schuldenwesen verfallen, das eine langjährige Kaiserliche Debit- und Administrations-Commission herbeigeführt hatte. Der Herzog hatte sich vertrauensvoll den Landständen genähert, und diese traten gerne hülfreich ein, einen geregelten Haushalt herbeizuführen. Gegentheilig bewies der Herzog seine aufrichtige Absicht strenger Ordnung des Staatshaushaltes dadurch, daß er den Ständen noch das ungewöhnliche Recht einräumte, einen Mann ihres Vertrauens, mit Sitz und Stimme, in alle Verwaltungs-Collegien als Wächter der strengen Aufrechthaltung der Verfassung und namentlich des gesammten Finanzhaushaltes einzusetzen.

Man hielt diese Stelle für so wichtig, daß sie nur auf drei Jahre durch Wahl vergeben wurde.

Die einstimmige Wahl der Landstände berief mich zu dieser Stelle. Nach drei Jahren übertrug mir die entschiedenste Majorität der Stände-Versammlung (alle Stimmen bis auf eine) diese Function auf Lebenszeit.

Es fehlte der Regierung auch dort nicht an Opposition, und zwar einer siegreichen. Man klagte besonders über den Einfluß des Consulenten auf die Deputirten des Bürger- und Bauernstandes. Es gab selbst förmliche Anträge auf Anklage des Ministers, die von mir ausgingen. Ich blieb bis zur Auflösung der ganzen landschaftlichen Verfassung, nach der Incorporation mit dem Herzogthum Sachsen-Meinungen, unveränderlich der Mann des Volkes.

Meine Vaterstadt wählte mich zur Ehrenstelle eines Gemeinderaths-Mitgliedes. Ich erhielt alle Stimmen der ganzen wählenden Bürgerschaft bis auf neun. Ich denke, wer ein so schwankendes Ding wie die Volksgunst fünfzehn Jahre ununterbrochen sich zu erhalten wußte, muß doch die Präsumtion für sich haben, keinen zum Uebersprung auf Extreme geneigten Charakter zu besitzen.

Im Jahre 1825 wurde mir die Leitung der standesherrlichen Verwaltung des Fürsten von Leiningen übertragen. Viele von Euch sind Zeugen meiner dortigen Wirksamkeit gewesen. Sie war auf Rechtlichkeit, Sparsamkeit und Ordnung begründet, nicht aber auf die standesherrlichen Unterthanen bedrückende Plusmachereien, und so hoffe ich auch dort nicht an dem Rufe eines dem Volke wohlgesinnten Mannes eingebüßt zu haben. Nunmehr stehe ich über elf Jahre an der Spitze der Verwaltung des ehemals größtentheils mit Baden verbundenen Fürstenthums Birkenfeld, in welchem so viele freundliche Erinnerungen an das alte Verhältniß noch auftauchen, ungeachtet beinahe ein halbes Säculum seit der Trennung verflossen ist. Auch hier begrüßen mich die Kinder freundlich auf der Straße, und Ihr wißt, wem die Kinder freundlich begegnen, über den sprechen gewiß die Eltern nichts Böses zu Hause. Von Euern Ministern habe ich nichts zu hoffen, nichts zu fürchten; ich habe seit den zwölf Jahren meiner jetzigen Stellung keinen gesehen, es möchte also wohl schwerlich ein Motiv für mich geben, anders als auf dem Standpunkte der größten Unparteilichkeit sowohl gegen sie, als Eure landständische Opposition aufzutreten, und grade durch den Umstand, daß ich mich nicht als einen in den Gesinnungen lebenslanger Staatsdiener-Maximen befangenen Mann, sondern als einen in langjähriger landständischer Wirksamkeit durch Wort und That sich freisinnig bewährt habenden Volksfreund ausweisen kann, glaubte ich vorzugsweise mich berufen zu finden, in Eurer Angelegenheit das Wort nehmen zu dürfen. Werft mir übrigens nicht ein das kleine Verhältniß des Herzogthums Hildburghausen zu Euerm Lande. Wo es sich von Grundsätzen handelt, kommt auf die Zahlengröße nichts an. Eure Landtagsredner kommen in ihren parlamentarischen Darstellungen gar nicht selten auf die Beispiele großer Staaten, und in dem Verhältniß von Baden zu Frankreich wird Hildburghausen zu Baden sich wohl noch höher herausstellen.

Das Alles mußte ich Euch sagen, um von vorne herein den Verdacht der Befangenheit zu entkräften, wenn ich den in Eurer Ständeversammlung entwickelten Ansichten von Liberalismus nicht allenthalben beitreten kann. Ich bekenne mich fortwährend wie vor zweiundzwanzig Jahren als einen beharrlichen Anhänger des constitutionell-monarchischen Systems, weil auch der edelste und beste Regent einen schwachen oder minder väterlich gesinnten Nachfolger haben kann, und dann eine gesetzliche Opposition gegen Mißbrauch der Regentengewalt das Unglück einer ungesetzlichen verhütet. Allein ich habe mir in den Landständen immer nur dem Fürsten und seiner Regierung zur Seite stehende treue Freunde und Rathgeber, aber nicht schon im Prinzip sich feindlich und mißtrauisch gegenüberstehende Gewalten denken können, und gebe übrigens dem altteutschen patriarchalischen Prinzip, den Fürsten als Landesvater und die Unterthanen als Landeskinder zu betrachten, als naturgemäß und in dem Herzen des Volkes im Allgemeinen fest eingewurzelt, vor allen in Studirstuben und auf Cathedern ausgeheckten Theorieen über das Prinzip der Regentengewalt den Vorzug.

So viel zu meiner Legitimation.

III.

Die verborgne Ursache des Zerwürfnisses.

Seit der Befreiungszeit hat sich in Teutschland eine eigenthümliche Richtung über die Staatsverbindung kund gegeben, ähnlich jenem Zustande nach der Kirchenreformation. Wie dort die Gemüther nach Entfesselung vom kirchlichen Drucke alsbald auch auf ein ungemäßigtes Trachten nach politischer Freiheit verfielen, so wähnten auch Viele nach dem Sturze des Napoleonischen Joches, daß es nun auch an der Zeit sei, aller und jeder beengenden Freiheitsschranken sich zu entledigen.

Das mit der Rheinbundeszeit entstandene Wort Souverainität hatte allerdings besonders in den kleinen Staaten einer gewissen nicht wohlthätigen Richtung hie und da Raum gegeben. Auf eine repräsentativ-verfassungsmäßige Beschränkung der Regentengewalt gegen allzuausgedehnte Uebung von Regierungs-Maaßregeln, gegen welche vordem die teutsche Reichsverfassung einigen Schutz gewährt hatte, war das Verlangen des Gemäßigten allgemein gerichtet.

Die teutschen Fürsten entsprachen in der Bundesacte dieser Anforderung der Zeit, durch die Bestimmung landständischer Verfassungen.

Als es aber zur Ausführung kam, und nun jeder der Bundesstaaten, nach seinen Bedürfnissen und seinen besondern Verhältnissen, die Sache anders modelte, da bemächtigten sich die Theoretiker auf Lehrstühlen und am Schreibtische des so sehr ins Gebiet der practischen Staatskunst eingreifenden Gegenstandes.

Unter den edeln freiheitsbegeisterten Jünglingen, die, aus dem Befreiungskampfe zurückgekehrt, ganz das Gefühl der Siegerfreude in sich trugen, fanden sie einen empfänglichen Boden für ihre idealen Freiheitslehren, die an sich philosophisch richtig, nur, wie so manche Theorie, an dem Umstande scheiterten, daß die wirkliche Welt nicht die der Ideale ist, und daß das Volk in seiner Mehrzahl nicht aus Philosophen besteht.

Ein Nebelbild in unbestimmten Formen erstand in den Köpfen dieser Männer, aus dem sich Jeder nach seiner Individualität ein Ideal von seinem Musterstaate zusammensetzte. Da entstanden die unseligen Verwirrungen der Begriffe über Republicanismus und Staatsverfassung, und nachdem man mit Annahme des teutschen Rockes und Barrets allem Franzosenthume Valet gesagt zu haben wähnte, — verliebte man sich in seine Staatstheorieen und Institutionen, denen man noch einige englische Verfassungsmaximen beimischte.

Unter die von Vaterlandsliebe und ächtem teutschen Sinne begeisterten Freiheitskämpfer der Jahre 1813—1815 hatten sich auch nicht wenige gemischt, die sich noch mehr als jene überhoben, daß sie ihre Haut zu Markt getragen, obwohl diese Haut oft an sich des Gerbens kaum werth gewesen war. Diese, unersättlich in ihren Ansprüchen, konnten nicht begreifen, daß man zum Civildienste noch andere Erfordernisse, als die eines tüchtigen Haudegens in Anspruch nehme, und schrieen am meisten nach Veränderungen, bei denen sie auf keine Weise verlieren konnten. Sie verloren sich am Ende unter der mittleren Volksclasse, bildeten aber nun eine fortwährende Propaganda des Unmuthes, der sich späterhin eine ziemliche Anzahl junger Staatsdienst-Aspiranten zugesellte, welche besonders in den Gegenden des Oberrheins zuletzt die beklagenswerthen Vorfälle des Jahres 1831 herbeiführten.

Damals zeigte sich nun ein ächt cynischer Republicanismus in seiner offenen Gestalt. Herabwürdigung aller Fürsten, die ja nur aristokratische Unterdrücker der Volksfreiheit sein konnten, war das Feldgeschrei, und da der Teutsche für unteutsche Dinge kein teutsches Wort fand, so lieh er von dem aufgeregten Spanien die Ausdrücke Liberale und Servile.

Dieser vom wüsten Hambacher Bergschlosse nach allen Gegenden Teutschlands durch jugendliche Emissäre verbreitete Fürstenhaß scheiterte aber doch an der Pietät des teutschen Volkes, besonders in den Ländern, wo ein angestammtes Regentenhaus existirte, und nicht, wie in den überrheinischen Gegenden, die französische Occupation für die zu jener Zeit Gebornen keine Erinnerungen des ältern traulichen Verhältnisses der Periode der teutschen Reichsfürsten hinterlassen hatte. Daher hielt sich Baden damals ziemlich frei von jenen Exaltationen, wogegen in einem Nachbarlande selbst die scandalöse Rechtsfrage vor den Gerichten verhandelt wurde: ob eine Beschimpfung des Regenten ein Vergehen sei!

Hatte doch Baden vor andern Ländern das Glück einer ausgezeichneten Persönlichkeit in der langen Regierung seines Carl Friedrich aufzuweisen, dessen segensreiches Wirken dieses Land zum Musterstaate seiner Zeit erhoben hatte. Die späterhin dem Lande gegebene Repräsentativ-Verfassung schien zu verbürgen, daß im Geiste jener Regierung auch unter dessen Nachfolgern gewaltet werden sollte.

In Bezug auf die innere Ausbildung des Staatslebens traf die Regierung mehr der Vorwurf einer nur zu großen Hinneigung zu den Ideen der Zeit. Die Standesherren und der Adel fanden vielfache Ursache zur Beschwerde über Beeinträchtigung ihrer Rechte, wo diese mit dem Interesse der übrigen Unterthanen in Conflict geriethen.

Von Seiten der dem strengern monarchischen Prinzip zugethanen Staaten sah man mißbilligend auf die ausgedehnten Concessionen, welche die Regierung den Ständen gewährte. Wo findet aber der Trieb der Ausdehnung politischer Rechte eine Grenze? Die Regierung war den Liberalen noch immer nicht liberal genug, und der liberalste Minister mußte bekennen, daß er die politische Unzufriedenheit als ein Magenübel betrachte, gegen das er keine Heilung kenne.

In der Hauptsache wurden aber Sieben wahre Leidensworte unter das Volk geschleudert, deren schiefe Auffassung als das Grundübel der jetzigen Zerwürfnisse fast allenthalben in Teutschland betrachtet werden kann. Diese Worte: Volksmündigkeit, Volksschutz gegen die Regierung, Dienerwillkühr, System des Fortschrittes, Preßfreiheit, Oeffentlichkeit der Rechtspflege und Geschwornengerichte, sind nun die Ideen, die dem Volke im Brillantfeuer der höchsten Volksglückseligkeit so oft dargestellt werden, daß es diesen Schimmer am Ende wirklich für eine Heiligen-Glorie zu verehren hingerissen werden muß.

Wer diese heiligen Strahlen anzutasten wagt, mag schon im Voraus seiner Verurtheilung als Finsterling, Tyrannenknecht, Scherge der Willkühr und Volksfeind entgegensehen.

Dennoch wage ich es unter dem Schutze eines in einem siebenunddreißigjährigen Geschäftsleben bewährten Rufes eines ehrlichen Mannes und Volksfreundes, die Kehrseite dieser Glanzbilder darzustellen, in denen ich die Grundursache jener nicht blos in Baden, sondern auch anderswo, an dem Herzen des Volkes nagenden Unzufriedenheit zu finden glaube.

IV.

Volksmündigkeit.

Wohl erinnert dieses Wort an ein schönes Bild, das des heitern Familienlebens, das höchste Ziel aller menschlichen Glückseligkeit. An diesem Bilde spiegelt sich der einfachste Volksbegriff des Staatsverhältnisses, der patriarchalische. Der Fürst — der Vater, die Unterthanen alle — seine Kinder; sie sind der Gegenstand seiner Sorge in ungetheilter Liebe. Die Kinder sind nicht alle von gleichem Alter, gleichen Fähigkeiten, gleichem Temperament. Sie sind zum Theil schon selbständig. Aber die ältern und verständigen Söhne, wenn sie selbst klüger wären, als der der menschlichen Gebrechlichkeit und den Schwächen des Alters unterworfene Vater, scheuen sich doch, anmaßend und gebieterisch im väterlichen Hause aufzutreten. In Ehrfurcht und Bescheidenheit machen sie ihre Vorschläge, und der Vater hört ihren Rath, verbietet aber den Mund den Unmündigen, die in Sachen der häuslichen Ordnung keine Stimme haben sollen.

Wie gleicht aber diesem Bilde die Zeichnung unserer modernen Verkünder der Volksmündigkeit? Der Vater ist ihnen ein abgelebter Greis, der den Söhnen viel zu lange lebt und den sie, da sie ihn nicht zur Erbabtretung nöthigen können, so viel wie möglich auf den alten Theil und auf Leibzucht setzen möchten, um selbst im Hause nach Belieben wirthschaften zu können. Die Diener des Hauses, mögen sie noch so treu für dessen Bestes gesorgt haben, sind ihnen unnütze Verzehrer, die mit schnöder Verachtung behandelt werden.

Daß die kräftigen Söhne das Regiment selbst führen, und weil es ihrer viele sind, die Diener sparen könnten, ließe sich schon hören, wenn nur alle übrigen Kinder darüber einig wären, daß die Brüder die Sache besser verstehen, als der Vater. Dann aber und hauptsächlich tritt der Umstand ein, daß den Brüdern ihr und ihrer Kinder Interesse näher liegt, als das der Geschwister. Die Unmündigen sind am schlimmsten daran. Darum ziehen sie die älterliche Einzelherrschaft, selbst wenn der Vater dem Hauswesen nicht allein vorstehen könnte, sondern fremder Hülfe bedürfen sollte, der vielköpfigen Bruderherrschaft vor.

Macht von diesem Bilde die Anwendung auf Eure Staatseinrichtung! Euer Fürst ist der Vater, das Volk sind seine Kinder. Das Hauswesen ist groß, es kann vom Regenten nicht allein geführt werden. Er muß Berather und Werkzeuge seines Willens haben, und wählt dazu Minister und Beamte.

Jetzt rufen aber viele Stimmen: „Das Volk ist mündig, es bedarf nicht weiter einer oberen Leitung! Es wird sich schon selbst regieren!“

„Macht nur erst den Anfang, daß ihr ihm die Leitung der Communal-Angelegenheiten selbst überlaßt, dann wird es in der Geschwindigkeit auch das Staatsregierungswesen übernehmen können.“

Wer ist denn das Volk? — Da sehe ich eine gar große Menge Leute, die nicht einmal sich und ihr Hauswesen regieren können, und bei denen ein Jeder ausrufen würde: Behüte uns Gott vor solchen Regierern!

Nun gehen die Verkünder der Volksmündigkeit allerdings nicht so weit, daß sie alle Mitglieder der Staatsverbindung für regierungsfähig anerkennen; aber sie wollen, daß die sachverständigen Bürger wenigstens eine Stimme mitführen sollen.

Das läßt sich hören, wenn nur der, der Herz und Nieren prüft, allen Menschen ein Testimonium auf die Stirne gedruckt hätte, woran sich erkennen ließe, daß sie die rechten Leute seien. Diese Beurtheilung kann nur von denen vorausgesetzt werden, die selbst das Regiment zu führen verstehen. Indessen hat man in den mit Repräsentativ-Verfassungen versehenen Staaten den selbständigen Staatsbürgern das Recht verliehen, auch Männer ihres Vertrauens der Staatsgewalt gegenüberzustellen, und sogar mehrere der wesentlichsten Rechte mit dem Regenten zu theilen.

Die Badische Verfassung hat nicht Urwahlen zu den Deputirtenstellen statuirt, sondern will nur den von ihren Mitbürgern als besonders qualificirt anerkannten Bürgern zunächst das Recht geben, solche Männer auszusuchen, denen man die Urtheilskraft zutrauen darf, einen tüchtigen Deputirten aufzufinden. Die Wahlmänner, die Leute, die Ihr unter die rechtlichsten und klügsten aus Eurer Mitte rechnet, haben nun die tüchtigsten Männer nach ihrer Ueberzeugung zu Deputirten ausgesucht, und dennoch ist jezt nur Eine Stimme, daß nicht die rechten Leute zu Deputirten gewählt seien; nur darin besteht Verschiedenheit, daß jede Partei die von der andern Gewählten für unfähig achtet. Jede Partei wirft der andern vor, daß ihre Wahlmänner nicht aus eigener Ueberzeugung, sondern fremden Einflüssen unterliegend gewählt hätten, und die Deputirten eben so nicht nach eigner, sondern nach fremder Eingebung größtentheils stimmten.

Sieh, liebes Badisches Volk, so steht es mit deiner gerühmten Volksmündigkeit! Tröste Dich mit der Versicherung der Geschichte, daß nie in der Welt eine Volksmündigkeit bestanden hat, und mit der Ueberzeugung der geistreichsten Männer, — daß nie eine in der Welt bestehen wird!

V.

Volksschutz gegen die Regierung.

Vor 54 Jahren empörte sich ein Volk, welches seit Jahrhunderten auf eine unbegreifliche Weise den Teutschen als Mustervolk in Sitte und Unsitte gegolten hatte, gegen seine Regierung. Merkwürdig genug brach die Empörung nicht zu der Zeit aus, wo die despotischste Regentenwillkühr, verbunden mit dem größten Volksdrucke, das Volk belastete, sondern erst dann, als ein schwacher, aber gutmüthiger Fürst zur Abstellung dieses Unwesens die Hände bot. Er mußte mit seinem Blute die Schuld der

Väter sühnen, und das Volk diese Blutschuld wieder mit seinem eigenen und seiner Kinder Blut.

In diesem Lande war Sicherung des Volkes gegen seine (von ihm selbst sich gegebene) Regierung das beständige Feldgeschrei aller der Parteien, die die regierende zu stürzen und sich an deren Stelle zu erheben trachteten, bis zuletzt ein glücklicher Soldat dieser Redensart ein Ziel zu setzen und in kecker Eigenmacht jede auf diesen gepriesenen Volksschutz gerichtete Institution zu lähmen wußte.

Kaum beschritt nach seinem Sturze ein minder kräftiger Regent den Thron, als auch hier wieder die Opposition sich auf dieses Prinzip stützte, und unter der Firma des Volksschutzes eine revolutionäre Schilderhebung erstand, die den König entthronte.

Noch heute sehen wir dieselbe Reaction gegen einen Regenten angewendet, dem die Geschichte dereinst die Anerkennung geben wird, welche ihm die ewig bewegte Veränderlichkeit seines Volkes bei Lebzeiten versagt, nemlich die, ein kluger Steuermann des auf einem stürmischen Meere der Parteibewegungen stets umhergeschleuderten Staatsschiffes gewesen zu sein.

Wir Teutsche können es noch immer nicht lassen, französische Muster in unsern politischen Modejournalen anzustaunen. Darum haben unsere Politiker auch die französischen Redensarten eines Volksschutzes durch Umgebung des Thrones mit republicanischen Institutionen, einer rechten Mitte, eines Systems der Bewegung und des Fortschrittes, eines Regierers ohne Regieren (le roi règne et ne gouverne pas) u. s. w. in unser einfaches teutsches Staatsrecht einzuschmuggeln nicht unterlassen können.

So sehr unsere Staatsgelehrten über den Begriff des Staatszweckes verschieden sind, so sind sie doch darin einig, daß grade Sicherung des Rechtes aller Staatsbürger nothwendig dessen Grundlage bilde.

Hören wir Teutsche so gerne von teutscher Redlichkeit und teutscher Treue sprechen, — wie kommen wir dazu, unsere Regierung dem Volke als seine gefährlichste Feindin darzustellen, welche beständig einer Schildwache bedürfe, um nicht über das Volk herzufallen?

Was sind denn für Ereignisse vorgekommen, welche zu einem so verletzenden Mißtrauen berechtigen?

Daß hie und da Befugnisse als verfassungsmäßige Rechte in Anspruch genommen worden sind, welche die Regierungen als solche nicht anerkennen wollten, giebt doch so wenig einen Grund, denselben zuzutrauen, daß sie die ganze Verfassung beeinträchtigen wollten, als man einem zur Erbherausgabe Pflichtigen nachsagen kann, er verweigere die Herausgabe, weil er ein gefordertes Stück, als zur Erbmasse nicht gehörig, bestreitet.

Dieses Schreckbild aber, dieses ewige Mahnen: „Volk, sei auf deiner Hut! dein Widersacher, die Regierung, geht umher wie ein brüllender Löwe und suchet, wie sie dich verschlinge!“ hat in so manchem Staate die Ruhe des Volkes gestört und das Vertrauen zu Fürsten und Regierung untergraben, ohne dessen Bestehen keine Staatswohlfahrt gedeihen kann.

VI.

System des Fortschrittes.

Es scheint auch dieses eine Phrase zu sein, jeder Deutung fähig, und womit kein bestimmter Begriff verbunden ist.

Die Nimmerzufriedenen, welche in einer reinen Naturfreiheit, wie Robinson auf seiner Insel, das höchste Ziel des menschlichen Strebens finden, denken sich unter diesem Fortschreiten ein rastloses Arbeiten, um eine beengende gesetzliche Institution nach der andern zu verdrängen.

Noch Andere beharren in dem festen Glauben, daß eine enge Verbindung der teutschen Regierungen und der darin das Ruder führenden sogenannten Aristokraten bestehe, deren Tendenz dahin gerichtet sei, das Volk ja nicht zu klug werden zu lassen, dafür jeder Maaßregel, die zur politischen Ausbildung des Volkes führen könne, einen Kappzaum anzulegen, um Alles im alten Stande zu lassen.

Hier ist wieder die seltsame Idee vorwaltend, daß jeder Staatsbürger in der höchsten politischen Ausbildung seine Bestimmung suchen müsse. Es verräth eine ungemeine Unkunde in der Staatswissenschaft, zu glauben, daß eine so schwere Kunst, wie die Staatskunst, je ein Gemeingut selbst nur einer grossen Zahl der Staatsbürger werden könne. Zu was aber eine Halbwisserei, ein politisches Kannegießern, ein Einmischen der Unberufenen in Staatssachen führt, sehen wir in unsern nachbarlichen demokratischen Republiken, welche doch nach diesem Systeme wahre Musterstaaten darstellen müssen.

Ist denn dem schlichten Ackerbau und Gewerbe treibenden Bürger zu seinem Wohle nur zu wünschen, daß er statt Vervollkommnung in seinem

Gewerbe und in seiner moralisch-religiösen Ausbildung Rousseau's Contrat social, oder Hugo Grotius und Rotteck studire? Ist Ehre und gemeinnützige Wirksamkeit nur auf der Redner-Tribüne und am Sitzungstische zu finden?

Es ist oben gezeigt worden, daß allgemein Volksmündigkeit ein Unding ist; keine Nation kann auf den Standpunkt so allgemeiner Theilnahme an der Staatsverwaltung treten, wenn sie nicht zurück in den wilden Zustand der amerikanischen Rothhäute treten will, deren Bundesstaatsrecht freilich keinen Folianten füllen wird. Je civilisirter ein Volk ist, desto mehr Complicationen bilden sich in den Staatsverhältnissen, und desto schädlicher wirkt eine mangelhafte Ausbildung derer, die zur Leitung des Staates berufen werden.

Aber ich frage weiter: worin äußert sich denn dieses dem Volke vorgespiegelte systematische Verdummungs-System der angeklagten Volksverbfeinde, der teutschen Regierungen?— Doch nicht darin, daß man seit den letzten fünfundzwanzig Jahren allenthalben der Verbesserung des Volksschulwesens die größte Anstrengung gewidmet hat; daß man den Gewerbstand durch Realschulen und polytechnische Anstalten auf einen allgemein anerkannten hohen Standort gehoben, und auf dem Lande den Elementarunterricht auf eine Weise eingerichtet hat, daß jetzt die vierzehnjährigen Knaben der Feder mehr gewachsen sind, als ihre Väter und Großväter?

Sollte man vielleicht statt des Catechismus, Lehrbücher der Hegel'schen Philosophie oder irgend eines liberalen Staatsrechtslehrers einführen? Ich fürchte, daß mancher Landtags-Zeitungsartikel mehr an dem schlichten Verstande des Landmannes verdorben hat, als Bibel und Catechismus je wieder gut machen können!

Wollt ihr aber Musterstaaten sehen, wo keine aristokratischen Einflüsse die Volksentwickelung lähmen, so habt ihr deren ganz in der Nähe. Fragt doch einmal in den Nachbar-Republiken nach, wie es um Justiz, Polizei, öffentlichen Unterricht und Beamtenwesen steht, ob die edelsten Männer oder die ärgsten Schreier dort das Regiment führen; oder geht zu den freien Amerikanern, hütet euch aber, etwa von Freilassung der Sclaven zu sprechen, wenn ihr nicht von diesem freisinnigen souverainen Volke für eure Freisinnigkeit aus souverainer Machtvollkommenheit im kürzesten Prozesse lebendig gebraten werden wollt.

VII.

Beamten-Willkühr.

Wieder ein Modewort, das so recht als ein schreckhafter Popanz auf allen Wegen dem Volke vorgehalten wird. Es ist zu verwundern, wie auch sonst ganz gescheite Leute mit diesem Worte spielen. Das Gesetz soll herrschen, und nicht die Willkühr! Dieser Satz wird gewiß von keinem vernünftigen Menschen beanstandet werden. Allein kann denn das Gesetz angewendet werden, ohne eine Willensfreiheit zu statuiren, welche dem Vollzieher desselben zur Seite stehen muß, um zu beurtheilen: ob und in welchem Maaße das Gesetz Anwendung findet? Kann denn der Beamte wie eine Maschine ohne Bewußtsein und Urtheil handeln? Soll er das Gesetz nicht mehr nach seinem Geiste, als nach seinem Wortlaute auslegen?— Da verbietet eine Warnungstafel bei Strafe, die Fußwege an der Kunststraße mit Vieh zu betreiben. Einem legalen Straßenaufseher fällt es ein, ein Mädchen zu denunciren, weil es zwei Gänse darauf zur Weide getrieben hat. Der Richter spricht es frei. O der kecken Willkühr! schreit der Denunciant. Sind denn Gänse kein Vieh? — Umgekehrt verbietet das Gesetz vielleicht den Uebertrieb von Pferden und Rindvieh. Jetzt fällt es einem van Aken ein, seinen Elephanten auf dem Bankett treiben zu lassen, und das plumpe Thier zerstört durch seine Eintritte mehr, als eine ganze Viehheerde hätte verüben können. Der Mann wird vom Richter bestraft. O der gesetzlosen Willkühr! declamirt der Advokat, und beweist aus Büffon und Oken, daß ein Elephant weder zum Pferde-, noch zum Rindsgeschlechte gehöre, folglich das Gesetz nicht auf ihn anwendbar sei.

Hört man allenthalben den Lärm über Beamtenwillkühr, so müßte man meinen, Teutschlands Provinzen seien zu wahren türkischen Paschaliks umgestaltet, wo Paschas von verschiedenen Roßschweifen mit ihrer Janitscharen-Gensd'armerie das arme Volk drangsalirten nach Herzenslust.

Der teutsche Beamtenstand hat sich seit fünfzig Jahren unendlich gehoben in Kenntniß, Thätigkeit und sittlicher Richtung.

Dem sonst so gewöhnlichen Nepoten- und Protectionswesen haben die strengen und gewissenhaften Prüfungen der Staatsdiener-Aspiranten ein Ziel gesetzt. Diese nöthigen unsere jungen Leute zum strengsten Fleiße, und schließen mittelmäßige Talente fast ganz aus, weil bei der Concurrenz vieler

Tüchtigen dem gering Befähigten keine Aussicht bleibt. Ja es erschallen schon allerwärts Stimmen, daß man in den Anforderungen an die jungen Leute zu weit gehe, durch zu große Anstrengung den jugendlichen Geist erdrücke, und körperliches und geistiges Siechthum herbeiführe.

Im Amte fordert man allenthalben die größte und rascheste Thätigkeit in Verbindung mit der möglichsten Gründlichkeit. Die Bevölkerung nimmt zu, die Lebensverhältnisse werden mit der steigenden Cultur verwickelter, die Menschen bei der zunehmenden Theilung des Eigenthumes in mehr Rechtsconflicte gebracht, als früher.

Wie die Welt überhaupt in Bezug auf Sittlichkeit auf einer unverkennbaren Bahn des Fortschrittes ist, so ist auch der Beamtenstand vorzugsweise auf einer höhern sittlichen Stufe, wie vor fünfzig Jahren. Die Zeiten, wo ein Kriegs- und Verpflegungs-Commissär und ein Spitzbube, ein Advocat und ein Beutelschneider u. s. w. im Volke als gleiche Begriffe galten, sind nicht mehr. Höchst selten hört man von Bestechungen, und man würde unrecht thun, diese Erscheinung allein der strengeren Aufsicht, die jetzt im Staatsdienste herrscht, und der Furcht vor Strafe zuzuschreiben, weil unverkennbar in den neueren Zeiten die Gesinnungen der Ehrenhaftigkeit fester in den Gemüthern der gebildeten Stände eingewurzelt sind.

Wäre diese nicht vorhanden, wahrlich Dieneredicte und Strafgesetzbuch gewährten keinen hinreichenden Schutz gegen Unredlichkeiten, weil ein gewandter Staatsdiener, wenn er betrügen will, sich genug Hinterthüren eröffnen kann, um nicht von der Justiz gefaßt werden zu können. Dennoch hat der Beamtenstand in der Regel, und zwar am wenigsten in den constitutionellen Staaten, des Vorzuges der Beliebtheit beim Volke sich zu rühmen.

Wenn der Gewerbsmann, der Bauer, sich am Abende müde von seiner sauern Anstrengung zu Bette legt, so denkt er: wie wunderschön hat es doch so ein Beamter, der, statt den schweren Hammer oder den Dreschflegel zu schwingen, im bequemen Stuhle bei seinen Acten sitzt, und dem vierteljährlich eine schöne Geldsumme ohne Mühe und Anstrengung ins Haus getragen wird. Daß geistige Arbeit auch ermüde, und daß der beneidete Stuhl auf Körperstärke und Gesundheit sehr oft noch weit entkräftender wirke, als Hobel und Pflug, glaubt er nicht. Wird ihm nun in Zeitungen und Landtagsblättern vorerzählt, was dieser Beamtenstand kostet — ihm, dem ruhigen Bürger, der ehrlich bezahlt, Niemanden etwas zu Leide thut, und das ganze Jahr mit keinem Beamten in Berührung kommt, also gar keinen

2

nöthig hätte — dann muß ihm der Gedanke ganz nahe liegen, den ganzen Beamtenstand als ein unbequemes und kostspieliges Pfründner-Institut zu betrachten, und hoch preist er den Patrioten, der den Muth hat, in dieses Wespennest zu stechen und auf dem Landtage auf Verminderung dieser Landplage anzutragen.

Dergleichen Leute vergessen gar zu leicht, daß nicht die Mühle, die am stärksten klappert, das beste Getriebe hat, und daß die Ruhe, die sie umgiebt, eine still wirkende Folge des Staatsorganismus ist, der eben so sehr Unheil zu verhüten, als gestiftetes wieder gut zu machen zur Aufgabe hat. Gerechtes Lob und Ehre erwartet den Bürger, der einen ins Wasser Gestürzten herauszieht, — kein Mensch denkt aber daran, wie vielen Menschen der Beamte das Leben gerettet habe, der sorgsam das Ufer mit einem Geländer hat umgeben lassen, daß Niemand hineinstürzt.

„Aber die enormen Diener-Gehalte!" — Ich kenne keinen Diener, der von seinem Gehalte reich geworden wäre. Alle andern Stände haben zwar nicht, wie der Beamtenstand, den Vortheil einer regelmäßigen und sichern Einnahme, die in der Regel zum Unterhalte zureicht, dagegen haben sie aber auch die Gelegenheit, durch Fleiß und Klugheit Vermögen zu erwerben und zu erhöhen, wogegen dem pflichtmäßigen Beamten gar selten hiezu ein Mittel zu Gebote steht. Uebrigens ist es irrig, daß die Staatsgehalte gegen die frühere Zeit gestiegen sind. Das Volk mußte damals noch mehr zahlen, als jetzt, nur figurirte diese Zahlung in keinem Büdget, sondern bestand in einer Reihe Accidentien und durch Observanz gebilligter Schlämpchen, die bei weitem die jetzigen Normalgehalte überstiegen. Ich erinnere mich einer solchen Liquidation eines kurpfälzischen Hofgerichtsrathes. Der Mann hatte nach bekannter Sitte in der ehemaligen Kurpfalz die Stelle mit einem Gehalte von achthundert Gulden ehrlich erkauft und redlich bezahlt. Als es 1804 zur Liquidation kam, summirte sich der Gehalt zu einem ganz anständigen Sümmchen von viertausend Gulden, von welchem freilich nichts im Büdget des Staates, aber wohl in dem der Staatsbürger gestanden hatte.

Die Verhältnisse der Beamten in Baden waren sonst erfreulicher. Das Volk sah in der Regel in seinen Beamten Stellvertreter des Fürsten und treue Pfleger seines Wohles. Es glaubte an den redlichen Willen derselben, weil es glaubte, daß sein Landesvater keine feilen Miethlinge, sondern treue Diener und Vollzieher seines Willens ihnen senden werde.

Ob die Beamten richtige Urtheile sprachen, wußten die Leute nicht; sie waren damals so wenig rechtsgelehrt, wie jetzt, aber sie glaubten es, obwohl damals, wie jetzt, bei jedem Urtheilsspruche wenigstens Einer über Ungerechtigkeit klagte. Sie beschwerten sich auch nicht über Willkühr, obgleich manches Nützliche angeordnet wurde, z. B. der Zwang der Einführung des Kleebaues, wovon weder in den Pandecten, noch in der Gerstlacher'schen Gesetzsammlung ein Wort geschrieben stand. Noch höre ich in den ehedem mit Baden vereinten Orten des Fürstenthums Birkenfeld von alten Leuten die Namen von Liebenstein, von Reck, Gerstlacher u. s. w. als Andenken an eine gute Zeit.

Sollte denn dieses Vertrauen ein bloßer blinder Köhlerglaube eines in Stumpfheit und Sclavensinn verdummten Volkes gewesen sein?

Ich glaube es kaum. Aber zufriedene Menschen gab es zu der Zeit, das ergeben Zeugnisse und Urkunden.

VIII.

Preßfreiheit.

Ich komme nun auf ein Capitel, bei dem in der That mehr als gewöhnlicher Muth dazu gehört, sich freimüthig zu äußern.

Darf es wohl Jemand wagen, sich als einen Vertheidiger der Censur anzukündigen, ohne auf der Stelle als ein Diener des schmutzigsten Knechtssinnes, als ein Verfinsterer, als ein Scherge der Tyrannei, als ein feindseliger Gegner alles geistigen Fortschrittes angeklagt zu werden? — Gilt nicht der Ruf nach Preßfreiheit als eine jener Volksstimmen, die graden Weges vom Berge Sinai kommen? Einen solchen bis in das Mark des Volkskörpers eingedrungenen Glaubenssatz anzutasten, dazu wäre wohl ein zweiter Thomasius erforderlich, um, wie vor hundert Jahren dem Hexenglauben, jetzt diesem Gespensterglauben die Stirne zu bieten.

Ich finde mich dazu zu schwach, aber doch gewissenhaft genug, um Euch auch hier einige Kehrseiten der Preßfreiheit vor Augen zu stellen.

Ihr belobt die Obrigkeit, welche Geländer um die Brunnen und Abgründe zu machen gebietet, und welche bei Strafe untersagt, mit brennenden ungeschützten Lichtern in eine mit Stroh gefüllte Scheuer zu gehen,

2*

Ja, Ihr geht noch weiter, Ihr verbietet zur Traubenzeit *allen* Eigenthümern den Eintritt in Eure Weinberge, obwohl Ihr doch wohl überzeugt seid, daß unter Hunderten erst ein Dieb zu finden sein möchte; denn Ihr haltet es für viel klüger, daß die Obrigkeit dafür sorgt, daß Niemand den Hals bricht, Niemandes Scheuer verbrennt, Niemanden Trauben gestohlen werden, als daß man den Beschädigten den leidigen Trost gebe: der Verschulder dieser Unbilden werde der Strafe nicht entgehen. Ihr wißt sehr wohl, daß wenn auch alle diese Schadenstifter gehenkt würden, der zu Tode Gefallene nicht wieder lebendig, die Scheuer nicht wieder gebaut wird, und die Trauben nicht wieder zur Kelter kommen.

Tödtet, zerstört, entwendet denn die freie Presse nicht eben so gut? Darf gedruckt werden, was Jeder will, so wird man auch nicht hindern können, daß Einer ein Mittel drucken lasse, Jemanden ohne Gefahr der Entdeckung zu vergiften.

Man wird nicht hindern können, daß ein boshafter Bube von einer Badereise einer Eurer Töchter tückische Anecdoten ins Publicum bringt. Ein Anderer wird mysteriöse Andeutungen über Eure Vermögensverhältnisse geben, u. dgl.

Nun sagen freilich die Vertheidiger der unbeschränkten Preßfreiheit: Auf eben dem Wege der Publicität kann auch der Lüge begegnet werden, und die Bestrafung der Verläumdung ist nicht ausgeschlossen.

Wird denn aber durch die Insertion eines Gegenmittels der Vergiftete wieder lebendig? — Wie wollt Ihr denn den Beweis der Integrität Eurer Töchter führen? Etwa in Zeitungen eine Stundenchronik jener Reise einrücken lassen, oder, wie wir noch kürzlich in England ein empörendes Beispiel erlebt haben, wenn Gram und Verzweiflung ein verläumdetes Mädchen getödtet haben, durch ein scandalöses ärztliches Sectionsgutachten deren Unschuld durch die Presse verkünden? Wollt Ihr Euern verdächtigten Credit durch Kundmachung eines gerichtlichen Inventariums Eures Vermögens in allen Zeitungen wieder zu heben versuchen?

Mit der Bestrafung ist es noch mehr im weiten Felde. Wie will man denn den Mann strafen, der das Giftmittel verbreitet hat? — Welches Gesetz hat er denn verletzt? Schädliche Arzneimittel anzugeben, ist so wenig verboten, als nützliche. Er wird fragen: wo habe ich denn Jemanden geheißen, mein Mittel *anzuwenden*? — Der Verläumder Eurer Töchter hat vielleicht durchaus richtige, an sich unschuldige Thatsachen angegeben, aber in einer Zusammenstellung, welche das Urtheil des Publicums nothwendig auf scandalöse Folgerungen leiten mußte. — Das Zeitungs-Inserat besagt am Ende gar nichts weiter, als daß man hoffe, das Gerücht werde sich nicht bestätigen, daß das ehrenwerthe Haus N. N. falliren werde u. s. w.

Wie mit den Personen, so ist es mit der Politik. Ebenso wie Manches ganz Ehrenhafte in Eurem Hause vorgehen kann, was dem Nachbar, der die Verhältnisse nicht kennt, rechtswidrig, unzweckmäßig, gefährlich für das Publicum erscheint, so kommen auch im Staatsleben Dinge vor, welche dem ganzen Publicum in seiner Zweckmäßigkeit oder Nothwendigkeit unmöglich klar gemacht werden können.

Laßt nun doch jeden Schreier seine unreifen Ideen in die Zeitung setzen. Dem Verständigen werden sie freilich nicht schaden. Besteht denn aber das lesende Publicum einzig aus Verständigen? Nimmt denn der Unverständige die vernünftigsten Belehrungen an, wenn sie nicht in seinen Kram passen?

So lange Staaten bestehen, bestand der Neid der Eigenthumslosen und Armen gegen die Wohlhabenden.

Es hat auch zu keiner Zeit an Schwärmern gefehlt, welche eine Ungleichheit der Güter für eine den göttlichen Geboten zuwiderlaufende Störung der menschlichen Freiheit gehalten und als solche dem Volke proclamirt haben.

(Nach den Badischen Landtags-Verhandlungen scheint die Existenz eines solchen Glaubens in einer Gemeinde sich sogar practisch zu beweisen.)

Laßt nun doch einen zweiten Thomas Münzer auftreten und in unsern Pfennigzeitungen eine solche Lehre publiciren, vielleicht auch die Mittel angeben, wie durch methodische Brandstiftungen und Aufstände den Armen geholfen werden könne; — zweifelt Ihr, daß dergleichen Saat auf einen empfänglichen Boden fallen werde? Meint Ihr, daß der beredteste Mund Eurer Landtagsredner jene Rathschläge vernichten könnte? Meint Ihr, daß durch Confiscation der übrig gebliebenen Zeitungsexemplare und durch Bestrafung des Aufwieglers geholfen werden kann?

Also eine Censur für dergleichen besonders der untern Volksclasse leicht zugängliche Flugschriften muß bestehen, wenn nicht dem Staate die größte Gefahr drohen soll. Denn Niemand kann verkennen, daß nur in der grossen Schwierigkeit der Vereinigung und Leitung der Pöbelmasse die Sicherheit des Staates gefunden werden kann.

Weh' denen, die dem ewig Blinden
Des Himmels reine Fackel leih'n,
Sie strahlt ihm nicht, sie kann nur zünden,
Und äschert Städt' und Länder ein!

Was sagen nun Eure Redner zur Begründung ihrer Anstrebungen für Preßfreiheit?

Sander *) will überhaupt kein Preßgesetz. Er findet es gar nicht nöthig, allgemeine Betrachtungen über den hohen Werth der Preßfreiheit, der freien Gedankenmittheilung, anzustellen. „Wenn man zur Bekräftigung „des überhaupt in neuerer Zeit mehr erwachten Nationalbewußtseins der „verschiedenen europäischen Völkerstämme mit Grund sagt: die Sprache „ist ganz das Volk, so kann man auch mit demselben Grunde hinzusetzen: „und die Preßfreiheit ist ganz das Recht und die Freiheit des Bürgers im „Staate (?); sie ist der Sammelpunct aller seiner Rechtszustände und „der wahre und allein richtige Maaßstab ihrer Anerkennung und Verbür„gung im Staate (?), in welcher wir leider so weit gegen andere Völker „zurückstehen (??). Alle Rechte und Interessen des Bürgers, private wie „politische, geistige wie materielle, finden nur in der Preßfreiheit ihren letzten „und ausreichenden Schutz und Schirm (?), und selbst eine Kirche, welche „die Censur erfunden hat, mußte in neuester Zeit die Erfahrung machen, daß „die eigene Tochter in den Händen des Staates ihr selbst entgegentrat „und sie daran erinnerte, daß es ohne Preßfreiheit keine Gewissensfreiheit „giebt, und daß die wahre Befreiung vom Staate nur durch eine freie „Presse eingeleitet, gefördert und erreicht werden kann."

Die Hand auf das Herz, liebe Leser! — Versteht Ihr diese rednerische Stelle? — Leset aber den ganzen Vortrag noch einmal genau. Findet Ihr darin etwas Anderes, als allgemeine, unbewiesene Behauptungen, findet Ihr darin eine einzige Stelle zur Widerlegung der obigen Zweifel?

v. Itzstein: „Ich halte nicht für nöthig, dem wohlbegründeten An„trage, den vielen frühern Erörterungen über diesen Gegenstand, den „vielen Werken über diese wichtige Angelegenheit noch weitere Ausfüh-

*) Beilage zu No. 94 der Landtagszeitung, 1842.

„rungen beizufügen. Wer die Augen nicht freiwillig schließen, und lieber „im Dunkel, in der Unwahrheit, fortwandeln will, muß dem Antrage auf „Wiedergabe des freien Wortes beistimmen; er wird mit mir beklagen, „wenn die Bitte, die wir abermals beschließen werden, bei der Regierung „wieder keine Erhörung finden, wenn diese es ferner noch vorziehen würde, „der Wahrheit die Thüre zu schließen (?) und sich dadurch selbst die „Mittel zu nehmen, die Wünsche des Volkes, die Gebrechen der Verwal- „tung kennen zu lernen."

Wie? so wäre der Preßbengel der einzige Schlüssel in Baden, um sich den Zutritt zum Ohre der Regierung zu öffnen? — Ich meine, jene Männer auf dem Dampfschiffe hätten mich anders berichtet. Selbst zum Großherzoge hat jeder Unterthan unbeschränkten Zutritt. Die Landtagszeitung beweist aber auf das Unzweifelhafteste, daß Eure Wortführer nicht sonderlich blöde sind, und gar nicht der Zeitung bedürfen, ihre Meinungen, Ansichten und Wünsche auf eine sehr verständliche Weise den Ministern und Räthen zu Gehör zu bringen.

„Aber," wendet man ein, „wenn Censur bestehen soll, so soll sie doch in den Schranken des Gesetzes und nicht in der Willkühr der Censoren ihre Instruction finden."

Hier erscheint wieder das Gespenst der „Diener-Willkühr." Sollte denn irgend ein Mensch auf den Gedanken kommen, daß es möglich wäre, durch ein Gesetz alle möglichen Aeußerungen, welche nicht gedruckt werden sollen, wörtlich zu bezeichnen. Kann denn mehr gesagt werden, als daß nichts Unsittliches, nichts dem Staatszwecke Entgegenstehendes, den verbundenen Staaten Nachtheiliges u. s. w. gedruckt werden soll. Muß denn aber nicht die Frage: ob hier etwas Unsittliches, dem Staate Widerstrebendes, den Staaten Nachtheiliges in dem speciellen Falle vorliege, ebenso dem gewissenhaften Ermessen des Censors überlassen bleiben, als es lediglich der richterlichen Beurtheilung anheimgestellt werden muß, ob in einem gegebenen Falle ein Todtschlag, ein Diebstahl, überhaupt ein Verbrechen vorliege?

Wohl mag der Fall zuweilen vorkommen, daß ein Censor etwas streicht, was nicht unter jene gesetzliche Bestimmungen fällt. Dafür hat man wohl allenthalben eine höhere Instanz. Es kann auch diese irren. Nun dann ist es derselbe Fall, daß auch dem Rechte widerstreitende Urtheile durch drei Instanzen durchgegangen sind.

Niemanden wird es aber einfallen, deßhalb die Nothwendigkeit und Zweckmäßigkeit der Gerichtsverfassung zu bezweifeln, weil die Richter zuweilen dem allgemeinen Erbtheile der menschlichen Gebrechlichkeit unterlegen sind und wahrscheinlich in allen Zeiten unterliegen werden.

Wenn aber in Baden über Preßfreiheit, in Bezug auf die innern Angelegenheiten, geklagt wird, so muß das billig Lächeln erregen. Denn man möchte fragen, was wohl Aergeres und Schneidenderes gesagt werden kann, als in der Landtagszeitung gesagt worden ist. Es kommen Stellen vor, bei denen die Gewandtheit der sämmtlichen, in der Ständeversammlung sitzenden Advocaten kaum ausreichen würde, die Redner vor Verurtheilungen wegen Amtsehre-Beleidigungen vor den Gerichtshöfen zu schützen, stände den Sprechern nicht das Asyl der ständischen Redefreiheit zur Seite.

IX.

Oeffentlichkeit der Gerichte.

Ebenfalls ein Modeartikel der Zeit. Viel ist darüber schon zur Erschöpfung geschrieben worden. Ich will mich nur auf einige ganz populäre Andeutungen beschränken. Zweifelhaft sind darüber die Meinungen der Sachverständigen, — ungetheilt, wie die Zeitungen berichten, die öffentliche Meinung, welche ungestüm die Oeffentlichkeit fordere.

Wenn ich mir unter Volk außer den Zeitungsschreibern, modernen Staatsrechtslehrern und wissenschaftlichen Dilettanten noch eine ziemliche Anzahl anderer verständiger Leute denke, so möchte ich fragen: was sollte diese bestimmen, ein solches, zunächst wieder dem benachbarten Frankreich entlehntes Institut so sehnlich zu begehren?

Einleuchtend ist der Satz; daß es bei der Justiz einzig darauf ankommt, daß gesetzmäßig gerichtet werde, und daß die Form nur dahin führen und dazu die Mittel gewähren soll.

Zu einer guten Justiz gehört 1) Gerechtigkeit der Urtheile, 2) Wohlfeilheit und 3) kurze Dauer der Prozesse.

Trägt die Oeffentlichkeit etwas zur Gerechtigkeit bei? Das könnte in zwei Beziehungen der Fall sein: einmal, daß sie den Richter in den Stand setzte, die zu beurtheilende Thatsache richtiger aufzufassen, dann, daß die

Scheu vor dem Urtheile des Publicums dessen Willen bestimmte, nicht nach unlautern Motiven zu handeln.

Nun ist aber in Teutschland nie weniger, als gegenwärtig, über ungerechte Justiz Klage gewesen. Wie kommt man nun dazu, diese Oeffentlichkeit als das unabweisliche Bedürfniß der Zeit zu achten? Die Mündlichkeit besteht schon fast allenthalben in Teutschland, wenigstens in der ersten Instanz, hat aber mit der Oeffentlichkeit nichts zu thun. Daß die Oeffentlichkeit nichts dazu beiträgt, einen Streithandel dem Richter klarer zu machen, leuchtet ein; es bleibt also nichts übrig, als daß man meint, der Richter werde sich mehr vor den bei der Publication des Urtheils um ihn herumstehenden Leuten, als vor seinem Gewissen scheuen. Hier haben wir abermals eine unselige Geburt grundlosen Mißtrauens. Ist von Civilsachen die Rede, so wird schwerlich ein noch so großer Haufen von Leuten, die nichts von der Sache verstehen, dem Richter Besorgniß einflößen, strenger controlirt zu werden, als es die durch das ungerechte Urtheil verletzte Partei ohnehin schon thun wird. Das wäre aber ein sehr erbärmlicher Richter, der geschworen hat, blos nach gewissenhafter Ueberzeugung Recht zu sprechen, und der sich dann bestimmen lassen wollte, gegen seine Ueberzeugung zu sprechen, einzig um sich nicht einer mißbilligenden Meinung des Publicums auszusetzen, und ein sehr einfältiger wäre der, welcher vor diesen stummen Zeugen sich in irgend einer Beziehung beengt finden würde.

In Criminalsachen steht der Oeffentlichkeit zur Seite, daß es gut ist, wenn das Volk zuweilen Gelegenheit erhält, an den strengen Vollzug der Gesetze erinnert zu werden.

Dagegen ist auch nicht der Nachtheil zu verkennen, daß die Oeffentlichkeit für die niedern Volksclassen eine vortreffliche Schule ist, sich in Schlechtigkeiten zu unterrichten und die Winkelzüge kennen zu lernen, wie man der Gerechtigkeit entgehen kann, wozu die Vertheidigungen der Advocaten die besten Anweisungen geben. Der erste Zweck kann durch die Bekanntmachung durch den Druck erreicht werden und zugleich die Nachtheile der Oeffentlichkeit aufheben.

Ueberhaupt scheint es aber doch kaum wünschenswerth, daß die unbemittelten Classen, statt zu arbeiten, in diese Justiz-Comödien laufen; reiche Müßiggänger aber werden auch auf andere Weise Unterhaltung finden können.

Trägt die Oeffentlichkeit etwas zur Wohlfeilheit bei? Das leidige Sportelwesen gehört an sich gar nicht zur Justiz; wie solches aber durch die Oeffentlichkeit gemildert werden soll, ist schwer zu begreifen, so wenig wie die Meinung, daß die Dauer der Prozesse durch die Oeffentlichkeit abgekürzt werden soll.

Versteht man unter der Oeffentlichkeit — was man nicht gerne laut aussprechen möchte — die französische Prozeßordnung, so lehrt die Erfahrung, daß die Prozesse auch sechs bis sieben Jahre dauern können.

Wie aber diese Oeffentlichkeit der Rechtspflege einen so erheblichen Einfluß auf das Volkswohl und die Volksbildung im Allgemeinen haben soll, ist schwer einzusehen. Wie lange besteht sie schon bei den Franzosen! Ist uns das französische Volk an Bildung überlegen? Die Liberalen behaupten es, und haben Recht, wenn Spectakelmachen und ewiges Auflehnen gegen Regierung und Ordnung, wie wir sie bei unsern Nachbarn täglich sehen, unter die Kennzeichen höherer Volksbildung gehört.

X.

Geschwornengerichte.

Wer die Zeit beobachtet hat, kann nicht verkennen, daß das Geschwornen-Institut in Frankreich, von wo es in seiner jetzigen Form in einige Theile Teutschlands übergegangen ist, seine Entstehung weniger der Ueberzeugung einer bessern Rechtsfindung, als vielmehr politischen Ursachen zu danken hat. Nachdem man das democratische Element in allen Rädern des Staatsgetriebes zu Grunde zu legen gewohnt war, wollte man auch den Mittelclassen des Volkes seine Portion davon abgeben, und wählte dazu die Justiz.

Wenn man in Teutschland bei der Bestimmung der Richterstellen von der Vermuthung ausgeht, wer sich sein Lebenlang mit dem Studium der Rechtswissenschaft mit Erfolg beschäftigt habe, werde auch zum Rechtsprechen die erforderliche Tüchtigkeit haben, so legte man in Frankreich ein anderes Prinzip zu Grunde, nämlich das: wer viel Grundstücke besitze, und mehr Steuern als seine Nachbarn bezahle, würde auch Verstand und sonstige Fähigkeit zum Richteramte besitzen.

Wenn sich eine Regierung einfallen ließe, zum Nutzen des Publicums alle käuflichen Gegenstände erst einer genauen Prüfung ihrer Tüchtigkeit zu unterwerfen, und nun zur Untersuchung der Bäckerwaaren einen Juwelier, zur Tuchschau einen Apotheker, zur Probe der Töpferwaaren einen Grobschmied u. s. w., und zwar lauter ehrenwerthe und kluge Leute, zu bestimmen, würde man sie nicht dem allgemeinen Gespötte Preis geben? — Da aber, wo es sich von weit wichtigern Dingen, von Leben, Freiheit, Ehre und Gut der Staatsbürger handelt, unterwirft man, mit Uebergehung der Rechtskundigen, die Entscheidung Aerzten, Apothekern, Müllern, Kaufleuten, Handwerksleuten und Bauern.

Daß man in Frankreich bei dieser Einrichtung etwas ganz Anderes, als die liebe Justiz ins Auge faßt, nämlich ein Mittel, mitunter auch der Regierung eine Lection zu geben, ist Euch Badnern von Euern Nachbarn, den Straßburger Assisen, aus der bekannten Napoleonischen Aufstandsgeschichte gar wohl bekannt.

Daß nicht sehr große Mißgriffe durch dieses Collegium der Unkundigen ruchbar werden, läßt sich daraus erklären, daß die ganze Sache nur eine Form ist und daß die Geschwornenaussprüche effectiv von wirklichen Sachverständigen influirt werden. Der Präsident des Geschwornengerichtes weiß nämlich jederzeit in seinem sogenannten Résumé den Geschwornen die Antwort so in den Mund zu legen, daß es dann nur eines einzigen habilen Mannes unter denselben bedarf, der die Sache im Berathungszimmer noch etwas weiter entfaltet, um auch den Unverständigen ein verständiges Votum (Verdict) abzugewinnen. Wissen sie sich nicht zu helfen, so werden sie unter sich einig, sie wollten mit sieben gegen fünf abstimmen: in diesem Falle treten die Richter hinzu, und entheben die ehrlichen Leute der Verlegenheit, bei dem besten Willen vielleicht eine verkehrte Entscheidung zu geben.

Die Juristen der teutschen linken Rheinseite sind sehr für das öffentliche und mündliche Verfahren eingenommen. Der Präsident, der Staatsprocurator und die Advocaten haben eine vortreffliche Gelegenheit, ihre Talente geltend zu machen, welche bei dem schriftlichen Verfahren ganz im Schatten bleiben. Das Geschwornenwesen erkennen aber auch die meisten im Herzen als eine recht füglich entbehrliche Einrichtung an.

Dagegen schmeichelt es zu sehr der Eigenliebe der sogenannten Notabeln, in der Justiz auch eine Rolle zu spielen, um nicht mit den größten Opfern sich die vermeintliche Würde zu erhalten, auch ein Wort in Dinge sprechen zu können, von denen sie wenig oder gar nichts verstehen. Freilich muß man selbst in einer Wissenschaft und Kunst gehörig zu Hause sein, um ermessen zu können, wie viel dazu gehört, um darin Meister zu sein. Das Rechtsprechen, wie das Regieren, ist eine sehr schwere Kunst, in der es viele fleißige Leute, die ihr ganzes Leben damit hingebracht haben, trotz des besten Willens nicht zur Meisterschaft bringen können, und hier soll der Loostopf den Verstand, die Fassungsgabe, das geprüfte Urtheil ersetzen!

Ich fürchte, liebe Männer, mit der so hochgepriesenen Geschwornengerichts-Verfassung leitet man Euch statt vorwärts, rückwärts in die Zeiten der Gottes-Urtheile, wo auch der Zufall, die stärkere Faust, wie hier der stärkere Steuerzettel, für Recht und Unrecht entschied. Seid Ihr einverstanden, daß es mehr darauf ankommt, wie das Recht gesprochen werde, als wer es spricht, so werdet Ihr auch hierin das große Heil dieses Geschwornen-Institutes, in so glänzenden Redensarten es auch verkündet wird, kaum begreifen können, noch weniger aber den ungemäßigten Lobpreisungen der Rheinischen Zeitungen unbedingtes Zutrauen schenken, welche fast zum Hohne von ganz Teutschland uns glauben machen möchten, daß man auf der rechten Rheinseite von Justiz gar nichts wisse, und daß die dortigen Gerichtshöfe (wie sie es nennen, die heimlichen Gerichte) so eine Art Vehmgericht seien, obgleich dieses Vehmgerichtswesen, das Erzeugniß einer frühern Zeit, in seinen Schöffen und Geschwornen grade als das Musterbild des modernen Geschwornen-Institutes, nur mit dem Unterschiede sich darstellt, daß man damals nicht wußte, ob hinter den vermummten Geschwornen nicht etwas Tüchtiges stecke, heutiges Tages aber in den meisten Fällen weiß, daß nichts dahinter steckt!

Wenn man auch gegen das Argument, daß aus Hessen, Hannover und den übrigen Ländern des ehemaligen Königreiches Westphalen und den einverleibten französischen Departements, wo dieses öffentliche und Geschwornen-Verfahren eingeführt war, sich gar wenige Stimmen für dessen Beibehaltung erhoben haben, die Eigenthümlichkeit der dasigen Regierungsverhältnisse einwenden wollte, so darf man doch fragen: warum haben denn die drei freien Städte, in welchen doch keine monarchischen Reactionen dieses vermeintliche Kleinod verkümmern konnten, dieses Freiheits-Palladium auf die Seite geworfen?

XI.

Der Liberalismus.

Nachdem man diese sieben Leidensworte fast in ganz Teutschland unter das Volk geschleudert und noch mit einer Reihe anderer Redensarten, als: Volksbewußtsein, lebendiges Wort, freie Volksentwickelung, reactionäres System, Bürgernichtigkeit u. dgl. in ein schwer verständliches Gemenge gebracht hat, ist hieraus die wenigen Leuten recht klare Idee des Liberalismus hervorgegangen.

Faßt man es genauer ins Auge, was die Leute mit diesem Worte sagen wollen, so kommt man am Ende darauf, daß die Liberalen, nächst der Förderung der vorgenannten Zustände, das Regieren nicht mehr als das Mittel zur Beförderung des Völkerglückes, sondern als den Zweck selbst geltend machen wollen. Das Volk soll sich selbst regieren, oder doch wenigstens mitregieren.

Die Wortführer dieses liberalen Systemes sehen nun wohl ein, daß das liebe Volk mit seiner eignen häuslichen Regierung genug zu thun hat, und abgesehen davon, daß die Staatscasse schwerlich Geld genug haben möchte, um alle Volksregenten auch nur mit mäßigen Civillisten zu versehen, dadurch die so sehr beklagte Vermehrung der Regierungsorgane nicht vermindert werden würde; es wird also wohl darauf zurückkommen, auch hier die Regierung durch Repräsentanten besorgen zu lassen, und weil auf einem Stuhle nicht füglich zwei Leute sitzen können, so wird man die bereits auf dem Stuhle Sitzenden herabwerfen, um Platz zu gewinnen.

Die Sache ist an sich nicht ohne Schein; die Beamten sollen nicht blos das Vertrauen des Regenten, sondern auch das des Volkes besitzen. Kann dieses sich besser aussprechen, als es durch die Wahlstimmer zur Volksrepräsentanten-Eigenschaft geschehen ist?

Darum pflegen auch in den außerteutschen constitutionellen Staaten die Chefs der Opposition, sobald diese siegt, unmittelbar in's Ministerium überzutreten.

Allein es bleibt immer der Zweifel:

1) ob das Zutrauen des Volkes, das in seiner Mehrzahl doch schwerlich die Fähigkeit hat, die Erfordernisse zu einer Ministerstelle zu tariren, eine Garantie giebt, daß auch der Mann des Volkes der Mann zur Sache sei;

2) ob sich dieses Volkszutrauen durch eine Stimmenmehrheit seiner Repräsentanten mit Gewißheit ausspreche.

Da nun in Teutschland es sich nicht wie in England und Frankreich blos um große ministerielle Staatssysteme handelt, sondern zu einem Minister eine große Menge Kenntnisse des Einzelnen gehören, welches in jenen Staaten ziemlich stabilen Büreau-Chefs überlassen ist, so würde ein solches von Landtag zu Landtag sich veränderndes Ministerialwechsel-Spiel für das Volkswohl eben keine reichen Früchte tragen, und somit das Prinzip der Volksregierung schwerlich durchzuführen sein. Damit dürfte sich das Ziel des sogenannten Liberalismus, den ich in dieser Beziehung lieber den Ultraliberalismus nennen möchte, ganz verfehlt darstellen.

Erlaubt mir nun, meinen Begriff des Liberalismus Eurer Prüfung zu unterstellen.

Die constitutionellen Staaten haben in der Repräsentativ-Verfassung dem Volke Organe gegeben, alle seine Beschwerden, Anliegen und Wünsche zur Kenntniß des Regenten zu bringen. Sie haben dem Volke Gelegenheit gegeben, die Männer auszuwählen, welche es seines Vertrauens besonders werth hält. Diesen Männern sind die Rechte der Zustimmung oder wenigstens des Beirathes bei der Gesetzgebung eingeräumt, so wie das Abgaben-Bewilligungsrecht und endlich das der Beschwerde und Anklage gegen die Staatsdiener. Das ist liberal. Verlangt ihr mehr, so zerstört ihr das monarchische Prinzip und tretet über in das des Republicanismus.

Ob diese republicanische Verfassung nun dem Wohle der Staatsbürger, worauf doch am Ende jeder Staatszweck hinausläuft, mehr als die monarchische Verfassung entspricht, ob dort, wo alle die Güter, welche der Ultraliberalismus als unerläßliche Bedingungen bezeichnet, Volksmündigkeit, Volksschutz gegen die Regierung, System des Fortschrittes, Schutz gegen Beamtenwillkühr, die unbeschränkteste Preßfreiheit, öffentliche und Geschworenengerichte, in aller Ausdehnung Statt finden, die Staatsbürger glücklicher und zufriedener leben, — dazu werden sich Euch Beispiele aus der Nähe und Ferne genug darbieten.

Die irrigen Ansichten von Liberalismus müssen als eine Krankheit der Zeit betrachtet werden. Der Krankheitsstoff geht aus von Theoretikern, welche, fern von den Erfahrungen der praktischen Staatskunst, sich aus den Gebilden ihrer Phantasie einen Musterstaat construiren, nur

Menschen von höherer geistiger Bildung im Auge haben, weil sie mit den niedern Volksclassen nie in Berührung kommen, und darüber vergessen, daß die Staatseinrichtungen für alle Bewohner passend sein müssen, und natürlich den Einen mehr beengen, als den Andern, daß man sich aber begnügen muß, einen solchen Zustand herbeizuführen, der für die Mehrzahl der Individuen am passendsten ist, und diese Mehrzahl bildet der Stand der Gewerbtreibenden und Landleute, und nicht der Stand der Gelehrten und Hochgebildeten.

XII.

Die sichtbaren Ursachen der Zerwürfnisse.

Baden hat seit dem Jahre 1818 eine der liberalsten Verfassungen Teutschlands, und dennoch bezeichnen seine Landtags-Verhandlungen eine fortgesetzte Reihe unermüdlicher Kämpfe und Anstrebungen, noch mehr zu erhalten.

„Sind wir denn wirklich so unglücklich?" fragte einmal ein Badischer Minister in der Ständeversammlung. Das Wort hätten sich wohl Manche zu Herzen nehmen mögen, wenn nicht der betäubende Weihrauch, der von allen Enden Teutschlands ihrer Freisinnigkeit gestreut wurde, ihren hellen Blick etwas umnebelt hätte.

Im Ganzen richteten sich die Angriffe mehr gegen die Wirksamkeit des Ministeriums nach Außen, als nach Innen. Besonders waren es die Verhältnisse zum Bundestage, welche den Beifall der Opposition gar nicht hatten, und Interpellationen herbeiführten, welche nicht selten die Minister in große Verlegenheit bringen mußten. Auch denjenigen, welchen vielleicht eben so wenig, wie den Rednern der Opposition, die Politik jenes Fürstenvereines ganz klar war, konnte nicht entgehen, in welcher seltsamen Ueberschätzung des Einflusses der Stimmen eines doch nur unter die Bundesstaaten von mittlerem Umfange zu zählenden Staates die Antragsteller befangen sein mußten, wenn sie wähnten, daß es in der Macht der Badischen Minister stehe, Beschlüssen entgegenzutreten, welchen der fast einstimmige Wille aller Bundesglieder zur Seite stand. Es äußerten sich dabei zuweilen Gesinnungen eines Heroismus, dem nur der Umstand hätte zur Seite stehen dürfen, daß Baden statt $1\frac{1}{4}$ Millionen Einwohner 20 Millionen zählte, und daß diese die Gesinnungen der Wortführer getheilt hätten, um in der politischen Waagschale Europa's eine Diversion zu machen. Indessen war auch in Bezug auf die innern Angelegenheiten eine auffallende Oppositionssucht von Seiten der aus dem Staatsdienerstande eingetretenen Deputirten nicht zu verkennen. Ob bei der Regierung nicht gegen einen und den andern derselben ein Mißtrauen sich erhoben habe, daß nicht blos der Eifer für das Landeswohl, sondern andere minder löbliche Motive diesen Oppositionsgeist leiteten, läßt sich nicht wohl ausmitteln.

Indessen geschah viel. Baden konnte sich namentlich in Bezug auf die Entfesselung des Grundeigenthumes von Zehnten, Frohnden und alten Zins- und Beetabgaben einer Thätigkeit rühmen, wie kein anderer Staat.

Wohl habe ich gelesen, daß ein Landtags-Deputirter daran erinnert hat, daß die Stände dazu auch das Ihrige beigetragen haben. Allein das schmälert im Geringsten nicht das Verdienst der Minister, ohne deren Mitwirkung einestheils ja nichts der Art hätte zu Stande kommen können, und die anderntheils die große Arbeits-Beschwerde hauptsächlich persönlich treffen mußte.

Dennoch trafen sie in den Kammern, und besonders in der zweiten, immer auf sehr scharfe Censoren. Es liegt nun einmal in der Stellung eines Volks-Repräsentanten ein ungemeiner Reiz, dem Volke zu zeigen, daß er nicht als stummer Ja-Herr in der Kammer sitze. Dieser Oppositionsgeist schadet auch gar nicht, so lange er in den Schranken einer gewissenhaften Forschung des Rechtes und der Zweckmäßigkeit der ministeriellen Anträge sich bewegt. Wenn aber kleinliche Zwecke und persönliche Leidenschaftlichkeiten sich in die Sache mischen und opponirt wird, um nur zu opponiren, um sich den Genuß zu bereiten, hochgestellte Männer in Verlegenheit zu bringen, ihre Schwächen möglichst aufzudecken, und vielleicht an Stühlen zu rütteln, um sich selbst darauf zu setzen, dann kann das Mißtrauen auf beiden Seiten nicht ausbleiben, und das Wohl des Staates tritt in den Hintergrund eines persönlichen Kampfplatzes.

XIII.

Die Urlaubsfrage.

Ein solches Mißtrauen mochte wohl die Minister beschlichen haben, als sie den unnatürlichen Zustand gewahrten, daß gerade die Staatsdiener, die Organe der Regierung, ihre Geschäfts- und Sachkenntnisse gegen die Regierung wandten.

Sie mochten auch nicht übersehen, welch eine ungeheure Lähmung in ihrer Wirksamkeit für das Wohl des Volkes daraus erwachsen mußte, wenn diese ewigen Oppositionen, geleitet von Talenten und feuriger Rednergabe, bei dem Volke Mißtrauen in den redlichen Willen des Ministeriums einflößten. Hatte das Ministerium ein gutes Gewissen, so mußte es mit gerechter Entrüstung erfüllt werden ob dieses friedenstörenden Beginnens der Männer, von welchen es statt Unterstützung feindselige Gegenwirkung erfuhr. Es war nicht nur im Recht, sondern es war seine Pflicht, mit allen erlaubten Mitteln einen das Staatswohl so sehr gefährdenden Zustand abzuwenden.

In der Staatsregierung ist es wie im Gebiete der Weltregierung, wo so Vieles vorgeht, was die menschliche Einsicht nicht fassen und nicht zur klaren Einsicht bringen kann. Wo aber hier die Einsicht aufhört, fängt der Glaube an. Wie arm ist der Mensch, wenn man ihm den Glauben nimmt, und gäbe man ihm zum Ersatz die reichste Fülle menschlicher Erkenntnisse. Wie der Glaube an eine göttliche Weltordnung in allen Irrsalen und Unbegreiflichkeiten des Verhängnisses einen festen Anker darbietet, so kann auch im Staatsverbande die segenvolle Frucht der Volkszufriedenheit nicht reifen, wenn ihr die Lebenswärme des Glaubens und Vertrauens zum Fürsten und seiner Regierung entzogen wird. Täglich sieht das Volk, wie der Arm der Justiz unter seinen Mitbürgern mit unerbittlicher Strenge waltet. Es läßt sich das Alles gefallen, denn es glaubt, daß Gerechtigkeit geübt werde. Es zahlt Steuern, denn es glaubt, der Fürst und die Volksvertreter würden ihm die Last nicht auflegen, wenn es nicht nothwendig wäre. Es liefert seine Söhne zum Kampfe, denn es glaubt, daß es so sein müsse. — Sollten in allen diesen Fällen die Prozeß-Acten, das Büdget, die verwickelten Fäden der Staatenpolitik erst auf seine Ueberzeugung influiren, wie sollte eine Regierung bestehen kön-

3

nen? — Wer dem Volke sein Vertrauen zur Regierung ohne gerechte Ursache entzieht, versündigt sich an beiden. Und hier konnten die Minister sagen: **Wer nicht mit uns sammelt, der zerstreut!**

Sie benutzten deßhalb das Mittel, durch Urlaubsverweigerung mehrere gewählte Staatsdiener von der Ständeversammlung fern zu halten.

Dieser Schritt brachte eine solche Aufregung hervor, daß über die Frage: ob die Regierung ein Recht habe, den Urlaub zu verweigern, fast alle wesentlichen Gegenstände der Berathung in den Hintergrund treten mußten. Es kam endlich zu einem Kammerbeschlusse, in einer Adresse an den Großherzog diese Urlaubsverweigerung zur Beschwerde zu machen, und den Eintritt der gewählten Staatsdiener als ein Recht zu fordern.

Indeß trat die erste Kammer diesem Beschlusse nicht bei, indem sie die Urlaubsverweigerung als ein Recht der Regierung anerkannte, somit konnte verfassungsmäßig ein solcher einseitiger Antrag der zweiten Kammer nicht an den Großherzog gebracht werden. Die zweite Kammer wählte daher den Weg, in ihr Protokoll den Beschluß niederzulegen, daß sie ihre Rechte verwahre, „daß sie an ihrer ausgesprochenen Rechtsüberzeugung festhalte, die Ausschließung der zwei gewählten Deputirten für die Verfassung verletzend, und neue Wahlen in dem Wahlbezirke der ausgeschlossenen Deputirten nicht für gültig erkenne, daß sie dabei beklage, daß durch diese Angelegenheit der gerichtliche Gang der Landtagsgeschäfte selbst leide, daß sie aber an dem Zerwürfnisse und dessen Folgen keine Schuld trage.“

Wie hätte nun in Beziehung auf diese Urlaubsdifferenz die Stellung des Badischen Volkes sein müssen? Die Sache hatte sich offenbar zu einem Rechtsstreite gestaltet. Minister und Opposition beriefen sich beide auf ihr Recht.

Ist Euch, liebe Leser, der Fall noch nicht vorgekommen, daß zwei verständige und ehrenwerthe Leute verschiedener Meinung sind, und beide Recht zu haben vermeinen, ungeachtet doch nur Einer im Rechte sein kann? Wagt Ihr in einem solchen Falle, den einen Theil ohne Weiteres der Ungerechtigkeit zu beschuldigen, besonders wenn es eine Rechtsfrage gilt, die aus den Tiefen der Rechtskenntniß erst ihre Erledigung hervorsuchen muß?

War eine Majorität von zwölf Stimmen in der zweiten Kammer gegen die Minister und die ganze erste Kammer wohl ein so überzeugender **Beweis** von der Richtigkeit der Rechtsansicht der Opposition?

Waren die sämmtlichen Mitglieder der ersten Kammer für so rechtsunkundige oder gewissenlose Männer zu achten, daß ihnen zugetraut werden durfte, aus bloßem Uebermuthe oder blinder Parteisucht einstimmig gegen die Ansicht der Opposition gestimmt zu haben?

Nach meiner Ueberzeugung hatten diejenigen sehr Unrecht, welche eine streitige Sache deßhalb für eine entschiedene hielten, weil einige Deputirten mehr der Oppositionsmeinung beitraten. Geht doch die Zahl der Stimmenden durch, und fragt Euch bei jedem Einzelnen auf Euer Gewissen: Hatte der Mann wohl die Rechtskenntniß, um eine so verwickelte Sache zu entscheiden?

Aber ich will annehmen, das Ministerium hätte wirklich Unrecht gehabt, so frage ich Euch weiter:

> War denn diese Sache wirklich so wichtig und für das Wohl und Weh des Landes so entscheidend, und kam denn wirklich so viel darauf an, ob die zwei Männer, denen der Urlaub versagt worden war, in der zweiten Kammer anwesend waren?

Ich weiß wohl, daß es manche Gelehrte giebt, die sich auf den Grundsatz viel einbilden: Mag die Welt untergehen, wenn nur ein Rechtsprinzip gerettet wird. So gelehrt wollt Ihr wohl nicht sein. Es giebt auch einen philosophischen Fanatismus!

XIV.

Das Manifest.

In Folge dieses Urlaubsstreites erschien das Manifest des Großherzogs vom fünften August 1841, worin er die von der Majorität der zweiten Kammer in der Sitzung vom siebenzehnten July niedergelegte Verwahrung gegen das Recht der Urlaubsverweigerung, sowie die Behauptung, daß dadurch die Verfassung verletzt werde, nicht nur zurückweist, sondern auch die Meinung ausspricht, daß die durch diesen unfruchtbaren Streit veranlaßte Hemmung der Landtagsgeschäfte nicht den Mitgliedern der obersten Staatsbehörde, sondern der zweiten Kammer zur Verschuldung zu stellen sei.

Er sprach dabei die Erwartung aus, daß die Unterthanen das Bench-

3*

men der obersten Staatsbeamten billigen, und den ungebührlichen Verdächtigungen derselben durch einzelne Ständeglieder kein Gehör schenken würden.

Ich muß zunächst erwähnen, wie dieses Manifest von der Oppositionspartei in der Form angegriffen wurde.

Man machte es den Ministern zum Vorwurf, daß solches von keinem von ihnen mit unterzeichnet worden sei.

Man nannte dies eine Erscheinung ohne Beispiel in einem Repräsentativstaate, und behauptete, daß auf diese Weise die Verfassung in ihren Grundfesten erschüttert worden sei.

Vergebens erläuterten die Minister die Veranlassung dieses Manifestes, daß im Lande allenthalben verbreitet worden sei, der Großherzog theile keineswegs in der Urlaubssache die Meinung seiner Minister, und daß durch diese Erklärung des Landesherrn diese Meinung widerlegt, und einzig eine moralische Wirkung habe hervorgebracht werden sollen; daß die gesetzliche Contrasignatur nur bei Gesetzen und Verordnungen, die Etwas gebieten oder verbieten, aber nicht bei bloßen Meinungsäußerungen des Regenten an das Volk vorgeschrieben sei. Die Wortführer bezogen sich auf die englische Verfassung, und ein Hauptredner erinnerte sogar an die schaudervollen Ereignisse der Hinrichtung zweier Könige, Karl I. in England und Ludwig XVI. in Frankreich, um zu erweisen, daß ohne dieses Prinzip der ministeriellen Verantwortlichkeit die Unverletzbarkeit des Regenten nicht gesichert werden könne.

Sollte man es glauben, daß man in der Nachahmung unteutschen Wesens es so weit treiben konnte, dem Volke einreden zu wollen, sein Fürst dürfe nie anders, als durch den Mund seiner Diener mit ihm sprechen! Also das Volk ist mündig geworden, aber der Regent — darf nichts ohne seinen wohlbestallten Vormund sprechen, wenn es verfassungsmäßige Wirkung haben soll! — Liebes Badisches Volk, könnte Dir ein solcher mundtodter Fürst gefallen? könnte ein solcher, aller Willensfreiheit entsetzter Mann ein Gegenstand Deiner Achtung, Deiner Zuneigung sein?

Wahrlich, Herabwürdigenderes konnte nie von Deinen Vertretern ausgesprochen werden, als diese Verkennung des ersten Regentenrechtes des Staatsoberhauptes, vor seinen Unterthanen seine Ueberzeugung, seinen Willen frei und ungebunden kund zu geben.

Hier haben wir wieder ein Beispiel jener herzlosen Gebilde einer auf bloßer speculativer Abstraction beruhenden Staatstheorie. Nein, unser teutsches Volk will in seinen Fürsten keine Schattenbilder, es will eine Persönlichkeit im ausgedehntesten Sinne des Wortes, einen Herrscher, den es achten und lieben kann; keine Puppe, wie in solchen Staaten, wo es sich nur davon handelt, einer am Ruder stehenden Partei in dem Vorschieben eines Schattenkönigs einen Ausweis zu geben, daß sie das Regierungssiegel dermalen in Händen habe.

Wir haben angestammte und nicht durch revolutionäre Parteikämpfe auf den Thron gekommene Fürsten. Ihre Existenz ist ein Theil unseres größern nationalen Familienlebens geworden. Es ist uns nicht einerlei, ob wir diesem oder jenem Herrn angehören, und mit Wehmuth schieden von jeher die von ihrem angebornen Herrscher durch des Schicksals Fügung getrennten Unterthanen.

Diese treue Anhänglichkeit des Volkes an die angestammte Regentenfamilie bildet ein ehrenvolles Blatt in den Büchern unserer Geschichte. Diese Liebe zum Fürstenhause erhob zweimal das edle, schlichte Tyroler Volk, mit seinem Blute seine Fürsten zu schirmen. Wenn eben diese Gesinnungen teutscher Unterthanentreue vor 130 Jahren das Baiernvolk zum Aufstande brachten, mit dem Wahlspruche: lieber bairisch todt, als österreichisch lebendig! so haben wir noch in unserer Zeit als Seitenstück gesehen, daß auch die mildeste Regierung Baierns 1809 Tyrol nicht bewegen konnte, seinem Kaiserhause die gelobte Treue zu brechen. Aber die Tyroler und ihre wackern Nachbarn, die Voralberger, philosophirten nicht über die Vortheile jener Staatsverbindung. Ihren Franz wollten sie wieder haben! Dieses war ihnen ein dem Gemüthe fest verwachsenes, lebendiges Bild, kein geistiges Gedankending, wie der Begriff vom Staate. Und als die treuen Bewohner der Grafschaft Mark im Jahre 1807 von ihrem Preußischen Fürstenhause getrennt wurden, da scheuten sie sich nicht, Angesichts des neuen Herrschers dem alten treuen Landesvater einen wehmüthigen Abschied nachzurufen, und aus ihrer Mitte entstanden im Befreiungskriege eben so gut, wie in den übrigen altpreußischen Provinzen, nicht wenige treue Kämpfer für den angestammten Herrn.

Nehmet Ihr dem Volke die Vorstellung, in seinem Fürsten den an der Spitze und über allen Staatsbürgern stehenden unparteiischen Lenker aller Staatsangelegenheiten, den wirklich regierenden Landesherrn zu erkennen, dann entreißt Ihr dem Volke den Stützpunkt seiner Auffassung des Staatsverhältnisses.

Was soll man nun aber über den Erfolg dieses Manifestes sagen? —

Dieser war so betrübend, daß sich ein höchst beklagenswerther Zustand des Volksgeistes daraus ableiten ließe, dürfte man annehmen, daß die Gesinnungen der Mehrzahl der Stände-Deputirten der zweiten Kammer auch die der Mehrzahl des Volkes wären.

Es kann wohl im Familienleben vorkommen, daß die Kinder gegen den Vater einen Rechtsstreit beginnen. Aber dann werden sie doch gewiß in ein so unnatürliches und gehässiges Verhältniß nur eintreten, wenn Hochwichtiges auf dem Spiele steht, aber schwerlich werden sie um einen Pappenstiel mit dem Vater prozessiren.

Minister wie Opposition nennen die ganze Urlaubssache eine unfruchtbare Streitsache, und beide beschuldigen sich gegenseitig, den Streit zwecklos herbeigeführt zu haben. Von der zweiten Kammer war eine Protestation erfolgt, und das Manifest enthielt eine Gegenprotestation.

Was konnte nun die Opposition für einen Zweck haben, die Sache wieder aufzugreifen?

Daß das landesherrliche Manifest nicht eine Entscheidung der Streitfrage sein sollte, hatten ja die Minister zugegeben. Warum ließ man nun die Sache als unentschieden nicht in statu quo? — Warum verlor die Opposition so ganz den richtigen Takt, der ihr gebot, hier, wo des Großherzogs Persönlichkeit nun so offen hervorgetreten war, Angesichts des ganzen Volkes durch die Erklärung vom 18. Februar das Staatsoberhaupt so rücksichtslos zu verletzen! Warum verhallte die so beherzigungswerthe Mahnung, die Sache auf sich beruhen zu lassen, im Kampfe der Parteisucht?

War der Genuß, das letzte Wort zu haben, für die Opposition so berauschend, daß sie alle Erinnerungen an die Folgen leichtsinnig übersah?

Das sind Erscheinungen, welche einen Begriff geben, zu welcher Leidenschaftlichkeit die Sache gediehen war.

Die Regierung griff nun zum Mittel der Auflösung der Ständeversammlung.

XV.

Die Wahlumtriebe.

Nach der Auflösung bot sich in Baden eine noch nie in Teutschland erlebte Erscheinung von Thätigkeit, auf die Wahlen zu influiren, dar. Das Ministerium fand sich, wie es behauptet, hiedurch genöthigt, ebenfalls Maaßregeln zu ergreifen, um diesem Streben der Opposition, sich die Stimmenmehrzahl unter den Abgeordneten zu sichern, entgegenzutreten. Es geschah dies durch öffentlich verkündete Rundschreiben der verschiedenen Ministerien.

Von Seiten der Regierung war es allerdings eine Frage um Sein oder Nichtsein, aber weniger um ihre persönliche Stellung, als um die des Staatssystemes und der Regierungswirksamkeit.

Denn wo in einem repräsentativ-verfassungsmäßigen Staate eine systematische Opposition besteht, die nur opponirt, um die Wirksamkeit des bestehenden Ministeriums zu lähmen, da wird diese gerade den Maaßregeln, die etwas Gutes bezwecken, am entschiedensten entgegentreten, um zu verhüten, daß dieses verhaßte Ministerium nicht die Popularität gewinnt. Natürlich tritt man dann den ministeriellen Anträgen nicht direct entgegen, sondern man sucht nur durch Nebendinge Klingen einzuwerfen, daß nichts zu Stande kommt, und schiebt dann (wie geschehen) der Regierung die Ursache in den Busen.

Diese parlamentarische Taktik hatte das Ministerium allerdings zu fürchten. Denn da in dem vorigen Landtage die Formalien des Urlaubsstreites den größern Theil der Zeit hinweggenommen hatten, so konnte durch Hervorrufen ähnlicher Zwiste auch der neue Landtag die besten Absichten der Minister vereiteln.

Aus allen Umständen erhellte aber das Bestehen einer höchst unheilbringenden Thatsache, die Existenz eines bis zum Haß gesteigerten wechselseitigen Mißtrauens zwischen Ministerium und Opposition.

Von Seiten des Ministeriums konnte wohl in der Handlungsweise der Oppositionshäupter die feindselige Richtung nicht eine Minute verkannt werden, denn sie war offen genug. Mangel an Freimüthigkeit ist wohl keiner teutschen Ständeversammlung vorgeworfen worden. Aber die Schonungslosigkeit, dieser stabile Hohn, dieser Siegerübermuth, welcher sich in den Verhandlungen der zweiten Kammer von Seiten der Wortführer gegen die Minister fortwährend kund that, ist gewiß beispiellos.

Wie wurde doch bei dem Streite über das Manifest ein unbewachter Ausdruck des Ministervorstandes — der übrigens doch eine Wahrheit enthielt — mit Spott und Schadenfreude aufgegriffen, um dem Manne eine kleine Verlegenheit zu bereiten! Dergleichen ist nicht parlamentarisch. Auch hier soll, wie in einer guten Gesellschaft, würdevoller Anstand nie aus den Augen gesetzt werden. Gallerie-Gelächter gehört in das Puppentheater, aber nicht in eine Versammlung der Edelsten im Volke.

Hohe Bewunderung mußten die Männer verdienen, welche solchen oft wahrhaft muthwilligen Neckereien des Uebermuthes und des Hohnes eine unerschütterliche, würdevolle Ruhe entgegenzusetzen die Stärke besaßen. Es ist ein widriges Bild, einen in Amt und Würde stehenden Mann zur Zielscheibe jugendlichen Übermuthes und zur Unterhaltung eines so neugierigen und so gemischten Gallerie-Publikums dienen zu sehen; und an dergleichen Scenen hat es leider nicht gefehlt.

Und was waren es für Männer, die eine solche unwürdige Behandlung zu erdulden hatten? — Waren es etwa unbedeutende Höflinge, die nur der Hofgunst ihre Stellung zu verdanken hatten? Nein, es waren im Dienste des Staates ergraute Männer, die über ein Vierteljahrhundert der Gegenstand der Achtung und Ehre im In- und Auslande gewesen waren, die Baden namentlich in Bezug auf die strenge Ordnung seiner Verwaltung und seines Credits zum Gegenstande der achtungsvollsten Anerkennung erhoben hatten; — denen die entschiedensten Eurer Oppositionsmänner dieses Zeugniß der Ehrenhaftigkeit nicht versagt hatten.

Nein, Badener! das Blatt pag. 489 der Landtagszeitung, in welchem einer Eurer Abgeordneten diese Männer mit so muthwilligem Hohne beschimpfte, das reißet mit noch einigen andern heraus!

Wäre es nur einzig die bloß persönliche Abneigung gegen die Minister gewesen, welche die Opposition zum Widerstande gereizt hätte, so wäre den Regierungsmitgliedern vielleicht zuzumuthen gewesen, sich zurückzuziehen, um der guten Sache nicht hinderlich zu sein. Allein es offenbarte sich ja klar eine reelle Tendenz — Aenderung des bestehenden Regierungssystemes im Sinne einer sogenannten liberalen Tendenz, Opposition gegen Bundestag, monarchisches Prinzip und positive Rechtszustände. Fanden die Minister nach ihrer Ueberzeugung Gefahr für das Vaterland, so wären sie sorglose oder schwache Männer gewesen, wenn sie nicht alle nach den Gesetzen des Staates und der Moral zulässige Mittel aufgewendet hätten, die Wahlen auf Männer zu leiten, welche der ihnen gefährlich scheinenden Richtung nicht zugethan waren. Nicht darf dabei übersehen werden, daß zwar die Opposition behauptet, unter diesen Mitteln seien manche ungesetzliche gewesen, dieser Behauptung aber standhaft widersprochen und deren Beweis nicht geführt worden ist.

Auf der andern Seite war aber die Opposition auch consequent, den Ministern zu mißtrauen, daß sie in ihre Plane der Volksbeglückung nicht eingehen würden. Die Hoffnung, daß diese Minister jemals im Geiste der Opposition handeln würden, mußte allerdings nach dem bekannten Charakter dieser Männer aufgegeben werden.

XVI.

Die Landtags-Verhandlungen im Jahre 1842.

Die Landtagswahlen rechtfertigten die Besorgnisse der Minister. Es zeigte sich aus dem Resultate der Wahlen, daß der Sieg des Wahlkampfes auf Seiten der Opposition geblieben war. Die ersten Sitzungen des neuen Landtages gewähren ein abschreckendes Bild. Die Wahlprüfungen brachten Dinge zur Sprache, die mehr als Unwürdigkeiten enthielten.

Beschuldigungen und Gegenbeschuldigungen wechselten in einem Tone von solcher Bitterkeit und Verhöhnung zwischen der Majorität und Minorität, daß man nicht zum gemeinsamen Vaterlandswohle verbundene Bürger, sondern zu feindseligem Kampfe gerüstete Männer zu erblicken meint.

Fünfzehn Sitzungen hindurch nichts als Streit über Wahlbeanstandungen, und in der siebenzehnten — wieder Aufrührung der alten Geschichte des Urlaubsstreites!

Der geistvollste Redner der Kammer tritt auf und klagt:

„Man beneidete Baden um seine glückliche Stellung! — Da wurde hemmend und störend, wie ein Blitz vom heitern Himmel, jene unselige Urlaubsfrage in dies ruhige Land geschleudert. Da erschienen ein Jahr später die unheilbringenden Circulare, Schreiben der Minister und die verderbliche Ausführung derselben."

„Von da an leidet das Land! Von da an fühlt sich das Volk unbehaglich, tief aufgeregt, mißtrauisch gemacht gegen seine Beamten und sie fürchtend, mißtrauend gegen das Ministerium, weil es in dessen, mit seiner Regierungserklärung vom 26. November 1830 in dem grellsten Widerspruche stehenden Rescripten mit Recht die Quellen seines jetzigen Zustandes erkennt und beklagt." —

Der Redner sagt weiter: „Die höchste moralische Kraft der Staatsverwaltung liegt in dem Vertrauen des Volkes zu ihr, — wird dieses gestört oder geschwächt, und das ist geschehen, wie auch der Erfolg der neuen Deputirtenwahlen deutlich beurkundet, — dann ist das Mittel, das unfehlbare Mittel verloren, den Staat gut und gedeihlich, mit Zufriedenheit des Volkes, mit bereitwilligem Zusammenwirken aller Kräfte zu regieren. Dann finden weder neue Gesetze, noch irgend eine allgemeine Verfügung der Verwaltung jene gute Aufnahme, welche unumgänglich nöthig ist, um deren getreue Beobachtung und ihren Fortbestand zu sichern. Dann ist aber auch die wesentliche Grundlage einer guten und segenbringenden Verwaltung erschüttert, und es bedarf kräftiger Heilmittel, um dem Fortschreiten des Uebels zu steuern."

Und worin besteht nun das kräftige Heilmittel, das der Redner vorschlägt? — In dem Antrage:

„Die Kammer wolle ihre entschiedene Mißbilligung wegen der bezeichneten, von den Ministern ausgegangenen Maaßregel und wegen der Art und Weise ihrer Ausführung aussprechen, und den desfallsigen Beschluß in ihre Protocolle niederlegen!"

Die Landtagszeitung No. 61 verkündete von dieser merkwürdigen Sitzung:

„Der Zudrang von Fremden aus allen Theilen des Landes, welche der auf heute angekündigte Antrag des Abgeordneten von Itzstein hierher geführt hatte, und die seit dem frühen Morgen die Räume des Ständehauses füllten, war so groß, daß selbst die Abgeordneten Mühe hatten, zu ihren Sitzen zu gelangen. Der Saal war bis in die Mitte gefüllt, so daß der Präsident das Publikum aufforden mußte, sich so weit zurückzuziehen, daß man wenigstens die Redner in den vordern Sitzen sehen könne. Die Stufen vor den Sitzen der Regierungs-Commission, des Präsidenten und der Secretäre sind mit Damen besetzt."

Wer muß nicht unwillkührlich bei dieser Beschreibung an eine Hinrichtungsscene erinnert werden, wo auch, wie gewöhnlich, dem schönen Geschlechte der Genuß, dem Schaffot möglichst nahe zu stehen, von den feingebildeten Zuschauern mit zarter Aufmerksamkeit gestattet wird.

Badener! Badener! etwas Unwürdigeres als diese moralische Hochgerichtsscene haben eure Landtags-Verhandlungen nicht aufzuweisen! Und Ihr, verständige Männer auf dem Dampfschiffe, Ihr konntet den Ministern zum Vorwurfe machen, daß sie der schaulustigen Menge in diesem an das Revolutions-Tribunal erinnernden unzuständigen Gerichte sich entzogen? — Wißt es ihnen Dank, daß sie Eure Deputirten, wenn sie solche vom Unrechte nicht abhalten konnten, wenigstens der Schmach enthoben, Ehrenmänner und Beauftragte Eures Fürsten einem Gallerieen-Schauspiele preisgegeben zu haben.

Der ärgste Gegner des constitutionellen Systemes hätte nichts Schlimmeres Euch rathen können, als diese Scenen des Uebermuthes und Hohnes gegen die Regierung.

Und durch diese Prostitution sollte nun „die höchste moralische Kraft „der Staatsverwaltung, das Vertrauen des Volkes zu ihr" wieder hergestellt, und „das unfehlbare Mittel gegeben werden, den Staat gut und „gedeihlich, mit Zufriedenheit des Volkes" zu regieren?—

Konnte der Antragsteller wähnen, daß, nachdem der Großherzog 11 Monate vorher sein festes Zutrauen zu den Ministern ausgesprochen hatte, nun die Stimmen von 39 Männern, denen 24 andere und die ganze erste Kammer gegenüberstanden, bestimmen könnten, Räthe zu entlassen, die er nach einer fünfundzwanzigjährigen nähern Kenntniß als ehrenwerthe Männer und tüchtige Diener des Staates erkannt hatte?

Konnte dieser Kammerbeschluß aber auch die Thatsache in Evidenz stellen, daß die Minister wirklich das Vertrauen des Volkes verloren hätten?

Oder endlich, wenn die Thatsache, wie ich leider selbst glaube, bestände, daß die Minister das Vertrauen vieler Einwohner des Landes nicht mehr besäßen, sei es, daß sie dessen Verlust verschuldet, oder daß man es ihnen mit Unrecht entwendet hätte, so steht doch nicht minder auch die Thatsache fest, daß Viele es ihnen fortwährend schenken? — Würde dann zu verbürgen sein, daß die neuen Minister das allgemeine Vertrauen hätten? — Würde endlich der Zuwachs von sechs Ministerial-Pensionen für lauter lebenskräftige Männer die scharfen Rechner beim Büdget sehr angesprochen haben?

Endlich eines der Hauptargumente der Opposition: die Volksstimme! War das nicht auch die Volksstimme, die das „Kreuzige ihn! Kreuzige ihn!" ausrief?

Ich will Euch, liebe Leser, meine Ueberzeugung, daß auch bei den Ministerial-Rescripten die Minister im Rechte waren, nicht aufdringen; selbst angenommen, auch hier hätten die Minister unrecht gehabt, war es denn klug, den Männern, von welchen man doch schwerlich glauben konnte, daß man sie auf diese Weise los würde, noch mehr an der öffentlichen Achtung zu rauben?

Doch die Achtung der Unbefangenen im Lande ist den Ministern in diesem unheilvollen Parteikampfe nicht entzogen worden, denn im Stillen erfochten sie einen großen Sieg, diese Männer ohne Furcht und Tadel.

Der wahre Puls des Staatslebens ist der Finanzhaushalt. Wenn dieser ruhig schlägt, dann ist darauf zu rechnen, daß auch der Staatskörper in seinen übrigen Organisationen eine gute Gesundheit zeige. Die Opposition hat nicht ermangelt, der Reihe nach an diesen Puls zu fühlen. Wenn auch Dieser und Jener, sei es, weil er nicht die rechte Manier verstand, wo man den Puls befühlen muß, oder die Unruhe des eigenen Pulses, wie es auch wohl zu geschehen pflegt, ihn zu irriger Beobachtung führte, — diese und jene Irregularität zu entdecken meinte, — im Ganzen wurde Alles normal gefunden und die Finalsitzung zeigte nur Herzenserleichterungen eines Jeden, in seiner Manier die Staatsverhältnisse anzusehen, aber keine erhebliche Beschwerde, welche die Minister zu vertreten gehabt hätten.

Hätte sich auch nur ein Fünkchen ministerieller Ungebühr auffinden lassen, wahrlich, daran ist nicht zu zweifeln, daß diese fast aus lauter Oppositionsgliedern gewählte Commission es bei ihrer Stimmung gewiß zu einem Leuchtfeuer, das man von der Tauber bis zum Bodensee hätte erblicken können, angeblasen haben würde.

Daran hätte sie auch ganz recht gethan, denn nachlässige und ungetreue Arbeiter soll der Herr nicht in seinen Weinberg senden.

Was will nun die Opposition, worauf reduciren sich ihre Beschwerden, worauf das behauptete Unglück des Badischen Volkes, aus welchem ohne Abgang dieser Minister keine Rettung zu finden ist?

Sie sind ja wohl im Wesentlichen enthalten in dem Vortrage, den der Deputirte Welcker in der sechzehnten Sitzung von 1842 gehalten hat, und gehen

1) auf eine constitutionellere, mehr sichernde und wohlfeilere Wehr-Verfassung, zunächst aber auf eine Landwehr-Einrichtung zur organischen Verbindung mit dem stehenden Heere und zur Minderung und Ergänzung desselben;

2) auf mehrere constitutionelle oder volksmäßige (?), dem Wohle und der Freiheit förderliche und die Lasten des Volkes erleichternde Verbesserungen der Civilverwaltung;

3) auf die Trennung der Administration von der Justiz;

4) auf eine, auf Anklage-Verfahren, Oeffentlichkeit und Mündlichkeit gebaute Prozeßordnung und Einführung von Geschwornengerichten;

5) auf Ueberlassung der unter dem Namen Administrativ-Justiz vorkommenden Rechtsstreitigkeiten an die Gerichte;

6) auf Einführung volksmäßiger Friedensgerichte und Vergleichsbehörden zur Verminderung der Prozesse;

7) auf Einführung von Landraths-Einrichtungen.

Möchten sich nun unter diesen Desiderien auch nicht manche sehr problematische finden, so ist doch nicht abzusehen, wie ein Volk deßhalb unglücklich sein sollte, wenn es diese gesetzlichen Einrichtungen, wie so viele andere Staaten, nicht hat.

Weit wesentlichere Erfordernisse einer guten Regierung sind: Gleichheit der Staatsbürger vor dem Gesetze, gerechte Justiz-Sicherung der Bürger gegen Abgabendruck, Sorge für Unterricht und Volksbildung, gute Sicherheits-Anstalten, Förderung der Gewerbe, des Handels und der Landwirthschaft, Sorge für zweckmäßige Armen- und Krankenpflege, gleiche Verpflichtung zum Kriegsdienste und strenge Aufsicht auf Beamtendruck und gesetzwidrige Härte.

Ueber alle diese Dinge ist keine erhebliche Beschwerde — wenigstens nicht im Allgemeinen — vorgekommen, und dennoch diese emphatischen Klagerufe der Oppositionsredner, welche die Badener als ein wahres Sclavenvolk darzustellen sich bemühen.

Daß in Baden, wie allenthalben in der Welt, noch Manches zu verbessern sein möchte, und namentlich im Wege der Gesetzgebung, wird Niemand bezweifeln, daß aber auf dem Wege eines solchen Parteikampfes der Zweck nicht gefördert werden könne, eben so wenig.

Eine Partei muß zurücktreten. Es fragt sich nur welche?

Die eine will vor Allem die idealen Interessen, und namentlich mehr Macht und Gewalt in die Hände des Volkes gelegt haben.

Die andere will die materiellen Interessen des Volkes mehr in's Auge gefaßt haben, und glaubt diese in den Händen der Regierung besser gesichert zu finden, weil diese die Sache besser verstehe, als das Volk, und auch eine bessere Wahl der Sachverständigen treffen werde.

Wäre es freilich wahr, daß das Volk, wie eine von dem Deputirten Welcker vorgebrachte Dankadresse von 1300 Freiburger und in der Umgegend seßhaften Bürgern sich ausdrückt, die erste Tendenz vorzöge, dann würde nur ein fortdauernder Kampf die Entscheidung herbeiführen. Aber grade dann würde wohl dem Regenten am wenigsten zuzumuthen sein, die Schützer der Regentenrechte dem Begehren der angreifenden Partei zu opfern.

XVII.

Die Folgen für das Land.

Sie können kaum andere sein, als alle Folgen der Zwietracht, — Zerstörung des öffentlichen und häuslichen Friedens und aller der Segnungen, die nur im Schooße der Eintracht, des Vertrauens und der Liebe gedeihen können.

Geht doch alle Verhältnisse des bürgerlichen Lebens durch! Mag die Regierung jetzt den tüchtigsten Beamten einsetzen, so verdankt er in den Augen des Mißtrauens seine Stelle doch nur seiner Neigung, gegen die Volksrechte zu kämpfen. Schließt sie einen untüchtigen Candidaten aus, so ist es einzig seine, der Regierung mißfällige Anhänglichkeit an das Volk, die ihn zum Märtyrer macht. Spricht der Richter ein ungünstiges Urtheil gegen einen Liberalen, so ist es nicht sein materielles Unrecht, sondern seine politische Farbe, die ihm diesen Erfolg zugezogen hat. Baut die Regierung eine Straße in einem liberalen Bezirke, so geschieht dieses nicht aus gewissenhafter Ueberzeugung der dringenden Nothwendigkeit, sondern es ist eine Folge ihrer Furcht und des mächtigen Einflusses der liberalen Deputirten. Baut sie in einem Bezirke, in dem sich die entgegengesetzte Tendenz ausgesprochen hat, so wird es dem Einflusse der rachsüchtigen Staatsbeamten zugeschrieben.

Wo soll Wohlwollen und freundliche, väterliche Theilnahme der Beamten an den einzelnen Untergebenen erwartet werden, wenn in Subscriptionen und Adressen freie Handlungsweise von diesen verdächtigt worden ist und wenn Anzüglichkeiten und Beschimpfung jene öffentlich verunglimpft haben?

Wo die eine Partei die andere der wilden Revolutionsneigung und diese wieder jene des schmutzigen Sclavensinnes bezüchtigt, wie soll da der Familienfrieden bestehen? Der Vater bleibt conservativ, der Sohn schämt sich der Nachrede, mit der Zeit nicht fortzugehen.

Der langjährige Weinlieferant wird aufgegeben, denn man kann doch bei einer liberalen Gesinnung nur liberal moussirenden Wein trinken!

Langjährige Geschäftsfreunde trennt die politische Gesinnung, und Verwandte und Herzensfreunde meiden sich oder behandeln sich in dem steifen Verhältnisse ängstlicher Zurückhaltung. Zuträgereien und Klatschereien ist Thor und Thür geöffnet.

In Bezug auf die Hauptzwecke der landständischen Institution, die Gesetzgebung, ist alle und jede Wirksamkeit gänzlich vereitelt. Wie kann bei diesem Zwiespalte und dieser feindseligen Trennung der Gemüther eine ruhige Prüfung und ein unbefangener Ideen-Austausch erwartet werden?

Verhüte nur der Himmel, daß nicht noch äußere Unglücksfälle das Land treffen, um die innere Verwirrung noch zu fördern, oder daß die Regierung, müde dieser Wirren, das zeitherige System der Mäßigung verläßt. Es ist nicht zu wünschen, daß sie den Bezirken, die ihr so offenbaren Hohn und Verachtung zeigen, es fühlen lasse, wie auch ihr manches Mittel zu Gebote steht, ohne Verletzung eines Gesetzes den feindseligen Bezirken ihr Wohlwollen zu entziehen und die Vortheile desselben den ihr freundlich zugethanen zuzuwenden. Ich meine, die Entstehung der Hauptstadt Carlsruhe gäbe den Badnern einen deutlichen Fingerzeig, was aus einer solchen unnatürlichen, feindseligen Stimmung zwischen dem Fürsten und einzelnen Städten und Landestheilen entstehen kann.

Es ist noch ein anderer Umstand, dessen Besorglichkeit ich Euerm Nachdenken überlasse.

Wie besorglich und widerstrebend ist die Thatsache, daß der politische Centralpunkt der teutschen Einheit, der Bundestag, die tägliche Zielscheibe feindseliger Angriffe Eurer Oppositionsredner und eines methodisch auch dem übrigen teutschen Volke eingeprägt werdenden Mißtrauens ist. Mit Hohn und Spott wurden vor zehn Jahren die Maaßregeln des teutschen Bundes gegen ruhestörende Umtriebe als leere Windmühlengefechte, erzeugt von der Angst eines bösen Gewissens, aufgenommen. Hat der Frankfurter Meuchelmord, verübt an harmlosen Wächtern, eine den teutschen Charakter tief verletzende Schandthat, die Vorsicht des Bundestages nicht gerechtfertigt?

Die milde Ansicht von der Zurechnungsfähigkeit bethörter junger Leute rettete die Strafbaren vor der Schärfe des Gesetzes. Allein das Entgegentreten der verbündeten Fürsten gegen die oben bezeichnete Richtung übelverstandener Freiheitsbegriffe konntet Ihr doch den Regierungen nicht verargen. Ich frage Euch, Männer der Mehrzahl im Volke, Euch Gewerb-

und Ackerbau-treibende Bürger, wo hat Euch denn dieser Bundestag im Mindesten in Eurem Glücke gestört?

Wißt Ihr mir denn die von Euern Rednern als so heillos geschilderten sogenannten Ausnahmsgesetze nur zu nennen? —

Nur Eine Maaßregel äußert unverkennbar auf Euch einen schweren Druck, den Ihr aber nicht nur mit Euern sämmtlichen teutschen Nachbarn, sondern mit allen Einwohnern ganz Europa's theilt, nämlich die Militärlast.

Die Thatsache werdet Ihr auch nicht bestreiten können, daß ohne die Wehrhaftigkeit, die Teutschland aufzuweisen hatte, den liberalen Nachbar 1830 und 1840 wohl hätte gelüsten mögen, Euch mehr oder weniger unsanft an sein nachbarliches Herz zu drücken. Ihr aber, die Ihr in Teutschlands Wehrsystem nach Eurer Grenzlage die nächste Stütze habt, mögt hier billig die Letzten sein, die sich hierüber beklagen. Ein nur vierwöchentlicher Besuch möchte Euch leicht mehr kosten, als die Militärbudgets-Summe des ganzen Jahres.

Was soll aber Teutschland für Zutrauen zu einem Lande fassen, wo angeblich das Volk die innigste Sympathie mit dem Lande des Bürgerthrones, umgeben von republicanischen Institutionen, äußert, wenn wieder einmal, wie vor fünfzig Jahren, eine halbe Million Freiheitsapostel den Rhein überschreiten sollte?

XVIII.

Die Folgen für Teutschland.

Keinem ruhigen Beobachter der Zeit kann die Erscheinung entgehen, daß jetzt eine Richtung der Gemüther in Teutschland sichtbar ist, wie sie nie auf eine so freundliche Weise zum Gemeinwohl alles Volkes teutscher Zunge sich noch kund gegeben hat, es ist die auf Einigung, Schutz und Trutz für Sicherheit und materielle Interessen.

Wissenschaft, Kunst und Gewerbe sammeln sich in freundlichem Vereine, und Teutschlands Wehrstand drängt sich in größern Messen zusammen, nicht blos zu kunstreicher Uebung, sondern auch zu Gründung persönlicher Befreundung derjenigen, welche die Bestimmung haben, den teutschen Heerd zu schirmen gegen auswärtige Ungebühr, von wo aus sie auch komme.

4

Hamburgs Unglück hat bewiesen, daß auch im Empfinden des Leides ein einträchtiges Teutschland besteht.

Wie niederschlagend ist die Erscheinung, daß an Teutschlands Westgrenze, in dem Lande, das, als der Garten Teutschlands, ausgezeichnet durch Wohlstand und Sitte seiner Bewohner, ein Zielpunkt der Reisenden ist, ein so leidiges Zerwürfniß im Innern besteht!

Badener! Welch einen Triumph habt Ihr den Gegnern des constitutionellen Pinzips bereitet! Werden diese nicht sagen: Seht hier ein Land unter einem milden, guten und verständigen Fürsten, ohne Druck und Beschwerde, und dennoch entzweit und zerrissen in Parteien, das, weil es keine Noth hat, sich künstlich eine solche schafft, das herabwürdigend und keck antastend die Rechte des Thrones, den Männern, denen es zum Theil die Verfassung zu danken hat, mit Spott und Hohn vergilt!

Seht hier die Folgen einer zu voreiligen Volks-Emancipation! Seht hier den Tummelplatz politischer Leidenschaften, der Kämpfe um des Kaisers Bart! Seht, wie das einfache teutsche Volk seiner Pietät gegen seine Landesherrn methodisch entledigt und in das Gebiet nebelhafter Begriffe von Staat und Verfassung verlockt wird! u. s. w.

Ich erinnere Euch weiter an das abstoßende Beispiel Eurer Landtagszwiste für die noch nicht mit Verfassungen versehenen teutschen Staaten.

XIX.

Was ist zu thun?

Nun, so sollen wir also wohl unsere Verfassung aufgeben, und zu dem Urzustande der rohen Völker, zu dem patriarchalischen Prinzip des Absolutismus zurückkehren?

Ich antworte nein! Nicht eben, als ob ich in der jetzigen Richtung der Zeit und der Bildungsstufe unserer Fürsten diese Regierungs-Verfassung grade für ein Unglück hielte, sondern deßhalb, weil man nicht mit Verfassungen und Landesgrundgesetzen spielen, sie heute so und morgen anders machen, und aus dem Mißbrauche einen Grund der Unzweckmäßigkeit ableiten soll.

Den Hauptnutzen repräsentativer Verfassungen setze ich darin, daß, wenn ein Land das Unglück hat, in der Persönlichkeit seines Regenten durch dessen physische oder geistige Schwäche keinen Stützpunkt zu finden, ein gesetzliches Mittel gegeben sei, den für das Land besorglichen Nachtheilen vorzubeugen.

Sie nützen auch dann, wenn ein wohlgesinnter und verständiger Fürst an der Spitze ist, weil dieser dann in der Volksrepräsentation Gelegenheit findet, die Vielseitigkeit der Interessen der verschiedenen Stände kennen zu lernen, und in der Mitwirkung treugesinnter Männer aus dem Volke den Volksglauben an seine Regentenfürsorge zur Ueberzeugung zu bringen.

Nach den Resultaten des letzten Landtages theilte sich Eure zeitherige Repräsentation in zwei Theile, von welcher vierunddreißig Abgeordnete der Richtung des sogenannten Prinzips des Fortschrittes beipflichten, der andere Theil aber mit vierundzwanzig Stimmen dem conservativen Prinzip huldigt.

Ihr findet zu beiden Grundsätzen in Eurer Nähe Musterstaaten, große und kleinere.

Fragt bei Euern Nachbarn in Westen nach: ob der Bürger dort glücklicher ist, ob er weniger Lasten hat, ob für das Interesse der Einzelnen dort besser gesorgt wird, als bei Euch. Zieht hin in das Land der Volksmündigkeit, — mit seinen größtentheils des Lesens und Schreibens unkundigen Bewohnern, — des Volksschutzes — mit seinen Pariser Barricaden, 500 Millionen kostenden Befestigungen und Königsmordversuchen; der Dienergesetzlichkeit, — mit seinen saubern Bestechungshistorien, — des Systemes des Fortschrittes — in Ministerwechsel und Abgaben; der Preßfreiheit — mit den erbaulichen Libellprozessen; der Oeffentlichkeit und den Straßburger Geschwornengerichten!

Alles das, was Eure Opposition mit Gut und Blut zu erkämpfen trachtet, ist dort umsonst zu haben.

Wollt Ihr noch einen Schritt weiter, dem reinen Republicanismus practisch ins Auge sehen, dann geht südlich, wenn Euch nach den Segnungen eines stattlichen Bauern-Regimentes gelüstet, wo statt des monarchischen Scepters der liberale Knüttel Bürgersinn und Rechtspflege unter Katzenmusiken in handgreiflichen Argumenten seiner Horn- und Klauenmänner zu üben versteht.

Wollt Ihr aber auch sehen, wie das constitutionell-conservative System, ohne Beeinträchtigung der Regentenrechte, zum Wohl der Staaten practisch durchgeführt werden kann, dann blickt zu Euern östlichen Nachbarn!

4*

Auch bei diesen zeigen sich viele Anhänger des Bewegungsprinzips, und es fehlte nicht an Abirrungen; allein die Männer der practischen Staatsklugheit und reinen teutschen Sinnes bildeten doch bald das Uebergewicht, so wie Mäßigung die Taktik der Abgeordneten.

Wenn Staaten in höchster Gefahr sind, wenn in Stürmen von Außen oder Innen das Staatsschiff in Verwirrung der Mannschaft auf die Klippen der Anarchie geworfen zu werden droht, dann pflegen die Völker einen Dictator zu wählen. So machten es die alten Römer, und so haben es bis auf die neuesten Zeiten auch andere Völker gehalten.

Ihr Badener habt es einfacher; Ihr dürft nur zu dem Prinzip Eurer Väter, das Ihr nie hättet verlassen sollen, zu dem des Vertrauens zu Euerm Fürsten zurückkehren.

Verlaßt die unteutsche Auffassung des constitutionellen Regententhums. Euer Großherzog sei das, was sein Vater gewesen ist, Euer Landesvater.

Laßt doch einmal durch Eure Franzosenbewunderer das schöne Wort „Landesvater" ins Französische übersetzen! So wenig dieses so geistreiche Volk für diesen Ausdruck ein Wort hat, so wenig hat es für die Sache einen Begriff, weil es kein Gemüth hat (wieder ein Wort, für welches seine Sprache keinen Ausdruck kennt). —

Nichts mehr jetzt von Volksschutz gegen die Regierung!

Das Gespenst der Angriffe auf die Volksrechte, womit man Euch fürchten gemacht hat, wird, wie gewöhnlich, gleich verschwinden, wenn Ihr ihm nur mit der Waffe vorurtheilsfreier Prüfung zu Leibe geht. Kommt Ihr wieder zur Wahl, dann wählt Männer, die keine Gespensterfurcht haben und sich blind an die Visionäre der Schreckensgestalten anklammern.

Es fehlt Euch wahrlich nicht an Männern von Kenntnissen und Charakterfestigkeit. Laßt auch immerhin den mit so vielen Talenten ausgestatteten Wortführern der Opposition den Eingang unverwehrt. Hütet Euch aber, ihnen Männer zuzugesellen, die nur als blöde Anhänger eines politischen Glaubenssystemes, ohne Befähigung zu einem eignen gründlichen Urtheil, nur als unselbständige Parteimänner erscheinen. Vergeßt nicht, daß da, wo die Stimmen gezählt und nicht gewogen werden, das Ja und Nein des beschränktesten Stimmführers so entscheidend, wie die Stimme des Klügsten ist.

Wählt Männer, welche sich mehr für die Erleichterung der Abgabenpressen, als der Druckerpressen interessiren, und für Frieden und Zufriedenheit im Lande sorgen.

Aeußersten Falles wird wenig darauf ankommen, wenn auch ein Häuflein Literaten die vermeintlichen Sclavenketten des Preßzwanges u. dgl. trägt, wenn nur die übrigen 1,399,999 Individuen in den freundlichern Banden der Liebe zum Fürsten sich zufrieden und glücklich finden.

XX.

Schluß.

Ich habe kürzlich in zwei ziemlich entfernt gelegenen Ländern zwei Volksfeste gesehen, in diesem Jahre zu Canstadt in Würtemberg, im vorigen an Teutschlands Nordküste, zu Doberan in Mecklenburg. Wie spiegelte sich doch in beiden das heitere Bild der Landesväterlichkeit, des Wandelns der Fürsten unter ihren Landeskindern! Wie drang sich doch beide Male die trübe Vergleichung dieses Zustandes mit denjenigen Ländern auf, wo es eben so sein könnte, und nicht ist!

Aus dieser Betrachtung ist die Veranlassung dieses Büchleins hervorgegangen. Wohl weiß ich, daß ich Euch Badnern nichts darin sage, als was schon in Eurer Ständeversammlung treue Volksmänner und ächte Liberale längst schon und wohl besser gesagt haben; allein ich weiß auch, daß ihre Worte an dem Mißtrauen der Unparteilichkeit vielfach scheitern mußten.

Der politische Glaube ist, wie der religiöse, unzugänglich bei dem Strenggläubigen der Einsprache der Vernunft. Darum bin ich auch weit entfernt von der anmaßlichen Meinung, daß ich die nach meiner Ansicht Irrenden im Mindesten von der Unrichtigkeit ihres politischen Glaubens überzeugen werde. Allein die auf dem rechten Wege Wandelnden werde ich befestigen, manchen der zweifelhaft Schwankenden für den Weg des Friedens vielleicht gewinnen, und Vielen ein Warner zur rechten Zeit sein.

Dann weiß ich auch, daß meine Worte großer Anfechtung nicht entgehen werden.

Kühn bin ich den Götzen der Zeit zu Leibe gegangen. Ich mußte es wohl mit meinen schwachen Kräften unternehmen, da Stärkere vielleicht in ihren sonstigen Verhältnissen Abhaltung fanden, sich in den ungleichen

Kampf des gesunden Menschenverstandes und der Gemüthlichkeit mit den Schwertträgern der Gelehrsamkeit und der Dialektik einzulassen. Ich bin darauf gefaßt, selbst darauf, daß persönliche Angriffe, Verdächtigungen und Kränkungen nicht ausbleiben werden, obwohl ich selbst sorgsam mich bemüht habe, Niemanden zu verletzen. Denn ich begreife wohl, daß diejenigen, welche der entgegengesetzten politischen Meinung anhängen, sehr gut reinen Willens und Herzens ihrem Systeme Geltung zu verschaffen sich bemühen. Selbst derjenige Redner in der Ständeversammlung, welcher wegen seiner Exaltation mich am unfreundlichsten mit angesprochen hat, mußte meine Abneigung ganz entwaffnen durch die eben so geistvolle als lebenswarme Schutzrede, die er für die Juden gehalten hat. So etwas ist ein Probirstein für den ächten redlichen Sinn, der sich nicht scheut, wo es die Rechtsüberzeugung gilt, auch der Popularität in's Gesicht zu schlagen.

Das von mir angegriffene System des Ultraliberalismus halte ich für eine Krankheit der Zeit, wie es eben zu allen Zeiten, von den Kreuzzügen an und noch früher bis heute politische Epidemieen gegeben hat. Es unterliegen ihnen die besten Köpfe und edelsten Menschen, und diese gar oft am gefährlichsten, weil sie am wenigsten sich auf der breiten Heerstraße des practischen Lebens gefallen. Darum bin ich auch weit entfernt, das Benehmen der Oppositionsmänner, für so unheilvoll ich es halte, ihnen zum Vorwurfe zu machen; sie sprachen und handelten nach ihrer Ueberzeugung, wie ich nach der meinigen; mehr kann man nicht verlangen.

Uebrigens habe ich für das Volk geschrieben, man mache mir daher nicht den Vorwurf des Mangels an wissenschaftlicher Gründlichkeit. Wehe sollte mir es thun, wenn diese offene Ansicht mir manchen Freund entfremden sollte, wie ich nicht ohne Grund besorgen muß, denn die angetasteten Ideen der Zeit haben ein eisernes Band der Geistes- und Herzensverstrickung um die Menschen geschlungen, und könnte ich so vermessen sein, mich den großen Kämpfern mit den Vorurtheilen der Vorzeit vergleichen zu wollen, so könnte mir auch ein Frundsberg zurufen: „Mönchlein, Mönchlein, du gehst einen schweren Gang!" Ich gehe ihn, weil bessere Männer, als ich, ihn nicht gegangen sind, und weil ich es für verdienstlicher halte, die Wahrheit da zu verkünden, wo sie mit einer Dornenkrone, als da, wo sie mit einem Ehrenbecher vergolten wird.

Bunsen

als Staatsmann und Schriftsteller.

Eine Gedächtnissrede,

gehalten am 3. Januar 1861

von

Dr. Heinrich Gelzer,
Professor der Universität Berlin.

Abdruck aus den Protestantischen Monatsblättern für innere Zeitgeschichte.

Gotha: Justus Perthes.
1861.

Vorwort.

Es war zu Weihnachten 1839, als ich in Bern den Mann, dem diese Blätter gewidmet sind, im Kreise seiner Familie kennen und lieben lernte, nachdem ein brieflicher Verkehr schon ein Jahr früher angeknüpft worden. Nie werde ich jene ersten Stunden unserer Bekanntschaft vergessen, nie die herzgewinnende Offenheit und das schöne Vertrauen, womit er dem fast um ein Vierteljahrhundert jüngeren Privatdocenten der Geschichte entgegen kam. Das in Bern gegründete persönliche Verhältniß hat in allen nachherigen Wechseln unserer Lebensstellungen, in den Erschütterungen der Weltverhältnisse wie in den Umgestaltungen der Parteibildungen fortgedauert. In London, Berlin, Heidelberg und Basel, wo wir in den letzten zwanzig Jahren nach längeren oder kürzeren Pausen immer wieder auf Monate, auf Wochen oder auf Tage uns sahen, trat jedes Mal — mochte inzwischen noch so Vieles sich geändert haben — der alte Grundton unseres Verkehrs ungeschwächt wieder hervor, im rückhaltlosen Austausche über das inzwischen Erlebte und Erkannte.

Von dem ersten Tage unseres persönlichen Umgangs bis auf den letzten (im Mai 1859) machte sich neben inniger Uebereinstimmung in großen Lebensfragen auch vielfache Abweichung in der Beurtheilung der Menschen und Verhältnisse, in der praktischen Auffassung politischer und religiöser Conflicte zwischen uns geltend. Das wußte er, und da er jede aufrichtige Ueberzeugung, jede selbständige Gesinnung ehrte, so konnten solche Differenzen nie eine dauernde Entfremdung zur Folge haben, wenn sie auch zuweilen in starkem Ausdrucke zur Sprache kamen. Denn auch das gehörte zu dem Großen und Edeln in seinem Wesen, daß er überall auf den innersten Kern der Gesinnung sah, und daß selbst ein tiefgehender offener Widerspruch des Freundes ihn wohl für einen Augenblick lebhaft erregen, nie aber in Liebe und Vertrauen erkälten konnte. Indem ich diese Worte niederschreibe, steht so manches vertrauliche Gespräch lebendig vor meiner Seele, worin er, zu London und Heidelberg, mit ergreifendem Ernste mich aufforderte, mich ganz rückhaltlos auszusprechen über Alles, was er mir als Frage, als Bericht oder als Entwurf vorlegte. „Lassen Sie nur Ihr Gewissen sprechen; ich bitte Sie darum!" — sagte er mir mehr als einmal, wenn wir im St. James Park oder in seinem Garten am Neckar auf und ab gingen.

Im Hinblicke auf dies mehr als zwanzigjährige nahe Verhältniß galt es mir, sobald die Trauerkunde seines Hinscheidens mich erreichte, als eine Pflicht der Pietät, ein öffentliches Wort seinem Andenken zu widmen, ihn so zu schildern, wie ich ihn gekannt hatte, wie er mir erschienen war. Die Sprache des Freundes wollte und durfte ich dabei nicht verleugnen, aber ebenso wenig die Sprache ungeschminkter Wahrhaftigkeit; diese allein ehrt den edeln Entschlafenen, während man von der ermüdenden Monotonie schmeichlerischer oder blinder Lobpreisungen unwillig das Ohr wegwendet. Eine Gedächtnißrede als Freund und Historiker, nicht eine Lobrede als Anbeter und Sophist wollte ich halten, als ich mich im Geiste an sein stilles Grab auf dem Bonner Friedhofe versetzte. Auch jetzt wieder war mir, als hörte ich ihn mir zurufen: „Lassen Sie nur Ihr Gewissen sprechen!“ — In dieser Stimmung hielt ich am 3. Januar meine Rede, die ich nun mit Erweiterungen und Ergänzungen dem Drucke übergebe.

Sie war zunächst für die von mir herausgegebene Zeitschrift*) bestimmt, in deren Januarheft sie jetzt eben mitgetheilt wird. Doch erscheint auch gleichzeitig dieser besondere Abdruck, um der Wichtigkeit des Mannes und der Sache willen; denn sonst wäre für viele Freunde Bunsen's, die jene Zeitschrift nicht selbst besitzen, diese Gedächtnißrede unzugänglich geblieben.

Wohl fühle ich sehr lebhaft, wie ungenügend vorliegende Rede dem erscheinen muß, der ein vollständiges Lebensbild, einen befriedigenden Aufschluß über alle Phasen der Laufbahn des berühmten Todten verlangt. Kein Verständiger wird dies in den wenigen Blättern meines Nachrufs erwarten. Dazu wäre eine Arbeit von Jahren erforderlich, die ein wichtiger Beitrag für die innere und äußere Geschichte Deutschlands während der drei oder vier letzten Decennien werden könnte.

Ueber Bunsen läßt sich überhaupt etwas Gründliches nur vorbringen, wenn man den schwersten Lebensfragen der deutschen Cultur und der deut-

*) „Protestantische Monatsblätter für innere Zeitgeschichte. Studien der Gegenwart für die evangelischen Länder deutscher Zunge. Unter Mitwirkung deutscher Historiker, Theologen, Juristen und Pädagogen.“ — Gotha, Justus Perthes. — Januarheft 1861. Band XVII.

schen Nation mit reifer Sachkenntniß und lebendiger Erfahrung in's Auge zu schauen vermag. Wie wahr das ist, habe ich fast bei jeder Linie dieses Nachrufes empfunden, den ich mit einem Ernste niederschrieb, als gälte es, die innerste Gesinnung darzulegen über große ungelöste Aufgaben der Gegenwart.

Basel, den 28. Januar 1861.
Am Tage Karl's des Großen.

In dem nun abgelaufenen Jahrzehnt hat Deutschland eine Reihe seiner berühmtesten Namen, unter ihnen einige seiner edelsten Söhne, verloren. Voran ging (1850) August Neander, der Kirchenhistoriker, nachdem sein großer Freund und Lehrer, Friedrich Schleiermacher, schon sechzehn Jahre früher (1834) dahingeschieden. Neander, eine der seltensten Erscheinungen aller Zeiten, von der Geistesart jener hervorragenden Kirchenlehrer des Mittelalters, zu deren Füßen die lernbegierige Jugend zu Hunderten von fern und nahe zusammenströmte. Bald folgte ihm sein Freund Lücke in Göttingen, der Ausleger des Johannes, mit dem freien Blicke des geschichtlichen Forschers die Innigkeit einer johanneischen Seele verbindend, hierin seinem Freunde Umbreit in Heidelberg, dem Erklärer des Alten Testaments in Herder's Geiste, tief verwandt, doch erst am Ende des Decenniums (Umbreit starb den 26. April 1860) wieder mit ihm, dem Schwergeprüften, im Tode vereinigt.

Wenige Jahre später als Neander (1854) wurde am Fuße der Alpen, wo er Heilung suchte, plötzlich Schelling dahingerafft, der geniale Feuergeist, den man vielleicht mit ebenso viel Recht den erhabensten Dichtern als den kühnsten Denkern der Neuzeit beizählt. Unter den hingeschiedenen Staatsmännern erinnere ich zuerst an Radowitz, der nach langer Zurückhaltung und innerer Umwandlung erst vom Jahre 1848 an ein öffentlicher Charakter wurde; nur um wenige Jahre (bis Weihnachten 1853) hat er die Katastrophe überlebt, die (im November 1850) seine öffentliche Wirksamkeit geendet hatte. Bald nachher (16. Jan. 1856) schied auch Eichhorn von der Erde, der preußische Staatsmann aus Stein's Schule und in Stein's Geist. Ein Vierteljahrhundert hindurch hatte er (1815—1840) unter dem schweren Drucke der Restaurations-Atmosphäre (nach 1819), stets bedrängt durch die Anfeindungen

1

der Metternich'schen Politik, doch unentmuthigt für die gerechten Hoffnungen Deutschlands fortgekämpft, bis das Vertrauen seines Fürsten ihn zum Amte des Cultusministers erhob — ein Amt, dessen Opfer er in der chaotischen Gährung der vierziger Jahre geworden*). In kurzer Frist folgte er seinem befreundeten Kampfgenossen, dem Minister von Bodelschwingh, aus des alten Vincke fernhafter, lebenskräftiger Schule preußischer Staatsmänner.

Ganz besonders verhängnißvoll ist aber in den beiden letzten Jahren des vorigen Decenniums der Tod durch die Reihen unserer geschichtlichen Namen geschritten. Im Frühling 1859 (11. Juni) trug man zu Wien den Mann zu Grabe, der mehr als ein Menschenalter hindurch der österreichischen Politik seinen Namen gegeben. Ehe er starb, hatte er noch das Hereinbrechen jener sogenannten politischen „Sündfluth“ mitansehen müssen, die er wohl vorausgesagt, aber nicht mehr zu erleben gewünscht. Fürst Metternich sah die Fluth und erlebte noch ihre vorläufige Eindämmung; er sah sogar noch die Staatslenker des „neuen Oesterreichs“, seine Nachfolger, die Schwarzenberg und Stadion (1852), in die Grube sinken, von der Last ihrer ungeheuern Aufgabe zermalmt. Ja, auch über seinen alten fürstlichen Gegner, den Erzherzog Johann, einst Reichsverweser Deutschlands, in den Stunden schwer getäuschter nationaler Hoffnungen, auch über ihn sah er noch das Grab sich schließen (11. Mai 1859). Dann erst schloß auch er die klugen, jetzt todesmatten Augen, in dem Momente, als eben wieder eine neue furchtbare Krise für sein Land eintrat**).

Wenige Wochen vor Metternich's Tode begleitete ganz Berlin den Sarg des Mannes, den Preußen und ganz Deutschland lange Zeit mit

*) Noch immer gilt es mir als eine zu erfüllende Pflicht, meine Erinnerungen an diesen Staatsmann, einem alten Versprechen getreu, niederzuschreiben. Noch zwei Jahre vor seinem Ende (October 1853) vertraute er mir in einer langen Reihe von Unterredungen, deren Wesentliches ich vor seinen Augen niederschrieb, gleichsam sein geistiges Testament an. Er gab mir, oft von Husten unterbrochen, den Ueberblick seines Lebens und erörterte die Gesichtspunkte, die ihn als Rath im auswärtigen Ministerium (bis 1840) und später als Cultus- und Unterrichtsminister geleitet hatten. — Es dürfte jetzt die Zeit gekommen sein, wo man über seine großen Eigenschaften wie über seine Mängel gerechter urtheilen wird als früher.

**) Als ich im Mai 1846 während eines geschäftlichen Aufenthaltes in Wien dem Fürsten Metternich vorgestellt wurde, erging er sich in einer merkwürdigen Beleuchtung der Jesuitenfrage. Diese Aeußerungen des österreichischen Staatsmanns würden in der jetzigen Krise der kirchlichen und bürgerlichen Verhältnisse Oesterreichs ein nicht gewöhnliches Interesse in Anspruch nehmen. Sie wurden unmittelbar nach der Unterredung von mir niedergeschrieben.

Stolz unter seine ersten Geister zählte; Alexander von Humboldt hatte am Morgen des 6. Mai eine Welt verlassen, deren lichte Schönheit und weise Ordnung (Kosmos) er in seinem letzten Werke bewundernd geschildert. So war, nachdem der ältere, geistig noch größere Bruder, Wilhelm, schon fast ein Vierteljahrhundert früher geschieden, Deutschland nun um ein seltenes Brüderpaar ärmer. — Einige Monate gingen vorüber, und wieder sah Berlin einen seiner würdigsten Lehrer die lange arbeitsvolle Laufbahn beenden (28. Sept. 1859): Ritter, den Geographen, der die Erdkunde durch geniale Verbindung mit Geschichts- und Naturforschung zu einer neuen Wissenschaft gestaltete*). Den Schauplatz der Menschengeschichte, die Erde, hat er mit riesenhaftem Fleiße und religiösem Tiefsinn als die Wiege einer unermeßlichen Zukunft unseres Geschlechtes geschildert, während Humboldt die Arbeit seines Lebens daran setzte, den Schauplatz einer noch größeren Geschichte, das Weltall, in seinen Schöpfungsgesetzen zu erforschen, dem Künstler ähnlich, der dem Bau eines wunderbar ergreifenden Tempels nachsinnt, ohne es zu wagen, den Namen des Unsichtbaren auszusprechen, dessen Gegenwart im Innern des Tempels er in Stunden der Weihe schweigend ahnt**). In demselben Monat wie Ritter wurde Dr. Jonas (19. Sept.) in Berlin plötzlich von seinem Kampfplatze weggerufen, Schleiermacher's treuer Schüler und der gesinnungsverwandte Schwager des preußischen Ministers Schwerin — ein Mann von bescheidenem Wirkungskreise, im Parteikampfe hier hart verkannt, dort hoch gefeiert, im Grunde seines Wesens aber von reiner

*) Von Herzen stimme ich, in dankbarer Erinnerung an die wohlwollende Freundschaft des hingeschiedenen berühmten Collegen, den Worten des Nachrufs bei, den Professor Ernst Curtius ihm gewidmet: „Ritter's Ideen sind schon ein Gemeingut „geworden. . . . Deshalb hat er den gerechtesten Anspruch darauf, im dankbaren „Andenken unseres Volkes fortzuleben, und was noch mehr als sein unermüdlicher „Fleiß, seine umfassende Gelehrsamkeit und seine sinnige Betrachtung der Natur und „Menschengeschichte unsere Verehrung erweckt, das ist die uneigennützige und hingebende „Liebe zur Wissenschaft, welche sein ganzes Leben erfüllte, die anspruchslose Bescheiden„heit und Demuth seines Sinnes, die Klarheit und Harmonie seines Geistes, die auf„richtige Frömmigkeit, welche sein ganzes Wesen erwärmte, kurz, die ethische Würde ist „es, welche ihn zum Muster eines deutschen Gelehrten macht.“ — (In den Göttingischen gelehrten Anzeigen vom 8. November 1860, am Schlusse einer Besprechung des 18. und 19. Theiles der Ritter'schen Erdkunde.)

**) Diese Worte stehen hier mit Vorbedacht. Als ich im Februar 1857 Humboldt zum letzten Male sprach, ging er von sich aus auf die religiöse Frage ein. Was er damals gegen mich aussprach, das berechtigt mich zu dem oben von mir gewählten Ausdruck.

Gesinnung und von so muthvoller Charaktertreue, daß er inmitten der Niederträchtigkeit so vieler gesinnungslosen Creaturen, die unsere Gegenwart verpesten, in der preußischen Hauptstadt doch wie eine Leuchte dastand und zu einer sittlichen Macht wurde. — Einen Monat vor ihm (6. August 1859) war ein Mann hingeschieden, der zu Dr. Jonas im entschiedensten Gegensatze des Parteistandpunktes sich befand, der aber durch ursprünglich redliches Wollen ihm innerlich vielleicht verwandter war, als beide wußten: der vorige Cultusminister von Raumer, dessen Mißgeschick wohl vorzüglich in der falschen Stellung zu suchen ist, die seine Partei ihm gegen seine wahre Bestimmung aufgezwungen.

Noch ehe das Jahr (1859) zu Ende ging, sollte auch das Brüderpaar der Jakob und Wilhelm Grimm, nachdem sie so lange in Leid und Freud', in Arbeit und Ruhm für die Wiedergeburt der germanischen Studien und für die Ehre ihres Vaterlandes vereint gewirkt — durch Wilhelm's Tod (16. December) getrennt werden. Zum ersten Male mußte Deutschland ihre Namen trennen lernen, als Jakob Grimm nun allein zurückblieb im stillen Arbeitszimmer der Linkstraße, wo der Bruder bisher an seiner Seite gearbeitet, treu verbunden in Berlin, in Göttingen und in der ehrenvollen Verbannung.

Ein Jahr nach Humboldt's und Ritter's Tode sah München zwei seiner berühmtesten Lehrer scheiden: den Hellenisten Thiersch (25. Febr. 1860) und den Naturforscher Schubert (1. Juli). Ohne den Geist und das Wissen ersten Ranges, wie sie einem Humboldt und Ritter zu Theil geworden, besaß Schubert jene unwiderstehlich anziehenden Eigenschaften einer reinen Kindesseele, in der sich die lauterste Gottes- und Menschenliebe spiegelte*). War ihm vielleicht die schaffende Manneskraft des Geistes versagt, die den letzten und höchsten Fragen selbständig näher tritt, so verstand er es dagegen nach Art fein organisirter weiblicher Naturen in ausgezeichneter Weise, die Gedanken seiner Meister zu verarbeiten und sie dem allgemeinen Verständnisse namentlich von der religiösen Seite zugänglich zu machen. Wer ihm je im Leben näher kam, der begriff, warum ein deutscher

*) In den Jahren 1843 und 1848 war mir die Freude des persönlichen Umgangs mit dem liebenswürdigen Greise zu Theil geworden. Fast vom ersten Augenblicke der Begegnung an wußte er einen Ton des innigsten Vertrauens anzuschlagen, so daß man glauben konnte, man sei schon seit Jahren mit ihm befreundet. Das entsprach seinem innersten Wesen und deutet auf eine reiche Liebesfülle seines Gemüthes hin. — Hierin bekundete sich seine Herzensverwandtschaft mit Neander und Steffens, seinen beiden ihm vorangegangenen Berliner Freunden.

Dichter ihm nachrühmen konnte, in ihm zum ersten Male habe er einen wahrhaft Frommen von unverfälschter Farbe erblickt*), oder warum die edle deutsche Fürstin, die mit dem einen Fuße schon auf dem Throne Frankreichs gestanden, ihr Leben lang, im glänzenden Paris wie im stillen Eisenach, das Bild des Lehrers leuchtend in der Seele trug**), den sie doch seit den Kinderjahren nie mehr gesehen. Um zwei Jahre früher (den 18. Mai 1858) war sie ihm in die ewige Heimath vorangegangen.

Von ähnlicher Schönheit einer kindlich reinen Seele wie Schubert, sonst aber durch Schicksal und Streben einer ganz anderen Sphäre angehörig, war Heinrich von Wessenberg, der Bisthumsverweser von Constanz, der in demselben Sommer mit Schubert (9. August 1860) aus dem Leben schied. Wessenberg's Name wird nicht untergehen, so lange in Deutschland die Hoffnung nicht untergeht auf bessere Tage, wo die reine Sache der Religion nicht mehr durch unheilige Priesterhände zur Zerreißung der Nation gemißbraucht werden darf***).

Einen Mann von ganz anderem Gepräge als Schubert und Wessenberg sah in den letzten Tagen des vorigen Jahres (2. Dec.) die Universität Tübingen aus ihrer Mitte scheiden: Dr. Fr. Chr. Baur,

*) Platen, im romantischen Oedipus (1828), Act IV:
„Hast du denn auf deinen Reisen nichts als Heuchlervolk erblickt,
„Keinen, welcher gegen Himmel wirkliche Gebete schickt?“ —
„Einen wahren Frommen sah ich, den das Erzgebirg' gebar,
„Der, was jene tölpisch äffen, wirklich in der Seele war.“

**) In dem tief empfundenen Briefe vom 15. Januar 1858 schrieb ihm die Herzogin Helene von Orléans: „Sie haben die Gabe, alle edelsten Saiten meiner „Seele auf eine wunderbare Weise zu bewegen, und so war mir auch Ihr theurer „Brief nicht allein eine Stimme aus der Vorzeit, wo doch die Träume noch golden „waren und die Hoffnungen voll Kraft, sondern auch aus der ewigen Zukunft, wo „die Träume zur Wahrheit werden und die Hoffnungen, welche hier abgestorben, von „Neuem erblühen. . . . Daß wir der sichtbaren Vereinigung nicht bedürfen, um „in Verbindung des Gemüthes zu bleiben, ist ja gewiß, und so konnte es auch ge„schehen, daß ich Sie, theurer Professor, seit meinem vierten Jahre „nicht gesehen und doch stets mit inniger Verehrung an Ihnen hänge.“ — Vgl. Erinnerungen aus dem Leben der Herzogin Helene von Orléans von G. v. Schubert. München 1859, S. 222 ff.

***) Noch erinnere ich mich mit Freuden eines Gesprächs mit dem ehrwürdigen Wessenberg in Constanz (10. Mai 1843). Schon damals sagte er mit prophetischem Geiste Vieles voraus, was seitdem gekommen ist: die Verwirrungen in Kirche und Staat in Folge der ultramontanen Agitation. Wahrhaft bewundernswerth nach den schweren unverdienten Kränkungen, die pfäffische Intriguen ihm zugefügt, war die arglose Heiterkeit seines Wesens und die Innigkeit seines religiösen Gefühls trotz allen fanatischen Verketzerungen.

das berühmte Haupt der sogenannten Tübinger Schule. Wie auch künftig das Endurtheil über das Haltbare und Unhaltbare in seinen theologischen und historischen Forschungen ausfallen möge, so viel darf schon jetzt ausgesprochen werden: er war noch einer der wenigen Gelehrten *großen Styls*, deren Zahl mit jedem Jahre kleiner wird. Aber auf derselben Höhe wie sein großartiges Wissen und sein seltener Scharfsinn stand auch die an's Unbegreifliche grenzende Einseitigkeit der Weltauffassung, für welche eine ganze große Hälfte der menschlichen Natur und des wirklichen Lebens ein verschlossenes Buch war. Der Intellectualismus, die Welt des Denkens und Wissens, war für ihn die einzig vorhandene Welt, ein Gesichtskreis von unermeßlicher Weite und Freiheit nach der *einen* Seite hin, nach der andern aber völlig beschränkt und abgeschlossen: die *ethische* Welt des Handelns und Leidens blieb ihm, sowie Vielen aus seiner Schule, in ihren tiefsten Bedürfnissen und Beweggründen allem Anscheine nach *unverständlich* *).

*) Als ich bei einem Besuche in Tübingen im Juni 1856 den berühmten Gelehrten persönlich kennen lernte, begriff ich, warum er oft gerade auf die Talentvollsten unter seinen Zuhörern einen entscheidenden Einfluß ausgeübt hatte. Wie sein *Wissen*, so hatte seine ganze *persönliche* Haltung etwas Imponirendes, geistig Adeliges, worauf mich dortige Freunde, wie Dr. *Reuchlin*, Professor *Helferich* u. A., zum voraus aufmerksam gemacht. So kam er auch dem *Andersdenkenden* in den würdigsten Formen und mit achtungswerther Offenheit entgegen. Damals richtete er die schwersten Anklagen gegen das zur Herrschaft gekommene *Ausschließungssystem* in Kirche und Schule, wobei die Freiheit der Forschung und alles geistigen Lebens zuletzt untergehen müßte. Hier gestand ich ihm bereitwillig zu (denn es war meine *nie* erschütterte Ueberzeugung), daß *aller Zwang, aller Ausschließungsgeist* auf religiösem und wissenschaftlichem Gebiete *vom Uebel sei* und nie der Wahrheit wahrhaft diene. Nur erinnerte ich daran, daß, wie jetzt der kirchliche Confessionalismus, so früher der speculative und rationalistische Intellectualismus sich zuweilen einer ebenso *herben Intoleranz* schuldig machte, weil *jede Richtung, sobald sie zur Macht gelange*, nur zu sehr geneigt sei zu *unterdrücken* und nie um *Vorwände* dafür in Verlegenheit komme. — War *hierin* ein Verständniß zwischen uns nicht schwer, so gelang es dagegen nicht über einen andern wichtigen Punkt. — Ich machte den für mich längst feststehenden Gedanken geltend, daß eine Hauptquelle unserer vieljährigen geistigen und geistlichen Leiden und Zerwürfnisse in der Verwirrung der wahren Grenzen zwischen Kirche und Schule, zwischen Leben und Denken zu suchen sei. *Dieser folgenreiche Grenzkrieg müsse geschlichtet werden*, nicht im Sinn einer unterdrückenden Reaction, sondern im Geiste einer durchgreifenden hochsinnigen Reorganisation, die ebenso sehr die geistige Freiheit der Schule, wie das thatkräftige Leben der Kirche zu ihrer Aufgabe machen würde. — Dr. *Baur* erklärte seinen entschiedenen Unglauben an die *Möglichkeit* einer solchen Reorganisation; unser gesammtes *heutiges* Kirchenwesen sei hierzu gänzlich *unfähig*, es laste wie ein Alp auf unserer freien Culturentwickelung.

Dort aber, wo der Rhein aus dem Felsenthale, das ihn lange eingeengt, heraustritt, den Fuß des Siebengebirges benetzend, in der rheinischen Musenstadt, wo vor vierzig Jahren die Krone Preußen eine Pflanzstätte deutscher Wissenschaft und Bildung für die neugewonnenen schönen Lande gründete: in Bonn ziehen nun drei Gräber unsern trauernden Blick auf sich, in denen voriges Jahr drei Freunde zur letzten Ruhe gebettet wurden, jeder nach einem kampf- und thatenreichen Leben, jeder mit ewigen Hoffnungen entschlummert, jeder des liebenden Andenkens seiner Nation und seines Jahrhunderts werth: Arndt, Dahlmann und Bunsen.

Ernst Moritz Arndt's (entschlafen am 29. Januar 1860) theurer Name ist mit den besten Erinnerungen dieses Jahrhunderts, mit der Geschichte der Befreiungskriege und der Wiedergeburt Deutschlands, unzertrennlich verbunden. Wie Homer und Achilles werden Arndt und Stein, der deutsche Sänger und der deutsche heroische Staatsmann, in guten und bösen Tagen der Zukunft in allen deutschen Herzen vereinigt bleiben. — Auch Dahlmann (gestorben den 5. December 1860), der ernste, charaktervolle Historiker und Staatsmann, gehört hier in ihre Nähe, wie er ihnen im Leben nahe gestanden. Einst in Göttingen von der Höhe der einflußreichsten Stellung jäh hinuntergestürzt (1837), weil er für das beschworene Recht gegen despotische Willkür mit treuem Gewissen einstand, mit den Gesinnungsgenossen flüchtig wie ein Gebannter — fand er endlich in Preußen, zu Bonn, wieder den verdienten Wirkungskreis als Lehrer, bis ihn das Jahr 1848 zum Handeln rief. Es war wie ein schöner Traum des süßesten Jugendglückes, als in den ersten sonnigen Frühlingstagen von 1848 — ehe die deutsche Erhebung in Preußen noch irgendwo durch unreine Elemente befleckt war — in Bonn die Freudenkunde von den Erklärungen des Königs eintraf (am Morgen des 18. März, vor der Barrikadennacht) und nun die freudig erregte akademische Jugend den beiden Vorkämpfern des neuen Deutschlands, Arndt und Dahlmann, ihre Huldigung darbrachte, und die beiden schwergeprüften Männer tiefbewegt sich in den Armen lagen*). Sie stritten und litten dann zusammen in Frankfurt, so

*) Wenige Tage nachher besuchte ich Arndt in Bonn und schilderte ihm nach eigener Anschauung die Schrecken der Berliner Barrikadennacht vom 18. März. Als wir einige Augenblicke im Gespräche bei der Möglichkeit verweilten, daß eine anarchische Katastrophe für ganz Deutschland bevorstehen könnte, unterbrach er sich plötzlich in seiner kräftigen getrosten Weise: „Nein“, rief er, „der liebe Gott wird seine „Deutschen nicht ganz verlassen! Er wird es nicht zugeben, daß sie

lange eine Aussicht blieb für die Durchfechtung ihrer vaterländischen Ueberzeugungen, auf dem Wege des Gesetzes. Dann, nach dem einmaligen Untergange ihrer Hoffnungen, kämpften sie im alten Wirkungskreise fort für künftige Siege, und nun ruhen sie auf demselben Friedhofe.

Dort ruht nun auch seit dem 1. December 1860 **Bunsen**, nach einem vielbewegten, reichen Leben. Die Umrisse dieses Lebens in ihren Hauptzügen uns zu vergegenwärtigen und das Bedeutende in seinem Wirken und Streben hervorzuheben, gilt uns als Aufgabe dieser Darstellung. Es war kein Abweg von diesem Ziele, wenn einleitend auf die berühmten Hingeschiedenen des vorigen Jahrzehnts hingewiesen wurde: fast mit ihnen allen stand Bunsen in naher Berührung als Freund oder Gegner. Wir sind dadurch auf den weiten Umfang seines Gesichts- und Wirkungskreises schon vorbereitet.

Suchen wir die zusammenfassenden Gesichtspunkte für sein vielseitiges Wirken, sein mannichfaltiges Arbeiten — so stehen wir nach längerem Nachsinnen vor den Grundfragen, an deren Lösung unser Jahrhundert in seinen besten und erleuchtetsten Vertretern, wie in den unbewußten Instincten der Massen arbeitet. Wie heißen diese Grundfragen? In ihrer Spitze ließen sie sich durch drei Worte ausdrücken: **Rom, Bibel, Mittel-Europa.** Alle drei Worte sind die Losungen für mächtige Parteien in verschiedenen Heerlagern geworden; von dem Ausgange dieser Kämpfe hängt zum großen Theile das geistige und politische Schicksal des gebildeten Europa ab. — Erklären wir uns näher!

„**Rom**", das heißt römisches Papstthum und Priesterthum, die Spitze des hierarchischen Systems, der theoretische Mittelpunkt der katholischen Welt: wie verträgt sich diese Institution des Mittelalters, dieser, von **ferne** betrachtet, imposante Priesterstaat, ein Erzeugniß des romanischen Herrscherinstinctes und der religiösen Volksphantasie — wie verträgt sich dieses **Rom** mit der politischen, religiösen, denkenden Welt der Neuzeit? wie mit dem protestantischen oder mit dem paritätischen Staate, mit der Gewissensfreiheit, mit dem forschenden Gedanken des neunzehnten Jahrhunderts? Hiermit stehen wir vor einem Problem, dessen Untiefen und

„des **Teufels** werden! **Daran** wollen wir festhalten, und in **dem** Vertrauen „laßt uns reden und handeln!" — Die Worte waren mit einem kräftigen vertraulichen Schlage auf meine Schulter verbunden; sie blieben mir unvergeßlich, und oft seitdem habe ich sie mir in's Gedächtniß zurückgerufen, wenn ich in trüben Tagen die Entmuthigung überall in Deutschland zunehmen sah.

Klippen die optimistische Oberflächlichkeit vor vierzig Jahren nicht ahnte, während seit dreißig Jahren die Ruhe ganzer Länder, die Sicherheit ganzer Staaten, das Glück unzähliger Familien dadurch erschüttert werden. — In Belgien, Frankreich, Spanien, Italien, Preußen, der Schweiz, England, Oesterreich — in allen diesen Staaten sehen wir seit einigen Decennien von Zeit zu Zeit die *römische Frage* unter irgend einem neuen Namen auftauchen, das Volk in seinen Eingeweiden aufregen; eine Aufregung, die man dann in der Regel mit vorübergehenden Aushülfsmitteln zu beschwichtigen suchte, ohne daß eine entscheidende Hülfe gefunden wäre. Selbst hochgestellte, weitsehende Staatsmänner haben im Unmuthe darüber die Lösung der *römisch-katholischen Frage* für *den Staat* mit der *Quadratur des Cirkels* verglichen.

Unser *zweites Wort* hieß „*Bibel*“; wie Rom für die *katholische Welt*, so ist die *Bibel* für die *protestantische Welt* der Ausgangspunkt der folgenreichsten Fragen. Denke man dabei nur nicht bloß an die engen Grenzen der theologischen Schule; nein, unsere gesammte protestantische Cultur, die ganze neuere Bildung, unsere höchsten sittlichen, socialen und religiösen Interessen sind auf das lebhafteste bei diesen Fragen betheiligt. Um richtige Auslegung und praktische Anwendung der Bibel streiten die großen Kirchenparteien und die unzähligen Secten, welche äußerlich die Christenheit trennen. Und *innerhalb* der verschiedenen Confessionen gehen die geistigen Richtungen und Parteigruppen wieder weit auseinander, je nachdem sie mit einem *dogmatischen* oder mit einem *historischen* Schlüssel, mit dem Interesse des *theologischen Systems* oder des *rein menschlichen Wahrheitsbedürfnisses* und des *religiösen Gewissens* an die Bibel herantreten*). Auf *Bibelglauben* und auf *freien Wahrheitssinn* (Schrift und Vernunftgründe) *wurde der echte deutsche Protestantismus in seiner feierlichen Geburtsstunde zu Worms* (1521) *gegründet***),

*) „Wie die Bibel es ist“ — heißt es im Vorwort zu Bunsen's Bibelwerk „An die Gemeinde“ — „welche die Heilsbotschaft vom Reiche Gottes in Christus verkündigt, „der Gemeinde bewahrt und jedem Einzelnen vorhält als *Schlüssel und Spiegel* „*seines Gewissens und der Weltgeschichte*, so ist diese Bibel auch der Prüf-„stein aller christlichen Bestrebungen zum Aufbau der Gemeinde und die allein heilige „Urkunde aller evangelischen Verbündung.“

**) „Es sei denn, daß ich durch *Zeugniß der heiligen Schrift* oder mit „*klaren und hellen Gründen überwunden werde* . . ., so bin ich über-„wunden und gefangen in meinem Gewissen in Gottes Wort“ u. s. w. Luther's Werke in Worms.

und bis auf diese Stunde bleibt es eine brennende Frage der Neuzeit, ob das sittliche und wissenschaftliche Gewissen der protestantischen Welt auf dem Grunde der Bibel und der Geschichte die tiefste Aufgabe des Jahrhunderts, die Versöhnung von Religion und Bildung, lösen und somit der innerlich zerrissenen europäischen Welt den Frieden bringen wird.

Als drittes Wort unter den Grundfragen der neuen Zeit nannten wir „Central-Europa“. Eine lebensfähige Organisation Mittel-Europa's ist für jeden nur halbwegs gesunden politischen Blick das dringendste Bedürfniß für die europäische Ordnung und Freiheit. An eine solche Organisation ist aber nicht zu denken ohne die Lösung der sogenannten „deutschen Frage“. Gelingt es nicht, ein starkes Deutschland auf festen moralischen und politischen Grundlagen aufzurichten, so bleibt das Herz Europa's und somit der ganze europäische Körper in derselben krankhaften Spannung, über die man schon seit Jahren rathlos seufzt.

Wird uns zugegeben, daß in dem hier dargelegten Sinn die katholische, die protestantische und die deutsche Frage den innersten Kern unserer Kämpfe und Aufgaben enthalten: so ist auch das wahrhaft Bedeutende in Bunsen's Leben schon ausgesprochen; denn eben mit jenen drei Grundfragen unserer Zeitgeschichte waren seine Arbeiten und Schicksale auf das innigste verflochten. Dadurch wurde er eine geschichtliche Persönlichkeit.

Um dies zu begründen, brauchen wir nur in raschem Ueberblicke an die entscheidenden Momente seiner öffentlichen Wirksamkeit zu erinnern.

In Rom stand er mehr als zwanzig Jahre hindurch dem Mittelpunkte der katholischen Hierarchie in unmittelbarem engen Verkehr gegenüber, mit Päpsten und Cardinälen in geschäftlichem und vertraulichem Umgang. Von den Großmächten wurde er in den Stürmen, die der Julirevolution in Mittel-Italien folgten, mit dem Auftrage betraut, das seitdem berühmt gewordene Memorial über die nothwendigsten Reformen im Kirchenstaate auszuarbeiten (eine Aufgabe, die er später im vertraulichen Gespräche scherzweise seine Mohrenwäsche zu nennen pflegte). Aber Rom, wie es ihn hoch erhoben, schien ihn auch zu Falle bringen zu wollen. Der Conflict, der zwischen Preußen und dem päpstlichen Stuhl über die gemischten Ehen ausbrach und sich bis zur Gefangennehmung des Erzbischofs Droste von Köln steigerte (1837), machte seine Stellung in Rom unhaltbar (1838). Bekanntlich war die Streitfrage darum so verwickelt und dornig geworden, weil man durch geheime Unterhandlungen und durch geheime Uebereinkunft mit den preußischen Bischöfen das erreichen wollte, was man vom päpstlichen Hofe nicht erlangt hatte. Man stieß in Rom auf den exclusiven hierarchischen Standpunkt der allein selig machenden Kirche; diesen wollte man umgehen, indem man sich an die tolerante und vaterländische Gesinnung der einheimischen Bischöfe wandte. Der Gedanke, vom römischen an den deutschen Geist zu appelliren, war der glücklichste und folgenreichste, den man ergreifen konnte. Die damalige Ausführung dieses Gedankens dagegen mißlang völlig und mußte mißlingen, so lange man zum Geheimniß seine Zuflucht nahm, so lange die Bischöfe zwischen Rom und Berlin in einer unklaren und unhaltbaren Stellung blieben, so lange den römischen Ansprüchen nicht das klare Recht der Nation, vertreten von der Krone und den Ständen, entgegentrat. Im Conflicte mit fremden Cabinetsregierungen wird das römische Cabinet nicht leicht in Nachtheil kommen; an Feinheit der diplomatischen Unterhandlung wird der Italiener, der Römer in der Regel dem Deutschen überlegen sein. Nur dem entschiedenen Willen einer Nation gegenüber kommt Rom's Schwäche an den Tag. — Darum kam Preußens Regierung damals in eine ungünstige Stellung, nur um der unrichtigen Form willen, in der sie für eine gerechte Sache und für ein großes nationales Princip, die confessionelle Parität, stritt.

Es schien nun, als wäre für längere Zeit Bunsen's öffentliche Laufbahn zerstört. So war die römische Frage in Wahrheit eine Lebensfrage für ihn geworden. Wie sie in der Zwischenzeit in seiner Seele fortbraunte, das offenbarte sich achtzehn Jahre später (1855), als er in den „Zeichen der Zeit" die zündenden Blitze seines Geistes gegen die gespenstischen Anmaßungen und den Verfolgungsgeist der ultramontanen Priesterpartei schleuderte. — Diese Streitschrift brachte jetzt eine ähnliche Wirkung gegen die römische Partei hervor, wie die Wirkung gewesen, welche 1838 Görres durch seinen „Athanasius" für diese Partei in Deutschland hervorgerufen. Görres hatte mit rücksichtslos einschneidendem Worte sich an die öffentliche Meinung gewandt, um die Sache der Hierarchie gegen die Bureaukratie, des poetischen Katholicismus gegen den prosaischen Protestantismus (so faßte er die Streitpunkte) zu verfechten. Bunsen kehrte jetzt die Geschosse gegen die bisherigen Angreifer. Im offenen Worte, vor dem Angesichte seiner Nation, vertrat er gegen die finstern rückschreitenden Tendenzen römisch gesinnter Hierarchen nun mit glänzender Ueberlegenheit die Freiheit des Gewissens und Gedankens und das Rechtsbewußtsein des mündigen Staats. Mit richtigem Blicke erkannte er das Heilmittel für die bittern Erfahrungen von 1837. Seine Losung hieß von nun an: *die römische Frage ist nur durch den gesetzlichen Willen der Nation, also der Fürsten und ihrer Stände, zu lösen.* —

Noch tiefer mit seinem ganzen Wesen und Leben verwoben war die *protestantische Frage*, in unserm Sinn also die *Zukunft der protestantischen Welt*, ihre religiösen, sittlichen und wissenschaftlichen Aufgaben. *Ihnen* waren ja seine frühesten Studien und seine spätesten Arbeiten gewidmet. In seiner früheren Zeit standen ihm die *Organisationsfragen des Protestantismus in Cultus und Verfassung* im Vordergrunde, wie denn auch die Gründung des evangelischen Bisthums zu Jerusalem die erste Veranlassung zu seiner neuen Stellung als preußischer Gesandter in England wurde. Auch seine liturgischen Arbeiten, die noch jetzt in der Gesandtschaftskapelle zu Rom gebräuchliche Gottesdienstordnung, sowie sein Buch über „die *Verfassung der Kirche der Zukunft*“ (1845), hängen mit seinen Organisationsbestrebungen zusammen. In späteren Jahren *trieb ihn seine eigene innere Entwickelung und der Umschwung der Zeit mehr zu den innern fundamentalen Fragen, zu den tiefsten Lebensgesetzen des Protestantismus hin* — eine Wendung, die sich am offensten in seinen letzten Schriften aussprach, in den „*Zeichen der Zeit*“ (1855), in seinem „*Gott in der Geschichte*“ (1857—1858), einer historischen Theodice oder einer Philosophie der religiösen Offenbarung, und endlich im Schlußsteine seiner Arbeiten, in dem noch unvollendeten „*Bibelwerk für die Gemeinde*“ (1858—1860).

Hier sind wir bei einem Punkte angelangt, wo es sich um das Zarteste und Schwierigste in der gerechten Würdigung des Mannes handelt: um das *Heiligthum seiner religiösen Ueberzeugung* und um den inneren Zusammenhang zwischen den verschiedenen *dem Anschein nach* sich widersprechenden, Phasen dieser Ueberzeugung. An eine *erschöpfende* Beleuchtung dieser Seite seines Wesens kann in den Schranken unserer Darstellung nicht von ferne gedacht werden. Doch ohne einige Andeutungen über den Schlüssel zu der vorliegenden Frage dürfen wir nicht daran vorübergehen.

Galt er in seiner ersten Periode den Weltkindern als ein *Pietist* und *Romantiker*, so wollten ihn manche „Pietisten und Confessionalisten“ in seiner zweiten Periode zu einem „*Aufklärer* und *Freidenker*“ stempeln. Wer mit trivialen Schlagworten dieses Gepräges sich mit der *inneren Geschichte eines solchen Geistes* abzufinden vermag, dem wollen wir seine tauben Nüsse nicht mißgönnen. Auch werden schon jetzt, Angesichts der Worte, die er auf seinem Todbette gesprochen, viele Anschuldigungen wieder verstummen, womit unmündige Urtheilslose bisher sich verwirren ließen.

Aber ein *psychologisches* und *ethisches Problem* liegt uns allerdings in *Bunsen's* innerer Geschichte vor, dessen befriedigende Auflösung sich nicht auf flacher Hand ergiebt. Daß *er* selbst die Antwort in Denkwürdigkeiten über seinen inneren Lebensgang geben möge, legte ich ihm in Heidelberg (1855) als dringenden Wunsch an's Herz, und er schien damals auf meinen Vorschlag eingehen zu wollen.

Eins seiner wichtigsten Bekenntnisse, worin ich Aufschluß über manche Räthsel seiner inneren Entwickelung finde, hat er (17. November 1849) in dem Briefe an einen Freund niedergelegt: „*Seit 1848 bin ich mündig geworden; die letzten Schuppen sind mir von den Augen gefallen.*“

Hier wird von ihm selbst der *Abstand* anerkannt, der seine spätere Zeit von der früheren trennt; allein dieser Abstand war weder ein bewußter *Widerspruch* noch ein berechneter *Abfall*, wie die Böswilligkeit wähnte. Es war nur die entschiedene Entwickelung eines vorher schon vorhandenen Keimes; es war das rasche Fortschreiten von Unreife zur Reife, von Blüthe zur Frucht, von bloßen Gedankenbildern zur ethischen Wirklichkeit.

Diese Entwickelung vollzog sich aber in raschen, schroffen, für fremde Augen oft unvermittelten Uebergängen, die zu Mißdeutungen leicht Anlaß bieten konnten. Von großer Wichtigkeit für das Verständniß dieser Uebergänge erscheint uns der Einfluß des *Widerstandes*, auf welchen er in seiner staatsmännischen und schriftstellerischen Laufbahn stieß. Dieser Widerstand der Welt, der kirchlich-politischen rückschreitenden Parteien, zwang ihn, die ehemaligen Friedensgedanken und Organisationspläne als theoretische Illusionen aufzugeben und statt ihrer zu den Waffen eines *Geisterkrieges* zu greifen, der sich zu einer erschütternden *Geisterprüfung* gestaltet hat. Jener Widerstand der retrograden Tendenzen trat ihm in Rom als hierarchischer *Jesuitismus*, in England als halbrömischer *Puseyismus*, in

Deutschland als politisch und theologisch carikirter Lutheranismus entgegen. — In Rom, im Conflicte über die Mischehen und Hermes, hatte er dem jesuitischen Doppelgänger des Katholicismus in's Auge blicken und im Kampfe mit ihm scheitern müssen. In England war eine Bastardtendenz des Katholicismus, der priesterlich-bigotte anglikanische Puseyismus, ihm in den Weg getreten, und wenig fehlte, daß nicht an dessen Widerspruch seine Unterhandlungen über das Bisthum in Jerusalem gescheitert wären. In Preußen und Deutschland endlich sah er die evangelische Union und die Gesundheit des theologischen und philosophischen Lehramtes von einem streitsüchtigen und bildungsfeindlichen Confessionalismus bedroht. —

Diese drei grellsten Erscheinungsformen des geistigen Rückfalles in den letzten dreißig Jahren, denen Bunsen in den wichtigsten Momenten seiner öffentlichen Thätigkeit, in Rom, London und Berlin, begegnete — sie bildeten ohne Zweifel das Ferment in seiner Seele, das ihn allmählich umwandelte und ihm die Kriegswaffen gegen die Dunkelmänner aufzwang. Eine Umwandlung war dies insofern, als er, auf den Scheideweg gestellt zwischen den zwei großen Parteigruppen der Vergangenheit und der Zukunft, von nun an viel stärker die Seite betonte, die ihn von jenen trennte, während er früher mit Vorliebe die Vereinigungs- oder Berührungspunkte mit ihnen gepflegt hatte. So geschah es, daß frühere Freunde hie und da sich nun von ihm entfernten, während ehemalige Gegner ihre alten Vorurtheile gegen ihn fallen ließen. Aber im innersten Kerne seines Wesens gehörte er niemals einer von diesen Parteien ganz an; den engen Rückschrittsmännern war er stets zu frei und zu idealistisch und den gewöhnlichen Fortschrittsmännern doch noch zu positiv in Glaube und Sitte. In seiner ersten Periode konnte er mit ganzer Seele dem religiösen Aufschwunge des Jahrhunderts sich anschließen, ohne zu befürchten, dadurch mit der Weite und Freiheit des geschichtlichen und philosophischen Denkens in Zwiespalt zu gerathen; denn damals war im Großen noch nicht die Rede vom Joche dogmatischer Satzungen, sondern von freier Begeisterung des Herzens für das Heilige und Ewige. Als dann aber, zum Theil durch die haltlose Ueberstürzung der idealistischen Sturm- und Drangperiode der vierziger Jahre verschuldet, der harte Rückschlag einer gewaltsamen Restauration des geistig Ueberwundenen und Ueberlebten eintrat — richtete er in höchster Erregung die ganze Antipathie und die feurige Widerstandskraft seines Geistes gegen diese Reactionsfluthen. Denn an die Möglichkeit einer solchen Wendung der Dinge hatte er früher nie geglaubt, in den Zeiten seiner friedlichen Entwürfe für die Zukunft einer freien evangelischen Kirche.

In aller Aufrichtigkeit hatte er vorausgesetzt, daß der ältere und der neuere Protestantismus, die gläubige Gesinnung und die philosophische Bildung, zu einem gemeinsamen Werke, zum Zukunftsbau einer großen deutschen Volkskirche, berufen seien. Der Gedanke an eine künftige Entzweiung von Religion und Bildung hatte für ihn etwas Grauenhaftes. Nun aber, da der tragische Zwiespalt zwischen traditionellem Judenchristenthum und universellem Geisteschristenthum durch beiderseitige Schuld immer weiter und drohender auseinander klaffte, stellte er sich entschlossen auf die Seite des letzteren, weil er dieses am meisten gefährdet sah. Damit sind die tiefsten Differenzen, um die gekämpft wurde, schon genannt; denn die Gegensätze des alten und neuen Protestantismus, sodann des gesetzlichen Judenchristenthums und der geistig freien Christusreligion deuten beide auf das schwerste religiöse und sociale Problem unseres Jahrhunderts hin. Wer diesen Gegensätzen nicht auf den Grund sieht, wer den unermeßlichen Ernst dieser inneren Krise nicht faßt, der hat auf diesem Gebiete keine Stimme; Lernen und Schweigen wäre seine erste Pflicht.

Es wäre gegen die Wahrheit, wenn wir Bunsen von aller Schuld an den Mißdeutungen, die ihn betroffen, freisprechen wollten. Diese Schuld fällt aber vorzugsweise der Sprache zur Last, die er zuweilen wählte, und nicht dem tiefsten Grunde seines Gemüths. Schon in seinem „Hippolytus" und noch mehr in den „Zeichen der Zeit" gefiel er sich zuweilen im Gebrauche von philosophischen Formeln, die in den Augen der Unkundigen und der Gegner den Schein des Pantheismus erwecken konnten, und bekanntlich ist diese Anklage in herber Form gegen ihn in Umlauf gesetzt worden. Wir haben es kein Hehl, daß wir seine Vorliebe für jene vieldeutigen schillernden Formeln für ein Mißgeschick und für einen Mißgriff zugleich halten, und hierin wissen wir einen seiner treuesten Jugendfreunde, den Altmeister philosophischer Forschung in Bonn, auf unserer Seite. Aber mit dem Innersten und Unerschütterlichen seines religiösen Lebens hatte jene Vorliebe, mag man sie auch eine Schwäche nennen, nichts zu schaffen. Da, wo er das Tiefste seines Glaubens zu Tage brachte, in seinem letzten öffentlichen Bekenntnisse im Bibelwerke und auf seinem

Sterbebette, wurde es für jeden Aufrichtigen offenbar, daß das Vertrauen auf einen lebendigen Gott und auf die Unsterblichkeit des selbstbewußten Geistes mächtig in seiner Seele wurzelte. — „Die Anschauung der Bibel“ (sagt er im Bibelwerk, I, 1, in der Erklärung zu 1 Mos. 1, 26) „bewahrt allein vor den verderblichen Irrwegen alter und neuer Zeit. Sie verwirft nicht allein jede Vielgötterei, sondern auch den Dualismus. . . . Ebenso den Fatalismus oder die Lehre von einem blinden Geschicke, sowie den umgekehrten gottlosen Irrthum des Zufalls, welchem der Materialismus verfällt. Sie endlich bewahrt vor dem der Wahrheit zunächst stehenden und darum gefährlichsten Irrthume, dem Pantheismus.“ —

Schon vor der Erscheinung seiner letzten abschließenden Schriften hatten seine universalhistorischen und kirchengeschichtlichen Forschungen den Grund zu legen gesucht für seine Anschauungen über Wesen und Geschichte der Offenbarung, über die Entwickelung der Kirche und die Bestimmung der Menschheit; so sein Werk über „Aegyptens Stellung in der Weltgeschichte“ (1844—1857), seine „Sieben Sendschreiben an Neander über Ignatius von Antiochien und seine Zeit“ (1847) und sein „Hippolytus und seine Zeit, Anfänge und Aussichten des Christenthums und der Menschheit“ (1852).

Auch das Dritte, was wir oben als eine Centralfrage der Gegenwart hervorgehoben, die deutsche Frage, d. h. die politische Erstarkung, die nationale Wiederherstellung seines Vaterlandes, war ihm Zeitlebens eine Lebensfrage. Das Herz, nicht bloß das Amt, war hierin sein Antrieb, und er pflegte wohl gesprächsweise Menschen, denen der Sinn für die Angelegenheiten des Vaterlandes ganz fehlt, schlechtweg mit dem starken Ausdrucke „Castraten“ zu brandmarken; mochten sie im Uebrigen noch so angenehme Eigenschaften weiblicher Natur besitzen, Männer im vollen, ganzen Sinne des Wortes waren sie ihm nicht. — Auf die politischen Geschicke seines Vaterlandes war ihm dreimal und jedesmal in schicksalsschweren Zeitpunkten ein bedeutender Einfluß gestattet. Das erste Mal in jenen entscheidungsvollen acht Jahren (1840—1848), die zwischen der Thronbesteigung Friedrich Wilhelm's IV. und der Februarrevolution lagen. Damals blickte ganz Deutschland und halb Europa erwartungsvoll auf Preußen. Bunsen, der Freund und Vertraute seines Königs, hatte in diesen wichtigen Vorbereitungsjahren einen verantwortungsvollen Beruf dem königlichen Freunde gegenüber. Er gehorchte seiner Gewissenspflicht; sein weiser Rath von damals (1844 und 1845) lautete: rechtzeitig und freiwillig der Nation gewähren, was verspätet und vom Drucke der Verhältnisse erzwungen keinen Dank mehr ernten würde.

So sprach und schrieb er 1844 zu Berlin und 1845 auf Stolzenfels.

Zum zweiten Male wurde Bunsen's Stellung zur deutschen Frage von Bedeutung, als die ungeheure Erschütterung von 1848 hereinbrach, und nun auch für Deutschland der größte Wendepunkt seit 1813 einzutreten schien. Er ergriff die Aussichten auf eine nationale Wiedergeburt Deutschlands mit dem ganzen jugendfrischen Schwung seiner glühenden Seele; vom Zusammentritt des deutschen Parlaments an bis zur Kaiserwahl seines Königs hielt er daran fest, bis am Ende die Tage von Olmütz in ihrem Novembergrau seine Hoffnungen begruben. Damals, im Rückblick auf diese bittersten Erfahrungen, schrieb er an einen gleichgesinnten Fürsten die schmerzlichen Worte: „Das Jahr 1850 ist das Jahr des Unter-
„ganges der Hoffnungen meines Geschlechts gewesen. . . .
„Ein besserer Tag wird kommen, aber vielleicht blutig. . . .
„Der gegenwärtige Augenblick ist entsetzlich."

Endlich, zum dritten Male, schien es ihm, als könnte beim Beginn des russischen Krieges (1854) eine neue Wendung auch für die deutsche Frage herbeigeführt werden, wenn Preußen und Oesterreich, wie die Westmächte es wünschten, sich am Kriege betheiligten und für diesen Fall zum voraus ihre Bedingungen für einen künftigen Friedensschluß stellten. Eine Revision der europäischen Karte kam schon damals in England und Frankreich in Frage. Aber auch diesmal nahm das preußische Cabinet schließlich eine andere Stellung zu der europäischen Krise ein, als Bunsen erwartet hatte. Die Folge davon war der Rücktritt von seiner Stellung in London.

So gewinnt es den Anschein, als habe sein Eingreifen in die öffentlichen Angelegenheiten, in die kirchlichen wie in die staatlichen, fast überall den entscheidenden Erfolg verfehlt. Nach dem äußeren Erfolg richtet ja die Welt überhaupt einen Jeden, vorzüglich aber den Staatsmann pflegt man nur danach zu messen. Und doch verriethe es eine gefährliche Kurzsichtigkeit, wollte man diesen Maßstab mit mechanischer Handgreiflichkeit geltend machen. Es giebt ein Handeln ohne äußeren Erfolg, das die tiefsten, lange dauernden, inneren Wirkungen hervorbringt, und umgekehrt giebt es eine Thätigkeit, die vom besten Gelingen des Augenblicks begünstigt wird, und die ihrem Wesen nach doch rein vorübergehend

2

und ohne nachhaltige Wirkung bleibt. Wie den geschichtlichen Krisen, so ergeht es oft den geschichtlichen Männern; indem sie bei dem ersten Anlaufe nach einem hohen Ziele unterliegen, bringen sie doch in den Gemüthern und den Verhältnissen Veränderungen und Umstimmungen hervor, in denen die größten Erfolge sich still vorbereiten. Sehen wir darum einen Augenblick näher zu, welche Bewandtniß es mit dem gerühmten äußeren Erfolge zuweilen hat. Fürst Metternich wurde in vielen Kreisen lange Zeit angestaunt wegen des Erfolges, womit er alle Lebensregungen der Völker niederhielt, und er endete mit einem furchtbaren Schiffbruche. Dem Fürsten Schwarzenberg ersparte ein früher jäher Tod nach glänzenden Erfolgen dieselbe bittere Erfahrung, sein Werk zusammenbrechen zu sehen. Graf Leo Thun, Cardinal Rauscher und Dr. Bach mochten sich ihres Erfolges rühmen, als sie das österreichische Concordat zu Stande gebracht. Aber wie urtheilt heute schon fast ganz Oesterreich und halb Europa über diese unzeitige Geburt? — Auch der Minister v. Manteuffel war Jahre lang glücklich in Erfolgen nach seinem Sinn; aber welche Erbschaft hinterließ er dem Lande nach seinem Rücktritt? Ein Mann dagegen wie Guizot unterlag zwar als Minister dem ungeheuern Sturme, der Frankreich aus allen Fugen riß, aber heute noch und auf lange hin hat sein Wort in der ganzen gebildeten Welt die Macht einer geistigen Autorität. Robert Peel wurde bei seiner letzten hochherzigen Maßregel vom größten Theile seiner Partei, die er so lange geleitet, verlassen und als Verräther gelästert, aber dafür verehrt ihn sein Land als einen seiner großen Staatsmänner, und sein Name geht mit dem Adel eines reinen Charakters auf die Nachwelt.

So verhält es sich mit dem Unterschiede von äußerem und innerem Erfolge. Diese Unterscheidung findet in manchem Betracht auf Bunsen's Wirksamkeit ihre Anwendung. Nicht als sollte hier in Abrede gestellt werden, daß auch in seiner ganzen Eigenthümlichkeit gewisse Schwierigkeiten lagen, die seinen Erfolgen im Wege standen. Bei der genialen, blitzartigen Schnelligkeit seines geistigen Blickes übersprang er zuweilen die Mittelglieder zwischen der Idee und der Verwirklichung des innerlich richtig Erkannten. Eine Gefahr mochte für ihn wohl auch in der Erfahrung liegen, daß wenige Menschen dem Zauber widerstanden, den er durch seine hinreißende persönliche Liebenswürdigkeit auszuüben verstand. Dies konnte ihm namentlich in früheren Jahren in den schwierigsten Collisionen eine große Sicherheit einflößen, auf jenem Wege auch da noch einen Ausweg zu finden, wo Andere keine Möglichkeit dazu sahen. So erklärt sich vielleicht das Wagniß, daß er nach der Kölner Katastrophe noch einen Vermittelungsversuch beim päpstlichen Hofe anzuknüpfen suchte (Ende 1837). Endlich konnte er auch bisweilen zu seinem Nachtheile vergessen, daß der Durchschnitt der Menschen langsameren Geistes und Verständnisses war als er; Viele kamen dann wohl gelegentlich um ein Decennium später bei der Einsicht an, die er zu früh bei Anderen vorausgesetzt. Unübertrefflich ist in dieser Beziehung ein Wort, das ein Freund von tiefer Einsicht (1854) an ihn richtete: „Das Zufrüh des Prometheus wird bestraft; das Zuspät, „der leidige Epimetheus, bestraft sich selbst. Das ist der Fluch unserer „Zustände."

Dies Wort berührt den Mittelpunkt der Sache; daran eben, an unseren Zuständen liegt es, wenn Männer wie Bunsen und viele der Ausgezeichnetsten vor und neben und nach ihm sich an den unerläßlichen Aufgaben des Jahrhunderts verbluten*). Sie haben dennoch nicht vergeblich gekämpft, durch ihre Niederlagen wie durch ihre Siege zeigen sie denen den Weg, die nach ihnen kommen. Die letzten vierzig Jahre sind, im Großen angeschaut, nur ein Bruchstück der erschütternden Tragödie, deren Anfang weit rückwärts, deren endlicher Ausgang aber wohl noch weiter vorwärts liegt. Bis der geistig-religiöse und der politisch-sociale Friede der Neuzeit auf größeren und festeren Grundlagen als bisher neu erkämpft ist, giebt es für die Völker und die Individuen keine Ruhe, vielleicht Waffenstillstände, aber keinen dauernden Frieden. Darum geht durch alle tieferen Gemüther unserer Zeit ein, wenn auch verhaltener, Grundton des Schmerzes im Blick auf das große geistige Arbeitsfeld der Gegenwart, das mit Gefallenen und Verwundeten übersäet ist. Nur die stumpfen Idioten des Bauches und des Mammons oder die trägen Götzendiener des Buchstabens ahnen nichts von einer solchen Stimmung; sie kehren mit behaglichem Schmunzeln den Kampfesmüden den Rücken.

Bisher suchten wir uns die Stellung klar zu machen, die Bunsen zu seiner Zeit und zu den wichtigsten Interessen unseres Jahrhunderts eingenommen. Es galt die Erkenntniß, in welche Klasse von

*) Ihnen ruft der größte Dichter der Neuzeit (Shakspeare) in einem unergründlich tiefen Worte den Trost zu:

„Wer klügelnd abwägt und dem Ziel entsagt,
„Weil er vor dem, was nie geschah, verzagt,
„Erreicht das Größte nie."

2*

Menschen er seinem tiefsten Wesen nach gehöre, und zugleich einen Wink, wer wohl am besten daran thue, sich eines vorschnellen Urtheils über ihn zu enthalten.

Jetzt aber wenden wir unsere Blicke auf den äußeren Zusammenhang seines Lebensganges.

Christian Karl Josias Bunsen, von Friedrich Wilhelm IV. zu seinem wirklichen Geheimrath und zum Freiherrn ernannt, war geboren zu Korbach im Fürstenthum Waldeck den 25. August 1791 aus einer ehrbaren, frommen Bürgerfamilie. Sein Vater, ein alter Biedermann und ehemaliger Officier, konnte dem Sohne (wie Bunsen es mir in seiner schönen Offenheit selbst erzählte) beim Abgange nach der Universität Marburg (1808) als einzige Unterstützung hundert Thaler mitgeben und seinen väterlichen Segen dazu; dieser Segen wirkte Zeitlebens, von der Baarschaft dagegen blieben ihm noch zehn Thaler, als der achtzehnjährige Student der Theologie (1809) von Marburg nach Göttingen übersiedelte. Dort widmete er sich unter Heyne's und Heeren's väterlicher Leitung den classischen und historischen Studien, mit dem Lernen schon von 1811 an das Lehren am Göttinger Gymnasium verbindend. Bald schloß sich um ihn ein gleichgesinnter Freundeskreis, zu dem Friedrich Lücke, Karl Lachmann, Wilhelm Hey u. A. gehörten, die fast Alle ihm im Tode vorangegangen. — Stets erinnerte er sich mit Rührung der glücklichen Fügung, die ihn in den heiligen Jahren der ersten geistigen Entwickelung mit Jünglingen von ebenso glänzenden Gaben als edelm Gemüthe verband. Es war damals die schöne, zukunftreiche Zeit Deutschlands, als unter der Rinde des äußeren Druckes der Fremdherrschaft ein neues geistiges und sittliches Leben sich in den Tiefen der Nation vorbereitete. Noch im Alter leuchteten Bunsen's Augen mit frischem Glanze, wenn er davon erzählte, wie er und die Freunde jedes neue bedeutende Buch, gleichviel ob Philosophie, Geschichte oder Poesie, des Abends wie einen neuen Schatz in ihre Zusammenkünfte mitbrachten, es zusammen lasen und verarbeiteten. Goethe's Faust z. B. riß sie mit dem ganzen Reize der Neuheit hin, wie ein Zauber, der plötzlich die Schleier lüftete, die ihren Gesichtskreis bisher eingeengt. Diese Jünglingsfreundschaft war von echtem Gehalt; denn sie sind sich nachher Alle ihr Leben lang treu geblieben.

Aber wie beglückend und segensreich diese Jugendfreundschaft auch sein mochte, für die weitere Entwickelung war doch die Freundschaft eines höher stehenden gereiften Mannes noch bedeutungsvoller. Und in der That, wo giebt es einen reineren Sonnenblick des inneren Glückes als da, wenn ein königlicher Geist von seiner Höhe herabsteigt, um dem noch unklar Strebenden oder mühsam Emporklimmenden mit edelm Vertrauen die Hand zu reichen und ihm zur Freiheit emporzuhelfen, sei es, indem er ihm Klarheit giebt über sich selbst und über seine eigenthümliche Aufgabe, oder sei es, daß er ihn auf das Arbeitsfeld führt, wo er sein Pfund am besten anwenden kann! Dieser Anblick, wenn der Aeltere dem Jüngeren, der geistig oder social Höhere dem Niederen mit innerer Theilnahme entgegenkommt, wirkt immer wie ein reiner Abglanz jener höchsten Liebe, welche die Fülle ihres Lichtes neidlos aufgehen läßt über Gerechte und Ungerechte.

Dieses Glück war Bunsen in der Freundschaft Niebuhr's beschieden. Zu Niebuhr nach Berlin hatte ihn schon Ende 1815 die Sehnsucht getrieben, den großen Historiker und Staatsmann kennen zu lernen. Aber erst in Rom bildete sich ein inniges Verhältniß zwischen ihnen. Merkwürdig genug waren die Umstände, die ihn nach Italien und dort mit seinem Lehrer und Freunde zusammenführen sollten. Nachdem er in Holland und Kopenhagen seine germanischen Studien fortgesetzt, dann in Paris (1816) unter Sylvestre de Sacy das Persische und Arabische begonnen, hatte er mit einem jungen Amerikaner die Verabredung getroffen, sein Reisebegleiter durch Europa zu werden, um so die Mittel zu gewinnen, mit denen er nachher in Indien seine indischen Studien zu vollenden dachte. Als künftiges Lebensziel winkte ihm dabei die Lehrstelle der Philologie und Geschichte an einer deutschen Hochschule — ein Zug, der für seine Charakteristik nicht unwichtig erscheint. Allein es geschieht das Unerwartete; der Amerikaner wird der geschlossenen Verabredung untreu; umsonst wartet Bunsen (1816) in Italien auf den Begleiter; in dieser peinlichen Enttäuschung reicht Niebuhr ihm die Hand und führt ihn auf den Weg, der zu seinem äußeren Glück, zu seiner glänzenden Lebensstellung leitete. — „Wer Gott nicht in seiner eigenen Lebensführung findet, der findet ihn wohl überhaupt nicht“ — war eins der Worte, die ich beim ersten Zusammentreffen mit Bunsen (1839) aus seinem Munde vernahm.

Anfangs war es (wenn ich nicht irre) nur eine vorläufige*) Anstellung auf ein Jahr, die Niebuhr ihm anbot, denn auch Bunsen hielt zuerst noch an seinem ursprünglichen Plane fest. Allein neue Bande sollten ihn bald ganz in Rom zurückhalten; in einem englischen Familien-

*) So erzählte mir Bunsen den Hergang in Bern zu Weihnachten 1839.

kreise lernte er die Gefährtin kennen, die das Glück und der Schmuck seines Lebens geworden. Mit jener heroischen Hingebung, die immer nur einen Weg, den der Pflicht, kennt, hat sie ihm von da an in allen Wechseln seines Geschickes zur Seite gestanden, Alles miterlebend und mitverstehend, und nachdem sie ihm zwölf Kinder geboren, von denen zehn noch am Leben, sieht sie jetzt den Segen des Psalmwortes sich erfüllen: „Und sehest deiner Kinder Kinder“ (Psalm 128, 6). — Auch hier griff Niebuhr beglückend in sein Geschick; von den Eltern des Mädchens über den jungen Bewerber befragt, erwiderte er: „Hätte ich nur ein einziges Kind, ich gäb' es ihm mit Freuden.“ — In Niebuhr's Correspondenz vom 3. Juni 1817 lesen wir: „Bunsen ist mit einer Engländerin verlobt ... er hat sich vortrefflich „benommen und das Mädchen muß ausgezeichnet sein.“ — Bald darauf erhielt Niebuhr's Gesandtschaftssecretär Brandis einen Ruf an die neugegründete Universität Bonn als Professor der Philosophie; Bunsen, sein intimer Freund, wurde sein Nachfolger. „Ein sehr klarer und achtungs„würdiger Mann“ (so schrieb damals Niebuhr 11. April 1818) „ist Bunsen. „Hardenberg hat mir zugesagt, daß er Brandis' Nachfolger werden soll. „Dies macht mir Freude: für mich, weil ich ihn gern habe; für ihn und „für den Staat, weil er einen ausgezeichneten Beruf zu Ge„schäften hat und darin sich hervorthun wird.“

Der eigene Herd war gegründet, der Zugang zu einer öffentlichen Stellung gefunden; noch hatte er zwei Stufen zu überschreiten, wenn er sichere Aussichten im preußischen Staatsdienste gewinnen sollte: er mußte in ein persönliches näheres Verhältniß zum Könige und zum Thronfolger treten. Beides wurde ihm während der nächsten zehn Jahre zu Theil. Als der König Friedrich Wilhelm III. Rom im Jahr 1822 besuchte, zog ihn die Persönlichkeit des liebenswürdigen, geistreichen Gesandtschaftssecretärs bald so sehr an, daß er ihm sein entschiedenes Wohlwollen schenkte. Sogar der offenherzige würdige Widerspruch, den Bunsen sich in einem Gespräche über des Königs damalige Lieblingsgegenstände, Agende und Gesangbuch, erlaubt hatte, erhöhte nur die Achtung des gewissenhaften Fürsten für seinen Begleiter in Rom. Er forderte ihn in den freundlichsten Ausdrücken zum Verbleiben in seinem Staatsdienste auf.

Fünf Jahre später (1827 im Herbst) wurde er, damals Ministerresident (nach Niebuhr's Weggang), nach Berlin berufen, wegen der Unterhandlungen über die gemischten Ehen. In Berlin lernte er den Kronprinzen kennen, und hier bildete sich ein Verhältniß, das in seiner Art in der neuen Zeit wohl einzig dasteht*). Zwischen dem Erben der Hohenzollern'schen Königskrone und dem Sohne des waldeck'schen Officiers, der mit einer Aussteuer von 100 Thalern seinen Weg durch das Leben suchen mußte, zwischen ihnen beiden offenbarte sich ein so mächtiger Zug innerer Verwandtschaft, daß bald der Grund zu einer Freundschaft gelegt wurde, die fast dreißig Jahre fortdauerte, trotz allen innern und äußern Störungen, die sie zu untergraben suchten. Diese Freundschaft konnte wohl zeitweise sich verhüllen, durchbrach aber nach jeder Pause immer wieder mit der unzerstörbaren Macht einer reinen Jugendliebe alle Hemmungen, Verstimmungen und Intriguen. Denn das soll an dieser Stelle nicht verschwiegen werden: wie man auch über den hochbegabten Fürsten urtheilen möge, der jetzt von bejammernswerther Krankheit umnachtet daniederliegt, nachdem ihn die Welt auf die höchsten Wogen schwärmerischer Bewunderung gehoben und dann wieder in die Tiefen wildester Anfeindung und schwerster Bedrängniß gestürzt — Eins war in seiner Seele, was nur höheren Naturen eigen ist, er erkannte den Adel des Geistes und der Gesinnung, wo immer er ihm entgegentrat; wen der König der Könige mit seinem Gepräge geadelt, der konnte sicher sein, von diesem Fürsten mit größerer Auszeichnung behandelt zu werden, als hundert übermüthige Junker mit ellenlangen Stammbäumen. Gleiches fühlt ewig sich zum Gleichen hingezogen. So blieb ihm lebenslang fast jede neue Berührung mit Bunsen eine geistige Erquickung. Wenn dann einige Höflinge gelegentlich etwas zu deutlich ihren Aerger über die Bevorzugung des „Emporkömmlings“ merken ließen, konnte Friedrich Wilhelm IV. (als König) wohl einmal unwillig ausrufen: „Gönnt man mir denn nicht für ein paar kurze „Tage den Genuß, einen geistreichen Menschen um mich zu haben, der „mich belebt, während ich doch Wochen lang Geduld habe mit so vielen „langweiligen Gesellen, die mich drücken?!“

So waren nun alle Bedingungen der glücklichsten Lebensstellung gefunden. Sein Haus in Rom, sein Familien- und Freundeskreis**), die

---

*) Einige Aehnlichkeit möchte vielleicht in dem Verhältnisse des Herzogs Karl August von Weimar zu Goethe sich finden.

**) Unter diesen Andern erinnere ich z. B. an den hannöver'schen Legationsrath A. Kestner, den Sohn der Werther'schen (Goethe'schen) „Lotte“, der ihm zeitlebens ein treuer Freund geblieben. Auch Kestner ist dem Freunde im Tode vorangegangen. Wer in Rom den liebenswürdigen Mann und sein gastfreundliches Haus kennen lernte, wird ihm ein dankbares Andenken bewahren.

Gunst seines jetzigen, die Freundschaft seines künftigen Königs, die selige Lust geistigen Forschens und Schaffens — das Alles stellte ihn auf eine Höhe des Lebens, wo den Besonnenen leicht die Ahnung beschleicht, es sei zu schön, als daß es lange dauern könnte. Die in Berlin geschlossene Verbindung mit dem Kronprinzen wurde noch um Vieles inniger, als dieser im Winter 1829 auf Besuch nach Rom kam. Eine seltene Gunst des Glückes war es auch, daß nach des trefflichen Schmieder's Weggang ihm einer der ausgezeichnetsten Theologen der Gegenwart als Gesandtschaftsprediger zugeführt wurde, Richard Rothe, jetzt Kirchenrath und Professor in Heidelberg. Mit einem so tiefsinnigen Denker und so reinen Charakter war der schönste, befruchtende Austausch in Religion und Wissenschaft möglich, der beide Männer für immer eng verband*). Auch Tholuck kam für einige Zeit**), später Abeken. — Champollion's Anwesenheit (1826) und Belehrung gab dann den ersten Anstoß zu Bunsen's ägyptischen Forschungen***), und dann war es wieder Bunsen, der Lepsius aufmunterte,

*) Im Hippolytus, I, 263, hat Bunsen diesem Geistesbunde ein Denkmal gesetzt als poetische Widmung, woraus ich einige Strophen hier anführe:

„Einst auf Capitoles Höhen knüpften wir den heil'gen Bund,
„Als du geisteskräftig thatest dort des Herren Willen kund,
„Als wir gläubig und im Stillen bauten die Gemeinde auf,
„Die, der Menschheit Opf'rung weihend, Ew'ges wirkt im Zeitenlauf. —

— — „Fest und frisch ist auch geblieben unsrer Herzen Liebesband,
„Ziehen beid' im Geist vereinet nach des Geistes Vaterland,
„Wissend, daß in dieser Erde hat gezündet Geistes Blitz,
„Und daß einst ihr Kreis soll werden freien Gottesreiches Sitz;

„Wissend auch, daß unserm Volke ward ein göttlich hohes Pfand,
„Daß der Geist des Herren wehet noch im großen Vaterland,
„Daß Er heilen will, was siechet, einen, was zerrissen ward,
„Und verklären sich auf's Neue in der freien deutschen Art.

— — „Von dem Tempel, den wir schauten in des Glaubens Morgenroth,
„Hab' ich Steine mir gerettet aus der Zeiten bittrer Noth;
„Richte Du, nach Deinem Bilde, selbst Dir auf den Wunderbau,
„Daß der Geist auch in den Trümmern noch des Urbilds Plan erschau'."

**) An Bunsen ist bekanntlich die Widmung von Tholuck's Commentar zum Hebräerbriefe gerichtet, in Erinnerung an das römische Zusammenleben.

***) „Die Nachwelt wird Champollion's Entdeckungen und fruchtbare Ahndungen „der Höhe seines Genius und dem edeln Streben seines Gemüthes zuerkennen. Wir „sprechen dieses mit voller Ueberzeugung aus, nicht weniger jedoch mit der Freude „persönlicher Dankbarkeit; denn wir haben ihn persönlich gekannt und an dem Fuße der „Obelisken Roms von ihm die Anfänge der Hieroglyphik zu lernen das Glück gehabt." Bunsen, „Aegyptens Stelle in der Weltgeschichte", I, 293.

sich ganz diesem Zweige der Alterthumsstudien zu widmen, und der ihm durch seine Verwendung bei der Berliner Akademie die Mittel dazu verschaffte. Das waren die Vorbereitungen zu jener preußischen Expedition nach Aegypten, die unter *Friedrich Wilhelm* IV. (1842) zu Stande kam. — Auf seine Anregung wurde unter Dr. *Gerhard* das archäologische Institut auf dem Capitol gegründet, und in einem Flügel desselben Gebäudes (nach Annahme einiger Archäologen auf dem Tarpejischen Felsen) das protestantische Hospital errichtet*). — In dieser Weise wirkte er gleichzeitig nach den wichtigsten Seiten realer und idealer Thätigkeit hin, für staatliche, kirchliche und wissenschaftliche Interessen. Für seine und Preußens damalige *politische* Geltung zeugt die Auszeichnung, daß die europäische Conferenz in Rom ihn mit der Ausarbeitung des Entwurfs des Memorandum del Maggio 1832 beauftragte, um dem päpstlichen Stuhle die unerläßlichsten Reformen in der Verwaltung des Kirchenstaates zu empfehlen. Es bezeichnet die rastlose *Vielseitigkeit* seines Wesens und Arbeitens, wenn wir neben dies Memorial von 1832 seine Mitwirkung an dem historisch-topographischen Werke „*Beschreibung der Stadt Rom*“ (1830 1843, drei Bände), seine *ägyptischen Studien* (seit 1826) und seinen „Versuch eines *allgemeinen evangelischen* Gesangbuchs (1833) stellen. —

So lebte er zwanzig glückliche Jahre zu Rom im Palazzo Caffarelli auf dem Capitol; es waren wohl die schönsten seines Lebens; da zog sich endlich über seinem lange beglückten Hause der Sturm zusammen, der ihn von dort wegtrieb. — Der Streit über die gemischten Ehen führte zu der Kölner Katastrophe, deren Nachwirkungen ihn nöthigten, seine Abberufung zu verlangen. Er erhielt sie in der Form eines Reiseurlaubs nach England. Am frühen Morgen des Abschiedstages von Rom schrieb er, während die Seinen noch ruhten, die Worte nieder, die uns in seiner Seele lesen lassen:

„So soll ich denn vom heil'gen Boden ziehen,
Auf dem des Lebens Blüthe mir gesprossen?

*) Wie wohlthätig diese Gründung war, mag man u. A. aus einer Stelle in *Niebuhr's* römischer Correspondenz (III, 113) vom 28. August 1819 ersehen: „Die vielen „Kranken beschäftigen unsern Schmieder sehr. Es sind hier viele deutsche Handwerker, „besonders aus der Schweiz, mit Frau und Kindern. Da herrscht denn ein Elend ohne „Grenzen, und *bisher haben* sie [die Römer] diese *Unglücklichen erst in's* „*Hospital gebracht, dort, wenn sie sich weigerten überzutreten, Tage* „*lang ohne Wartung und Speise liegen lassen.*“

Die ew'ge Stadt, in der mir zugeflossen
Ein Segensmeer — die soll ich ewig fliehen?

„Wo ich der Jugend Traum als Mann genossen,
Wo Lieb' und Freundschaft Flügel mir geliehen;
Wo mir den Geist zu kennen ward verliehen,
Der, ein Prophet, der Zeiten Grab erschlossen!

„Wo deutsches Leben unter Südens Himmel,
Die Gegenwart ich lebt' in Roma's Weihe,
Und Wissen pflegt' und Kunst im Weltgetümmel!

„Wo ich die Kirche mir erbaut, die freie,
Auf ew'gen Felsen, trotzend dem Gewimmel
Der Tagesfliegen und des Neides Schreie!"

Er ging über München, wo Schelling's Umgang ihn elektrisch berührte, nach England, wo er ein glückliches Jahr des „Stillseins und Wartens" (so lautete sein Wahlspruch: in spe et silentio) zubrachte. Zu seinen schönsten Genüssen gehörte dort das Wiedersehen seines englischen Freundes, Dr. Thomas Arnold, des ausgezeichneten, seinem Lande so früh entrissenen Pädagogen, Theologen und Historikers. Mit welcher begeisterten Verehrung Arnold an Bunsen hing, zeigt am klarsten ein Brief vom 28. November 1838 an Hearn: „Mein Gefühl von Bunsen's Werth „könnte ich nicht ohne einen Schein der Uebertreibung ausdrücken; aber „könnten Sie ihn nur eine halbe Stunde hören und sehen, so würden „Sie mich verstehen. In keinem andern Menschen sah ich Gottes Gnaden „und Gaben so verbunden wie in ihm. Ich habe Männer gesehen, die „ebenso gottesfürchtig, ebenso liebenswürdig, ebenso talentvoll waren wie er, „aber niemals kannte ich einen, der alle drei Eigenschaften in einem so „außerordentlichen Maße besaß, und der damit eine so reiche und tiefe „Kenntniß des Alten und Neuen, des Geistlichen und Weltlichen verband, wie ich sie von keinem Andern erreicht sah" *). Trotz dem schweren Geschicke, das ihn betroffen, war jenes Stillleben für ihn eine glückliche Zeit; denn nach Art starker Geister suchte er für die tiefsten Kränkungen in der frischesten Arbeit die nie versagende Aufrichtung. Schneller indessen, als die diplomatische Welt es erwartete, kehrte er als Gesandter in der Schweiz

*) The life and correspondence of Thomas Arnold, D. D., by A. P. Stanley, Vol. I. p. 137. London 1844.

„I could not express my sense of what Bunsen is without seeming to be exaggerating. . . . He is a man in whom God's graces and gifts are more united than in any other person whom I ever saw. I have seen men as holy, as amiable, as able, but I never knew one who was all three in so extraordinary degree etc.

wieder in den activen Dienst zurück (November 1839). Auch hierbei hatte sich die Freundschaft des Kronprinzen für ihn wirksam erwiesen.

Aber noch war Bunsen kein Jahr in Bern, so starb König Friedrich Wilhelm III. (7. Juni 1840), und sein hoher Freund, der Kronprinz, stieg als Friedrich Wilhelm IV. auf den Thron. Wie zu erwarten war, brachte das Ereigniß auch für Bunsen's Leben eine neue Wendung. Im Frühjahr 1841 berief ihn der König nach Berlin, um ihm die Unterhandlungen mit England über die Gründung des evangelischen Bisthums zu Jerusalem anzuvertrauen*). Nach dem Abschlusse derselben ernannte ihn der König zu seinem Gesandten in London; in dieser Stellung blieb er bis zum Ausbruche des Krimkrieges (1854). Seine Gesandtenlaufbahn in England begann unter den günstigsten Auspicien. Auf eine Befreundung Preußens und Englands blickten alle Vorwärtsstrebenden in Deutschland im Anfange der vierziger Jahre mit frohen Hoffnungen. Diese Befreundung beider Staaten schien eine symbolische Bestätigung zu erhalten, als Friedrich Wilhelm IV. zur Taufe des neugeborenen englischen Thronerben als Pathe nach England reiste. Auch eine noch innigere Verbindung beider Königshäuser, die 1858 durch Vermählung des preußischen Thronerben und der englischen Königstochter sich verwirklichte, sah Bunsen noch während seiner Gesandtschaft sich still vorbereiten. — Wie die enge Beziehung zwischen beiden Dynastien, so sicherte sein ganzes Auftreten und seine Persönlichkeit ihm ein bevorzugtes Verhältniß zu dem englischen Königshause. — Aber nicht bloß zwischen beiden Höfen, sondern ebenso sehr zwischen beiden Nationen bewies er sich als ein anregender würdiger Vermittler; vertrat er Deutschland gegenüber die englische Anschauung von Recht, Gesetz und

---

*) Jene Unterhandlungen mit England wurden damals im protestantischen Deutschland von Vielen mit Mißtrauen beobachtet, weil man dabei das Vorhandensein eines Hintergedankens besorgte: die Verpflanzung der englischen Episkopal-Verfassung nach Preußen und in die deutsche Kirche. Die ohnehin schon durch anglikanischen Hochmuth gereizte Stimmung machte sich in der scharfen Streitschrift Dr. Schneckenburger's und Hundeshagen's Luft: „das anglo-preußische Bisthum zu St. Jacob und was daran hängt“, 1842. Als diese Flugschrift überall Aufsehen zu machen begann, warf ein Freund Bunsen's in einem Berliner Kreise, auf Görres' „Athanasius“ anspielend, das pikante Wort hin: „Nun hat auch das Bisthum zu Jerusalem seinen Athanasius gefunden.“

Weitere Aufklärungen über die Sache brachte dann die Schrift (Bunsen's und Abeken's): „das evangel. Bisthum in Jerusalem. Geschichtliche Darlegung mit Urkunden“, 1842. Sodann der Briefwechsel Bunsen's mit Gladstone „über die deutsche Kirche, das Episkopat und Jerusalem“, mitgetheilt in Bunsen's „Verfassung der Kirche der Zukunft“ (1845), Hamburg, Agentur des Rauhen Hauses.

Verfassung, so wußte er hinwiederum England gegenüber die Schätze des deutschen Geistes, die deutschen Ideen über Wissenschaft und Kunst, über Religion und Kirche geltend zu machen. In diesem Sinne wuchs sein geistiger Einfluß in England mit jedem Jahre. Die Aufnahme der englischen Ausgaben seiner Werke über Aegypten und über Hippolytus ist ein sprechender Beleg dafür. Aber auch sonst brauchte man nur einige Zeit in seinem Hause zu verweilen, um sich zu überzeugen, wie bedeutsam beide Nationen oft in ihren lebendigsten Vertretern dort sich berührten und zusammen verkehrten. Ich spreche hier aus eigener Anschauung, denn zweimal habe ich für längere Zeit (1843 und 1852) unter seinem gastlichen Dache auf Carlton-Terrasse gewohnt, das eine Mal gleichzeitig mit dem Geschichtschreiber der Päpste und der deutschen Reformation, mit Leopold Ranke, in unvergeßlich schönen Tagen. — Und wie er zu den politischen und literarischen Notabilitäten Englands in nahem Verkehr stand, so unterhielt er vielfache Beziehungen zu den kirchlichen und religiösen Kreisen. An einem der großen Missionsfeste in Exeter-Hall hörte ich ihn zu der Versammlung sprechen, während mehrere Minister, unter ihnen Lord Aberdeen, in seiner Nähe saßen. Der greise ehrwürdige Erzbischof von Canterbury wie der unermüdlich thätige Lord Ashley (jetzt Graf Shaftesbury) bezeigten ihm ihre Achtung und Freundschaft; besonders theuer war ihm die innige Freundschaft der edeln Elisabeth Fry, die auch durch verwandtschaftliche Bande zwischen beiden Familien für ihn folgenreich wurde.

Nach dem Rücktritt von seinem englischen Gesandtschaftsposten lebte er ganz seinen schriftstellerischen Arbeiten auf dem schönen Sitze Charlottenberg bei Heidelberg, in ländlicher Zurückgezogenheit. Doch kaum kann man von Zurückgezogenheit sprechen, wenn man sich seines unausgesetzten weitreichenden Verkehrs, sowie der großartigen Gastfreundlichkeit seines Hauses erinnert, die er in Heidelberg fortsetzte, wie er sie in Rom, Bern und London gegen Besucher aller Länder geübt hatte. —

Dort, am Ufer des Neckar, im Angesichte des Schlosses, wo einst (1619) eine englische Königstochter in kühnen Plänen sich wiegte, entstanden nun seine „Zeichen der Zeit“ (1855), jener glühende Fehdebrief, den er der kirchlich-politischen Reaction auf ihrem Höhepunkte in's Angesicht schleuderte, eine Schrift, die man mit Recht unter den damaligen Umständen ein Ereigniß nannte.

Ein Ereigniß waren die „Zeichen der Zeit“ in doppelter Beziehung:

einmal durch ihre zündende Wirkung auf gleichgesinnte Zeitgenossen, als eine Kriegslosung gegen die kirchlichen Restaurationspläne (bekanntlich fand die Streitschrift eine Verbreitung, die in Deutschland fast unerhört war); sodann durch die Nachwirkung auf Bunsen's Stellung zu den kirchlichen und zu den pietistischen Kreisen Deutschlands, die ihn bisher im Ganzen zu den Ihrigen gezählt. In ihrer Mitte entstand nun eine Spaltung, da die Einen auf das Gemeinschaftliche, die Andern auf das Trennende in seinen und ihren Ueberzeugungen das größere Gewicht legten; diese Differenz war es, die dann bei dem Feste der evangelischen Allianz in Berlin (1857) in Folge des Zusammentreffens Bunsen's mit seinem alten Freunde Merle aus Genf in der ungeeignetsten Form zur Sprache kam.

Die erste Veranlassung zur Entstehung der Streitschrift war vom Könige ausgegangen. Klagen über unverantwortliche Bedrückungen der Evangelischen in Oesterreich hatten sein christliches Herz empört und ihm den ebenso weisen als gerechten Wunsch eingegeben, daß die öffentliche Meinung Deutschlands und Europa's, als die beste Abwehr gegen solche Verirrungen, möchte angerufen werden. Das war der erste Gedanke und so war der erste Entwurf des Buches. Als Bunsen ihn mir in dieser ersten concentrirten Gestalt vorlegte, erklärte ich ihm zuversichtlich: „Diese Schrift wird eine größere Wirkung hervor-„bringen, als irgend eine Ihrer früheren Arbeiten, und es kann nicht fehlen, es „wird ein Segen auf ihr ruhen.“ — Bei der Ausarbeitung jenes Entwurfes nahm die Arbeit dann einen immer größeren Umfang an und zog noch andere verwandte Fragen und Erscheinungen in den Kreis ihrer Besprechung; derselbe Schlag, der zunächst gegen den jesuitischen und verfolgungssüchtigen Ultramontanismus gerichtet war, sollte auch die Gegner der Union und der Gewissensfreiheit im protestantischen Preußen treffen; zu diesem Zwecke zog die Streitschrift nach der hierarchischen Liga in Oesterreich und nach dem Bischof Ketteler von Mainz auch noch Stahl und Hengstenberg in Berlin mit in den Kampf hinein*).

*) Es gehört mit zu den charakteristischen Wechselfällen in Bunsen's Laufbahn, daß er es war, der Stahl aus seinem beschränkten Wirkungskreise in Erlangen auf den größeren Schauplatz in Berlin berief, obwohl ihm schon damals einer seiner Jugendfreunde, der in der Prüfung der Geister hier richtiger sah als Bunsen, warnend zurief, er möge wohl zusehen, ob er in Wahrheit einen Gesinnungsgenossen nach Preußen berufe. — Bunsen, damals noch völlig von seinen episkopalistischen Idealen erfüllt, war durch Stahl's Schrift über Kirchenverfassung ganz für ihn gewonnen und

Mochte der überraschend glänzende Erfolg des Buches anfangs einen beinahe überwältigenden Eindruck auf Bunsen machen, er war doch ein viel zu ernster Geist, eine zu großartige Natur, als daß der vorübergehende Beifall für eine muth- und geistvolle Polemik ihm dauernde Befriedigung hätte gewähren können. Sein Sinn war auf Höheres gestellt. Der geistige Krieg war ihm nur Mittel, nicht Zweck; wer ihn vollends einen „negativen“ Geist nannte, der wußte nicht, was er that; vielmehr stand im Hintergrunde seines Buches und im tiefsten Grunde seiner Seele stets „eine große Affirmation“. Die geistige Atmosphäre war inmitten der fünfziger Jahre so schwül und beengend, daß eine Reinigung der Luft durch männlichen Kampf für die bedrohten geistigen Güter damals wie eine Wohlthat des Himmels erschien; in der seit den letzten Jahren jetzt wieder eingetretenen erhöhten Erregung des politischen und religiösen Geistes ist die Erinnerung an die damalige Verdumpfung schon bei Vielen erblaßt. Auf Bunsen aber lastete jener Druck mit unerträglicher Schwere und durchdrang ihn immer lebhafter mit dem längst genährten Vorgefühl einer unberechenbaren weltgeschichtlichen Katastrophe. Die Ahnung einer herannahenden Weltkrise in der Gestalt gewaltiger göttlicher Weltgerichte über Fürsten und Völker erklärt die tiefe Erregung und den prophetischen Ernst, der in den „Zeichen der Zeit“, in „Gott in der Geschichte“ und im Vorwort des Bibelwerkes stellenweise in ergreifenden Worten ausströmt. „Ein „großes Gericht zieht heran; wir Alle empfinden die Schwüle der „Weltluft, welche die europäische Menschheit athmet, diesseit und jenseit des „Weltmeeres. . . . Die Zeit des Kampfes für die Freiheit des Geistes ist „da; heraufbeschworen durch Uebermuth und Wahnsinn, muß er durchgekämpft „werden von den Kindern des Reiches Gottes in einem wahrhaft geistigen „und sittlichen Kampfe, zu Gottes Ehren, damit er enden könne, wie er enden „muß zuletzt, zum wahren Heil der Menschheit, zur Förderung des Gottes„reiches von Gerechtigkeit und Wahrheit.“

In dieser Stimmung ging er an die Herausgabe seiner Offenba-

---

lernte den seither berühmt gewordenen Rechtslehrer auch persönlich kennen, als Stahl ihn (1840) in Bern besuchte. Jetzt drang er auf das eifrigste in den König für Stahl's Berufung nach Berlin; als Eichhorn in's Unterrichtsministerium trat, war die Sache schon entschieden. — Und fünfzehn Jahre später (1856), welcher Umschwung in den Stimmungen und Parteistellungen! Nun summte eine Zeit lang durch alle Kreise der preußischen gebildeten Gesellschaft die Parole: „Bunsen gegen Stahl!“ oder: „Stahl gegen Bunsen!“

rungsphilosophie „Gott in der Geschichte“ *) und seines „vollständigen Bibelwerkes für die Gemeinde“ (1858). Der Eifer und die Hingebung, womit er sich in diese Arbeiten versenkte, zeugen unwidersprechlich für die Wahrheit, daß es „diesem Geiste ein intimeres Bedürfniß war, die Natur der Religion und des religiösen Lebens in ihrer Wahrheit zu betrachten und zu enthüllen, als mit denen zu hadern, die beide entstellen“ **). — „Die Bibelchristen“ (sagt er im Vorworte des Bibelwerkes) „haben nicht mehr zu kämpfen um die Außenwerke, sondern „vielmehr um den Kern der Festung ihres Glaubens. Von außen schwirrt „und drängt die ungläubige Welt mit ihrem fast vorsluthigen Frevel, mit „ihrem Schwindel und ihrer Goldgier, während im Inneren grimmige Feinde „von allen Seiten heranrücken. . . . In solcher inneren und äußeren Noth „gilt es, sich im Glauben anklammern an die Bibel und vom lichten Mittel„punkt des Evangeliums aus das Gottesreich dieses Buches aufschließen und „erhellen. . . . Die fernere Gleichgültigkeit gegen das Wort Gottes ist strafbar „in den Gemeinden und Völkern, doppelt in ihren Lehrern und Regierern, „und verderblich ist sie für Alle. Denn ist das Evangelium wahr, so müssen „alle Zustände untergehen, welche mit dem Fortschritte des Gottesreiches un„vereinbar sind; und das Zeugniß der Geschichte geht eben dahin. Aber das „Reich Gottes wird denen bleiben, welche, im Gefühl ihrer eigenen Nichtig„keit Gott allein die Ehre gebend und die Unkraft und Verderblichkeit aller „künstlichen Aushülfen und alles menschlichen Flickwerkes anerkennend, vor „die Gemeinde treten mit der Heilsbotschaft der Bibel und entschlossen sind, „mit der Gemeinde in brüderlicher Vereinigung am Reiche Gottes zu ar„beiten, im Glauben und nicht im Unglauben, in Liebe und nicht aus Haß.“

In diesem Lichte also erschien ihm die Aufgabe seines Bibelwerkes, die er seit 40 Jahren als „bewußten Mittelpunkt seines geistigen Strebens“ in sich bewegte ***). Wie ist ihm die Lösung dieser Aufgabe

*) „Gott in der Geschichte oder der Fortschritt des Glaubens an eine sittliche Weltordnung“. Drei Theile. 1857 und 1858.

**) Worte einer wahrscheinlich von Dr. Meyer herrührenden Besprechung von „Gott in der Geschichte“ in der „Allgem. Augsb. Zeitung“.

***) „Dieses Bibelwerk“ — sagt er in den Vorerinnerungen, I., 118 — „ist nicht ein zufälliger oder später Einfall, sondern organisch aus einer planmäßigen Vorbereitung für dasselbe entstanden.... „Was auch der bleibende Werth desselben sein möge, so wird Niemand dem Verfasser vorwerfen können, unvorbereitet oder ohne Bedacht und reife Ueberlegung an dasselbe gegangen zu sein. . . . Am Ende kann doch Niemand mehr thun, als ein volles Mannesleben an die planmäßige Ausbildung für ein wissenschaftliches Werk setzen.“

gelungen? Auf diese Frage heute schon eine entscheidende Antwort geben zu wollen, würde in den Augen der Urtheilsfähigen mit Recht als voreilige Anmaßung erscheinen. Wenn gegen Einzelnheiten in der Ausführung eine Menge von Einwendungen von Seiten der philologischen und theologischen Fachmänner erhoben werden, so dürfte *dadurch* das schließliche Urtheil über Gelingen oder Mißlingen sich, wie sich von selbst versteht, nicht beirren lassen. Auch den Umstand, daß das Werk noch *unvollendet**) ist, sehen wir nicht als das einzige oder wichtigste Hinderniß eines spruchreifen Urtheils an; vielmehr liegt das Entscheidende *darin*, daß die Tragweite des ganzen Unternehmens weit hinausreicht über die ersten Eindrücke der Männer der Schule und über die zum voraus fertigen Stichworte der kirchlichen Parteien. Es ist hier ein Anlauf genommen, um für die Lösung einer der dringendsten und schwersten Zeitfragen eine bessere Grundlage zu gewinnen, durch ein wahres Verständniß der Bibel, das der *geschichtlichen (wissenschaftlichen) Bildung* und dem ernsteren *religiösen Bewußtsein* unseres Jahrhunderts mit gleicher Entschiedenheit und Aufrichtigkeit gerecht werden möchte. Denn seit der Mitte des vorigen Jahrhunderts handelt es sich in dem großartigen Ringen unserer besten und tiefsten Geister ganz vorzüglich um diese letzte und größte Frage der Neuzeit: ob die furchtbar vergrößerte Kluft zwischen *religiösem* und *geschichtlichem* Sinn, zwischen *kirchlichem* und *wissenschaftlichem* Gewissen sich überbrücken lasse, oder ob, wer des Einen wahrhaft sich erfreue, auf das Andere unwiderruflich verzichten müsse.

Die religiöse Verwirrung und Zerrüttung der Gegenwart hat ihren Grund hauptsächlich darin, daß von den Zeitgenossen die Einen jene Kluft *gar nicht bemerken*, die Anderen sie *künstlich* (oft heuchlerisch, oft gewaltsam) *verdecken*, die Dritten endlich sie *geflissentlich* (oft ebenso heuchlerisch und ebenso gewaltsam) *erweitern*. Alle diese Zeitrichtungen erscheinen, unter theologischen Parteinamen, wieder, wo es sich um die Auslegung der Bibel handelt, für die Schule wie für die Gemeinde, auf Katheder, Kanzel und in der Literatur. Allen drei Richtungen, die seit einigen Decennien am lautesten das große Wort zu führen suchten, stellen

*) Eben kommt der neueste Band des Bibelwerks in meine Hände (II, 2), worin die Verlagshandlung anzeigt: „Bunsen's Bibelwerk wird trotz des Todes des Verfassers keine Unterbrechung erleiden, sondern seinem letzten Willen gemäß mit Benutzung der von ihm hinterlassenen druckfertigen Manuscripte, sowie der von ihm seit langen Jahren gemachten Vorarbeiten in seinem Geiste fortgesetzt und vollendet werden."

sich nun jene entgegen, welche festhalten an der sittlichen Verpflichtung, beide unzerstörbare Bedürfnisse der Menschheit, das religiöse und das erkennende (historische), zu befriedigen und zu versöhnen, weil ihnen beide als göttlich berechtigt gelten. — In diesem Sinne muß auch die Bibel, das wichtigste, tiefsinnigste und fruchtbarste Buch der Welt, dem Bewußtsein der Neuzeit wieder aufgeschlossen und für das Gewissen der Menschheit wieder fruchtbar gemacht werden, wie seiner Zeit der Geist der Reformation, sodann der symbolische Confessionalismus, hierauf der Pietismus und endlich der Rationalismus, jeder in seiner Weise, sich an diese Aufgabe wagten. Sie Alle, darüber müssen die Aufrichtigen und Einsichtigen übereinstimmen, haben die Aufgabe in ihrer Größe und Ganzheit noch nicht gelöst, weder für ihre und noch weniger für unsere Zeit, so groß auch ihre bleibenden Verdienste sein mögen. — Gelöst werden muß aber die Aufgabe; davon hängt die Gesundheit unseres religiösen und sittlichen Lebens ab. — Diese Wahrheit hat Bunsen erkannt; sein Bibelwerk wird schon darum eine bedeutende Stelle in unserem geistigen Leben einnehmen, weil es mit gleicher Entschiedenheit für die beiden Grundsätze einsteht: daß die Lösung jener Aufgabe möglich und daß sie für die Gemeinde unentbehrlich sei. Vielleicht geht das Jahrhundert zu Ende, ehe das Ziel, das ihm vorschwebte, erreicht ist; wer aber diesem Ziele den Rücken wendet, der möge zusehen, welchem Gericht er verfällt.

Von Bunsen's Bestreben gilt darum auch auf diesem Gebiete das Wort eines feinsinnigen Kenners seines eigenthümlichen Werthes: „An Frische der Anregung in großen Dingen ersetzt ihn Niemand."

Noch einmal, zum letzten Male, sah er (im September 1857) seinen König in Berlin. Friedrich Wilhelm lud ihn vor der Zusammenkunft der evangelischen Allianz zu sich und beherbergte ihn bei sich im Schlosse als seinen Gast. Nach so manchen Wandelungen ihrer Geschicke reichten sich beide Männer noch einmal die Hände, an den Festtagen einer christlichen Verbrüderung, in deren Mitte fast alle protestantischen Nationen und Gemeinschaften vertreten waren. Dreißig Jahre waren nun verflossen (1827 bis 1857), seit beide Freunde sich zuerst in Berlin gefunden; jetzt hatte wohl Keiner von ihnen eine Ahnung, wie nahe sie beide ihrem Grabe standen. Nur wenige Wochen später (8. October 1857) war des Königs vielbewegtes Leben geknickt und blieb drei Jahre lang erdrückt unter den Folgen eines zerstörenden Krankheitsanfalles. Als die öffentlichen Blätter verkündigten, daß Bunsen die Augen geschlossen, drang wohl keine Kunde mehr davon zu dem umschleierten Geiste seines schwer geprüften königlichen Freundes*).

Ehe wir nun mit einem Worte über die letzten Tage und Stunden Bunsen's unsere Darstellung schließen, halten wir noch einen Augenblick still, um über die Bedeutung des Hingeschiedenen in einem Rückblick auf das Ganze seines Lebens und Wirkens uns Rechenschaft zu geben.

Bei dem Reichthum des uns zu Gebote stehenden Stoffes und bei der Vielseitigkeit des darzustellenden Lebensbildes mußten wir leider für unsere Schilderung diesmal sehr enge Grenzen ziehen. Seine staatsmännische und schriftstellerische Wirksamkeit konnte nur in Umrissen und fast nur andeutungsweise gewürdigt werden. Versagen mußten wir uns diesmal ein tieferes Eingehen auf seine römische und seine russische Katastrophe, sowie auf seinen Antheil an den deutschen Schicksalsjahren von 1848 und 1849; versagen mußten wir uns eine erschöpfende, einläßliche Würdigung der Stellung, die er zu der Krise des Protestantismus in unserer Zeit einnimmt.

Hörten wir nur auf seine Feinde — und wie viele Gegner mußte ein Mann seines Gepräges sich machen! — so wäre ein einziges Verwerfungsurtheil über seine politische, religiöse und wissenschaftliche Wirksamkeit zu fällen. Die Einsichtigen unter seinen Freunden übersahen die Schattenseiten seines Wesens nicht, wie sie auch freudig die außerordentliche Ausstattung seines Geistes bewunderten oder bereitwillig und dankbar sich vom Zauber seiner hinreißenden Persönlichkeit erwärmen ließen. Man hat oft gefragt, ob er bei strengerer Begrenzung seiner ungewöhnlich reichen Kräfte und seiner unversieglich fortquellenden Entwürfe nicht vielleicht noch Größeres und Bleibenderes geleistet hätte**). — Man

*) Eben als ich am Abend des 3. Januar meinen Vortrag geschlossen hatte, erfuhr ich erst die Todeskunde Friedrich Wilhelm's IV.!!

**) Ein jüngerer Gelehrter schrieb mir in Beziehung hierauf: „Jetzt wird seine „Bedeutung stärker hervortreten. Es war ein Mißgeschick, daß seine literarische Haupt„thätigkeit (für's größere Publicum wenigstens) in eine Strömung fiel, die sich aus „dem Idealismus in festen Realismus hineingerettet, um mit den soliden Waffen „desselben dem lustigen und doch gefährlichen Materialismus in Kirche, Staat, Gesell„schaft, Wissenschaft entgegentreten zu können — er selbst ein Kind jener erhabenen, „mächtigen idealen Strömung, die tief gründet und darum hoch einherfahren durfte. „Das wahrhaft Großartige in seinen Umblicken und Intentionen wird jetzt eine schönere „Geltung erfahren.“ . . .

hat das Plötzliche und anscheinend Unvermittelte in den Uebergängen von einer Phase seines Auftretens zur andern beklagt, weil die tiefere Einheit seines Wesens in den Augen derer, die ihm ferner standen, darunter leiden mußte. — Aber weder diese noch viele andere Bedenken und Ausstellungen werden je vermögen, uns an seinem wahren Werthe irre zu machen; nie werden sie die tiefe Wahrheit des Wortes umstoßen, das ein ihm nahe stehender Staatsmann noch kurz vor Bunsen's Tode über ihn aussprach:

„Sein Hinscheiden wird eine große Lücke zurücklassen. An Frische „der Anregung in großen Dingen ersetzt ihn Niemand. Seine „Bestimmung war, diese Anregung in unser officiell wissen„schaftliches Leben überzuleiten und Organe zu finden, die „ihm darin als praktische Ausführer dienen und die fürch„terliche geistige Stockung in Fluß bringen konnten, die auf „uns drückt."

Wahrer und gerechter als mit diesen Worten könnte Bunsen nicht gewürdigt werden; sie wären es werth, auf sein Grab geschrieben zu werden. In diesem Lichte — wenn ich das hier aussprechen darf — ist er auch mir in allen Wechseln seiner Laufbahn und seiner inneren Entwickelung erschienen während der zwanzig Jahre, in denen es mir vergönnt war, oft und für längere Zeit ihm näher zu treten*).

Wie es oben schon ausgesprochen worden, hat die Raschheit seiner Entwickelungsphasen die tiefere Einheit seines geistigen Wesens Vielen verdunkelt, so daß er — wie jeder seine Zeit wahrhaft bewegende Geist — durch allerlei gute und böse Gerüchte gehen mußte.

Nun wohlan, jene verborgene Einheit seiner tieferen Natur trat auf's herrlichste hervor in der großen letzten Feuerprobe, wo es oft zu Tage kommt, ob unser inneres Leben nur ein „gemalter Glaube" gewesen (um Luther's schlagenden Ausdruck zu gebrauchen), oder ob die Kraft eines höheren Sinnes auf unerschütterlichem Grunde in uns wurzele.

Schon seit einigen Jahren hatten sich bei Bunsen Symptome eines körperlichen Leidens gezeigt, die den Seinigen Besorgniß einflößten. Die

*) Es ist ein bezeichnender Zug seines Charakters und spricht — bei aller Weltklugheit, die ihm natürlich auch zu Gebote stand — für die großartige Offenheit seiner Natur, daß er mir zu wiederholten Malen (1840, 1852, 1854, 1856 u. s. w.) seinen Briefwechsel, seine Tagebücher und die wichtigsten Papiere mit der ausdrücklichen Ermächtigung vorlegte, mir Alles zu notiren, was mir wichtig scheine zu seiner künftigen Beurtheilung und zur Würdigung der Zeitverhältnisse, in denen er gewirkt. Nur edle und großartige Menschen sind eines solchen Vertrauens fähig.

3*

Aerzte gaben ihm daher den Rath, die kältere Jahreszeit in einem südlichen Klima zuzubringen. Dies geschah denn auch in den zwei letzten Wintern seines Lebens, die er unter dem milden Himmel von Cannes in der Provence, am Ufer des Mittelländischen Meeres, verlebte (von 1858 auf 1859 und von 1859 auf 1860).

Dort in Cannes sah er die Anfänge des italienischen Krieges und die Umgestaltung Italiens. Beim Anblicke der nationalen Erhebung Nord-Italiens, in der begeisterten Freude über die sich ankündigende Wiedergeburt eines ihm theuern Volkes, vergaß er einen Augenblick die staatsmännischen Bedenken, die er sonst gegen Frankreichs Einmischung und gegen Napoleon's Pläne gehegt hatte*). Die schönen Hoffnungen seines edeln Herzens geboten den Berechnungen des politischen Verstandes vorläufig Stillschweigen; mit froher Zuversicht hielt er sich an die ideale Seite der Erhebung Italiens, an den Befreiungskampf einer hochbegabten Nation, die durch engherzige Dynastien und eine entnervende Priesterherrschaft seit Jahrhunderten in schmähliche Fesseln geschlagen worden. Die Erfahrungen

---

*) Wenige Tage nach dem zweiten December 1851 schrieb er (20. December) die merkwürdigen Worte: „Das Drama muß mindestens drei Acte haben. Der erste wird wahrscheinlich in der Geschichte „das Auskehren“ (le balayement) oder die Razzia heißen. Der letzte mag dann sein „die Restauration oder die parlamentarische Monarchie“ mit einem von den Provinzialräthen gewählten Senat als erster Kammer. Sind diese zwei Acte den beiden entgegengesetzten Küsten im Exodus zu vergleichen (Aegypten und Arabien), so sieht das, was dazwischen liegt, fast so aus wie das „Rothe Meer“; denn mir ist, ich sehe eine blutige Farbe. Meines Bedünkens ist diese Krise unendlich wichtiger als die von 1848 und nur derjenigen von 1808 nachstehend. Das Kaiserreich als System ist wichtiger als das Kaiserreich in einer bestimmten Persönlichkeit; der Mann ist sterblich, das System bleibt. . . . Der Schlüssel des Systems ist die Bankrotterklärung der constitutionellen Regierung, die Gründung eines imperatorischen, also prätorianischen Regiments mit einem Scheinbilde republikanischer Formen. . . . Wenn dies System sich festsetzen kann, so wird es alle Elemente deutscher Freiheit zu Grunde richten, die auf Gemeindefreiheit und Selbstregierung gegründet ist. . . . In diesem Falle wäre Romieu mit seiner „Aera der Cäsaren“ der Prophet dieses Zeitalters. Und in der That, die Jesuitenpartei glaubt es. Ich aber glaub' es nicht.“ . . . Und einige Monate später schrieb er (15. April 1852): „A. und D. sehen in einer wahrscheinlich nicht fernen Zukunft Europa und die ganze Welt in zwei feindliche Lager getheilt: das eine katholisch, in Form von Militärdespotismus, mit der einen Hand sich auf den Jesuitismus stützend, mit der andern auf demokratische Gleichmachung, also auf Socialismus, also revolutionär und despotisch; auf der andern Seite das protestantische Europa, die constitutionelle Monarchie mit einer nationalen Aristokratie und einer gesicherten Volksfreiheit, mit geschichtlichem Fortschritt als Princip.“ — „Man sieht im Präsidenten ein Princip: Demokratie bis zum allgemeinen Stimmrecht und Nivellirung, Katholicismus und Jesuitismus als Hebel. Das Ziel: Zerstörung Deutschlands, Verschlingung Belgiens und Ohnmacht in Italien. . . . L. D. glaubt, daß des Präsidenten Pläne jetzt nicht gegen Belgien gehen, sondern gegen Italien (Savoyen).“ —

seines Lebens lehrten ihn so fühlen; schon vor zwanzig Jahren (1838) hatte er Rom mit dem Scheidegruß verlassen:

„Leb' wohl! und mögen deine ew'gen Pforten
„Sie fallen seh'n, die sich im Lammeskleide
„Gesetzt auf deinen Thron, den Geist zu morden!

„Die Gottes Land gemacht zu öder Heide!
„Die Aufruhrs und Unglaubens Mutter werden!
„Die Schuld an meines Volkes Blut und Leide!“ *)

Wer so als deutscher Protestant empfindet, der sieht die italienische Geschichte mit andern Augen an als die ultramontan geschulten Bischöfe Frankreichs und Deutschlands.

Der Aufenthalt im Süden hatte im ersten Winter dem Leidenden die erfreulichste Erleichterung gebracht; im darauf folgenden Jahre war die Wirkung nicht mehr dieselbe; das Uebel hatte inzwischen zu große Fortschritte gemacht. Nach seiner Rückkehr im Frühjahr 1860 blieben ihm nur noch wenige Monate, um sich des neu erworbenen Hauses in Bonn, wohin er von Heidelberg übersiedelte, und des Umganges mit den Seinigen und den Freunden zu erfreuen. Schon in der Mitte Octobers überzeugte sich der Arzt, daß die Krankheit rascher und heftiger zum Tode hindränge, als von vorn herein zu erwarten stand **).

Es war dem Leidenden vergönnt worden, in ununterbrochener Folge seine Kinder um sich zu versammeln. Von seinen zehn Kindern sind drei Söhne und drei Töchter während seiner letzten Wochen immer in seinem Hause gewesen.

Auf den Wunsch des Kranken besuchte ihn am 23. October der Superintendent Wiesmann, den Tag vor dessen Abreise nach Coblenz. Ueber diesen Besuch liegt uns ein Brief des genannten Geistlichen vor (vom 28. October), woraus wir eine Skizze der Unterredung beider Männer mittheilen ***). „Der Kranke hatte in seinem Sessel Platz genommen und begann nach der ersten kurzen Begrüßung in klarem, festem, nur durch die große Schwachheit gedämpftem Vortrage die Unterredung mit einem Bekenntnisse des Inhaltes, daß er die unendliche Gnade Gottes in der Er-

*) Die Sonette sind abgedruckt in meinen „Briefen aus Südfrankreich und Italien“, 1862, Zürich, S. 266 und 267.

**) Von hier an folge ich getreu den Aufzeichnungen, die mir von den Seinigen anvertraut wurden.

***) Superintendent Wiesmann bedauert in seinem Briefe, daß er das Gespräch „nur dürftig skizziren könne, da sich in den letzten Tagen so Vieles zusammendrängte, was das innerste Leben bewegte.“ — Obige Mittheilung ist erst fünf Tage nach der Unterredung aus dem Gedächtnisse niedergeschrieben und macht also auf wörtliche Genauigkeit keinen Anspruch.

scheinung seines eingebornen Sohnes pries; er gründe sein Heil, im Bewußtsein seiner Schuld, allein auf die freie Gnade in Christo und nicht im entferntesten auf eigenes Verdienst. Ich bezeugte ihm meine Freude darüber, daß, wie er von Jugend an auf diesem Grunde gestanden, er auch jetzt auf demselben stehe, bemerkte sodann, daß ich ihm in dieser Beziehung nichts ihm Unbekanntes sagen könne, aber nur darauf hinweisen wolle, daß es im Leben und Sterben doch lediglich auf die persönliche Genossenschaft mit dem Herrn ankomme, da uns nur diese den rechten Frieden versiegle. Bunsen erwiderte, daß man wohl thue, allerlei Brücken zu schlagen zu diesem Ziele, daß er aber erkannt habe, man müsse alle diese Brücken abbrechen und die Vermittelung daran geben und sich einzig auf den einfachen Glauben an den Herrn zurückziehen. Ich wies nun auf einige Hauptstücke dieses Glaubens hin und sprach hierauf den Vers: „Ich habe nun den Grund gefunden“ u. s. w., ging sodann auf sein schweres Leiden über, erinnerte an einige apostolische Aussprüche: „Trübsal wirket Geduld“ — „Alle Züchtigung, wenn sie da ist“ u. s. w., und zuletzt an das Wort: „Ich vermag Alles durch Den, der mich mächtig macht, Christum.“ Diesen Ausspruch griff Bunsen mit besonderer Lebhaftigkeit auf und bezeugte mit großer Innigkeit, wie er dies täglich erfahren und auch ferner zu erfahren hoffe.... Ein Hustenanfall setzte dann der Unterredung ein Ziel“ *).

---

*) Superintendent Wiesmann schließt seinen Bericht mit den Worten: „Die ganze Unterredung hat einen wohlthuenden, lieblichen Eindruck auf mich gemacht und mir die Ueberzeugung gewährt, daß Ihr Vater in dem Glauben stehe, der im Leben und Sterben Gewißheit des Heils gewährt.“ —

Hier mag der passendste Ort sein, um eines Blattes zu erwähnen, das sich unter den hinterlassenen Papieren des Verstorbenen fand. Es enthält eine Ansprache für eine häusliche Sonntagsandacht (1856) über 1 Johann. Wir hören Bunsen hier im Kreise seiner Familie seine innerste Gesinnung aussprechen und erkennen ganz denselben Grundton wie in seinen Schriften und wie in seinen letzten Tagen: „O Gott, „himmlischer Vater, der Du uns nach langer Trennung und nach schweren Erlebnissen „wieder vereinigt und in dieser Stunde hier versammelt hast, Dein heiliges Wort zu „betrachten, gieb uns Deinen Geist, den Geist Jesu, der mitten unter uns sein will, „wenn zwei oder drei in seinem Namen versammelt sind. Amen.“ — „Ja, Herr, „wir haben geschauet das Wort des Lebens, das einst erschien als Mensch und Men„schenleben auf dieser Erde. Nicht mit Händen haben wir es betastet, aber mit des „Geistes Augen schauen wir es in der Betrachtung Deines Wortes. Wir schauen es „in der Geschichte der Welt seit der Erscheinung des ewigen Wortes in demüthiger „Knechtsgestalt. Wir schauen es in den Gerichten, die über diese Welt gegangen sind, „von der Zerstörung Jerusalem's und des übermüthigen Rom's bis auf diese unsere „Tage. Aber vor Allem sollen wir es schauen in unserem eigenen Herzen, in der „Erkenntniß unserer Nichtigkeit als von uns selbst und in der Erkenntniß der ewigen „Vereinigung mit Dir, der ewigen Liebe. Dazu gieb uns Deinen Geist, daß er uns

Obigen Bericht des Geistlichen ergänzen wir aus den Aufzeichnungen der Wittwe über diese Unterredung:

„Ich habe in allen Leiden in der erlösenden Gnade Gottes in Christo allein Trost gefunden. —

„Die Wahrheit dessen, was der Glaube meines Lebens war, habe ich in der Krankheit inniger und immer tiefer gefühlt. —

„Gottes Liebe und unsere Erlösung in Christo werden mir immer klarer. Für diesen Glauben, den Glauben meines Lebens, finde ich Belege im Neuen Testament (hauptsächlich in den eigenen Worten Jesu), in mehreren Psalmen des Alten Testaments und in den Liedern der deutsch-evangelischen Kirche, welche mir immer theurer und schätzbarer geworden sind. Ein paar Belege für diesen christlichen Glauben habe ich gemeint selbst gefunden zu haben; vielleicht lege ich zu viel Gewicht auf dieselben.“

Während der nächstfolgenden Tage verhinderte die stetig zunehmende Krankheit den Leidenden an eingehenden Aeußerungen über höhere Dinge. Am Sonntag Mittag (28. October) begann, mitten in der allerhöchsten Krise seines Herzleidens, die lallende Zunge, unter vielen Unterbrechungen Worte der unbegrenzten Liebe zur Frau und zu den Kindern und mit Vorliebe besonders Worte religiösen Bekenntnisses hervorzubringen:

„Ewige Liebe, das ist das Aelteste, wollendes Lieben, liebendes Wollen!

„Ach, daß ich mich nicht aussprechen kann! Aber Gott wird's schenken!“

In der darauf folgenden Nacht (vom 28. zum 29. October) war ein stetes Abwechseln fürchterlicher Beklemmung und vollständiger Athemstockung. Erst gegen zwei Uhr des Morgens vermochte er die Stimme zu erheben und ließ sich vom Sessel auf sein Lager führen, um, wie er meinte, zu sterben.

„Dem ewigen Gott, dem Allmächtigen, Allgütigen, befehle ich meine unsterbliche Seele. Er segne Euch Alle und alle Freunde. — Wohl dem theueren Vaterlande! — Das Evangelium Herr der ganzen Welt! — —

„Es ist süß, zu sterben!“

Dann wiederholte er:

„leite, nicht zu selbstgewählten Werken, sondern zur Beweisung unseres Glaubens, ein „Jeglicher in seinem Berufe, nach dem Wege, den Du Jedem angewiesen; nicht in Eifer, „sondern in Liebe zu den Brüdern als Deine Kinder,“ und im Gedächtniß an Ihn, „der sein Leben hingab für seine Brüder zur Förderung Deines Reiches. Dein Reich „komme!“ u. s. w.

„Es ist süß, zu sterben! Denn, bei allen Mängeln und Schwächen, gelebt, gewollt, gestrebt habe ich nur für das Edle allein. Das Schönste aber war, Jesum Christum gekannt zu haben.

„Ich scheide aus dieser Welt ohne Haß gegen irgend Jemand — kein Haß! [mit innerster Erregung] Das ist bösartig.

„Das ist ein wunderbarer Rückblick von oben auf dieses Leben und diese Welt. Jetzt erst erkennt man, was für ein dunkles Dasein wir hier geführt haben. Auf! auf! Empor! empor! Nicht dunkler, nein, heller, immer heller!

„Ich lebe im Reiche Gottes. Es war doch nur ein Ahnen hier unten. Wie lieblich sind Deine Wohnungen, Herr Zebaoth!"

Noch folgten viele Worte der Zärtlichkeit, dann ward ihm ein ungetrübter Schlaf zu Theil. Während der nächsten Nacht (vom 29. zum 30. October) beschäftigten ihn besonders die Begriffe des Ewigen. Er wiederholte solche Worte oftmals. Plötzlich:

„Christus recognoscitur victor.
Christus est, est."

„Ja, das glaube ich, daß Christus ist und daß Christus siegt. Beides ist gleich."

Am 30. October:

„Gott ist die Liebe. Vergessen wir Christi nie! — Nehmt Christus vom Kreuze!"

Nach vielfachen Ermahnungen zum Wachen, und daß das Leben immer reger werde, sprach er: „Und nun schließet mir die Augen zur ewigen Ruh'." Doch die „ewige" Ruhe war ihm noch nicht beschieden; der Schlummer eines Kindes umfing ihn, die Athemzüge waren regelmäßig und gleich — eine Selbsthülfe seiner kräftigen Natur hatte dem angesammelten Wasser durch die Füße einen Ausweg geschafft. Ohne Wiederkehr des Brustwassers sollte er von jetzt an noch vier Wochen auf Erden fortleben.

Die ersten Tage nach dieser Krise wurden im Erstaunen über diesen unerwarteten Wechsel hingebracht. Alles, was er vorher nur in Stoßseufzern gesprochen, wiederholte er nun, obwohl bei größter körperlicher Schwäche, in allerlei Wendungen. So z. B. äußerte er am 31. October gegen die Gattin in englischer Sprache:

— „Wir sind nur, insofern wir in Gott sind; wir sind Alle Sünder, aber in Gott sind wir und werden in Ewigkeit sein. Wir haben zum Theil schon in der Ewigkeit gelebt, insofern wir in Gott gelebt haben. — —

„Wir werden uns vor dem Angesichte Gottes wiedersehen, davon bin ich überzeugt.

„Christus ist der Sohn Gottes, und wir sind nur dann seine Söhne, wenn der Geist der Liebe, der in ihm war, auch in uns ist. — — —

„Meine Kraft schwindet, aber ich wünsche einige Worte zu sagen. — Ich muß sterben und möchte jetzt, in diesem Augenblicke, sterben. — Ich befehle mich dem Andenken aller guten Menschen und wünsche, daß sie meiner mit Wohlwollen gedenken. Ich biete meinen Segen, den Segen eines alten Mannes, Allen, die ihn zu haben wünschen. Ich sterbe in Frieden mit allen Menschen und wünsche, daß, wenn man an mich überhaupt denkt, man meiner als eines Solchen gedenke, der das Wohl Aller erstrebte und wünschte. — —

„Die, welche Christum leben, die in der Liebe leben — das Leben Christi — diese sind die Seinigen. Diejenigen, welche nicht das Leben Christi leben, sind nicht sein, wie sie auch heißen mögen — zu welcher Confession sie sich auch bekennen mögen. Einer Kirche, einer Confession angehören, das ist nichts.“ — —

Eines Morgens früh sandte er nach Pastor Wolters und erbat sich, daß er komme, ihm das heil. Abendmahl zu reichen. „Es schmerze ihn so tief“, äußerte er, „daß er seit seiner Ankunft in Bonn sich an dem Leben in der Gemeinde gar nicht habe betheiligen können.“

Von diesem Tage (Dienstag) bis Sonntag Abend (6. bis 11. November) war sein Zustand, wenn auch äußerst schwach, doch der eines Genesenden. Seine ganze geistige Thätigkeit belebte sich von Neuem; er konnte Anordnungen treffen über literarische Obliegenheiten, er dictirte sogar noch einzelne Sätze zu einem unvollendeten Abschnitte.

Spät am Abende des Sonntags (11. November) erfaßte den Kranken ein heftiger Frost, und von da an bis zum 28. haben seine Kräfte fortwährend abgenommen. Die früheren Leiden waren geschwunden, dagegen hatte er durch Entzündungen im Inneren des Mundes und des Halses und weit hinunter viele Qual. Speise zu sich zu nehmen, ward ihm immer schwerer, zuletzt unmöglich; aus seinem hohlen, abgezehrten Munde kamen selten vernehmliche Worte. Diese wenigen Worte aber bekundeten eine bei Kranken äußerst seltene Klarheit hinsichtlich seines Zustandes. Oftmals waren es Worte der Liebe, welche das allezeit schwächere Auge und mühsam

4

auch die lächelnden Lippen begleiteten. Noch am 26. November sagte er zu seinem Sohne nach einem Kusse:

„Wo der Mensch nichts mehr vermag, da vermag Gott Alles." —

Am vorletzten Tage seines Lebens (27. November), nachdem er einem der unzähligen Versuche, ihm Nahrung zu reichen, willig, aber erfolglos nachgegeben, lallte er die Worte:

„Der liebe Herr und Gott will nicht, daß ich Speise oder Trank nehme. Wir wollen es lassen."

Kaum, daß es seitdem gelang, ihm die Lippen sacht anzufeuchten*). Nach langem, jammervollem Röcheln (in der Nacht vom 27. auf den 28. November) ward ihm gegen vier Uhr Morgens Ruhe zu Theil. Aus dieser ist er dann sanft und ohne Schmerz bald nach fünf Uhr hinübergegangen, recht eigentlich im Arme seiner Gefährtin, welche auf sein etwas lauteres Husten an sein Lager herangetreten war, und auf deren Schulter sein Haupt unmerklich sich senkte.

Es waren eben sieben Jahre verflossen, seit er, damals noch in rüstigster Arbeitskraft, seinem unvergeßlichen Freunde Thomas Arnold die liebenden Worte nachgerufen, die wir heute nun auf ihn selber anwenden:

„Du hast mit uns gekämpfet des Glaubens heil'gen Kampf,
Für Alle tief empfunden der bittern Leiden Krampf.
Du sahst der Menschheit nahen Gericht und blut'gen Streit,
Klar stand vor Deinem Auge der Jammer dieser Zeit.

„Da traf Dich jenes Sehnen, das stillt der Erde Schmerz,
Es löste sich in Liebe das milde Streiterherz.
Begrüßtest, Held, als Boten, gesandt vom Vaterland,
Den Engel, der Dich führte in's ew'ge Heimathland.

„Verstummt ist nun am Grabe des Zorns und Hasses Wuth,
Ein Leuchtthurm ragst Du strahlend aus nächt'ger Sturmesfluth;
Es sprosset heil'ger Samen in mancher jungen Brust,
Ein Volk voll edlen Stolzes blickt auf zu Dir mit Lust.

„Du selbst bist weggerücket aus der Verwirrung Noth,
Das schwerste Seelenleiden hat Dir erspart der Tod.
Es liegt vor Dir enthüllet das Räthsel dieser Welt,
Schaust nun, was Du geglaubet, von Gottes Licht erhellt"**).

---

*) „Es ist uns" — so schrieb eine seiner Töchter bald nach seinem Hinscheiden — „als müßte Einem das Herz brechen bei der Erinnerung an alle die furchtbaren Leiden, „durch die es dem Herrn gefiel ihn zu läutern und zu vollenden und sein lebensfrohes, „jugendliches Gemüth lebensmüde und matt zu machen, so daß er sich nach dem Tode „sehnte."

**) „Hippolytus und seine Zeit", Band II, 1853, S. XXVI.

Am Nachmittag des ersten December bewegte sich ein langer Trauerzug vom Bunsen'schen Hause am Viereckplatze durch die Straßen Bonn's nach dem Friedhofe*). Den blumengeschmückten Sarg trugen die Söhne und der Schwiegersohn des Verewigten, abwechselnd mit den Studirenden des philologischen Seminars. Dem Sarge voran ließ die Militärmusik den Sterbechoral „Jesus, meine Zuversicht“ ertönen, und auf dem Friedhofe sangen Kinderstimmen die Choräle, die der Entschlafene besonders geliebt. Die Wittwe, zwei Töchter, zwei Schwiegertöchter, drei Söhne umstanden das Grab, an der entgegengesetzten Seite, wo Niebuhr ruht. Von auswärts wohnenden Freunden war unter Anderen der preußische Bundestags-Gesandte, Freiherr von Usedom, aus Frankfurt herübergekommen, der einst im Beginn seiner staatsmännischen Laufbahn zu Rom an Bunsen's Seite gewirkt hatte. Viele Lehrer der Universität**) und ein großer Theil der akademischen Jugend hatte sich an der ernsten Feier betheiligt. Als der Geistliche seine Trauerrede geendet hatte, senkte sich die Sonne an einem wolkenlosen Himmel mit purpurnem Glanze und verschwand mit dem Sarge. —

Wenn die deutsche Jugend auf dem stillen Friedhofe der rheinischen Musenstadt die Gräber Arndt's und Dahlmann's, Niebuhr's und Bunsen's aufsucht, so möge sie dort, im Rückblick auf das Leben dieser Männer, Entschlüsse fassen, würdig des Andenkens jener Entschlafenen! Sie möge an jenen Gräbern lernen, wie höher schlagende Herzen im Leben kämpfen und was sie im Sterben hoffen!

Bunsen's Lebensende, sein Abschied von der Welt, erinnert unwillkürlich an Schleiermacher's Sterbebett; beide Männer gingen in Folge ihrer inneren Entwickelung und durch die Vereinigung des weitesten geistigen

*) Ich benutze hier außer einer Anzeige der Bonner Zeitung noch freundschaftliche Privatmittheilungen.

**) Von einem derselben, einem jüngeren Freunde Bunsen's, rührt wahrscheinlich ein Artikel der Bonner Zeitung her, worin es u. A. heißt: „So ist denn wieder „einer der Edelsten unseres Volkes dahingegangen. . . . Es ist zweifelhaft, ob Bunsen „größer war durch die Gaben des Geistes oder des Gemüthes; aber gewiß ist, daß er „in beiden zu den seltensten Menschen gehörte. . . . Diese Vereinigung von Seelen„adel und Geistesgröße erhob ihn in eine ideale Sphäre, aus welcher er die mensch„lichen Dinge zu beobachten, aber auch an seinem Theile zu gestalten wußte. . . . „Wer weiß nicht, was er für unser Vaterland in der Fremde gethan, was er für die „Wissenschaft durch eigene Schriften oder durch Anregung Anderer zu Stande brachte, „wie er große Unternehmungen durch Rath und That förderte . . . wie er sich endlich „zum Vorkämpfer der großen, Leben gebenden Ideen des Christenthums gemacht hat? „Mit Stolz darf daher unsere Nation auf ihn zurückblicken.“

4*

Gesichtskreises mit dem innigsten Glaubensleben einen Weg, auf welchem es an Irrungen und Verkennungen durch Freund und Feind nicht fehlen konnte. Aber von ihrem Sterbebette geht eine *Kraft des Lebens* aus*); Worte wie aus einer höheren Welt tönen von dort zu uns herüber, und Tausende werden sich noch daran erquicken und erheben, wenn längst die Asche beider verweht ist. In einer Zeit, die die schwersten sittlichen und religiösen Krisen in ihrem Schooße trägt, ist es ein unschätzbarer Gewinn, am Sterbelager *solcher* Männer zu lernen, daß man den tiefsten und schwersten Fragen des Jahrhunderts *mit kühnstem Wahrheitsmuthe einer freien Seele in's Auge schauen und doch mit der heiligen Zuversicht eines unerschütterlichen Gottvertrauens und einer innigen Christusliebe in die erhabene Stille der unsichtbaren Welt hinübergehen kann.*

Als *Bunsen* zu seiner irdischen Ruhestätte getragen wurde, kämpfte in der Nähe, zu Düsseldorf, sein Freund, auch einer der begabtesten preußischen Staatsmänner, *Heinrich von Arnim*, schon den Todeskampf, aus welchem er erst fünf Wochen später (5. Januar 1861) erlöst wurde.

Auch für den hohen Freund der beiden Staatsmänner, für *Friedrich Wilhelm IV.*, schlug endlich in der zweiten Nacht des neuen Jahres die ersehnte Stunde der Befreiung aus immer schwerer lastenden Körperbanden.

Einst, am 15. October 1855, hatte Bunsen als Widmung eines Buches an seinen König die Ueberschrift gewählt: „*Zum Geburtstage und zum ewigen Frieden!*“

Der Geburtstag eines ewigen Friedens war nun für sie beide gekommen.

*) Es würde auf einem völligen Mißverständnisse beruhen, wenn man die Bekenntnisse *Bunsen's* auf seinem Krankenbette als *Zeugnisse einer Gesinnungsänderung* geltend machen wollte; sie waren im Gegentheil nur die Bestätigung dessen, was lebenslang, wenn auch in beständiger innerer Umarbeitung, der *Grundton* seiner Ueberzeugungen war. Daß der Ernst der Todesnähe seinen Worten eine *höhere Weihe* lieh, war von einem Manne seines Sinnes zu erwarten.

Druck der Engelhard-Reyher'schen Hofbuchdruckerei in Gotha.

Inhalt.

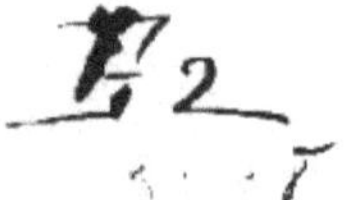

Erinnerungen

an den seligen

Johann Jakob Hahn,

Doctor der Theologie, [illegible] und Oberprediger zu [illegible],
Ritter des rothen Adlerordens 2. Klasse mit Eichenlaub rc.

dargeboten

von

W. F. Gerlach,

Pastor zu Oberdorla

Zum Besten der Hahn'schen Stiftung.
Preis Sgr.

Mühlhausen.
Druck von W. Rode's Buchdruckerei.
1858.

Vorwort.

Worte, welche gesprochen oder geschrieben werden als Zeugnisse von den Eindrücken dessen, was wir an Schmerz oder Freude so eben gemeinsam erlebt haben, finden leicht Eingang durch die Frische ihres Ausdrucks, wie durch die gleichgestimmte Bewegung der Gemüther, welche dem Redenden entgegen kommt. Wer es dagegen wagt, über ein Ereigniß zu reden, dessen frische Eindrücke verklungen sind, der kann seine Hoffnung der Theilnahme nur bauen auf den Glauben an die T r e u e der Gemüther, welche über die Stimmung des Augenblicks hinausreicht und — unabhängig von den Wallungen der Aufregung — sich gern an dem aufrichtet, was in dem Menschenleben und für das Menschenleben wahren Werth hat. Diese Herzenstreue hat der selige H a h n um uns verdient, und darum wollen wir ihm dieselbe widmen, indem wir uns sein Bild — so gut wir können — vergegenwärtigen.

Es ist nicht der Zweck dieser Blätter, eine eigentliche — am wenigsten eine vollständige — Lebensgeschichte des theuren Mannes zu liefern, sondern was diese bescheidenen Mittheilungen hervorgerufen hat, das ist wesentlich der Wunsch, das Lebensbild des seligen Hahn zum Segen für uns so aufzustellen, daß das Bewußtsein der Lebensgemeinschaft mit ihm sich ausscheide aus der Mischung mit solchen Elementen, welche uns dem inneren — auch dem e i g e n e n — Lebenskern entfremden. Aber wen man lieb hat, dem folgt man

1*

ja gern nach den Orten seines Wandelns und Weilens zwischen Wiege und Grab, und — was ein Mensch ist, das faßt man doch am Ende erst recht, wenn man sieht, wie er es geworden ist. Hierin sei das ausgesprochen, was die hier zunächst folgenden Mittheilungen aus den Lebensschicksalen Hahns hauptsächlich wollen, nämlich bemerkbar machen, wie der Mann das geworden ist, was er in seiner Reife war.

Mancher der freundlichen Leser wird Einzelnes aus dem Leben Hahns wissen, wodurch die Darstellung der Lebensschicksale oder das Charakterbild des Verstorbenen vervollständigt und bereichert werden könnte; aber um die Vollständigkeit ist es überhaupt ein mißliches Ding: denn um die Erscheinungen in einem Leben nach ihrer rechten Bedeutung zu begreifen, bedürfte es in vielen Fällen einer genauen Kenntniß von den bestimmenden Vorgängen im inneren Leben, wie sie nur eine Selbstbiographie geben könnte. Auf Vollständigkeit ist darum hier ausdrücklich Verzicht geleistet; nur in sofern Anschaulichkeit und Wahrheit des Lebensbildes auf derselben beruht, ist mit Wissen und Willen nichts ausgelassen, wodurch der segensvolle Eindruck, welchen das Leben und Wesen des seligen Hahn auf uns machte, zu einem bleibenden für uns werden könnte.

Lebens-Schicksale.

Johann Jakob Hahn, geboren den 11. Februar 1773, gestorben den 28. Juli 1853, war der Sohn gewerbtreibender Bürgersleute in der Neustadt von Magdeburg, in deren Hause der Wahlspruch galt: „Bete und arbeite." Die das ganze Familienleben durchdringende Frömmigkeit gab dem Wesen des Knaben für das ganze Leben Richtung und Gehalt, und die tüchtige Arbeit, verbunden mit der ernsten — auch wohl mitunter harten — Zucht stählte sein Gemüth, welches ohne diese Einflüsse durch den angebornen Zug des Weichen, zur Sentimentalität sich Hinneigenden, der Gefahr ausgesetzt gewesen wäre, in Kraftlosigkeit zu verschwimmen. Hierzu kam die Schule der Entsagung. Denn war die Lage von Hahn's Familie auch keineswegs ärmlich, so wurden dem Lebensgenuß doch durchaus keine Ansprüche eingeräumt, und es verstand sich von selbst, daß alle Kräfte der Arbeit gewidmet waren, und zwar derjenigen Arbeit, welche der Beruf des Vaters aufgab. Dieser war Brauer, Müller und Ackermann, und Jakob hatte bis gegen sein 14. Lebensjahr keinen andern Gedanken, als daß er Müller werden würde. Da erwachte durch den ernsten, tiefen und belebenden Eindruck einer gehörten Predigt in dem Knaben die Ahnung seines Berufes für das geistliche Amt mit einer stillen Begeisterung, die noch in seinen letzten Lebensjahren sich aussprach in den Worten: „Ich wüßte nicht, wie ich leben könnte, wenn ich nicht mehr predigen sollte." Der Vater gab mit Freuden seine Zustimmung dazu, daß sein Sohn ein Gottesgelehrter werde, und dieser wurde der Domschule in Magdeburg — unter dem Rectorat des trefflichen Funk gesegneten Andenkens — übergeben. Da wurden denn all die frischen Jugendkräfte der Geistesarbeit, die nun Beruf geworden war, unzersplittert gewidmet, und die Fortschritte waren so schnell und gediegen, daß er wie im Fluge nach Prima hinaufrückte und mit dem Zeugniß völliger Reife schon 1791, im Alter von 18 Jahren, zur Universität abging. Von dem größten Werthe war und blieb für Hahn die auszeichnende Zuneigung seines hochverehrten Lehrers Funk, dessen Vorbild lebenslang einen entschiedenen Einfluß auf ihn ausübte, und mit welchem er in einer innigen Verbindung blieb, so lange der Mann lebte. Der vorzüglichste Gewinn, welchen Hahn von dem Gymnasium zur Universität mitnahm, war eine solche Begründung in der lateinischen Sprache, daß er bei Disputationen eine bedeutende Ueberlegenheit im Gebrauche dieser Waffe hatte und beim Examen eine ehrende Anerkennung fand. Außerdem war der Sinn für die historischen Wissenschaften lebendig in ihm erweckt, und reichliches Material aus denselben war sein Eigenthum geworden, so wie er auch in seinen späteren Lebensjahren, wie den Fortschritten unserer Literatur überhaupt, so besonders denen in der Länder- und Völkerkunde, mit Zuneigung folgte. Für mathematische Studien schien ihm das eigentliche Verständniß nicht zu rechter Zeit geöffnet zu sein, obgleich er die Lehrsätze der Elementargeometrie, jedoch mehr dogmatisch, gelernt hatte und Rechenschaft davon geben konnte. Dabei hatte er eine herzliche Freude, wenn hier und da einer dieser Sätze seine praktische Anwendbarkeit bewährte; doch blieb ihm dies gleichsam nur ein geistreiches Spiel, denn nicht die Theorie, sondern die Erfahrung war der Boden, der ihm eine Erndte verhieß.

Von der bewußten, grundsätzlichen Treue des Fleißes wurde Hahn durch seine Universitätsjahre hindurch begleitet, und das lockende Genußleben der akademischen Bürgerschaft hatte wenig Versuchung für sein der Pflicht gewidmetes Gemüth; doch was ihm eine Erquickung für sein ganzes Leben blieb, das gab ihm Halle durch die innige

Freundschaft mit einigen gleichgesinnten Studiengenossen, unter denen er Kalau (zuletzt Director des Gymnasiums in Bromberg) und Krause (später Superintendent in Landsberg a. d. W., Verfasser mehrerer pädagogischer und historischer Werke) auszeichnete. Während nun Hahn von dem gefeierten Wolf in philologischen Studien gefördert wurde, an welche sich das Studium der biblischen Exegese unter Nösselt anschloß, befestigte ihn Knapp in dem treuen Festhalten an dem positiven Christenthum; und was er hauptsächlich Niemeyern verdankte, das war die von grundsätzlicher Humanität durchdrungene Richtung seines Geistes auf erziehende und belehrende Volksbildung, wodurch Hahns segensreiches Wirken für das Schulwesen seines Geschäftskreises begründet wurde. Daß übrigens Hahn sich nicht irre machen ließ an dem positiven Christenthum, dies war keineswegs das Verdienst eines theologischen Systems, welches ihn als identisch mit dem Christenthum befriedigt hätte; vielmehr war es Luthers Katechismus in all seiner Einfalt, verbunden mit dem von Kind auf gewohnten erbaulichen — man kann sagen betenden — Umgange mit der heiligen Schrift, was ihn durch die Glaubenskraft der inneren Erfahrung fest machte, so daß der reine Gewinn aus dem Studium theologischer Gelehrsamkeit an den Katechismus — gleichsam als an seinen Krystallisationskern — anschoß — und in dem klaren Quell des Gotteswortes ausgewaschen wurde. So konnten die täuschenden Blüthen neologischer Theorien, welche ihm bei seinen vielseitigen Studien nicht fremd blieben, ihn mit ihrem Gifte nicht irre machen, weil in ihm nicht sowohl eine bewußte Kunst, als der Instinkt der Biene sich entwickelt hatte, welche auf die warnende Frage: „Und du saugst aus allen Blumen?" die Antwort hat: „Ja — das Gift laß' ich darin!"

In diesem Sinne studirte Hahn von Ostern 1791 bis Michaelis 1793, und es ist ihm daher auch die Erinnerung an seine Universitätsjahre für sein ganzes Leben eine Freudenquelle geblieben, obgleich ihm dieselben auch einen Denkzettel schmerzlicher Art mitgegeben hatten. Dies war eine lebenslängliche Verdauungsschwäche, welche er sich dadurch zugezogen hatte, daß er sich längere Zeit die nöthige kräftige Nahrung versagte. Sein Vater hatte ihm nämlich zu den Universitätsstudien 200 Thlr. ausgesetzt, und er machte es sich zur Pflicht, hiermit auszukommen, ohne Schulden zu machen. Es ist unglaublich, welchen Entbehrungen er sich da unterwarf, und wie er öfter nicht weit vom Verhungern war. Wochenlang genoß er nichts weiter als Wasser und Brodt, und wenn das trockene Brodt nicht recht hinunter wollte, so weichte er es in Wasser auf und aß es mit dem Löffel. Das Uebel, welches er sich dadurch zuzog, verließ ihn nicht bis in die letzten Jahre seines Lebens, und eine große Entbehrung, welche ihm dadurch auferlegt wurde, war namentlich die, daß er nie Obst essen durfte, an dessen Schönheit er so große Freude hatte und es mit solcher Lust für Andere erzog.

Die nächsten drei Jahre nach dem Abgange von der Universität, nämlich vom Ende des Jahres 1793 bis Ende 1796, widmete sich Hahn der Erziehung der Kinder des Majors von Glasenapp, theils in Bullenstedt bei Bernburg, theils in Gardelegen in der Altmark, und dieses Verhältniß, aus welchem ihm die innige Liebe der Familie folgte, war besonders dadurch wichtig für sein ferneres Leben, daß er durch den Major in persönliche Berührung kam mit dem General von Knobelsdorf, auf welchen Hahns bescheiden-freimüthiges Wesen, sein freundlicher Ernst, verbunden mit edler Sitte, einen so auffallend günstigen Eindruck machte, daß er ihm durch den Major von Glasenapp die eben erledigte Feldpredigerstelle bei seinem Regimente antragen ließ.

Die amtliche Stellung eines Feldpredigers im Preußischen Heere hatte allerdings damals ihre bedenklichen Seiten. Es kann von dem heutigen, jüngeren Geschlecht sich nicht leicht jemand ordentlich vorstellen, was in den alten, sorgfältig gepflegten Zopf alles eingewickelt war und daran hing, und wie groß der Kreis war, auf welchen sich sein Zauber erstreckte. Für den Feldprediger schien schon darin eine Bedenklichkeit zu liegen, daß er keinen Zopf trug. Es war ein seltener Fall, daß ihm die Achtung des Offizier-Corps entgegen kam, vielmehr mußte diese größtentheils durch einen Sieg gewonnen werden, wobei jedoch natürlich viel darauf ankam, welchen Ton der General anschlug und weß Geistes Kind dieser war. Diese Schwierigkeiten scheinen indessen bei Hahn wenig Bedenken erregt zu haben. Durch seinen früh entwickelten Charakter und durch den Reichthum seines positiven, jederzeit bereiten Wissens hatte er das Gefühl eines Gleichgewichtes in seinem Gemüthe und einer aus höherer Quelle fließenden Kraft, so daß er sich zutrauen durfte, er werde nicht zu Schanden werden; und so wenig Hahns Herz ein trotzig Ding war, so war es doch auch — und zum guten Theil eben darum — kein verzagtes. Doch auf der einen Seite sein Widerwille gegen die ganz gewöhnlichen Mißhandlungen der Soldaten, wovon er öfter Zeuge sein zu müssen fürchtete; auf der andern Seite die Aussichten, welche ihm der Major von Glasenapp eröffnete, wenn er bei ihm bliebe: dies bildete eine — wenn auch nicht eben starke — Oppositionspartei im Rathe seiner Gedanken, unter denen der entscheidende war: „Es ist Gottes Finger, der mir winkt, dem Rufe zu folgen.“ Er meldete sich und erhielt seine Berufung vom General. Nun waren aber noch drei Berge zu übersteigen: erstlich die Prüfung vor der Glaubens-Commission in Berlin, wo Herz und Nieren sondirt werden sollten; zweitens das eigentliche Examen vor dem Feldprobst Kletschke, bei welchem kein gewöhnlicher Maaßstab angelegt wurde, weil die Feldprediger zum Einrücken in die höheren kirchlichen Aemter bestimmt waren, und endlich die Erlangung der Dispensation vom kanonischen Alter, denn Hahn war erst 23 Jahre alt. Der ganz befriedigende Erfolg der Prüfungen führte diese Dispensation ohne alle Schwierigkeit herbei, und Hahn war also Feldprediger vor Ende des Jahres 1796, und er blieb es bis 1805.

Das Regiment, bei welchem Hahn stand, gehörte zu den Preußischen Truppen, welche die Demarkationslinie in Westphalen bildeten, und erst nach Aufhebung derselben kehrte er in seine Garnison „Stendal“ zurück. Längere Zeit hatte das Regiment in Westphalen sehr zerstreute Cantonnements, und wurde mannigfaltig umhergeworfen; aber auch dies war von segensreichem Einfluß auf die Entwickelung des noch jungen Mannes: er hatte Gelegenheit, theils freilich nur in entferntere Berührung, theils aber in genauere Beziehung zu treten mit Blücher, Fürstenberg, Overberg, der Fürstin Galliczyn, Dräseke (damals in Mölln) u. s. w.; er machte Reisen nach Bremen und Hamburg; der Verkehr mit dem Kernvolke in Westphalen konnte ebenfalls nicht ohne Einfluß auf Hahn bleiben, — so daß ihm auch dieser nicht erwünschte Wechsel, welcher ihn nicht zu einer zusammenhängenden Berufsthätigkeit kommen ließ, doch für die Erweiterung seines Gesichtskreises und die Reife seines Charakters sehr förderlich wurde. Unbezweifelt schrieb sich von daher seine bis in sein spätes Alter ihm treu gebliebene Reiselust, wovon weiter unten. Als aber das Regiment nach Münster kam, wo es zusammenlag und elf Monate blieb, da griff Hahn mit allem Ernst dasjenige Geschäft an, durch welches er den bleibendsten Segen stiften zu können überzeugt war, nämlich die Bildung der Junker des Regiments. Mit welcher Liebe er sich diesem Theile seines Berufs widmete, besonders nach der Rückkehr des Regimentes in seine Garnison Stendal, darüber legt ein höchst gnädiges Cabinets-Schreiben des Hochseligen Königs d. d. Potsdam, den 4. November 1801, ein unzweideutiges Zeugniß ab; aber auch seine herrliche Gabe der geistlichen Beredtsamkeit entwickelte er hier und fand allgemeine Anerkennung.

Hahn wurde i. J. 1805 Superintendent und Oberprediger in Bleicherode. Er hatte sich schon früher verheirathet mit Wilhelmine Zorn aus Gerbstedt, welche i. J. 1812 starb, und von welcher ihm die beiden ihn überlebenden Kinder geboren sind, nämlich ein Sohn, welcher jetzt Appellationsgerichts-Rath in Breslau ist, und eine Tochter, verheirathet an den Justizrath Schröder in Bleicherode.

Da trat nun der wackere Mann in einen Wirkungskreis, in welchem ihm eine Zeit der Stille zu wünschen gewesen wäre, um in das alte Leben, wie er es vorfand, den Saamen zum neuen auszusäen und in seinem Keimen sorgsam zu pflegen; aber so gut sollte es ihm nicht werden. Denn kaum ein Jahr war er in Bleicherode, als mit der

Schlacht von Jena ein Sturm über uns hereinbrach, der das Altbestehende zertrümmerte. Der Friede von Tilsit riß i. J. 1807 uns, die wir auf dem linken Ufer der Elbe wohnten, von dem geliebten und verehrten Königshause Preußens los und warf uns der französischen Gewaltherrschaft als Spielball zu. Die Herzenstreue, mit welcher das Volk im Allgemeinen an seinem Könige hing, dies war es, was den Eindruck des Erlebten bis zum Gefühle der Vernichtung steigerte, und ohne diese Triebfeder würde die damalige Stimmung der Gemüther — besonders in dem Preußisch gewesenen Theile des Königreichs Westphalen — unbegreiflich sein. Denn wie durchaus faul die alten Zustände waren, welche man wohl mit dem Worte „Zopfregiment" bezeichnet, das war vielen heller Sehenden, namentlich dem in die Verhältnisse ganz eingeweihten Hahn, gar nicht zweifelhaft. Er wußte recht gut, daß das bis zur Versteinerung erstarrte Formenwesen unser Volksleben zu einem Leibe gemacht hatte, in dessen Organismus — oder besser Mechanismus — der Geist gar kein Organ fand, von welchem aus er hätte das Ganze beseelend durchdringen können. Es ist nicht leicht, selbst für uns, die wir die Zeit vor 1806 mit einigem Bewußtsein erlebt haben, uns jene Zustände zu vergegenwärtigen, welche nur erträglich wurden durch die Gewohnheit und durch den Widerwillen; und es würde ein Anlauf zur Darstellung derselben hier wenigstens am unrechten Orte sein, wenn nicht von da aus Hahns ehrwürdiges Wesen eine glückliche Beleuchtung erhielte. Aber weil dies der Fall ist, so sei es gewagt.

Das Ganze des öffentlichen Lebens betrachtete sich als unsterblich in der Einbildung einer unübertrefflichen Vollkommenheit, und in dieser vermeinten Unsterblichkeit und Vollkommenheit glaubte man die einzelnen Menschen nur gebrauchen zu können, sofern sie sich zu reinen Maschinen machen ließen. Das Werbesystem im Heere ist in dieser Beziehung ganz charakteristisch. Durch Dressur meinte man einerseits aus dem Menschen Alles machen zu können, wozu er brauchbar war und andererseits ihm Alles austreiben zu können, was an Regungen von Geist, Herz, Gefühl und Gemüth den Menschen als Maschine unbrauchbar machte. So ging es hindurch, nicht nur durch das ganze Staatswesen, sondern auch durch das Kirchenregiment. Was ein Mensch an Geist nebst Zubehör bedarf, um Mensch zu sein, das war ihm verstattet, wie Essen und Trinken; nur — wie auch dieses — nicht im Dienst. Entwickelung war etwas, wovon ein ordentlicher Staatsmann dieser Schule nur mit Schrecken und Abscheu hörte; Alles mußte durch Abrichtung erreicht werden, und Gedanken zu haben, so eigentliche Gedanken, mit denen ein Mensch — wenn auch kein Ideal — doch etwas Vollkommneres im Leben als erreichbar denkt und Mittel zur Erreichung ersinnt, so etwas mußte schon ein Referendar verlernt haben. Es ist leicht zu begreifen, wie jeder Beamte, der Geist und Herz sich dennoch bewahrt hatte, sich höchst unglücklich fühlen mußte, wenn er nicht im Familienleben, im geselligen Verkehr oder in wissenschaftlichen Studien, vielleicht auch im Umgange mit irgend einer Kunst, Erquickung fand. Aber die Wissenschaften wurden in Schriften und auf den Lehrstühlen entweder behandelt als ein geistloses Wiederkäuen des Hergebrachten oder als spitzfindiges Verneinen dessen, was bisher als Wahrheit gegolten hatte, ohne festen, lebendigen Kern, — die anatomische Section einer Leiche. — Das Reich der Künste bot allerdings Lebensstoff genug dar, wenigstens in der Musik und in Poesie: zu den alten reichen Schätzen der Tonkunst waren die Schöpfungen Gluck's, Haidn's, Mozarts u. s. w. gekommen, und am Himmel der Dichtkunst standen bereits Klopstock, Lessing, Herder, Göthe, Schiller u. s. w. als helle Sterne hoch genug; aber wer lehrte uns diese Herrlichkeiten kennen? wer führte uns in das Verständniß derselben ein? — Auf den Lehrstühlen grassirte eine Aesthetik, die allen Geschmack gründlich verdarb, und wo fand man im Umgange einen Menschen, der als Führer hätte gelten können oder wollen? — Denn wer dessen geständig war, daß er sich mit Göthe's Schriften abgab, den verurtheilte die gemeine Stimme so etwa zum Irrenhause. Kurz — die Geschmacklosigkeit war eine zu allgemeine Krankheit, als daß man davon nicht hätte sollen angesteckt werden; und wo Appetit und Verdauung fehlen, was helfen da die nahrhaftesten Speisen! — So war also von dem belebenden Einwirken der Wissenschaft und der Kunst auf die Einzelnen, wie auf das Ganze, nichts zu spüren und wenig zu hoffen. Als Lebensquellen blieben nur das Familienleben und der gesellige Verkehr. Das Familienleben hatte aber sein Fundament verloren, nämlich die fromme Sitte. Die Zeit hatte Alles, was dem religiösen Leben angehörte, in die herkömmlich noch etwa besuchten Kirchen verbannt; und leider waren diejenigen Kirchen selten geworden, in welchen man etwas gefunden hätte, was als Ableger in das häusliche Leben verpflanzt werden konnte. Hiervon weiter unten mehr. — Von einer andern Seite her kam aber die positive Vergiftung des häuslichen und geselligen Lebens hinzu. Neben dem pathetischen Ernst des Zopfes hatte sich die Leichtfertigkeit in das Gesellschaftsleben der eleganten Kreise eingenistet: sie war von Frankreich herüber eingewandert. — Die Menschen, welche an dem flauen Elemente ihrer Zeit, in welchem sie zappelten, nur einen ekelerregenden Trank fanden, bedurften der innerlichen Erregung, und sie griffen danach, wenn es auch nur sinnliche Aufregung war. Von Friedrich dem großen König her war eine — freilich im Allgemeinen nur oberflächliche — Bekanntschaft mit der französischen Literatur fortgeerbt. Die ernsten Erzeugnisse des Geistes unseres westlichen Nachbarvolkes waren aber für die Kinder jener Zeit nicht das Anziehende, schon weil die Form des Ernstes an den widerlichen Ernst der Form, welchem man gern entrinnen wollte, um so mehr erinnerte, als der Deutsche das Pedantische in den strengeren französischen Kunstformen leicht herausschmeckt; das Witzig-Pikante, Leichte und Leichtfertige war das Anziehende für den herrschenden Geschmack. Wie hier ein Ideenkreis sich einbürgerte, in welchem der fromme Glaube und die fromme Sitte der Väter als Lächerlichkeiten figurirten, häusliche Zucht und eheliche Treue wenigstens als höchst überflüssig erschienen, was auf das Familienleben zersetzend wirkte, so schlugen die Glanzworte „Freiheit und Gleichheit" aus dem Revolutions-Gewitter über den Rhein herüber zündend bei unserem Volke ein und gaben der so lange auf Hungerbrodt gesetzt gewesenen Phantasie eine Nahrung, durch welche sie dem nüchternen Verstande des deutschen Michel schnell über den Kopf wuchs; und so entstand ein Traumleben zunächst in der Männerwelt, welches — mehr oder weniger schmutzig in seinen Empfindungen — aus dem früher bescheidenen Besuch der Freistätten für langweilige Erholungsstunden sich einen Boden schuf, der bei gehöriger Cultur durch die Industrie der Gastwirthe Früchte trug, gegen deren Reiz die stillen Freuden des häuslichen Lebens immer mehr in den Hintergrund rückten. Die Frauen lernten sich entschädigen, wo sie nicht einsam verkümmern mußten, damit der Mann genießen könne, weil für Beide die Einkünfte nicht ausreichten; die Kinder mochten sehen, wie sie sich behalfen. Dies war ein um sich fressender Krebsschaden an dem deutschen Familien- und Geselligkeits-Leben, ein Gift, welches dem deutschen Volksleben den Untergang drohte. Die großen Städte machten es hierin der Hauptstadt nach, und von den großen Städten wanderte die Sitte zu den kleinen.

Hahn hatte seinen reichlichen Antheil an dem Widerwillen gegen die Herrschaft des Formenwesens, und wer will einen Menschen schelten, der bis an sein Ende einen Ekel vor der Speise fühlt, mit welcher er in frühen Lebensjahren übersättigt ist? — Persönliches Wirken mit Herz und Geist in das persönliche Leben hinein, das war die Aufgabe, welche er als die seinige erkannte, und der er sich mit einer bis zu seinem letzten Lebenshauche aushaltenden Innigkeit weihte. Ein Aktenmann wurde er nie und konnte es nach seinem ganzen Wesen nie werden. Dem Umgange mit dem ernsten Theile der französischen Literatur in früheren Jahren verdankte er viel von seiner Bildung; aber da sein Gemüth durchaus deutsch blieb, so hielt er sich später ganz an die deutsche Literatur, und seine Lieblingsschriftsteller zur Erfrischung wurden Herder und Jean Paul, mit welchem letzteren er persönlich befreundet war; doch nie fiel es ihm ein, diesem seine Art und Weise nachzumachen. Woran sich Hahn bis an das Ende seines Lebens unermüdet fortbildete, das waren die besten Erzeugnisse deutscher Kanzelberedtsamkeit.

Wie Hahn im Gegensatze zu der undeutschen Sitte sein Haus zu einer Zuflucht deutscher Häuslichkeit und Geselligkeit machte, davon sei später die Rede. Jetzt muß sich unser Blick zunächst auf sein Wirken in der schweren Zeit von 1806 bis 1813 wenden.

In dem kleinen Städchen Bleicherode waltete das Volksleben. Was unter diesem Volksleben zu verstehen sei, das findet man wohl auch jetzt noch einigermaßen heraus; aber es sei hier wenigstens erlaubt, wenn es auch nicht gefordert würde, daß ich mich näher darüber erkläre. Es läßt sich leicht denken, daß in einem Staate, wie der Preußische bis 1806 war, der Gegensatz zwischen denen, die regierten, und denen, die regiert wurden und sich willig regieren ließen, sehr schneidend und scheidend austrat. Die Regierten waren das Volk; die Regierenden, bis zu den niedrigsten Beamten herab, und gerade diese am geflissentlichsten, schärften dem Volke seine Dienstbarkeit fleißig ein, indem sie theils durch wirkliche Handlungen der Willkühr sich wichtig machten, theils ihren pflichtmäßigen Handlungen den Schein zu geben wußten, als hänge Wohl und Wehe des Volkes von ihrer Gnade und Ungnade ab. Was etwa hier und da noch jetzt von solchen Ansprüchen gefunden wird, das sind nur Reliquien jener Herrlichkeit, in welcher sich damals die Beamtenwelt blähte. In den großen und größeren Städten bildeten natürlich die höheren Staatsdiener mit demjenigen Stande, aus welchem diese fast ausschließlich hervorgingen, nebst den unabhängigen Reichen, welche von ihren Renten mit einigem Glanze lebten, einen Gesellschaftskreis, von welchem Alles ausgeschlossen war, was von der Arbeit lebte, auch wenn diese Arbeit ein einträgliches Geschäft in Handel oder Fabriken war. In diesem Sinne war das Volk die Masse der Arbeitenden. Ist es nun auch anzuerkennen, daß in den Mittelstädten die Kaufleute und Fabrikherren in der Mehrzahl sich als schlichte Bürgersleute in häuslicher Sitte und im geselligen Leben verhielten, so gab es doch auch immer Einige, welche sich der Arbeit schämten und höher hinauf wollten. Diese schlossen sich von dem Volksleben durch einen gewissen Schein des Lebens ohne Mühe aus; wer zum Volke gehörte, der schämte sich keiner Arbeit. Sehen wir endlich auf das oben beklagte Eindringen des französischen Wesens, so tritt der wesentliche Zug hinzu, daß der Kern des Volkes an dem deutschen Sinn und Wesen festhielt, und selbst da, wo die Leichtfertigkeit schon eingedrungen war, der Widerwille gegen die fremdartige Geziertheit und Leichtfüßigkeit — nicht selten sogar durch eine affectirte Derbheit sich geltend machte. So haben wir die Bedeutung dessen, was Volksleben genannt worden ist; und wie man sich leicht denken kann, daß einzeln stehende Beamte in kleinen Städten oder gar auf dem Lande in der Regel mit dem Volke umgingen, wie Menschen mit Menschen umgehen, indem sie selbst in den Handlungen, welche Amt und Pflicht von ihnen forderten, den Schein der Willkühr vermieden, überhaupt aber auf das gespreizte Wesen Verzicht leisteten, wodurch sie sich isolirt haben würden, so war dies auch in Bleicherode der Fall: die dortigen Beamten schlossen sich an das Volksleben an. Hier ist noch etwas nachzuholen. Es wäre ein Unglück für Volk und Land gewesen, wenn alle braven Männer sich dem Staatsdienst im Königreich Westphalen entzogen hätten, und es gab deren auch in hohen Verwaltungsämtern, welche mit verehrungswürdiger Gewissenhaftigkeit unter der Fremdherrschaft ihr Amt in dem Sinne führten, daß sie dem Fürsten am besten zu dienen überzeugt waren, wenn sie das Wohl seines Landes und Volkes nach Kräften beförderten, und König Jerôme selbst — das müssen wir ihm lassen — hätte gern lauter brave Männer dieser Art gehabt, wenn sie nur Geld genug anschafften; aber theils war Jerôme nicht selbst Herr in seinem Lande, sondern seines gewaltigen Bruders gehorsamer Diener, theils wurden ihm zu den einflußreichsten Aemtern Franzosen geschickt, und es gab eine große Zahl von Beamten, welche ihre Ehre und ihren Vortheil darin suchten, es diesen Franzosen gleich zu thun in alle dem, was nach dem Sinne des obersten Zwingherrn war. So ging durch unser Volksleben ein Gefühl, als wären wir Waisen, und die Herzen wendeten sich mit doppelter Liebe und Sehnsucht dem Landesvater zu, der uns genommen war. Ein Glück war es für Bleicherode und die Umgegend, daß die Mehrzahl der Beamten, bis zu den Gendarmen herab mit ihrer im Königreich Westphalen wirklich furchtbaren Vollmacht, aus Landeskindern bestand, welche die Stimmung des Volks theilten oder wenigstens schonten; doch wurden hin und wieder auch Subjecte eingeschoben, welche sich durch Willfährigkeit im französischen Interesse beliebt gemacht hatten und nun ihre Rolle als Spione und Verräther spielten.

Wem das zu viel dünkt, was ich hier geschrieben habe, der wolle mir Nachsicht zu Theil werden lassen. Wir können uns aber die Lage eines Mannes, der damals zu einem Wirkungskreise berufen war, in welchem er gewissermaßen auf sich allein angewiesen war, wohl nicht so recht vorstellen, wenn wir uns nicht alles das lebendig vergegenwärtigen. Ja, Hahn war, wie jeder Superintendent der damaligen Zeit, wirklich auf sich allein angewiesen, denn es bestand zwar noch die Consistorial-Verfassung der Kirche fort, und die französische Herrschaft hatte hieran nichts geändert; aber wenn auch das Consistorium, unter welchem die Grafschaft Hohenstein stand, vor manchem anderen darauf bedacht war, etwas zur Fortbildung des kirchlichen Lebens zu thun und das Volksschulwesen zu pflegen, so hatte doch dieses Etwas von jeher sein sehr bescheidenes Maaß, der Geschäftsverband war äußerst locker und beschränkte sich außer der Prüfung der Candidaten nebst Besetzung der erledigten Stellen, welche in den mehresten Fällen auch nur eine Bestätigung der Vorschläge der Superintendenten war, auf die Erledigung von eingegangenen Beschwerden. Unter der Franzosenherrschaft wurde diese Wirksamkeit der geistlichen Oberbehörden eher noch gehemmt und gelähmt als erhöht und aufgemuntert, und so hing Alles, was zur Belebung in Kirche und Schule geschehen sollte, von der selbstständigen und kaum beaufsichtigten Thätigkeit der Superintendenten ab. Hahn hatte sich von Anfang an seine Aufgabe nicht leicht gemacht, indem er statt schriftlicher Berichte überall selbst sehen,

2

die Kräfte und Gaben seiner Untergebenen nebst den zu überwindenden Schwierigkeiten aus Beobachtungen kennen lernen und nicht sowohl befehlen wollte, wie es sein sollte, sondern durch Rath, Ermahnung und Ermunterung helfen, daß es so würde, wie es nach den Umständen werden konnte, wobei er sich das Vorangehen auf dem rechten Wege zur wesentlichen Pflicht machte. So war er von Anfang seiner Amtsführung in Bleicherode in eine einflußreiche Beziehung zu dem Volke, nicht bloß in seiner Gemeine, sondern auch in seiner ganzen Diöcese getreten, und dies wurde von großer Wichtigkeit auch für die politische Stimmung des Volkes. Das Volk fühlte sich — wie oben gesagt ist — unter der Fremdherrschaft verwaist; es suchte nach Etwas, woran es sich aufrichten, woran es sich sammeln könnte, und Alles, was von der Regierung des Landes in Cassel ausging, war dem Volke verhaßt. Viele Geistliche begriffen nicht, wozu sie hier berufen waren als die einzigen Führer und Träger des Volkslebens. Zwar nur ein sehr kleiner Theil derselben ließ sich für das französische System gewinnen; aber ein desto größerer Theil wurde durch Furcht vor den Spähern und Verräthern eingeschüchtert, während Einzelne das Mißtrauen der Regierung gegen die Geistlichen dadurch schärften, daß sie als Theilnehmer an Umwälzungsplänen entdeckt wurden. Hahn lebte des Glaubens, daß die Hand, welche einst den Nebukadnezar von Babel in den Staub geworfen hatte, auch den von Corsica demüthigen und das Preußische Königshaus wieder in sein altes Recht und Reich einsetzen würde. Er hielt es für seine Pflicht, diese Hoffnung auch im Volke zu nähren und — so viel an ihm war — dem rechten Könige den Schatz der Liebe seines Volkes zu erhalten. Viel höher aber stand ihm die Pflicht, in dem Volke den frommen Glauben anfzurufen, zu nähren, zu stärken, welcher allein der unverlierbare Stütz- und Sammelpunkt des Volksgemüthes sein konnte, und zugleich die einzige Quelle der Hoffnung auf Errettung aus dem fremden Joche sein durfte. Hahn stand in frischer Jugendkraft von dreißig und einigen Jahren. Feurig und entzündbaren Gemüthes, wie er noch bis in sein hohes

Alter war, lag in seiner Natur viel Versuchung zur Ueberschreitung der Grenzen der Klugheit und einer Pflicht, für welche das Herz keine Stimme hatte. Aber der Glaube — wie er ihm dort das Siegel der Hoffnung war, so war er ihm hier der Zügel seiner Natur. Der Argwohn verfolgte ihn, die Laurer schlichen um ihn herum; Hahn achtete Beides nicht, sondern ging unbeirrt seinen Weg, und der Eindruck, welchen seine Entschiedenheit und zuversichtliche Entschlossenheit im Gleichgewicht mit seiner Ruhe machte, zog immer mehr Gemüther zu ihm hin, so daß der Kreis, als dessen Mittelpunkt er sich fühlen durfte, sich wohl sogar nicht auf die Grenzen beschränkte, welche ihm seine amtliche Stellung anwies. Was ihn aber bei all diesem Einfluß doch so unantastbar machte, das lag darin, daß seine Preußentreue doch nur ein einzelner und zwar untergeordneter Zug von der Christentreue war, die sich in seinen Predigten aussprach. Wir dürfen nämlich nicht vergessen, daß gerade in der Zeit, von welcher jetzt die Rede ist, die letzte Spur des kirchlichen Bekenntnisses aus den Kirchen verschwunden war, und daß in Folge dessen auch die heilige Schrift in den Predigten der dem Zeitgeiste huldigenden Männer nur behandelt wurde als ein dürrer Zaun, von welchem sich hier und da ein Stock abbrechen ließ zum Aufrühren des Breies, der nach dem Kochbuche einer seichten Philosophie bereitet wurde, um den Menschen vergeblich eine gedeihlichere Nahrung zu verschaffen, als die lautere Milch des Evangelii. Nicht daß man sagen könnte, die Leute hätten besonderen Geschmack an dieser Speise gefunden; nein, die Kirchen wurden immer leerer; aber so viel hatten jene Predigten aus der Fabrik des Zeitgeistes doch gewirkt, daß Jeder sich berechtigt glaubte, sich eine Religion zurecht zu machen, wie sie ihm eben zusagte. Nur wenige Prediger gab es in der damaligen Zeit, welche sagen konnten „ich glaube, darum rede ich", und unter diesen wenigen waren verhältnißmäßig wieder nur wenige, welche die Gabe hatten ihrem Glauben eine solche Gestalt zu geben, daß Herzen dadurch lebendig bewegt, erquickend gestärkt und also Seelen gewonnen wurden. In diesen

2*

Wenigen unter den Wenigen gehörte aber der selige Hahn. Er hatte sich in seinen Glauben nicht hinein disputirt oder philosophirt, sondern er hatte sich in denselben hinein gelebt. So war ihm auch sein Glaube nicht beschlossen in einer starren Formel; vielmehr gewann durch die höhere Macht des Wortes Gottes, welcher er sich hingab, jedes theoretisch normirte Thema für ihn eine lebendige praktische Bildsamkeit. Seine Predigt griff immer frisch, und oft kühn, ins Leben ein, und dadurch ging sie den geraden Weg zum Herzen. Hahn hat in jener Zeit Herrliches gewirkt für das Reich Gottes, als ein echter Doctor der Gottesgelahrtheit, nicht dadurch, daß er sich mit schriftstellerischen Erzeugnissen ein Publikum zusammensuchte, sondern dadurch, daß er den ihm durch sein Amt anvertrauten Kreis seines Wirkens mit dem Worte Gottes, diesem Kern aller wahren Gottesgelahrtheit, erfüllte, und wie er diesen Kern in treuer Seele festhielt, denselben zu Brodt des Lebens für die empfänglichen Seelen auswirkte; gahr gebacken wurde dieses Brodt im Feuer der Trübsal. Daß ein solches in dieser Art sich auszeichnende Wirken gekrönt wurde mit der Würde eines Doctors der Theologie, dies mag nebenbei als ein Beweis gelten, daß in meiner Darstellung Hahns Verdienst nicht überschätzt wird.

Je näher die Zeit rückte, wo unsere Hoffnung auf Erlösung vom französischen Joche erfüllt wurde, desto härter sollte Hahns Kraft zum Dulden geprüft werden, indem schwere häusliche Leiden ihn bedrängten. J. J. 1812 starb nach langem Krankenlager seine erste Gattin, und nun schien der Kelch der Leiden für ihn geleert zu sein. Ueber den fernen Eisfeldern des Orients brach die Morgenröthe von dem Tage unserer Befreiung an, Preußen ermannte sich zum Kampfe gegen die fremden Bedränger, und nach dem bekannten Schwanken des Kriegsglücks trug uns die blutige Aussaat von 1813 und 1814 die Frucht eines Friedens, der uns wieder mit dem Preußischen Königshause verband. Wir werden später Gelegenheit haben, uns dessen zu freuen, wie Hahn auf eine seiner würdige Art in die Begebenheiten jener Zeit eingriff; aber wer sich den ehemaligen Feldprediger denkt, der zwar auch einmal mit seinem Regiment aus der Garnison ausgerückt, aber von der Demarkationslinie ohne Lorbeeren dahin zurückgekehrt war, der kann wohl in die Seele dieses Patrioten vom reinsten Wasser hineinfühlen, wie er im Geist an den Kämpfen und Siegen unserer Heere Theil nahm, als wäre er mitten dazwischen. Zugleich mit dem neuen Glücke, welches dem Vaterlande zu Theil wurde durch den errungenen und, nach kurzer Unterbrechung, durch den Feldzug von 1815 wieder hergestellten, ja eigentlich erst vollendeten Frieden, glaubte Hahn auch für sich selbst ein neues Lebensglück gefunden zu haben; er verheirathete sich i. J. 1815 mit seiner nie vergessenen Eleonore. Aber je reiner — man kann sagen idealer oder idyllischer — dieses eheliche Glück war, desto kürzer sollte seine Dauer sein: schon nach wenigen Monaten war die geliebte Frau eine Leiche. Wie von da an Hahns häusliches Leben sich gestaltete, davon mögen die Lebensbilder Rechenschaft geben; wir wenden unseren Blick nun wieder auf sein amtliches Wirken.

Bei der neuen Organisation des Preußischen Staates war der betreffende Antheil an der Grafschaft Hohenstein, also auch Bleicherode mit seiner Diöces, dem Regierungsbezirk Erfurt zugetheilt, und es war eine schwere Aufgabe für die königliche Regierung zu Erfurt, die verschiedenartigsten Landestheile, aus welchen ihr Verwaltungsbezirk bestand, zu einem neuen Ganzen mit Preußischen Wesen zu gestalten, ohne zu schroff in das Herkommen der einzelnen Landestheile einzugreifen. Die Schwierigkeit wurde dadurch um so größer, daß nicht bloß die Polizei und das Steuerwesen, Forstwesen und dergleichen zum Ressort der Regierung gehörte, sondern daß auch das Volks-Schulwesen ganz und die kirchlichen Angelegenheiten größtentheils derselben Behörde untergeben wurden. Erwägt man nur das Eine, wie viel Zeit dazu gehörte, bis eine in einen so weiten Verwaltungsbezirk neu eintretende Oberbehörde die zu sicherem Eingreifen nothwendige Kenntniß der Persönlichkeiten erlangte, so kann man sich denken, wie Vieles einstweilen den Landräthen, noch mehr aber den Superintendenten überlassen werden mußte, und wie besonders bei Besetzung der Pfarr- und Schulstellen die Regierung sich fürs Erste ganz auf das Urtheil und die Vorschläge jener Männer stützen mußte. Und woher hätte die Oberbehörde die erste Grundlage ihrer Personen-Kenntniß nehmen sollen, wenn nicht aus den Berichten und vorzugsweise aus den für jene Verhältnisse ganz unentbehrlichen Conduitenlisten, welche in Betreff der Pfarrer und Schullehrer von den Superintendenten einzureichen waren? — Hier ergab es sich nun bald, daß Hahns Gutachten und Vorschläge sich durch Zweckmäßigkeit, seine Conduitenlisten durch eben so viel Wahrhaftigkeit als schonende Milde auszeichneten, so daß die Regierung an denselben eine zuverlässige Quelle für ihr Urtheil über guten Willen, Tüchtigkeit und Berufstreue der im Amte stehenden Geistlichen und Schullehrer hatte, einen sicheren Maaßstab, nach welchem das, was anderweitig zu den Ohren der regierenden Herren kam, füglich zurecht gelegt werden konnte. Kam es nun aber darauf an, dem geistig regen Leben, welches, von dem Cabinet und dem Ministerium ausgehend, seit 1809 der Charakter des Preußischen Staatslebens geworden war, in die getrennt gewesenen oder neu hinzugekommenen Landestheile Eingang zu verschaffen, so ging Hahn frisch voran und pflanzte seine Regsamkeit immer mehr und mehr auch auf Diejenigen fort, welche in ein stationäres Wesen eingewurzelt waren; jedoch wandte er mit weiser Vorsicht Alles ab, was ein Ueberstürzen oder eine ziellose Aufregung hätte zur Folge haben können. Nimmt man nun hinzu, wie Hahn es verstand, entstehenden Hader in seinem Wirkungskreise zu versöhnen, so daß die Hohe Behörde oft nur so viel davon erfuhr, als sie wissen mußte, um sich darüber zu freuen, daß nicht ein höherer Grad von Erbitterung sie selbst zum Eingreifen genöthigt hatte: so läßt es sich leicht erklären, daß Hahns bedeutender Einfluß sich eine Reihe von Jahren über diejenige Zeit hinaus erstreckte, wo man desselben von oben her noch eigentlich bedurfte; wobei sich aber alle Theile gut standen.

Die Grafschaft Hohenstein hat eine Prediger-Wittwenkasse mit sehr bedeutenden Fonds, und Hahn hatte dieselbe zu verwalten. Unter seiner Verwaltung konnte die jährliche Rente für jede Wittwe von 50 Thlr. nach und nach bis auf 60 Thlr. erhöht werden. Es fehlte aber noch bis zu Ende des ersten Viertels von diesem Jahrhundert ganz an geordneter Unterstützung für die Wittwen und Waisen der Schullehrer, und Hahn sah ein, daß alles das, was er mit seinem regen Wohlthätigkeitstriebe an diese oft so hülflos Verlassenen hingab, und was er nach seinen Kräften geben konnte, nicht für sie alle und nicht für die Dauer ausreichte. Da ruhte er denn nicht eher, als bis er eine Wittwenkasse für die Schullehrer seiner Diöces gebildet hatte, welche nun im Segen besteht. Eben so war er rastlos — und nicht vergeblich — bemüht, den so ärmlich besoldeten Schullehrern bleibende Verbesserungen ihrer Stellen zu verschaffen, und was jemand zur Förderung dieses seines Werkes that, das nahm er an als eine Wohlthat, die ihm selbst erzeiget wäre. Auch das dürfen wir nicht vergessen, daß Hahn mit seinen Schullehrer-Conferenzen und mit seinem Verein zur Fortbildung der Schullehrer die Bahn brach zu dem, was jetzt sich in der Allgemeinheit bewährt.

Zu den beglückendsten Ereignissen im Leben Hahns gehörte es, daß seine Tochter, an welcher sein ganzes Herz hing und welche unablässig bemüht war, Freudenquellen für ihren Vater zu öffnen, sich mit dem Justizrath Schröder in Bleicherode verheirathete, und daß dieser Mann sich mit kindlicher Pietät an seinen Schwiegervater anschloß, auch sich in so naher Nachbarschaft bei ihm ansiedelte, daß beide Häuser gewissermaßen ein gemeinschaftliches Hauswesen hatten. Demnächst wurde sein Sohn, der sich zur Herzensfreude des Vaters als ein Mann von anerkannter Berufstüchtigkeit und Ehrenhaftigkeit entwickelt hatte, als Gerichts-Director nach Heiligenstadt und später nach Halberstadt versetzt. So konnte Hahn öfter, und wenigstens an festlichen Tagen, seine beiden Kinder und alle seine Enkel um sich versammeln und sich um so mehr als Patriarch fühlen, da alle die

Seinigen mit ungetheilter Liebe an ihm hingen und allen seinen Wünschen wo möglich noch zuvorzukommen sich bestrebten.

Als hellleuchtende Punkte traten nun aber zwei Tage hervor, deren Andenken lebhaft zu erneuern wir uns nicht versagen dürfen. Der erste derselben — es war der 1. September des Jahres 1830, Hahns 25jährige Jubelfeier als Superintendent und Oberpfarrer in Bleicherode — eröffnete das Greisenalter des ehrwürdigen Mannes, und der zweite — es war der 27. November 1846, das 50jährige Amtsjubiläum Hahns — schien sein damals schon 73jähriges Leben beschließen zu sollen.

Wer von Osten oder Norden her in das schmale Bergthal von Bleicherode hineinwandert, dessen Blick wird gewiß gefesselt von der gegen Norden und Osten schroff abfallenden südlichen Bergkette, der Bocken genannt, wo unter den schroffen Felsen sich ein Gürtel von Berggärten herumzieht, in der Beleuchtung der Morgensonne besonders anziehend durch die Abwechselung mit den dunkelen Waldpartien, welche das gegen Westen ansteigende Bleichethal umgeben, bis zu der nackten und auch wieder steil abfallenden Löwenburg. In jenen Berggärten, welche mit ihrem Fuße beinahe an die Stadt herabsteigen, steht hin und wieder ein Häuschen, offenbar nur für das Bedürfniß zur Aufbewahrung der Gartengeräthschaften oder zur einstweiligen Unterbringung von gesammelten Vorräthen. Aber in dem einen der Gärten tritt, nicht in Bäumen versteckt, ein Haus hervor, welches, in einfach edlem Styl gebaut, auf dem Frontispiß über seiner Säulenhalle die Inschrift trägt, „1. September MDCCCXXX": dieses Haus mit seiner inneren geschmackvollen Ausstattung und mit dem dazu gehörigen Garten war das hauptsächlichste Geschenk, welches dem geliebten und verehrten leiblichen und geistlichen Vater Hahn von seiner Familie und seiner Gemeine zu seinem 25jährigen Superintendenten-Jubiläum dargebracht wurde. Hier sollten seine täglichen — doch nun schon kürzer werdenden — Spazirgänge ein näheres Ziel finden und einen Ruhepunkt, der Alles darbot, was der

Erholung förderlich sein konnte. War Etwas in dem Kreise menschlicher Erfindungen, wodurch dem Leben des theuren Mannes Jahre hinzugefügt werden konnten, so war es dies sinnvolle Geschenk. Die reine, erquickende Bergluft, geschützt gegen Ingwinde im Westen durch die sich dort schließende Bergkette, im Osten durch eine Wand von Bäumen und Gesträuchen; und dann die reizende, durch den Wechsel der Beleuchtung immer neu belebte Aussicht, links in die ganz nahe daliegenden Berge, rechts über die zu Hügeln aufsteigende gesegnete Ebene hinaus bis an das ferne Harzgebirge, unten die — nur fast zu nahe herantretende — Stadt, deren Nähe doch wieder in anderer Beziehung ihrem geistlichen Hirten höchst wohlthuend war; das waren Lebensquellen für Hahn, der mit einem so scharfen, auch unbewaffneten Auge für die Ferne einen so tiefen Sinn für die Schönheiten der Natur verband. Geschäfte mehr mechanischer und wohl zuweilen unerquicklicher Art durften ihm hieher nicht folgen; aber wenn er allein war, dann hatte er hier die glücklichsten Stunden zur Meditation seiner Predigten, und noch sehe ich ihn in ernstem Sinnen mit untergeschlagenen Armen dastehen, wenn ich ihn, von den Felsen herabsteigend, unter seiner Säulenhalle überraschte. Ach, nie vergesse ich die köstlichen Stunden, welche ich mit ihm und im Kreise seiner Familie dort verlebt habe.

Ueber das 50jährige Amts-Jubiläum, bei welchem ich leider nicht in Bleicherode sein konnte, lasse ich einen Mann reden, welcher als „der älteste Schulfreund" Hahns, mit welchem er immer eine innige Verbindung erhalten hatte, zu denjenigen Theilnehmern an dem Feste gehörte, welche als Zierden desselben hervortraten: es ist der nun verstorbene Geheime Ober-Finanzrath und Präsident Dr. Paalzow.

„Bleicherode. Die Tage des 26. und 27. Novbr. waren für unsere Stadt und einen großen Theil der Grafschaft Hohenstein Fest- und Freudentage im schönster und edelster Bedeutung. Am letzten derselben feierte der Superintendent und Ober-Pfarrer, jetziger Doctor der heiligen Schrift, Johann Jacob Hahn, sein fünfzigjähriges Amts-Jubiläum, und wohl selten ist ein Fest mit solch' allgemeiner Theilnahme in so ächt christlich frommen Sinne begangen worden. — Der Berichterstatter, ältester Schulfreund des Jubilars, aus weiter Ferne gekommen, war Zeuge der ungeheuchelten Freude so vieler Tausende, und folgt dem Drange seines Herzens, um mit einfachen Worten ein Fest zu schildern, dessen tiefe Eindrücke bei ihm nie erbleichen oder gar erlöschen werden. — Am Vorabende des Festes versammelte sich gegen Abend die ganze Gemeinde von Bleicherode vor der Wohnung des Jubilars, gegenüber der Kirche und stimmte das Lied an: „Nun danket Alle Gott." Nach dem Gesange wurde an der Haupt-Kirchenthür ein schönes Transparent-Gemälde des Professor Stürmer in Berlin — Glaube, Liebe, Hoffnung — hell erleuchtet, in einzelnen Momenten mit bengalischem Feuer sichtbar, demnächst stimmte der Bleicheroder Gesangverein mehrere geistliche Lieder wohltönend an, der Schützenverein brachte eine Nacht-Musik, und für alle diese Beweise inniger Dankbarkeit und Liebe dankte der Jubilar in beredten, kräftigen zum Herzen sprechenden Worten. —

Am 27., dem Tage des Jubelfestes, Morgens 5 Uhr, stimmte die Gemeine abermals Choral-Gesänge vor der Wohnung des Jubilars an. Der Jubilar wurde zu Anhörung dieser Gesänge aus festem tiefen Schlafe erweckt und nun ward die Feier durch eines der traurigsten Ereignisse unterbrochen. Der Jubilar, kaum dem Bett entstiegen, fiel plötzlich auf ebener Erde ohnmächtig zu Boden; wie vom Schlage gerührt lag er lange Zeit der

Sprache, der Besinnung, der Bewegung aller Glieder beraubt. Völlig bewußtlos ward er auf den Rath des schnell herbeigerufenen Arztes ins Bett gebracht; seine trostlose Familie fürchtete das plötzliche Ableben des 74-jährigen Greises; die Trauerbotschaft verbreitete sich mit Blitzesschnelle durch die ganze Stadt; auf dem Kirchhofe und dem Raume vor dem Pfarrhause versammelten sich unter Schluchzen und Thränen, die Väter, Mütter und Kinder der Stadt, die Freuden-Klänge verstummten, Schmerzens-Thränen flossen und Alles harrte in Furcht und Bangigkeit der nächstfolgenden Stunden. Unterdessen hatte sich nach und nach der edle Greis erholt, die Besinnung wenigstens theilweise wiedergewonnen, und war in wohlthuenden Schlaf verfallen. Nun schöpfte Alles neue Hoffnung, und wie durch ein Wunder wiederhergestellt, erwachte der Jubilar gegen 8 Uhr in voller Rüstigkeit und Kraft, völlig unbewußt dessen, was in den vorhergegangenen Unheil verkündenden Stunden mit ihm vorgegangen. Wohlweislich ward Alles dies ihm verheimlicht, aber kein Bedenken weiter getragen, die Feierlichkeiten des Tages zu beginnen. Nur hatte Eine derselben unterbleiben müssen. Es war nämlich auf der Höhe der sogenannten Löwenburg, welche der Jubilar aus seiner Arbeits-Stube überschauen kann, ein kolossales eisernes Kreuz errichtet, mit der Inschrift:

„Land, Land! höre des Herrn Wort!"
Jeremias 22, Vers 29.

Dieses sollte um 7 Uhr enthüllt und glänzend erleuchtet werden. Aber vergeblich harrte der Feuerwerker des verabredeten Signals, der Held des Festes schien dem Tode verfallen. — Es war lichter Tag geworden, als der Jubilar wunderbar wieder hergestellt erwachte und alsbald überreichten ihm seine beiden Enkelinnen, Jungfrauen von 17 und 14 Jahren, auf von denselben zierlich gestickten Kissen, die Schlüssel zum Eingang eines von der Gemeine chaussirten Weges, auf welchem er zu seinem sogenannten „Jubelhause" gelangt, einem am 1. September 1830 für ihn am Vogelberge von der Gemeine in geschmackvollem Styl erbauten massiven Hause zur Erinnerung an seine 25jährige Jubelfeier als Superintendent und Oberpfarrer. —

Unmittelbar darauf versammelten sich die Schullehrer der Diöcese, und überreichten nach angestimmtem geistlichen Gesang, ein von Hossauer in Berlin gearbeitetes silbernes Crucifix; nach ihnen erschien der Aufzug der Schulkinder mit dem Geschenk eines Lehnstuhls; dann statteten der Magistrat und die übrigen Stadtbehörden ihre Gratulation ab; ihnen folgte die Juden-Gemeinde, deren Vorsteher in einer beredten und sehr gemüthlichen Anrede ein in hebräischer Sprache verfaßtes Gedicht überreichten.

Nächstdem statteten die 19 Prediger der Diöcese mit dem Geschenk einer Prachtbibel, ihren Glückwunsch ab und ihnen folgten die Geistlichen der benachbarten Diöcese Salza mit dem Geschenk einer silbernen Schaale. —

Die kirchliche Feier erfolgte nun um 10 Uhr bei dem Zusammenströmen der ganzen Gemeine, von welcher ein großer Theil vor den Kirchthüren verweilen mußte, und begann mit Gesang und einleitendem Gebet, worauf der General-Superintendent der Provinz Sachsen, Dr. Moeller über den Text II. Samuel 7. V. 18. 19.:

„Wer bin ich Herr und was ist mein Haus, daß du mich bis hierher gebracht hast" eine höchst ergreifende Einweihungs-Rede hielt, nach deren Schluß die Einweihung des Jubilars vom General- und zwei assistirenden Superintendenten erfolgte. — Dann verkündete der Generalsuperintendent die dem Jubilar zu Theil gewordenen Gnaden- und Ehrenbezeugungen; er überreichte dem zufolge unter Vorlesung eines sehr gnädigen Königlichen Cabinets-Schreibens dem Jubilar die Insignien des Rothen Adler-Ordens zweiter Klasse mit Eichenlaub, welchen die beiden Enkelinnen des Jubilars ihm anhefteten; ferner Gratulations-Schreiben Sr. Excellenz des Ministers der geistlichen Angelegenheiten, des Consistorii der Provinz Magdeburg und der Regierung zu Erfurt.

Nun folgte der Gesang: „Nun danket Alle Gott!" und die Predigt des Jubilars nach dem Text: Psalm 71, Vers 7 und 8:

> „ich bin vor Vielen wie ein Wunder, aber Du bist meine starke Zuversicht. Laß meinen Mund Deines Ruhmes und Deines Preises voll sein, täglich."

Diese mit kräftigstem Organ, mit jugendlichem Feuer und wahrer Begeisterung vorgetragene Predigt erregte um so mehr allgemeine Rührung, als die ganze Gemeine noch von dem neuen Wunder der so plötzlichen Wiederherstellung des Jubilars, von welchem Er selbst noch keine Ahnung hatte, tief ergriffen war. Kaum in seine Wohnung zurückgekehrt, wurde der Abgeordnete der Universität Halle bei dem Jubilar eingeführt, welcher ihm das Diplom eines Doctors der Theologie überreichte, ihm folgte eine Deputation der 30 Landgemeinen der Diöcese mit dem Geschenk eines silbernen Lorbeerkranzes, auf dessen 30 Blättern die Namen der Dorfschaften gravirt waren. Die schlichtkräftigen Worte des ältesten Schulzen wurden vom Jubilar und vom General-Superintendenten mit väterlichen, christlich frommen Worten beantwortet, welchem nächst ein Aufzug und Anrede des Schützen-Corps, so wie Aufzug und Anrede der jungen Burschen mit Musik erfolgte und das herrliche Fest mit einem Mittagsmahl von 130 Couverten auf dem Raths-Keller beendet ward. — Zwischen diesen festlichen Akten wurden dem Jubilar von seinen Familiengliedern und vielen angekommenen Freunden viele schöne Geschenke, Gedichte 2c. überreicht, worunter sich vorzüglich ein schönes Album mit Gedenkblättern von 52 auswärtigen Gelehrten und Freunden auszeichnete. So endete ein Fest, was die reinste kindliche Liebe bereitete und ausführte für einen Mann, der des Segens Fülle weit und breit ausgestreuet hat, auf welchem der Segen Gottes sichtbar ruht und noch lange ruhen möge."

Wenn in dem Vorstehenden einigermaßen anschaulich wird, wie Hahn zu dem Höhepunkte seines Lebens herangewachsen und gereift ist, so hat dasselbe seinen Zweck erreicht, und es bedarf nur noch weniger Worte.

Hahn suchte nie eine Versetzung in einen andren Wirkungskreis, ja er lehnte Aufforderungen ab, welche ihm reichlichere Einkünfte darboten. Seine Gemeine und seine Diöcese waren ihm ans Herz gewachsen, und er fühlte es als einen Bruch der Treue, wenn er von ihnen schiede anders als durch den Abschied vom Leben. Wohl nie hat er auch nur daran gedacht, in ein höheres kirchliches Amt hinaufzurücken.

Körperliche Leiden haben ihn — wie schon oben angedeutet ist — bis ans Ende seines Lebens fast nie verlassen, und einige Male war er in Gefahr, denselben zu erliegen. So mußte er sich im Alter von beinahe 70 Jahren einer gefährlichen und martervollen Bruch-Operation unterwerfen; aber von den leichter zu tragenden Beschwerden war gar keine Störung an ihm zu bemerken, und wenn ein schweres Leiden vorüber war, so verjüngte er sich immer wieder. So erhielt er sich lange auf der Höhe seiner Kraft, und wenn dieselbe auch gegen sein achtzigstes Jahr hin allmählig sank, so wuchs doch das, was er gepflanzt hatte, durch die von ihm ausgehende Herzenswärme gepflegt, gedeihlich weiter.

Erholte sich auch Hahn schnell und auf wirklich wunderbare Weise von der todesähnlichen Ohnmacht, welche ihn bei dem Anbruch seines höchsten Ehrentages befiel, so muß es uns im Rückblick hierauf doch vorkommen, als sei dies der erste Puls gewesen, mit welchem der Abschied des theuren Mannes vom Leben eingeläutet wurde. Der zweite war das Jahr 1848. Von dem Schlage, der ihn da traf, hat er sich wirklich nicht wieder erholt: Vor dem Schmerz ist er zwar gnädig bewahrt geblieben, daß ein Glied seiner Familie von dem Revolutionsschwindel ergriffen worden wäre, — und dies würde für ihn vielleicht vernichtend gewesen sein, — denn die langjährige Gewohnheit der Herzensinnigkeit, welche unangefochten zwischen ihm und seinen Familiengliedern waltete, hatte ihm diese zur Lebensbedingung gemacht; — aber er sah sich doch in so manchen zuversichtlichen Voraussetzungen getäuscht, so daß Wunden entstanden, welche nicht wieder heilen wollten. Von welcher Seite ihm die bittersten Erfahrungen kamen, das sei der Vergessenheit übergeben.

Schon längere Zeit war es — und für Hahn schmerzlich — fühlbar geworden, daß die Oberbehörde sich nicht mehr, wie ehemals, begnügte, die Gutachten und Vorschläge des Superintendenten zu bestätigen, sondern daß nach eigenem Ermessen von oben her verfügt wurde, was wohl größtentheils nicht seinen Grund im Mangel an Vertrauen, sondern darin hatte, daß die provisorischen Zustände sich auflösten. Nun kamen aber Erfahrungen, welche es zur Nothwendigkeit machten, das Amt als Superintendent und Schulinspector niederzulegen, welche durch die Umstände zu einem wahren Todeskampfe für Hahn wurde. In den Abschiedsschreiben an die Geistlichen und an die Schullehrer der Diöces, beide vom 16. October 1852, liest man zwischen den Zeilen das Gefühl, mit welchem ein Leben abschließt. Der Entschluß, nun erst seiner Gemeine Alles zu sein, was er bisher nicht gekonnt hatte, war noch wie eine schöne Beleuchtung der Wolken am Abendhimmel, hinter denen die Sonne untergeht; aber bald stand das alte treue Herz still.

Als Nachtrag zu diesen Lebensschicksalen nur noch das eine Wort: Gottes Segen über den Mann, der, als Hahns treuer Mitarbeiter an derselben Gemeine, ihm nach manchen trüben Erfahrungen auf dem Felde der Collegialität seine letzten Lebensjahre bis zu seinem Tode durch freundliches Eingehen und hingebende Liebe versüßte! Es ist der ehrwürdige Pastor Böttcher, jetzt in Ringleben.

Lebensbilder.

Wollte der erste Abschnitt darstellen, wie die Ereignisse und Führungen auf Hahn gewirkt haben, so hat sich zwar Manches von dem Wesen und Wirken des Mannes, besonders sofern er eine öffentliche Person war, ungesucht hineingedrängt; aber immer haben wir davon nicht ein solches Bild, an welchem die freundlichen, erquickenden, stärkenden Lebensbeziehungen erwachen, die uns mit dem seligen Hahn verknüpften. Hier will er nun zu uns treten, wie er etwa sich dem fernen Freunde auf seinen Reisen brachte, wie er uns in sein häusliches Walten hineinzog, wie er uns anzog und sich uns hingab als Mensch. Wäre nicht vorauszusetzen, daß das, was hier gesagt werden soll, eine läuternde, erhebende, erfrischende Einwirkung auf unser Gemüthsleben hätte, so könnte es besser ungesagt bleiben; aber es ist nicht auf Vorbildlichkeit berechnet. Dies sei genug zur vorläufigen Verständigung.

Es leben nicht Viele mehr, welche den seligen Hahn als *jungen* Mann gekannt haben; aber von dem Kreise, welcher zu ihm gehörte in dem Alter seiner reifen, noch ungeschwächten Kraft, sind noch Zeugen genug da, welche darüber richten können, ob das, was hier gesagt wird, Wahrheit ist oder nicht. Was der selige Hahn mir besonders gewesen ist, davon muß ich mit Entsagung absehen; doch all den Vielen, denen der theure Mann einen bestimmenden Einfluß auf ihr Leben gewährt hat, möchte ich mit dieser Erklärung die Hand zu dem Bunde reichen: wir wollen das in treuem Andenken bewahren. Denn es gehörte zum Wesen Hahns, daß er — auch unabhängig von den Pflichten seines

21

Amtes — durch wohlthuendes Eingehen in die zartesten Beziehungen des einzelnen Lebens den vielleicht schönsten Theil der Wirksamkeit vollbrachte, mit einer wahrhaft kindlichen Freude daran, wenn es ihm fühlbar wurde, daß man von ihm erquickt war. Ja es war eigenthümlich bei ihm, daß er sich wie zum Danke verpflichtet fühlte gegen den, der sich so recht im Herzen von ihm hatte wohlthun lassen; und darauf beruhte — ihrem Kern und Wesen nach — seine Freundes-Treue. Wir alle, die wir diese erfahren und genossen haben, wir wollen sie nie vergessen, denn sie war köstlich!

Was bei Hahn obenan stand, das war die Pflicht; aber es ist dabei manches Besondere und Eigenthümliche wohl zu beachten. Die nackte, kalte, starre Pflicht, die den Menschen zur Maschine macht, hatte keinen Theil an ihm; er war überzeugt, daß er die Pflicht nicht verstanden habe, so lange ihr Segen ihm in Dunkeln lag; er ruhte nicht eher, als bis er der Pflicht eine solche Gestalt abgewonnen hatte, in welcher sie als segensreich erkennbar war. Dabei begleitete ihn stets die prüfende Frage: Wie kann ich, nach der Art und dem Maaße meiner Begabung, das, was die Pflicht vorhält, ins Leben setzen? — Die Sachen der Form nach abzumachen, das war ihm rein unmöglich. In jener lebensvollen Art der Pflichterfüllung, im Großen wie im Kleinen und Kleinsten, zu lernen war er bis an sein Lebensende unablässig bemüht, und mit der größten Anspruchslosigkeit nahm er jeden guten Rath auf; aber zu bedauern ist, daß er sich nicht etwas mehr befreunden konnte mit einem strengen Geschäfts-Mechanismus, welcher doch zur Uebersicht und zum Zusammenhange des Geschäfts in vielen Fällen so hülfreich ist. Dagegen bleiben mir unvergeßlich die sorgfältig ausgearbeiteten lehrreichen Rundschreiben, mit welchen er uns, seinen Diöcesanen, alle wichtige höhere Verfügungen zuschickte, so daß wir darin die dankenswerthesten Winke über Ausführung derselben und Anwendung auf unsere besonderen Verhältnisse erhielten.

Die Pflichttreue Hahns war Eins mit seiner Wahrhaftigkeit. Hahn hatte eine sehr lebhafte Phantasie; es war ihm natürlich, das Leben poetisch anzuschauen, und erste Eindrücke, welche auf sein Gefühl gemacht wurden, wirkten zuweilen in einem höheren Grade bestimmend auf sein Urtheil, als es ihm später lieb war, und so konnte es nicht fehlen, daß auch er hin und wieder in einen Irrthum hineingezogen wurde; aber mit Wissen und Willen hat er gewiß nie etwas Anderes geredet und geschrieben, als lautere Wahrheit. Es ist nicht gerade der unbedeutendste Theil von Hahns segensreichem Wirken, der darauf beruhte, daß die höheren Behörden wußten, wie viel Vertrauen sie in seine Wahrhaftigkeit setzen konnten. Aber hat Hahn gewiß nie lügen und trügen wollen, so ist er dagegen oft belogen und betrogen worden. Denn wenn das im Obigen ausgesprochene Wort, daß es ihm Bedürfniß war, das ganze Leben poetisch anzuschauen, ein wahres Wort ist, so gilt es besonders davon, daß er viel zu sehr die Wahrhaftigkeit bei jedem Menschen voraussetzte, ja man kann sagen dieselbe jedem Menschen andichtete, als daß er hätte glauben können, ein bestimmter Mensch wolle ihn belügen. Was jedoch so vielen trefflichen Menschen das Grab ihrer Lebensfreude geworden ist, daß nämlich durch oft erfahrnen Betrug ihr Glaube an die Menschheit vernichtet wurde, das war bei dem seligen Hahn unmöglich, und es war sogar, als wenn bei ihm aus jedem untergegangenen Vertrauen sich ein Humus bildete, in welchem altbewährtes und neugebornes Vertrauen desto kräftiger und fröhlicher sein Gedeihen fand. Aus dem Bedürfniß, das Leben poetisch anzuschauen, erklärt es sich leicht, daß Menschen, deren Lebensform unschön und unlieblich war, auch bei einem achtungswerthen Kern nur schwer bei Hahn Eingang fanden; dagegen bedurfte es nicht gerade der Meisterschaft in der Heuchelei, um bei ihm ein günstiges Vorurtheil zu erwecken, und es war ihm unmöglich, zu glauben, ein Mensch, der das Klagen einigermaßen verstand, sei nicht berechtigt zur Klage. Höchst liebenswürdig war die Art, mit welcher er sich sogar selbst darüber lustig machte, wenn er sich zu seinem eigenen Schaden an Geld und Gut hatte belügen und betrügen lassen und die lächerliche Seite daran hervorkehrte, ohne sich selbst zu schonen; dagegen konnte er Feuer und Flamme werden, wenn er dessen inne wurde, daß er zum Nachtheil eines andern Menschen sich hatte belügen lassen; und wer ihn jemals in solcher Weise getäuscht hatte, der konnte bei ihm nie wieder zu Ehren kommen.

3*

Mit der poetischen Anschauung des Lebens hängen drei andere Züge genau zusammen, nämlich der hingebende Verkehr mit der Jugend, die Liebe zur freien Natur und die Reiselust.

Mit Kindern den Vater Hahn umgehen zu sehen, das hatte einen eigenen Reiz. Er that da eigentlich wenig mehr, als daß er sie gewähren ließ; aber die Kinder fühlten den Rapport, in welchen sie mit ihm standen, ließen sich von ihm beleben und zügeln zugleich, ohne daß man vielleicht einen äußeren Einfluß auf sie hätte nachweisen können, und er sog das frische Kinderleben als Erquickung in sich ein. Dagegen wußte er in den Schulen und im Unterricht überhaupt die kindlichen Geisteskräfte auf eine eigene hingebende Art thätig zu machen. Ueberall aber empfangend und gebend, hatte sein Leben eine lebendige Verwandtschaft mit dem Kindlichen. Eben so gab er sich sehr gern dem geselligen Verkehr, dem Umgange, der Unterhaltung mit jüngeren und jungen Personen von einem gewissen Grade der Reife hin, und waren ihm junge, lebensfrische Geister aus dem Kreise seiner Amtsgenossen auch am mehrsten willkommen, so hatte er doch auch einen ganz offenen Sinn für alles geistige Leben, auf wie verschiedenen Bildungswegen es auch erwuchs; und wenn ganz natürlich ein gründlich wissenschaftliches Studium ihn durch das Gefühl der Verwandtschaft anzog, so war er doch auch sehr empfänglich für kecke Gedankenblitze und für das wetterleuchtende Spiel des harmlosen Witzes. Was ihn aber in innerster Seele erquickte, das war der Ausdruck eines zarten und tiefen Gefühls und einer kräftigen Entschiedenheit des Gemüthes, besonders wenn sich darin die fromme Grundlage mehr verrieth als zur Schau stellte. Es mag sein, daß ihn ein gesunder psychischer Instinkt in diesem allen leitete; aber die ausgelernteste Kunst zu leben hätte ihm kein Recept verschreiben können, dessen Gebrauch sicherer die Wirkung gehabt haben würde, dem Alter bis zu seinem hohen Gipfelpunkte so viel Lebensfrische zu erhalten, als es der Fall war. Auch war er sich dessen wohl bewußt, wie er durch die innige Lebensgemeinschaft mit der Jugend sich selbst verjüngte, und er nannte sich wohl scherzend einen Vampyr: denn er brachte nicht in Anschlag, was er für das Empfangene an belebender Wärme zurückgab.

Aber nicht jeden Tag fließen solche Quellen der Lebenserquickung, und wenn sie auch immer sprudelten, so bedarf man zum Empfangen auch einer geeigneten Stimmung, die sich nicht immer bietet. In beiderseitiger Beziehung bot die freie Natur in der reizenden Umgebung von Bleicherode Ersatz für das Entbehrte und Heilung für die zum Erkranken sich hinneigende Verstimmung — ja ich möchte sagen Entstimmung des Gemüthes. Will man recht verstehen, worin die Heilkraft der freien Natur für das Gemüth eigentlich liegt, warum nicht Jeder dieselbe an sich erfährt, wodurch sie sich aber gerade an dem lieben Vater Hahn als eine so unerschöpfliche bewies, so hätte man dies von ihm lernen können, wenn er es hätte mit Worten lehren wollen; und hat er darüber nicht zu uns geredet, so wollen wir es in seiner Seele lesen. Hahn hatte ein Allerheiligstes im innersten Gemach seines Herzens, in welchem seine Seele ein- und ausging, und von wo er immer etwas Hohepriesterliches mitbrachte: es war sein stiller Umgang mit Gott. Frei dastehend in der Umgebung der schönen Natur fühlte er sich von Gott berührt. Daß er dies mit vollem Bewußtsein fühlte, was durch so manches Menschenleben nur wie ein unausgelegter Traum geht, das gab ihm die volle Empfänglichkeit für die ganze Lebenserneuerung, welche die freie Natur dem Menschen an Leib und Seele bietet. — Auffallend kann es scheinen, daß Hahn, bei seinem liebevollen Werben um die innigste Vertraulichkeit im Umgange mit der Natur, sich doch nie zum Studium der Naturwissenschaften hingezogen fühlte; aber stellt man seine poetische Anschauung des Lebens gehörig in Rechnung, so wird die Sache ganz natürlich: das Zergliedern und Zersetzen, welches zu den nothwendigen Handgriffen für den Naturforscher gehört, war ihm vor allen Dingen widerwärtig, dieses planmäßige Zerstören des Lebens schreckte ihn ab; und wenn er nun einmal ein botanisches System in die Hand nahm und sich etwa bei irgend einer Pflanze durch das doch nur halb verstandene Verzeichniß ihrer Kennzeichen hindurchgearbeitet hatte, so war das Lied aus, — nichts von der Physiognomie, dem Habitus, der Lebensweise des Wesens, mit welchem er gern Bekanntschaft gemacht hätte nach dem anschaubaren Totaleindruck seiner Lebenserscheinung. Aber mit dem freundlichsten Dank nahm er es auf, wenn man ihm aufmerksam machte z. B. auf den bräutlichen Kuß der Veronica, auf den wundervollen Bau in der Drüsenbildung des Helleborus und der Parnassia, auf die Oekonomie zur Befruchtung der Passiflora u. dergl.

So viel Belebendes aber auch der Umgang mit der Jugend und der mit der freien Natur für Hahn hatte, so war doch dies theils ein Bewegen im engeren Kreise, theils ein Zurückziehen in sich selbst, und es zog ihn das durch seinen früheren Lebensgang ihm gegebene Bedürfniß von Zeit zu Zeit aus diesem engeren Kreise, in welchem das Leben sich zu einem gewissen Stagniren hinneigte, hinaus in die weite, weite Welt, so daß es sich in ihm regte, wie in dem Vogel, dessen Wanderzeit kommt. Das Meer und die Alpen, und was zwischen beiden liegt und lebt, das zog ihn hinaus. Alle Prosa des Lebens wurde dann abgeschüttelt, und was dahrim, als Bedingung des geregelten Geschäftslebens, eine Geltung als Gesetz der täglichen Lebensordnung war, das mußte einer Lust an Reise-Abenteuern weichen, welche auch der alte Mann noch, gleichsam als poetische Licenzen, mit dem glücklichsten Humor aufnahm, auch wenn sie der Art waren, daß die mehresten Menschen sie als wahre Calamitäten betrachtet haben und dadurch verstimmt sein würden. Mit gutem Bedacht wurde aber oben gesagt: was zwischen Meer und Alpen „lebt." Durch ganz Deutschland — etwa mit Ausnahme eines südwestlichen Stückes — lebten ihm Menschen, denen er von Zeit zu Zeit einmal die Hand drücken, mit denen er die Lebensgemeinschaft durch persönliche Gegenwart erneuern mußte. Es waren nicht gerade lauter Sterne erster Größe am literarischen oder politischen Himmel, die ihn ihre Anziehungskraft fühlen ließen, vielmehr sind viele Pfarrer und Schullehrer mit ganz unbekannten Namen darunter, und bei manchen weltbekannten Persönlichkeiten könnte man es unbegreiflich finden, wie ganz Entgegengesetztes ihm gleichzeitig theuer sein konnte, wenn man nicht weiß oder erwägt, daß Hahn den sittlichen Werth, das ehrliche, treue Gemüth eben sowohl zu schätzen wußte, als die theoretische Glaubenstreue. So konnte er, wie mit Lücke in Göttingen, so mit Ammon in Dresden und mit Paulus in Heidelberg, sich verbunden fühlen. Groß war seine erwiederte Liebe zu Jean Paul dem Dichter, größer noch zu dem Menschen Friedrich Richter, und oft hat er sich seiner gastlichen Aufnahme in Bairenth erfreut. In den späteren Jahren suchte Hahn nur noch die durch den Tod entstandene Lücken in den Reihen der ihm theuren Bekanntschaften auszufüllen durch Menschen, welche entweder als fromme Glaubensbekenner oder als treue Patrioten sich ihm empfahlen. Nur glaube man nicht, daß nur Derjenige ihm als frommer Glaubensbekenner gegolten hätte, welcher — den Glauben gleichsam aus dem Leben herausschälend — denselben als ausschließlichen aber doch beabsichtigten Gegenstand der Behandlung erscheinen ließ; vielmehr hatte er eine wenigstens eben so große Freude an solchen Geisteserzeugnissen, in welchen das Christliche aus einer durch Naturwahrheit anziehenden Lebensgestaltung mehr herausgefühlt sein und auf diesem Wege in Saft und Blut übergehen will, wie in den Volksschriften von Otto von Horn, Jeremias Gotthelf (Bitzius) u. a.; wobei ich jedoch nicht weiß, ob Hahn jemals mit den beiden letztgenannten Männern in persönliche Beziehung getreten ist.

Dies führt uns auf Hahns Umgang mit unserer Literatur. Es war merkwürdig, wie der schon alternde Mann sich geistig verjüngte, als in unserer theologischen Literatur der Glaube sich wieder sein Recht erkämpfte. Er war unablässig bemüht, die gesundeste Nahrung für seinen Geist zu finden, und groß war seine Freude, wenn er wieder ein Buch entdeckt hatte, aus welchem er neues und höheres Leben gewinnen konnte. Dann gab er sich ganz hin und ließ den mächtigeren Geist gern auf sich einwirken, las verweilend in kürzeren Abschnitten und ließ den Inhalt still erwägend an sich vorübergehen, um den Kern zu seinem Eigenthum zu machen. Nicht daß es ihm darum zu thun gewesen wäre, Schätze der Gelehrsamkeit aufzustapeln; aber das geistige Wachsen fühlte er eben so sehr als Bedürfniß, wie er es als Pflicht erkannte: sein stilles, bescheidenes Trachten war, erfüllt zu werden mit allerlei Gottesfülle. Hierbei hatte er etwas Eigenthümliches, was sich anschließt an die Reiselust. Wenn ihn nämlich eine Schrift bedeutend angeregt hatte, so fand er nicht eher rechte Befriedigung, als bis er die Person des Verfassers von Angesicht zu Angesicht kennen gelernt, wo möglich im lebendigen Gespräch über Hauptpunkte gleichsam den geistigen Pulsschlag, den Temperaturgrad der Herzenswärme gefühlt hatte. Er bedurfte der persönlichen Berührung, damit das, was von der Person als Lebensausfluß schriftlich zu ihm gelangt war, als voller geistiger Gewinn in sein Leben überging. Dies beschränkte sich aber nicht auf die Schriftsteller allein, sondern das Verlangen nach persönlicher Bekanntschaft umfaßte auch diejenigen Menschen, welche in Beziehung auf christliches und patriotisches Leben irgendwo und irgendwie thatkräftig wirkten, besonders als Lehrer, bis zum Dorfschullehrer in dem beschränktesten Kreise.

Um uns aber das Wesen des seligen Hahn recht zu vergegenwärtigen, müssen wir uns auch der Betrachtung solcher Züge hingeben, welche ausschließlich dem inneren Gemüthsleben angehören. Dazu gehörte bei ihm Unerschrockenheit, Besonnenheit, und freundliche Milde, innig mit einander verschmolzen. Anstatt „Unerschrockenheit" zu sagen „Muth", wäre hier nicht zu verwerfen, denn Hahn war nicht bloß frei von Furcht vor der Gefahr, wo es darauf ankam, etwas über sich ergehen zu lassen; sondern er trat auch handelnd der Gefahr entgegen. Als mit der Schlacht bei Leipzig das französische Joch zersprengt war, rottete sich das Volk in Bleicherode zusammen, um Rache an denjenigen Personen zu nehmen, welche man als Franzosenfreunde kannte und haßte. Hahn achtete nicht die Gefahr, welcher er sich aussetzte, wenn er sich dem leidenschaftlichen Beginnen der lange unterdrückten und nun entfesselten Volkswuth in den Weg warf; er eilte unter den empörten Haufen, schlug mit den kräftigen Worten die Hitze nieder und verwandelte gründlich die Stimmung des Volkes, indem er anstimmte: „Nun danket Alle Gott!" — Im Jahre 1848 bekämpfte er den Schwindelgeist mit einer solchen Strenge, daß Warnungen, vielleicht auch Drohungen, nicht ausblieben; aber er ließ nicht ab. Auf seinen Reisen war ihm kein schwieriger Weg in den Gebirgen zu gefährlich; durch die ungewohnten Schrecken des stürmischen Meeres fühlte er sich bei seiner ersten Fahrt auf demselben eher gehoben als beängstigt. In einer Nacht durchsuchte er allein ein Haus, in welchem eingebrochene Diebe sich versteckt haben sollten. Das sind einzelne Momente, aus denen erkennbar wird, daß durch die Gefahr Hahns Thatkraft nicht gelähmt, sondern vielmehr geweckt wurde, worin eben das Wesen des wahren Muthes besteht. Aber wenn man einem Menschen gemeinhin Muth zuschreibt, so pflegt man darunter zu verstehen ein keckes Trotzen auf die eigene Kraft, und gerade davon war Hahn weit entfernt; was ihn in der Gefahr und über die Gefahr erhob, das war sein frommes Gottvertrauen. Daher schrieb sich denn auch die Besonnenheit, welche so oft Demjenigen fehlt, dessen Muth aus dem Selbstvertrauen hervorwächst. In der Gefahr die Größe derselben im Auge zu behalten, den Reiz, welchen dieselbe für die muthige Seele hat, mit einem raschen, sicheren Blicke abzuwägen gegen die Wichtigkeit des zu erreichenden Zweckes, die sich darbietenden Mittel zur Abwehr oder zur Ueberwindung der Gefahr zu bedenken, dann aber kühn voranzugehen, das war Hahns Art und Wesen; und könnte man ihm hin und wieder vorwerfen, daß er doch im Eifer für den Zweck zuweilen die Vorsicht habe fehlen lassen, so vergaß er gewiß nur die Vorsicht für seine Person, aber gewiß nie zog er Andere in die Gefahr hinein, wo es ihm unmöglich war, diese von ihnen abzuwenden. Indem es uns vorbehalten bleibt, noch weiter einen der wichtigsten Beweise von Muth an geeigneter Stelle ins Auge zu fassen, lassen wir uns jetzt durch die letzte Bemerkung auf einen Zug in Hahns Wesen leiten, welcher mit dem Muthe in Widerspruch zu stehen scheint, aber gerade bei ihm aus einer und derselben Quelle floß, nämlich die freundliche Milde. Was ihn trieb, für Andere Gefahren zu bestehen, Gefahren von ihnen abzuwehren, das trieb ihn auch, für Andere zu entsagen, zu dulden und jegliches Weh möglichst wenigstens zu mildern. Hahn hatte ein unendlich feines und richtiges Gefühl für jedes Weh eines jeden Menschen. Viele mitleidige Seelen bejammern in der Weichheit oder Weichlichkeit ihres Gefühls jeden nackten Fuß, der über den steinigen Boden schreitet, erzitternd bei dem Gedanken, daß sie selbst mit ihren zarten Fußsohlen da einherschreiten sollten. Da möchten sie denn gleich für alle die Barfüßler Strümpfe stricken oder auf dem nächsten Markte Schuhe kaufen, wenn sie es nur schaffen könnten; aber weil sie nicht Alles schaffen können, so lassen sie Alles ungethan, oder was sie thun, das fangen sie am unrechten Ende an, stricken Strümpfe aus Zephyrwolle und kaufen Ballschuhe für die armen Leute. Hahn kannte die Abhärtung und ihren Segen; aber wo er Dornen auf dem Wege des nackten Fußes liegen sah, da war er bereit sie aufzulesen, und hätte er sie selbst heimtragen sollen. Seine Wohlthätigkeit war unermüdet und weit ausgedehnt; wo er in die Ferne reichen wollte, da hatte er seine heimlichen Helfershelfer, die jetzt hin und wieder etwas von solchen Geheimnissen verrathen; wenn eine Herausforderung erschien, und eben so schnell hatte er den wunden Fleck erkannt: denn welchem Katholiken wäre es unbewußt, welche Stellung seine Kirche gegen uns sogenannte Ketzer einnimmt! — Hahn antwortete dem katholischen Redner, er freue sich, daß derselbe Furcht und Abscheu vor der Zwietracht so lebhaft ausgedrückt habe, wie er selbst sie fühle, daß sie also eines Sinnes wären, dankte ihm für manche Aufklärung über die hier vorwaltende freundliche Gesinnung der Katholiken u. s. w., und schloß mit einem Toast auf die Fortdauer der gegenseitigen Liebe, so ruhig und herzensfreundlich, daß die verscheuchte Heiterkeit der Gesellschaft sogleich zurückkehrte. So war Hahns Wesen in Beziehung auf Verletzungen oder Beleidigungen, welche seiner Person widerfuhren; aber wo ein Heiligthum verlästert oder geschändet wurde, da war er nicht so zahm, daß er nicht hätte auflodern sollen, und wo die Pflicht in seinem amtlichen Kreise verletzt wurde, da sparte er die Rüge nicht, — und er konnte scharf rügen —; indessen liebte er es, sich schriftlich Rechenschaft davon zu geben, daß er nur als berufener Vertreter der Pflicht rügte.

Wir kommen nun zu dem häuslichen und geselligen Leben Hahns, wobei es sich von selbst versteht, daß seine eigene Lebensweise der Hauptpunkt ist. Streng und gewissenhaft hielt er bei seiner Lebensordnung den Gesichtspunkt fest, daß alle seine Kraft und Zeit der Pflicht gehörte, daß nichts davon zwecklos zersplittert wurde, daß aber auch der neue Tag ihn immer wieder mit neuer Kraft ausgerüstet fand. Von der frühen Morgenstunde bis Mittag arbeitete er unablässig für sein Amt; zwar war er dabei zugänglich und offen für Jeden, der eines Geschäftes wegen zu ihm kam, und so weit das Geschäft ging, wurde es eingehend und theilnehmend von ihm besprochen, aber was sich als unnütze Unterhaltung über die Grenze des Geschäfts hinaus anfädeln wollte, das wußte er auf eine Art abzuweisen, die eben so verständlich und entschieden als frei von aller Härte war. Von seinem Mittagessen genoß er nur das Nothdürftige, und nach kurzer Ruhe arbeitete er wieder bis zum Abend; doch war ein Theil der Nachmittagsstunden der wissenschaftlichen Lectüre gewidmet. Nahte nun aber der Abend heran, so spannte er sich völlig aus, um wieder Kräfte zur Arbeit des folgenden Tages zu sammeln. Dann kam sein Spaziergang den er aber auch gern einem willkommenen Gaste opferte; dann ge noß er mit erquickenden Behagen sein frühzeitiges Abendessen, welches ihm um so genußreicher war, wenn er es mit einem Gaste, etwa einem Amtsbruder, theilen konnte: und wie wohl mußte man sich da bei seiner belebten, heiteren Unterhaltung fühlen! — Hahn war überhaupt sehr g a s t f r e i, sah gern von Zeit zu Zeit, besonders an festlichen Gedenktagen eines glücklichen Familien-Ereignisses, eine größere Gesellschaft um sich, überließ sich dem fröhlichen Scherze, den er durch Erzählung mannigfaltiger spaßhafter Erlebnisse zu beleben wußte, und wenn ein neues Curiosum gut erzählt wurde, wie herzlich konnte er da lachen! Aber um 9 Uhr zog er sich unwiderruflich auf sein Zimmer zurück, und kurz darauf legte er sich nieder zum festen und erquickenden Schlafe, der ihm bis in sein hohes Alter nur nur selten versagt war. Bei Hahn fand man überhaupt die musterhafteste Haushaltung mit der Kraft. Die Ernährung und Stärkung des Leibes war hierbei gar nicht vergessen; vom frühen Morgen bis zum Abendessen genoß er in angemessenen Zwischenräumen nährende Stoffe, welche keinen Kraftaufwand zur Verdauung forderten, als Fleischbrühe, Nachmittags ein Glas Bier u. s. w. Das Abendessen aber — pünktlich um 6 Uhr — bestand unabänderlich aus Suppe, Braten mit Kartoffeln, Butter und Käse, wozu er zwei bis drei Gläser Wein trank, wozu bei festlichen Schmause noch höchstens wohl ein viertes kam, während er seinen Gästen die Gläser nicht zählte. Sein Essen und Trinken war ihm G e n u ß, aber eben dies gehörte dazu, daß ihm Speise und Trank recht gedeihlich war, und dies wußte er. Der so genährte, gestärkte und erquickte Leib war ihm aber nur der Boden, auf welchem neue Geistesarbeit wachsen sollte. Und nun ist besonders wohl zu beachten, wie Hahn sich sorgfältig und gewissenhaft davor bewahrte, daß er nicht durch die Arbeit in einen Zustand der Erschöpfung gerieth. Sobald nämlich das Gefühl der Ueberreizung, der Vorbote der Erschöpfung, sich spüren ließ, stieg er seine ziemlich halsbrechende Treppe hinab und ging einige Male in seinem Garten auf und ab, oder er machte bei üblem Wetter einen kurzen Besuch bei seinen Kindern, wozu er immer bereit war, da er vom Aufstehen bis zum Schlafengehen immer vollständig angekleidet war, so daß er nur den Hut aufzusetzen brauchte, um in jedem Augenblicke über die Straße gehen zu können. Die Seinigen wußten schon, warum er kam und behelligten ihn nicht mit Dingen, die ihn hätten stören können. Diese fast geregelte Ordnung des häuslichen Lebens, in welchem Alles seinen stillen Gang ging, als verstände es sich von selbst, war aber nur möglich durch Verhältnisse, die Hahn als Gaben des Glücks erkannte, die aber eben so sehr seine Schöpfung waren. Obenan steht hierin die dem Vater gewidmete Liebe der einzigen Tochter, welche aus dem Nachbarhause und dem eigenen Familienkreise stets wachsam und wirksam in das Vaterhaus hinüberreichte; aber dann — wer von uns, die wir noch leben, kann sich Hahns Haus denken ohne das treue gemeinschaftliche Walten der alten nun auch entschlafenen Stumpf und der vom Alter gebeugten Marie, von denen jene als Haushälterin, diese als Magd an 40 Jahre bis zu seinem Tode ihm dienten? Wer sollte sich aber auch nicht überzeugen, daß ohne Hahns entschiedenen Einfluß diese beiden einander doch eigentlich ausschließenden Naturen nicht lange sich vertragen haben würden! An seinem treuen Wesen entwickelte sich diese Treue bis zum Tode, seine Duldsamkeit und Milde floß über dahin, wo einerseits die Heftigkeit, andererseits die Verletzbarkeit des Oels bedurften, welches ja auch in der Physik bekannt ist als das beste Mittel, die Reibung möglichst aufzuheben oder unwirksam zu machen.

Hahn hatte gelernt zu repräsentiren, wo es sein mußte, und er hatte einen sehr richtigen Takt dafür, zu erkennen, in welchem Kreise und bei welcher Gelegenheit es von ihm gefordert wurde, auch entzog er sich dieser Aufgabe nicht. Hülfreich war ihm hierbei seine hohe, stattliche Gestalt, seine bis ins hohe Alter ungebeugte Haltung, in welcher er uns noch vor der Seele steht, vor Allem aber das Auge, dessen Blick eben so anziehend und Vertrauen erweckend als Ehrfurcht gebietend war. Doch wohl war ihm nicht beim Repräsentiren, denn es stand im Gegensatze zu einem Zuge seines Wesens, den ich nicht besser zu bezeichnen weiß, als wenn ich ihn kindliches Wesen nenne. Dieses Gefühl der Verwandtschaft, der Wesensgemeinschaft mit dem, was in den zarten Anfängen des Werdens befangen, ohne Anspruch auf ein fertig gewordenes Sein, jede Handreichung zur Entwickelung freudig und hingebend aufnimmt, dies war dem seligen Hahn bis in sein hohes Alter ganz eigen: was er schon war, das galt ihm nur als Anfang, und er hatte eine recht eigentlich kindliche

Freude nur in dem Bewußtsein des Werdens. Daher seine zarte, herzliche Dankbarkeit für die Mittheilung jedes Gedankens, der sein inneres Leben erweiterte und erhob. Davon ließe sich noch viel sagen, wenn man es nur recht auszusprechen wüßte, ohne es zu vergröbern.

Etwas ganz Anderes, als Repräsentation, war die äußere Würde, mit welcher er auf die Kanzel und in jedes kirchliche Geschäft seines Amtes eintrat. Es war das Bewußtsein einer empfangenen Weihe, was ihn so hoch aufrichtete. Es war ihm aber auch Gewissenssache, so viel an ihm war dafür zu sorgen, daß er für jede Handlung seines Amtes ganz gerüstet dastand. Darum ließ er keinen Augenblick der Weihe ungenutzt vorübergehen, und unter seinem schriftlichen Nachlaß finden sich Predigten, welche er erst noch halten wollte. Welch ein mächtiger Prediger er war im Bitten und Ermahnen, im Verheißen und Warnen, im Segnen und Strafen, das fühlte Keiner lebhafter, als der, welcher sein Zuhörer war mit dem Bewußtsein, selbst auch Prediger zu sein. Es war vorzugsweise die geistliche Ritterschaft, aus Epheser 6, was ergreifend in Hahns Wesen als Prediger hervortrat, so wie er überhaupt in der muthigen Rücksichtslosigkeit gegen die Gefahr, in der Kraft, mit welcher er dem frechen Trotze entgegentrat, in dem Widerwillen gegen alles Unedle und in der zarten Behandlung alles Edeln etwas echt Ritterliches hatte. Es ist auch unbestreitbar, daß Hahn als Prediger äußerst segensreich gewirkt hat; aber es mußte hinzukommen, was er in der Ausübung der speciellen Seelsorge that.

Bleicherode darf nie vergessen, wie der selige Hahn den Nothleidenden und Bedrängten, besonders den Kranken und Sterbenden, so wie den durch den Tod ihrer Angehörigen betrübten Seelen nachgegangen ist um sie aufzurichten, zu trösten, ihren Glauben zu stärken und ihnen die Trübsal zu einer friedsamen Frucht der Gerechtigkeit zu machen. So weit uns seine Art und Weise dabei bekannt geworden ist, mußte uns sein Wirken auf diesem Wege als eine Ergänzung, ja gewissermaßen als Darlegung einer ganz anderen Seite seines Wesens erscheinen, welche vor dem hochgehaltenen Ton, dem begeisterten Aufschwunge seiner mehrsten Predigten in den Schatten zurücktrat. Hier stieg er in Demuth herab zu den beschränktesten Zuständen des äußeren und inneren Menschen, ließ seine erbarmende Liebe walten, und wo äußere Noth drückte, da schloß er die Herzen auf durch Gaben der Milde. Als die

Cholera in Bleicherode wüthete, hätte man es dem fast achtzigjährigen Greise wohl verzeihen können, wenn er sich zurückgezogen und nur etwa auf dringendes Verlangen hin und wieder einen Kranken besucht hätte; aber mit dem Muthe der Todesverachtung ging er, stets bereit, vom Einen zum Andern, und mit dem, was Andere bewunderten, that er sich selbst nie genug.

Und hiermit zum Schluß.

Hahns Leben war seinem Wesen nach das Leben eines frommen und getreuen Knechtes. Herzlich war seine Frömmigkeit, aber sie stellte sich nicht zur Schau. Er war zu treu als Knecht seines ewigen Herrn, um sich in eine Knechtschaft gegen Menschen zu fügen, wo er irgend ihre Ansprüche merkte; doch gern diente er Jedermann, wo er konnte, und zwar mit Liebe. Ob man Recht hatte, ihn in seinem hohen Alter zu wenig fügsam zu finden u. s. w., darüber werde hier kein Urtheil gewagt. Sein Tod war sanft und selig. Während des kurzen Krankenlagers, welches demselben voranging, war der einzige Ausdruck des Leidens, daß er — sich allein glaubend — mit gefaltenen Händen, klagend und bittend rief: „Mein Herr und mein Heiland!" — Wie er auf seinen Tod vorbereitet war, das beweist eine seiner letzten Predigten, über den Text: „Ich habe Lust abzuscheiden und bei Jesu Christo zu sein.". Aber der Todesengel nahte ihm, ohne daß er selbst seiner gewahr wurde. Der Eindruck, welchen der Tod des seligen Hahn auf die Glieder seiner Familie machte, kann von Jedem ermessen werden, der die Bande der innigsten Liebe näher, als vom Hörensagen kennt. Wie aber die Nachricht von diesem Tode durch den Kreis zuckte, den das Amt an den theuren Mann knüpfte, der mag sich aussprechen in dem Worte desjenigen Mannes, der sich am wenigsten von ihm abhängig fühlen durfte. Dieser sagte mir: „Als wir hörten, Hahn ist todt! war es uns Allen, als stände uns der Puls still." So war unser Leben mit dem seinigen verwachsen, und nur ein Segen kann es für uns sein, wenn dies Gefühl bei uns lebendig bleibt. Genug!

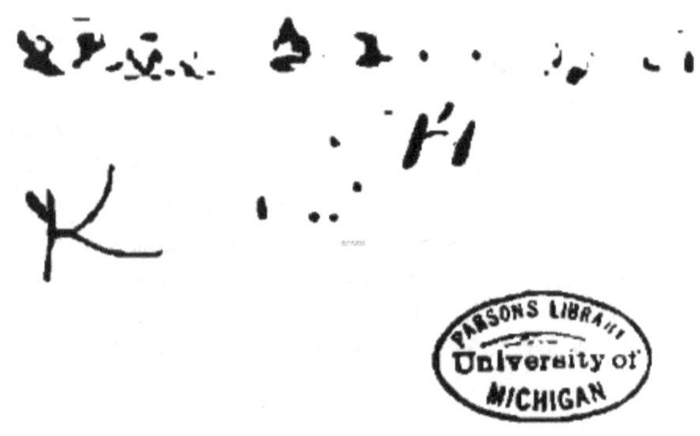

Herrn Geheimenrath u. Prof. Dr. Rau in Heidelberg
als Zeichen der Verehrung
von dem Verfasser.

Andenken

an

Karl Christian Knaus,

Dr. der Staatswirthschaft, ordentl. Professor der Land- u. Forstwirthschaft an der Universität Tübingen.

den Freunden des Dahingeschiedenen

gewidmet

von

Dr. Karl Göriz

Wenn ein neuer Versuch, bis der Gegenstand Gehör findet, ein Verdienst ist, dann ist der Verfasser [illegible] auf diesen Lorbeeren zu [illegible].

Tübingen Jan. 1843.

Knaus.

STUTTGART

Beck & Fränkel.

1845.

Am 2. Sept. 1844 starb im kräftigsten Mannesalter nach kurzem Krankenlager in dem Pfarrdorfe Zell unter Aichelberg in Württemberg **Karl Christian Knaus**, Doktor der Staatswirthschaft, ordentlicher Professor der Land- und Forstwirthschaft an der Universität Tübingen. Ein bewegtes, reiches, thatkräftiges Leben ruht hinter ihm. Seinen vielen Freunden und Verehrern geben wir hiemit eine gedrängte Uebersicht über die Wechselfälle und Leistungen desselben *).

Karl Knaus war am 7. Februar 1801 in Vaihingen an der Enz, einem württembergischen Landstädtchen, geboren. Frühe verlor er seinen Vater, welcher daselbst Amtsphysikus war und bei einer Epidemie ein Opfer seines Berufes wurde. Der Mutter, einer geistreichen und willenskräftigen Frau, lag nun die Erziehung dreier Kinder, nämlich des lebhaften, talentvollen Knaben und seiner beiden Schwestern allein ob. Sie ließ sich in Stuttgart nieder und Knaus trat in das dortige Gymnasium ein. Bald war er in der vordersten Reihe der Klasse, aber auch im muthigen Umhertummeln der Jugend stets einer der Anführer.

Da er sich dem Kameralfache widmen sollte, so fand man es für zuträglich, ihn mit Beginn seines 15. Lebensjahres in einer Schreibstube zu beschäftigen, um ihm Uebung in schriftlichen Ausarbeitungen, Sicherheit in den Formen und Kenntniß des Rechnungswesens zu verschaffen. Drei Jahre war er zu diesem Zwecke in der Kameralverwaltung Bietigheim. Es gereichte ihm dieses zum wesentlichen Vortheile und er hielt es auch später, als es seine Aufgabe war, den Weg zur Ausbildung für landwirthschaftliche Beamte öffentlich zu bezeichnen, für Pflicht, dieses oft übersehene Bildungsmittel mit eindringenden Worten zu empfehlen.

---

*) An dem Tage, an welchem dieser Aufsatz zum Schluß gelangt war, erhielten wir das 4. Heft der Zeitschrift für die gesammte Staatswirthschaft, in welchem sich ebenfalls ein Nekrolog unseres Freundes Knaus aus der Feder des Herrn Dr. Schüz, ord. Professors an der Universität Tübingen, befindet. — Der Vollständigkeit halber glauben wir, aus diesem Nekrologe mehrere uns neue Thatsachen, sowie einige Ansichten und Urtheile des Herrn Dr. Schüz in Anmerkungen beifügen zu müssen, wobei wir jedoch natürlicherweise speziell anführen, was wir aus jenem Aufsatze entlehnen. K. G.

Nach Beendigung seiner Lehrzeit in der Schreibstube besuchte er abermals das Gymnasium in Stuttgart ein Jahr lang und bezog hierauf das im Herbst 1818 neu gegründete landw. Institut Hohenheim. Da er an Ostern 1819 in dieses eintrat, so ist er einer der ältesten Zöglinge dieser Anstalt. Sein Name ist in der Liste, welche jetzt weit über 1000 Studirende enthält, der Zeit des Eintritts nach der siebente.

Die Ausstattung der beginnenden Lehranstalt war klein, die Lehrhülfsmittel dem Umfang nach schwach, aber es ließen die mäßigen Aufoderungen, das treue Zusammenwirken, die gegenseitige Achtung und Liebe der Mitglieder des Instituts vieles Mangelnde übersehen, und das innigste Band unter ihnen bildete die allgemeine Verehrung für Schwerz, welcher mit der Gründung und Direktion der Anstalt beauftragt worden war. Auf einen Jüngling mit der Wißbegierde und der Begeisterung, wie solche Knaus besaß, mußte der $1^{1}/_{2}$jährige Aufenthalt in Hohenheim unter solchen Umständen eben so anregend als fruchtbringend wirken. Nicht nur, daß er während seiner Studien daselbst mit Feuereifer der Theorie und Praxis der Landwirthschaft oblag, so nahm er durch sein ganzes Leben immer den wärmsten Antheil an dem Geschicke der Anstalt und betrachtete sich stets als Mitglied derselben. Namentlich aber ehrte er Schwerz fortwährend wie einen Vater; er war entrüstet, wenn ein Andersdenkender diesem Namen zu nahe trat, vertheidigte ihn zu einer Zeit, wo Schwerz keinen Theil an landwirthschaftlichen Fragen mehr nahm, eifrig mit Wort und Schrift, und als er dieses Frühjahr die Kunde von dem Tode des um die Landwirthschaft im Allgemeinen, besonders aber um die württembergische, so hochverdienten Greises erhielt, veranstaltete er ihm eine erhebende Todtenfeier in der Wanderversammlung der württembergischen Landwirthe zu Hall.

Im Herbst 1820 bezog Knaus die im Winter $18^{17}/_{18}$ mit einer staatswirthschaftlichen Fakultät bereicherte Universität Tübingen. Mit gleicher Liebe, wie bisher das Studium der Landwirthschaft, ergriff er nun auch das der Staatswirthschaft, und wir können nicht umhin, hier einer, wenn schon an sich unbedeutenden Thatsache deshalb zu erwähnen, weil sie sehr bezeichnend für ihn ist. Es war ihm nämlich ganz unerträglich, daß einige Jünglinge, welche zum Studium der Jurisprudenz ꝛc. in Folge der Vorprüfung nicht zugelassen worden waren, dennoch zum Studium der Kameralwissenschaften befähigt erklärt wurden; der Unmuth darüber steigerte sich bei ihm so weit, daß er sich berufen fühlte, die Abstellung dieses Mißbrauches förmlich in Antrag zu bringen und zu dem Ende sich in einer Eingabe an die staatswirthschaftliche Fakultät zu wenden. Wir finden dieses Streben, überall wo er etwas

Tadelnswerthes erkannte, selbstständig alle Schritte einzuleiten, um das Bessere herbeizuführen, durch sein ganzes Leben durchgehend. — Mit bestem Erfolg lebte er auf der Universität seinen wissenschaftlichen Zwecken; aber auch hier war er nicht blos in den Hörsälen und zu Hause hinter den Büchern emsig, sondern ebenso in der hoffnungsreichen, lebensmuthigen Burschenwelt thätig. Es war ein Bedürfniß für ihn, sich mit Gleichgesinnten zu vereinigen, sich in größeren Versammlungen auszusprechen, Plane für Verbesserungen zu entwerfen und Mittel aufzusuchen, wie diese in die Wirklichkeit eingeführt werden könnten.

Nach Vollendung seiner Studien wurde er einige Zeit Referendär bei dem Finanzministerium in Stuttgart und unternahm dann im Mai 1824 eine wissenschaftliche Reise durch Bayern, das Salzkammergut, Oestreich, Mähren, Böhmen, Schlesien, Sachsen und Thüringen. Von besonderer Wichtigkeit wurde ihm dabei der längere Aufenthalt und der nähere Verkehr mit dem damaligen Amtsrath, Rittergutsbesitzer **Albrecht Block** zu Schierau in Schlesien, bei welchem er die beste Gelegenheit fand, sich mit dem Taxationsgeschäfte vertraut zu machen. Außerdem zog ihn Altenburg mit seinen geschlossenen Gütern und seinem wohlhabenden, gebildeten Bauernstande am meisten an.

Im Herbste desselben Jahres in die Heimath zurückgekehrt, wurde er sogleich in Untersuchung gezogen wegen Theilnahme an einer geheimen, über den größten Theil von Deutschland verzweigten, politischen Verbindung, welcher er in der letzten Zeit seines Aufenthalts in Tübingen beigetreten war. Die Festung Hohenasperg war sein Untersuchungs- und Strafaufenthalt *). Seine Aussichten auf einen Wirkungskreis im Staatsdienste schienen auf immer vernichtet und es lagen trübe Wolken auf dem Bilde seiner Zukunft. Ein gütiges Geschick fügte es jedoch so, daß ihm ganz kurze Zeit nach seiner Freilassung, im Februar 1826, eine entsprechende Thätigkeit in der Richtung, welche ihm nunmehr allein noch offen zu stehen schien, geboten wurde. Er erhielt den Antrag, ein

*) Herr Dr. Schüz gibt darüber noch folgende nähere Mittheilungen: „Die Untersuchungshaft dauerte 7 Monate und auf 2 weitere Jahre lautete das Erkenntniß des Gerichtshofs vom 27. März 1825. — Wohl mag man seiner Versicherung glauben, daß die moralische Schuld geringer war, als die Schuld vor dem Gesetze. „„In dem Eintritt in eine geheime, politische Studentenverbindung und in dem Besuch einiger Versammlungen, in welchen sehr unbedeutende Gegenstände zur Sprache kamen, besteht meine Schuld vor Gott und meinem Gewissen,““ schrieb Knaus auf eine Abschrift der Entscheidungsgründe des erkennenden Gerichts. Durch königliche Gnade wurde ihm auch ein Theil der Strafe erlassen und er im Januar 1826 seiner Haft entledigt. Eine schwere Unterleibskrankheit, eine Folge seiner Gefangenschaft, beschloß diese Leidenszeit.“

dem Grafen von Welsperg gehöriges Gut zu Langenstein in Oberschwaben zu bewirthschaften und nahm denselben mit dem Entschlusse an, sich die Ausübung der Landwirthschaft zur Lebensbestimmung zu machen. Bald kam er jedoch in die Lage, die Schwierigkeit seiner neuen Verhältnisse in ihrer ganzen Kraft zu fühlen. Eine schwere Krankheit kam über ihn; die Herrschaft Langenstein wurde verkauft und er dadurch außer Thätigkeit gesetzt; das Vermögen, auf eigene Rechnung ein Gut zu kaufen, oder einen größern Pacht zu übernehmen, besaß er nicht.

Er bewarb sich abermals um die Stelle eines Oekonomie-Verwalters und fühlte sich glücklich, sie unter Umständen zu finden, unter welchen es ihm möglich wurde, neben der Fortübung der landwirthschaftlichen Praxis auch seinen übrigen Kenntnissen und Eigenschaften allmählig wieder mehr und mehr Geltung zu verschaffen. Es wurde ihm nämlich im September 1826 die Verwaltung zweier Güter des Fürsten von Löwenstein-Werthheim, ganz nahe bei der Stadt Werthheim am Main, übertragen. Seine Aufgabe war dabei eine besonders schwierige, indem die Güter nicht ausschließliches Eigenthum des Fürsten waren, indem es an einem Wirthschaftshofe mangelte, u. s. w. Knaus wußte jene jedoch so zu lösen, bewährte sich überhaupt auch bei manchen weiteren Aufträgen, welche ihm in landwirthschaftlichen Angelegenheiten der ausgedehnten Administration gegeben wurden, so sehr als umsichtigen praktischen Oekonomen und sonst tüchtigen Geschäftsmann, daß ihm neben jener Güterverwaltung die Besorgung des Fürstl. Rentamts Umpfenbach in Bayern zugewiesen und daß er bereits im Jahre 1828 als Oekonomierath in die Domainenkanzlei gezogen wurde.

Sein Einkommen gestattete ihm nunmehr, ein eigenes Hauswesen zu gründen und er vermählte sich mit Franziska, gebornen Stabel aus Stockach am Bodensee, welche er schon während seiner Studienzeit in Tübingen sich zu seiner Lebensgefährtin auserlesen hatte. Sie hatte ihm unter den ungünstigsten Verhältnissen ihre treue Liebe erhalten.

Sein Wirken in Werthheim dauerte bis zum Jahre 1832, wo er als Domainenrath in die Dienste des Fürsten von Leiningen trat. Sein Wohnsitz wurde Amorbach im Königreich Bayern. Hier blieb er bis zum Jahre 1840.

Diese beiden standesherrlichen Dienste, welche zusammen einen 14jährigen Zeitraum umfassen, erhielten ihn nicht nur fortwährend auf dem Laufenden mit dem rein praktischen Betriebe, indem unter seiner unmittelbaren Aufsicht viele Güter, Schäfereien, technische Gewerbe in Selbstverwaltung standen, sondern sie gaben ihm insbesondere Gelegenheit, sich mit den höheren Administrationsgeschäften des Landwirths, mit der Anfertigung von Wirthschafts-Plänen, dem Neubaue und der Einrichtung von Oekonomiehöfen, der Leitung von Pacht-, Kaufs- und Tauschverhandlungen, mit Ablösung von Zehnten, Schäferei-Uebertrieben *) u. dgl. innigst vertraut zu machen.

Die Fürsten, deren Interesse Knaus zu vertreten hatte, gaben ihm sowohl während seiner Anstellung bei ihnen, als auch noch nach dem Austritt aus ihren Diensten vielfache ehrende Beweise ihrer Zufriedenheit. Die ihm untergeordneten Wirthschaftsbeamten erkannten mit dankbarer Anhänglichkeit die Humanität seiner Behandlung; namentlich aber muß hervorgehoben werden, daß ihm auch die Bezirke und die einzelnen Personen, mit denen er in den vielen Ablösungsgeschäften zu unterhandeln hatte, ein für solche Verhältnisse seltenes Zutrauen, das auf die Rechtlichkeit und Billigkeit seines Verfahrens begründet war, schenkten. Er hatte die Gabe, den Weg zu finden, auf welchem sich die Interessen der Berechtigten und Belasteten vereinigen lassen; er hatte, wenn schon Vertreter von Standesherrn, auch ein Herz für das Volk.

Dieses bewies er insbesondere noch dadurch, daß er trotz seiner umfassenden dienstlichen Arbeiten stets bei der Hand war, durch thätige Theilnahme an den sich in jener Gegend (dem Odenwald und dem sogenannten Baulande mit der Angrenzung am Main, Neckar, Jart und Tauber) so nahe berührenden landwirthschaftlichen Vereinen von Bayern, Baden und Hessen das gemeine Wohl zu fördern und zu heben **). Bei allen betheiligte er sich als Mitglied, war bald Vorstand, bald Sekretär, jedenfalls lebhafter Mitführer des Wortes in den Versammlungen und in den Zeitschriften.

Von ihm rührt auch der Gedanke einer regelmäßigen Zusammenkunft ehemaliger Hohenheimer Zöglinge an ihrem Bildungsorte Hohenheim her. Im Frühjahre 1833 hatte die erste

---

*) Ueber die umfangreichen Uebertriebsablösungen des Fürstlichen Hauses Leiningen gab Knaus im Badischen Wochenblatt 1834, Nr. 22. und 1838, Nr. 6. öffentliche Mittheilung. Herr Dr. Schüz sagt hierüber: „Zu gütlicher Ablösung von Schäfereiberechtigungen im Kapitalwerth von ohngefähr 120,000 fl. auf etlich und dreißig Markungen in den Badischen Bezirksämtern Adelsheim, Borberg, Eberbach, Mosbach, Sinsheim, Walldürn rc. wirkte er nicht nur als Leiningen'scher Beamter, sondern auch als Bevollmächtigter von Privaten und Gemeinden mit und hat sich dadurch unbestrittene Verdienste um das öffentliche Wohl erworben."

**) Ohne Zweifel geschah es auch auf seinen Antrag, daß der Fürst von Leiningen im Jahre 1838 einen Preis von 100 Dukaten für die gelungenste Darstellung des land- und forstwirthschaftl. Zustandes des Odenwaldes aussetzte, welchen Preis der Forstmeister Jäger zu Erbach erhielt. Diese Schrift erschien in Darmstadt, 1843, bei Dingeldey.

Vereinigung dieser Art Statt, dann wieder eine in den Jahren 1836 und 1839, indem für diese Zusammenkünfte eine 3jährige Wiederkehr festgestellt wurde. Im Jahre 1842 ließ man die Versammlung deutscher Land- und Forstwirthe, welche damals in Stuttgart abgehalten wurde und welcher ohnedieß die meisten ehemaligen Hohenheimer Zöglinge beiwohnten, als entsprechenden Ersatz dafür gelten und die 3jährige Zusammenkunft unterblieb daher, wird jedoch im Frühjahre 1845 abermals statthaben. Bei den drei abgehaltenen Versammlungen, welche Knaus von Amorbach aus besuchte, wurde er als Vorstand erwählt. Die Tage dieser Vereinigung waren nicht bloß Feste des Wiedersehens alter Studiengenossen, sie gaben nicht bloß Gelegenheit, daß sich die Zöglinge von 15—20 Jahreskursen, die erfahrenen Praktiker, die beginnenden Wirthschafter und die noch in den Studien begriffenen Jünglinge kennen lernten und unter dem Schutz der gemeinschaftlichen Mutteranstalt gegenseitig inniger an einander schlossen, sondern sie gaben auch ein sichtliches Bild von den Leistungen des Hohenheimer Instituts, sie vertheidigten dieses gegen mißfällige Urtheile, welche namentlich im Jahre 1833 von Befangenen öffentlich gefällt worden waren, sie führten vielseitige Erörterungen über das Fach*), theils wissenschaftlichen, theils praktischen Inhalts, herbei und brachten manchen Plan, manchen Wunsch in Anregung, der kurze Zeit darauf, mehr oder weniger vollendet, in's Leben trat. Wenn wir hier die Gründung eines landwirthschaftlichen Wochenblattes für Württemberg, die Aufstellung eines eigenen Lehrers aus dem Schulstande für die Ackerbauschule (beide vorgeschlagen im Jahre 1833), die herbeizuführende Beschreibung der Württembergischen Landwirthschaft (vorgeschlagen 1839) beispielsweise anführen, so sind wir weit entfernt, sagen zu wollen, die Versammlungen ehemaliger Hohenheimer Zöglinge seyen die einzige Veranlassung zu Verwirklichung dieser Fortschritte gewesen; aber gewiß waren sie nicht ohne wesentlichen Einfluß darauf.

So thätig sich Knaus in dieser Periode seines Lebens als Mitglied und Wortführer gemeinnütziger Vereine erwies, so thätig war er auch in literarischer Beziehung, und es enthalten die Zeitschriften des Bayrischen, Badischen, Hessischen Vereins, Rau's Archiv der politischen Oekonomie, das Correspondenzblatt des Württ. landw. Vereins und das in Hohenheim redigirte Wochenblatt für Land- und Hauswirthschaft eine Menge belehrender und anregender Aufsätze aus seiner Feder. Darunter befinden sich — dieß ist für ihn bezeichnend — verhältnißmäßig nur wenige aus dem Gebiete der

*) Zum Beweise des hier Gesagten lese man den von Knaus verfaßten Aufsatz: „Die Versammlung der ehemaligen Hohenheimer Zöglinge am 13. und 14. Mai 1836 im Hohenheimer Wochenblatt, 1836, Nr. 22, 25, 27, sowie die Aufsätze über die Versammlung von 1839 in derselben Zeitschrift.“

landwirthschaftlichen Produktion und es beschäftigen sich die meisten mit den allgemeineren, höheren Fragen des Betriebs. Schon damals hatte er die Richtung eingeschlagen, die er später so ausschließlich verfolgte, die Ansicht gewonnen, die er in seinem „Flurzwang", S. 48 mit den Worten ausspricht: „Was helfen die Förderungsmittel für landwirthschaftliche Produktion, wenn es am Segen eines geordneten Besitzes fehlt und der Landbauer nicht aufhören kann, unter täglichen Verkümmerungen sein Gewerbe zu betreiben!" Mag auch dieser Satz nicht allgemein als richtig anerkannt werden, er weist jedenfalls auf den Weg hin, den sich Knaus ausgewählt hatte und dessen Verfolgung für ihn in Wirklichkeit der angemessene war.

Eine größere Verbreitung durch besonderen Abdruck erhielten folgende Schriften aus jener Zeit:

Ueber Ausbildung landwirthschaftl. Beamten. Amorbach, 1838.

Ueber die Entbehrlichkeit der Waldstreu im Odenwalde. Amorbach, bei Volkhardt, 1839 und

Ueber Schafweide-Ablösungen. Stuttgart und Tübingen, bei Cotta, 1840.

Letztere ist eine Preisschrift, welche von der Potsdamer Versammlung deutscher Land- und Forstwirthe gemeinschaftlich mit der des Amtsraths Karbe gekrönt wurde und auch gemeinschaftlich mit dieser zum Drucke kam*).

---

*) Von den übrigen Aufsätzen nennen wir noch einige der bedeutenderen: Im „Hohenheimer Wochenblatt" finden sich: die Ablösung der Grundlasten und namentlich des Schäfereiübertriebsrechts (1834, 9. Beilage). — Die Staatsdomainen und deren Veräußerung (1835, 9. Beilage). — Die Revision der Agrikultur-Gesetzgebung (1835, Nr. 31). — Die Ablösung der auf dem Grundeigenthum lastenden Abgaben (1836, Nr. 9). — Die Schienenkunstbeete (1836, Nr. 24). — Anbau der Topinambur (1837, Nr. 44). — In der „Zeitschrift für die landw. Vereine des Großh. Hessen", 1839, Nr. 9, Bemerkungen über den Ruchadlo und den Schwerz'schen Pflug. — Im „Badischen Wochenblatt" finden sich: Was thut dem Odenwald Noth? (1837, Nr. 32). — Vortrag über die Karlsruher Versammlung deutscher Land- und Forstwirthe (1838, Nr. 43). — Dorn'sche Dachdeckung (1839, Nr. 13). — Allgemeinere Verbreitung landw. Kenntnisse (1839, Nr. 15). — Schafraude (1840, Nr. 2). — In den „Verhandlungen deutscher Wein- und Obstproducenten" (Heidelberg, 1840) ist ein Vortrag „über Obst- und Baumfrevel als wesentliches Hinderniß der Obstbaumzucht" abgedruckt. In dem „amtlichen Bericht der Potsdamer Versammlung deutscher Land- und Forstwirthe" (Berlin, 1840) befindet sich eine „Zuschrift von Knaus über die Gefahren der immer zunehmenden Güterzertrümmerung in einzelnen Gegenden Deutschlands." — In „Rau's Archiv der politischen Oekonomie" (4ten Bandes, 1. Heft. Heidelberg, 1840) ein Aufsatz „über die Benützung und Verwaltung größerer Güter mit besonderer Rücksicht auf Süd-Deutschland." — Zum Schlusse bemerken wir, daß unseres Wissens die erste von Knaus dem Druck übergebene Arbeit schon von dem Jahre 1822 herrührt und in einer Empfehlung der Walze als

Um Ostern 1840 wurde die Stelle eines Professors der Land- und Forstwirthschaft in Tübingen erledigt. Die Universität bezeichnete Knaus als den geeignetsten Vertreter dieser Fächer und er erhielt den Ruf zu dieser Lehrstelle, welchen er mit freudigem und dankbarem Gemüthe annahm, denn er sah sich dadurch in einen Wirkungskreis versetzt, wie er sich vermöge seiner Vorbildung und seines Strebens keinen schöneren denken konnte. Zugleich wurde er damit seinem Heimathlande, nach welchem er sich schon lange von ganzer Seele sehnte, wiedergegeben.

Seine Theilnahme an der politischen Verbindung der früheren Zeit war für den hochherzigen König Wilhelm kein Grund gewesen, den Mann, der ihm als der Tüchtigste genannt worden war, auszuschließen*).

Am 12. Nov. 1840 hielt Knaus in Tübingen seine Antrittsrede, welche über den hohen Werth einer allgemeinen Bildung in der Landwirthschaft für ein ackerbautreibendes Volk handelte. (Sie ist abgedruckt im Hohenheimer Wochenblatt 1840, Beilage Nr. 8.) Mit wahrer Liebe widmete er sich dem Lehrfache; er fühlte so ganz das Gewicht seines Einflusses auf junge Männer, welche dereinst in die Lage kommen, als höhere Staatsbeamte in der Verhandlung der wichtigsten Fragen über Land- und Forstwirthschaft mitzusprechen. Er kannte aus seiner früheren Laufbahn die vielen Seiten, von welchen diese Fragen zu Herbeiführung einer entsprechenden Lösung betrachtet werden müssen und war sich ganz klar darüber, welches Ziel er als akademischer Lehrer verfolgen, welche Grenzen er einhalten müsse. In einem Vortrage, welchen er bei der 6. Versammlung deutscher Land- und Forstwirthe, (siehe den amtlichen Bericht dieser Versammlung, Stuttgart 1843, Seite 60) hielt, bezeichnete er dieses Ziel folgendermaßen: „In die gewerblichen Verhältnisse nicht tiefer einzudringen, als nöthig ist, um die höheren Beziehungen jener privatwirthschaftlichen Fächer zum Staat und zu den übrigen Gewerben, deren Eingreifen in das öffentliche, Gemeinde- und Privatwohl durchschauen zu lernen; um Anhaltspunkte zu erlangen für ein reifes und möglichst selbstständiges Urtheil über die staats-

Ackergeräthe besteht. Sie wurde in einer damals sehr verbreiteten Zeitschrift, „dem Würtembergischen Volksfreund", mitgetheilt.

*) Herr Dr. Schüz spricht sich hierüber mit folgenden Worten aus: „Trotz den Bedenklichkeiten, die sich gegen seine Berufung als akademischer Lehrer erhoben und die in seinen früheren politischen Verwicklungen ihren Grund hatten, erfolgte doch durch hochherzigen Entschluß Sr. Majestät des Königs den 13 August 1840 seine Ernennung zum ordentlichen Professor der Universität. Diese anerkennende Zurückberufung in das Vaterland zu einer seinen Wünschen höchst entsprechenden Wirksamkeit erfüllte ihn mit tiefer Freude und Dankbarkeit und machte durch die innere Anregung, die sie auf ihn ausübte, Epoche in seinem Leben."

polizeilichen und politischen Beziehungen der beiden Gewerbe, über land- und forstwirthsch. Domanialverwaltung, über das Grundsteuerwesen und die agrarische Gesetzgebung. Darum ist offenbar die Betriebs- oder Gewerbslehre der bei weitem wichtigere, die Produktionslehre aber der weniger bedeutende, der blos vorbereitende Theil des akademischen Vortrags."

Die Verfolgung dieses Plans erhielt eine allgemeine Billigung und war von günstigem Erfolge gekrönt. Dabei wußte er in seinen Vorträgen die ihm innewohnende Begeisterung für seine beiden Fächer, und zwar — obschon er früher keine eigentlichen forstlichen Studien gemacht hatte — für das forstliche so gut als für das landwirthschaftliche Fach, seinen Zuhörern so sehr mitzutheilen und einen so freundlichen, ermunternden Privatverkehr mit ihnen zu unterhalten, es war die frische Kraft seines Geistes und Willens, die Geradheit seines Charakters so anziehend, daß er sich eines ungetheilten Beifalls, eines tiefen und dauernden Eindrucks, einer reinen Anhänglichkeit und Verehrung zu erfreuen hatte.

In seiner Natur lag es jedoch, wie wir schon oben angedeutet haben, keineswegs, sich mit Erfüllung seines amtlichen Berufs zufrieden zu stellen; es trieb ihn fortwährend, sich noch weitere Bahnen der Wirksamkeit zu brechen. Nicht blos für junge Männer, welche erst im Laufe der Zeit das, was sie als das Beste erkannt haben, in's Leben einführen können, wollte er arbeiten, sondern den Hebel seiner Kraft auch da anlegen, wo er unmittelbar zu wirken im Stande war. Er bereiste daher in seinen Ferien das ihm durch lange Abwesenheit theilweise fremd gewordene Württemberg, erforschte die bestehenden land- und forstwirthschaftlichen Verhältnisse, besonders in Betreff der allgemeinen Hemmnisse der Kultur, und suchte mit all der ihn belebenden Energie einen verbesserten Zustand durch Schrift und Wort herbeizuführen.

Seine Vorliebe für das Schaffen durch die Vermittlung von Vereinen*) und größeren Versammlungen entwickelte er fortwährend. Um von dem Nächstliegenden zu beginnen, erwähnen wir, daß er den Interessen des Tübinger landwirthsch. Bezirksvereins, dessen Vorsitz er längere Zeit führte, mit regem Eifer lebte; er war ferner rühriger Korrespondent der Centralstelle des Württ. landwirthsch. Vereins, er nahm innigen Antheil an den Verhandlungen der Versammlungen Deutscher Land- und Forstwirthe, be-

*) Knaus erhielt außer dem Diplome eines Doktors der Staatswirthschaft, welches ihm beim Antritt seiner Lehrstelle übergeben wurde, noch Diplome als Ehrenmitglied der landw. Vereine des Großherzogthums Hessen und des Fürstenthums Hohenzollern-Sigmaringen, ferner als koresp. Mitglied der Centralstellen der landw. Vereine in Württemberg, Bayern und Kurhessen.

sonders aber hoffte er sich ein schönes Gebiet des Wirkens dadurch zu verschaffen, daß er eine alljährlich sich vereinigende **Wandergesellschaft Württembergischer Landwirthe** gründete. Ihre erste Zusammenkunft war im Jahre 1843 in Göppingen, ihre zweite im Jahre 1844 in Hall. Beide Male fanden sich 350—400 Mitglieder, und zwar nicht blos aus der Zahl der gebildeten Landwirthe, sondern der Mehrzahl nach auch aus dem Bauernstande, zum Theil aus großen Entfernungen, ein. Neben manchen Erörterungen aus der landwirthschaftlichen Praxis kamen auch hier wieder vorzugsweise die allgemeineren Fragen über Beseitigung von Grundlasten, Zehnten, Flurzwang, über Dienstbotenordnung, über ein Wiesenwässerungsgesetz u. s. w. zur Sprache, und es wurden in diesen Richtungen manche Bitten und Wünsche an die Staatsregierung gebracht*). Knaus zeichnete sich dabei, wenn er schon fortwährend den Vorkämpfer der Interessen des Bauernstandes bildete, durch seine Ruhe und Mäßigung aus. Allen rasch vorgreifenden Foderungen trat er entgegen; er war umsichtig genug, einzusehen, daß das Höchste nur stufenweise erreichbar ist und daß eine Ueberschreitung der nächsten Stufe nichts taugt. Diese nächste Stufe aber, welche zu gewinnen er im Bereiche der Möglichkeit hielt, wollte er stets mit einem raschen Schritte erstiegen wissen. Auf diese Weise brachte er es bei der Haller Versammlung dahin, daß einige sehr würdige Repräsentanten des Württ. Adels seinen Vorschlägen über Ablösung der Grundlasten ihre vollkommene Zustimmung gaben und die Anwesenden des Bauernstandes ihrer Seits anerkannten, daß es nicht nur Pflicht sey, sondern daß es auch zur Ehrensache gehöre, die angemessene Summe zu bieten.

Für das Jahr 1845 ist unter den Städten, welche sich darum bewarben, Versammlungsort der Wandergesellschaft zu werden, Rottenburg am Neckar gewählt worden. Knaus war zu einem der beiden Vorsteher ernannt — man wird nun daselbst seine Todtenfeier begehen.

Wenden wir nunmehr den Blick auf die schriftstellerische Thätigkeit, welche Knaus seit seiner Anstellung in Tübingen (1840) entwickelt hat, so müssen wir in der Menge interessanter Aufsätze, welche er bald in dieser, bald in jener Zeitschrift, wo es ihm gerade das Passendste schien, niederlegte, seinem Fleiße, seiner Fer-

*) Die Grundzüge des Plans für die Gesellschaft finden sich im Hohenheimer Wochenblatt 1843, Nr. 3; ebendaselbst die Verhandlungen der Göppinger Versammlung 1843, Nr. 46, Beilage 8 und 1844, Nr. 6, Beilage 2. — Die Worte, welche Knaus bei Eröffnung dieser Versammlung sprach, sind in Tübingen bei Fues 1843 abgesondert im Druck erschienen. — Die Verhandlungen der Haller Versammlung werden in einem besonderen Hefte herausgegeben werden.

tigkeit im Niederschreiben der Ideen und seinem ernstlichen Willen, die Wissenschaft zu fördern und Gutes für's praktische Leben zu wirken, alle Anerkennung widerfahren lassen. Zu bedauern ist es freilich, daß diese seine Mittheilungen so sehr zersplittert sind, indem wir sie in Cotta's Vierteljahrsschrift, der Zeitschrift für die gesammte Staatswissenschaft, dem Hohenheimer Wochenblatt, André's ökonomischen Neuigkeiten, in Fischers landw. Literatur-Zeitung, in den amtlichen Berichten der deutschen Land- und Forstwirthe, der Augsburger allgemeinen Zeitung, dem Schwäbischen Merkur ꝛc. zusammenzusuchen haben *). Besonders abgedruckt wurden hiervon „die Mobilisirung des Grundeigenthums" (Stuttgart, 1842, bei Metzler) und „der Flurzwang" (Stuttgart, 1843, bei Cotta). — Ferner veröffentlichte er ein populär geschriebenes „Gespräch zwischen einem Ortsgeistlichen und einem Bauern über die Wiesendüngung" (Tübingen, 1842, bei Fues), in welchem er den Mißbrauch nachweist, welcher in vielen Theilen von Württemberg noch mit dem Düngen der Wiesen betrieben wird. Eine zweite Auflage dieses Gesprächs kam noch in demselben Jahre heraus.

Besondere Beachtung verdienen seine Abhandlungen über Güter-

---

*) Auch hier heben wir die wichtigeren, uns bekannten Abhandlungen hervor. Knaus hat sich nicht überall als Verfasser genannt, deßhalb möchte die Aufzählung einestheils seine Freunde besonders ansprechen, anderntheils aber werden wir Entschuldigung verdienen, wenn auch uns ein einzelner größerer Aufsatz entgangen ist. „Cotta'sche Vierteljahrsschrift" 1844, 2. Heft: Ansichten und Vorschläge über den Betrieb und Geschäftsgang der jährlichen Versammlung deutscher Land- und Forstwirthe. —. 1841, 3. Heft: Tüchtige Fortbildung des Bauernstandes mit besonderer Rücksicht auf die Errichtung von Ackerbauschulen. — 1843, 2. Heft: Der Flurzwang in seinen Folgen und Wirkungen, und Mittel zu dessen Beseitigung. — 1843, 3. Heft: Organisation und Wirksamkeit landw. Vereine, mit besonderer Beziehung auf das südwestliche Deutschland. „Zeitschrift für die gesammte Staatswirthschaft" 1844, 1. Heft: Socialer Werth des Zeitpächterstandes. — 3 Heft: Die politische Landgemeinde als Grundeigenthümerin. „Hohenheimer Wochenblatt" 1841, Nr. 40: Die deutsche Agrikulturgesetzgebung in Bezug auf den Neubruchzehnten. — 1842, Nr. 17: Pferdezucht mit besonderer Rücksicht auf Württemberg. Nr. 35: Ackerbaukolonieen in Württemberg. Nr. 37: Seidenzucht. — 1844, Nr. 13: Verhalten des Württ. Landwirthes nach nunmehr beschlossenem Bau von Eisenbahnen. „Oekonomische Neuigkeiten." Unter manchen Korrespondenzartikeln verdienen einer Erwähnung der über die Ackerbauschulen in Württemberg, 1842, Nr. 33, der über die 6. Versammlung der Land- und Forstwirthe in Stuttgart, in 13 Briefen, 1842, Nr. 106 und folgende, und der über die Haller Wanderversammlung, 1844, Nr. 82. In Fischer's „Literaturzeitung" sind viele Recensionen von seiner Feder, unter denen wir die über List's Ackerverfassung, Reinhardt's Hopfenbau, Reinhardt's Weilheimer Hof anzuführen haben, in der „Augsburger Allg. Zeitung" namentlich auch die Zusammenstellung der Leistungen in der Altenburger Versammlung deutscher Land- und Forstwirthe und ein Aufsatz über Auswanderung.

zerstückelung, den dadurch herbeigeführten Flurzwang und die Hülfsmittel gegen dieselben, nämlich die verbesserte Feldereintheilung durch Zusammenlegung der einzelnen Parzellen eines Besitzers, die gesetzliche Festsetzung eines Parzellen-Minimums und die möglichste Erhaltung der größern Bauerngüter. In Betreff der Güterzerstückelung hatte er, wie oben erwähnt wurde, schon im Jahre 1839 die Potsdamer Versammlung aufgefordert, sich dieser hochwichtigen Frage anzunehmen. Seine Zuschrift wurde dem Berichte einverleibt, aber der Gegenstand kam nicht zur Debatte. Von Neuem erinnerte er daher in der Stuttgarter Versammlung (1842) daran, und zwar mit besserem Erfolg. Es zeigte sich hier eine steigende Theilnahme an dieser Lebensfrage des landwirthschaftl. Wohlstandes. Noch wärmer aber wurde sie im Jahre 1843 bei der Altenburger Versammlung, bei welcher Knaus leider nicht persönlich anwesend seyn konnte, aufgenommen, und wird nun ohne Zweifel unter die regelmäßigen Themata dieser Versammlungen gehören. Seine damit in Verbindung stehende Abhandlung über den Flurzwang verspricht ebenfalls Früchte zu tragen und ihm ein segensvolles Andenken zu verschaffen.

Seine letzte, größere Arbeit, mit der er sich beschäftigte, war die Beantwortung der Frage: „Ist die Freigebung der Bauerlehen unter allen Umständen den agrarischen Zuständen zuträglich?" — Er hinterließ sie im Manuscript; sie wird jedoch seinen Verehrern, Freunden und der guten Sache gewiß nicht vorenthalten werden.

Eine weitere gründliche Berücksichtigung außer den erwähnten Aufsätzen über die Größe des landwirthschaftl. Besitzes müssen wir für seine Abhandlung über die Organisation und Wirksamkeit landwirthschaftl. Vereine (Vierteljahrsschrift) theils deßhalb in Anspruch nehmen, weil sie insbesondere sein vorherrschendes Talent für's Organisiren, für's Prüfen des Vorhandenen, für's Anordnen und Herbeiführen des Bessern beweist, theils deßhalb, weil seine Vorschläge in einem größeren deutschen Staate einen solchen Anklang fanden, daß sie nicht nur die Grundlage für die neue Umgestaltung der bisherigen Vereinseinrichtungen bildeten, sondern daß Knaus selbst den Antrag erhielt, die wichtigste Stelle dieses Vereins zu übernehmen. Die Verhältnisse dieses Wirkungskreises waren sehr günstig gestellt, allein Knaus wollte sich von der Heimath, von dem liebgewonnenen Berufe des Universitätslehrers, von den gemeinnützigen Entwürfen, die er in seiner jetzigen Stellung mehr als anderswo durchzuführen hoffen konnte, nicht trennen und entsagte diesem Rufe.

Seine übrigen wissenschaftlichen Arbeiten näher zu besprechen, verstattet der Raum nicht, auf welchen wir uns in diesem Nekrologe zu beschränken haben, und wir erwähnen also nur noch, daß er seinen Freunden und Zuhörern die Absicht mitgetheilt hat, seine Vorlesungen über landwirthschaftl. Betriebslehre und Taxation mit der Zeit für den Druck zu bearbeiten und daß er ebenso mit einem größeren Werke über Agrikultur-Gesetzgebung beschäftigt war. Auch hatte er den Plan, mit dem Jahre 1845 ein periodisches Blatt als Organ für die Württ. Wandergesellschaft herauszugeben.

Diese unermüdliche umfassende Thätigkeit, die Lebhaftigkeit — wir möchten selbst sagen Leidenschaftlichkeit — mit welcher er die von ihm erfaßten und liebgewonnenen Ideen und Entwürfe Tag und Nacht, ohne sich Ruhe zu gestatten, verfolgte, regten ihn dermaßen auf, daß er seit einer Reihe von Jahren von periodischem Kopfleiden geplagt wurde. Um sich zu erleichtern, machte er kleinere Reisen, oder ging zu Freunden und Verwandten auf's Land; allein auch hier beschäftigten ihn seine Plane ohne Unterlaß. Beinahe überall befand er sich auf dem Gebiete der Grundlasten, des Flurzwangs ꝛc., und war dieß ausnahmsweise nicht oder in unerheblichem Grade der Fall, so benützte er die Gelegenheit, nachzuforschen, welchen Erfolg die Abwesenheit dieser landwirthschaftl. Hemmnisse ausübe. Nirgends fand er deßhalb die Ruhe, die er seiner Gesundheit halber so ernstlich suchte. War er aber auch nur vorübergehend von seinem Uebel befreit, so trat er ohnedieß stets wieder als kampfbereiter Streiter in die Schranken für die Aufgabe, die er sich gesetzt hatte. Die Seinigen, bekümmert über diesen krankhaft angegriffenen Zustand, drangen daher im Frühjahre 1844 in ihn, sich aller anstrengenden Arbeit zu entledigen, einen Sommer über Urlaub zu nehmen, um ausschließlich seiner Gesundheit zu leben und hauptsächlich ein solches Bad zu gebrauchen, in welchem ihm alle Gelegenheit ferne läge, seinen Forschungen nachzuhängen. Es wurde das Seebad von Ostende gewählt. Seine Krankheit wurde zwar nicht völlig beseitigt, doch kam er gestärkt und ermuntert in die Heimath zurück. Er beabsichtigte nun, noch kleinere Ausflüge im Lande zu machen, theils als Nachkur, theils auch — dieses Streben war ja bei ihm ein unvertilgbares — um die Zustände des Landwirthes in Oberschwaben in Betreff des Lehen- und Abgabenwesens, der Vereinödungen (Arrondirungen der Güter), der Vorzüge großer Bauerngüter vor der Zwergwirthschaft noch einmal näher zu untersuchen und dann zum Schlusse vor der Wiederaufnahme seiner Vorlesungen der Münchner Versammlung deutscher Land- und Forstwirthe beizuwohnen. Um die Mitte Augusts begab er sich zu seinem Schwager, dem Pfarrer Hagen in Zell, um dort, wo auch seine Frau und Kinder auf Besuch waren, einige Tage in dem engeren Familienkreise, der sich durch ihn so glücklich fühlte, zu verweilen. Bereits nahte die Zeit seiner Abreise nach Oberschwaben heran, als ihn eine im Dorfe herrschende Ruhrkrankheit befiel, welcher er im Verlauf von wenigen Tagen in einem Lebensalter von 43½ Jahren unterlag. Er ruht nun neben seiner ihm vorangegangenen trefflichen Mutter und neben seiner Schwester, welche sich mit seiner Frau in die Pflege des Kranken getheilt hatte und ihm wenige Wochen darauf an derselben Krankheit nachfolgte.

Knaus hinterließ seiner Wittwe kein Vermögen; gleichwohl wird seinen Waisen (4 Söhnen und 3 Mädchen) eine Erziehung zu Theil werden, wie sie die Kinder eines solchen Mannes zu erhalten verdienen. Als Ersatz für die äußern Glücksgüter hat ihnen der Vater eine andere köstliche Gabe hinterlassen, einen reinen, guten, sowohl von den Männern der Wissenschaft sehr geachteten, als auch ächt volksthümlichen Namen. Er war ein Biedermann, der jederzeit offen und ohne Rücksicht, ob sein Wort gerne oder ungerne gehört wurde, dieses Wort aussprach, sobald er von der Wahrheit desselben überzeugt war *). In seinen wissenschaftlichen Leistungen fand er allgemeine Anerkennung und er war mit vielen der ausgezeichnetsten Männer seiner Fächer durch ganz Deutschland in näherer Verbindung und fortwährendem lebhaftem Verkehr. Besonders aber ist es ihm gelungen, das Vertrauen des Standes der ausübenden Landwirthe in Würtemberg, sowohl der gebildeten, als des eigentlichen Bauernstandes, in hohem Grade zu gewinnen, und wir könnten rührende Thatsachen anführen, wie bei der Nachricht von seinem Tode der schlichte Landmann tief erschüttert wurde und die Gelegenheit von festlichen Vereinsversammlungen benützte, um das Andenken des zu frühe Dahingeschiedenen zu feiern und zu beklagen.

---

*) Noch kurz vor seinem Tode sagte er zu einem seiner nächsten Freunde: „Man wirft mir vor, daß ich ein unruhiger Kopf sey, mich in alle landwirthschaftliche Angelegenheiten lege, alle Thüren aufstoße, um zu meinem Zwecke zu gelangen, man heißt dieß Herrschsucht, Trachten nach Einfluß. Es ist wahr, ich will mir Einfluß erringen, um das Bessere, das ich vor Augen habe, durchsetzen zu können, nicht aber, wie Manche glauben und vorgeben, um für mich dabei etwas zu gewinnen; denn sonst würde ich wahrlich andere Wege, als den von mir betretenen, geraden, einzuschlagen haben."

Besonders abgedruckt aus „L. H. Fischer's landwirthsch. Literatur-Zeitg., Decemberheft 1844."

Jacob Grimm
über seine Entlassung.

Basel,
Schweighauserische Buchhandlung.
1838.

Jacob Grimm

über seine Entlassung.

War sint die eide komen? Nib. 881, 3.

Basel
in der Schweighauserischen Buchhandlung.
1838.

Geschrieben 12—16 Jan. 1848.

Der Wetterstrahl, von dem mein stilles Haus getroffen wurde, bewegt die Herzen in weiten Kreisen. Ist es bloß menschliches Mitgefühl, oder hat sich der Schlag electrisch fort verbreitet, und ist es zugleich Furcht, daß ein eigner Besitz gefährdet werde? Nicht der Arm der Gerechtigkeit, die Gewalt nöthigte mich ein Land zu räumen, in das man mich berufen, wo ich acht Jahre in treuem, ehrenvollem Dienste zugebracht hatte. „Gib dem Herrn eine Hand, er ist ein Flüchtling," sagte eine Großmutter zu ihrem Enkel, als ich am 16 December die Grenze überschritten hatte. Und wo ward ich so genannt? In meinem Geburtslande, das an dem Abend desselben Tages ungern mich wieder aufnahm, meine Gefährten sogar von sich stieß.

Ueber eine That, deren Absicht offen, deren Beurtheilung Allen unerschwert war, die nicht mit sehenden Augen blind sein wollen, durfte sich die allzu neue Aufwallung anfangs Schweigen gebieten; es ist mir von Freunden und Unbekannten liebevolle, ehrende Theilnahme, untermischt bei einzelnen mit scheuer Beklommenheit an den Tag gelegt worden. Weder nach Beifall gelüstet hat mir, noch vor Tadel gebangt, als ich so handelte, wie ich muste; aber es verlauten auch widerwärtige Stimmen, vornehme, die mir Klugheit, hoffärtige, die mir gesunden Menschenverstand absprechen,

1*

selbst höhnende, die im voraus entschlossen sind, mir gemeine und unwürdige Beweggründe unterzulegen, wie die Krähe augeflogen kommt, dem, den sie für todt hält, die Augen auszuhacken. Ich bin keiner so weichlichen Gelassenheit, daß ich mein Recht unvertheidigt preisgeben und von allen in das Kreuz oder die Quere laufenden Tagesmeinungen verdrehen lassen möchte: mein gutes Recht, das, wie unbedeutend es der Welt scheinen mag, für mich den Inbegriff alles dessen enthält, was ich errungen habe, und ohne Makel, ungelästert hüten will. Nur die Wahrheit währt, und selbst Uebelgesinnte oder Schwache, die sie nicht laut bekennen, fühlen sich insgeheim von ihr durchzuckt. Die Welt ist voll von Männern, die das Rechte denken und lehren, sobald sie aber handeln sollen, von Zweifel und Kleinmuth angefochten werden, und zurückweichen. Ihr Zweifel gleicht dem Unkraut, das auf den Straßen durch das Pflaster bricht, manche rotten es aus, doch nicht lange, so hat es wieder ganze Stellen überzogen. Täuschungen und Entfärbungen darf sich die Kraft einer einfachen und schuldlosen Erzählung entgegenstellen: sie will glimpflich sein, aber frei und ungehemmt. Sie will keine Wunden vor der Zeit zuheilen lassen, sondern sich das Andenken an jeden Vorgang noch frisch erhalten; später wird Alles schon verharschen. Niemand setzt die Feder gern für sich selbst an, sogar in gerechtem Abwehren; wer mag neugierigen Blicken die Thüre seines Hauses öffnen, wo er, sähe er sich unangetastet, lieber in schirmender Zurückgezogenheit geblieben wäre?

Mein Leben, insoweit seine Schicksale von meiner Gemüthsart und Gesinnung abhängen, würde still und ungefährdet in unablässigem Dienste der Wissenschaft verflossen sein. Nun ist schon zum drittenmal der Pfad, den ich mir bahnen konnte, verdornt und gesperrt worden durch äußere Verhältnisse, die weit über den Widerstand hinaus walteten, den ich ihnen entgegen zu setzen hatte. Ich ziehe die Augen der Macht immer erst dann auf mich, wenn sie mich zwingt, das Feuer meines Herdes fortzutragen und auf einer neuen Stätte anzufachen. Nie, von früh auf bis jetzt, ist mir oder meinem Bruder von irgend einer Regierung Unterstützung oder Auszeichnung zu Theil geworden: einigemal jener war ich dieser nie bedürftig. Diese Unabhängigkeit hat meine Seele gestählt, sie widersteht Anmuthungen, welche die Reinheit meines Bewußtseins beflecken wollen. Mein Bruder hat noch die Pflicht eine solche Gesinnung seinen Kindern zu überliefern. Spräche er statt meiner, er würde sich in seiner Weise ausdrücken, aber seine Antwort auf jede ernste Frage würde nicht anders lauten, weil die Quelle, aus der ich sie schöpfe, auch ihn tränkt.

Ich bin von unbemittelten aber braven, mir frühe entrissenen Eltern in Hessen geboren und fühle mich noch heftig allen Eigenheiten meiner Heimat zugewandt, selbst von ihren Mängeln und Gebrechen berührt. Sie gewöhnten mich von Kindesbeinen an, diese durch glänzende Mittel wenig hervorstechende, durch angestammte Tüchtigkeit und Genügsamkeit ausgezeichnete Landschaft nur als einen wesentlichen Bestandtheil des deutschen

Vaterlands anzusehn, dessen Ruhm und Größe auch sie bestrahlen, und was sie ihm zum Opfer darbringen könnte, liebend empfangen müste. Meine Gedanken, sobald ich sie sammeln, meine Arbeiten, so lange ich sie richten konnte, kehrten sich auf die Erforschung unscheinbarer, ja verschmähter Zustände und Eigenthümlichkeiten Deutschlands, aus welchen ich Haltpuncte zu gewinnen trachtete, stärkere, als uns oft die Beschäftigung mit dem Fremden zu Wege bringt. Schon der Beginn dieser Studien war hart aber trostreich. Mit herbstem Schmerz sah ich Deutschland in unwürdige Fesseln geschlagen, mein Geburtsland bis zur Vernichtung seines Namens aufgelöst. Da schienen mir beinahe alle Hoffnungen gewichen und alle Sterne untergegangen; nur erst mühevoll und langsam gerieth es mir die Faden des angelegten Werkes wieder zu knüpfen und dann wehmüthig festzuhalten. Es war nicht umsonst, ich hatte mich heimlich emporgerichtet, und meine Arbeiten gewannen Fortgang. Nach Deutschlands Befreiung und Hessens Wiederherstellung sollten sie mir den großen Lohn tragen, daß für den Gegenstand ihrer Forschungen die ihnen vorher abgewandte öffentliche Meinung empfänglich und günstig wurde. Jahre lang konnten wir, mein Bruder und ich, von jeher in entschiedner, unzertrennlicher und wechselseitig aushelfender Gemeinschaft der Studien und Schicksale, mäßig und anspruchlos zusammen arbeiten, und Früchte gedeihen sehn, die auf den noch schmalen Beeten, aber unsers eigensten Bodens wuchsen. Als eine offenbare Ungerechtigkeit unsern treuen Dienst und erworbnen Anspruch auf damals oder nie in der Heimat zu erwartende Besserung unserer Lage, ohne welche unabhängig und sorgenfrei fortzubestehn schwierig schien, mit einemmal abschnitt, kostete es wegzuziehn immer noch heiße Ueberwindung. Wir folgten einem Rufe nach Göttingen, keine der Anstrengungen scheuend, welche der Uebergang aus zurückgezogener, aber innerlich freier Wirksamkeit in eine öffentliche und gemessenere mit sich führt. Man behauptet mit Grund, die Bestimmung zur akademischen Laufbahn müsse von frühe entschieden und durch lange Gewohnheit unterstützt werden. Das Lehramt auf Universitäten ist ein eigenes Element, das seine Freiheit, aber auch seinen Zwang hat, und dessen Wahl oft erst durch Nebenumstände, die außer allem Anschlag liegen, für viele gerechtfertigt erscheint. Seinen Anforderungen zu genügen haben wir acht Jahre hindurch gestrebt, wenn nicht ohne Sehnsucht nach dem vorausgegangenen Stillleben, auch nicht ohne das frohe Bewustsein unvorhergesehener, in der engeren Gemeinschaft mit trefflichen Menschen beruhender Gewinne. Aus diesen neuen Gewohnheiten des Daseins und Wirkens, die vielleicht tiefere Wurzel in uns, als wir selbst wissen, gefaßt haben, sollen wir wiederum weichen, nicht einem Antrage folgend, dessen Vortheile und Nachtheile sorgfältig abgewogen werden dürfen, sondern auf einmal verschlagen in unabsehbare Ferne, gerissen mitten aus angelegten und begonnenen Arbeiten, ja was am innigsten verkehrt, augenblicklich sogar persönlich von einander getrennt.

Was ist es denn für ein Ereignis, das an die abgelegne Kammer meiner einförmigen und harmlosen Beschäftigungen schlägt, eindringt und mich herauswirft? Wer, vor einem Jahre noch, hätte mir die Möglichkeit eingeredet, daß eine zurückgezogne, unbeleidigende Existenz beeinträchtigt, geleidigt und verletzt werden könnte? Der Grund ist, weil ich eine vom Land, in das ich aufgenommen worden war, ohne alles mein Zuthun, mir auferlegte Pflicht nicht brechen wollte, und als die drohende Anforderung an mich trat, das zu thun, was ich ohne Meineid nicht thun konnte, nicht zauderte der Stimme meines Gewissens zu folgen. Mich hat das, was weder mein Herz noch die Gedanken meiner Seele erfüllte, plötzlich mit unabwendbarer Nothwendigkeit ergriffen und fortgezogen. Wie ein ruhig wandelnder Mann in ein Handgemenge geräth, aus dem ein Ruf erschallt, dem er auf der Stelle gehorchen muß, sehe ich mich in eine öffentliche Angelegenheit verflochten, der ich keinen Fußbreit ausweichen darf, nicht erst lange umblicken, was Hunderttausende thun oder nicht thun, die gleich mir zu ihrer Aufrechthaltung verbunden sind.

Meine Vaterlandsliebe habe ich niemals hingeben mögen in die Bande, aus welchen sich zwei Parteien einander anfeinden. Ich habe gesehen, daß liebreiche Herzen in diesen Fesseln erstarrten. Wer nicht Eine von den paar Farben, welche die kurzsichtige Politik in Curs bringt, aufsteckt, wer nicht die von Gott mit unergründlichen Gaben ausgestatteten Seelen der Menschen wie ein Schwarz und Weiß getheiltes Schachbrett ansieht, den haßt sie mehr als ihren Gegner, der nur ihre Livree anzuziehen braucht, um ihr zu gefallen. Hat nicht die Geschichte unserer Zeit oft genug gezeigt, daß keine Regierung sich irgend einer Partei hat lange ergeben können? Ich traue jedem dieser Gegensätze einen größern oder kleinern Theil Wahrheit zu, und halte für unmöglich, daß sie in voller Einigung aufgehn. Wer fühlte nicht in gewissen Puncten zusammen mit dem Liberalen, mit dem Servilen, mit dem Constitutionellen und dem Legitimisten, Radicalen und Absoluten, sobald sie nur nicht unredlich oder Heuchler sind? Unsere Sprache besitzt zum Glück noch keine Ausdrücke, die das Ultrierte in allen diesen Begriffen wiedergäben; viel naturgemäßer scheint in einigen Ländern eine historische Bezeichnung der beiden Theile, wie durch Whigs und Torys, welche Namen darum keinem jener abstracten genau entsprechen und doch ihr geistiges Element in sich fassen. In dem Grunde solcher Entgegensetzungen sehe ich oft wilde Pflanzen treiben, üppig in Stengel und Laub, ohne nährende Frucht. Unter den vielen wechselnden Verfassungen waren die glücklichsten die, welchen es gelang, das allgemeine Loos irdischer Tugenden und Unvollkommenheiten dergestalt zu beherschen, daß sie, was Zeiten und Völker am eigensten hob, sich gewähren ließen und schirmten. In seiner noch größeren Einfachheit und Abschließung hat das Alterthum vollendetere Einrichtungen aufzuweisen, deren Erfolge in der Geschichte verzeichnet stehn, dem menschlichen Geschlecht zu unverrinnender Erquickung, nicht zu unbesonnener Nachahmung, die blindlings das

Sichere der eignen Gegenwart fahren läßt und nach einem verschwundnen Zustande ringt. Noch jetzt aber, bei vielen Völkern, haften Grundpfeiler von Treue und Anhänglichkeit an hergebrachte und angestammte Ordnung, unter deren Sonne und Schatten sie groß gezogen worden sind. Auf ihr zu beharren, ohne sich der Macht des Neuen zu entschlagen, die Verfallnes und Verwittertes nach eignen Mitteln herzustellen hat, das scheint die Aufgabe, bleibe nun der alte Stil vorherschend oder werde er überstiegen von dem Neubau. Den heilsamsten Anlaß zu solcher, wie soll man sagen, Fortentwicklung oder Verjüngung? führt die Mitte herbei, nicht das Ende, aber jene Mitte des Lebens, des Herzens, nicht die künstlich gemachte, die Lüge mit Lüge abwägt. Die innere Mitte ist warm, die Extreme sind erkältet, um sie webt schnell die luftigste Theorie, während jener Schoße die goldne Praxis entsteigt. Ich habe, auch ganz zujüngst, Liberale augenblicklich, wo es daran lag, servil handeln, Servile, wo ihr Vortheil oder Schaden ins Spiel trat, ohne weiteres die liberalste Schonungslosigkeit in ihr Verfahren legen sehen. Ein Paar Gleichnisse sollen versuchen den Eindruck darzustellen, den jene Gegensätze wohl bei mir hinterlassen. An Constitutionellen misbehagt mir ihr pedantisches Streben nach Ausgleichung und Gleichförmigkeit, Berggipfel möchten sie ebnen, stolze Wälder ausrotten, ihren Pflug in blumenreiche Wiesengründe die Furche des Ackers reißen lassen. Sie mühen sich, das Obere hinab, das Niedere hinauf zu rücken, ihr eigentliches Gefallen ist das Gewöhnliche, Nützliche.

Wenn von ihnen alles mit Haſt getrieben wird, gehn die Abſolutiſten aus auf eine unnatürliche Stätigkeit aller Dinge; ſie ſcheuen und ſuchen jede Erhebung des Geringen zu hintertreiben, ihre Mittel ſind langſamer und geſchmeidiger. Sie unternehmen es wohl, wenn ihrer Anſicht der Vordergrund unſrer Zeit zu eintönig und abgeblichen erſcheint, ihn mit grellen Farben aufzumahlen, und vor unſern Augen Fratzen hinzuſtellen, welche die Zukunft hohnlachend niederreißen wird. Alle Gegenwart in der Zeit hat mit der Nähe im Raum gemein, daß ſie den Zuſtänden und Gebräuchen ſanftes und verſchmelzendes Colorit verleiht.

Es gibt noch ein Kennzeichen für beide Parteien. Die Liberalen verachten das Mittelalter und ſchreien wider Barbarei und Feudalismus; die Servilen tragen eine gewiſſe Sehnſucht danach zur Schau. Ich darf hier ein Wort mitſprechen, der ich gerade mein Leben an die Unterſuchung unſeres Mittelalters ſetzte. Ich habe mit innerer Freude getrunken an ſeinen ſtillen Brunnen, die mir kein Sumpf ſchienen; in die rauhen Wälder unſrer Vorfahren ſuchte ich einzudringen, ihrer edlen Sprache und reinen Sage lauſchend. Weder die alte Freiheit des Volks blieb mir verborgen, noch daß es ſchon, bevor des Chriſtenthums Segen ihm nahte, ſinnigen, herzlichen Glauben hegte. Ihr habt oft wenig gewuſt von dieſen Dingen, ihr konntet Waffen holen aus meinen Büchern, wenn ihr, nach euerm Zweck, die Gegenwart durch die Vergangenheit herabwürdigen oder beſtätigen, wenn ihr dem König, dem Volk, der Kirche bald geben, bald nehmen wolltet.

Schriftsteller die sich einem verlassnen Felde widmen, pflegen ihm Vorliebe zuzuwenden; ich hoffe, wer meine Arbeiten näher kennt, daß er mir keine Art Geringhaltung des großen Rechts, welches der waltenden Gegenwart über unsere Sprache, Poesie, Rechte und Einrichtungen gebührt, nachweisen könne. Denn selbst wo wir sonst besser waren, müssen wir heute so sein, wie wir sind.

Ich fühle mich eingenommen für alles Bestehende, für Fürsten und Verfassungen. Wie gerne hätte ich in stiller Abgeschiedenheit, zufrieden mit der Ehre, die mir die Wissenschaft gibt, mein Leben in dem Dienste eines von der Liebe und Ehrfurcht seines Volkes umgebenen Herrn zugebracht. Die Person des Fürsten bleibt uns geheiligt, während wir seine Maßregeln und Handlungen nach menschlicher Weise betrachten. Die Könige des Mittelalters zeigten sich dem Volke noch in ihrer Würde Zeichen, die Krone auf dem Haupt unter wallenden Locken, den Mantel um die Schultern; wenn die heutigen Könige dieses Glanzes sich entäußernd gleich Unterthanen einhergehn, wenn sie bei vielen Anläßen die Bequemlichkeit des Privatlebens der Würde ihrer öffentlichen Stellung vorziehen; schwebt ihnen dann nicht das allgemeine Ziel aller menschlichen Hinfälligkeit *) lebendiger vor Augen? fühlen sie dann nicht, daß ihre Zeit auch Privattugenden von ihnen heischt?

*) wer kan den hêrren von dem knehte scheiden, swâ er ir gebeine blôzez fünde? Walther von der Vogelweide 22, 12; vgl. Neocorus 1, 481.

Der Majestät Strahl umgibt sie immer noch, je mehr sie im Licht der Gerechtigkeit wandeln, die ihre erste Eigenschaft ist.

Hier kann ich zu den Hergängen übergehen, durch welche die bestandene Ruhe nicht allein des Königreichs Hannover, sondern des ganzen deutschen Vaterlandes auf das empfindlichste und zum Leidwesen der Redlichen, man darf hinzufügen von allen Parteien, unterbrochen worden ist.

Es ist nicht von Nöthen, den Inhalt beider Patente auszuheben, welche König Ernst August nach seiner Thronbesteigung erließ; es wäre anzuführen überflüssig, wie durch diese Acte unmilder Gewalt die Freude gedämpft wurde, daß ein wichtiger Landstrich aus der zwar ehrenvollen, oft ersprießlichen, aber das Nationalgefühl herabdrückenden Verbindung mit einem mächtigen fremden Reiche in das reine Verhältnis der andern deutschen Bundesstaaten übergegangen war. Dumpfe Bestürzung verbreitete das erste Patent, heftigere und unverhaltbare das andere.

Der Herzog von Cumberland, in dem freisten, glücklichsten und blühendsten Reiche der Welt geboren, hatte von Kindheit auf die Luft brittischer Verfassung eingesogen und muste alle die Eindrücke wahrgenommen haben, welche aus einer lange bewährten großartigen Ordnung der englischen Macht auf jeden Unbefangenen, wie viel mehr auf alle Landesgenossen hervorgehn. Dort wird nichts so lebhaft gefühlt, so augenblicklich vereitelt und gerächt, als jeder Eingriff in die festgegründeten Rechte beneidenswerther Institutionen.

Unter Privatleuten gilt als edle Sitte, daß der Bruder, wenn er des Bruders Habe erbt, des Hingeschiednen Ruhe nicht störe und alle Anstalten desselben aufrecht erhalte. Während Wilhelm des vierten, als eines milden, gerechten Königs Andenken zahllose Unterthanen segneten, als die Leichenfeier noch nicht verhallt ist, beginnt der Nachfolger seine Regierung damit anzutreten, daß er des königlichen Bruders und Vorfahren Werk, als sei es ein nichtiges und untaugliches, umstürzt.

Dies Werk war das im Jahr 1833, nach langer, von allen Theilen wohlgemeinter Berathung zwischen König Wilhelm und den Ständen auferrichtete Grundgesetz, welchem von da an bis auf jenen Machtschritt Regent, Land und Leute mit Treu und Glauben angehangen hatten, gegen dessen völligen, unkränkbaren Rechtsbestand in dem Volke selbst nicht der leiseste Zweifel obwaltete. Jetzt plötzlich soll dieses Gesetz nicht mehr gelten. Also ein König, dessen angebornes Wohlwollen aus allen seinen Aeußerungen hervorleuchtete, Minister, deren redliche Absicht zu bezweifeln keine Ursache war, haben dem Lande eine Verfassung gegeben, deren Nichtigkeit sie vor allen einsehen musten? Sie haben einen Eid darauf abgelegt, von dem sie wusten, daß er auf Täuschung beruhe, und vier Jahre danach regiert? Kann der einfache gesunde Sinn das glauben?

Der König findet seine agnatischen Rechte ungewahrt. Wer kann ihn tadeln, wenn er darauf hält? Das durfte ihn zu deren neuer Erörterung führen, nicht zu einseitiger Auflösung eines ihm als Regierungsnachfolger überlieferten Staatsgrundgesetzes. Als Nachfolger tritt er aus der Reihe der Agnaten, und ihnen gegenüber, er nimmt seines Vorgängers Gesichtspunct an. Könnte jeder Nachfolger den Vertrag lösen, der mit dem Lande eingegangen war, so würde niemals Sicherheit, auch nicht während langer Regierungen entspringen, weil hinter jedem Thronerben ein Umwurf drohen würde. Nicht daß Verfassungen ewige Dauer gebührt: sie sollen gleich allem Irdischen vergänglich und zerbrechlich sein, nicht aber aus Willkür, sondern von beiden Theilen, zwischen welchen sie zu Stande gekommen waren, abgeändert oder zerbrochen werden. Es fällt mir weder ein noch ist es meine Sache, eine ungewöhnliche Trefflichkeit des hannöverischen Gesetzes von 1833 zu behaupten; es wird dem einen democratischen Stoffes zu viel, dem andern zu wenig enthalten und genug Mängel sonst an sich tragen; aber es hat bisher bestanden und gegolten. Allen ständischen Verfassungen in Deutschland kann der negative Nutzen schwerlich abgesprochen werden, den sie seit ihrer Dauer stifteten. Sie fördern nicht so offenbar, als sie wohlthätig Misbräuche hemmen; sie sind ein Damm, der eine Gegend noch nicht fruchtbar macht, aber den einbrechenden und versandenden Wellen wehrt. Der eigentliche Segen geht allerdings erst von der reinen Liebe des Fürsten zu seinem Lande aus.

Bei Bekanntwerdung des ersten Patents fanden sich die Landstände gerade noch in Hannover versammelt, und ihr Präsident scheint schwere Verantwortung auf sich geladen zu haben, dadurch daß er ihren rechtmäßigen Einspruch, als es die höchste Zeit war ihn geltend zu machen, vereitelte. Alle späteren Schwierigkeiten hängen von diesem unberechenbaren Fehlgriff ab, das Land ist der nothwendigsten Form beraubt worden, an welche es seinen Widerstand binden durfte.

Das einfachste Mittel war entrissen; aller Augen richteten sich auf die Minister hin, denen nun zunächst die Pflicht des Handelns oblag. In constitutionellen Ländern sind sie ein Barometer, sie dürfen über eine bestimmte Linie weder hinaufsteigen noch herabsinken, ohne einen gefährlichen, ja unerträglichen Stand der Dinge anzuzeigen. Ein begründeter Ruf der Rechtlichkeit und Unbescholtenheit umgab diese Männer, ihre Namen wären mit unvergänglicher Ehre in den Annalen des Landes eingeschrieben, wenn sie Muth und Tact gehabt hätten jede falsche Stellung von sich abzulehnen. Eine solche war ganz deutlich die, welche sie nach dem ersten königlichen Erlaß noch einnahmen. Wer aber drückt das allgemeine Staunen aus, als sie sogar nach dem zweiten Patent in einem Amte zu verharren wagten, das für sie selbst persönlich um eine Stufe erniedrigt wurde? Aus treuen Freunden der Verfassung, deren oberste Hüter und Wächter sie gewesen waren, wandelten sie sich in erklärte Feinde derselben, die fortan nothgedrungen waren, jeden Angriff auf sie zu erleichtern und zu beschönigen. Fühlten, auf so schlüpfrigem Boden, sie wenigstens nicht einmal die Gefahr des gegebnen Beispiels? Der belastet sich zwiefach, der auch noch andere in den Fall mit sich fortreißt.

Und sie hatten zuvörderst den Eid auf die Verfassung geleistet, der so heilig ist als jeder andere Eid, der von allen Staatsdienern als wesentliche Ergänzung des Huldigungseides im Jahr 1833 geschworen worden war, und seitdem von jedem neu in den Staatsdienst eintretenden geleistet werden mußte. Was nun den Eindruck des zweiten Patents mehr als alles steigerte, war eben die darin unumwunden ausgesprochene Loszählung aller Staatsdiener von dem auf die Constitution geleisteten Schwur. Dem Gewissen, das keine irdische Macht, kein König entbinden kann, wird hier eine Erledigung angeboten, die zu immer währender Belastung führt. Den Eid auf die Verfassung konnte niemand lösen als entweder der König gemeinschaftlich mit den nach dem Gesetz von 1833 berufenen Landständen, oder ein rechtlicher Ausspruch des Bundestages; einen dritten Weg gab es nicht. Beiden Entscheidungen würden wir uns in ehrerbietigem Gehorsam gefügt haben, aber ohne volle Ueberzeugung war keine Entlastung möglich, jeder Zweifel hätte einen unerträglichen Zustand der Seele mit sich geführt. Ich sehe das kalte Lächeln derer, die sich die Klugen nennen, und hier bloß eine nicht ernsthaft gemeinte Ausflucht erblicken; habe ich doch selbst sagen hören, ein Eid in politischen Angelegenheiten bedeute nicht viel, oder auch, der aufgelegte Eid binde eben nicht, man erfülle ihn so weit man Lust habe. Gut, denkt der eine, daß sich Veranlassung findet, eine liberale Verfassung umzuwerfen, wenn es gelingt, so heiligt der Zweck die Mittel; wir haben ein höheres Recht, das die Rechte des Machwerks nicht zu

2

achten braucht. Was kümmert mich die Politik, meint der andere, wenn sie mich in meiner Behaglichkeit oder in meinen gelehrten Arbeiten stört. Aber so sehr ist die Religiosität nicht verschwunden, daß nicht viele, die etwas höheres als weltliche Klugheit kennen, die volle Schwere des Grundes mit mir in tiefstem Herzen empfinden. Es gibt noch Männer, die auch der Gewalt gegenüber ein Gewissen haben. — Späterhin wurde eine weitere Deutung aufgesucht: der König sei alleiniger Dienstherr, ihm allein, keinem andern, sei der Eid geschworen, in seiner Macht stehe es den Diener von dem Eide zu entbinden. Gewiß, der König ist der einzige Herr, gewiß, der Eid ist in die Hand seines Bevollmächtigten abgelegt, dennoch steht es nicht in der Macht des Königs, den einmal vor Gott ausgesprochenen zu lösen. Er ist auf die Aufrechthaltung des Grundgesetzes geleistet, und so lange dies nicht rechtsgültig aufgehoben ist, muß er unverbrüchlich sein. Ich habe keine staatsrechtliche Theorie gemacht und keine zu verfechten, ich muß mich an das halten, was mir von oben gegeben ist, aber nach der Basis, auf welcher das Grundgesetz ruht, kann man mit vollem Recht sagen, der Eid ist auch dem Lande geleistet. Und braucht man nach analogen Verhältnissen weit zu suchen? Hat ein Oberappellationsgericht einen andern Herrn als den König? und steht es in seiner Macht, die Mitglieder desselben von dem Eide, den sie auf die Gerichtsordnung geleistet haben, zu entbinden? — Würde sich vor einem Jahre jemand mit einer solchen Deutung vorgewagt haben? und glaubt man, daß sophistische Wendungen dieser Art in ein ehrliches, einfach denkendes Gemüth eindringen?

Indem ich mich nunmehr anschicke, von den Gesinnungen und Handlungen zu reden, welche sich in Göttingen seit den beiden Patenten kundgaben, gedenke ich zuvor noch des tragischen Verhängnisses, das diese Unterbrechung der öffentlichen Ruhe unmittelbar in den Zeitpunct fallen ließ, wo die Universität die größte Feier zu begehn hatte, die ihr seit ihrer Stiftung zu Theil werden konnte. Alle Gemüther waren innig erregt und die Blicke von ganz Deutschland auf Göttingen gerichtet; das Schicksal hatte dem höchsten Glanz der Academie schon eine Zuthat von unruhigem Schmerz gegeben, der an den feierlichen Tagen sich noch in den Hintergrund ziehen durfte, weil damals die auf das erste Patent gefolgte zweifelnde, noch nicht verzweifelnde Beklemmung herschte. Der noch reine Festhimmel war nur am Rande mit bedenklichen Wolken gesäumt. Die von den Schaaren fremder Gäste und Zuschauer, wie nie vorher, belebten Straßen der Stadt waren wieder öde geworden und ein kurzer Feriengenuß eingetreten, als unmittelbar mit dem Beginn des neuen Semesters die gefürchtete Catastrophe eintrat und alle gehegten Besorgnisse, auf einen Schlag, weit überbot. Die unerwartete, bald aber bestätigte Botschaft von der Nachgiebigkeit der alten Minister vollendete die allgemeine Bestürzung.

Kein anderer Bestandtheil des ganzen Königreichs konnte von dieser Begebenheit lebhafter und tiefer ergriffen werden, als die Universität. Die deutschen hohen Schulen, solange ihre bewährte und treffliche Einrichtung stehn bleiben wird, sind nicht bloß der zu und abströmenden Menge der Jünglinge, sondern auch der genau darauf berechneten Eigenheiten der Lehrer wegen, höchst reizbar und empfindlich für alles, was im Lande Gutes oder Böses geschieht. Wäre dem anders, sie würden aufhören, ihren Zweck, so wie bisher, zu erfüllen. Der offne, unverdorbne Sinn der Jugend fordert, daß auch die Lehrenden, bei aller Gelegenheit, jede Frage über wichtige Lebens- und Staatsverhältnisse auf ihren reinsten und sittlichsten Gehalt zurückführen und mit redlicher Wahrheit beantworten. Da gilt kein Heucheln, und so stark ist die Gewalt des Rechts und der Tugend auf das noch uneingenommene Gemüth der Zuhörer, daß sie sich ihm von selbst zuwenden und über jede Entstellung Widerwillen empfinden. Da kann auch nicht hinterm Berge gehalten werden mit freier, nur durch die innere Ueberzeugung gefesselter Lehre über das Wesen, die Bedingungen und die Folgen einer beglückenden Regierung. Lehrer des öffentlichen Rechts und der Politik sind, kraft ihres Amtes, angewiesen die Grundsätze des öffentlichen Lebens aus dem lautersten Quell ihrer Einsichten und Forschungen zu schöpfen; Lehrer der Geschichte können keinen Augenblick verschweigen, welchen Einfluß Verfassung und Regierung auf das Wohl oder Wehe der Völker üben; Lehrer der Philologie stoßen allerwärts auf ergreifende Stellen der Classiker über die Regierungen des Alterthums, oder sie haben den lebendigen Einfluß freier oder gestörter Volksentwicklung auf den Gang der Poesie und sogar den innersten Haushalt der Sprachen unmittelbar darzulegen. Alle diese Ergebnisse rühren aneinander und tragen sich wechselseitig. Es bedarf kaum gesagt zu werden, daß auch das ganze Gebiet der Theologie und selbst der Medicin, indem sie die Geheimnisse der Religion und Natur zu enthüllen streben, dazu beitragen müssen, den Sinn und das Bedürfnis der Jugend für das Heilige, Einfache und Wahre zu stimmen und zu stärken. Wie allseitig muß also die Universität von der Kunde ergriffen werden, daß die Verfassung des Landes dem Umsturz ausgesetzt sei. Eine Menge junger Leute nehmen Antheil an der veränderten Lage ihrer Eltern, Brüder, Freunde und Lehrer, an der Verrückung ihrer eignen Stellung; alle bewegt ein allgemeines Gefühl der schwebenden Gewaltthätigkeit, und es braucht nicht erst gesagt zu werden, auf welcher Seite sie stehen.

Unter den Professoren thaten sich bald verschiedenartige Gruppen hervor, die Charactere, wie mein Bruder treffend bemerkte, fiengen an sich zu entblättern gleich den Bäumen des Herbstes bei einem Nachtfrost; da sah man viele in nackten Reisern, des Laubes beraubt, womit sie sich in dem Umgang des gewöhnlichen Lebens verhüllten. Zwar das muß zugegeben werden, daß alle und jede von dem Entschluß des Königs unangenehm berührt wurden und ihn lieber ungeschehn gewußt hätten. Die vom Alter abgestumpften scheuten die Mühe und den Lärm der Neuerung, aus der für ihre letzten Bequemlichkeiten sich Störungen ergeben könnten; sie überlegten nicht, daß auch dem ablaufenden

Leben Festigkeit zieme, sogar gefahrlosere bereitet sei, daß noch die scheidende Sonne ein zu Ende neigendes ehrenvolles Wirken überglänzen könne. Ein andrer Theil, an sich gegen jede Verfassungsform völlig gleichgültig und nur eigne Vortheile ins Auge fassend, mochte dem Grundgesetz von 1833 abgeneigt sein, weil es einzelne frühere Rechte und Privilegien der Universität aufgehoben hatte. Dahin gehörte zumal die Vernichtung der dem Professorenstande so nöthigen Einquartierungsfreiheit, worüber ärgerliche Reibungen und Verhandlungen mit den Bürgern entsprungen waren, die sich hier einmal als tüchtige Staatsbürger fühlten und begierig an dem Princip der gleichen Beitragspflichtigkeit zu allen Staatslasten festhiengen, in Zeiten wahrer Noth aber wenig Beruf in sich spüren, ihrer Staatsbürgerverpflichtung nachzukommen. Ich will dem Aufheben solcher Privilegien nicht das Wort reden, es wird an der allgemeinen Nivellierung aller Verhältnisse ein weniges dadurch gewonnen, aber der Verband der Corporation gelockert, an welchem viel mehr gelegen war. Solange nicht die Ausgleichung den Gipfel erlangt hat, daß sie den Bürger befähigt abwechselnd mit dem academischen Lehrer das Catheder zu besteigen, diesen nöthigt, abwechselnd mit dem Bürger zu backen und zu schlachten, brauchen noch keine Soldaten in die Auditorien eingelegt zu werden. Doch war hier weniger die Richtung der Constitution von 1833 anzuklagen, als der schon lange wirkende Zeitgeist, dem sie huldigte. Aeltere Göttinger Professoren erinnern sich auch einer sonst bestandnen Accisefreiheit, deren Wohlthaten schon geraume Zeit vorher, ehe jemand an ein Grundgesetz dachte, aufgehört hatten. Man muß Verbesserungen im Großen hinnehmen mit Verschlimmerungen im Kleinen, nicht umgekehrt ein ganzes Verderbnis entschuldigen aus einzelnen Vortheilen, die es bringen könnte. Es mag indessen nur sehr wenige Professoren geben, die sich von solchen Gründen hätten bewegen lassen, dem königlichen Patent ihren Beifall zu zollen, aus dessen Sinn durchaus nicht entnommen werden darf, daß mit der Vertilgung der Verfassung jene Bevorrechtungen einzelner Stände wieder erwachen werden. Jede Regierungsart ist so klug, daß sie sich auch einige Folgerungen aus der ihr ganz entgegengesetzten gefallen läßt.

Der größten Zahl der Professoren muste einleuchten, daß das königliche Machtgebot die wichtigste Angelegenheit des Landes betreffe und daß es nun auch der Universität gelte, sich ihm entweder muthlos zu ergeben, oder ein gegründetes Recht des Widerspruchs auszuüben. Wiederum aber zerfielen die, welche es für rathsam hielten unterwürfig zu schweigen, in zwei sehr verschiedne Parteien. Zur einen gehörten die Männer welche, sonst vorlaut und stolz genug, vor aller Gewalt verstummen, und jede Ungnade in den Augen des Herschers als das unerträglichste Unglück betrachten; sie waren, auf Kosten ihrer selbsteignen Denkungsart, zur Nachgiebigkeit bereit, und schnell erfinderisch Scheingründe für ihre Abtrünnigkeit nicht bloß hervorzusuchen, sondern sie auch anders gesinnten auf alle Weise anzuempfehlen. Andere, allerdings achtungswerther, bedauerten zwar den Untergang der beschwornen Verfassung, hiengen aber über alles an der Aufrechthaltung der Universität, deren Gefahr, wenn sie den Unwillen des Königs auf sich ziehen sollte, ihrem Herzen weit näher lag, als das Heil des ganzen Reichs, welcher daher die angelobte Pflicht unbedenklich aufgeopfert werden müsse. Verkennend, daß auch die edelsten und berühmtesten Einrichtungen darunter am meisten leiden, wenn die Gerechtigkeit von ihren Verwaltern versäumt wird, sind sie Beamten ähnlich, die aus misverstandner Liebe zu ihrem Amt dessen ganze Würde in die Schanze schlagen, und das ihnen rein vertraute Gut fleckig werden lassen, um ihren Nachfolgern wegen der zu ziehenden Diäten nichts zu vergeben. Die Wissenschaft bewahrt die edelsten Erwerbungen des Menschen, die höchsten irdischen Güter, aber was ist sie gegen die Grundlage des Daseins werth, ich meine gegen die ungebeugte Ehrfurcht vor göttlichen Geboten? Sie wird, von dieser abgetrennt, wie jene italienischen von Marmor täuschend nachgeahmten Früchte ein eitles Schaugericht, das niemand sättigt und nährt. Auf diesem Wege verstehe ich es nicht, den Glanz der Georgia Augusta zu erhalten, für den ich freudig und mit treuer Anhänglichkeit meine besten Kräfte hingegeben, keine Störung der liebsten Arbeiten gescheut habe. Hier mögen meine Collegen, selbst die anders gehandelt haben, hier mag das Curatorium Zeugnis ablegen.

Mit Freuden bekenne ich, daß, diese die höhere Pflicht und jene alles Selbstgefühl aufgebenden abgerechnet, unter der bedeutenderen Masse aller Uebrigen, in den ersten Wochen, die Meinung der vor Zorn und Scham glühenden das Uebergewicht hatte, welche ihren Eid zu wahren, nicht zu brechen gedachten. Hätte man damals die Stimmen gesammelt, sie wären fast alle zu Gunsten der Wahrheit und des Rechts abgegeben worden, und selbst die Schwächeren fühlten sich durch die Reinheit des ersten Eindrucks, wie er sich bei solchen Gelegenheiten überall geltend macht, empor gehalten. An den Mitteln aber, welche man berathschlagte, thaten sich bald Trennungen hervor, und den Nachgiebigeren oder Zagenden war es innerlich willkommen, ohne der anfangs geäußerten Gesinnung zu entsagen, vorerst die Ablehnung festerer Maßregeln durch aufhaltende Bedingungen oder die Halbheit dazwischen geworfner vielfacher Vorschläge zu erreichen. Während den Gewissen mit jener Anmuthung sich des Eides zu entschlagen eine sofortige und laute Gegenerklärung geboten war, faßte bei vielen die leidige Ansicht Wurzel, der rechte Zeitpunct sich zu erklären trete für die Universität erst dann ein, wenn sie die bevorstehende Aufforderung zur Wahl eines Deputierten in die vom König unberechtigt einberufene Ständeversammlung nach den Grundsätzen von 1819 entschlossen bei Seite zu weisen habe. War denn nicht der Eid auf die Constitution von 1833 factisch zu Boden getreten, und gab es Gründe sein Sträuben dawider warten zu lassen? Bedurfte es erst noch eines andern Factums, gegen welches Widerstand zu leisten sei? War nicht Gefahr, daß durch die lange Erwartung dieses Factums Erschlaffung der Handelnden herbeigeführt werden würde? Der Erfolg hat diese Besorgnisse vollkommen gerechtfertigt. Unter dem Vorwand, bei Einberufung der Wählenden einen allgemeinen Protest der gesammten Universität zu Stande zu bringen (woran gleich damals billig zu zweifeln war), gab man die starke Eintracht der besseren Mehrheit auf, und stellte die Entschloßnen größerer Gefahr Preis. Es hat sich gezeigt, daß die Stunde jener Wahl nicht vierzehn Tage (wie man vorschützte), sondern über acht volle Wochen nach dem Patent eintreten sollte, nachdem sich durch eine Reihe anderer Vorgänge und Einwirkungen die Gemüther hinlänglich abgelenkt *) haben können. Was auch nunmehr bei diesem Wahlact vorgehn möge, es wird von wenigem Gewicht auf das Ganze sein. Die Regierung weiß nunmehr viel besser als damals, wie sie selbst eine völlige Verwerfung ihres Wahlvorschlags aufzunehmen und zu behandeln habe.

In so peinlicher, vielberathner und hingehaltner Lage entschied sich endlich eine geringe Zahl Beherztgebliebener das Eis des Schweigens zu brechen, dessen Rinde hart und schmählich das ganze Land überzogen hatte. **) Unsere Erklärung an das Curatorium war den 17 November Abends entworfen worden, noch

*) Sed sit aliquis ita bene moratus, ut de eo divinum judicium pariter humanumque consentiat; sed est animi viribus infirmus: cui si quid eveniat adversi, desinet colere forsitan innocentiam, per quam non potuit retinere fortunam. *Boethius de consol.*

**) Wie bitter ist der Tadel darüber, den ein etwas höher gestellter Beamter in Hannover aussprach, ohne es in seiner Unschuld zu merken: „Wir haben es nicht gewagt dem Könige zu widersprechen, und sieben Professoren nehmen es sich heraus."

wußten wir nicht, ob sie am folgenden Tage von fünf, oder von sieben, oder von dreizehn unterschrieben abgehn sollte. Sieben Namen standen am Schluß der am 18 November entsandten Ausfertigung. Jeder war auf seinem Wege mit völliger Unabhängigkeit des Geistes zu der Ueberzeugung gelangt, welche die Protestation aussprach. Es war also wenigstens eine Besiebnung, der das altdeutsche Recht entschiedne Kraft beimißt, vollführt.

In diesem erlaßnen Widerspruch gegen das Patent herscht die einfache aber starke Sprache unverstellter, unverschleierter Wahrheit. Die der Würde des Königs gebührende Ehrfurcht wird nirgends verletzt; was zu sagen war, konnte nicht verhalten bleiben. Das Schreiben wurde an die Behörde eingereicht, welche der Universität zunächst vorgesetzt war und in deren Verpflichtung es lag, der Regierung ungesäumte Kunde dieses Hergangs zu hinterbringen.

Er konnte und sollte nicht geheim gehalten werden. Nicht allein war die vorausgegangene Berathung und ihr Ziel unter der Mehrzahl der Professoren bekannt, sondern auch Entwurf und Reinschrift der Erklärung mehrern Collegen, die nicht mit unterzeichneten, vorgelegt worden. Und wie hätte eine Vorstellung gegen das, was der König öffentlich an das ganze Land erlassen hatte, sich in die Schranken einer bloß an das Ministerium gerichteten, vielleicht ohne weitere Folge zu den Acten genommenen Antwort zwängen mögen? Diese Antwort bedurfte eben so sehr an das Licht der Welt zu treten, als ihr Anlaß. Richtet der König sein Wort an seine

Unterthanen, so steht auch ihnen offen zu antworten und sich zu vertheidigen frei. Was für ein Verbrechen wäre das Recht dieser Vertheidigung, die nichts verräth, nichts verdeckt, keinen Gehorsam aufkündigt, sondern nur gegen eine Gewaltmaßregel der Regierung Einsprache thut? Ihr einziges Ziel, die Beruhigung der Gewissen, war der Anerkennung würdig. Wer verabscheut mehr als ich alles was man politisches Treiben nennt? Es hat mich nie nur aus der Ferne berührt. Steht es so mit uns, daß die Lehre des Christenthums, den Strauchelnden durch Beispiel zu warnen, zu einem politischen Vergehen darf gestempelt werden? Ich halte jeden, der nicht mit voller unerkünstelter Ueberzeugung den Gründen des Patents vom 1 November nachgeben kann, auch den, der seine Gedanken aus Klugheit davon abwendend die Frage sich nicht beantworten will, noch heute für einen Eidbrüchigen.

Die Geschichte zeigt uns edle und freie Männer, welche es wagten, vor dem Angesicht der Könige die volle Wahrheit zu sagen; das Befugtsein gehört denen, die den Muth dazu haben. Oft hat ihr Bekenntnis gefruchtet, zuweilen hat es sie verderbt, nicht ihren Namen. Auch die Poesie, der Geschichte Widerschein, unterläßt es nicht, Handlungen der Fürsten nach der Gerechtigkeit zu wägen. Solche Beispiele lösen dem Unterthanen seine Zunge, da wo die Noth drängt, und trösten über jeden Ausgang.

Niemand in Göttingen, oder andrer Orte, hat übersehn können, wie verschieden die Entschlossenheit der einzelnen Facultäten ausgefallen ist, das Recht der

Universität auf Erhaltung des Grundgesetzes zu vertheidigen. Als Corporation befugt und verpflichtet ihren Deputierten den Ständen beizuordnen, gekränkt durch die ausgesprochne Aufhebung der Verfassung, war sie einzuschreiten ermächtigt und aufgefordert. Einer aus gelehrten, kundigen, feiner fühlenden Männern zusammengesetzten Gemeinheit gebührte dieser Beruf vor den übrigen im Lande: was als Laienwahrheit allen Herzen einleuchtete, sollte sie von der gelehrten Bank herab, nach göttlichen und menschlichen Satzungen, bestätigen und bestärken. Ein vollstimmiger Beschluß von Seiten der ganzen Universität hätte die bedeutendste Wirkung haben müssen; bald aber zeigte sich nicht nur die Unausführbarkeit einer solchen Vereinigung, sondern auch wie sehr die Kräfte der Muthigeren durch gesondertes, ungleichzeitig und in abweichenden Formen sich entfaltendes Auftreten zersplittern würden. Keiner der endlich eingeschlagnen Schritte vermochte die Mitglieder der theologischen noch der medicinischen Facultät für sich zu bestimmen. Die philosophische und juristische waren es, von welchen aller Entschluß und alle Anregung ausgiengen, und das bleibt eine fast psychologische Merkwürdigkeit. Wenn man auch anschlagen muß, daß der Zahl nach die philosophische Facultät auf allen Universitäten immer die bei weitem stärkste, die theologische die schwächste ist; so wird doch die medicinische in dieser Beziehung der juristischen wenig weichen. Macht die alltägliche Gewohnheit vor Sterbebetten zu stehn und mit dem Messer in Leichen zu schneiden Aerzte härter und unempfindlicher gegen die saumselig und furchtsam ihr nicht nachgekommen sind. Ihre Lässigkeit kann das gewissenhafte Betragen der übrigen nicht zum Laster stempeln.

Man hat, im Gefühl es gebreche sonst an Ursachen uns zu verdammen, die schnelle Veröffentlichung jener Erklärung als etwas strafbares aufzufassen gestrebt. Wissen doch Regierungen selbst, wie schwer es heutzutage ist, sogar ihre verborgensten Handlungen der Oeffentlichkeit zu entziehen, die als wohlthätige zugleich und gefährliche, aber unausrottbar gewordne Macht ihren Schritten zur Seite steht. Und, wie verbotne Früchte süßer scheinen, kehrt sich auch der Vortheil augenblicklicher Hemmung bald hernach wider die, welche sie verursachen, wenn sich die geschehnen Dinge mit desto stärkerem Schwung Luft machen und das Gerücht ihnen erhöhten Reiz leiht. Des Verbots, der Censur blödsichtiges Auge vermag doch bloß in unmittelbarer Nähe und Gegenwart zu sichern, die drohenderen Uebel der Zukunft gewahrt es nicht. Hätten wir mit Angst und Sorge jede Mittheilung unsrer Worte gemieden, sie wären, einmal entsandt, doch auf mehr als einem Wege frei geworden. Wir wollten sie nicht zuerst verbreiten, erwarteten nie, daß sie geheim bleiben würden. Sind wir daran Schuld, wenn ein uns völlig unbekannter Correspondent einer englischen oder französischen Zeitung von unserer Absicht hörte und davon meldete? Was konnten wir mit einer solchen kahlen Notiz bezwecken? wir die wir nichts verheimlichen wollten, die wir offen und mit allen Gründen uns zu erklären vorhatten? Endlich was hätte selbst eine solche Nachricht strafwürdiges in sich? Ich für mein Theil habe ohne Bedenken was ich gethan, und niemand daß es geschehen würde vorher wuste, was ich noch jetzt für völlig schuldlos halte, ausgesagt, daß ich den vierten Tag nach der Entsendung, zu einer Zeit wo bereits zahllose Abschriften umgiengen und benachbarte öffentliche Blätter Auszüge lieferten, einem auswärtigen Freunde, gar nicht zur Bekanntmachung, bloß zur Kenntnisnahme, eine vollständige Copie mitgetheilt habe. *) Aehnliches, so viel ich weiß, dürfen meine Collegen behaupten. Keiner hat den andern gefragt, was er thun wollte; viere haben gar keine Veranlassung zur Mittheilung gehabt. Und hätten wir wirklich zu gestehn gehabt, die alsbaldige Veröffentlichung sei unmittelbar von uns ausgegangen, stand darauf Landesverweisung, überhaupt nur auf der Mittheilung einer Erklärung an die Behörde irgend eine Strafe? War das Ausgesprochne in Recht und Wahrheit gegründet, so durfte es vor die Welt hintreten, wie vor den König selbst. Indem wir es weder an seine eigne Person richteten, noch unmittelbar öffentlich machten, folgten wir der Scheu natürlicher Ehrerbietung.

*) Meine Aussage muß in dem academischen Protocoll enthalten sein, und das nennt die Hannöverische Zeitung vom 17 December unumwunden eingestehn, zur Verbreitung der Protestation beigetragen zu haben. Weil ich auf allgemeines Befragen ehrlich sage, was den Umständen nach völlig unerheblich ist, deshalb wird mir auferlegt, Haus und Hof zu räumen, die Meinigen und meine Habe im Stich zu lassen! Welche Barbarei will Mittheilungen an Freunde untersagen? Durch mich ist die Urkunde sicher in kein öffentliches Blatt gelangt und jedes konnte sie bereits anderswoher entlehnen.

Ich habe nunmehr ein Ereignis zu berühren, das künftige Geschichtschreiber der Universität Göttingen aus ihren Jahrbüchern tilgen zu können wünschen werden, die berüchtigte Rothenkircher Deputation.

Die innere Wahrheit unserer Protestation muste in Hannover wider Willen gefühlt worden sein, denn man schwieg so lange, bis der Versuch gemacht wäre, die übrige Universität von aller zu besorgenden Nachfolge abzuschrecken. Einem Gerücht zufolge wollte der König selbst nach Göttingen kommen, um über die Protestanten das volle Maß seiner Ungnade auszuschütten; er begab sich in das etwa vier Meilen ferne Jagdschloß Rothenkirchen.

Gegen Ende Novembers ließ der Prorector dem Senat eröffnen, daß der König zu Rothenkirchen eine Becomplimentierung von Seiten der Universität erwarte. Diese Förmlichkeit schien überflüssig, da die Dankgefühle der Universität bereits zur Zeit des Jubiläums ihren reichlichen Erguß genommen hatten. Man wähnte indessen, dem Prorector sei eine officielle Einladung des Ministeriums oder Curatoriums zugegangen, der sich nicht ausweichen lasse. Es hat später verlautet, daß dieß nicht der Fall gewesen sei, vielmehr eine dritte Mittelsperson die Hand im Spiel gehabt habe. Gegen eine Bezeugung der Ehrfurcht war vom Senate, wie sich von selbst versteht, nichts einzuwenden. Neben dem Prorector, der selbst zugleich Substitut des Regierungsbevollmächtigten und Decan der Juristenfacultät war, wurden deren Exdecan und die Decane der drei übrigen Facultäten zur Reise bestimmt. Einige

Senatsglieder mögen sogar gemeint haben, das aufsteigende Unwetter könne durch eine offne und freie Sprache der Abgeordneten beschworen werden. Man wird es seltsam, ja unbegreiflich finden, daß diesen keine bestimmte Instruction entworfen wurde; sie hatten einen oder zwei Tage lang Zeit dazu, alle obwaltenden Verhältnisse zu überlegen, reisten aber unvorbereitet und in voller Selbstgenügsamkeit am 30 November ab. Zu Rothenkirchen angelangt, wurde die Deputation alsbald befragt, ob sie eine Adresse der Universität bringe? auf verneinende Antwort aber bedeutet, daß sie ohne eine solche nicht vorgelassen werden könne. Hier war nun ein einfacher durch die Umstände sogar gebotener Ausweg, eben dieses Mangels wegen umzukehren und heimzureisen. Der Prorector entschloß sich lieber, in dem Vorzimmer des Pallastes eine solche Schrift abzufassen und sich so den Weg zur Audienz zu bahnen. Er soll anfänglich eine allgemeine, d. h. nichts sagende aufgesetzt und übergeben haben. Diese wurde jedoch nicht angenommen, sondern mit dem Bedeuten zurückgestellt, es müsse darin eine Misbilligung der Protestation ausgedrückt sein. Die Deputirten sahen sich nun in dem schwierigen und peinlichen Fall, etwas aussprechen zu müssen, was sie selbst in Wahrheit nicht fühlten und wozu sie wenigstens durchaus nicht von der sie absendenden Senatsbehörde bevollmächtigt waren. Rechtlichen Männern, hier gedrungen, über einen Schritt ihrer Collegen abzuurtheilen, blieb das einleuchtende Mittel, eben diesen Abgang an aller Vollmacht geltend zu machen. Die Deputation dachte aber auf Umwegen durchzuschlüpfen, und eine neue Adresse ward ausgeklügelt, deren gewundne Phrasen wahrscheinlich einen vielleicht beschönigenden Tadel, nicht der Sache und Meinung selbst, sondern der schnellen Verbreitung der Protestation auszudrücken suchten. Diese Adresse, deren wörtlicher geschweige buchstäblicher Inhalt bisher noch auf keine Weise hat bekannt werden wollen, genügte, und wurde von dem König, nach bewilligtem Gehör, dergestalt beantwortet, daß nun seine Ungnade allein auf die Unterzeichner der Erklärung fallen, die übrige Universität aber ihrer bewiesenen loyalen Gesinnung halber gerühmt werden konnte. Der Prorector wurde außerdem zu einer besondern und geheimen Audienz gelassen, in welcher es ihm frei stand von seiner Privatansicht so viel als er mit sich selbst zu verantworten glaubte zu äußern. Klar aber ist, daß weder er noch die Decane, als Abgeordnete ihrer Collegen, im Namen der Universität, der Facultäten und des Senats nicht das gelindeste von dem auszusprechen befugt waren, was sie zu Rothenkirchen von sich gegeben haben sollen.

Was sie aber auch dort verhandelt und ausgerichtet haben mochten, ihre unerläßliche Pflicht war, ungesäumt nach der Heimkehr dem committirenden Senate nicht allein, sondern, in einer so wichtigen Angelegenheit, auch dem gesammten Corpus der Professoren Rechenschaft abzustatten. Sollte man es glauben, daß vom 1 bis zum 14 December, an welchem Tage mein bisheriges Verhältnis zur Academie gelöst wurde, mithin in zwei vollen Wochen, keine Silbe über diese Hergänge von Seiten des Prorectors an mich gelangt ist? Was sich im Senat zugetragen hat, mögen andere genau berichten; man weiß daß auch da der Prorector nur allgemeine, ganz unverfängliche Dinge gesagt zu haben bekannte, jeder genaueren Erklärung und schlichter Erzählung ausweichend. Nicht weniger als ihrem Oberhaupt lag aber auch den übrigen Abgeordneten, seit sie übelverrichteter Dinge zurückgekehrt waren, die stärkste rechtliche und sittliche Pflicht ob, auf die Erstattung dieser Rechenschaft zu dringen. In Privatäußerungen schienen einige von ihnen freimüthiger, ohne jedoch irgend etwas einzuräumen, was den noch wurzelnden Glauben beeinträchtigen konnte, sie hätten bei dieser Veranlassung, wie es sonst immer üblich ist, ihren Genossen die Farbe gehalten. Daß sie nicht recht klaren Wein einschenkten, fühlte man wol, war aber weit entfernt, eine solche Verleugnung ihnen aufzubürden, als sie deren einige Tage später öffentlich geziehen werden sollten.

Hegten die Mitglieder der Deputation insgeheim den Wunsch, daß die königliche Ungnade sich entladen würde, ohne sie in die Entwicklung einzumischen, so sind sie mit allem Recht geteuscht worden. Ihre unmannhafte Haltung, die sittliche Mattherzigkeit ihrer zu Rothenkirchen geführten Sprache ist es offenbar, was unser Verderben, wenn auch nicht bereitet, doch vollendet hat. Das muß frei und laut gesagt werden. Ihnen lag die moralische Pflicht ob, der Anklage ihrer Collegen gegenüber, auf die Sache selbst einzugehen, und bescheiden und ehrerbietig aber furchtlos ihre Ueberzeugung auszusprechen. Das wird niemand, wo sie selbst es nicht etwa thun, leugnen. Aus ihren Träumen oder Hoffnungen sahen sie sich plötzlich geweckt durch einen officiellen Artikel der Hannöverischen Zeitung vom ... December, dem es nicht genügt, jener misbilligenden Adresse Meldung zu thun, der vielmehr wörtlich und ausführlich die ganze Rede mittheilt, welche, in Gegenwart der Decane, der Vorstand der Deputation gesprochen haben soll,. und worin sich die Universität überhaupt, in deren Namen unbefugterweise aufgetreten wird, nicht bloß von aller Gemeinschaft mit den sieben Protestierenden lossagt, sondern ihre Gesinnung öffentlich schmäht. Lange noch wird der Verfasser dieses Artikels, wer er auch sei, mit heimlicher Schamröthe übergossen werden müssen, wenn ihm der gehässige Eindruck vorschweben kann, den dieses Machwerk bis in die weiteste Ferne hervorgerufen hat. „Das sind Fabeln“ sagte mir einer der Deputierten ins Gesicht, auf die gedruckten Worte weisend; es war ein übertreibendes Zerrbild ihrer ganzen Handlung. Man soll glimpflich urtheilen von Collegen, die unbedachterweise in eine gelegte Falle gerathen waren. Mir schien es jederzeit, daß die Ehre ihnen das unabweisliche Gebot stellte, von nun an, und sei es auf Kosten ihres Amtes, sich alles Lugs und Trugs zu überheben. Nichts in der Welt durfte ihnen das Recht abschneiden das, was zu Rotheukirchen aus ihrer Feder oder aus ihrem Munde gegangen war, wörtlich bekannt zu machen, und jeder Fälschung frei, ich meine mit der Unterschrift ihres Namens, zu widersprechen. Sie zauderten und zauderten, noch bis heute ist ihr Schweigen nicht gebrochen. Welcher diplomatische Codex wird es zuerst wagen, die echte Urkunde herzustellen?

Während durch die Rothenkircher Vorgänge die Theilung der Gemüther zunahm und die Spannung unter den Professoren eine vorher unglaubliche Höhe in wenigen Tagen erreichte, während bei einigen unsrer Gesinnung nahe stehenden edlen Freunden der Entschluß zur Nachfolge um so schneller reifte, als die Gefahr wuchs; nahte die Entscheidung nunmehr in raschen Zügen, und doch überraschend. Der Regierung stand es zu, Lehrer deren offen dargelegte Grundsätze ihr nicht gefielen, vom Amte zu suspendieren: darauf gefaßt sein muste man. Es gab jedoch eine doppelte Art und Weise, die Suspension bis zu dem Augenblick, wo die Ungewißheit über die Verfassung durch den Zusammentritt einer Ständeversammlung nach dem Gesetz von 1819 entschieden sein würde, aufzuschieben oder alsogleich zu verhängen. Selbst der zweite härtere Weg schien noch allzu gelind. Der König verfügte, nachdem ein kurzes inquisitorisches Verfahren über die Verbreitung (wobei ich das erstemal in meinem Leben vor irgend einem Gericht erschien) vorausgegangen war, unterm 11 December nicht Suspension, sondern förmliche Enlassung der sieben Professoren aus seinem Dienst. Dreien darunter, welche Exemplare des Protestes anderwärts mitgetheilt hatten, wurde binnen dreien Tagen Frist das Land zu räumen auferlegt, widrigenfalls sie gefänglich eingezogen werden sollten. *) Wer möchte aber schuldlos im Kerker schmachten!

*) Es wird ihnen geboten das Land in drei Tagen zu verlassen,

Mahnte den Prorector nicht sein Gewissen, als er dieß ohne Zuziehung einer Behörde gefällte, nur von dem Cabinetsminister contrasignirte Urtheil Männern publicirte, denen er im Herzen selbst nichts vorzuwerfen hatte? Zeigte ihm die Ehre nicht den Weg den er gehen mußte?

Durch diesen ohne Urtheil und Recht, selbst mit Verletzung der in des Königs eignen Patenten vorgeschriebnen Formen ausgesprochnen Entsetzungsact erachte ich mich meines wohlerworbnen Rechtes auf mein Amt und den damit verbundnen Gehalt noch nicht beraubt, und gedenke alle mir dagegen zu Gebote stehenden Mittel gerichtlich zu verfolgen. Der Gewalt zu weichen war ich gezwungen.

Die unmittelbarste Behörde der Universität, ihr eignes Curatorium, wurde bei einem, für das Wohl und Wehe der Anstalt folgenreichen Gewaltschritt so wenig von dem alles lenkenden Cabinetsminister gefragt oder gehört, daß es erst von Göttingen aus am 17 oder 18 December durch die kriegerisch vollzogne Maßregel Kunde des Geschehnen empfieng.

Die Regierung erhielt mit der Nachricht von der Ausführung ihrer Befehle gegen die sieben Professoren zugleich die Botschaft, daß sechs andere nicht ihr selbst, sondern alsogleich in öffentlichen Blättern erklärt hätten, keineswegs die Rothenkircher Schmach theilen zu wollen.

---

und wenn sie sich dem nicht freiwillig fügen sollten, wird die Untersuchung gegen sie mit aller Strenge fortgesetzt werden, und sie zu dem Ende an einen andern Ort im Königreich gebracht werden.

Diese zweite Protestation zu Gunsten der bedrohten Constitution von 1833, ihrer Fassung nach schwächer als die erste, stärker hingegen, weil sie nach der schon ausgesprochnen Ungnade des Königs jener sich anzuschließen wagt, ist unsre schönste Ehrenrettung und ein herrliches Zeugnis für den Geist der Universität. War unsere Verurtheilung unverdient und schonungslos, so gedachten sicher die nachprotestierenden Männer keine durch die Finger blickende Schonung sich abzuverdienen. Aber die Regierung, die Consequenz ihrer Gerechtigkeit aufgebend, schien selbst über den Riß zu stutzen, den ihr Verfahren in dem edelsten Gebäude des Landes hervorbrachte. Ein ausgestoßner Stein zieht dann den andern nach sich und ganze Wände lockern sich zum Sturz. Wo dieses einhalten werde, läßt sich nicht einmal berechnen.

Es war vorauszusehn und ist allgemein bekannt, welche bewegten und schmerzhaften Eindrücke unsere Entsetzung im Lande, unter allen Mitgliedern der Universität, die ein Gefühl von Recht hatten, vorzüglich aber unter der studierenden Jugend erzeugen muste. Ich verzichte hier darauf sie zu beschreiben: sie bleiben in meine Brust gegraben.

Schwerer fällt es die weit in ganz Deutschland gefühlte und noch lange nachhaltende Wirkung des Ereignisses aufzufassen. Aber ich, der ich bloß von dem, was mich persönlich berührt, reden wollte, enthalte mich des Versuchs und überlasse die Pflicht dieß zu erwägen denen, welchen sie von ihrer Stellung unabweislich auferlegt wird.

4

Nun liegen meine Gedanken, Entschlüsse, Handlungen offen und ohne Rückhalt vor der Welt. Ob es mir fruchte oder schade, daß ich sie aufgedeckt habe, berechne ich nicht; gelangen diese Blätter auf ein kommendes Geschlecht, so lese es in meinem längst schon stillgestandnen Herzen. Solange ich aber den Athem ziehe, will ich froh sein gethan zu haben was ich that, und das fühle ich getrost, was von meinen Arbeiten mich selbst überdauern kann, daß es dadurch nicht verlieren sondern gewinnen werde.

15

F I

Abwehr

des Prof. Dr. L. Fr. Ilse in Marburg gegen verschiedene Angriffe.

Es geschieht häufig, daß Männer mit bestimmt ausgesprochenen politischen Principien den Angriffen Andersdenkender in der Presse ausgesetzt sind. Meistens wird die Nichtbeachtung solcher Angriffe sich als zweckmäßig empfehlen. Ich habe es oft so gehalten. Aber es können Umstände eintreten, welche eine Erwiderung unumgänglich machen. In einem solchen Falle befinde ich mich heute. Pflicht als Staatsdiener, Pflicht eines unbescholtenen Mannes und schuldige Rücksicht auf Familie und Freunde fordern gleichmäßig eine Rechtfertigung von meiner Seite. Da ich Gegner und Terrain gar zu wohl kenne, muß ich bei meiner Abwehr auch auf schon länger vergangene Dinge, als auf die letzte Veranlassung dieser Zeilen, zurückkommen, um nicht zu endlosen nachträglichen Erläuterungen gezwungen zu werden.

Es befindet sich in Nr. 34 der Deutschen Allgemeinen Zeitung eine Correspondenz aus Marburg, welche im Allgemeinen gegen Herrn Professor Vilmar gerichtet, am Schlusse sagt: »wir dürfen wieder einer jener causes célèbres entgegensehen, mit denen die Koryphäen der Hassenpflug'schen Partei, die Appel, Thassius, Ilse u. s. w. das hessische Publikum von Zeit zu Zeit erbaut haben.«

Es wird hier mein Name in Verbindung mit 2 Personen gebracht, welche wegen Unterschlagung öffentlicher Gelder, und eine davon sogar wegen bedeutenden Diebstahls aus dem Münzkabinet der Strafjustiz verfielen. Wenngleich Verdächtigungen solcher Art hier in Marburg sich von selbst richten und gewürdigt werden, wie sie es verdienen, so sind meine Verhältnisse im In- und Auslande doch nicht überall genau genug bekannt, um ein Schweigen meinerseits zu rechtfertigen oder auch nur zu entschuldigen.

Der genannte Correspondenz-Artikel, für dessen Verfasser, ob zugleich Einsender mag dahin gestellt sein, ich keinen Ausdruck der Verachtung stark genug finden kann, macht den würdigen Schluß einer langen Reihe von Verläumdungen, die eine nichtswürdige Clique von hier aus seit 1850 gegen mich zu verbreiten versucht hat, weil ich ihren Intriguen überall offen entgegentrete.

Ich will in den nachfolgenden Zeilen diejenigen Gegenstände bezeichnen, wegen welcher ich zu verschiedenen Malen angeklagt worden bin, und dann jedem rechtlichen Manne, wäre er auch mein erbittertster persönlicher Gegner, ruhig das Urtheil überlassen.

Es ist nicht zu erwarten, daß ich denjenigen lächerlichen persönlichen Angriffen, welche gegen mich bei meiner Anstellung als Professor in Marburg (1850) gerichtet wurden, hier entgegentreten soll, da sie mitunter selbst als Studentenwitze, doppelt widerwärtig im Munde eines alten Narren, sich äußerten; ich will mich auch nicht weiter darüber auslassen, daß ein hochgebildeter Mann die Besitzerin eines Hauses, in welchem ich eine Wohnung miethen wollte, von dem Miethsvertrage abrieth: »ich könne nicht hier bleiben, da ich nicht einmal irgend ein Examen gemacht habe,« während ihm bekannt sein konnte und mußte, daß ich bei meinem Habilitationsexamen in Heidelberg in den Haupt- und Nebenfächern den ersten Grad erhalten hatte, zu welchem Resultate mir der damalige Dekan der philos. Fakultät mit den Worten gratulirte: »seit der Habilitation des Philologen Hermann (damals in Göttingen) ist vor unserer Fakultät ein so brillantes Examen nicht gemacht.« Solche Unwürdigkeiten braucht man nur anzuführen, nichts weiter; wie traurig, daß man sie anführen muß! Der mit dieser Verläumdung verbundene Hauptzweck, meine Lehrthätigkeit zu hindern*), ist nicht erreicht, und die Achtung meiner Mitbürger verursachte kaum ein Jahr später meine Wahl in den städtischen Ausschuß und gleich darauf zum Abgeordneten.

Aber diejenigen Angriffe will ich bezeichnen, welche mir der Mühe werth schienen, davon Notiz zu nehmen. Eine Clique, die ich schon oben bezeichnet, ließ in die Kölner Zeitung rücken, daß ich, bevor ich an einer Universität mich habilitirte, Schauspieler und Sänger gewesen sei. Ich erwiderte in der Kölner und zugleich in den beiden Frankfurter Blättern und der Kasseler Zeitung: »Der Correspondent sei ein scham- und ehrloser Lügner, ich fordere ihn auf, die Bühne zu nennen, auf welcher ich je gewirkt; ich hätte nur zu wohlthätigen Zwecken und in Privatvereinen von meinem musikalischen Talente Gebrauch gemacht.« — Der Correspondent der Kölner Zeitung schwieg und begnügte sich mit dem ertheilten Titel. — Doch später (1852) ließ er sich von Neuem hören, fügte einige andere Lügen hinzu, z. B. »ich habe in den zwei Jahren meiner Anwesenheit in Marburg keine Zuhörer erhalten können u. dergl.« Wiederum entschloß ich mich den Correspondenten Lügen zu strafen, mit dem Bemerken: »daß ich nun binnen Jahresfrist den Correspondenten

---

*) Univ.-Acten darf ich hier natürlich nicht benutzen, — obwohl wider Gesetz und Anstand zu verschiedenen Malen mangelhafte Auszüge aus den Senatsverhandlungen in die Zeitungen von Anderen gebracht sind.

der Kölner Zeitung aus Marburg drei Mal einen scham- und ehrlosen Lügner genannt, aller guten Dinge seien drei, jetzt müsse ich der Kölner Zeitung überlassen, was sie thun wolle.“ Die Kölner Zeitung forderte ihren Correspondenten auf, sich zu rechtfertigen, widrigenfalls ihm die Zeitung verschlossen bleiben müsse. Der Correspondent schwieg und hat bis heute gegen die Beilegung jener schönen Titel nichts einzuwenden gehabt.

In dieser unwürdigen Weise ist man fort und fort bemüht gewesen, mich anzugreifen; eine Reihe von Zeitungen blieben endlich verschlossen. — Während meiner landständischen Thätigkeit waren meistens die Angriffe anständig. — Neuerdings aber, seit einem Jahre, bringt die D. Allg. Zeitung Angriffe, welche wohl zu den unwürdigsten gehören und der oben angeführte Artikel in Nro. 34 v. 1858 gibt ein neues Beispiel.

Diese Unwürdigkeit des Angriffs wird sich ergeben, wenn ich zu den Veranlassungen der gegen mich gerichteten Anschuldigungen, resp. Anklagen, übergehe. Es sind dies drei:

1) Wegen strafbarer Anmaßung des Amtes eines Abgeordneten.
2) Wegen Verbreitung einer Broschüre, hiesige Armenverhältnisse betreffend.
3) Wegen einer öffentlichen Bedrohung und Injurie, welche ich einer Person zugefügt haben sollte.

ad. 1. Die erste Anschuldigung wurde von dem früheren Minister, Herrn Geh. Rath Hassenpflug gegen mich erhoben. Da die Veranlassung hierzu bisher nicht genau bekannt geworden, so will ich sie jetzt kurz berichten.

Im Jahre 1852 wurde ich, wie schon gesagt, von der Stadt Marburg zum Abgeordneten für die zweite Kammer erwählt (unter 94 Wählern fielen 69 Stimmen auf mich), beim Zusammentritt der Kammer wurde ich zum Vicepräsidenten erwählt und bestätigt und erhielt als Mitglied des Verfassungsausschusses das Referat nicht nur über die Verfassung, sondern auch für das Wahlgesetz, Staatsdienstgesetz und manche andere Dinge von geringerer Wichtigkeit. Diejenigen Männer, welche die kurhessischen Verfassungsverhältnisse kennen, wissen die Schwierigkeiten der mir aufgetragenen Arbeiten gewiß zu würdigen, und werden auch nicht finden, daß mir zu wenig Arbeit zugetheilt war, denn in der ersten Kammer waren diese Arbeiten an sechs Abgeordnete vertheilt.

Nachdem ich gewissenhaft die mir zum Referate vorliegende Verfassung geprüft, setzte ich vorläufig diejenigen Anträge auf, welche auf Abänderung oder Ausfall einer Reihe von Paragraphen der Verfassungsurkunde von 1852 gerichtet waren. Hiermit verfügte ich mich zu dem damaligen Herrn Minister

Hassenpflug, etwa 6 Wochen nach mertheiltem Referate*), und trug ihm vor, daß ich diese Abänderungen u. s. w., etwa 28 §§. der Verf.-Urk. betreffend, nothwendig beantragen müßte. Ich wolle sie ihm vorläufig mittheilen, die specielle Begründung meiner Anträge noch ausarbeiten. Wie sich erwarten ließ, erwiderte der Herr Minister mit jener großen Schärfe und geistigen Gewandtheit, die ihn auszeichnet, und die auch der Gegner anerkennen muß, welcher nicht seiner Meinung ist. Eine Annäherung unserer Ansichten wurde jedoch damals nicht erzielt. Man hat mir schon in jener Zeit und später noch öfter vorgeworfen, daß ich den Herrn Minister in Hinsicht meiner Ansichten getäuscht habe, und erst nach erhaltener Erlaubniß zum Eintritt in die Kammer, mit meinen eigentlichen Gesinnungen hervorgetreten sei. Dies ist bei Einigen ein Irrthum, bei denen, welche am lautesten darüber geschrieen, eine böswillige Erfindung. Denn vor meiner Wahl zum Abgeordneten habe ich dem damaligen Herrn Minister der auswärtigen Angelegenheiten einige Aufsätze über ständische Verfassung übergeben, welche, nachdem er sie gelesen, in die Kasseler Zeitung vom Ende Februar bis zum August 1852 übergingen, und auch von allen andern Herren Ministern, die mich sehr wohl als Verfasser kannten, gelesen worden sind. Hierin habe ich genau dieselben Grundsätze ausgesprochen, welche ich später in der Kammer geltend machte.

Je weiter mein in dem Verfassungsausschusse erstatteter Bericht in den §§. vorrückte, je größer wurde auch die Kluft, welche zwischen den Ansichten des Herrn Ministers Hassenpflug

---

*) Darnach ist auch die Verdächtigung der N. K. Ztg. 1853 Nr. 311, „daß ich in dem Augenblicke gegen Herrn H. vorgegangen sei, als die Rede von dem Rücktritt (April 1853) des Ministers gewesen sei." zu würdigen. Niemand wird mir nachsagen können, daß ich die [illegible] Zwistigkeit zwischen dem Minister und dem Landstand auf Privatverhältnisse übertragen hätte. Ich bin dem Minister in der Fülle seines Einflusses entgegengetreten, aber niemals dem zurückgetretenen Minister. Ich habe niemals die Handlungsweise derjenigen hier zu Lande adoptirt, welche zur Zeit des Einflusses des Herrn G. R. Hassenpflug sich tief bückten und jetzt trotz aller empfangenen Gunst, trotzdem sie seinem Einfluß Stellung und Zulagen verdanken, [illegible] von ihm beleidigt wurden, sich erst [illegible], ob sie die ersten Gesetze der Höflichkeit und Wohlanständigkeit gegen ihn erfüllen wollten. Diese Art Leute hat nur Muth unter dem Schutze der Bajonette, mögen sie hessische, preußische oder bairische sein, was hier das Jahr 1848 einerseits und 1850 andererseits und doppelt bewiesen hat; sie ist nur anmaßend gegen die, von welchen sie keinen Schaden befürchtet.

und den meinigen bestand, so daß schon gegen Weihnachten 1852 mir eine erfolgreiche Thätigkeit bei der Stimmung eines großen Theils der Mitglieder der zweiten Kammer gar nicht mehr möglich schien. Ich erklärte daher am 14. Februar 1853 dem Herrn Minister Hassenpflug, daß ich mein Mandat niederlegen würde, weil ich an einer Vereinigung verzweifle, und von meinen Ansichten nicht abgehen könne. Er war nicht der Meinung und wünschte, daß ich in der Kammer bleiben möchte. Die Hoffnung einer Ausgleichung verschwand jedoch von Tag zu Tag. Die an verschiedene Personen von mir gerichtete Warnung, daß niemals eine so günstige Gelegenheit zur Einigung der Staatsregierung und der Stände wiederkehre, daß man sie benutzen möge, um die Ausnahmszustände und die Abhängigkeit von der deutschen Bundesversammlung, von dem ja noch immer stattfindenden Executionsverfahren derselben zu beseitigen, wurden mißachtet. So entschloß ich mich mit Beginn der Vorlesungen (1. Mai 1853) zur Niederlegung meines Mandats. Da ich eine Reihe von wichtigen Referaten noch zu erstatten hatte, mußte ich es für meine Schuldigkeit erachten, von meinem beabsichtigten Rücktritte der Kammer rechtzeitig, nämlich drei Wochen zuvor, Nachricht zu geben, um die Landtagsgeschäfte nicht ins Stocken kommen zu lassen. Sogleich wurde nun in dem Verfassungsausschusse die Ansicht aufgestellt, daß die Stadt Marburg keinen Deputirten für den laufenden Landtag wieder wählen dürfe, meiner Ansicht nach ganz und gar gegen die ausdrückliche Bestimmung der Verfassungsurkunde von 1852. Nachdem ich dies erfahren, hielt ich es für meine Pflicht, die noch nicht ausgeführte, sondern erst vorläufig, als bevorstehend, angezeigte Mandatsniederlegung nicht vorzunehmen und zeigte dies der Kammer an, weil ich in solchem Falle kein Recht zu haben glaubte, zum Nachtheil der Stadt Marburg mein Mandat niederzulegen, da sie hierdurch um ihre Vertretung kommen solle. Der Antrag wurde so lange nicht zur Verhandlung gelassen, bis drei Deputirte aus der Kammer entfernt waren. An demselben Tage, wo diese Entfernung geschah, wurde mir ein Befehl des Herrn Ministers Hassenpflug zugestellt, wornach ich mich unter Androhung ernsterer Maaßregeln sofort nach Marburg zu verfügen habe, dabei mir zugleich eine Geldstrafe auferlegt wurde, weil ich ohne Urlaub (seit der Erklärung, daß ich zu Anfang der Vorlesungen mein Mandat niederlegen wolle) von Marburg abwesend gewesen sei. Ich zeigte dies der Kammer an, unterzeichnete mich als Abgeordneten der Stadt Marburg, ebenso wie in einer Eingabe an das Kurfürstliche Ministerium des Innern. Erst 14 Tage später beschloß die von einzelnen Deputirten vorübergehend durch Ausschluß von drei Deputirten eingeschüchterte Kammer mit sehr geringer Majorität, daß ich nicht in der Kammer verbleiben und daß die Stadt Marburg nicht wieder wählen dürfe, um sich zwei Monate später zu einer unbedingten Opposition zu erheben und darin zu verbleiben. Damit nicht genug, es verschwand mein Referat über die Verfassung, soweit es nicht schon gedruckt war, und war bei mehrmaliger Nachfrage in der Kammer nicht zu finden, bis ich endlich den Abgeordneten in einer gedruckten Erklärung bezeichnete, welchem ich die sich in meinen Händen befindlichen Landtagsacten mit Begleitschreiben übergeben hatte. Auch in dieser Erklärung nannte ich mich „Abgeordneten der Stadt Marburg,“ um zu zeigen, daß ich durchaus nicht gesonnen sei, das wohlbegründete Recht der Stadt Marburg auf Vertretung aufzugeben. In Folge dieser erneuerten Ansprüche als Abgeordneter wurde ich durch Herrn Minister Hassenpflug, „der strafbaren Anmaßung des Amtes eines Abgeordneten angeschuldigt,“ vor den Staatsprocurator gefordert.

Es kann durchaus nicht Zweck dieser Zeilen sein, hier diese Verhältnisse noch näher aufzuklären, obwohl auf das Hauptsächlichste des Zusammenhangs wegen eingegangen werden mußte. Das Gesagte wird aber genügen, um die Ursache der ersten gegen mich erhobenen Anschuldigung darzulegen*). Unter den sich hier aufdrängenden Fragen möchte ich eine sogleich beantworten; nämlich die: wie konnte eine Kammer einen solchen Beschluß fassen? Das kann nur die in Erstaunen versetzen, welche nicht gleich mir wissen, daß die von mir geschehene Hinweisung auf Ansichten, welche von dem Stolze des deutschen Volkes, dem Freiherrn von Stein, schon während des Wiener Congresses bei fünf großen Mächten zur Anerkennung gebracht wurden, als constitutionelle Phrasen, daß die Hinweisung auf Grundsätze der religiösen Duldung, welche in den preußischen Kammern 1850 von Gerlach und Walter ausgesprochen, als Angriffe auf den christlichen Staat von einzelnen nicht ganz einflußlosen Deputirten bezeichnet, und daß die Berufung auf Stahl, weil selbst dieser in Frage stehende Grundsätze vertheidige, zu einem Angriffe in der Kasseler Zeitung benutzt wurde, mich als einen Vertreter der Interessen der Kreuzzeitung in Kurhessen hinzustellen! — Erwiderungen von mir wurden nur verstümmelt wiedergegeben! — Wahrlich einige Personen solcher Art in einer Kammer sind genügend, um dem monarchischen Princip das Ver-

*) In dem binnen Kurzem, nach voraussichtlich baldiger Beendigung der Verfassungssache, von mir erscheinenden Werke: „Kurhessisches Staatsrecht“ wird sich im ersten Bande die Gelegenheit geben, auf die Geschichte der Verfassungsverhältnisse einzugehen und eine sich daran schließende Broschüre zur Darstellung und Rechtfertigung persönlichen Verhaltens dienen.

trauen der gemäßigsten Männer zu entreißen und statt dessen ein unbezwingliches Mißtrauen gegen dasselbe zu schaffen. Solche Personen sind ebenso unsinnig, als die, welche etwa die kurhessische Verfassung von 1831 und einige Gesetze von 1848 und 1849, mit welchen, **überall** wirklich zur Anwendung gebracht, kein Präsident einer wohlgeordneten Republik regieren könnte, zur unbedingten Geltung wieder bringen möchten.

Also die erste Anklage ging »auf strafbare Anmaßung des Amtes eines Abgeordneten.« Was that, in dem Augenblick, wo die Blätter der verschiedensten Richtungen mich in Schutz nahmen, die Allgem. Augsb. Zeitung? Sie berichtete, daß ich vor den Staatsprocurator gefordert sei und bezeichnete mich in einem längeren vorhergehenden Artikel (Nr. 311. 1853) als den Verfasser einer anonymen gegen Herrn Hassenpflug erschienenen Broschüre, bemerkte dabei, daß ich mich zwar entschieden dagegen verwahrt hätte, aber fragt doch, wer soll sonst der Verfasser sein? Das heißt für Recht und Wahrheit streiten! Während ich mit aller Kraft die Interessen der Stadt Marburg und des Landes pflichtgemäß aufrecht zu erhalten suchte, denuncirt mich die A. A. Z. als Verfasser einer gegen Herrn Hassenpflug erschienenen Broschüre und spottet dann weiter über mein in der Kammer erstattetes Referat und darüber, daß ich die Intentionen des Bundes in der kurhessischen Angelegenheit kennen wolle. Die betreffenden Bundesprotocolle sind seit jener Zeit gedruckt (Hamburg 1854) und liegen für die A. A. Z. zur Vergleichung vor. Fast als Ironie muß man es ansehen, daß einige Tage nach der Denunciation die A. A. Z. einem großen Theile ihres schmähenden Correspondenz-Artikels selbst widersprechen muß; sie hat von jener Zeit an nur von Opposition der zweiten Kammer gegen das Ministerium zu berichten. Zwei Jahre später hätte sie Gelegenheit gehabt, zu berichten, daß die von ihr in hämischer Weise verspotteten Anträge des Professor Ilse fast ohne Ausnahme zur Grundlage der Unterhandlung der Staatsregierung mit den Ständen gemacht worden seien; — sie sind es noch jetzt.*)

ad. 2. Die zweite Anklage ist mit wenigen Worten abgemacht. Sie betraf eine Broschüre, in welcher ich die hiesigen Armenverhältnisse darlegte und eine 23 Jahre lang dem Publikum vorenthaltene Rechnungslage, die von besonderen Verordnungen

*) Meine unverändert gebliebenen politischen Ansichten sind nicht unbekannt. Sie sind niedergelegt in einer Reihe von Broschüren, Aufsätzen und Denkschriften seit 1843, welche zusammen wohl mehr als 50 Druckbogen umfassen; sie sollen in einem größeren politischen Werke, welches im Laufe dieses Jahres erscheinen wird, wenn mir Gott Leben und Gesundheit läßt, weiter ausgeführt werden.

vorgeschrieben ist, forderte. Ich wurde durch den Vorstand der Armen-Commission, zugleich Landrath und Polizei-Director, angeklagt, — ich weiß kaum noch, wie eigentlich die Anklage lautete, — und nach kurzer Verhandlung von wenigen Minuten freigesprochen. Die Armen-Commission legte darauf, auf wessen Anordnung weiß ich nicht, für das letzt abgelaufene Jahr Rechnung. Diese Sache ist rein local und von sehr untergeordneter Bedeutung, auch ebenso wie die erste Angelegenheit ohne Zuhörer verhandelt. In wie weit ich mit meinen damals gemachten Vorschlägen im Unrecht war, muß die Zukunft lehren, und mögen diejenigen entscheiden, welche seit jener Zeit das hiesige Armenwesen im Zusammenhang betrachtet haben und nicht einseitig die Thätigkeit eines Privat-Vereines ohne Rücksicht auf die großen Mittel der Armenverwaltung im Allgemeinen und die im Ganzen und im Verhältnisse zu diesen Mitteln erzielten Resultate ins Auge fassen. Mir ist damals von vielen meiner Mitbürger gedankt worden. —

ad. 3. Die dritte Anklage lautete dahin, (Februar 1857.) daß ich einen jungen Mann, der etwa ein Jahr vorher promovirt und damals Hülfs-Arzt bei der Marburger medizinischen Klinik war, öffentlich bedroht und beleidigt hätte. Da über diesen Gegenstand öffentliche Blätter Angriffe gegen mich gerichtet und die Thatsachen entstellt und sogar erlogen und hier in Marburg Personen die böswilligste Entstellung der Thatsachen sich zum eigentlichen Geschäft gemacht haben, so will ich nach der in gerichtlich beglaubigter Abschrift des darüber geführten vor mir liegenden Gerichtsprotocolls die Sache darstellen. Zur Vergleichung mit dem Folgenden habe ich diese Abschrift in der Elwert'schen Buchhandlung zur Einsicht aufgelegt, nachdem ich zuvor sie den Redactionen des Frankfurter Journals und der Postzeitung mitgetheilt hatte.

Zur richtigen Beurtheilung der Anklage mag eine kurze Darstellung der Veranlassung dazu vorausgehen.

Durch ein Mitglied des Vorstandes einer hiesigen geschlossenen Gesellschaft, des Museums, wurde ich in Gegenwart des Herrn Ingenieurs und Bahnhofs-Vorstandes, der sich jedoch im Verlauf der Unterredung entfernte, zum Eintritt in das Museum freundlich an öffentlichem Orte aufgefordert (wie sich natürlich von selbst versteht nicht in seiner Eigenschaft als Vorstands-Mitglied). Hiermit war das von mir mit Dank aufgenommene Anerbieten verbunden, mich bei dem Museum anzumelden, und dabei bemerkt, daß diese Anmeldung eine Form sei, da nur auf besonderes Verlangen eines *) Mitgliedes statutenmäßig abgestimmt werde; dergleichen

---

*) Freilich hat ein jedes einzelnes Mitglied das Recht hiezu und kann durch sein Verlangen die ganze Gesellschaft zur Abstimmung zwingen!!

komme aber höchstens bei einzelnen Studenten, von anderen Studenten angeregt, vor, bei Anmeldungen von Beamten 2c. herkömmlich niemals. An dem Tage, wo die Aufnahme Statt finden sollte, verlangte ein mir bis dahin ganz unbekannter Dr. König die Abstimmung der Gesellschaft. Als mir dieses, freilich etwas zu spät, mitgetheilt wurde, erkundigte ich mich nach dieser mir vollständig unbekannten Person, nach ihren Verhältnissen, ob schon angestellt, oder ob für den Staatsdienst sich vorbereitend u. s. w., da ich nicht einmal wußte, bei welcher Fakultät dieser junge Mann promovirt war. Außerdem hatte ich Erkundigungen eingezogen, ob vielleicht Zwistigkeit mit der Familie meiner Frau vorhanden seien. Da die Person des Dr. König aber allen den Meinigen ebenso unbekannt war, als mir, so mußte ich eine ganz besondere Ursache, eine ganz besondere Gehässigkeit in dieser auffallenden Handlungsweise vermuthen.

Nach den hier gemachten Erfahrungen, nach allen den gegen mich verübten Unwürdigkeiten, die ich oben erzählte, wird kein Mann von Ehre mir es zum Vorwurfe machen, daß ich mit Ernst und Entschiedenheit einer Beleidigung, die offenbar den Zweck hatte, mir eine empfindliche moralische Demüthigung zuzufügen, entgegentrat. Wie richtig ich meine Gegner im Allgemeinen schätzte, zeigt eben der neueste stärkste Versuch in der D. Allg. Zeitung! Wenn über jedes angemeldete Mitglied in einer Gesellschaft abgestimmt wird, so liegt in der Abstimmung freilich nichts. Soll aber eine Ausnahme unter tausend Fällen gemacht werden, wie hier versucht wurde, so liegt darin, trotz aller möglichen Bestimmungen in Statuten, eine der größten Beleidigungen, wenn auch Manche damals sagten, es könne ja wohl meine Nase dem Dr. König nicht gefallen. In altem Munde etwas sehr jugendlich*)! — Ich stellte in den stärksten Ausdrücken an öffentlichen Orten die Behauptung auf, daß es eine moralische Pflicht für Dr. König sei, die Gründe seiner Handlungsweise anzugeben und entzog, da dies nicht geschah, trotz der mich ehrenden Bitten vieler meiner Mitbürger und was mich insbesondere erfreute, vieler Studierenden meinen Namen der Abstimmung im Museum. Wegen der starken Ausdrücke erhob Dr. König Anklage gegen mich, daß ich den 1. Februar 1857 Abends im Gasthause zum Ritter dahier im Beisein mehrerer Personen in einem Gespräche über ein in Beziehung auf meine Aufnahme in die hiesige Museumsgesellschaft veranlaßtes Ballottement geäußert habe:

*) Andere hatten Sympathie für jugendliche Anmaßungen, und tadelten den Mann, der gezwungen war energisch denselben entgegenzutreten, wenn er nicht den Verdacht auf sich kommen lassen wollte, daß man ihm vielleicht in moralischer Beziehung irgend einen Vorwurf machen könne.

1) so lange ich und meine Familie existirt, soll er (König) nicht in den Staatsdienst, ich habe noch Einfluß, mein Schwager ist noch Minister;

2) es ist nicht nur ungehörig über einen Mann von meiner Stellung überhaupt abstimmen zu lassen, sondern auch unehrenhaft;

3) König ist ein Schuft, wenn er seinen Antrag nicht zurücknimmt (wörtlich aus dem Contum. Urth. 21. April 1857.)

Man sieht wohl auf einen Blick, worauf es unter obwaltenden Verhältnissen ankommen sollte, nämlich auf die sub 1 aufgeführte Beschuldigung. Der Versuch, deßhalb Anklage wegen öffentlicher Bedrohung anzustellen, mißlang und es blieb nur die Klage wegen Privatbeleidigungen übrig. — Ich will nun die Zeugenaussagen wörtlich aus dem gerichtlichen Protocolle hier anführen.

Zeuge 1: In Bezug auf das Ballottement hat rc. Ilse gesagt, König sei ein Schuft.

Zeuge 2: Das Benehmen des rc. König sei sehr unehrenhaft, der sei ein Schuft, der sich so hinter die Statuten des Museums stecke.

Zeuge 3: Wenn rc. K. die Gründe, warum er das Ballottement beantragt, nicht angebe, so sei er ein Schuft.

Zeuge 4: Der Ausdruck »Schuft« sei gefallen, doch wisse er nicht, wer damit gemeint sei«; in der letzten Verhandlung sagt er aus, wie Zeuge 3.

Zeuge 6: Der Zeuge 6 hat von gegenwärtigen Fremden gehört: »ein Professor habe über das fragliche Ballottement viel gesprochen und dann gesagt, wer ein Ballottement beantrage, ohne Angabe der Gründe, sei ein Schuft.«

Der Zeuge 7 sagt: »Von dem Vorfall vom 1. Februar wisse er nichts, aber am 31. Januar habe Professor Ilse auf dem Bahnhofe mit Bezug auf das Ballottement gesagt: wer ist dieser König? und nachdem ihm das gesagt, erklärt: »er habe ihm den Fehdehandschuh hingeworfen, er und seine ganze Familie nehme ihn auf.« Dasselbe sagt Zeuge 8 aus.

Die Aussage des Zeugen 5 führe ich zuletzt an, weil mit diesem Zeugen die in Frage stehende Unterredung geführt und er nach seinem Stande der unbefangeste hätte sein sollen. Es ist nämlich der frühere Professor der Rechtswissenschaft in Gießen, Wippermann, jetziger Hofkammerrath in Dienst eines preußischen Standesherrn *). Derselbe sagt:

---

*) In Gießen bekannt durch eine Schrift, worin er einen Steuer-Inspector oder Rendanten im Jahre 1850 zur Steuerverweigerung aufforderte

»Ich sei in einem offenbar aufgeregten Zustande in das Gastzimmer im Ritter gekommen, habe daselbst unaufgefordert von dem gegen mich durch x. König beantragten Ballottement gesprochen und gesagt: König habe mir den Fehdehandschuh hingeworfen, ich und meine Familie werde ihn aufnehmen und so lange x. König in Kurhessen sei, solle es ihm nachhängen. Er habe dieses als eine Drohung in der Weise aufgefaßt, daß ich durch Herrn Minister v. M. ihm die Aufnahme in den Staatsdienst habe entziehen wollen. Außerdem habe ich das Benehmen, ohne Angabe der Gründe für das Ballottement, dasselbe zu beantragen, sehr getadelt und habe auch den Ausdruck »Schuft« mehrmals gebraucht, jedoch wisse er, Deponent, den Zusammenhang nicht mehr, er sei aber in nächster Beziehung zu König gebraucht. Zuletzt sei er in der Verbindung von mir gebraucht, daß ein Mann, der ein Ballottement beantrage, ohne die Gründe angeben zu wollen, ein Schuft sei.« A. B. durch Veranlassung des Assistenten des x. König: »er habe nicht gehört, daß ich gesagt das Benehmen des x. König sei unehrenhaft« *).

Es werden sich Männer der Wissenschaft und der Praxis gleichmäßig verwundern, wenn sie lesen, daß ein ehemaliger Professor der Rechte, als Auskunftszeuge, meine Worte: »König habe mir den Fehdehandschuh hingeworfen, ich und meine Familie würde ihn aufnehmen, und so lange x. König in Kurhessen sei, solle es ihm nachhängen,« »»als eine Drohung in der Weise bezeichnet, daß ich durch meinen Schwager, Minister v. M., dem x. König die Aufnahme in den Staatsdienst habe entziehen wollen«« Also der Professor der Rechte interpretirt künstlich aus meinen Worten als Zeuge das heraus, was ich nicht gesagt, wie er selbst zugestehen muß, was keiner der andern Zeugen nach Ausweis des Protocolls gehört hat, was den Hauptgegenstand der ganzen gegen mich erhobenen Anklage ausmachte!! Daß derselbe Professor der Rechte eine Menge von Aeußerungen, die zu dem Gegenstande gar keine Beziehung hatten, zum Gaudium der anwesenden Zuhörer vorbrachte (deßhalb vom Richter zwei Mal erinnert wurde), will ich schon verzeihen, da der ehemalige Professor zu lange vor einem Auditorium nicht gesprochen hatte, um nicht in die natür-

*) Ich will gar nicht in Abrede stellen, daß ich, wie Professor Wippermann allein von allen Zeugen im letzten Verhandlungstermine behauptet hat, gesagt haben könne: „ich sei Soldat gewesen, und würde den Dr. König todt schießen!“ Obwohl in schmählicher Weise ohne alle ihm gegebene Ursache von ihm beleidigt, würde ich an solche Aeußerung gewiß nicht gedacht haben, wenn ich zu jener Zeit schon gewußt hätte, daß nicht lange vorher Dr. König als angehender Dr. med. wegen thätlicher Widersetzung gegen hessische Patrouillen gerichtlich bestraft worden war. —

liche Versuchung zu fallen, einen ausgeschmückten längeren Vortrag über fremdartige Gegenstände zu halten. Nur das muß ich bei seinen Extravaganzen rügen, daß er seinen Vortrag mit den Worten begann: »ich kann den Professor Ilse nicht leiden, ich habe ihm deßhalb auch eine schwarze Kugel gegeben.« Sagte ihm sein juristisches Gewissen dabei nichts? — Oder fand er es anständig, — der Jurist — unter dem Ausdruck »meine Familie« als Zeuge, unveranlaßt, zu interpretiren: »die Familie meiner Frau«? — Doch genug über dieses Benehmen. —

Es geht genügend aus dem Gesagten hervor, daß keiner der gegenwärtigen Zeugen von der ersten mir schuldgegebenen Aeußerung:

»K. solle nicht in den Staatsdienst, so lange ich und meine Familie existire, ich habe noch Einfluß, mein Schwager sei noch Minister.«

gehört hat; es geht weiter aus dem Protocoll hervor, daß Zeugen 1. 2. 3. 5. 6. 7. 8. selbst auf Befragen von dieser Aeußerung nichts gehört haben wollen. Zeuge 4, der Particulier A. Briede aus Neu-Orleans, erwiderte auf besonderes Befragen: »von weiteren Drohungen wisse er nichts,« und auf Befragen meines Vertheidigers: »er habe den Vorfall im Ritter dem Dr. König nicht hinterbracht.« Erst auf ein nochmaliges (!) Befragen dieses Zeugen, nachdem alle Zeugen bereits ausgesagt haben, erklärt derselbe: »rc. Ilse müsse eine Drohung der Art haben fallen lassen, als könne er bewirken, daß rc. König nicht in den Staatsdienst aufgenommen werde; denn er habe erwidert: dann wandert er aus, in jener Weise habe Ilse allerdings gedroht, **nur** wisse **er die** Worte nicht mehr.« *)

In **einer** zweiten darauf folgenden Verhandlung ließ ich mich contumaciren, weil mein Vertreter verhindert war, zu erscheinen; erhob dann Einwand, welcher zur letzten Verhandlung führte, in welcher die Zeugen genau so aussagten, als in der ersten Verhandlung. Durch Erkenntniß vom 1. April 1857 wurde ich darauf zu 5 Rthlr. Geldstrafe und zur Abbitte nur wegen des gebrauchten Ausdrucks »Schuft« verurtheilt, wogegen ich sofort Appellation einlegte, weil das Gericht kein Retorsionsrecht, ja nicht einmal **in** der mir zugefügten Beleidigung des Dr. König einen Milderungsgrund für mich anerkennen wollte. Zugleich

*) **Dieser** Zeuge wurde in Gegenwart zweier ehrenwerther Beamten an öffentlichem **Orte von** mir gefragt, ob er sich erinnern könne, daß ich Dr. K. ohne Bedingung **einen** Schuft genannt **habe**? Sei dies der Fall gewesen, so würde ich diese bedingungslose Injurie zurücknehmen. Er antwortete darauf ich gebe Ihnen hier keine Antwort, **aber** vor Gericht werde ich antworten.

hatte ich eine Klage auf Verläumdung gegen Dr. König mir vorbehalten, da derselbe gegen besseres Wissen mir die Drohung nachgesagt,

»daß er nicht in den Staatsdienst solle, so lange ich und meine Familie existire, ich hätte noch Einfluß, mein Schwager sei noch Minister«

und darauf eine Anklage auf Concussion fundirt habe.

Denn da Dr. König seine Kenntniß meiner Aeußerungen nur von seinen benannten Zeugen erlangt hatte und haben konnte, sämmtliche Zeugen aber die fragliche Aeußerung nicht gehört zu haben erklärten, selbst der Zeuge Briede sich erst nach dreimaligem Befragen irgend einer Aeußerung, die eine Drohung dieser Art enthalten habe, aber der Worte durchaus nicht erinnert hatte, und auch, wenn derselbe sich wirklich nachträglich daran erinnert hätte, sie keinenfalls dem Dr. König mitgetheilt haben konnte, weil derselbe, als vereidigter Zeuge befragt, gleichwie der interpretirende Professor der Rechte Wippermann, ausdrücklich erklärt hatte, daß er von der Unterredung im Gasthause zum Ritter dem Dr. König keine Mittheilung gemacht habe, so gehe daraus zur Evidenz hervor, daß Dr. König die mir zur Last gelegte Aeußerung erfunden und gegen besseres Wissen zu einer Anklage auf Concussion gebraucht habe. —

Dr. König fand nun für gut, auf die Privatgenugthuung der Abbitte zu verzichten, weßhalb ich, nach einiger Ueberlegung, um weiteren Scandal zu vermeiden, die Angelegenheit auf sich beruhen ließ. — Daß es einige Personen gegeben hat, welche für einen jungen Menschen, der nicht einmal auf so starke öffentliche Aufforderungen Gründe seiner anmaßenden Handlungsweise gab, sondern sie nur zu einer Injurienklage benutzte, Partei genommen, ist nicht zu verwundern, da manche Personen bis in ihr spätestes Alter das Vergnügen an Scandalen, wie thätliche Widersetzlichkeiten gegen Patrouillen nicht ablegen können. Hätte ich von letzterem Umstande damals Kenntniß gehabt, würde ich überhaupt kein Wort verloren haben. Denn daß ein so jugendlicher Mann als beachtenswerther Ausdruck der öffentlichen Stimme etwas bedeuten könne, werde ich nie glauben.

Nachträglich ist mir von einigen Seiten gesagt worden, Dr. König sei wahrscheinlich durch die Theilnahme für einige aus dem Dienste entlassene Referendarien zu seiner Handlungsweise gegen mich bestimmt, weil ich diese Entlassung verursacht habe. Wie ich damals gleich dagegen mich verwahrte, so muß ich auch heute diese Nachrede als eine Lüge öffentlich bezeichnen. Ich habe von der Existenz dieser jungen Männer erst Kenntniß erlangt, als das Verfahren gegen sie schon eingeleitet war. So viel ich erfahren, geschahen die Anzeigen durch die amtlich dazu berufenen Personen, und hierauf folgten die Verurtheilungen durch die Kriegsgerichte beziehungsweise Entlassungen. Ich hatte dringendere Geschäfte in Cassel abzumachen, als mich um Leute zu kümmern, die ich nicht von Person, und manche nicht einmal dem Namen nach kannte. Ich glaube während meines Aufenthaltes hierselbst und früher Beweise genug gegeben zu haben, daß ich meinen geraden Weg ohne Umwege gehe, und ich meine, daß Jedermann weiß, wie er mit mir daran ist. — Also nochmals: den, welcher je behauptet hat, daß ich zu den genannten Entlassungen nur mit einem Worte oder einer Miene beigetragen, erkläre ich hiermit für einen Lügner.

Nur um einen Blick in die Parteiverhältnisse zu Marburg werfen zu lassen, will ich noch eines Umstandes gedenken.

Während der Verhandlungen in dem Injurienprocesse schrieb nämlich, unter sehr zahlreichen Zuhörern allein Herr Professor Dr. theol. Gildemeister, zuerst bekannt geworden durch eine Schrift »über den heiligen Rock,« die Aeußerungen der Zeugen eifrig nach. Da wir uns nie sprechen, selbst nicht grüßen, so ist dies jedenfalls kein Interesse für mich, sondern ein Interesse an dieser Gerichtsverhandlung selbst gewesen. Nach der ersten Verhandlung theilte mir dieses zuerst ein alter ehrwürdiger Bürger mit der Bemerkung mit, daß er den Herrn Professor der Theologie lieber in der Kirche als in Gerichtssitzungen als »inofficiellen« Protocollführer sehen würde, doch könne er sich nicht erinnern, den Herrn Professor der Theologie während zehn Jahre mehr als zwei oder drei Mal, Jahre lang gar nicht, in der Kirche gesehen zu haben. Ich habe diesem Manne nicht Unrecht geben können, obwohl ich eben so wenig als mein verehrter Mitbürger Menschen nach der Zahl der Kirchenbesuche tarire. In der zweiten Gerichtsverhandlung dieses Injurienprozesses, nur noch etwa von 20 Personen besucht, erschien wiederum Herr Professor Dr. theol. Gildemeister mit der Schreibtafel, in der dritten und letzten erschienen als Zuhörer nur drei Personen, eine davon war aber wiederum der eifrig notirende Herr Professor Dr. theol. Gildemeister. Vielleicht hofft derselbe Curator der Universität Marburg zu werden? Da kann freilich eine Sammlung von Notizen über Collegen, eine Art von Protocoll, insbesondere wenn es aus so schwungvollen Reden, wie die eines der oben genannten Zeugen gegen mich, genommen wird, von großem Nutzen sein! Herr Prof. Dr. theol. Gildemeister hat allerdings das unbestrittene Recht, Gerichtsverhandlungen, welche mich betreffen, nachzuschreiben, aber ich habe auch das Recht, mich darüber auszusprechen.

Gleich nach der ersten Gerichtsverhandlung brachte die D. Allgem. Zeitung eine Correspondenz aus Marburg (Nr. 41 und

46. 1857), worin die Verläumdung ausgesprochen wurde, daß ich mit dem Einflusse eines Ministers gegen Dr. K. gedroht hätte.«

Ich habe oben ausgeführt und durch wörtliche Auszüge aus dem Gerichtsprotocoll, welches doch allein auf Treue Anspruch machen kann, bewiesen, daß diese Aeußerung von keinem der anwesenden Zeugen ausgesagt wurde; sondern daß sogar wegen dieser erfundenen Beschuldigung eine Klage auf Verläumdung von meinem Vertreter erhoben werden sollte und zum Theil schon war, aber wegen der Unbedeutendheit der Person, welche die Calumnie ausgesprochen, von mir sistirt wurde.

Die Zeitung des Herrn Brockhaus verweigerte mir zwar die Aufnahme einer unter dem 28. Februar v. J abgesendeten Erwiderung, weil diese zugleich gegen die D. A. Zeitung selbst gerichtet sei; doch glaubte ich aus der Antwort des Herrn Dr. Brockhaus zu der Annahme berechtigt zu sein, daß das Correspondenzzeichen in einem mich betreffenden Artikel nicht wieder in seinem Blatte erscheinen würde. Dennoch bringt die Deutsche Allg. Zeitung in Nro. 34 a. c. die schon benannte Niederträchtigkeit einer Zusammenstellung meines unbescholtenen Namens mit Personen, welche wegen Diebstahl und Unterschlagung öffentlicher Gelder zum Zuchthaus verurtheilt worden sind.

Ich habe oben die Ursachen, wegen welcher ich angeklagt war, angegeben. Ein Mal bin ich erfolglos angeklagt, weil ich meine unter den obwaltenden Umständen sehr schwere Pflicht als Landstand gethan, ein anderes Mal, weil ich Rechnung in Armensachen gefordert, wiederum erfolglos, ein drittes Mal, weil ich meine Ehre gegen einen anmaßenden jungen Mann vertheidigt und ihn bedingungsweise injuriirt, wobei dem Verletzten in jedem Momente durch Erfüllung der von mir öffentlich gestellten Bedingung, nämlich durch Anführung der Gründe seiner für mich kränkenden Handlungsweise, freistand, die Injurie aufzuheben, beziehungsweise wirkungslos zu machen.

Und nun werde ich zusammengestellt mit Menschen die dem Zuchthaus verfallen sind. Das geschieht in einem Blatte, welches sich zu den ersten in Deutschland zählt, es geschieht unter der Firma »für Wahrheit und Recht, für Freiheit und Gesetz«. Die öffentlichen Blätter, z. B. das Frankfurter Journal, welches die Correspondenz aus der D. A. Z. aufnahm, bringen in Tausenden von Exemplaren bis in die Hütten der Dörfer und Weiler des Landes Hessen diese Zusammenstellung, und zwar in einer Correspondenz, welche durch ihre Fassung leider den sonst gebildeten Mann nur zu sehr verräth.

Niemand achtet freie Presse höher als ich. Aber verlangen muß ich von der freien Presse, daß sie in ihren Spalten keine Angriffe duldet, welche mit der Ehre unbescholtener Männer, ein frevelhaftes Spiel treiben, wie Nro. 34 der D. Allg. Zeitung das Extrem eines Beispiels giebt. —

Da ich unmöglich an alle Blätter, welche jenen Schmäh-Artikel brachten, Entgegnungen schicken kann, ich mich auch einer nochmaligen zurückgeschickten Erwiderung bei der D. Allg. Zeitung nicht aussetzen werde, so lasse ich diese Erklärung in einer genügenden Anzahl Exemplare drucken, und ersuche alle deutschen Blätter, welche jenen Schmähartikel aufnahmen, nach genommener Kenntniß von dieser Erklärung die Berichtigung zu geben, zu der sie sich selbst verpflichtet halten müssen und werden.

Die Deutsche Allg. Zeitung aber fordere ich hierdurch auf, sowohl die angemessene Ehrenerklärung in einer ihrer nächsten Nummern zu geben, als auch den Namen des Einsenders der benannten Correspondenz mir mitzutheilen. Geheimniß der Redaction kann überall gewahrt werden, nur nicht, wo es sich um Angriffe handelt, wie der gegen mich gerichtete sich darstellt. Erscheint die Ehrenerklärung nicht, gibt die Deutsche Allg. Zeitung mir nicht den Namen des Correspondenten an, so werde ich wissen, wie ich weiter zu handeln habe.

Es versteht sich von selbst, daß ich anonyme Antworten, welche ich in vorliegendem Falle für unanständig halten müßte, nicht beachte.

Marburg den 13. Februar 1858.

Dr. L. Fr. Ilse,
Professor der Staatswissenschaft.

Verlag von Dr. Ilse in Marburg.

Druck von Carl Horstmann in Frankfurt am Main.

Carl Albert Leopold

Freiherr von Stengel

Ein bayerischer Staatsmann.

München
Druck von F. Straub
1866.

Carl Albert Leopold Freiherr von Stengel

Ein bayerischer Staatsmann.

— Justum et tenacem propositi virum —

München
Druck von F. Straub
1866.

Selbst ist der Mann: so sagt sich seit Jahrhunderten unser Volk, und mit nationalem Stolze begrüßen wir die alte Rede, denn es giebt noch Männer unter uns, welche damit gezeichnet werden. Ein solcher, wie ihn das deutsche Herz will und der deutsche Mund preißt, war der am 5. December 1865 zu München, im zweiundachtzigsten Lebensjahre verstorbene, qu. k. bayerische Appellations-Gerichts-Präsident Frhr. Carl von Stengel. Seine Laufbahn, als Staatsmann, zumal als Verwaltungsbeamter und Leiter eines höheren Gerichtshofes, ist so bedeutend, so reich an Ereignissen und wichtigen Erfolgen gewesen, daß es Pflicht ist, sein Bild an den Zeitgenossen vorüberzuführen, nachdem Er selbst schon aus des Lebens Kreisen getreten.

Carl Alb Leop. Frhr. von Stengel wurde zu Biederstein bei München am 27. October 1784 geboren. Sein Vater war der churfürstliche Cabinets-Secretär und nachmalige General-Commissär des k. b. Obermainkreises Stephan Chr. Frz. Nik. Frhr. von Stengel (geb. 6. Oct. 1750, gest. zu Bamberg 1822), seine Mutter Mariane von Blesen aus Mannheim. Die Stengel

1*

stammen aus dem Hohenzollernschen *), und haben seit 150 Jahren dem churpfälzischen Regentenhause nicht wenige, durch Talent und Charakter ausgezeichnete Staatsmänner geliefert. Unseres Carl's v. Stengel Großvater Joh. Georg hinterließ eine zahlreiche Nachkommenschaft, die sich zum Theil dem Dienste ihres Adoptiv-Vaterlandes Baden gewidmet hat, in seinem Vater Stephan aber sich in Bayern fortsetzte, als Carl Theodor, Maximilians III. Erbe, in die Herrschaft der bayerischen Lande eintretend, nach München übersiedelte. Hier fand Stephan v. Stengel, des Churfürsten Cabinets-Secretär, einen erweiterten Geschäftskreis, dem er, ein vielseitig gebildeter, kenntnißreicher, frei- und kunstsinniger Staatsmann, sich vollkommen gewachsen erprobte. Er war auch Mitglied (und Vice-Präsident) der damaligen churbayerischen Akademie der Wissenschaften. Sein Haus galt als Mittel- und Sammelpunkt von allen hervorragenden Persönlichkeiten der Stadt, Staatsdienern, Künstlern und Gelehrten. Um die geselligen Tugenden des Hausvaters und die anmuthige Würde der Mutter, einer altdeutschen Frau, die neben Gellert auch Lessing und Goethe las, gruppirte sich nach und nach ein Kreis von fünf kräftigen Söhnen und sechs blühenden Töchtern. Von jenen war Carl der dritte, und so wuchs er auf, begünstigt von allen Vortheilen einer liberalen

---

*) Paul Stengel, Urgroßvater Stephans, war Oberamtmann und Canzler in Sigmaringen. Dessen Sohn Franz Joseph, churpfälzischer Geheime Rath und Referendär erhielt 1740 das Adelsdiplom; Johann Georg, Vater Stephans, nahm in Mannheim während einer langen Reihe von Jahren einen einflußreichen Posten ein: er war geheimer Rath, geheimer Canzleidirektor, Cabinetssekretär, Vizecanzler des Hubertusordens und Präsident der churpfälzischen Akademie der Wissenschaften. Churfürst Carl Theodor erhob ihn, als Reichsvicar, am 18. Juni 1788 in den Freiherrnstand.

Erziehung im glücklichen Familienkreise. Als Hauslehrer wirkten auf ihn vorzüglich der nachmalige geistliche Rath Johann Schmidt, ein lebhafter mathematischer Kopf, in welchem, wie die Geschichte der Lithographie erzählt, der erste Gedanke an diese Kunst erwacht seyn soll, und der gelehrte Oeggl, welcher als Bibliothekar und Stadtpfarrer zu Ingolstadt starb. Mit jenem lernte der junge Carl experimentiren, mit diesem das classische Alterthum würdigen. In dem Münchner Gymnasium, wo Zaubzer Philosophie und Flurl Naturgeschichte lehrte, erhielt er die weitere akademische Vorbildung. Auf der Universität zu Landshut widmete er sich dann zwei Jahre lang juridischen und kameralistischen Studien. Unter seinen Lehrern nennen wir Feuerbach und Gönner. Der wißbegierige Jüngling ergriff aber auch jede andere Gelegenheit, sich unmittelbare Einsicht in Gebieten des Wissens zu erwerben, welche die Jünger der Themis nicht häufig betreten. Stengel war vom regsten Drange nach universeller Ausbildung beseelt. Er observirte am Sternenhimmel und im botanischen Garten, er stand an der Drehbank, schliff Gläser und machte Barometer, man sah ihn im anatomischen Theater, ja er assistirte mit dem Gleichmuthe eines geprüften Praktikers dem berühmten Chirurgen Hofrath v. Winter bei blutigen Operationen. Ein drittes Studienjahr durchlief er auf der Hochschule Würzburg, welche, durch den Reichsdeputations-Hauptschluß von 1803 an die Krone Bayern für die verlornen Rheinprovinzen übergegangen, sogleich im Geiste einer liberalen Curatel gepflegt wurde.

Als Stengel die Universität verließ war er eine gewinnende Erscheinung, dergleichen uns eben nicht häufig begegnen. Ein hoch- und markig gebauter, wohl getragener junger Mann, Freimuth, Charakter und Energie in den Zügen, in seinen Umgangsformen sicher und angenehm, beredt in mehreren Sprachen, ein fertiger Zeichner, ein trefflicher Reiter, Schütze und Jäger, unmittelbar im Erkennen der Menschen und im Ergreifen der Situation: so zeigte er sich an der Oberfläche. Wer ihm aber näher kam, der fand, daß dieser junge Mann, von gefeierten Lehrern tüchtig unterrichtet, frei von Vorurtheilen auf Menschen und Dinge blickend, durch selbstständiges Nachdenken zu unbefangenem Urtheil gelangt, mit Leidenschaft auch die philosophischen Systeme des Alterthums wie der Neuzeit durchmusterte und daß er rastlos bei der Methode der Classiker und bei den realen Erwerbungen der modernen Wissenschaft in die Schule gieng; — daß ihn ein tiefes Pflicht- und Ehrgefühl beherrschte, aufgebaut auf der Ueberzeugung vom sittlichen Berufe der Menschheit. Stengel dachte sich die Welt als einen der höchsten Veredlung zustrebenden Organismus; für dieses Ziel habe jede Existenz nach ihrem Maaß und Gewicht mitzuwirken; der Mensch, ein Weltbürger, sey dazu vorzugsweise durch den Ruf in's Daseyn verpflichtet. Solche Ueberzeugungen durchziehen alle Beschlüsse und Handlungen eines langen und vielseitigen Lebens. Sie bilden die Unterlage seines entschiedenen, festen Charakters, und in seiner staatsmännischen Laufbahn hat er sie, begabt mit einer energischen und fast unwiderstehlichen Willens- und Thatkraft, ohne Wandel und Rücksicht so gleichförmig bethätigt, daß wir sein volles Wesen bezeichnen mit dem Worte: er sey im Glauben an die Menschheit stets ein unzweideutiger Freund und Kämpfer des gesunden Fortschrittes gewesen.

Früh schon muß diese Persönlichkeit den Eindruck ungewöhnlicher Begabung und Charakterstärke hervorgebracht haben, denn schon im dreiundzwanzigsten Lebensjahre sehen wir Stengel in das öffentliche Leben eintreten. Nach einer kurzen Uebungspraxis ward er (2. October 1807) auf die in damaliger Zeit höchst schwierige Stelle eines Verwesers des Landcommissariats zu Lichtenfels in Franken berufen. Es galt auf diesem Posten vorzugsweise, für die französischen und verbündeten Armeen als Marschcommissär zu wirken, und das Verpflegungsamt mit Umsicht und Thatkraft zu führen. Die Aufgabe war belastet mit einer schweren Verantwortlichkeit, umgeben von persönlichen Gefahren und Schwierigkeiten aus Freundes- und Feindeshand. Es fehlte in diesem ersten Staatsdienste nicht an Gelegenheit die volle Schattenseite jener nationalen Katastrophe kennen zu lernen, welche die ersten Decennien des Jahrhunderts erfüllt und den Beruf eines treuen patriotischen Beamten mit so viel Bitterkeit versetzt hat. Da mußte er sich von der unglaublichen Niederträchtigkeit gar mancher französischer Groß- und Klein-Despoten, von ihrer eckelhaften Anmassung, Herrsch- und Habgier unmittelbar überzeugen.

Zur höchsten Zufriedenheit der Staatsregierung ward diese erste Probe seiner Amtsthätigkeit abgelegt und ihm deßhalb im Jahre 1809 (26. Juli) der Auftrag ertheilt, den nach Tirol abgesendeten k. Hofcommissär Grafen v. Rechberg (auch v. Mieg, der spätere Minister und Bundestags-Gesandte, war der Commission beigegeben) als Adjunct der Commission zu begleiten. Seiner dort bezweckten Verwaltungsthätigkeit ward aber durch die ausbrechende Insurrection und die folgenden Kriegsereignisse ein baldiges Ziel gesetzt.

Seine Neigung zog ihn zum Dienste der innern Verwaltung. Zu diesem Zwecke bewarb er sich um den Rathsacceß bei der k. Regierung in Baireuth. In diese Function, welche etwa der eines Regierungsassessors nach den gegenwärtigen Normen gleichkommt, wurde er unter dem 11. Januar 1811 als erster Rathsaccessist ernannt, und bald darauf trat er zu München in dieselbe Stelle bei der Kreisregierung des Isarkreises über.

Bayern machte nach dem Rieder Vertrag seine „Legionen mobil", und Tausende strömten herbei zum Dienste der Waffen. Auch Stengel bot sich zum Eintritt in die Reihen der Freiwilligen an, erhielt jedoch unter Anerkennung seines Patriotismus den Bescheid, daß über die Art seiner Dienstleistung anderweitige Verfügung erfolgen werde. Während er sich dann um die Verleihung einer Landrichterstelle bewarb, überraschte ihn am 10. Oktober 1813 die Berufung zum zweiten Civilcommissär bei dem v. Wredischen Armeecorps, unter Beförderung zum Kreisrathe.

Unter dem Kanonendonner der Schlacht von Hanau trat er in den neuen Beruf ein. Mit dem k. bayerischen Feldpostmeister Gschick, der die aus München für den Oberbefehlshaber Graf v. Wrede bestimmten geheimen Depeschen bei sich trug, kam er auf's Schlachtfeld; sein Gefährte fiel tödlich getroffen; unter einem Hagel auf ihn abgefeuerter Kugeln nahm er die Depeschen und glücklich übergab er sie dem Marschall, der bald darauf auch einen lebensgefährlichen Schuß empfieng. Das war die erste Probe jener kaltblütigen Geistesgegenwart, die ihn dem tapfern Feldherrn so werth machte, daß er ihn fortan stets mit väterlichem Wohlwollen behandelte. v. Stengel blieb im Hauptquartiere, wo auch alsbald Prinz Karl von Bayern erschien, und theilte die Kriegsgefahren, bis nach dem Uebergange der Verbündeten über den Rhein und dem Einmarsch des verbündeten k. bayerischen und k. k. österreichischen Truppencorps in das Ober-Elsaß und Lothringen, sich ein neuer, seinem organisatorischen Talente ganz vorzüglich entsprechender Schauplatz eröffnete.

Der bayerische Feldherr, welcher bald darauf zum Feldmarschall und Fürsten erhoben wurde, hatte für Rechnung von Bayern und Oesterreich die beiden in Besitz genommenen

Departements des Oberrheins und der Vogesen zu verwalten. Es geschah dieß, indem sich Wrede der Besitzergreifung dieser Gebietstheile durch die Centralverwaltung der eroberten Länder durch Frhrn. v. Stein lebhaft widersetzte und sie ausschließlich für Rechnung der beiden alliirten Monarchen kräftig behauptete. Für die Verwaltung besagter Departements wurden zwei Präfectur-Commissionen in Kolmar und Epinal bestellt. Die erstere wurde von bayerischer Seite mit dem k. bayerischen Armee-Civil-Commissär Frhrn. v. Stengel (unter dem 4. Januar 1814), von österreichischer Seite mit dem k. k. Kriegs-Commissär von Sonnleithner besetzt; nach Epinal aber kamen der k. bayerische Armee-Civil-Commissär (später Minister und Regentschaftsmitglied in Griechenland) Graf v. Armansperg, und der k. k. österreichische Kriegs-Commissär v. Polzer.

Die Aufgabe, welche hier unserm Stengel zufiel, war groß und schwer. Es galt, in einem Lande, das der Feind erst kürzlich in einem Zustande vielfältiger Auflösung und Unordnung zurückgelassen hatte, den Verwaltungs- und Finanzdienst herzustellen, die verlassenen Aemter in geeigneter Weise wiederzubesetzen, die öffentliche Ruhe kräftig aufrecht zu halten, unter möglichster Rücksicht auf die Interessen der Bürger, einen geordneten und gleichmäßigen Lieferungsdienst für die Verpflegung der vorrückenden und der in der Nähe des Rheins stehenbleibenden Truppen zu organisiren, die eroberten Provinzen nachhaltig und gerecht bei der Mittragung der Kriegslasten zu betheiligen, für die aus dem westlichgelegenen Kriegsschauplatz gekommenen Krankentransporte Spitäler einzurichten, mit dem nöthigen Materiale und ärztlichen Personale zu versehen und gegen die betrügerischen Eingriffe von Lieferanten zu sichern.

Diese deutschen, patriotisch gesinnten Verwaltungsbeamten waren vor Allem von dem Grundsatz belebt, daß das eroberte, zum Theil noch an früherer Erschöpfung leidende Land in strenger Rechtlichkeit, in sorgfältiger Milde zu administriren sey. Sie wußten, wie in Deutschland der Feind Plünderung, Erpressung, Aussaugung geübt hatte; konnten sich für das Gegentheil daran ein Beispiel nehmen.

Aber nicht leicht war es, in der Nähe eines heißen Krieges zwischen dem Fanatismus aufgehetzter Massen, unter den Ränken fortwährend eingeschmuggelter Aufwiegelung, im Kampf mit Verrätherei und Meuchelmord den vorgezeichneten Weg einer leidenschaftlosen, besonnenen, gerechten und menschenfreundlichen Verwaltung zu gehen.

Kaiser Napoleon hatte die französischen höheren Administrativ- und Justiz-Beamten in Masse von ihren Stellen abgerufen und in das Innere von Frankreich gewiesen. Dennoch trat in dem öffentlichen Dienste keine wesentliche Störung ein, denn die niederen Beamten waren auf ihren Posten verblieben, und aus dem Nachbarlande Baden und Bayern konnten, soweit nöthig, junge, kräftige, von Patriotismus gehobene Individuen beigerufen werden.

Eine ebenso wichtige, als gefahrvolle Amtsthätigkeit fiel unserm Stengel bezüglich der Gesundheitspflege zu. Der Lazareth-Typhus hatte sich in mehreren Gegenden auf eine sehr beunruhigende Weise verbreitet. Mit großer Strenge wurde demnach Aufsicht geübt. Die Contracte über die Lieferung der Nahrungs- und Arznei-Mittel in die Spitäler wurden sorgfältig überwacht. Baron v. Stengel, dessen Nervensystem in Folge geistiger und gemüthlicher Aufregungen und angestrengter Arbeiten erschüttert worden (in Kolmar bei Inspection des Lazareths war ihm zu großem Entsetzen ein Kranker in vollster Fieberraserei entgegengesprungen), hatte mehrere Krankheitsanfälle zu bekämpfen, deren

Nachwirkungen sich selbst in späten Jahren noch manchmal geltend machten.

Im Gefolge des Pariser Friedens (30. Mai 1814) war eine Uebereinkunft der Alliirten über die provisorische Verwaltung der Länder des linken Rheinufers getroffen worden, wonach die zwischen dem Rhein, der Mosel, Saar und der neuen französischen Grenze liegenden Provinzen*) einer provisorischen Landes-Administration untergeben wurden, welche in Kreuznach ihren Sitz hatte und aus k. k. österreichischen und k. bayerischen Commissarien bestand (Stadt und Festung Mainz kamen unter k. k. österreichische und k. preußische Administration). Diese oberste Landesbehörde (vom 16. Juli 1814 an in Wirksamkeit) bestand österreichischer Seits aus dem Hofrathe v. Troßdik und dem Kreis-Commissär v. Sonnleithner, bayerischer Seits aus dem Kriegs-Oekonomierathe v. Knopp und dem Grafen v. Armansperg. Das Präsidium wechselte unter den beiden erstgenannten Commissären, bis einige Wochen später in den Personen des k. k. österreichischen Geh. Rathes Frhrn. v. Heß und des bayerischen Geh. Rathes v. Zwackh besondere, alle vierzehn Tage alternirende Präsidenten ernannt wurden. Um diese Zeit traten noch der österreichische Bank-Administrations-Assessor v. Moshardt und der k. bayerische Kreisrath Frhr. v. Stengel ein. Wir erwähnen diese eigenthümlichen Verhältnisse, weil sie einen Einblick in die besondern Schwierigkeiten gestatten, unter

*) Nach den Pariser Uebereinkünften war dieser bedeutende Landestheil als Entschädigung Bayerns für seine Abtretungen an Oesterreich bestimmt; durch die Wiener Congreßacte jedoch gieng dieß nur zum kleinern Theile in Erfüllung, während das Uebrige an Sachsen-Coburg, Oldenburg, Hessen-Homburg und (das Arrondissement Mainz-Alzei) an das Großherzogthum Hessen gelangte.

welchen ein ausgedehntes, aus mehreren Departements und Departements-Theilen zusammengesetztes Gebiet verwaltet werden mußte. Stengel nahm wiederum wesentlichen Antheil an diesen nach Innen wie nach Außen complicirten Regierungsgeschäften.

Nachdem durch die Wiener Congreß-Beschlüsse das Gebiet auf dem rechten Moselufer bis an die Nahe u. s. w. vorläufig der Krone Preußen zugetheilt worden war, verlegte die österreichisch-bayerische Landes-Administration (Anfangs Juni 1815) ihren Sitz nach Worms, wobei abermalige Veränderungen im Verwaltungspersonale eintraten (für Geh. Rath Frhr. v. Heß Hofrath v. Droßbil, für den Kriegsrath v. Knopp, Hofrath Rau, für Hrn. v. Mosbardt der k. k. österreichische Gouvernementsrath Frhr v. Puschmann). Während des Aufenthaltes in dieser alten Reichsstadt erhielt der Kreisrath Baron v. Stengel (Januar 1816) den k. k. österreichischen Leopoldsorden, als Anerkennung für seine mit stets gleicher Energie und feinem staatsmännischen Urtheil geführten Geschäfte. In Folge des Münchner Staatsvertrages zwischen Oesterreich und Bayern (14. April 1816) gieng der bisherige Verwaltungsbezirk mit den durch den zweiten Pariser Frieden (20. November 1815) von Frankreich abgetretenen Cantonen Landau, Bergzabern und Kandel definitiv an die Krone Bayern über, und als oberste Regierungsbehörde dieser wieder erworbenen Stammlande wurde zuerst eine Hofcommission unter Geh. Rath v. Zwackh-Holzhausen, dann eine Regierung der bayerischen Lande am Rhein (15. August 1816), mit collegialer Verfassung in zwei Abtheilungen in Speier eingesetzt. Frhr. v. Stengel erhielt hier, anfangs als dirigirender Rath (19. August 1816), dann als Director der I. Abtheilung für staatsrechtliche und innere Angelegenheiten (19. März 1817) einen ausgedehnten, aber seinem ordnenden Geiste und seinem energischen Character angemessenen Wirkungskreis. Das Gemeinde-

und Stiftungswesen, der öffentliche Unterricht, die Medicinal-Angelegenheiten waren Gegenstand seiner Amtssorgen.

Viele der hier durchgeführten Verwaltungs-Maßregeln waren schon während der früheren Amtsthätigkeit zu Worms eingeleitet oder vorbereitet worden. Wir erwähnen davon insbesondere die Reorganisation der kirchlichen und der Schulverhältnisse. Unter der französischen Verwaltung hatten nämlich eine Menge von Local-Consistorien, gewissermaßen wie Cantonal-Einrichtungen, bestanden, und die subjectiven Anschauungen der einzelnen Vorstände öffneten einer unglaublichen Zerfahrenheit in kirchlichen Angelegenheiten Thür und Thor. Die Einsetzung eines General-Consistoriums in Worms und die Bildung von Districts-Decanaten mit den in Bayern bestehenden Befugnissen und Geschäftsformen, die Uebertragung analoger Normen für die Prüfung, Anstellung und Beförderung der Geistlichen, wie sie in Bayern diesseits des Rheins galten, waren demnach ebenso dringlich gebotene als in ihrer Wirkung heilsame Maßregeln.

Hiemit gieng die Organisation der Schulaufsicht und ihrer Behörden gleichen Schritt.

Am 27. März 1817 erschien die königliche Verordnung über die Einführung der Kreisregierungen. Sie bestimmte für jeden der acht Kreise des Königreiches eine oberste Verwaltungsstelle mit zwei Kammern, des Innern und der Finanzen, und war auch maßgebend für die Regierung der bayerischen Lande am Rhein, wenn schon vorzugsweise nur in formeller Beziehung, indem die bisher bestandenen Competenz-Beziehungen nahezu beibehalten wurden.

In der Eigenschaft eines Directors der Kammer des Innern setzte Frhr. v. Stengel seine Bestrebungen für das Wohl des nunmehrigen Rheinkreises mit gewohntem rühmenswerthen Eifer unter allseitiger Anerkennung fort. Er hatte das Gl ück unte einem Präsidenten wie v. Stichaner zu wirken. Beide Staatsmänner waren von gleichartigen freisinnigen Principien geleitet und arbeiteten für das geistige und leibliche Wohl der ihnen anvertrauten Provinz in seltener Eintracht. Was wir daher hier zum Lobe des Einen dieser Staatsmänner zu berichten haben, mag eben so auch zum Lobe des Andern gelten. Die günstigen, jetzt noch im Lande gesegneten Erfolge einer langen Verwaltungsperiode, während welcher zwei so bedeutende Männer zusammenwirkten, waren eben in der gegenseitigen Ergänzung und Ausgleichung zweier Individualitäten gegründet, die tief verschieden in Begabung und Naturell, in den Brennpunkten ihres Wesens, in Rechtsgefühl, Menschenliebe und Patriotismus vollkommen zusammentrafen. v. Stichaner behutsam, gelassen, Schritt für Schritt durch sorgfältige Beobachtungen auf Reisen durch die Provinzen von vielen Einzelheiten unterrichtet; v. Stengel feurig, genialer Erfasser der Menschen und Zustände: so wirkten sie in jener höheren Einheit zusammen, wie die zwei homerischen Helden auf Einem Streitwagen, der Eine Rosse lenkend, der Andere kämpfend.

Wenige Monate einer solchen Amtsverwaltung reichten hin, um dem Monarchen die volle Tüchtigkeit des hochbegabten Mannes zu bethätigen. Am 12. Oktober 1817 wurde ihm der Civilverdienstorden der bayerischen Krone verliehen. In diesem Jahre 1817 schloß v. Stengel ein segensvolles Ehebündniß mit Julie v. Meyer, der ältesten Tochter des auch als Gelehrten rühmlich bekannten Frankfurter Rathsherrn, später ersten Bürgermeisters, Appellationsgerichtspräsidenten und Bundestagsgesandten, Johann Friedrich v. Meyer.

Schon liegt jene Zeit, da Stengel mit energischer Hand an der Beruhigung, Ordnung, Belehrung und staats- wie volkswirthschaftlichen Belebung der bayerischen Pfalz arbeitete, als eine abgeschlossene Epoche hinter uns. Sie gehört, wie der Mann selbst, bereits der Geschichte an, und mit Unbefangenheit, frei von den Schlagschatten der Parteileidenschaft oder mißliebiger Vergleichungen läßt sie sich schildern. Da ist denn vor Allem hervorzuheben, daß die lange Periode, welche Stengel in der Pfalz, von 1816 bis 1837, verlebt hat, sich als die eines rührigen, wohlwollenden, freisinnigen, dem gesunden Fortschritte huldigenden, bürgerfreundlichen Regimentes zeichnet. So ist es in der Provinz selbst noch gegenwärtig in gutem Andenken, und so ward es (1. Januar 1838) von dem Stadtrathe von Speier ausgesprochen, als er Stengeln das Ehrendiplom als „erstem Bürger" der Stadt ertheilte, „zum Beweise der Verehrung und der Dankbarkeit für Stengels langjähriges, bürgerfreundliches Wirken in der Pfalz."

In der That, wenn er im Jahre 1838 aus diesem schönen Lande, das ihm eine zweite liebe Heimath geworden war, in die östlichen Provinzen des Königreiches zurückkehrte, so durfte er mit freudiger Genugthuung auf sein dortiges Werk, ein Werk thätiger Tage und glücklicher Jahre, zurückblicken. Unsere westlichen Nachbarn, die so gerne den Namen „der von der Vorsehung berufenen Civilisatoren" beanspruchen, hatten in dem durch Krieg überkommenen Lande eine Verwaltung eingeführt, welche, abgesehen von den Vortheilen gewisser höchst wohlthätiger legislativer Institutionen, sich jedoch immer wie eine Raubwirthschaft darstellte. Dem deutschen Geiste, der in dem lebensfrohen, frischen, fleißigen, freimüthigen, geistig entwickelten Stamme der Pfälzer pulsirt und ihn den östlicheren Stämmen des gemeinsamen Vaterlandes mit diamantenen Ketten der Neigung und eines höheren Patriotismus verbrüdert, war während der französischen Herrschaft gar manche tiefe Wunde geschlagen worden. Aber bald athmete das Land froher auf, als ihm eine freisinnige, wohlwollende, offenherzige Verwaltung entgegenkam.

Dieses deutsche Land, schon von den Stürmen des Krieges hart mitgenommen, welcher es dem Frankenreiche hinzugefügt, hatte, während der napoleonischen Kriege gegen Oesterreich, Preußen und Rußland, an allen Opfern und Drangsalen dieser außerordentlichen Weltereignisse Theil nehmen müssen; und sah es auch in der von der Natur reichbedachten Provinz, nachdem sie an die Krone Bayern zurückgekommen war, nicht gerade aus wie in einer eroberten Festung, so konnten doch dem Blicke der Verwaltung tiefgehende und folgenschwere Schäden und Gebrechen nicht verborgen bleiben. Da fand man vernachläßigte Kirchen, — verödete und seltene Schulen, — das geistliche und das Lehramt nur ungenügend in Zahl, zum Theil auch rücksichtlich der Vorbildung vertreten, — die Dotationen schwach und verschleudert, — das Straßennetz, mit Ausnahme der Kaiserstraße von Metz nach Mainz, auf welcher sich fortwährend die Zuzüge zu den Armeen des siegreichen Kaisers bewegten, in einem bedauerlich verkommenen Zustande, — der Landbau ohne hinreichende Hände in einem kläglichen Verfall, die Viehzucht, früher blühend, zurückgegangen, der Bodencredit gelähmt, die Wälder geplündert und unwirthschaftlich behandelt, — die Industrie schwach oder in einzelnen Zweigen auf Kosten der übrigen eine Treibhauspflanze, der Handel gefesselt, — die Schiffahrt auf dem herrlichen Strome im Stocken, — viel Armuth in dem volkreichen Lande, — viel Noth an einzelnen Orten, — der öffentliche Dienst noch nicht überall durch Beamte vertreten, die der neuen Regierung ächte Sympathien entgegenbrachten. Zu alle dem kam noch das Hungerjahr von 1816 auf 1817.

Es gab also hier für eine wohlwollende, einsichtsvolle Regierung viel zu thun, und mit Feuereifer lag Stengel seinem

Amte ob, als Director getragen von dem Vertrauen seines nächsten Vorstandes v. Stichaner, der gerne den muthigen Entwürfen des jüngeren Freundes sich anschloß und mannhaften Fortschritten freie Bahn ließ. Das Vermögen der Gemeinden hatte während der französischen Herrschaft große Einbußen erfahren. Sie waren von der Regierung selbst gezwungen worden, viele ihrer Besitzthümer zu veräußern (so daß ihr Patriotismus sogar manches Eigenthum zu verheimlichen Veranlassung fand). Nun galt es die Liquidation und Tilgung der Gemeindeschulden und die Herstellung des Credits. In die dafür ernannte Commission wurden neun Männer deputirt, unter denen zumal der Regierungsrath Löw, ein genialer, tiefgesetzkundiger Mann, die Absichten der Kreisvorstände kräftig fördern half. Bald wurde auch Hand an die Verjüngung der kirchlichen Baulichkeiten gelegt. Man unternahm die Herstellung des alten, unter so vielen politischen Stürmen von Verfall bedrohten Doms in Speyer. Das erhabene Bauwerk erhielt schon damals die erste Pflege. Jetzt steht es da, vollendet, wie ein Phönix aus der Asche verjüngt, und auch im Innern durch die Munificenz des kunstsinnigen Königs Ludwig I. verschönert und herrlich ausgestattet.

Von den Kirchen erstreckte sich die Thätigkeit mauerfreudig auf Pfarr- und Schulhäuser; dann auf die Aufbesserung und Vermehrung der Dotationen für Pfarrer und Schullehrer, auf die Errichtung von Schullehrer- und Priester-Seminarien. Mehrere wichtige Kreis-Institute traten in's Leben. Wir erwähnen u. a. das allgemeine Armenhaus, wobei sich Stengel des damaligen Regierungs- (später Staats-) Rathes v. Zenetti als umsichtigen und einsichtsvollen Referenten erfreute. Die zeitweise eintretenden Verheerungen durch Ueberschwemmung mahnten an eine Rheincorrection, und sie wurde in großen Dimensionen durchgeführt.

2

Das Straßennetz dehnte sich, immer sorgfältiger gepflegt, nach allen Seiten durch das Land, und auf ihm begann ein lebhafter Handel hin- und herzurollen, während die Rheinschifffahrt sich kräftigte. Stengel hatte gute Kenntnisse in Landwirthschaft und Botanik. Er ließ sich daher die Veredlung des Weinbaues und der Agricultur überhaupt sehr angelegen seyn, und der rüstige Unternehmungsgeist reicher Weinbergbesitzer wie die geweckte fleißige Intelligenz der bäuerlichen Bevölkerung kamen seinen patriotischen Bestrebungen auf halbem Wege entgegen. Er erfreute sich an der oft von ihm ausgesprochenen Ueberzeugung: „Den Pfälzern, als gescheidten Leuten, sey leicht predigen." Von Jahr zu Jahr nahmen die Verbesserungen in Auswahl und Anbau der Rebe, in rationeller Behandlung der Lagen und Erdarten, in sorgfältiger Kellerwirthschaft zu. Und während der patriotische Finanzminister Frhr. Max v. Lerchenfeld, ein Freund Stengel's, keine Gelegenheit unbenützt ließ, dem edlen Gewächse der Pfälzer Gauen neue Handelswege zu eröffnen, wurden die Weine des gesegneten Landes Kosmopoliten; sie zeigen sich nun den gepriesensten Weinen ebenbürtig auf dem Weltmarkt.

Auch im Forstwesen wurden wesentliche und tiefgreifende Verbesserungen vorgenommen; Staats- und Gemeinde-Waldungen von wissenschaftlichen Forstmännern und wohlgeschulten Unterbeamten gepflegt, bedecken nun, als ein wahrer Nationalreichthum, die Hügel der Pfalz. Stengel nahm sich dieser nützlichen Culturen thätig an, um in ihnen einen Nerv der Volkswirthschaft zu stärken. Neben diesen neuen Forsteinrichtungen wurde auch der Bergbau gepflegt; Eisen- und Kohlenindustrie traten in eine neue Periode günstigerer Entwicklung. Mit besonderer Vorliebe wurde eine Kreisbaumschule neben einem botanischen Garten in Speier eingerichtet, und gegenwärtig umgrünt den erhabenen Dom eine englische Anlage, die, von Boden und Klima begünstigt, eine Menge seltener Bäume und Ziersträuche beherbergt. Die alten Mauern des Doms empfangen nun den Schatten von Gewächsen aus Welttheilen, von denen seine ersten Erbauer nichts wußten! „Ist das nicht ein schönes Symbol des ewigen Fortschrittes in der Menschheit?" So äußerte sich Stengel mit einem ächt philanthropischen Behagen über diese Schöpfung, die er gar gerne als die seinige betrachtete.

Vor mehr als hundert Jahren war in dem Herzogthume Zweibrücken die Pferdezucht mit großem Erfolge getrieben. Das dortige Landgestüte hatte einen schönen, sehr kräftigen Mittelschlag von Rossen erzeugt, die besonders in Frankreich große Anerkennung fanden. Aber während der Revolutionsstürme war diese wichtige Cultur gänzlich in Verfall gerathen. Sie wurde durch Stengel, dessen Absichten der erfahrene Gestüts-Director von Failly thätigst unterstützte, binnen zwanzig Jahren wieder zu Blüthe und Frucht gebracht. Stengel hatte eine seltene Kenntniß von der Natur und den Raçen des Pferdes, von Pferdezucht und Gestütswesen, sorgte mit Vorliebe für die Einführung von edlen Zuchtthieren aus dem Oriente und eröffnete den wohlwollenden Absichten der Regierung für diesen Culturzweig thätige Theilnahme bei der bäuerlichen Bevölkerung. Seine biedere, ungeschminkte Freundlichkeit gewann Herz und Kopf eines Volksstammes von so gesunder Empfänglichkeit.

Wenn derartige Fürsorgen des vielgliedrigen Amtes ihn in die freie Natur führten, wo er neue Elasticität des Geistes holte, so fehlte es auch nicht an schwierigen Arbeiten im Cabinete. Besonders wichtig mußte es scheinen, eine gerechte Steuervertheilung durchzusetzen, die Gebrechen und Hemmnisse in der Industrie des Landes auf ihre Grundursachen zu studieren, Verkehrshindernisse mit den Grenznachbarn zu beseitigen, Vor-

2*

schläge für Verbesserung des Zollsystemes zu meditiren, dem Anschlusse an die Nachbargebiete Wege zu erleichtern, Erhebungen vorzunehmen, welche die Anbahnung des Zollvereines erleichtern sollten. Wenn auch manche dieser Aufgaben nicht in den unmittelbaren Geschäftskreis Stengel's gehörten, so eignete er sie sich doch mit der ihm naturgemäßen Lebendigkeit an, weil er in der Maschine der Staatsverwaltung nur Eine Bewegungskraft, nur Ein System harmonisirter Thätigkeiten anerkennen konnte und wollte. „Sehen Sie," sagte er, „auf wohl regierte Staaten, auf glücklich verwaltete Gemeinschaften, so werden Sie immer finden, daß ihr höchster Segen aus der richtigen Einsicht in die Einzelnheiten und aus der ungestörten Einfachheit des Principes stammt, das für die Bedürfnisse Vieler, ja Aller abgeleitet wird. Nicht darin besteht die Kunst eines menschenfreundlichen und getreuen Leiters der Verwaltung, daß er in allen Winkeln des Landes herumknuspert, um da einen Nagel einzuschlagen, dort einen auszuziehen, — sondern darin, daß er sich, aus Selbstsehen und zuverlässigen Berichten, einen recht vollständigen Ueberblick verschafft von dem, was der Bürger hat, was er nicht hat, was er braucht, und wie er's am leichtesten zu seinem und der Mitbürger Vortheil erlangen kann. Weil aber der Mensch ein wandelbares Wesen ist und oft viel mehr abhängig von seinen Wünschen als von seinen wirklichen Bedürfnissen, so muß der, welcher für des Andern Wohlseyn arbeiten soll, immer wissen: woher der Wind geht, denn der weht den Leuten ihre Wünsche an wie den Schnupfen. Da nach muß denn auch die Maschine gestellt werden, damit Räder und Spulen in richtiger Combination laufen."

Solche Betrachtungen boten sich in der Pfalz immer an; denn ein Wunder wäre es gewesen, wenn das Land gleichsam wie im Zauberschlage eine vollständige und durchgreifende Assimilation mit dem Mutterlande empfunden hätte. Der Rückschlag, welcher hie und da Unzufriedene, Unruhige und Ungeduldige an die Oberfläche brachte, kam wie der Wind aus mehreren Weltgegenden. Bald nach der Wiedervereinigung der Pfalz mit dem Mutterlande begann die Auswanderung nach den nordamerikanischen Freistaaten, die während der Revolutionsperiode gänzlich aufgehört hatte, sich aber nun auch hier wieder als ein naturgemäßes Element in der Fortbildung der Menschheit darstellte, gleichwie es ehemals in den griechischen Colonien der Fall war. Es spielten übrigens hiebei auch Verlockungen, theilweise in trügerischer Weise, eine Rolle, wobei die Regierung das Mögliche that, um die Auswandernden vor Contractswidrigkeiten, Erpressungen, Ueberlistung und Ausplünderung auf und jenseits der See zu schützen. Viele kehrten zwar, nach kürzerer oder längerer Zeit, aus freier Wahl in's Vaterland zurück. Aber die Correspondenz mit den jungen Bürgern Nordamerika's begann schon damals wie ein politisches Ferment auf die Leichterregbaren unter den Zurückgebliebenen zu wirken. In dem benachbarten Frankreich fehlte es auch nicht an Leuten, die, lahm gelegt in ihren Hoffnungen und Entwürfen, ihre Verdrießlichkeit über die Grenzen schmuggelten. Es waren nicht blos Schwindler und Utopisten, sondern auch französische Patrioten, deren Unbehaglichkeit im eigenen Hause in Symptome eines Annexionsfiebers umschlug. So wurden denn, nach der Julirevolution, auch in der Pfalz einige politische locale Fieberanfälle bemerkt, aber stets durch das, auf Wägen nach den Erkrankungsheerden beorderte Militär wieder rasch beschwichtigt. Stengel war aber nicht zunächst dafür ausersehen, persönlich den Unruhen entgegenzutreten, welche im Jahre 1832 mit dem Hambacher Feste culminirten, denn schon früher, am 13. Februar

1832, war er zum Präsidenten der Regierung des Untermain-kreises in Würzburg ernannt worden.

Man erinnert sich wohl noch unter uns, wie die Juli-Revolution an vielen Orten ihre bald leiseren bald stärkeren „Commotionen" hervorgebracht hat. Nachdem Louis Philipp durch den Volkswillen König der Franzosen geworden war, giengen die Wellen hoch: — Unruhen in Hessen, Braunschweig, Sachsen, in der Schweiz, — eine Revolution in Belgien, — eine in Polen drängen sich alle in das Jahr 1830 zusammen. Es waren nicht blos politische Zustände, welche in diesen mannigfaltigen Bewegungen nach Aenderung und Heilung rangen. Der ungeheure Umschwung der materiellen Interessen, der anschwellende Factor des Proletariats und der Arbeiter-Classe machte sich in tausenderlei Wünschen und Strebungen, in besonnenen Rufen nach gesundem Fortschritt und in bunten, oft unlautern Utopien geltend. Auch in Unterfranken fand die Staatsregierung zwischen Strömung und Gegenströmung ein erfahrenes Ruder am Platz. Sicherlich war auch v. Stengel der Mann, welcher die Forderungen der Neuzeit mit den Rechten und Pflichten des Regiments zu harmonisiren verstand.

Inzwischen waren auch in Rheinbayern die Rückschläge aus so vieler Herren Ländern an der Oberfläche fühlbar geworden. Am alten Schlosse von Hambach feierte man in munterster Stimmung ein „Verbrüderungsfest", und es waren doch nicht immer die „brüderlichsten" Gesinnungen, die dabei das lauteste Wort redeten. Bedauerliche Störungen der öffentlichen Ruhe, Untergrabung der gesetzlichen Autorität kamen vor und verbreiteten eine ernste Stimmung in den Kreisen der Gewaltigen. Es erschienen die strengen Beschlüsse des Bundestags vom 28. Juni und 5. Juli 1832. Heißbewegte Gemüther werden durch Entfaltung einer bewaffneten Macht noch nicht beruhigt; es gehört dazu das Vertrauen in die persönlichen Vertreter der Regierungs-Gedanken, die hinwiederum wie Bürgen für die Wohlgesinntheit der Staatsbürger von ihren Oberen geachtet seyn müssen. So schien es denn nothwendig, als Vermittler zwischen Centrum und Peripherie einen Mann aufzustellen, welcher sich in langer Erfahrung und in bereits bethätigten Grundsätzen als einen Träger des versöhnenden Elementes nach Oben und Unten erprobt hatte. Frhr. v. Stengel wurde am 22. Juni 1832 von Würzburg abberufen und als Regierungspräsident, General- und Hofcommissär in den Rheinkreis zurück versetzt. Mit der Einsetzung Baron von Stengel's in das neue Amt wurde der Feldmarschall Fürst von Wrede beauftragt. Er kam zur äußeren Pacification des Landes mit einer Militärmacht von 10,000 Mann, hatte aber keine Veranlassung, von eingreifenden militärischen Maßregeln, die er selbst gern vermied, Gebrauch zu machen. In den vier Hauptorten der Provinz, Speier, Frankenthal, Kaiserslautern und Zweibrücken, führte der Fürst seinen Nachfolger als Hofcommissär persönlich ein.

Diese königliche Mission wurde ihm eröffnet mit den Worten: „Er werde auf den ersten und schwierigsten Vertrauensposten in der Monarchie gestellt", und v. Stengel war sich der hierin liegenden Ehrenbezeugung eben so bewußt, wie auf der anderen Seite der damit übertragenen Pflichten und der Schwierigkeiten, welche seine Stellung umgaben. Es kam bei dem neuen Amtsantritt nicht sowohl die augenblickliche Erhebung einiger Ruhestörer in Betracht, und wie sie unschädlich machen. Es galt vielmehr, alle Gründe zur Unzufriedenheit und Unruhe, welche den Kreis bewegten, bis auf ihre tiefsten Wurzeln zu verfolgen. Der Staat stellte 20,000 Gulden zur Verfügung, um durch die ärmere Classe öffentliche Arbeiten vornehmen zu lassen, was denn auch neben andern moralischen Einwirkungen wesentlich beitrug, die innere Ruhe zu befestigen

Dieser schöne, fruchtbare Theil Deutschlands, bewohnt von einem vielbegabten, geweckten, erregbaren Volksstamme, ist seiner Lage auf der Weltkarte gemäß ganz besonders dazu angethan, alle Richtungen des Zeitgeistes rasch in sich aufzunehmen und zu verarbeiten. So waren es denn nicht blos Probleme der Politik und Gesetzgebung, welche sich Stengel's klarem Geiste darboten, sondern auch culturhistorische und sociale, d. h. solche, welche die Fortschritte der Cultur und durch diese des gesellschaftlichen Wohlseyns aus einer richtigen Erkenntniß der Vergangenheit und Gegenwart fördern wollen. Es waren mit einem Worte Probleme für einen ächten Staatsmann, die ihm entgegenkamen und Stengel hatte das „Zeug dazu“, sie wenigstens theilweise zu lösen.

Schon die Zurückberufung des Mannes, der, vertraut mit den Einrichtungen, den Wünschen und Bedürfnissen der Provinz, sich durch strengste Gerechtigkeit und Integrität, durch Einsicht in und Wohlwollen für viele Einzelinteressen zahlreiche Verehrer und Freunde erworben hatte, mäßigte manche Strebungen, beruhigte manche Befürchtung, beschwichtigte unzeitige Ansprüche und nahm manchem Pfeile die scharfe Spitze. Seine Vergangenheit bot der Provinz die Bürgschaft einer ruhigeren Zukunft. Bald ward die äußere Ruhe wieder hergestellt. Der größte Theil der aufgebotenen Truppenmacht marschirte, schon wenige Wochen nachdem Stengel die Verwaltung des Kreises übernommen hatte, nach den Garnisonen östlich vom Rhein zurück. Ein Verhalten, eben so klug als gemessen, beschwor die hochgehenden Wellen politischer Leidenschaften, und flößte den Gemüthern Vertrauen ein. Einzelnen, von Emissären aus der Fremde angezettelten Ausbrüchen kam man zuvor, andere wurden im ersten Entstehen mit gewohnter Entschlossenheit unterdrückt. Ein Geist der Unruhe waltete damals gewissermaßen in allen Ländern Europa's: in Portugal der Kampf zweier feindlicher Brüder, — in Spanien der so verhängnißvolle Tod Ferdinands VII. und die Erhebung zum Karlistischen Bruderkampf, — in der Schweiz Bürgerkrieg, — in Italien die Giovane Italia aufgedeckt, — am Sitz des Bundestags ein toller, leider nicht unblutiger Versuch, Deutschland auf demokratischer Basis neu umzugestalten (3. April 1833), — nachdem England und Frankreich die Unabhängigkeit Belgiens anerkannt, dieses erst Ende 1832 Antwerpen von den Holländern für Belgien erobert hatte, die Monarchen der drei östlichen Mächte in München-Grätz vereinigt, um das Princip der Legitimität aufrecht zu halten, der deutsche Bundestag gegen Volksversammlungen, Preßfreiheit und freie Bewegung auf den Universitäten in den Schranken: man muß gestehen, jeder liberale Verwaltungs-Chef fand in einer solchen Zeit rechts und links zahlreiche Klippen in seinem Fahrwasser: Vormächte gab es schon damals in Deutschland. Wir rechnen es Stengeln zu einem Verdienst um das Gesammtvaterland an, daß er die der Rheinprovinz mehrmals ernstlich angedrohte Bundesexecution gegenstandslos zu stellen, so glücklich war. Für Deutschland, das er noch als ein (freilich krankes) Reich gesehen hatte, trug er ein warmes Herz im Busen. Es war ihm eine wichtige Angelegenheit, in einem Grenzlande die nachbarlichen Beziehungen mit Würde und Selbstgefühl zu pflegen. Mit Umsicht und Schonung wurden auch manche Fragen der Staatswirthschaft der Entscheidung näher geführt, die sich nicht immer von Seite deutscher Nachbarn hülfreicher Sympathie zu erfreuen hatten. In diesem deutsch-patriotischen Sinne begrüßte v. Stengel mit inniger Freude die, zuerst von Bayern und

Württemberg angebahnten Zollvereinigungen, die nach und nach die meisten Staaten Deutschlands umfaßten.

Frhr. v. Stengel erkannte in diesem, für das materielle Wohl deutscher Nation so unberechenbar nützlichen Beginnen einen naturgemäßen, darum gesunden Fortschritt auf der Bahn des Föderativlebens, auf der Bahn, die Deutschland nicht verlassen könne, ohne seinen Frieden, seine Stärke, seine Zukunft zu gefährden. Vertraut mit dem deutschen Volksgeist im Großen und Ganzen, feiner Kenner der historischen Entwickelung, die Deutschland seit Jahrhunderten genommen hatte, kritischer Abwäger der Bedürfnisse, Ansprüche und Gewichte, welche die einzelnen Stämme des gemeinsamen Vaterlandes in der großen Wage des deutschen Nationalgeschickes gegenwärtig geltend machen, schrieb er dem Unitarismus keine reale Berechtigung zu. Fest auf dieser patriotischen Grundlage fußend, wandte er sein Augenmerk unverrückt auf jede Gelegenheit, die verfassungsmäßige Gewalt der Krone rechtgemäß zu befestigen. Er war bemüht, diese seine Tendenz den näher und ferner Betheiligten energisch zu entwickeln, und die dafür nöthigen Mittel als Richtschnur des Verhaltens den untergeordneten Beamten zu klarer Einsicht zu bringen. v. Stengel predigte dabei nicht tauben Ohren, denn der Pfälzer, überhaupt begabt mit praktischer Klugheit und maßvoller Berechnung des politisch Möglichen, hörte die Reden seines biederen, überzeugungstreuen Präsidenten mit Vertrauen an. Die Verwalteten wußten, wie sehr v. Stengel es sich angelegen seyn ließ, nach einer vorübergehenden Entfremdung, das versöhnende Mittelglied zwischen der Staatsregierung und den Unterthanen zu bilden. Auf der anderen Seite kannte auch v. Stengel seine Leute. Für manchen der sogenannten Compromittirten ist er mit seinem Namen eingestanden, und es kam wohl nicht vor, daß er sich hiebei

Täuschungen ausgesetzt hätte. Gerechte Wünsche zu erfüllen, unverkennbare Bedürfnisse zu befriedigen, war ihm die Hauptaufgabe der Verwaltung. Mängel und Gebrechen dem Minister oder dem Monarchen selbst mit freimüthiger Offenheit aufzudecken, die Mittel zu deren Abhülfe anzugeben und eindringlich zu empfehlen, besaß er ein eigenthümliches Geschick und männliche Beharrlichkeit. Er vertrat mit gleicher Wärme die Interessen des Einzelnen wie der Gemeinschaften, des Verlassenen wie des Mächtigen. Unerbittlich aber zeigte er sich dem Unverbesserlichen, dem treulosen Verräther.

Sein Verhalten als Chef der Verwaltung gegen Jene, die ihn in dieser Eigenschaft aufsuchten, war eigenthümlich und durchaus abweichend von den Präcepten einer wortkargen oder schweigsamen Bureaukratie. Wohl wußte er, wie man es ihm von mancher Seite verdachte, wie man es als eine, nicht bürgerfreundliche, sondern demokratische Vernachlässigung des Praestigium majestaticum verdammen wollte, daß er mit dem einfachen Ortsvorstande, mit dem naiven Landmanne eine Stunde lang im Präsidialzimmer auf- und abgieng, und, so meinten die Uneingeweihten, von ferliegenden Dingen plauderte. Es geschah nicht zur Kurzweil. „Nicht ein Bogen Papier soll zwischen mir und den Unterthanen meines Königs liegen," sagte er, „und damit ich den Mann recht erkenne, nehm' ich ihn auf meine Fährten, in's Examen, ohne daß er's merkt. Für seine Angelegenheit zu reden, kommt er, mehr oder weniger vorbereitet; damit auch ich erfahre, weß Geistes er ist, mit wem ich verhandle, dehne ich mich fragend und explizirend aus; so zieht mir Jeder die Larve selber ab, die er vielleicht vorgenommen hatte; so erfahre ich Vieles, was auch Andern zu Gute kommt; ich profitire vom Ehrenmann, vom Schelm und vom Schalke. Allwissend ist kein Präsident; darum übe er seine Spürkraft."

In diesen Worten zeichnet sich v. Stengel so entschieden ab, daß wir wohl nicht auszuführen brauchen, wie ihm unfruchtbare Vielgeschäftigkeit in Regierungssachen zuwider, wie er weit davon entfernt war, die Staatsverwaltung in eine große Schreiberstube zu verwandeln. Das ächte Leben erfaßte er nicht in todten Abstractionen, sondern in individueller That. Die wahren Bedürfnisse im Volksleben zu erkennen, sie zu leiten im Sinne des socialen Fortschritts, den die Zeit mit unwiderstehlicher Gewalt einführt und vollzieht, — hiebei die einander entgegenstehenden Interessen und Ansprüche aller Classen der Bevölkerung gerecht abzuwägen und gegenseitig, zum Wohl des Ganzen, zu begrenzen: das erkannte er für seinen Beruf.

Aber es damit Allen Recht zu machen, war unmöglich, und gelang Stengeln auch bald die Beruhigung der Provinz, so ward doch die volle Friedensstiftung allerdings noch manchmal auf die Probe gestellt, durch die Anregung mancher Fragen der socialen Gesetzgebung. Die Versuche, die Verwaltungsnormen und die Legislation östlich und westlich vom deutschen Rheinstrom zu verschmelzen, zu einer verfassungsgemäß gleichartigen und einheitlichen Schöpfung auszubilden, erfuhren große Schwierigkeiten. Abgesehen von dem mächtigen Eindruck, welchen die französische Verwaltung und die Einführung des Côde Napoléon zurückgelassen hatte, trat nach der Juli-Revolution noch ein neues Element auf, eigenthümliche Stimmungen und Ansprüche im Volke zu wecken: die massenhafte Auswanderung nach den Freistaaten Nordamerikas. Von diesem neuen Factor in der deutschen politischen Entwickelung und von seiner vielseitigen Einwirkung auf unsere gesellschaftlichen, gewerblichen und commerziellen Zustände konnte man damals in Altbayern noch keine Erfahrung machen. Aber in der Pfalz kündigten sie sich alsbald an, und wer aus den östlichen Reichen kam, konnte wahrnehmen, wie zuvörderst die gesellschaftliche Haltung des so ächt deutschen Pfälzervolkes sich von den äußern Lebensformen auf den Landen rechts vom Rheinstrome durch eine Ungebundenheit und ein nivellirendes Sichgehenlassen kennzeichne, dem man sonst in Deutschland nicht oft begegnet. Wir erinnern uns von einem geistreichen, auch als Schriftsteller berühmten Russen gehört zu haben, „in keinem Lande habe er so viele Aristokraten mit demokratischen Manieren gefunden, als in der Pfalz.“ Ehemals blühte in Zweibrücken ein Wittelsbacher Fürstenhof; während der französischen Herrschaft bildeten die Hauptstädte der Departements, deren Präfecte die Huldigungen römischer Proconsuln beanspruchten, eben so viele Schulen des französischen Conversationstons, der glatte Nonchalance mit feiner Förmlichkeit paarte. Und weil sich dann der lebhafte heitere Pfälzer von solchem Gesellschaftstone emancipirte, fehlte es nicht an Unerfahrnen, ihn als Demokraten zu verschreien. Verstärkt wurde der Eindruck dieser an sich ganz unbedenklichen socialen Eigenthümlichkeit für Solche, die nie in der Pfalz gelebt hatten, durch die Nachrichten über die Propaganda aus Amerika. So hatte denn auch v. Stengel nicht selten Veranlassung, irrige Annahmen zu Gunsten seiner Pflegbefohlenen zu berichtigen. Er mußte für Männer einstehen, die, bieder und wahr, ihre Rede nicht als Zeitgenossen von 1832 formulirten, sondern als wären sie F r e i e aus dem Jahrhundert des t r e u e n E c k a r t s. Aber mehr noch, nach und nach konnte er wahrnehmen, daß der Maßstab, den er für die freie Bewegung seiner Pflegbefohlenen führte, in bestimmenden Kreisen als zu lang mißbilligt werde. Schon manche jener legislatorischen Vorarbeiten, welche zum Theil auch für die Rheinpfalz berechnet seyn mochten, wie z. B. die Neuerungen in den Gesetzen über Ansässigmachung, über Verehelichung und die Organisation der Gemeinden, oder eine neue Instruction für das Gewerbewesen mußten ihn um die Wohlfahrt der ihm anvertrauten Provinz ernstlich besorgt machen. Es gelang ihm jedoch, diese Geschenke von seinem Verwaltungskreise fern zu halten; aber er machte hie und da die Beobachtung, daß man nicht begreifen konnte oder wollte, wie er es mit seinen Ueberzeugungen unvereinbar erklärte, verbesserungsfähiges Gutes dem Mittelmäßigen, Mittelmäßiges dem Unbrauchbaren aufzuopfern. „Erst vor zwanzig Jahren," sprach er 1834, „haben wir die Fesseln der Fremdherrschaft gesprengt, und jetzt legt sich Kurzsichtigkeit die Banden selbst um den Leib! Neue Verordnungen und Gesetze gehören nicht der Vergangenheit, nicht der Gegenwart; sie sollen die Zukunft gewährleisten." Noch eines Menschenalters hat es bedurft, bis eine Mehrheit sich dazu verstehen konnte, die Wahrheit in den Worten des fernblickenden Staatsmannes aus dem gründlichen Schaden und Nachtheil der Nation herauszulesen. Der männliche Freimuth, womit v. Stengel die ächten Bedürfnisse und die durch den Umschwung der Zeit bereits bewährten gesetzlichen Einrichtungen der ihm anvertrauten Provinz vertreten hat, verstärkte zwar merklich das für Wahrheit stets empfängliche allerhöchste Vertrauen; allein er paßte nicht in den Sinn einzelner einflußreicher Standeskreise. Idealisirende Regierungstendenzen, welche einer wahren Anforderung nicht entsprachen, konnte und wollte er nicht verstehen. Wenn sich ein hohler Formalismus in administrativen Experimenten ergehen oder in einer unmotivirten Vermehrung der Staatsverwaltungs-Gegenstände breit machen wollte, so galt ihm dies gleich mit Beschränkung des freien Erwerbsrechtes, des freien Verkehrs. Hierin aber sah er die sittliche Grundlage der bürgerlichen Existenz gefährdet. Niemals hatte er mit Vorliebe die Feder ergriffen. Wenn er es nun that, so ward sie ihm die Vermittlerin, wohldurchdachte Principien oder Vollzugsmaßregeln nach Oben zu entwickeln und zu vertheidigen, nach Unten energisch in Bewegung zu setzen; aber nicht selten mochte er dann die Feder auch mit dem Gedanken niederlegen: das Rechte macht ungefüg, das Wahre unbequem. Er verbot auf einer Visitationsreise den Vollzug einer, während seiner Abwesenheit erlassenen Verordnung des ihm untergeordneten oder ihm in's Geheim beigeordneten Directors, weil er sie für ungesetzlich und nachtheilig erachtete. Es war Gelegenheit, seine Bedeutung und Stellung im Verwaltungs-Organismus jener Epoche zu ermessen, und ihm, wie seiner näheren Umgebung, als den Eingeweihten, kam es nicht unerwartet, daß die Ernennung eines Nachfolgers im Regierungspräsidium erfolgte, noch ehe v. Stengel's Abberufung von dieser Stelle verfügt und eingetroffen war. Unter dem 22. November 1837 wurde er „in allergnädigster Anerkennung seiner bezeugten Treue und Anhänglichkeit" zum außerordentlichen Gesandten und bevollmächtigten Minister bei der schweizerischen Eidgenossenschaft ernannt.

Der Abschied aus der Pfalz, dem herrlich wieder hergestellten deutschen Lande, wo das Vertrauen Vertrauen gefunden hatte, wo das Verhältniß zwischen dem Verwaltungsvorstand und den Landeskindern ein inniges, liebevolles geworden war, fiel unserm v. Stengel schwer. „Würden wohl," so fragte er sich, „die mit Sorgfalt gelegten Keime segensreicher Schöpfungen volle Entwicklung finden?" — Um sich in die neue Geschäftssphäre durch geeignete Vorstudien zurecht zu finden, erbat er sich einen mehrmonatlichen Urlaub, und ließ sich in dem benachbarten Mannheim nieder. Liebe Familienbeziehungen, Erinnerung an die Tage, die hier seinen Vorfahren unter churpfälzischer Hoheit geleuchtet, empfiengen ihn. Er hatte in Stunden der Beschaulichkeit Veranlassung, jenen Gedankenkreis zu durchlaufen, der im Leben so vieler Staatsmänner gegenständlich wird: des Mannes unmittelbarer Einfluß im Innern, seine Ueberlegenheit, sein Verwaltungssystem gehörten nunmehr einem überwundenen Standpunkte an, — der überwindende Factor war dieses Hemmnisses seiner weiteren Expansion entledigt. War aber auch hiemit wirklich unnöthiger Ballast des Staatsschiffes über Bord geworfen? War die Zeit gekommen, die entgegengesetzten Kräfte frei auszuspielen? — Wenige Wochen vor v. Stengel's Fall stürzte das so vielgeschäftige als unfruchtbare System, welches sich anfänglich ihm ferner und ferner, endlich schroff gegenüber gestellt hatte. — Am 4. November 1837 ward Herr v. Abel Minister des Innern.

Warf man damals einen Blick über Bayerns Grenzen hinaus, so konnte man sich kaum dem Eindrucke entziehen, daß auch jenseits derselben, in weiteren Kreisen eine gewisse Sympathie, wenn auch nicht Solidarität, in den Wendungen und Wandlungen der Politik Statt finde. König Ernst August von Hannover hatte die Verfassung von 1833 verworfen, und die sieben Göttinger Professoren wurden in demselben Monate abgesetzt, in welchem Bayern einen Minister sah, dessen reactionäre Wirksamkeit, zumeist auf ultramontane Strebungen (wie in der Kniebeugungs-Angelegenheit) spätere Ereignisse beschleunigt hat, weil in der moralischen Welt, wie in der physischen, die ungleichnamigen Pole sich herausfordern. Das neue Ministerium, haushälterischer mit den disponiblen Kräften der Regierung, rief Frhrn. v. Stengel in den Dienst der innern Verwaltung zurück; es ward ihm (20. Januar 1838) die Präsidentschaft des Kreises Schwaben und Neuburg in Augsburg übertragen. Waren hier auch keine so eigenthümlichen und verwickelten Verhältnisse zu ordnen, in's Geleise zu bringen und im Gange zu erhalten, als früher in der Pfalz, so fehlte es doch nicht an Gegenständen für die fruchtbare Thätigkeit eines Mannes von so freiem staatsmännischen Blick, so elastischer Thatkraft. Was sich hier zunächst als seine Aufgabe darbot, war Förderung in allen Zweigen der Industrie, des Landbaues, der Absatzwege und Verkehrsmittel. Die schwäbische Landwirthschaft empfieng mehrfache günstige Anregungen. v. Stengel war gewohnt, durch persönliche Anschauung sich von den Bedürfnissen seines Kreises zu unterrichten, und bald hatte er ein richtiges Bild von der Lage der arbeitenden Bevölkerung gewonnen. Mit Vorliebe bereiste er die Grenzdistricte seines Regierungsbezirkes, weil hier „die localen Eigenthümlichkeiten im Contraste am schärfsten hervorträten;" und besonders das schöne, fruchtbare Allgäu, bewohnt von einer gewerbsthätigen, intelligenten, im europäischen Handelsverkehre sich mit Geschick bewegenden Bevölkerung, hatte seine regste Theilnahme auf sich gelenkt. Er besuchte die Hütten der Aelpler, er pflegte lange und eingehende Unterhaltungen mit den Notabeln der Bezirke, deren ungeschminkte Berichte in alle Falten des Volksgeistes und seiner Wünsche Einsicht gewährten.

Von den verschiedenen Aufgaben, deren Lösung sich v. Stengel in der Verwaltung des schönen Kreises angelegen seyn lassen mußte, nennen wir die Verhandlungen zur Ablösung der Segelschifffahrt auf dem Bodensee und die Mitwirkung zu einer regelmäßigen Dampfschifffahrt, die Vorbereitungen für die Ausdehnung des Eisenbahnnetzes, Flußcorrectionen und Donau-Dampfschifffahrt, eine liberalere Behandlung der Ansässigmachungs-, der Verehelichungs- und Gewerbe-Verhältnisse, freiere Entwicklung des Schul- und Unterrichts-Wesens. Und noch eine Angelegenheit, die wir lieber mit Stillschweigen übergiengen, wenn es sich uns nicht um historische Wahrheit handelte, nahm seine unausgesetzte Aufmerksamkeit und vorsichtige Leitung in Anspruch: die Erhaltung und Befestigung des confessionellen Friedens.

Die gute und schöne alte Stadt Augsburg empfindet von Zeit zu Zeit Anfechtungen auf diesem Gebiete, welche, zur Ehre der Bürgerschaft sey es gesagt, nicht sowohl in Hader aus dogmatischen Mißverständnissen gründen, als in den Conflicten von Rechtsanschauungen in einer großen, reichen und mit zahlreichen Stiftungen gesegneten Gemeinde, in einer Gemeinde, welche in unserer, an Compromissen so reichen deutschen Geschichte, sich zu formaler wie realer Parität der Confessionen durchentwickelt hat. v. Stengel war so glücklich, manche bei solchen Stürmen hervortretende Klippen zur Zufriedenheit aller Partheien zu umschiffen, und er empfieng daher mit inniger Freude die Würdigung seines versöhnenden Patriotismus, welche ihm die Augsburger Bürgerschaft durch ihr Ehrenbürger-Diplom, in kostbarer und kunstreicher Form, entgegenbrachte. Sie bekundete darin, daß sie v. Stengel's vielfache Verdienste „um das materielle Gedeihen und das geistige Wohl der Stadtgemeinde“ anerkenne. Auch von seinem Monarchen erhielt er als Ausdruck königlichen Wohlgefallens an seiner ersprießlichen Thätigkeit (1840) das Komthurkreuz des Ordens vom heiligen Michael. Solche lichte Freuden des treuen, freisinnigen Patrioten wurden aber von Zeit zu Zeit durch sich wiederholende Störungen seiner Gesundheit beschattet, welche er selbst und seine nächsten Angehörigen als Nachwehen der in der Pfalz erlittenen Schädlichkeiten erklärten. Sie gaben übrigens dem charakterstarken Manne Gelegenheit zu zeigen, wie man körperliches Ungemach durch die Kraft eines eisernen Willens zu bewältigen vermöge. Nur selten und auf kurze Zeit hemmten die, oft bedenklichen Krankheitsanfälle die Amtsthätigkeit des gewissenhaften Staatsdieners.

Doch bald sollten sich auch andere Hemmnisse dem unverrückten, festen Gange des liberalen Regierungs-Präsidenten entgegenstellen. Es lag damals ein eigenthümlicher Rauch auf dem Lande, und bald nach Antritt des Ehrenpostens zu Augsburg ward Stengeln von sehr beachtenswerther Seite der Wink, vorsichtig zu seyn, und nicht Gelegenheit zu dem verdächtigenden Gerüchte zu geben, als beabsichtige er, den Regierungsbezirk zu „palatinisiren, oder zu verpfälzern!" Schon im Jahre 1837 hatte ein über den Partheien schwebender Wille von Stengel's gänzliche Entfernung aus dem öffentlichen Dienste weise und wohlwollend verhindert. Gleichsam im Finstern kämpften damals in Deutschland diametrale Kräfte mit einander und die Spannung trat in mehreren bedeutsamen Regierungshandlungen an die Oberfläche. In Preußen wurde der Erzbischof von Köln Droste zu Vischering nach Münster abgeführt (1837), der Erzbischof Dunin in Posen verhaftet; — tiefe Mißstimmung der rheinischen Katholiken, — Unbotmäßigkeits-Erklärung der niedern polnischen Geistlichkeit; — gleichzeitig aber Auswanderung der sächsischen Altlutheraner nach Nordamerika, der schlesischen Dissidenten nach Australien; — in Tirol den Jesuiten die Schulen und die Universität Innsbruck übergeben. In Bayern aber erschien am 14. August 1838 die (i. J. 1845 zurückgenommene) Ordre wegen der Kniebeugung. Aus gewissen Regierungskreisen strömte ein Geist mittelalterlicher Reaction aus, dem man, naiv genug, bei allen Beamten ohne Unterschied Eingang zutraute oder wohl mit drohender Miene zu erzwingen hoffte. So ward es gerechten und verfassungstreuen Naturen,

3*

insbesondere Solchen, die die Strömung der Zeit in ihrer ganzen Wucht und Richtung erkannten, zur Unmöglichkeit, das System der Staatsregierung in den confessionellen Fragen buchstäblich durchzuführen. Zu ihnen gehörte v. Stengel und eine merkliche Spannung gegenüber dem leitenden Minister war die Folge. Beide waren hochbegabte, aber von Grund aus verschiedene Naturen: der Eine einem abstracten Ziele zustrebend, der Andere nur von dem Grundsatz geleitet: „das Volk will leben, d. h. es will eine Zukunft." So mußte denn die volle Disparität dieser beiden geschlossenen und hartnäckigen Naturen zumal auf dem Gebiete des Gedankens hervortreten, um sich feindlich zu begegnen. (Sie standen außerdem in einem verwandtschaftlichen Verhältnisse zu einander.) Frhr. v. Stengel erklärte unumwunden: das System der Staatsregierung in confessionellen Fragen buchstäblich durchzuführen, sey gerechten und verfassungstreuen Männern eine Unmöglichkeit. Er betonte, wie gerade auf dem Felde religiöser Ueberzeugungen Eingriffe der Staatsgewalt mißlich, ja gefährlich seyen. Richterliche Erkenntnisse aus einer willkührlichen Gesetzdeutung hervorgegangen, beleidigten auf's Tiefste des Volkes Rechtssinn, vergifteten die öffentliche Moral, machten irre an der Heiligkeit des Rechtes, an der Würde des Richterstandes, untergrüben die dem Bayernvolke so theuere und vielerprobte Loyalität. Er erinnerte, wie ein am Anfang des Decenniums gegen überschwängliche politische Utopien und jugendlich-demokratische Velleitäten willkührlich zusammengesetztes Spruchcollegium, das wegen seiner Härte im Volke mit gehässigem Namen sey bezeichnet worden, nichts zurückgelassen habe, als einige (auf beiden Seiten) zerstörte Existenzen, ein weitverbreitetes Mißtrauen und die Beschämung, die edelsten Waffen auf unedle Weise gegen Schatten geführt zu haben. Wolle man aber etwa gar die Gewissen vor die

Schranken der Polizei fordern, so gefährde man wohlthätige Kräfte, die der Staatsorganismus zum Schutze der Bürger aufgestellt habe, für deren Qual zu verwenden. — Aber solche Grundsätze wurden mit vornehmem Achselzucken beantwortet; — die Reaction rollte abwärts, dem Jahre 1848 entgegen.

Inzwischen bewegten sich in jenen Jahren die mit einander ringenden Kräfte freierer politischer Bewegung und des Stillstandes oder Rückganges durch ganz Europa und besonders lebhaft durch Deutschland in mancherlei Schwankungen und Compromissen hin und her. Im Jahre 1838 erzitterte Spanien noch unter den Schlägen eines erbitterten Bürgerkrieges, während die junge Königin Portugals eine neue Constitution annahm; — die k. österreichische Regierung sah sich veranlaßt, in dem tief aufgeregten Italien eine politische Amnestie zu verkündigen, während die Verfassungskämpfe in Hannover und Churhessen von den Sympathien des deutschen Volkes vor den Bundestag begleitet wurden. Die darauffolgenden Jahre brachten der iberischen Halbinsel nach mehrfältigen Zuckungen Frieden, aber in England und Frankreich wechselten die Ministerien; — in Schleswig-Holstein traten sich feindliche Partheien immer schroffer gegenüber; — in der Schweiz, im Kirchenstaate, in Ungarn, Griechenland erhoben sich politische Stürme oder sie bereiteten sich vor in Proportionen, welche die Diplomatie mit Sorge erfüllten. Rußland zog sein strenges Regiment in kirchlichen und administrativen Dingen immer straffer, aus den Ostsee-Provinzen, aus Polen, für das der Papst unfruchtbare Bitten laut werden zu lassen nicht müde ward, vernahm man Klagen, und der deutsche Geist, der seit 150 Jahren wie ein Pionier freier Menschenbildung seine Kräfte nach Rußland zu übersiedeln gewohnt war, fühlte sich mit Unbehagen dort beengt oder ausgeschlossen.

Und in dieser Epoche, die über gewaltigen Erschütterungen brütete, saß Frhr. v. Stengel als Censurbehörde in Augsburg, von wo die Allgemeine Zeitung, in Deutschland das älteste Organ des allgemeinsten politischen Bewußtseyns, Tag für Tag die Flügelschläge der Zeit registrirte und durch ein Heer über die ganze Erde verbreiteter Correspondenten commentirte. Daß die Menschheit im Großen und Ganzen, auch bei scheinbaren Rückschritten, unaufhaltsam vorwärts schreite, daß gegenwärtig keine Thatsache todtgeschwiegen werden könne, wenn sie lebendige Keime des Fortschrittes in sich trägt, und daß jede ächte Wahrheit auf dem unermeßlichen Felde des kosmopolitischen Publizisten eine solche Thatsache sey: das waren die Ueberzeugungen des feinsinnigen, bedächtigen Stegmann, des vielseitig gelehrten Zöglings der Karlsschule Lebret, des feurigen Weitzel und anderer heller Köpfe gewesen, die in jenem wirksamen Zeitblatt gearbeitet; sie waren als Erbschaft auf Gustav Kolb übergegangen, dessen Gluth für Glück und Ruhm des großen deutschen Vaterlandes die Mauern des Asperges nicht abgekühlt hatten. Frhr. v. Stengel war nun mit der Censur der Allgemeinen Zeitung betraut; sie gehörte in den unmittelbaren Kreis seiner persönlichen Amtsthätigkeit, und er suchte dieser Verpflichtung in liberalem Sinne zu genügen. Gewohnt, mit maßvollem Urtheil die Strebungen jener vielbewegten Zeit zu verfolgen, fühlte er, wie jener Campetti verborgenes Metall oder die in der Erde strömenden Gewässer, so den Culturbrand der Gedanken, der sich in der Tiefe der Geister ausbreitete. Gewissenhaft war er bemüht, das, was sich verhüllte, und das, was der öffentliche Geist frei kundgab, in seiner Gegenseitigkeit zu fassen. Er behauptete, daß die den bestehenden Staatsformen feindlichen Strebungen so lange Bundesgenossen der legitimen Gewalt seyen, als sie dem Sicherheitsventil der freien Presse entströmten, daß sie auf dem offenen Felde der Discussion Abklärung, Beschränkung erführen und entweder Abhülfe bestehender Gebrechen und Nöthen herbeiführen könnten, oder wenn sie es verdienten, alsbaldiger Mißachtung und Vergessenheit anheim fallen würden. Aber, setzte v. Stengel bei Gesprächen über diesen Gegenstand lächelnd hinzu, der Regierungsfactor muß in der Presse eben so gut disputiren können, als sein literarisch, vielleicht auch publicistisch wohlgeübter Widerpart. Wenn dieser mit einer scharfen Feder schreibt, der Regierungs-Commissär mit dem Zopfe, dann sieht es freilich mißlich aus mit der Berichtigung der öffentlichen Meinung zu Gunsten einer loyalen Beurtheilung der bestehenden Verhältnisse und im Sinne des gesunden, von Partheiinteressen unbeirrten Fortschrittes. „Ich will auch nicht verkennen," so fuhr er mit ernsterer Miene fort, „daß in Deutschland, dessen Geschichte die tausendjährige Kette von Compromissen ist, ohne vollständigen Abschluß klarer Verhältnisse, zwischen den Conflicten der einzelnen Regierungen, eine reale, nicht blos doctrinäre Belehrung, eine gesunde, naturwüchsige Entfaltung aller berechtigten Elemente im Volksleben von vielen Schwierigkeiten umgeben ist. Immer jedoch wird diese allgemeine Fortbildung der Nation einen unbedenklichen Verlauf nehmen, wenn sie in einer freien, ich sage nicht in einer zügel- und maßlosen Presse, freimüthig und anständig, besprochen werden darf. Was wir dagegen fürchten müssen, das sind die im Finstern schleichenden Umtriebe utopischer Schwindler, antinationaler Politiker, gewissenloser mit Existenzen Einzelner und mit der Wohlfahrt Aller keck spielender Speculanten. Sie bemühen sich, unterirdische Kräfte in Fluß zu bringen. Von ihrem Treiben hätten wir nur vulcanische Ausbrüche zu erwarten, die, so lehrt uns die Geschichte aller Revolutionen, zuvörderst ihre Urheber selbst vernichten. Uebrigens wird Deutschland, in so vielen seiner industriellen und commerziellen Elemente gehemmt und gegen die Wucht englischer Volkswirthschaft, französischer Social-Einrichtungen gebunden und zurückgeblieben, am meisten durch den Anstoß bürgerlicher, gesellschaftlicher Bedürfnisse auf politische Reformen hingetrieben." So dachte und sprach Frhr. v. Stengel um das Jahr 1841. Eindringlich und mit männlichem Freimuth stellte er dem Ministerium Abel vor, daß das System der Preßcensur, wie man es damals handhabte, sich nicht nützlich erweisen könne, daß es auf die Dauer nicht zu halten sey; er warnte fortwährend vor dem Heraufbeschwören jener gewaltsamen und unausbleiblichen Rückschläge in der öffentlichen Meinung zum Drang auf Veränderungen, welche denn auch in der That nur wenige Jahre auf sich warten ließen.

Die Annalen der Allgemeinen Zeitung könnten manches beherzigenswerthe Material liefern, um die staatsmännisch richtige Auffassung v. Stengel's zu bezeugen, und nachzuweisen, wie fest und maßvoll er eine vermittelnde Stellung zwischen der Presse und ihren sich überstürzenden Verfolgern eingenommen habe.

Man darf es wohl als eine verhängnißvolle Verblendung des damaligen obersten Leiters der Polizei bezeichnen, daß sein Mißtrauen in die Einsicht und den Patriotismus des Kreis-Präsidenten ihn bis zur Einrichtung eines von diesem unabhängigen Preßcensur-Amtes fortreißen konnte. Mit markigem Griffel der Entrüstung zeichnete v. Stengel das gegen ihn angewendete Gebahren und die dabei thätigen Personen und erwartete in der Gelassenheit selbstbewußter Tugend seinen abermaligen Sturz. Am 30. November 1843 wurde der „unbequeme Frondeur" seiner in langer Dienstlaufbahn gewohnten Thätigkeit eines Verwaltungsbeamten enthoben, um als Präsident des Appellations-Gerichtshofes zu Neuburg a/D. eine richterliche Function zu übernehmen.

Als v. Stengel in dieses neue Amt eintrat, hatte er bereits das sechzigste Lebensjahr erreicht: aber er ergriff es mit der ihm eigenen Energie. Sein Gerechtigkeitssinn hatte bereits manche Proben abgelegt, sein ausgeprägter biederer Charakter befähigte ihn ganz besonders zur Vorstandschaft eines größeren Justizhofes.

Obwohl dem weitläufigen schriftlichen Verfahren entfremdet, welches bei seinem Amtsantritte in den dießrheinischen Kreisen noch in voller Blüthe stand, und ein abgesagter Feind überflüssigen Formenkrams wußte er sich doch auch in dem neuen Berufszweige bald zurecht zu finden. Voll treuer Hingebung an den Dienst und das öffentliche Interesse pflegte er das neue Amt. Was der gesunde Menschenverstand, in der edelsten Bedeutung dieses Wortes, vermochte, das leistete er, zurückkehrend zu Geistesarbeiten früher Jahre. Mit seinem durchdringenden Verstande und energischem Willen nahm er die Zügel des ihm anvertrauten Gerichtshofes in die Hand, und führte sie zu seiner und allgemeiner Befriedigung. Unter seiner Anregung und Leitung entstanden mehrere zweckmäßige Einrichtungen. Wir nennen die Gründung der reichen Bibliothek des Gerichtshofes. Es war ihm hier vergönnt, sich bei der nun endlich in's Leben gerufenen Durchführung der Oeffentlichkeit und Mündlichkeit des Strafverfahrens (1849) thätig zu betheiligen, und mit besonderer Genugthuung blickte er hierauf, als auf die Realisirung eines alten Lieblingswunsches.

Im Jahre 1844 wurde Frhr. v. Stengel in der ruhigen Stille des Neuburger Aufenthaltes erfreulich überrascht durch einen Besuch des damaligen Kronprinzen, nachmaligen Königs Maximilian II. Der für wissenschaftliche Fortbildung seines Volkes eifrig besorgte Fürst forderte von Stengel Rath und Gutachten über die Anlage und Einrichtung der von ihm beabsichtigten Schule für Staatsmänner (Athenäum). Das abgegebene Gutachten über Aufgabe, Richtung, Grundzüge und Lehrplan des Instituts u. s. w. darf als Muster für eine derartige Schöpfung gerühmt werden. Frhr. von Stengel sprach sich, ausgehend von dem Gedanken, daß der wahre Staatsmann aus der Familie in's öffentliche Leben hineinwachsen müsse, gegen die Form eines Knabenseminars und für freiere akademische Einrichtungen aus. Er betonte vor Allem die Nothwendigkeit, in den Köpfen der Jünglinge jene Fähigkeiten zu wecken, welche sie geschickt machen, bald die großen Probleme wahrzunehmen, welche die Zeit bringt. Er verlangte für sie, als Grundlage, eine ächt humanistische, vom Hauche des classischen Alterthums belebte, Bildnug, dann eine sorgfältige, zumal mathematische Schule des praktischen Verstandes, eine liberale Behandlung der Geschichte, endlich alle jene Lehren und Einwirkungen, die den jugendlichen Geist befähigen, sich richtige Anschauungen über die Volksbedürfnisse zu verschaffen. Er wollte junge Staatsmänner nicht blos für den glatten Boden der Diplomatie erzogen, sondern für das Leben des Volks mit seinen vielfältigen Ansprüchen. Er eiferte gegen jenen Particularismus, der sich kurzsichtig mit dem Patriotismus verwechselt. Er wünschte, daß das Wesen der deutschen Stämme nicht minder als die Eigenart anderer, einflußreicher Völker dem Candidaten für höheren Staatsdienst auf Reisen und im Verkehre mit den Bewegungskräften der modernen Industrie und des Welthandels aufgeschlossen werde. Die hohen Ziele, welche er sich in einer langen und einflußreichen Dienstlaufbahn gesteckt hatte, konnten, das wußte er wohl, nicht Aller Ziele seyn; aber das verlangte er von jedem Staatsdiener, daß er auf seinem, wenn auch noch so beschränkten Standpunkte, nicht aufhöre an seiner geistigen Fortbildung zu arbeiten. „Wie das allgemeine bürgerliche Wohlbefinden, nach dem Ausspruche eines großen Chemikers, an dem Verbrauch von Seife in einem gegebenen Lande bemessen werden kann, ebenso," sagte v. Stengel, „ist die Consumtion guter Kenntnisse und Gedanken, die die Literatur ohn' Unterlaß bringt, durch die Staatsdiener ein richtiger Maßstab für ihren Eifer im Dienste, für ihr expedites Wirken zum Besten der Staatsangehörigen. Schließt dagegen der junge Verwalter des öffentlichen Rechts mit seinen Collegienheften ab, meint er nun im todten Gange der Büreaukratie aufgehen zu dürfen, blickt er nie über den Actenstaub in die großen, stets weiter rollenden Evolutionen des großen Volkslebens hinaus, dann wird er jenes ungelenke Rädchen im Staatsorganismus, das der Volkswitz als „Staatshämorrhoidarius" gering achtet."

Wer Stengel's Forderungen strengster Pflichterfüllung genügte und ihm einen festen, offenen Charakter zu zeigen wußte, dem ward und blieb er ein väterlicher Freund. Manches aufstrebende Talent verdankt es seiner Menschenkenntniß, seinem Freimuth und unpartheischem, von Standesvorurtheilen unbefangenem Urtheile, an's Licht gefördert und zu ersprießlicher Thätigkeit verwendet zu seyn.

Fürwahr, wir können uns dem Gedanken nicht entziehen: wären die obersten Verwaltungsstellen in den deutschen Staaten von länger und früher her mit Männern von Stengel's Charakter, Begabung, Kenntnissen, Rechtschaffenheit und erfahrungsreichem staatsmännischen Blick besetzt gewesen, so würden die Stürme von 1848 über Deutschland nicht ergangen seyn. Vieles, was eintrat, hatte er längst vorher divinirt und freimüthig nach Oben angedeutet. Als dann die Krise eintrat, war er als treuer Diener der Monarchie bemüht, dem Unfuge zu steuern, dem Umsturz entgegenzuarbeiten. Aller Einschüchterungen ungeachtet wußte er furchtlos Justiz zu üben.

So wirkungsreich sich auch v. Stengel's Thätigkeit in den Hallen der Themis entfaltete, so fühlte er sich doch von ihr nicht in gleichem Maaße angesprochen wie von der Geschäftssphäre einer politischen Administration, für die zumeist er leiblich und geistig angelegt war. Das Ausscheiden aus der richterlichen Dienstactivität erschien ihm, wie er mit zunehmenden Jahren öfter aussprach, nicht unwillkommen. Diesem Wunsche wurde, nachdem er das siebzigste Lebensjahr erreicht und sechsundvierzig Jahre lang seinem König und Vaterland gedient hatte, am 25. Februar 1854 durch Allergnädigste Versetzung in den Ruhestand, Gewährung.

Im Frühling 1854 verließ er Neuburg a. D. und siedelte nach München über, wohin ihn liebe Familienbande und ein mannigfaltiger geistiger Verkehr zogen. So folgte auf einen an Erfahrungen, Stürmen, ja Gefahren reichen Lebenstag ein ruhiger, freundlicher Lebensabend, im Genusse eines seltenen Familienglückes. Sieben Söhne, fünf Töchter, drei Schwiegersöhne und dreizehn Enkel, mehrere in München, alle in Bayern wohnhaft, umgaben das ehrwürdige Aelternpaar. B. v. Stengel hatte sich die volle Lebendigkeit und Vielseitigkeit des Geistes bewahrt. Gleichwie er während seiner administrativen Laufbahn durch seine einläßlichen Fragen und wohlbegründeten Rathschläge oft die Bewunderung eines praktischen Fachmannes aus dem Volke erweckt hatte, so setzte noch der hochbetagte Greis durch die vielartigen Kenntnisse in mancherlei Wissensgebieten und durch die Theilnahme an den Bewegungen der Literatur die Gelehrten in Erstaunen, welche in Berührung mit ihm kamen. Besonders für seine Lieblingsfächer, die Optik, Mechanik und Geologie erhielt er eine seltene Empfänglichkeit. Mit enthusiastischer Freude nahm er Antheil an den Entdeckungen und Erfindungen seines Freundes, des genialen Physikers Steinheil, die dieser ihm immer zuerst mittheilte. In der heiteren Gelassenheit eines Weisen pflegte er eigenhändig sein Blumengärtchen oder meditirte er über die großen Probleme, die sich dem Alter in erhöhter Bedeutung darbieten. Wenige Wochen vor seinem Tode konnte man Kuno Fischer's Geschichte der neueren Philosophie und Beckers' Abhandlung über die Unsterblichkeitslehre Schelling's auf seinem Schreibtische liegen sehen. So begieng er in voller Rüstigkeit und ungeschwächter Geistesfrische am 27. October 1865 seinen zweiundachtzigsten Geburtstag; vor ihm lag die Aussicht, das Fest fünfzigjähriger Ehe mit der geliebten Gattin feiern zu können, die ihn mit Anmuth und Treue durch's Leben begleitet hatte. Die schönen Herbsttage lockten den Greis täglich zum Besuche des Hausgärtchens, in dem er noch am 2. November die letzten Blumen abschnitt. Aber schon zwei Tage später fühlte er sich von einer Erkältung belästigt, und ein heftiger Bronchial-Katarrh warf ihn auf's Krankenbett. Er sollte sich daraus nicht mehr erheben; aber er machte es unter den Qualen des erschöpfenden Hustens und schlafloser Engbrüstigkeit zum Schauplatz starkmüthiger Geduld; umgeben von mehreren der Seinen, die zum letzten Abschied herbeigeeilt waren, machte er es zum Schauplatze der Fürsorge und Dankbarkeit eines liebevollen Gatten und Familienvaters, — gegenüber dem Träger religiöser Weihe zum Sterbebett eines gläubigen getrösteten Christen. Wenige Stunden nach diesem ernsten

Momente verließ ihn das klare Bewußtseyn, und am 5. Dezember beschloß er ohne Todeskampf sein fertiges Erdenleben.

Es war ein edles, würdiges Leben, das Carl A. L. Frhr. v. Stengel hinter sich gelassen, und Alle, die neben seiner offenen Gruft gestanden, und viele Andere, die ihn gekannt, werden mit dem Schreiber dieser Lebensskizze sagen: möchten wir doch immer recht viele solcher Männer besitzen.

Conrad Meyer.

Ein Blatt der Erinnerung.

(Manuscript für Freunde.)

Augsburg.

Gedruckt bei Albr. Volkhart.

1862.

Als ich im Jahre 1801, ein Jüngling von 16 Jahren, aus dem älterlichen Hause in die Oberklasse des Ansbacher Gymnasiums übertrat, suchte ich unter der beträchtlichen Anzahl der mir ganz fremden Jünglinge, die mit mir die Schule besuchten, einen der mehr als gewöhnliches Interesse für mich gewinnen könnte; denn es war mir, dem aus dem Bruderkreise herausgerissenen Fremden, dringendes Bedürfniß, Jemanden zu finden, der mir meinen Bruder August ersetzen könnte. Da kam mir freundlich entgegen ein Junge von offenem, heiterem Gesichte, dessen Benehmen von guter und sorgfältiger Erziehung zeugte, und der, obgleich der jüngste in der Classe, von Allen distinguirt wurde. Ich hörte einmal, als ich mit ihm in's Schulgebände eintrat, ganz deutlich einen jungen Schüler hinter uns zu seinem Begleiter sprechen: siehe, das ist Meyer, der jüngste und geschickteste Schüler der ganzen Oberklasse. — So entspann sich zwischen mir, der in ihm gerade den zu erkennen glaubte, den ich suchte, und ihm, dem auch, ich weiß nicht was? an mir zu gefallen schien, bald ein freundliches Verhältniß. — Die Zeiten der alten Hellas sind vorüber, die Gluth der Jugendempfindung, die dort zu der vielbesprochenen Männerliebe führte, hat sich im Laufe der Zeit unter einem kaltblütig reflectirenden Geschlechte merklich abgekühlt, und gleichwohl trägt die erste Freundschaft unter Knaben und Jünglingen von lebendiger Phantasie und feinerer Bildung noch immer denselben Charakter der tieferen Innigkeit und schwärmerischen Zuneigung. Meyer war ruhiger als ich, überhaupt hat er weder damals noch sonst je im Leben seine Neigung, sein Wohlwollen dem Freunde direkt zu erkennen gegeben, aber der Ausdruck seines ganzen Benehmens gewährte reichen Ersatz für diese Zurückhaltung.

Ein Jahr waren wir Schulgenossen, 1802 bezog Meyer die Universität Erlangen, ich blieb noch ein Jahr im Gymnasium. 1803 im Herbste fanden wir uns in Erlangen wieder. Dort lebte Meyer in völliger Zurückgezogenheit von aller gesellschaftlichen Verbindung der Studirenden, die damals ein wüstes Treiben führten, vertieft in seine Studien, die sich vornehmlich der Mathematik und Naturkunde zugewendet hatten. Unsere Zusammenkünfte erfolgten wöchentlich etwa einmal, Abends auf seinem Zimmer, bisweilen in Gesellschaft Sauer's und Hussel's. Es waren dieß die genußreichsten Stunden, die ich in Erlangen verlebt habe. Oft bedauerte ich damals, daß Meyer nicht gleiches Studium mit mir ergriffen, — seine trefflichen Schulkenntnisse hätten ihn vollkommen befähigt dazu, und die philologischen Studien hatten damals in Erlangen keine Freunde und Verehrer, sie wurden nur von einigen Theologen beiläufig ohne Eifer und Erfolg betrieben. Was hätte ein solcher Kopf auf derselben Bahn wie ich, mich treiben und fördern gekonnt! und wie hätte der Austausch unserer Gedanken an Mannigfaltigkeit und Interesse gewonnen, wenn Jeder dieselbe Richtung verfolgte! — Und dennoch dünkt mich jetzt, daß es in Beziehung auf unsere Freundschaft so besser war. Selten fördert es die Dauer und Beständigkeit eines vertrauten Verhältnisses, wenn zwei Freunde von vielen Seiten in Berührung treten; besser ist es, es behält jeder seine eigene Sphäre der wissenschaftlichen und Berufsthätigkeit für sich — denn um so freier bleibt dann das Feld, welches sie mit einander gemeinschaftlich haben.

Im Jahre 1805 verließ Meyer die Universität, um sich auf seinen künftigen Beruf als Beamter im Finanzfache praktisch vorzubereiten. Oft hat mich die Frage bewegt, ob Meyer nicht besser gethan hätte, sich dem Berufe eines akademischen Lehrers im Fache der Naturwissenschaft und Mathematik zu widmen? Dahin gerade zog ihn Neigung, Talent und Studium; auf diesem Boden konnte der treffliche Kopf fortwährend nährende Säfte in sich einsaugen, und sich, wer weiß, zu welcher Vorzüglichkeit entfalten, die Großes und Bleibendes hätte für die Wissenschaft geleistet. Hier im Schatten der Musen wäre sein stilles, ideales Wesen, das nicht für den Verkehr mit Vielen und nicht für Theilnahme an praktischen und ordinairen Lebens-Interessen bestimmt schien, geborgen von den Wechselfällen und allem Ungemach, das in jener Geschäftssphäre unvermeidlich ist, von selbst zusammengeflossen mit dem ruhigen Geiste der Wissenschaft und ein intensives Wirken hätte ihn befriedigt und beglückt.

Auch mag wohl Meyer selbst erst, nachdem er die praktische Laufbahn schon betreten hatte, dieser Vorstellung bisweilen Raum gegeben haben, doch hat er nie Reue über seine Wahl ausgesprochen. Wahrscheinlich weil er, höchst bescheiden und anspruchslos, von seinem Talente mäßig, und als wissenschaftlicher Kopf von dem Berufe eines academischen Lehrers groß dachte; dazu weil er an eine göttliche Leitung seiner Schicksale glaubte, die durch solche, leicht zu Unzufriedenheit führende

Vorstellungen gewissermaßen verleugnet werde. Aber ich habe mich, besonders wenn ich den spätern Verlauf seines Lebens betrachtete, nie ganz der Meinung entschlagen können, daß Meyer seinen wahren Beruf verkannt und eine Richtung eingeschlagen habe, die der ihm angebornen seitwärts lag. Wir trafen uns im October 1806 in Ansbach wieder, gerade an dem Abende, wo die Botschaft von der Schlacht bei Jena eintraf. Seit der Zeit begann unser Briefwechsel, der ununterbrochen fortgedauert hat, so lange wir miteinander gelebt haben. Er war mir eine Quelle der reinsten Freuden: die liebevolle Verbindung mit ihm hat meine guten Tage verschönert, und zu andrer Zeit mein sinkendes Selbstgefühl wieder gehoben; jedesmal war mir die Erscheinung eines Briefes von ihm wie ein Lichtstrahl aus dem sonnigen Lebensmorgen.

Meyers Briefe waren immer kleine Bilder, die von seinen jedesmaligen Zuständen eine sehr anschauliche Uebersicht boten. In natürlicher, edler Sprache floß klar und rein seine Rede, oft war es ein feiner Scherz, oft eine geistreiche Bemerkung, bisweilen ein Stück aus einer Reisebeschreibung, eine anziehende Naturschilderung, was er zum Besten gab, immer aber war liebende Theilnahme an den Begegnissen des Freundes in der zartesten Weise ausgedrückt.

Meyers Talent und Tüchtigkeit fand ungewöhnlich frühe Anerkennung und Auszeichnung, er war einige 20 Jahre alt, als er den Auftrag zur Einführung der neuen Steuerverordnung im Altmühlkreise mit Rang und Charakter eines Finanzrathes erhielt. Viele haben ihn um diese außerordentliche Bevorzugung beneidet, aber selbst seine Neider konnten nicht leugnen, daß er seiner Aufgabe vollkommen gewachsen wäre.

Meyer besuchte mich auf seiner Reise von Nürnberg nach Eichstädt, wo er die ersten Jahre leben sollte, in Weissenburg, meinem damaligen Aufenthalte. Freude über diese Anstellung und Entschluß zu kräftigem Wirken belebte ihn, aber von Stolz und Erhebung auch nicht die leiseste Spur.

Im Winter 1809 holte mich an den Weihnachtstagen Meyer in Weissenburg ab zu einer kleinen Tour nach Nürnberg, wo wir unsern gemeinschaftlichen Freund Hussel besuchten. Goldene Tage jugendlicher Heiterkeit und freundlicher Sympathie! Im Cirkel seiner Vertrauten war Meyer ungemein fröhlich, neckisch und muthwillig, jedem Einfall seiner Laune sich ohne Rückhalt hingebend. Und das durfte er, weil das Maaß, das sein ganzes sittliches Wesen beherrschte und seine hohe Gutmüthigkeit ihn vor allen den Mißgriffen bewahrte, denen weniger gediegene Naturen ausgesetzt sind, wenn sie es wagen, sich gehen zu lassen.

Im Sommer 1810 besuchte ich mit Bruder August Meyer in Eichstädt. Freundlichst von ihm aufgenommen, fuhren wir in seiner Gesellschaft nach Neuburg. Unsere Unterhaltung bewegte sich viel um schöne Literatur und besonders wurde Goethe stark besprochen, von dem sich Meyer damals und jederzeit mächtig angezogen fühlte. Kein Wunder! Goethe war ein Naturgeist, und dieselbe Liebe zu den Gebilden der Natur und ihrem Walten und Wirken beseelte auch Meyer, der ihre Erscheinungen in der Pflanzenwelt und im Mineralreich, so wie ihre Gesetze in mathematischer und chemischer Hinsicht aus seinen gründlichen Studien genau kannte.

Meine Liebe zur Tonkunst theilte Meyer nicht, dagegen war er Freund und Kenner der Malerei und selbst ein guter Zeichner, besonders von Landschaften. Auf seinen kleinen Reisen führte er ein Skizzenbuch mit sich und nahm in flüchtigen aber charakteristischen Zügen die schönsten Partieen auf. Welcher junge Mann von feinem Gefühl hat nicht in guten Stunden zuweilen Verse gemacht? Meyer dichtete auch, aber er theilte nur weniges davon mit. Diese Kleinigkeiten, wie waren sie so tief empfunden, so zart ausgedrückt!

Meyer war in Erlangen Fichte's fleißigster Zuhörer und würde ohne Zweifel, wenn ihm sein arbeitsvolles Leben Muße gegönnt hätte, den Bewegungen der Zeit auf diesem Gebiete gefolgt sein. So aber hat er aus der Schule des berühmten Lehrers nicht dessen kunstvolle Dialektik, sondern einige große Ideen mit in's Leben genommen, die befruchtend und kräftigend auf seine Thätigkeit einwirken konnten. Aber die Feinheit und Tiefe seiner Reflexion verrieth bei jeder Gelegenheit den denkenden und orginellen Kopf, der überall Beziehungen aufzufinden wußte, die von Anderen unbeachtet geblieben.

Weltmann war Meyer nicht. Nach seinem eignen Geständnisse konnte er nicht über eine gewisse Schüchternheit und Befangenheit im Umgange mit Andern Herr werden und nicht die leichte Nonchalance an sich bringen, die dem so natürlich ist, der vor den Menschen keinen sonderlichen Respect im Leibe führt. Deßwegen suchte Meyer nicht leicht größere Gesellschaft auf; ob er gleich sich mit Anstand und würdiger Haltung benahm: es war ihm nicht recht wohl unter Vielen; man hätte Goethe's schönes Distichon über die Nachtviole auf ihn anwenden können. Auch Sprecher und Unterhalter war Meyer nicht. Seine Rede, obwohl scharf bezeichnend und durchweg edel und in gewähltem Ausdrucke, floß ihm nicht leicht und strömend von den Lippen, sondern absatzweise sprach er, mit vielem Accent, oft dunkel und räthselhaft. Das Bild des jugendlichen Meyer ist mir tief eingeprägt: Ein sehr schöner Kopf mit dem Ausdrucke des Verstandes auf der hohen Stirn, der Unschuld, Biederkeit und Furchtlosigkeit im klaren blauen Auge, der Anmuth im feingezeichneten Munde; die Haut sehr weiß mit feinem Roth gemalt: die ganze Physiognomie ein offener Empfehlungsbrief. Weiche Empfindsamkeit und Sentimentalität lag nicht in seinem Wesen, dem eine gewiße Sprödigkeit beigemischt schien. Aber wie leicht war er gleichwohl durch das Schöne zu rühren, und wie innig war seine Theilnahme an allen Zuständen seiner Freunde!

Die Stärke seines Charakters hat sich mir in Nichts herrlicher bewährt, als in der Treue, mit der er Freundschaft bewahrte. Ich habe die Unbeständigkeit anderer Jugendfreunde oft erfahren, ja ich kann mich selbst nicht freisprechen von mancher Flatterhaftigkeit in der Pflege eines Verhältnisses, das von edlen Naturen sehr ernst behandelt werden sollte. Aber Meyers nie wankende Treue hat die meine gegen ihn befestigt, und nie im ganzen Leben haben wir uns mit einander auszusöhnen nöthig gehabt. Ein stiller Zug der Herzen verknüpfte uns mit geheimer Sympathie und die volle Kraft und Wärme der jugendlichen Neigung hat in uns fortgeglommen bis an die Schwelle des höhern Lebensalters, wo wir scheiden mußten.

Ich glaube, es war im Jahr 1815 als Meyer während seines Aufenthaltes in Ansbach, wo er Geschäfte zu besorgen hatte, erkrankte. Er schrieb mir nach Rothenburg, ich möge ihn besuchen. Ich kam und blieb 8 Tage bei ihm, so, daß ich diese ganze Zeit nicht von seiner Seite wich. Wir hatten von seinem Zimmer die Aussicht auf den blühenden Hofgarten: ach, so oft ich jetzt noch an diesem Hause vorübergehe, richtet sich mein Auge nach dem Fenster und sucht die geliebte Gestalt.

Später kam es noch einmal zwischen uns zu einem Stelldichein in Ansbach. Meyer war durch Gundelsheim gereist, hatte meinen Vater daselbst besucht, und brachte mir nach Ansbach die Nachricht vom Tode meines guten Bruders Christoph. Aber wie schonend hat er mich darauf vorbereitet, und wie liebend meinen Schmerz getröstet!

Meyer war 1817 in Speyer als Finanzrath zur definitiven Anstellung gelangt und bald 1818 von dort in derselben Eigenschaft nach Würzburg versetzt worden. — Auch dorthin freundlich eingeladen erschien ich und verlebte einige glückliche Tage. Seine Liebe zur Wissenschaft noch in ihrer Blüthe, eine gewählte Büchersammlung, ja auch den Anfang zu einer kleinen Pinakothek!

Wir sprachen, wie dieß unter jungen Männern und Freunden ganz natürlich ist, mit einander bisweilen vom Heirathen und neckten einander mit Neigungen, die man aus den Aeußerungen über dieses und jenes Mädchen zu errathen glaubte. Aber es war damit kein Ernst, und das Schicksal hat uns beiden Frauen zugeführt, an die damals keiner dachte. — Daß übrigens Meyer erst ziemlich spät zum Heirathen kam, da doch seine Verhältnisse ihm viel früher das Eingehen einer Verbindung gestattet haben würden, das kommt, wenn man sich hier nicht an das Sprichwort halten will, daß die Ehen im Himmel geschlossen werden, auf Rechnung seiner zurückgezogenen Lebensweise, seiner Schüchternheit im Umgange mit Frauenzimmern und besonders seiner außerordentlichen Thätigkeit als Geschäftsmann.

Aber freilich von dieser Seite, die beim Manne vielleicht gerade die bedeutendste ist, habe ich Meyer nie gekannt. Das natürlich haben mir Viele gesagt, daß er ein überaus fleißiger und pünktlicher Arbeiter, und daß er mit ganz vorzüglicher Geschicklichkeit, Einsicht und Gewissenhaftigkeit sein Amt verwaltet hat: wer konnte auch daran zweifeln, der ihn gekannt hat! Bedurfte es noch weiteren Zeugnisses, so ward dieß dadurch gegeben, daß der treffliche von Mieg, der ihm im Würzburger Collegium zur Seite gestanden hat, bei seiner Ernennung zum Finanzminister Meyer'n unverzüglich nach München berief, in der Absicht, sich seines Talentes zur Führung seiner wichtigen Geschäfte zu bedienen. Aber wie bescheiden dachte Meyer selbst über seine Befähigung zum Praktiker! Oft sprach er mit mir über die Eigenschaften, die zu einem vollkommenen Geschäftsmann erforderlich wären, und gestand, daß er sie nicht besitze. Mit welchem Rechte oder Unrechte, wage ich nicht zu bestimmen. Möglich, daß es ihm an schneller Entschlossenheit gefehlt hat, auch kann ihn sein höchst gewissenhaftes und umsichtiges Wesen manchmal zur Tüftelei veranlaßt haben. Allein wo ist der, der alle Eigenschaften zu einem schwierigen Berufsgeschäfte besäße? ist es nicht genug, daß die wesentlichsten nicht gebrachen? — Und nochmals sei es hier in aller Stille gesagt, Meyer's edle Natur war theoretischer Richtung, und hätte er als Praktiker glänzen sollen, so mußte ihm ein höherer Wirkungskreis angewiesen werden, wo er, frei vom Dienste so vieler Kleinlichkeiten, seinen Ideen und großen Ansichten Spielraum geben konnte.

Ich ward nach Ansbach versetzt, Meyer war noch in Würzburg. In das Jahr 1821 fällt für uns Beide der für unser Leben so entscheidende Schritt zur ehelichen Verbindung, und aus den vielen Reden über diesen Gegenstand ist endlich einmal Ernst geworden. Wir haben Beide aus reiner Neigung geheirathet und aus inniger Ueberzeugung von dem Werth und Gehalt unserer Geliebten, und Keiner von uns

Beiden hat sich in seiner Erwartung getäuscht; wir haben im Familienverhältnisse und Hausstande das reinste Glück unsers Lebens gefunden. Meyer ward, wie schon gesagt, auf von Mieg's Betrieb nach München als Oberrechnungsrath berufen. Es hat mir das sehr mißfallen; zu einem Geschäfte, das nun doch einmal so mechanischer Art ist, hätte ein solches Talent nicht gemißbraucht werden sollen; allein die Absicht war offenbar, Meyer von da aus baldmöglichst in's Ministerium zu befördern. Aber sein edler Gönner blieb nicht lange auf seinem Posten, und von Mieg's Disgrace hatte auf Meyer die Wirkung, daß seine Beförderung verspätet ward. Es hat mir dieß damals wehe gethan, doch bei späterer Betrachtung glaubte ich zu erkennen, daß es so für Meyer gut gewesen. Sein Geschäft als Oberrechnungsrath nahm ihn nicht so in Anspruch, daß er nicht manche Stunde hätte sich, seiner Familie, seinen Studien widmen können; dagegen würde das eines Ministerialrathes ihn ohne Zweifel viel früher aufgerieben haben.

Zweimal habe ich Meyer in München besucht und bei dieser Gelegenheit eine kleine Tour in's bayerische Gebirge in seiner Gesellschaft gemacht. Freundliche Erinnerung jenes Naturgenusses, und besonders der Nacht am Kochelsee, wo wir Arm in Arm am Fenster dem prachtvollen Schauspiel eines Ungewitters zusahen, wie die Blitze den See erleuchteten und der Donner in wiederholtem Echo verhallte. Frohe, heitere Fahrt nach Partenkirchen!

Die Besuche in München verstatteten mir einen Blick in Meyer's häusliches Leben. Hier ist's, wo die Kernhaftigkeit eines tüchtigen Charakters die zartesten und edelsten Früchte erzeugt. Ich sah die verständige, einfache Hausfrau mit ihrem gebildeten Wesen im Kreise liebenswürdiger Kinder walten, die mit schönen Anlagen des Geistes und Gemüthes reich ausgestattet durch die Grundsätze der Aeltern geschützt sind vor der in den höhern Ständen unserer Zeit so gewöhnlichen Verflachung in Schein und Eitelkeit. Ich sah Fleiß, Ordnung, Zufriedenheit und innige Liebe im harmonischen Vereine eine Erziehung fördern, die durchweg auf das Solide und Substantielle gerichtet, keinen andern Zweck zu haben schien, als die Kinder zu bürgerlicher Rechtschaffenheit und Eingezogenheit in der Art zu bilden, daß zugleich der edle Typus der feineren Humanität in ihren Gemüthern und ihrem Benehmen bewahrt bliebe. Die Mischung dieser beiden Elemente, das praktische φιλοκαλεῖν μετ' εὐτελείας ist gewiß ganz naturgemäß, aber sie kann nur da gelingen, wo sie bei den Erziehenden selbst schon harmonisch zu Stande gekommen ist.

Es ist bitter und schmerzlich für mich, mir diese liebenswürdige Familie jetzt als verwaist denken zu müssen. Doch erinnere ich mich wohl, einmal mit Meyer davon gesprochen zu haben, wie es doch um die Unsern stehen würde, wenn der Tod einen von uns beiden aus der Schaar unversorgter Kinder abriefe. Er sprach den zuversichtlichen Glauben aus, daß dieß Ereigniß in einer Familie, wo Zucht, Ehrbarkeit und Gottesfurcht herrschte, für kein Unglück zu halten sei, wie schmerzlich auch immer der Fall sein müßte. Gewiß, Gott wird seinem frommen Glauben Wort halten an seinem eigenen Hause.

Wir haben später noch eine Zusammenkunft in Uffenheim veranstaltet, als Meyer auf einer Commissionsreise längere Zeit in Würzburg verweilte.

Es war Pfingsten im Jahre 1837. Wir brachten zwei Tage auf Einem Zimmer in der Post mit einander in vertraulichem Austausch unserer Gedanken und Empfindungen zu. Meyer hatte das griechische Neue Testament und den Tacitus bei sich. Mit Freude nahm ich wahr, wie er in beiden Schriften gleich bewandert den frommen Sinn und die wissenschaftliche Richtung seiner Jugend so schön beibehalten hatte. Wir besuchten Predigt und Kirchhof, auf dem wir das Grab meiner guten Mutter vergeblich suchten. —

Die letzte Freude im Genusse eines solchen Freundes hat mir Gott zu Theil werden lassen, im Jahre 1839, wo Meyer in Commissionsgeschäften fünf Monate in Ansbach zubrachte. Wir waren täglich wenigstens einmal, gewöhnlich aber zweimal beisammen, nach dem Mittagessen, wenn es die Witterung gestattete, auf einem kurzen Spaziergang, Abends bei mir, bisweilen auch auf seinem Zimmer oder im Casino in der Umgebung alter Jugendgenossen. Wie hat doch der Liebenswürdige sich so schnell die Neigung meiner Kinder erworben! Wie freundlich und gütig hat er sich ihnen erwiesen, und wie wohl war ihm in meinem friedlichen Familienkreise!

Einst kam ich Abends zu ihm: Bomhard, heute eine sehr freudige Nachricht für Dich, rathe doch, welche? — Hussel ist Regierungs-Direktor in Ansbach geworden! — Ich sagte: schön und gut. Aber H. steht mir nicht so nahe, wie Du, er wird meiner wenig mehr eingedenk sein — Mit einer Art von Entrüstung sagte das edle Freundesherz: was? wie wäre das möglich! ist's recht, so von einem alten Freunde zu denken? — Ich fuhr fort: Meyer, Du bist eben, wie ich Dich jederzeit gekannt habe, der Mann, welcher an sich selbst immer am wenigsten denkt. Schon lange wäre die Reihe zur Beförderung auf einen gleichen Posten an Dir gewesen, Du Neidloser und Guter! — Er erwiederte: ich fürchte, es ist zu spät. Meine Kraft ist nicht mehr die alte; seitdem ich an der Cholera krank gelegen, bin ich nicht mehr, der ich war, und in der Periode des Niedergangs ist es bedenklich, eine neue Charge zu übernehmen.

Ueberhaupt gab Meyer damals manche Andeutung, daß er sein Lebensende nicht mehr ferne glaube. Du kannst, sagte er einmal, ein steinalter Mann werden, bei mir langt es höchstens noch auf einige Jahre.

Bald nach seiner Zurückkunft nach München ward Meyer, was er schon längst hätte werden sollen, Finanz-Director. Diese Nachricht hat mich zugleich erfreut und erschreckt. Denn, wenn ich an seine Arbeitsamkeit und Gewissenhaftigkeit dachte, so war es mir mehr als wahrscheinlich, daß er bei wankender Gesundheit und erhöhter Aengstlichkeit sich in diesem mühevollen Berufe bald den Rest geben werde. Auf der andern Seite aber war freilich auch ein Ziel erstrebt, das ihm in Rücksicht auf seine Familie sehr erfreulich sein mußte, selbst wenn er voraus sah, daß seine Tage dadurch verkürzt werden könnten. Und so war es auch leider. Was ich, nicht aus seinen Briefen, die in dieser letzten Zeit seltner kamen, aber aus der Mittheilung durch Andere erfuhr, das fassen die drei Wörter: „Arbeit, Krankheit, Verdruß" zusammen. Arbeit mit einer großen Anstrengung, der sein geschwächter Körper nicht mehr gewachsen war und in Folge dieser Anstrengung und dessen, was vorausgegangen war, Kränklichkeit, die immer bedenklicher eintrat.

In einem seiner letzten Briefe benachrichtigte er mich vom Tode seines geliebten Sohnes Heinrich. Wie tief das sein Vaterherz verwundet haben mag, kann keiner besser ermessen, als ich, der gleiche Erfahrung gemacht hat. Doch die Art, wie er mir diese Mittheilung machte, trug ganz das Gepräge seines Charakters: sie war in Ruhe und Ergebung. Meyer sollte, möchte ich sagen, im friedlichen Jenseits eine Seele aus dem geliebten Kreise der Seinigen finden, damit er dort um so süßer und leichter eingewöhne. Aber schneller, als ich befürchtet hatte, eilte das schöne und reiche Leben seinem Ende zu. Die Krankheitszufälle wurden häufiger, der Gebrauch von Bädern führte zu keiner Genesung mehr. So war ich denn freilich vorbereitet genug auf die Nachricht von seiner tödtlichen Erkrankung, aber wie hat sie mich gleich wohl ergriffen, und wie war mir zu Muthe, als ich in der Mitte Novembers 1842 den schwarz gesiegelten Brief aus München erhielt! Welches Todtenopfer forderst Du von mir, geliebter Meyer? Das der Thränen? — sie sind Dir reichlich geflossen und stehen mir heute noch immer im Auge, so oft ich in einsamer Stille der schönen Lebensvergangenheit an Deiner Seite gedenke. Willst Du treues, liebendes Andenken? Es vergeht kein Tag, da nicht Dein Bild bald in jugendlicher Heiterkeit, bald in männlichem Ernst bedeutsam mahnend mich umschwebt, kein Tag, da ich nicht im Gebete Dich der Liebe und Gnade Gottes empfehle. Doch auch erhebend ist der Blick auf ein so rein und schön geführtes Leben. Groß ist es, im unruhvollen, oft sturmbewegten Elemente der Zeit die Sicherheit, die Ruhe, die feste Haltung eines edlen Charakters und in dieser Welt voll Sünde die Unschuld der Seele fleckenlos bewahrt zu haben. Mit welch' hohem Selbstgefühle muß der Geist in den Frieden der Ewigkeit eintreten, und wie labend muß dem müden Pilger dort die Palme wehen! — Ich kenne die Seligkeit, zu der Meyer von Gott befördert worden ist. Sie besteht in weisheitsvoller Thätigkeit. Prometheus, seiner Fesseln entledigt, arbeitet dort frei und rüstig im Kreise weiser Dämonen, und auf seinem Antlitz strahlt Jugend, in unvergänglicher, wolkenloser Heiterkeit.

Ich aber wiederhole mir oft die schönen Worte des Laelius bei Cicero: Sed tamen recordatione amicitiae nostrae sic fruor, ut beate vixisse videar, quia cum Scipione vixerim. Ja wohl beate! unter die allerhöchsten Segnungen meines Lebens zähle ich das Glück einer Freundschaft, die in solcher Innigkeit von den frühen Tagen der Jugend an ungestört fortgedauert hat.

Diese Zeilen aber, die nur ein leicht skizzirtes, unvollständiges Bild des Unvergeßlichen darbieten, wozu sind sie geschrieben? Sie sind ein Monolog, gemäß meiner Sitte, Alles, was mich bewegt, dem treuen Papier anzuvertrauen, und oft auch, mir durch Aussprechen meiner Empfindungen Erleichterung zu verschaffen. Aber sie können ja wohl auch dazu dienen, das Andenken unserer Freundschaft in unsern Familien zu erhalten. Ja, unsere Kinder sollen wissen, daß die Freundschaft ihrer Väter im Lebenslaufe beider nicht bloß beiläufig mitgespielt hat, sondern daß sie ein wesentliches Lebenselement war. Karl und Guido, wenn euch von Gott längeres Leben bestimmt ist, möge doch unter den Segnungen, die ich euch wünsche, auch diese sein, daß jeder von euch frühe einen Freund findet, der ihm mit unwandelbarer Liebe zugethan, Erheiterung in den guten, Erhebung in den trüben Lebenstagen und das Muster eines tugendhaften, kräftigen und beharrlichen Strebens gewähre, wie mir es der geliebte, unvergeßliche Meyer gewährt hat.

In dem literarischen Nachlasse des Verfassers dieser Lebensskizze des seligen Herrn Schulrathes von Bomhard fand sich noch unter der Aufschrift: „mein alter Schreibtisch" der innige, warme Gruß und Nachruf an seinen vollendeten Freund Meyer, den wir hier am Schlusse noch mitzutheilen uns nicht versagen können:

„Hier Briefe meines sel. Freundes Meyer. O edle und treffliche Blume im Freudenkranze meines Lebens, von den Schuljahren bis zum reifen Alter und bis an die Schwelle des höheren! Wie war ich glücklich in der schönen Zeit, da ich noch mit Dir sah sich röthen den Tag, schimmern die Nacht! Mein Dank, meine Liebe folgt Dir in die lichtverklärten Räume, zu denen sich Dein reines ideales Wesen jetzt erhoben hat. Noch steht Dein heiteres, jugendliches Bild mit dem seelenvollen Ausdruck in liebenswürdiger Unschuld klar vor meinem inneren Auge; es erscheint mir besonders oft in trüben Stunden gedrückten Bewußtseins, wo ich mir selbst als ein recht armseliger Wicht vorkomme, und da muß ich mir dann sagen: so gar unwerth und bedeutungslos kann Dein Wesen und Leben doch nicht sein, denn Meyer war Dein Freund!"

Zur Chronik
der Familien Meyer und Cella.

Geschrieben im Jahre 1862.

I. Johann Paul Meyer.

Ueber des Urgroßvaters Heimath und Aeltern hat sich keine bestimmte Mittheilung gefunden. Nach einer unverbürgten Familientradition soll er aus Hessen stammen. So wissen wir auch nichts über seine Jugend. Da, wo wir ihm zuerst begegnen, zu Gerabronn in dem heutigen Würtemberg, ist er schon Präceptor der lateinischen Schule, und über sein Hauswesen regiert unsere Urgroßmutter Margaretha Barbara *), welche er um die Mitte des vorigen Jahrhunderts aus der Ansbachischen Stadt Creglingen, wo ihr Vater Johann Christoph Helmsdörfer, Rathssenior und Bürgermeister war, heimgeführt hat. Die Urgroßeltern hatten vier Söhne und eine Tochter. Die letztere, Eva Regina, hat sich noch bei ihres Vaters Leben mit A. M. Schüle verheirathet und ist mit ihrem Manne nach Kirchberg gezogen. Von den Söhnen widmete sich Carl Wilhelm Friedrich der „Schreiberei", und wurde im Jahre 1775 bei dem Ansbachischen Grenadierbataillon als Fourier angestellt. Zwei Jahre nachher verkaufte der Markgraf Alexander von Ansbach seine Landeskinder an den König von England, welcher sie nach Nordamerika schickte, um dort in Verbindung mit seinen Truppen die Colonien zu besiegen, welche sich gegen die Herrschaft der Engländer empört hatten. Da mußte auch Carl Wilhelm Friedrich mitziehen zum großen Herzeleid von Vater und Mutter. Nur die Briefe des Sohnes, welche seine Gesundheit meldeten, brachten einigermaßen Trost. „Deine drei Briefe", schreibt der alte Präceptor im Jahre 1777, „so du im Monat Juni an mich abgelassen, sind mir miteinander den 27. September, mithin eben an unserm Kirchweih-Samstag,

---

*) Sie ist geb. d. 1. Januar 1716. Ihre gleichnamige Mutter war eine geb. Schenk von Hemersheim.

da die Eva Regina mit ihrem Manne zu uns gekommen, behändigt worden. Die Freude, die wir dieserwegen und da du geschrieben, daß du gesund seist, gehabt, ist so groß gewesen, daß wir alle für Freuden geweinet." Der Brief spricht die Hoffnung aus, den Sohn noch auf Erden wieder zu sehen. „Liebster Sohn!" schreibt er, „ich bin schon etliche Wochen nicht wohl auf; doch hoffe ich zu Gott, diese Krankheit soll von keinen üblen Folgen sein, sondern ich werde noch so lange leben, bis du wieder gesund hieher kommst und ich dich nochmals sehe, alsdenn will ich freudig sterben." Dennoch scheint er an dieser Krankheit gestorben zu sein; denn nach einem Briefe der Mutter nach Amerika aus dem Anfang des Jahres 1779 gehört er bereits längere Zeit zu den Todten. „Es verlanget mich herzlich nach dir, lieber Sohn," schreibt die vereinsamte Wittwe, deren andere Söhne nun auch weggezogen sind. „Ich bin in der Fr. H. oberem Stüblein ganz allein Wie meinest du, daß es mir sei? Ich muß aller meiner Kinder beraubt sein und muß seufzen: ich bin eine betrübte Wittwe. Jedoch lebet mein Himmelsvater noch, der ist mein Mann, mein Versorger und mein Beistand, wenn mich die ganze Welt verläßt."

Endlich im Jahre 1783 kam der Sohn mit den Resten seines Regiments aus Amerika nach Ansbach zurück. Aber Dienstpflichten hinderten ihn, sofort nach seiner Ankunft zu der sehnlich harrenden Mutter zu eilen. Da schreibt diese folgenden schönen Brief, den wir als beredtes Zeugniß ihres trefflichen Gemüthes, und als die letzte Kunde von ihr, hier einrücken wollen. „Herzlich geliebter Sohn, innigstgeliebter Sohn! Tausend, tausend und Million tausendmal sei dem höchsten dreieinigen Gott Lob, Preis, Ehr und ewiger Dank dafür, daß du durch die Gnade des großen Gottes wieder in unser Land kommen bist. Meine Freudenthränen lassen sich nicht stillen, bis ich dich sehe, o Lieber! Wenn du aber nicht bald herunter kommst, so sehen wir uns auf dieser Welt nimmer mehr. Die große Sehnsucht nach dir läßt mich nicht länger leben. Ich bin schon ein ganzes Jahr her krank. Es ist nichts als Haut und Bein an mir. Ich meine alle Tage, ich ersticke. Die Eva Regina ist schon wieder etliche Tage bei mir gewesen und hat mich gewartet. Ich habe meinen lieben Gott nur um mein Leben gebeten, bis ich dich gesehen habe. Wenn du aber nicht herunter kannst, so danke ich dir viel tausendmal für alle gute trostvolle Briefe, die du mir geschrieben hast, und für alles Gute, das du an deiner alten, kranken, armen, verlassenen Mutter gethan hast. Setze dich Gott zum Segen und segne dir alles viel tausendfältig. Der Herr segne alle deine

Tritte und Schritte, der Herr segne deinen Ausgang und Eingang, er segne dein Thun und Lassen, er segne deine Gedanken und alle deine Anschläge, daß du seiest der Gesegnete des Herrn, der Himmel und Erde gemacht hat. Mein tägliches Geschäfte ist gewesen, für dich auf meinen Knieen Gott anzurufen, daß er dein Beistand auf Wegen und Stegen sei, und dich gesund erhalte und gesund hin und her bringe. Ich habe meinen Gott so gläubig umfasset, er solle mich nicht unerhört von dem Throne seiner Gnaden weggehen lassen. Der Herr hat mein Gebet erhöret, und wird mir die Gnade schenken, meinen versorgenden Joseph bald zu sehen. Laß mich nicht länger in der Sehnsucht stecken. Jedermann der mich besuchet, meinet, wenn ich dich wiedersehe, werde meine Krankheit wieder besser. O lieber Sohn, ich kann dirs nicht beschreiben, was ich die Zeit ausgestanden habe, bis ich selber mit dir reden kann. Schreibe mir, wenn du kommen kannst, daß ich's der Eva Regina sagen lasse, daß sie auch kommt, sie kann's auch nicht erwarten, sie geht sonst nach Ansbach. Ich befehle dich der Gnade Gottes und verbleibe deine betrübte und verlassene Mutter bis in mein Grab.

Gerabruen, den 23. November 1783."

Kinder: 1) Georg Friedrich, später Landschaftscommissär und Stadtsteuereinnehmer in Bayreuth, starb 179?, kinderlos.
2) N. N., in östreichische Kriegsdienste gegangen.
3) Johann Carl Wilhelm Friedrich, geb. 10. März 1754.
4) Eva Regina, verheir. mit A. M. Schüle in Kirchberg. Sohn: F. C. C. Schüle, starb kinderlos.
5) Christian, später Finanzrath in Schlitz, starb 23. Okt. 1825. Kinder: 1. Otto, später Dr. med. zu Schlitz, starb unverh. 2. Mathilde, verh. mit Dr. Engelbach, welcher nach ihrem Tode 1832? mit seinen Kindern nach Amerika zieht. 3. Ferdinand, verh. mit Kath. Großkar, verwittw. Meyer, starb zu Bucharest.

II. Johann Carl Wilhelm Friedrich Meyer.

Zum Stabsfourier ernannt, ging der Großvater, wie schon erwähnt ist, mit den beiden Regimentern des Markgrafen im März d. J. 1777 nach Amerika. Noch in demselben Jahre zog sein Regiment den Hudsonfluß hinauf, um einer brittischen Heeresabtheilung zu Hülfe zu eilen, welche von dem amerikanischen General Gates hart bedrängt wurde. Die Hülfe kam zu spät, die Britten hatten sich zu Saratoga ergeben müssen, und von den Feinden verfolgt, mußte das Ansbachische Regi-

2

ment sich nach New-York zurückziehen. Bald nachher steht es mit der brittischen Hauptarmee zu Philadelphia und theilt im J. 1778 das Schicksal dieser Truppen, welche von dem Befreier Amerikas Washington gezwungen wurden, Philadelphia zu räumen. Es war überhaupt wenig Ruhm in diesem für die Engländer unglücklichen Krieg zu gewinnen. Nach einer Abwesenheit von sechs Jahren, im J. 1783, kehrte der Großvater als Regimentsquartiermeister in die Heimath zurück. Schon im folgenden Jahre erhielt er zum Lohne für seine treuen Dienste ohne sein Ansuchen das Kastenamt Mainbernheim und den Titel eines hochfürstlichen Kammerraths, und noch in demselben Jahre vermählte er sich mit Friederika Charlotte *), der jüngsten Tochter des verstorbenen Pfarrers Luz zu Gnodstatt. „Bis hieher," so schließt der Großvater eine bis auf den Tag seiner Hochzeit gehende Lebensskizze, „bis hieher hat mir Gott geholfen und mich aus vielen Gefahren gerettet, wofür sein Name ewiglich gepriesen sei. Aber auch in meinen kommenden Tagen wird derselbe mir gnädig sein, nach seinem Rath mich leiten und mich dereinstens zu Ehren annehmen."

Trotz der kriegerischen Zeiten, welche das eben gegründete und bald durch eine zahlreiche Kinderschaar bereicherte Familienleben mit durchzumachen und mit zu erleiden hatte, ist dasselbe doch ein innerlich und äußerlich gesegnetes gewesen. Der strengeren Weise des Vaters trat die mehr heitere Natur der Mutter mildernd zur Seite, und während ihr einfacher und praktischer Sinn dem Hauswesen durch die unruhigen Zeiten glücklich hindurch half, kamen ihrem Manne seine früheren Erfahrungen reichlich zu Statten, als er in der langen Zeit der Kriegsjahre durch seine amtliche Stellung für die Durchzüge der fremden Truppen und ihre Verpflegung vor allen Andern in Anspruch genommen wurde. Im Jahre 1806 half ihm sein ältester Sohn Conrad, der vor Kurzem die Universität verlassen hatte, die durch die Zeitumstände erhöhte Last der Arbeit auf alle Weise mittragen. Als endlich die ersehnte Zeit eines dauernden Friedens gekommen war, da stand das Glück der Familie nicht bloß unerschüttert, sondern es waren auch ihre äußeren Verhältnisse durch redliche und glückliche Unternehmungen zu großem Wohlstande gediehen. Aber bald nachher wurde der Vater seiner Familie entrissen. Im Oktober des Jahres 1817 waren seine Kinder „zum ersten und letzten Male vollständig" zu Mainbernheim versammelt, um den Todtkranken noch einmal zu sehen. Am 17. Novem-

*) Geboren 10. Febr. 1762.

der starb er an der Brustwassersucht. Seine Wittwe überlebte ihn noch 13 Jahre, in den letzten 10 Jahren des Augenlichts völlig beraubt.

„Den 20. Juni 1830“, schreibt ihr Sohn Conrad, „sah ich meine geliebte, schwer leidende Mutter auf ihrem Krankenlager zum letzten Male. Eine Unterleibskrankheit verursachte ihr seit mehreren Monaten unsägliche Schmerzen, welche nur durch Opiate zeitweise gelindert werden konnten. Der Tod war in den letzten Wochen der einzige Wunsch, den sie hatte, und ihre Kinder für sie haben konnten. Sie litt mit voller Hingebung, kein Laut der Ungeduld entfuhr ihr, bloß der leise Ausruf: Ach Gott, hilf! mit dem sie um ihre Auflösung betete. Den 23. Juni Nachts halb 12 Uhr entschlief sie.“

Kinder: 1) Philippine Maria, geb. 2. Juli 1785, gest. 9. Juni 1786.
2) Conrad Christoph Philipp, geb. 15. Sept. 1786.
3) Georg Friedrich Christian, geb. 8. Oct 1788, verheir. mit Friederike Ellwanger von Stuttgart. Sohn: Heinrich Carl Friedr. Christian, geb. 1820.
4) Johann Philipp Christoph, geb. 18. März 1790.
5) Heinrich Christian, geb. 26. Juli 1791, verh. mit Kath. Großkar aus Rothenburg in Hessen. Kinder: 1. Julius gest. 2. Thekla gest. 3. Carl. 4. Hermann. 5. Oskar. 6, Adolph gest.
6) Philippine Christiane Charlotte, geb. 27. April 1793, verh. mit Gottlieb Müller, Kanzleidirector zu Castell. Kinder: 1. Friedrich gest. 22. Febr. 1840. 2. Heinrich.
7) Friedrich Sigmund Christian, geb. 26. Nov. 1795, verh. mit Luise Ludwig von Gnodstadt. Kinder: 1. Ida. 2. Philipp.
8) Helwig Friedrich Carl, geb. 5. Mai 1797, gest. d. 22. Mai 1797.
9) Friederike Dorothea Charlotte, geb. 14. Aug. 1803, verh. mit Dr. med Friedr. Hertwig. Kinder: 1. Carl. 2. Theodor.

III. Conrad Cristoph Philipp Meyer.

Dem voranstehenden Denkmal, das die Freundeshand dem Vater errichtet hat, braucht nur weniges noch vom äußeren Lebensgang hinzugefügt zu werden.

Die deutsche Schule und der Privatunterricht eines Candidaten brachten wenig Förderung. Um so rascher entfaltete sich der Geist des begabten Knaben unter der Sorgfalt des Vorstands der Rectoratsschule in Mainbernheim, in die er 1796 trat. Er hat diesen treuen Lehrer

2*

seines im Grunde ersten Jugendunterrichtes — Beß war sein Name — nie vergessen. Besonders wurde er von ihm zum Studium der Mathematik angeleitet. Schon im Jahre 1800 war er reif, in die letzte Classe des Gymnasiums zu Ansbach einzutreten, das er im J. 1802 mit der Note „vorzüglich“ absolvirte. Hier hat er seinen Freund, den nachmals berühmten Schulmann und Philologen Christian Bomhard, kennen lernen, mit welchem er sein ganzes Leben hindurch in ununterbrochener Verbindung und Correspondenz geblieben ist. Im Herbste bezog er die Universität Erlangen, um unter Glück und Klüber Jura und Cameralia zu studiren. Doch auch die übrigen Wissenschaften zogen ihn an. Durch näheren und täglichen Verkehr mit dem Professor der Naturgeschichte, Esper, in dessen Hause er wohnte, wurde ihm der Geschmack und die Neigung für naturgeschichtliche Studien geweckt und genährt. Auch Fichtes philosophische Vorlesungen brachten ihm Förderung und reichen Genuß. Er hatte an Friedrich Faber, jetzt Oberconsistorialrath und Ministerialrath zu München, an August Bomhard, dem jetzigen Kirchenrath zu Augsburg, und an Friedrich Hussel, nachmals Regierungsdirector zu Ansbach, Freunde von gleichem Sinn und Streben. Im Herbste 1805 verließ er die Universität, um sich im Winter bei den Aeltern auf's Examen vorzubereiten. Es ist bereits erwähnt, daß er daneben seinem Vater vielfach dienend zur Seite stand. Inzwischen war die Markgrafschaft Ansbach von Preußen an Bayern gefallen, und erst im Herbste 1806 konnte er sich bei der neuen Regierung zur Prüfung melden. Er trat nach derselben als Accessist in die Kreis- und Domänenkammer zu Ansbach ein und half an seinem Theile mit, eine andere Form der Verwaltung in diese jüngsten bayerischen Besitzungen einzuführen. Seine Anstellung zu fördern, ging er zweimal im J. 1808 nach München. Er hebt den Eindruck hervor, den die Kunstsammlungen dieser Stadt auf ihn gemacht. Schon im J. 1809 wurde er zum Secretär der Finanzdirection in Nürnberg und noch in demselben Jahre zum Rathe der gleichen Behörde des Oberdonaukreises ernannt, welche zu Eichstädt ihren Sitz hatte. Hier leitete er die Arbeiten, durch welche die Mittelwerthe der Güter ausfindig gemacht werden sollten, um hienach die Besteuerung der Unterthanen zu regeln. Nach vier Jahren wurde diese Arbeit beendet und zugleich belohnt durch die Anerkennung, welche ihm von höchster Stelle für die zweckmäßige Leitung derselben ausgesprochen wurde. Daß ihn das Ministerium bald nachher mit der gleichen Aufgabe als seinen Commissär für den Rezatkreis nach Ansbach sandte, beweist, wie sehr jenes Lob durch Thatsachen muß begründet gewesen sein. Nach mehr als zwei Jahren war auch diese Aufgabe gelöst, und gegen Ende des J. 1815 kehrte er nach Eichstädt zurück. Hier war inzwischen eine andere Frucht früherer Bemühungen gereift. Er sah den landwirthschaftlichen Verein mit Erfolg ausgebreitet, den er vor fünf Jahren, von München her aufgefordert, im Oberdonaukreise begründet und organisirt hatte. Bald jedoch verließ er diesen Kreis für immer. Im J. 1817 wurde er zum Rathe bei der Regierungsfinanzkammer in Speyer befördert und im folgenden Jahre in der gleichen Eigenschaft nach Würzburg versetzt. Hier vermählte er sich am 16. April 1821 mit Marie Elise Mathilde Marianne Cella, der Tochter des verstorbenen Regierungsrathes, Johann Jakob Cella, zu Ansbach. Acht Kinder wurden ihm aus dieser Ehe geboren, die beiden jüngsten zu München, wohin er als Mitglied des Finanzministeriums im J. 1832 berufen wurde. Nur mit Widerstreben nahm er zwei Jahre nachher die Beförderung zum Oberrechnungsrathe an, da die Pflichten dieses Amtes ihn mehrere Monate jeden Jahres seiner Familie in München entzogen. Doch minderte sich seine Sorgfalt darum nicht, daß sie nun einem Berufe galt, an den er mit Widerstreben gegangen war. Dieselbe trat vielmehr nach fünfjähriger Wirksamkeit in einem Grade hervor, daß König Ludwig ihm im J. 1839 das Verdienstkreuz des Michaelsordens eigenhändig und mit Worten ehrendster Anerkennung überreichte und noch in demselben Jahre ihn zum Regierungsdirector des Isarkreises ernannte. Um dieselbe Zeit brachte ihm auch die protestantische Gemeinde zu München durch seine Wahl zum Mitgliede des Kirchenvorstandes einen Beweis ihres Vertrauens entgegen. Nur wenige Jahre einer erfolgreichen Amtsthätigkeit und ungestörten Familienglücks sollte er noch genießen. Am 6. Dec. 1841 starb ihm sein elfjähriger Sohn Heinrich an Hypertrophie des Gehirns. Er empfing die Todesnachricht auf dem Krankenlager, an das ihn ein Schleimfieber fesselte. Seit der Vater im J. 1836 an der Cholera erkrankt gewesen, war seine Gesundheit geschwächt geblieben. Badereisen nach Wiesbaden und Gastein hatten sie nicht wieder völlig herzustellen vermocht. Um so stärker machten sich nun die Folgen des Schleimfiebers geltend; sie beschleunigten ein Herzleiden, an dem er am 14. Nov. 1842 in einem Alter von 56 Jahren starb. —

Kinder: 1) Sophie Friederike Philippine Emma, geb. 29. Jan. 1822, verh. 23. März 1843 mit Hermann Trenkle, jetzt Pfarrer zu Augsburg. Kinder: 1. Elise. 2. Auguste. 3. Theobald. 4. Anna. 5. Charlotte. 6. Hermann. 7. Caroline.

2) Philipp Christian Carl, geb. 1 Aug. 1823, jetzt Staatsanwalt in Deggendorf, verh. 19. Mai 1857 mit Elise Brattler.
3) Babette Rosalie Sophie, geb. 3. Novbr. 1824, verh. 26. Aug. 1845 mit Dr. Wilhelm Funk, Pfarrer zu Castell
4) Luise Mathilde Friderika, geb. 1. Aug. 1826, verh. 23. Aug. 1853 mit Heinrich Müller, Universitätsprofessor zu Würzburg. Kinder: 1. Carl. 2. Philippine.
5) Aurelie Caroline, geb. 5. Juli 1828, verh. 19. August 1856 mit Rudolph Köhler, jetzt Staatsanwalt zu Regensburg. Kinder: 1. Albrecht. 2. Clotilde.
6) Johann Gottlieb Heinrich, geb. 31. März 1830, gestorb. 6. Decbr. 1841.
7) Emma Ferdinande Wilhelmine, geb. 12. Nov. 1833, verh. 25. März 1856 mit Wilhelm Preger, Professor an den Gymnasien in München.
8) Sophie Elise Philippine, geb. 11. Aug. 1841.

IV. Mattheo Cella.

Der Urgroßvater von mütterlicher Seite ist geboren zu Ajaccio auf Corsika und als Knabe von dem Markgrafen Friedrich von Bayreuth mit nach Deutschland genommen worden. Er wurde Haushofmeister des Markgrafen, und zog im J. 1769 als solcher mit der Markgräfin Sophie Caroline Marie nach Erlangen, wo diese ihren Wittwensitz nahm. Von seiner ersten Frau, einer geborenen Hohlweg, hatte er zwei Söhne:

1) Ludwig, verh. mit einer geb. Ellemann. Kinder: Wilhelm und Carl, starben unverheirathet.
2) Johann Jakob, geb. d. 27. Febr. 1756 zu Bayreuth.

Die zweite Ehe des Urgroßvaters mit einer geb. Braymann blieb ohne Kinder.

V. Johann Jakob Cella.

Er vollendete die zu Bayreuth begonnenen Gymnasialstudien zu Erlangen, wohin sein Vater 1769 zog. Ebendaselbst studirte er sodann die Rechte. Dann ging er 1775 auf zwei Jahre nach Wetzlar, um den Geschäftsgang des Reichs-Kammergerichts kennen zu lernen. In die Heimath zurückgekehrt, wurde er in rascher Folge Proceßrath, Ministerialsekretär zu Ansbach, und 1781 Justizrath und Kastner zu Ferrieden. Sieben glückliche Jahre verlebte er hier an der Seite seiner ersten Frau Helene Justine Johannette, einer Tochter des Deutschordens-Beamten Buff zu Wetzlar, mit welcher er sich während seines dortigen Aufenthaltes verlobt hatte. Auch für seine Neigung zu wissenschaftlichen Arbeiten fand er zu Feierabend die Muße. Er übergab verschiedene Aufsätze dem Drucke, und eine lateinische Dissertation, die er 1784 der juristischen Fakultät zu Erlangen einreichte und drucken ließ, erwarb ihm die Würde eines Doctors der Rechte. Eine schwerere Zeit öffentlicher Drangsale und häuslicher Verluste begann für ihn, als er im J. 1788 die Berufung des Fürsten von Nassau auf die Kanzlei-Directorstelle nach Weilburg angenommen hatte. Bald sah er sich mitten unter den Bedrängnissen, von welchen besonders jene Gegend durch den ersten Krieg gegen das republikanische Frankreich zu leiden hatte. Und er selbst verlor am 16. Febr. 1792 seine erste Frau an den Folgen der Geburt seines achten Kindes. Auch seine zweite Frau, Dorothea Ernestine Luise Friederike, eine Tochter des Rectors Schellenberg von Weilburg, mit welcher er sich bald nachher vermählte, wurde ihm am 30. März 1794 durch den Tod entrissen. Am 22. Juni 1795 vermählte er sich zum drittenmale mit Johannette Sophie von Herdt aus Darmstadt. Die Vermählung wurde durch Herder zu Weimar vollzogen, wo Sophie Kammerfrau der regierenden Herzogin gewesen war. Auch über diese dritte Ehe brachte die aufgeregte Zeit bald alle ihre Verwirrungen und Schrecken. Die zuchtlosen Banden des französischen Generals Jourdan, welche 1796 vom Rhein her durch Nassau und Hessen gegen Franken vordrangen, und die abscheulichsten und blutigsten Frevel überall ungescheut begingen, setzten auch das Lahnthal in Schrecken und Noth. Weilburg wurde belagert, beschossen, und in wilder Verwirrung floh alles, was fliehen konnte, aus der gefährdeten Stadt. Auch die Großeltern waren unter den Flüchtigen. Während der Nacht auf einem mit Ochsen bespannten Wagen, mitten unter der eilenden Menge fuhren sie mit dem Besten ihrer Habe davon. Ansbach war das Ziel ihrer Flucht. Da der Fürst von Nassau seinen Beamten es freistellte, andere Dienste zu nehmen, so suchte und erhielt der Großvater noch im J. 1796 von der preußischen Regierung die Kreisdirectorstelle in Schwabach. Als ein Theil der preußischen Besitzungen in Franken an Bayern gefallen war, wurde er im Jahre 1808 Kreisrath in Nürnberg. Von da beförderte ihn der König im J. 1817 zum Regierungs- und Consistorialrathe in Ansbach. Hier starb er nach drei Jahren am 30. Nov. 1820, am Nervenfieber. Seine Wittwe, welche im folgenden Jahre nach Nürnberg übersiedelte, wo drei ihrer Töchter verheirathet waren, und ein Sohn als Kaufmann lebte, starb am 12. Juni 1837.

Kinder der ersten Ehe:

1) Christiane Babette Friederike Sophie, geb. 4. Sept. 1782,

verh. Octbr. 1805 mit Stephan Friedrich Beck zu Schwabach, seit 1808 zu Nürnberg, Wittwe 1816, gest. 1847. Sohn: Hermann Beck, verh. in erster Ehe mit Mathilde von Wahler; in zweiter Ehe mit Sophie Cella.

2) Sophie Johannette Jakobine, geb. 7. Aug. 1783, gest. 23. Sept. 1786.

3) Mattheo Heinrich Friedrich Jakob, geb. 16. Aug. 1784, gest. 8. Jan. 1814 als Landgerichtsassessor zu Nürnberg, unverheirathet.

4) Euphrosine Rosalie Helene, geb. 9. Juli 1785, gest. 25. Sept. 1786.

5) Christian Jakob, geb. 4. Febr. 1787, Kaufmann in Nürnberg, verh. mit Carol. Schellhaß, gest. 1854. Tochter: Babette.

6) Hans Carl, geb. 16. April 1789, Consistorialsecretär zu Ansbach, jetzt in Marktbreit, verh. mit Charlotte Fürst. Töchter: 1. Sophie verh. mit Hermann Beck. 2. Elise verh. mit Kaufmann Schleißner in Marktbreit.

7) Johann Philipp, geb. 16. April 1790, Kaufmann, in Wien gestorben.

8) Carl Ludwig, geb. 6. Febr. 1792, gest. 6. Octbr. 1795.

Kind der zweiten Ehe:

9) Sophie Magdalena Polyxene, geb. 16. Febr. 1793, gest. 25. October 1795.

Kinder der dritten Ehe:

10) Ein Knäblein, todtgeb. 3. April 1796.

11) Christiane Aurelie, geb. 3. Juli 1797, verh. 1. Mai 1816 mit Georg von Scheidlin, Kaufmann zu Nürnberg, gest. 1848. Kinder: 1. Aurelie, gest. 2. August. 3. Felicitas. 4. Caroline. 5. Ernst. 6. Sophie.

12) Caroline, geb. 17. April 1799, verh. 15. Juni 1818 mit Johann Christian Merk, Kaufmann zu Nürnberg, gest. 1849. Kinder: 1. Wolfgang. 2. Heinrich. 3. Sophie. 4. Wilhelm. 5. Helene. 6. Elise. 7. Christian. 8. Pauline. 9. Mathilde. 10. Eduard.

13) Gustav, geb. 12. Jan. 1801, jetzt Oberst in Bayreuth, verh. 1830 mit Katharina Schuster, verwittw. Hanauer. Kinder: 1. Anna. 2. Gustav. 3. Sophie. 4. Fanny. 5. Adolph. 6. Josephine.

14) Marie Elise Mathilde Marianne, geb. 2. Jan. 1803, verh. mit Conrad Christoph Philipp Meyer, damals Regierungsrath in Würzburg.

15) Adolph Friedrich, geb. 26. März 1805, gest. 8. Febr. 1807.

16) Friederike Wilhelmine Luise, geb. 28. Jan. 1808, verh. 1. Sept. 1838 mit Joh. Christ. Edelmann, damals Pfarrer, jetzt Oberconsistorialrath zu München. Kinder: 1. Johannes. 2. Maria.

Das

Radetzky-Denkmal

im

Nationalmuseum zu Innsbruck.

Wohl steht Radetzky's Heldenmahl
Mit Recht in Deinem Alpenthal,
Du Land der Biedern, Land der Kraft,
An Ehren alt, doch unerschlafft;
Das stolz, zu edlem Zorn erregt,
Der Fremden Joch in Trümmer schlägt;
Das mannhaft sich nach Väterart
Um's Banner seiner Fürsten schaart;
Mit Blut die Thaten seiner Lieb'
An tausend Felsentafeln schrieb;
O Land Tirol! Du selber ja
Trägst hehr den Kranz des Ruhmes,
Und stehst ein heil'ger Denkstein da
Des treu'sten Heldenthumes!

K. G. Ritter v. Leitner.

(Radetzky-Album.)

Beilage zum zehnten Jahresbericht und der Jahresrechnung des Radetzky-Vereines, nebst dem Namensverzeichniß aller seit 1848 bis 1. März 1859 eingelaufenen Blätter und Beiträge für das Radetzky-Album, und Geschenke für das Denkmal.

Innsbruck 1859.

Gedruckt mit Felizian Rauch'schen Schriften.

Das Radetzky-Denkmal wurde in seiner jetzigen Gestalt am 19. März 1852, dem Namensfeste des Feldmarschalls, feierlichst aufgestellt, und [illegible] derselbe durch den Hrn. Statthalter Grafen v. Bissingen telegraphisch in Kenntniß ge[illegible], worauf noch während der Feier vom greisen Feldherrn Dank und Gruß am gleichen Wege zurück kam. Das Denkmal wird durch einen monumentalen Schrank gebildet, in welchem die seit 1848 gesammelte und, immer noch vermehrt werdende Autographen-Sammlung — das Radetzky-Album — eingelegt, und von aller Welttheilen Länder schon vertreten ist. Auf dem Fronton des Schrankes pranget die wohlgetroffene Büste des Heldenvaters, über dessen edlem Haupte der Tiroler Adler mit dem immergrünenden Lorbeerkranze schwebt.

Das Radetzky-Album ist abgetheilt in: 1. Gekrönte Häupter; 2. Feldherrn und Soldatenhelden; 3. Staatsmänner und berühmte hohe Zeitgenossen vom Civile; 4. Gelehrte, Künstler, Dichter, Komponisteure und außerordentliche Patrioten, und 5. verdienstreiche Tiroler und Vorarlberger.

Diesem schließen sich die Geschenke an, welche theils als Anhang eingelegt, theils als Zierde aufgestellt sind, und zwar: 6. Autographien berühmter Verstorbener; 7. Gedichte, Proklamationen, Biographien 2c. 2c.; 8. Porträte, 9. Zeichnungen, Bilderwerke, Büsten und andere Erinnerungs-Gegenstände; 10. Bücher, 11. das Stammbuch des Radetzky-Vereins, und 12. ein Denkbuch.

Die Autographen-Sammlung des Radetzky-Albums

in fünf Abtheilungen,

alphabetisch nach der Zeit des Einlaufes und damaliger Namen und Charaktere geordnet.

Abkürzungen: F. M. bedeutet Feldmarschall. F. Z. M. Feldzeugmeister. G. d. C. General der Cavallerie. F. M. L. Feldmarschall-Lieutenant. G. M. Generalmajor.

I.

Amalie, regierende Königin von Sachsen.

Albrecht, Erzherzog von Oesterreich. G. d. C.

Alexandra, Gemahlin des Großfürsten Konstantin von Rußland, geb. Herzogin von Sachsen-Altenburg.

Adalbert, königl. Prinz von Baiern.

Alexandra, königl. Prinzessin von Baiern.

Auguste, Ferd. Luise, Gemahlin des Prinz Luitpold von Baiern, geb. Erzherzogin von Oesterreich und Großherzogin von Toskana.

Alexandrine, regierende Herzogin von Sachsen-Koburg-Gotha.

Adelgunde, Aug. Charlotte, regierende Herzogin von Modena, geb. Prinzessin von Baiern.

Alexander, regierender Herzog von Anhalt-Bernburg.

Albert, Kronprinz von Sachsen.

Amalia, königliche Prinzessin, Herzogin zu Sachsen.

Albert, Prinz von Sachsen-Coburg-Gotha, Gemahl der Königin von England.

Auguste, Prinzessin von Sachsen-Meiningen.

Alexander, Prinz von Würtemberg, k. k. österr. G. d. C.

Adelaide, Donna Adelaide de Braganza, Prinzessin zu Löwenstein.

Anna, Gräfin von Meran, Gemahlin Sr. k. k. Hoheit Erzherzogs Johann von Oesterreich.

Augustin, Vinzenz Frhr. v., F. Z. M.

Appel, Christian Frhr. v., G. d. C.

Aleman, Wilh. Frhr. v., F. M. L.

August v. Auenfels, Georg Ritter, G. M.

Arnswald, Bernhard v., Kommandant der Wartburg, großherzogl. sächsischer Kammerherr und Major.

Appony, Rudolf Graf, k. k. Gesandter am königl. baierischen Hofe.

Auersperg, Vinzenz Fürst v., Erblandmarschall von Tirol und freiwilliger tirolischer Landesvertheidiger im Jahre 1848.

Aretin, Frhr. v., Vorstand des baierischen Nationalmuseums in München.

Aufseß, Hans Frhr. von und zu, Dr. jur., baierischer Kammerherr, Vorsteher des germanischen Museums zu Nürnberg.

Auersberg, Graf Anton Alexander (der Dichter Anastasius Grün) zu Schloß Thurn am Hart.

Arneth, Regierungsrath, Direktor des Münz- und Antiken-Kabinets in Wien. Radetzky's Waffengefährte im J. 1813 und 1814.

Ammon, F. A. v., Dr. und geheimer Rath, Leibarzt des Königs von Sachsen.

Auer, Regierungsrath und Direktor der k. k. Hof- und Staatsdruckerei in Wien.

Adam, Albrecht, kön. baierischer Hof- und Schlachtenmaler in München.

Adam, Benno, Maler in München (Sohn), Herausgeber der Erinnerungen an die Feldzüge 1848 bis 1849 u. s. w.

Arndt, Ernst Moriz, Dichter aus Rügen. (Der Radetzky der deutschen Sänger.)

Adler, C., Lithograph in Hamburg, Herausgeber der österreichischen Armeerose.

Agostini, Anton Ritter v., Hauptmann der freiwilligen Fleimser Schützenkompagnie, Oberschützenmeister, Ritter des Leopold-Ordens (jetzt k. k. Major).

Aigner, Franz Ritter v., Hauptmann der 1. Innsbrucker akademischen Schützenkompagnie, Ritter der eisernen Krone 3ter Klasse (jetzt k. k. Platzmajor in Braunau).

Anich, Franz, Schützenhauptmann der 1sten Sillianer Schützenkompagnie, Oberschützenmeister, Besitzer der großen goldenen Verdienstmedaille.

Alpenburg, Joh. Nep. Ritter v., Schützenhauptmann der 1sten Innsbrucker-Kompagnie, Vorstand des tirolisch-voralbergischen Central-Radetzky-Vereins, Vorstand des Arbeiter-Unterstützungs-Vereins, Gemeinde- und Schützenrath und Ritter der eisernen Krone dritter Klasse, der goldenen Ehrenmedaille für Kunst und Wissenschaft und der silbernen Medaille für Landesvertheidigung von 1848, auf Büchsenhausen bei Innsbruck.

Amon, Anton, Feldkaplan der 1sten Klausner-Schützenkompagnie, Besitzer des goldenen geistlichen Verdienstkreuzes.

An der Lahn, Jos. v., Schützenhauptmann der 1sten Finanz-Verwaltungs-Landesvertheidigungs-Schützenkompagnie.

Auffinger, Jos., Oberschützenmeister, Hauptmann der Freundsberger Schützenkompagnie.

Alber, Jos., Schützenhauptmann der 2ten Vierser-Schützenkompagnie.

Abenthung, Jos., der tapfere Veteran vom J. 1909 am Berg Isel, zu Götzens (Komponisteur patriotischer Tirolerlieder).

B.

Bernhard, regierender Herzog zu Sachsen-Meiningen.

Berger von der Pleisse, Joh. Frhr., F. Z. M.

Bianchi, Friedr. Frhr., Duca di Casalanza, F. M. L. (Vater.)

Bianchi, Friedr. Frhr. v., Duca di Casalanza, F. M. L. (Sohn.)

Böhm, Jos. Frhr. v., G. d. C.

Boineburg v. Lengsfeld, Jos. Mor. Frhr. v., G. d. C.
Burich, Joh. Wilh. Frhr. v. Pourway, F. M. L.
Baur v. Eysseneck, Adalb., F. M. L.
Bordolo v. Boreo, Joh., F. M. L.
Barco, Jos. Frhr. v., F. M. L.
Benedek, Ludw. Ritter v., F. M. L.
Beulwitz, v., großh. sächs. G. M. und General-Adjutant Sr. kön. Hoh. des Großherzogs von Sachsen-Weimar-Eisenach.
Berg, J., kais. russ. General
Braida, Moriz Graf, G. M.
Burlo, Anton Ritter v., G. M.
Bernay-Favancourt, Julius Graf, G. M.
Burdina v. Löwenkampf, Franz, G. M.
Bersey de la Volta, Stephan Frhr. v., Oberstlieutenant.
Buch, Oberst und Regiments-Kommandant zu Sachsen-Meiningen.
Bonn, Anton Ritter v., Major im Tiroler Kaiserjäger-Regiment.
Baz, Karl v., Oberstlieutenant in Pension zu Lienz.
Benkisser, Karl Ritter v., Oberstlieutenant im Tiroler Kaiserjäger-Regiment.
Banizza, v., Hauptmann im Tiroler Kaiserjäger-Regiment.
Bigga, Major im St. Georger-Grenzregiment.
Breyer, Otto, Hauptmann im Infanterie-Regiment Nugent.
Brzezinsky, Joh., der heldenmüthige Wachtmeister von Erzherzog Karl Ludwig Uhlanen Nr. 3, Besitzer der goldenen Tapferkeits-Medaille.
Bertoletti, der tapfere Oberjäger beim Kaiserjäger-Regimente, Besitzer der silbernen Tapferkeits-Medaille 1ster und 2ter Klasse.
Benedetti, Unterjäger beim Kaiserjäger-Regimente, Besitzer der silbernen Tapferkeits-Medaille 1ster Klasse.

Buol-Schauenstein, Graf, Ministerpräsident und Minister des Aeußern in Wien.
Baumgartner, Andr. Frhr. v., Finanzminister.
Bruck, Frhr. v., Finanzminister.
Bissingen-Nippenburg, Kajetan Graf, Statthalter im Venezianischen.
Brandis, Klemens Graf v., Obersthofmeister Sr. Maj. Kaiser Ferdinand zu Prag.
Bedeus v. Scharberg, Jos., geh. Rath und Oberlandes-Kommissär in Siebenbürgen.
Borel de Bretizel, Oberhofmeister der ehemaligen Königin Maria Amalia von Frankreich. (Sep. Auth.)
Bender, Pauline Reichsfreiin v., in Mailand. Die Tochter des Marschall Bender. (Nebst Schwester.)
Bernard (Galura), Fürstbischof zu Brixen.
Beroldingen, Franz Jos. Graf v., geh. Rath, Landmarschall in Wien.
Blankensee, Georg Graf, kön. preuß. Kammerherr und Schriftsteller in Berlin.
Bayer, Dr. Hieronimus v., Prof., k. baier. geh. Rath und Reichsrath in München.
Bechstein, Ludwig, Hofrath und Oberbibliothekar in Meiningen, und Schriftsteller.
Bergmann, Jos., k. k. Rath und Kustos der Ambraser Sammlung in Wien.
Baumann, Alex., k. k. Kabinets-Archivar und Dichter in Wien.
Baumgartner, Armand P., Gymnasial-Lehrer zu Kremsmünster.
Badenfeld, Eduard Frhr., (der Schriftsteller „Ed. Silesius") in Dresden.

1*

Bube, Adolf, Archivar und Direktor der naturhistorischen und Kunstkabinette zu Gotha, und Schriftsteller.

Beraz, Dr. u. Professor der Naturgeschichte in München.

Beck, Friedrich, Prof. in München, und Schriftsteller.

Becker, August, in München. Verfasser des „Jungfriedel."

Burgschmiet, J. D., Bildhauer und Erzgießer in Nürnberg. Verfertiger des Radetzky-Denkmales zu Prag.

NB. Im gleichen Albumblatte sind auch des Künstlers Schüler und Schwiegersohn Christ. Lenz und Georg Heroldt eingezeichnet.

Braun, Kaspar, Redakteur der klassischen „fliegenden Blätter" in München, auch Maler &c.

Brechtler, Otto, Schriftsteller in Wien.

Böttger, Adolf, Schriftsteller zu Leipzig.

Braun, Isabella, Schriftstellerin in München.

Bäuerle, Adolf, Redakteur der allgem. Theaterzeitung in Wien, und Schriftsteller.

Braun v. Braunthal, Schriftsteller in Wien.

Bowitsch, Balladendichter in Wien.

Barnowsky, Theodor, in Königsberg. (Dichter.)

Blumenfeld, Dr. Jos., in Lemberg. (Schriftsteller.)

Berman, Moritz, Biograph in Wien.

Bidermann, Dr., Statistiker in Wien.

Blaas, Karl, k. k. Professor der Historienmalerei zu Venedig.

Böhm, Dr. u. Prof., Schützenhauptmann der 2ten Innsbrucker akademischen Schützenkompagnie, Besitzer der großen goldenen Verdienst-Medaille mit Kette

Baumgartner, Anton, Dr. u. Prof., Oberlieutenant der 1sten Innsbrucker akademischen Schützenkompagnie, Ritter der eisernen Krone.

Balbauf, Joh., Feldkaplan der 1sten Fügener Schützenkompagnie 1848, Besitzer des goldenen geistl. Verdienstkreuzes; zog auch im J. 1809 als Unterlieutenant der Burgeiser aus, wo er verwundet wurde

Bernardi, Franz, Oberlieutenant der Fleimser Schützenkompagnie. Besitzer der mittleren goldenen Verdienst-Medaille.

Bischoff, Alex. v., Oberlieutenant der 2ten Klausner Schützenkompagnie.

Bandl, Vorsteher des Filial-Radetzky-Vereines zu Bregenz.

Burgauer, Franz, Oberschmstr. in Kastelruth.

Bertolini, Bürgermeister in Cles.

Bader, Alois, in Ehrwald (hat sich verdient gemacht bei dem Auszuge von 1848).

C.

Colloredo-Mannsfeld, Franz Fürst zu, F. M. L.

Caboga, Bernhard Graf, F. Z. M.

Castellitz, Jos., F. M. L.

Culoz, Karl Frhr. v., F. M. L.

Cordon, Franz Frhr. v., F. M. L.

Clam-Gallas, Eduard Graf, F. M. L.

Chazal, Frhr. v., kön. belgischer General-Lieutenant (des F. Z. M. Haynau tapferer Anwalt zu Brüssel).

Colleri, Eduard v., G. M.
Csorich, Ant. Frhr. di Monte Cretto, F. M. L.
Crenneville, Franz Graf, G. M.
Chamaré, Josef Graf, G. M.
Castiglione, Johann Graf, G. M.
Czarnecky, Kasimir, Hauptmann.

Chorinsky, Gustav Graf, Statthalter von Krain.
Cotta, Georg Frhr v., in Stuttgart.

Carriere, M., Sekretär der Akademie der Wissenschaften in München, Gelehrter und Schriftsteller.
Castelli, Dr. Ignaz Franz, Dichter in Wien.
Cerri, Cajetan, Dichter in Wien.

Craffonara, Dominikus, Schützenhauptmann der 1sten und 2ten Ennsberger freiwilligen Schützenkompagnie.

D.

Daniele, Petrovits Niegoschin, regierender Fürst und Vladika von Montenegro.

Dietrichstein, Franz Josef Fürst v. (der Held bei der Belagerung von Valencienne im Jahre 1793).
D'Aspre, Konstantin Frhr. v., F. Z. M.
Degenfeld-Schonburg, August Graf, F. M. L.
Dietrich v Hermannsberg, Emanuel Frhr, F. M. L.
Dietrich, Anton Frhr. v., F. M. L.
Daun, Franz Graf v., F. M. L.
Degenfeld-Schonburg, Gustav Graf, G. M.
Dondorf, Ferdinand Ritter v., Oberst.

Dalwigk, Reinhard Frhr. v., großherz. hessischer Ministerpräsident in Darmstadt.
Dietrichstein, Moriz Graf, in Wien.

Deinhardstein, Regierungsrath und Schriftsteller in Wien.
Dingelstedt, Dr. Franz v., kön. baier. Hoftheater-Intendant und Schriftsteller in München.
Düringsfeld, Ida, Baronin Reinsberg-Düringsfeld, Schriftstellerin.

Döllinger, Johann Josef Ignaz, Schriftsteller in München.
Döbler, Ludwig, Bürgermeister von Eschenau.
Danninger, F. A., Gründer des Unterstützungsfondes für Invaliden aus den Jahren 1848 und 1849 zu Wien, zugenannt der Invaliden-Vater.
Danninger, Johann, Großhandlungs-Buchhalter in Salzburg, Dichter.

Dilitz, Josef, Weltpriester und Dichter, zu Nauders.
Diell, Josef, Defensions-Kommissär, Besitzer der großen goldenen Verdienst-Medaille.
Doblander, Josef, Schützenhauptmann der Glurnser Kompagnie.

Defaler, Anton. Schützenhauptmann der 1sten Klausner Kompagnie
Dürr, Dr. Karl, Schützenhauptmann der 1sten Vorarlberger Kompagnie.
Daum, Josef, Professor, Lieutenant der 1sten Innsbrucker akademischen Schützenkompagnie.
Demetz, Kassier des Filial-Radetzky-Vereins für Grödenthal und patriotischer Schützenlieder-Kompositeur.

E.

Elisabeth, regierende Kaiserin von Oesterreich, geborne Herzogin in Baiern
Ernst August König von Hannover.
Elisabeth Louise, regierende Königin von Preußen, geborne Prinzessin von Baiern.
Ernst, Karl Felix M., Erzherzog von Oesterreich, F. M. L.
Elisabeth Maria Franziska, Erzherzogin von Oesterreich, geb. Prinzessin von Sardinien.
Elisabeth Franziska Maria, Erzherzogin von Oesterreich.
Ernst, regierender Herzog von Sachsen-Coburg-Gotha.

Eliatschek von Siebenburg, Wenzel Frhr. v., F. M. L., ehemaliger Militär-Kommandant in Tirol und Vorarlberg, Ehrenbürger der Stadt Innsbruck, zu Büchsenhausen.
Engl v., kön. sächsischer General-Lieutenant und Oberststallmeister des Königs, in Dresden.
Erichsen v., herzogl. braunschweigischer Generalmajor und Truppenkommandant.
Ensch, Franz Frhr. v., G. M.
Eelking, Frhr. v., herzogl. Sachsen-Meiningen'scher Hauptmann in Meiningen
Ebersberg Julius v., Oberlieutenant und Professor zu Olmütz.

Esterhazy, Vinzenz Graf, k. k. Gesandter am russischen Hofe
Eckdorff, Karl Frhr v., kön. niederländischer Kammerherr, Mitglied mehrerer Akademien der Wissenschaften, auf Schloß Jägersburg bei Forchheim in Oberfranken.
Ebner, Johann Ritter v. Rosenstein, k. k. Hofrath in Innsbruck, verdient gemacht bei Organisirung der Landesvertheidigung in Bregenz 1848.

Etlenreich, Josef Ritter v., in Wien.
Ehrhart v. Ehrhartstein Vinzenz, k. k. Beamter und Schriftsteller, in Wien.
Eberhard, Konrad, akademischer Professor der Bildhauerkunst in München.
Encker, Bonaventura, Maler in Rom.

Erler, akademischer Bildhauer in Wien.
Eberlin, Anton, Schützenhauptmann der 2ten Bozener Kompagnie.
Eller, Josef, der entschlossene Landesvertheidiger von Ober-Bozen, Besitzer der mittleren goldenen Verdienst-Medaille.
Egg, Josef, Feldkaplan der Silzer Schützenkompagnie (jetzt in Peru).

F.

Franz Josef, regierender Kaiser von Oesterreich.
Ferdinand, Kaiser von Oesterreich.
Franz Karl, Erzherzog von Oesterreich, der allerhöchste Vater unseres Kaisers und Landesherrn.
Friedrich **Wilhelm IV.**, regierender König von Preußen.

Friedrich August, König von Sachsen.
Frederik VII., König von Dänemark.
Ferdinand II., König beider Sizilien.
Ferdinand Maximilian Josef, Erzherzog von Oesterreich.
Franz V., Ferdinand Geminian, regierender Herzog von Modena, Erzherzog von Oesterreich-Este.
Ferdinand, Erzherzog von Oesterreich-Este, F. M. L.
Ferdinand Heinrich Friedrich, Erbgroßherzog von Toskana.
Friedrich Wilhelm Ludwig, Prinz von Preußen.
Ferdinand Heinrich Friedrich, regierender Landgraf von Hessen-Homburg.
Friedrich Wilhelm Karl, Prinz der Niederlande, F. M. und Admiral der Flotte.
Feodora, Erbprinzessin zu Sachsen-Meiningen.
Friedrich, Erbprinz von Anhalt-Dessau-Köthen.
Friederike, regierende Herzogin von Anhalt-Dessau.
Friederike, Herzogin-Mitregentin von Anhalt-Bernburg.
Friedrich August, Prinz von Anhalt.
Franz, Graf von Meran.

Filangieri, Karlo, Herzog von Taormina, Fürst von Satriano, königl. neapolitanischer General-Lieutenant.
Ficquelmont, Graf v., G. d. C.
Fürstenberg, Friedrich Landgraf v., F. M. L.
Fürstenwärter, Karl Frhr. v., F. M. L.
Fiedler, Josef Edler v., F. M. L.
Fischer v. See, Karl, F. M. L.
Falkenhayn, Johann Graf v., G. d. C.
Fabisch, Josef, Oberstlieutenant und Artillerie-Akademie-Direktor zu Olmütz.
Felbegg, Karl Frhr. v., Hauptmann.
Fröhlich, Johann Frhr. v., Hauptmann.

Fünfkirchen, Graf Otto v., Kammerherr, Lieutenant bei der 2ten Innsbrucker freiwilligen Schützenkompagnie im J. 1848.
Fock, Alexander v., kais. russ. Staatsrath und General-Konsul in Egypten.

Fallmerayer, J. P., der gelehrte Orientalist in München (Tiroler).
Fötterle, Franz, k. k. Bergrath und berühmter Geognost in Wien.
Frommann, Dr. G. Karl, Vorstand des Archivs und der Bibliothek des germanischen Museums zu Nürnberg.
Förster, Dr. E., Gelehrter und Schriftsteller in München.
Fellöcker, Sigmund P., Prof. der Mathematik, Physik und Mineralogie zu Kremsmünster.
Foltz, Philipp, Professor und Maler in München.
Ficker, Dr. Julius, Professor und Schriftsteller in Innsbruck.
Fenzl, Dr. Eduard, Professor und Direktor des botanischen Gartens in Wien.
Frick, Ida, Schriftstellerin in Dresden (Finanzräthin Krempe).
Frankl, Dr. Ludwig August Professor der Aesthetik am Musik-Conservatorium und Schriftsteller in Wien.
Fitzinger, Franz, Schriftsteller und Dichter in Wien.
Flir, Alois, Professor in Innsbruck, deutscher Prediger in Rom (Tiroler). Jetzt: Aus Ro-

sacra rota romano.

Foglar, Ludwig, Dichter in Wien

Fentsch, E., vulgo Fr. Hilarius.

Fuetsch, Carl, Bildhauer in Wien (Tiroler).

Franceschi, Silv., Schützenmajor der Ampezzaner Kompagnie, Besitzer der großen goldenen Verdienst-Medaille.

Friedrich, Franz, Schützenhauptmann der 1sten Hopfgarten Kompagnie u. Oberschützenmeister.

Fiorini, Dr., Bürgermeister in Cles in Val de Non.

Falbesoner, Andre, Fähnrich der Stubaier Kompagnie.

G.

Georg, Erbprinz von Sachsen-Meiningen.

Georg, königl. Prinz, Herzog zu Sachsen.

Gorezkowsky v. Gorezkow, Carl Ritter v., G. d. C.

Gerstner, Josef v., F. M. L.

Gyulai v. Maros-Németh und Nadaska, Franz Graf, F. Z. M.

Grünne, Carl Graf v., F. M. L., General-Adjutant des Kaisers.

Gerlach, Leopold v., General-Lieutenant und General-Adjutant des Königs von Preußen.

Grawert, Carl, F. M. L.

Grotenhjelm, kais. russ. General-Lieutenant.

Grabbe, kais. russ. General-Lieutenant.

Görger, Moriz, G. M.

Gablenz, Ludwig Frhr. v. G. M.

Greiner, Mathias, Rittmeister in Pension.

Günther, Julius, kön. würtemb. Hauptmann (der Sänger im österr. Soldatenfreund).

Goldberg, Johann Christian v., Invalidenhaus-Seelsorger in Wien.

Ghika, Hospodar der Moldau.

Guizot, ehemaliger Ministerpräsident von Frankreich.

Gortschakoff, Fürst, kais. russ. Gesandter zu Wien.

Grimschitz, Friedrich Frhr. v., Hofrath und Kreisvorstand der Markgrafschaft Istrien.

Gerstäcker, Friedrich, der berühmte Tourist und Schriftsteller in Plagewitz bei Leipzig.

Gottwald, Eduard, ständischer Archivar, Ministerial-Sekretär in Dresden, Schriftsteller und Dichter.

Grillparzer, Franz, in Wien. (Der sang: In Deinem Lager ist Oesterreich!)

Grimm, Jakob, Professor zu Berlin.

Geibel, Emanuel, Professor in München (Dichter der Juniuslieder).

George Amara, Dichterin in Würzburg. (Jetzt Gemahlin des berühmten Schriftstellers Alexander Kaufmann.)

Gilm, Hermann v., Statthalterei-Sekretär, Dichter in Wien.

Görres, Maria, Schriftstellerin in München.

Gaßl, Johann, Großhändler in Brünn. Berühmter Patriot.

Gobigna Jakob berühmter Patriot zu Capodistria.
Gasser Josef, Bildhauer in Wien (Tiroler).
Genelli, Bonaventura, Maler in München. Berühmter Zeichner und Compositeur.

Gredler, Dr. Andreas Ritter v., Advokat in Wien.
Giovanelli, Ign. Frhr. v., Def.-Kommissär, Ritter der eisernen Krone 3ter Klasse.
Grebmer Dr. Eduard v., Schützenhauptmann der 1sten Brunecker Kompagnie und Oberschützenmeister.
Ghedina, Gaetano, Schützenhauptmann der 1sten Ampez. Kompagnie.
Gänsbacher, Florian, Schützenhauptmann der Sarnthaler Kompagnie.
Götsch, Georg, Schützenhauptmann der Tscharser.
Gritsch, Thomas, Schützenhauptmann der 3ten Innsbrucker Kompagnie, Besitzer der silbernen Verdienst-Medaille.
Gasser, Anton, Schützenhauptmann der 1sten und 2ten Pfundser Kompagnie.
Gläßle, Josef, ständischer Rechnungsrath, Veteran und ehemaliger Schützenhauptmann.
Gräber, Alois, Feldkaplan der 3ten Innsbrucker Schützenkompagnie.
Griesser, Georg, Feldkaplan der 1sten Ehrenberger Schützenkompagnie.
Gerber, Carl, Vorstand des Filial Radetzky-Vereins zu Kastelruth.

H.

Heinrich, Anton Max. Rainer, Erzherzog von Oesterreich.
Hildegarde, Louise Charlotte, Erzherzogin von Oesterreich, geb. Prinzessin von Baiern.
Helene, Herzogin in Baiern.

Heß, Heinrich Frhr. v., F. Z. M.
Haynau, Julius Frhr. v, F. Z. M.
Hammerstein-Equord, Wilhelm. Frhr. v, G. d. C.
Heinpel, Josef, F. M. L., Militär-Kommandant in Pesth.
Haugwitz, Eugen Graf v., F. M. L.
Hohenlohe-Langenburg, Heinrich Gustav, Prinz v., F. M. L.
Hauslab, F. M. L.
Haller v. Hallerstein, Georg Frhr. v., F. M. L.
Herzinger, Anton Frhr. v., F. M. L.
Heß, Bernhard v., k. bair. Generalmajor und Brigadier in München.
Hubel, Christian Frhr. v., Oberst.
Halloy, Friedrich v. Oberst im tiroler Kaiserjäger-Regiment.
Hauser, Frhr. v. Oberst vom tiroler Kaiserjäger-Regiment.
Hornstein, Wilhelm Frhr. v, Oberst, Obersthofmeister Sr. k. Hoh. Erzherzog Karl Ludwig.
Herle, Joh. Ritter v., Hauptmann.
Haugwitz v. Piskupitz, Moriz Frhr. v., Hauptmann.
Hupfauf Lorenz, Hauptmann vom Tiroler Kaiserjäger-Regiment, Besitzer der gold. Tapferkeitsmedaille.
Hurban, M. J., der Anführer des slowakischen Landsturmes in den J. 1848–1849.
Heubacher, Franz, der tapfere Oberjäger der 10. Komp., Besitzer der großen silbernen Tapferkeitsmedaille.

Haulik, Georg, Kardinal und Erzbischof zu Agram.

Hübner, Alex., Frhr. v., k. k. Gesandter am k. französischen Hofe zu Paris.

Hartig, Edmund, Graf, k. k. Gesandter am k. dänischen Hofe zu Kopenhagen.

Humboldt, Alex. Frhr. v., k. preuß. Staatsrath &c., der große Naturforscher.

Hammer-Purgstall, k. k. Hofrath, der gelehrte Orientalist.

Helfert, Jos. Alex., k. k. Unterstaatssekretär in Wien.

Haneberg, S. B. O. S. B. Abt in München.

Heintl, Dr. Franz Ritter v., Sr. Maj. k. k. Truchseß in Wien. Ein großer Menschenwohlthäter.

Heideloff, Ritter Karl v., Professor und Conservator der mittelalterlichen Kunst- und Baudenkmale in Franken.

Hofer, Anton v., Oberlandesgerichtspräsident zu Innsbruck.

Hackländer, Radetzky's Geschichtschreiber, ber. Schriftsteller in Stuttgart.

Haßlwanter, Dr. Joh., Präsident der Grundentlastungs-Commission, Ministerialkommissär, Generalprokurator &c. in Innsbruck.

Hauer, Franz v., k. k. Bergrath, berühmter Forscher, in Wien.

Haslberger Gregor P. Direktor des Gymnasiums und des Convikts, k. k. Schulrath, zu Kremsmünster.

Held, Laura, die muthige, geschichtlich gewordene Hauptmannstochter beim blutigen Sturme auf Ofen im Jahre 1849.

Hirn, Franz, Canonikus Senior zu Brixen. Der wackere tiroler Kriegsveteran, der als freiwilliger Schütze der Gerichte Petersberg und Silz in den Jahren 1796—1797 tapfer mitkämpfte.

Hurter-Ammann, Friedrich v., Buchhändler zu Schaffhausen.

Haase, Andreas Edler v. Wranau, k. k. Hofbuchdrucker und Bürgermeister in Prag.

Hörnes, Dr. Moriz, 1. Adj. am k. k. Hofmineralien-Kabinet in Wien.

Hirsch, Dr. Rudolf, in Wien, Dichter.

Hahn-Hahn, Ida Gräfin, Schriftstellerin.

Heufler, Ludwig Ritter v., Sektionsrath, Vizepräsident der botanischen Gesellschaft in Wien.

Hermann v. Hermannsthal, Franz, k. k. Minist.-Sekretär, Schriftsteller in Wien.

Halbig, Joh., Prof. der Bildhauerei in München, Verfertiger der Radetzky-Marmorbüste am Radetzky-Denkmal zu Innsbruck.

Hebbel, Friedrich, Schriftsteller und Dichter in Wien.

Holbein von Holbeinsberg, Schriftsteller und Dichter in Wien.

Holtei, Karl v., Schriftsteller und Dichter in Graz.

Hohenhausen, Gertrude Freiin v., Schriftstellerin und Dichterin in Brunn.

Hohenhausen, Elise Freiin v., Schriftstellerin und Dichterin in Preußisch-Minden.

Hirtenfeld, J. Ritter &c., Redakteur der Militär-Zeitung in Wien.

Holland, Dr. H., Schriftsteller in München (seine beliebten Schriften sind unter dem Namen Reding von Biberegg veröffentlicht).

Holzwarth, Franz (der Dichter Freiholz in Würzburg).

Heß, Heinrich v., Maler in München.

Halbreiter, Ulrich, Maler in München.

Hreschich, Vitus, der patriotische Provinzial der Barmherzigen in Wien.

Hieß, Sebastian, Schuldirektor, Chef vieler Humanitäts-Anstalten in Wien.

Hunold, Balthasar, Dichter, Mitarbeiter des tirolischen Phönix.

Hocker, in Trier, Schriftsteller.
Horn, Uffo, Dichter zu Trautenau, im böhmischen Riesengebirge.

Hofer, Karl, Edler v., Salzamtsbeamter, Freiwilliger im Jahre 1848, der Enkel des Sandwirths Andreas Hofer.
Haspinger, Joachim, der tapfere Kapuziner „Rothbart," im Kriege von 1809 geschichtlich. Zog im Greisenalter als Feldkaplan im Jahre 1848 mit der Tiroler Landesvertheidigung.
Hillebrand, Peter, Schützenhauptmann der 1sten und 2ten Ultner Kompagnie, Besitzer der mittleren goldenen Verdienstmedaille.
Haid, Andrä, Schützenhauptmann der Oetzthaler.
Höllrigl, Johann, Schützenhauptmann der Naturnser.
Holzer, Johann, Schützenhauptmann der Karneider.
Heinecke, Johann, Schützenhauptmann der Zin. Verw. Land. Def. Kompagnie.
Heißler, Josef, Feldkaplan der Möltner und Karneider, Besitzer des silbernen geistlichen Verdienstkreuzes.
Hellrigl, Alois, Vorstand des Filial-Radetzky-Vereins zu Sterzing.
Hirn, Josef, Oberschützenmeister und Vorstand des Filial-Radetzky-Vereins zu Klausen.
Hämmerle, Georg, Bezirks-Ingenieur und Schützenhauptmann der Landecker.
Hammerle, Alois, verdienter Ober- und Unterjäger der Wiltauer Komp.
Huber, Jakob, in Ehrwald, hat sich sehr verdient gemacht bei Bildung der freiwilligen Ehrwalder Schützenkompagnie 1848.

J.

Johann, König von Sachsen.
Isabella, Königin von Spanien.
Johann Bapt. Josef F. Seb, Erzherzog von Oesterreich, F. M.
Josef Karl Ludwig, Erzherzog von Oesterreich.
Isabella Maria, Großherzogin von Toskana.

Jelacic de Buzim, Josef Graf v., Ban von Kroatien, F. Z. M.
Jeßer, August Frhr. v. F. M. L.
Jelacic de Buzim, Georg Frhr. v., G. M.
Jablonowsky, Moriz Fürst v., Oberst.
Jablonsky v. Monte Berico, Joh., Frhr., Oberst.
John, Franz Ritter v., Major.
Jovanovic, Michael, der heldenmüthige Oberlieutenant, welcher in der Schlacht bei Arad im Jahre 1848 gefallen ist.
Janku Hora, der tapfere Oberanführer der gesammten Gebirgs-Romänen.
Jäger, der heldenmüthige Unterjäger vom Tiroler Kaiserjäger-Regiment, Besitzer der silbernen Tapferkeits-Medaillen 1ster und 2ter Klasse und des russ. St. Georgs-Ordens 5ter Klasse.

Jenull, Joh. Ritter v., Oberlandesgerichtspräsident und geheimer Rath zu Innsbruck.
Jeringham, Wilhelm, Graf, k. k. Landesgerichts-Rath in Wien.
Jacobi, Eduard Adolf, Dr. phil. et theol. Oberkonsistorialrath zu Gotha
Jüngling, J. B., der patriotische Dichter Registr. beim 1sten Armee-Kommando in Wien.
Jörg, Josef Edmund, Schriftsteller und Redakteur der historisch-politischen Blätter in München.

Jäger, Albert, Mitglied der tirolischen Landes-Defension im Jahre 1848, der gelehrte Landsmann, Professor, Geschichtsforscher und Ritter des Franz Josefs-Ordens zu Wien.
Jäger, Josef, Oberschützenmeister und Schützenhauptmann der Ehrwalder Komp.

K.

Karolina Augusta, Kaiserin von Oesterreich, des Kaiser Franz Gemahlin, k. baierische Prinzessin.
Karl Ludwig, Erzherzog von Oesterreich, Statthalter in Tirol.
Karl Ferdinand, Erzherzog von Oesterreich.
Karl, k. Prinz von Baiern F. M
Konstantin, Großfürst von Rußland.
Karl Alexander, Großherzog von Sachsen-Weimar-Eisenach.
Karl Salvator Mar. Jos, Großherzog von Toskana.
Karl, Herzog von Baiern.

Künigl, Hermann Graf v., F. Z. M.
Kempen v. Fichtenstamm, Johann Frhr., F. M. L., Militär-Gouverneur zc.
Kräutner v. Thatenburg, David, F. M. L.
Körber, Franz v., F. M. L.
Knicanin, Stephan P, Woiwode und Serben-General.
Kopfreiter, Johann. Frhr. v., G. M.
Kiesewetter, Edler v Wiesenbrunn, Julius, G. M.
Künigl, Ferd., Graf, Major beim Kaiserjäger-Regiment.
König, Franz, k. k. Feldsuperior.
Koczieczka, Wenzl, k. k Oberlieutenant.
Keltmann, Josef, der todesmuthige Gemeine der Radetzky-Husaren, besitzt die silb. Tapferkeits-Medaille 1. Kl.
Klotek, Blasius, der tapfere Gemeine der Erzh. Karl-Uhlanen, besitzt die silb. Tapf.-Med. 1. Klasse.

Keller Alexander, Graf v., preuß Geheimrath, Major, Oberhofmarschall des Königs von Preußen
Klenze, Leopold v., Hofbaurath zc. in München.
Komaromy, Edmund, Abt des Zisterzienserstiftes zum hl. Kreuz in Wien.
Kempler, Kaspar v., Kreispräsident von Trient
Karajan, Theodor Georg, Vize-Präsident der k. k. Akademie der Wissenschaften und Custos der Hofbibliothek in Wien.
Kreuser, Prof. und Bibliothekar zu Köln.
Kaulbach, W, Direktor der Malerakademie in München.
Köchel, Ludwig Ritter v., in Salzburg.
Kerner, Dr Justin., zu Weinsberg in Würtemberg. (Der erblindete Dichter.)
Köstlin, K. R., (der Dichter Reinbold) Dr. und Professor in Tübingen.
Kobell, Dr. Franz, Professor und Schriftsteller in München.
Kuppelwieser, Professor und Historienmaler in Wien.
Kürsinger Ignaz, Schriftsteller und Redakteur der Salzburger Landeszeitung.
Kaufmann, Alex., fürstl. Löwenstein'scher Archivar-Rath in Werthheim. (Dichter.)

Köhler, Robert, Schriftsteller, k. sächs. Taxator in Dresden.
Kilzer, Wilhelm, Lehrer an der Musterschule zu Frankfurt. (Schriftsteller und Dichter.)
Kaiser, Friedrich., Schriftsteller und Dichter in Wien, Vorstand der „grünen Insel".
Kühne, Dr. F. Gustav, Schriftsteller und Redakteur in Dresden.
Knabl, Josef, Bildhauer in München. (Tiroler.)
Keßler, Josef, Maler in Wien. (Tiroler.)
Khuen, Andrä, 1. Sekretär des Wiener Thierschutz-Vereines.
Kaltenbrunner, K. A., Schriftsteller und Dichter in Wien.
Kofler, Karl, Oberdirektor des General-Armenwesens für Triest und Umgebung.
Kolping, Adolf, Domvikar zu Köln, Stifter der Gesellenvereine.
Kapferer, Hanns, Maler in Wien (Tiroler.)

Kiebelsberg, Dr. Hieronymus, Oberschützenmeister und Bürgermeister zu Innsbruck in den Jahren 1848 und 1849.
Karner, Alois, Schützenhauptmann der Prader-Kompagnie, Bürgermeister, besitzt die große goldene Verdienst-Medaille.
Kink, Anton, Schützenhauptmann der 1. Kufsteiner-Kompagnie. Oberschützenmeister.
Kröll, Kajetan, Schützenhauptmann der Rettenberger-Komp.
Kelz, Karl, Schützenhauptmann der 1. Sterzinger-Komp.
Kronoff, Johann, Schützenhauptmann der Grödner-Komp.
Kraft, Alois, Schützenhauptmann der 2. Kufsteiner Komp. und Defensions-Kommissär.
Kopfgutter, Josef, Schützenhauptmann der Innicher-Komp.
Kolb, Anton, Schützenhauptmann der Landecker-Komp., Oberschützenmeister.
Kirninger, Alois, Schützenhauptmann der Eyrser.
Kink, Stanislaus, Defensions-Kommissär im Unterinnthal, besitzt die kleine goldene Verdienst-Medaille.
Kruckenhauser, Alois, Vorstand des Filial-Radetzky-Vereins zu Rattenberg.
Kößler, Alois, Vorstand des Filial-Radetzky-Vereins von Silz und Mieming, Oberschützenmeister, Defensions-Kommissär für Silz, Imst und Telfs.
Kiechl, Alois, Vorstand des Filial-Radetzky-Vereins im Sarnthal.
Kerber, Jos., Pfarrer und Oberschützenmeister in Galtür.
Karner, Ambros, Feldkaplan der Prader Schützen-Komp.
Kluibenschedl, Alois zu Stams, Schützenhauptmann im Jahre 1809.
Kelz, Anton, Unterjäger der 1. Sterzinger Kompagnie.
Kelz, Johann, gemeiner Schütz der 1. Sterzinger Kompagnie.

L.

Ludwig, Karl August, König von Baiern.
Ludwig II. Großherzog von Hessen.
Ludwig, Jos. Ant. Viktor, Erzherzog von Oesterreich.
Louis Philipp, König von Frankreich. (Sep. Auth. mit dem großen Staatssiegel.)
Ludwig, Jos. Ant., Erzherzog von Oesterreich, F. Z. M.
Leopold, Ludwig Maria Franz Jul., Erzherzog von Oesterreich.
Leopold II., reg. Großherzog von Toskana, kaiserl. Prinz von Oesterreich.
Luitpold, königl. Prinz von Baiern.
Leopold, reg. Herzog von Anhalt-Dessau-Cöthen.

Ludwig, Herzog in Baiern.
Ludovika Wilhelmine, Herzogin in Baiern.

Latour, Graf v., F. Z. M.
Liechtenstein, Carl Fürst G. d. C., Obersthofmeister Sr. Majestät des Kaisers.
Liechtenstein, Franz Fürst, F. M. L.
Liechtenstein, Friedrich Fürst, F. M. L.
Lobkowitz, Josef Fürst v., F. M. L.
Lichnowsky, Wilhelm Carl Graf, F. M. L.
Legeditsch, Ignaz v., G. d. C.
Leiningen-Westerburg, Christian Graf, F. M. L.
Lüders, Alexander Nikolajewitsch, kais. russischer General der Infanterie.
Leiml, F. M. L.
Lederer, Carl Frhr. v., F. M. L.
Lazarich, Lindars Frhr. v., G. M.
Lang, Adolf Ritter v., G. M.
Langenau, Wilhelm Frhr. v., G. M.
Lammer, Peter Ritter v., Rittmeister des Gensd'armerie-Regiments Nr. 13.
Lahmer, Josef, Korporal des 18ten Infanterie-Regiments, Besitzer der goldenen Tapferkeits-Medaille.
Lukesch, Anton, Bombardier, Besitzer der goldenen Tapferkeits-Medaille.

Lisbôa, Antonio José Chevalier de, k. brasilianischer Gesandter am österreichischen Hofe.
Langenau, Ferdinand Frhr. v., G. M. und österreichischer Gesandter am schwedischen Hofe.
Legat, Dr. Bartolomeus, Bischof von Justinopolis und Triest.
Liebig, Justus Frhr. v., in München. Der berühmte Chemiker.
Lasser, Edler v. Zollheimb, Ministerialrath.
Liebener, L., Baudirektor und berühmter Mineraloge in Innsbruck.
Lazzarini, Ignaz Frhr. v., Kämmerer und Kreisrath.
Lochner, Dr. Georg Wolfgang, Rektor der baierischen Studienanstalt, und Präses des Pegnesischen Blumenordens in Nürnberg.

Löwenthal, Maximilian, Dichter in Wien (Sektionschef im Ministerium des Innern).
Leo, Heinrich, Dr. jur. et phil., Geschichtschreiber zu Halle.
Laube, Dr., artistischer Direktor des k. k. Hofburg-Theaters in Wien.
Leitner, Carl Ritter v., in Graz, Schriftsteller und Dichter.
Landesmann, Heinrich, Schriftsteller in Wien. (Hieronymus Lorm)
Lieber, Dr. Moritz, Legationsrath u. publizistischer Schriftsteller zu Camburg im Nassauischen.
Lorenzi, Regierungsrath und Polizeidirektor in Innsbruck.
Langer, Johann, Besitzer der Herrschaft Erlaa, Schriftsteller und Dichter in Wien.
Lenau (Dichter Niembsch-Lenau). NB. Durch dessen Schwager Anton Schurz in Wien erhalten.
Leoprechting, Carl Frhr. v., baierischer Kämmerer, Ritter, Besitzer der Herrschaft Leoprechting, Schriftsteller und edler fleißiger Geschicht- und Sagenforscher.
Lasaulx, Ernst v., Professor und Schriftsteller in München.
Lewald, August, Schriftsteller in Stuttgart.
Lingg, Hermann, Dichter in München.

Lachner, Franz, berühmter Compositeur und General-Musikdirektor in München.
Liszt, Compositeur und Musikdirektor in Weimar.

Lutterotti, Franz v., Referent der Landesdefension in den Jahren 1848 und 1849, Besitzer des Leopold-Ordens.

Ludescher, Johann, Schützenhauptmann der 1sten und 2ten Tauferer Kompagnie, Besitzer der kleinen goldenen Verdienst-Medaille.

Lasser, Siegmund v., Schützenhauptmann der 2ten Klausener Kompagnie.

Lauterer, Dr. Jakob, Schützenhauptmann der Albeiner Kompagnie, zugleich ein hochgeehrter treuer Veteran.

Lutz, Josef, zu Wien. Ein Tiroler Veteran, Gründer des Jahrseelenamtes für die gefallenen Tiroler im Jahre 1809.

M.

Maria Anna Karolina Pia, Kaiserin von Oesterreich, Gemahlin Sr. Majestät Kaiser Ferdinands, kön. Prinzessin von Sardinien.

Maximilian II., Josef, regierender König von Baiern.

Maria Friederika, regierende Königin von Baiern, geb. kön. Prinzessin von Preußen.

Maria, regierende Königin von Sachsen.

Maximilian Josef Anton, Erzherzog von Oesterreich-Este, F. Z. M.

Maria Karolina Ludovika Christina, Erzherzogin von Oesterreich.

Margaretha, Erzherzogin von Oesterreich, kön. Prinzessin von Sachsen, Gemahlin des Erzherzogs Carl Ludwig von Oesterreich.

Maria Dorothea Wilhelmine Karolina, Erzherzogin von Oesterreich, königl. Prinzessin von Würtemberg.

Maria Antonia, Großherzogin von Toskana.

Maria Amalia Friederike Auguste, kön. Prinzessin von Sachsen.

Maria Augusta, kön. Prinzessin, Herzogin zu Sachsen.

Maria Ferdinanda Amalia, Großherzogin von Toskana.

Mathilde, Großherzogin von Hessen, geborne Prinzessin von Baiern.

Maria, regierende Herzogin zu Sachsen-Meiningen.

Maria Amalia, ehemalige Königin von Frankreich. (Sep. Auth. mit dem kön. Familiensiegel.)

Maria, verwitwete Herzogin von Sachsen-Coburg-Gotha.

Maximilian, Herzog in Baiern.

Mathilde, Herzogin in Baiern.

Maria, Herzogin in Baiern.

Maria Friederike Charlotte, kön. würtemberg. Prinzessin, des Grafen Neippergs Gemahlin.

Maximilian, Herzog von Leuchtenberg.

Miguel, Dom Miguel de Braganza, von Portugal.

Mamula, Lazarus Frhr. v., F. M. L., Militär- und Civil-Gouverneur in Zara.

Maurer v. Maurerthal, Jos. Frhr., F. M. L.

Mertens, Carl Frhr. v., F. M. L.

Martini, Anton Ritter v., F. M. L., k. k. österr. Gesandter am kön. Hofe zu Neapel.

Mayerhofer v. Grünbühl, Ferdinand, G. M.

Mensdorf-Pouilly, Alexander Graf, G. M.

Mandel, Viktor, G. M.

Martinich-Martineck, Franz Frhr. v., G. M.

Marsano, Wilhelm, G. M.

Mylius, Friedrich Frhr. v., Oberst.

Münzer v. Marienborn, Ludwig, Oberst.

Mensdorf-Pouilly, Arthur Graf, Major bei den Reuß-Husaren.

Musik, Vinzenz, Artillerie-Hauptmann.

Martinelli, Georg, Kadetfeldwebel bei Wimpfen-Infanterie Nr. 13. Erhielt wegen Bravour im Kriege die silberne Tapferkeits-Medaille 1ster Klasse und den russ. St. Georgsorden V. Klasse.

Mayer, Anton, der heldenmüthige Gemeine von den König von Baiern Dragonern, erhielt die goldene Tapferkeits-Medaille.

Metternich, Fürst v., ehemaliger Ministerpräsident, Haus-, Hof- u Staatskanzler in Wien.

Manteuffel, Otto Theodor Frhr. v, Präsident des kön. preußischen Staatsrathes und des Ministeriums.

Maximilian, Josef Frhr. v. Sommerau-Beckh Kardinal-Fürsterzbischof in Olmütz.

Mailáth, Johann Graf, Geschichtsforscher, Mitglied der Akademie in München.

Marzani, Peter Ferdinand Graf v., Herr auf Villa logarian bei Venedig.

Münch-Bellinghausen, Frhr. v., k. k. Hofrath (der Dichter Friedrich Halm) in Wien.

Martius, Dr. Carl Fr. Ph. v., Mitglied der Akademie in München. Der berühmte Palmenbeschreiber. Palm-Martius.

Mosen, Julius, Dichter in Oldenburg.

Miller, v, Inspektor der berühmten kön. baierischen Erzgießerei in München.

Maier, Dr., kön. preußischer geheimer Rath, Professor zu Bonn. (Der Dichter Bilanus.)

Mitterrutzner, Jos. Chrys., Dr. der Theol. Der gelehrte Professor zu Brixen.

Müller, Dr. Wolfg. von Königswinter, Geschichtsforscher, Schriftsteller u. Dichter in Köln.

Mosenthal, Dr. S. H., Dichter und Schriftsteller in Wien.

Metzerich, Wilh. v., Dichter und Schriftsteller in Wien.

Manussi, Ferdinand Carl, Gründer vieler Wohlthätigkeitsanstalten, besitzt die kleine und große goldene Verdienstmedaille.

Mayer, K., großh. badischer St. M. in Mannheim.

Mensi, Daniel Frhr. v, Hofrath.

Maffei, Cavaliere de, in Revò, erhielt das goldene Verdienstkreuz für das patriotische Benehmen im Jahre 1848.

Moy, Ernst Frhr. v., Professor in Innsbruck.

Moriz, David, Konsistorialrath in Innsbruck.

Mayer, Carl, Professor an der Malerakademie in Wien.

Merz, Georg, Optikus in München. Senior.

Merz, Dr. Ludwig, Optikus in München. (Dessen Sohn.)

Moriggl, Simon, Weltpriester und Lehrer am Gymnasium in Innsbruck.

Moriggl, P. Augustin, Professor der Geschichte in Meran.

Malknecht, Josef Anton, Maler in Innsbruck.

Moser, Peter, Mitarbeiter des belletristischen Blattes „der Phönix."

Mörl, Johann Ritter v. Schützenhauptmann der 1sten Wiltauer Kompagnie, besitzt den Leopoldorden (jetzt k. k. Major in der Armee).

Murrmann, Alois, Schützenhauptmann der 1sten Bozner Kompagnie, jetzt Oberlieutenant bei den Kaiserjägern, besitzt den Orden der eisernen Krone 3ter Klasse.

Mohr, Robert Graf v., Schützenhauptmann der Naturnser.

Mayr, Franz Anton, Schützenhauptmann der Flaurling-Leitascher Kompagnie.

Mosmiller, Josef, Schützenhauptmann der Partschinser.

Maier, Andreas, Schützenhauptmann der 2ten Wiltauer Kompagnie, besitzt die kleine goldene Verdienstmedaille.

Mayr, Carl, Oberlieutenant der 2ten Ehrenberger Schützenkompagnie und Vorstand des Filial-Radetzky-Vereins zu Reutte.

Mark, Johann, Lieutenant der Silzer Schützenkompagnie.

Margreiter, Anton, Feldarzt der 1sten und 2ten Kufsteiner Schützenkompagnie, besitzt die mittlere goldene Verdienstmedaille.

Mamming, Rudolf Graf v., Freiwilliger der Landesvertheidigung im Jahre 1848, Vorstand des Filial-Radetzky-Vereins im Fleimsthal zu Cavalese.

Malfertheiner, Dr., Vorstand des Filial-Radetzky-Vereins im Grödenthale.

N.

Nugent, Laval Graf v., k. k. Feldmarschall.

Nobili, Johann Graf, F. M. L.

Neustädter, Josef Frhr. v., F. M. L.

Nagy v. Also-Szopor, Ladislaus, F. M. L.

Nostiz-Rineck, Hermann Graf, G. M.

Noé, August v., General-Kriegskommissär beim Armee-Oberkommando.

Neipperg, Se. Erlaucht Alfred Graf v., k. k. Kämmerer, kön. württemb. General, zu Schwaigern in Württemberg.

Neigebauer, Dr. Ritter, geheimer Rath, General-Konsul in Breslau (der gelehrte Tourist).

Nadasdy, Leopoldine Gräfin, die größte Wohlthäterin der Armen in Wien. Bekannt unter dem Namen Coeur d'Ange (Engelherz).

Neubecker, Dr. C. G., Mitglied mehrerer gelehrten Gesellschaften, Schuldirektor in Gotha.

Niessen, Maler in Düsseldorf.

Nagiller, Mathäus, Kompositeur in München (Tiroler).

Nordmann, Johann, Literat in Wien.

Neelmeyer, Ludwig, Maler in Bozen.

Novotny, Dr. Josef, Professor, der patriotische Sänger zu Innsbruck.

Neubauer, Ernst Rudolf, Professor in Czernowitz, Dichter.

Neumann, Ludwig Gottfried, Dichter in Wien.

Neureuther, Professor und Maler in München.

Niederegger, Josef, Rechnungsrath und Kassier des Zentral-Radetzky-Vereins zu Innsbruck.

Nenner, Alois, Oberlieutenant der 3ten Klausener Schützenkompagnie.

Oskar, König von Schweden.

O'Donell, Max Graf, Oberst und Flügeladjutant Sr. Majestät des Kaisers von Oesterreich.
Odelga, Carl Ritter v., Platz-Oberstlieutenant zu Innsbruck.

Oldofredi-Hager-Altensteig, Julie Gräfin v., Sternkreuzordensdame, in Wien. Dichterin.
Ozlberger, Dr. Carl, k. k. Rath und Landesmedizinalrath in Salzburg.
Oberleitner, Carl, Beamter, Dichter und Schriftsteller in Wien.
Orelli, Heinrich v., Schriftsteller in Zürich.

Ortlieb, Leopold, Schützenhauptmann der 2ten Innsbrucker Kompagnie.
Onestinghel, Julius, Bürgermeister zu Spormaggiore.

P.

Pedro II, Kaiser von Brasilien.

Paar, Alfred Graf, F. M. L.
Puchner, Anton Frhr. v., G. d. C.
Pirquet v. Cesenatico, Peter Frhr. v., F. M. L.
Pergler v. Perglas, Carl Frhr. v., F. M. L.
Prokesch v. Osten, Anton Frhr. v., F. M. L., Präsidial-Gesandter am Bundestage zu Frankfurt.
Pálffy v. Erdöd, Johann Graf, F. M. L.
Paniutine, Nikolaus v., kais. russischer General-Lieutenant.
Pfanzelter, Ludwig v., F. M. L.
Pottornay de Pottornya et Csath, G. M., Kommandant des Tyrnauer Invalidenhauses.
Pannasch, Anton, Oberst, Schriftsteller und Dichter.
Puffer, Josef Frhr., G. M.
Pakeni v. Kielstätten, Friedrich Ritter v., Oberst.
Pappenheim, Alexander Graf, Rittmeister.
Pfau, Franz, Hauptmann im Kriegsarchiv, Militärschriftsteller.
Platzer, Dominikus, Oberjäger beim Tiroler Kaiserjäger-Regiment. Derselbe erhielt wegen seiner Heldenthaten die goldene Tapferkeitsmedaille.
Puffer, Rosa, die muthvolle Generalsfrau, bekannt von den Schlachtfeldern an den Römerschanzen in Ungarn.

Bach, Dr. Alexander Frhr. v., Minister des Innern.
Pfordten, Ludwig von der, kön. baierischen Ministerpräsident.
Bach, Eduard Frhr. v., Statthalter von Oberösterreich.
Pergen, Anton Graf v., k. k. Kämmerer und besonderer Patriot und Wohlthäter in Wien.
Pocci, Franz Graf, Dr. phil., k. k. Hofmusikintendant, Künstler, Gelehrter, Schriftsteller und Gutsbesitzer zu München.

Pape, Josef, Referendar in Arnsberg in Westphalen, Schriftsteller.
Pipitz, Dr. Franz, Schriftsteller und Redakteur der „Triester Zeitung“ in Triest.
Paoli, Betti, Dichterin in Wien.
Pecht, Friedrich, Maler und Schriftsteller in München.
Pilat, v., Regierungsrath in Wien.
Pönitz, C. E. Ritter, kön. sächsischer Hauptmann und Oberpostrath in Dresden. (Der bekannte militärische Schriftsteller Pz.)
Proschko, Isidor, Schriftsteller in Linz.
Pfeiffer, Johann, Dichter.
Pfeiffer, Ida, die muthvolle Reisende von Wien.
Plönies, Louise v., in Darmstadt, Dichterin.
Pargfrider, Josef, Gründer und Besitzer des Heldenberges zu Wetzdorf bei Wien.
Piringer, Beda P., Professor zu Kremsmünster.
Pfarrius, Dr. Gustav, Dichter und Schriftsteller in Köln.
Petz, Johann, Bildhauer in München (Tiroler).
Parisini, Josef, ein Patriot von 1848—49 zu Istrien.
Piccoli, Johann Dominik, ein Patriot von 1848—49 zu Capodistria.

Pulciani, Dr. v., Advokat in Innsbruck, ein edler Wohlthäter und Vorstand vieler Humanitätsanstalten.
Petter, Dr., Beamter in Glurns, patriotischer Dichter.
Perthaler, Dr. Johann, in Wien, Verfasser patriotischer Radetzky-Lieder.
Pichler, Adolf, Dr. und Professor, Schützenhauptmann der Tiroler Wiener Studenten-Kompagnie, Ritter der eisernen Krone.
Plank, Josef, Professor der Maler-Akademie in Wien.
Pacher, Anton, Schützenhauptmann der Jenbacher Kompagnie.
Plattner, Josef, Schützenhauptmann der Telfser.
Pirbamer, Anton, Schützenhauptmann der 1sten Passeirer Kompagnie.
Peer, Alois, Schützenhauptmann der Kurtatscher.
Pardatscher, Carl, Schützenhauptmann der 1sten Neumarkter Kompagnie, besitzt die mittlere goldene Verdienstmedaille.
Pfurtscheller, Franz, Schützenhauptmann der Stubaier Kompagnie, besitzt die große goldene Verdienstmedaille.
Penz, Simon, Schützenhauptmann der 2ten Zeller Kompagnie. (Zillerthal.)
Payer zu Thurn und Bach, Schützenhauptmann der 4ten Haller Kompagnie.
Pircher, Michael, Schützenhauptmann der Obermaiser bei Meran.
Perwög, Benedikt, Oberlieutenant der Cillyer Kompagnie.
Panzl, Josef, der berühmte Schützenmajor und Veteran, einer der verdientesten Landesvertheidiger von früheren Jahren und der Neuzeit, besitzt viele Auszeichnungen.
Panzl, Johann (dessen Sohn), freiwilligen Schütze, stürmte in Wien mit dem Militär, und verdiente sich dort die silberne Tapferkeitsmedaille, ist jetzt Schloßwart zu Ambras.
Pfurtscheller, Michael, ein ebenfalls berühmter Veteran von den Jahren 1797, 1799, 1800 und 1809, war im J. 1848 ein eifriger Defensions-Kommissär, besitzt die große goldene und silberne Ehrenmedaille. (Vater des obigen Franz Pfurtscheller.)
Peer, Dr. Ritter v., Lieutenant der akademischen 1sten Innsbrucker Kompagnie.
Posch, Bruno, Oberlieutenant der Stubaier Kompagnie.
Peternader, Anton, Vorstand des Filial-Radetzky-Vereins von St. Johann und Kitzbichl.

2*

Verfasser mehrerer patriotischer Werke, besitzt mehrere Auszeichnungen, hat sich sehr verdient gemacht durch Organisirung von freiwilligen Schützenkompagnien im J. 1848.

Putz, Dr. Anton, Oberschützenmeister in Meran.

Pfurtscheller, Jakob, ein tapferer Gemeiner der Stubaier Schützenkompagnie.

Prechtl, Martin, Veteran zu Wattens, ist zwölfmal ausgezogen in der Zeit von 1797 – 1848.

Posch, Josef v., Vorstand des Filial-Radetzky-Vereins in Telfs, Schützenlieutenant 1848.

Q.

Quandt, Johann Gottlob v., auf Dittersbach, Zeschnig, Eschdorf mit Rosendorf, akademischer Rath, Schriftsteller zu Prag.

R.

Rainer, Josef Johann Michael, Erzherzog von Oesterreich, Vizekönig von Mailand.

Rainer, Ferdinand Maria, Erzherzog von Oesterreich.

Radetzky v. Radetz, Josef Graf, österr. und russ. Feldmarschall.

Rüdiger, Theodor Graf, kais. russ. G. d. C.

Reiche, Wilhelm, F. M. L.

Roßbach, Heinrich Ritter v., F. M. L.

Rath, Heinrich Frhr. v., F. M. L.

Ramberg, Georg Frhr. v., F. M. L.

Reischach, Sigmund Frhr. v., F. M. L.

Rastich, Daniel Ritter v., F. M. L.

Raming v. Riedkirchen, Wilhelm Frhr., G. M.

Rezzoli, Franz, Exprofis-Oberjäger des 11. Feldjäger-Bataillons aus Mailand. Seine muthvolle That wurde mit der goldenen Tapferkeitsmedaille belohnt.

Rabenhorst, Bernhard v., kön. sächs. General-Lieutenant und Kriegs- und Staatsminister in Dresden.

Reumont, Alfred v., preußischer Kammerherr und Ministerresident in Florenz.

Rechenberg, Louise Freiin, Dichterin, die edle Patriotin Wiens.

Ringseis, Dr. v., kön. bairischer geheimer Rath in München.

Rückert, Dr. Friedrich, berühmter Dichter zu Neusaß bei Coburg.

Richthofen, Dr. Ferd. Frhr. v., berühmter Geognost von Wien.

Rudhart, Dr. Georg Thomas v., Direktor des k. baier. Reichsarchivs, Professor und Mitglied der Akademie in München.

Reslhuber, Augustin P., Direktor der Sternwarte in Kremsmünster.

Rio, Kunsthistoriker aus Frankreich, in München (Verfasser der vier Martyrien).

Reyer, Constanze v., die bekannte wohlthätige Dame zu Triest, Radetzky's gute Freundin.

Ringseis, Emilie v., Schriftstellerin in München. Verfasserin der „Veronika."

Ramberg, A. Frhr. v., Maler in München.

Rothbart, Maler in München.

Riefer, Michael, Historienmaler in Wien.

Rettich, Julie, die berühmte Hofschauspielerin in Wien.

Razlag, Radoslav, der patriotische südslavische Dichter.

Reisacher, Alois Max, Maler in Wien (Tiroler).
Rapp, Dr. Josef, Gubernialrath und Schriftsteller zu Innsbruck.

Rudiferia, Joh., Dekan u. Domherr zu Ampezzo, sehr verdient bei Organisirung der Landesdefension, erhielt die große goldene Verdienstmedaille.

Riccabona, Jos. v., zu Ampezzo, sehr verdient bei Organisirung der Landesdefension, erhielt die große goldene Verdienstmedaille.

Röggla, Adalbert v., Schützenhauptmann der 1sten und 3ten Kalterer Kompagnie, Ritter der eisernen Krone 3ter Klasse.

Riehle, Peter Paul, Schützenhauptmann der 1sten und 2ten Rieder Kompagnie, Gemeinde-Vorsteher, Oberschützenmeister, Vorstand der Filial-Radetzky-Vereine Prutz und Ried; besitzt die mittlere goldene Verdienstmedaille.

Ronatz, Carl, Schützenhauptmann der Schlanderser Kompagnie, besitzt die große goldene Verdienstmedaille.

Rainer, Franz, Schützenhauptmann der 1sten Lienzer Kompagnie, besitzt die kleine goldene Verdienstmedaille.

Rainer, Franz, Schützenhauptmann der 1sten Fügener Kompagnie.

Riepler, Leopold, Schützenhauptmann der Lienzer Kompagnie.

Ritzl, Anton, Schützenhauptmann der 2ten Fügener Kompagnie.

Rella, Peter, Oberlieutenant der 1sten Neumarkter Kompagnie.

Rungg, Joh., der tapfere Unterjäger der Prader Kompagnie, zeichnete sich auf der Chorspitze aus

S.

Sophie, Friederike Dorothea, Erzherzogin von Oesterreich.
Stephan Franz Viktor, Erzherzog von Oesterreich.
Sigismund Leopold Rainer, Erzherzog von Oesterreich.
Sidonie, kön. Prinzessin von Sachsen.
Sophie, kön. Prinzessin von Sachsen.
Schwarzenberg, Josef Anton, regierender Fürst zu.

Schönhals, Carl Ritter v., F. Z. M.
Schlick v. Bassano u. Weißkirchen, Franz Graf, G. d. C.
Schwarzenberg, Carl Fürst, F. Z. M.
Spanockhi, Peter Graf v., F. M. L.
Stürmer, Carl Frhr. v., F. M. L.
Simunich, Balthasar Frhr. v., F. M. L.
Strassoldo, Julius Graf, F. M. L.
Schaafgotsche, Franz Graf, F. M. L.
Schwarzenberg, Edmund Fürst, F. M. L.
Skribanek, Josef v., F. M. L.
Schön, Anton Frhr., F. M. L.
Susan, Joh. Frhr. v., F. M. L.
Stwrtnik, August Frhr. v., F. M. L.
Schütte v. Warensberg, Frhr., F. M. L.
Schaafgotsche, Rudolf Graf, F. M. L.
Stregen, Felix Ritter v., F. M. L.

Saß, Ignaz Frhr. v., kais. russ. General-Lieutenant.
Stadion, Philipp Graf, F. M. L.
Schwäger v. Hohenbruck, Josef Frhr. v., G. M.
Schwarzenberg, Friedrich Fürst, G. M. (Landsknecht.)
Schlitter v. Niedernberg, Carl, G. M.
Simbschen, Carl Frhr. v., G. M.
Szlankovics, Ludwig Frhr. v., G. M.
Schuster, Josef Frhr. v., G. M.
Sieger v. Waldburg, Oberst, Generaladjutant des F. M. Graf Radetzky.
Sprunner Dr. Karl v., Oberst und Flügeladjutant des Königs von Baiern.
Scherpon v. Kronenstern, Oswald Frhr. v., Oberst.
Smola, Karl Frhr. v., Oberst.
Stratimirowich, Georg Ritter, Oberst.
Schmidt, Leopold Friedrich Edler v., Oberstlieutenant und Veteran von 1809, 13, 14, 15, und 1821. (der Dichter Leopold Friedrich Führer in Wien.)
Stockmarr, August, herz. Anhalt. Oberst und Militär-Kommandant.
Schindler, Karl, Major bei den Tiroler Kaiserjägern.
Sonklar v. Innstädten, Karl R., Major.
Streicher, Heinrich v., Major.
Scharich, Philipp, der tapfere Platzmajor zu Semlin.
Saint Julien, Klemens Graf v., Major und Adjutant Sr. Majestät des Kaisers Ferdinand zu Prag.
Seemann, Wenzel Ritter v. General-Auditor.
Schneider, Franz, Hauptmann, der weltberühmte „Zwölfpfünder".
Strack, Jos., Hauptmann im Kriegsarchiv, militärischer Schriftsteller.
Schallhammer, Anton Ritter v., k. k. Hauptmann und Schriftsteller in Salzburg.
Stefanovits, Hauptmann, ehemals Chef des serbischen Generalstabes und Anführer der Serben unter Knicanin.
Stoikovich, Vasa, Hauptmann vom Gränz-Inf.-Reg. Nr. 12.
Scherpon v. Kronenstern, Jos. Frhr., Rittmeister.
Suschitzky, Feldkaplan, besitzt das goldene Verdienstkreuz und die mittlere goldene Verdienst-Medaille.
Schaffner, Stephan, geistlicher Rath und Seelsorger im Invalidenhaus in Wien.

Schwarzenberg. Fürst Felix v, Ministerpräsident und Minister des Aeußern.
Stadion, Graf, Minister des Innern in Wien.
Schmerling, v., früher Minister der Justiz.
Schaguna, Andreas Frhr. v., walach. Bischof in Hermannstadt.
Selinger, Dr. C. R., Ministerialrath.
Scheuchenstuel, Karl v., Sektionschef in Wien.
Seiller, Dr. R. Ritter v., Bürgermeister in Wien.
Scharschmid, Franz Ritter v., Landesgerichtspräsident in Salzburg.
Strahemberg. Kamillo Rüdiger Graf, k. k. Kämmerer, der patriotische Sammler und Bildner der „Heldengallerie" in Linz.
Schönwerth, Franz, k. bair. Ministerialrath und Generalsekretär in München. Schriftsteller und sehr verdienter Forscher im Gebiete von Geschichte, Sitten und Sagen.
Sigismund, Abt der Schotten.

Schmid, Christoph v., Domherr und Senior in Augsburg. Der 85jährige, verehrte Greis und Herausgeber der in alle Sprachen übersetzten Jugendschriften zur Veredlung der Menschheit.

Sepp, Dr., Professor und Schriftsteller in München.

Schurz, Anton, jubil. Hofbuchhalter, Schriftsteller in Wien. (Des Dichters Lenau Schwager.)

Streber, Conservator des Münzkabinettes in München.

Strodl, Dr. Michael Anton, Priester und Schriftsteller in München.

Schönbrunner Karl, Maler in Wien.

Schraudolf, Joh., Maler in München.

Schwarz Dr. Karl, Oberkonsistorialrath zu Gotha.

Simrock, Dr. Karl Josef, der hochgelehrte Professor in Bonn, und eifrigste Forscher von Geschichte, Sitten und Sagen.

Schneidawind, Dr. Franz Josef, Professor der Geschichte in Aschaffenburg, Geschichtsschriftsteller.

Seidl, Johann Gabriel, der gekrönte Dichter der neuen Kaiserhymne, Custos des Münz- und Antikenkabinets in Wien.

Staufe, Ludwig Adolf (der Dichter Ludwig Simiginowicz) in Czernowitz, bekannt durch seine patriotischen romanischen Dichtungen.

Schleich Martin, Schriftsteller, Redakteur des „Punsch" in München.

Storch, Ludwig, Dichter in Baireuth.

Scheuerlin, Georg, Dichter in München.

Stifter, Adalbert, Schulrath in Linz. (Schriftsteller.)

Schilling, Dr., August, Schriftsteller und Dichter in Wien.

Scherer, J., berühmter Glasmaler in München.

Saphir, M. G., Schriftsteller und Dichter in Wien.

Steinebach, Friedrich, Schriftsteller und Dichter in Wien.

Seibertz, Joh., Suibert, preuß. Kreisrath, Mitglied mehr. gelehr. Gesellschaften, Schriftst. zu Arnsberg in Westphalen.

Seibertz, Engelbert, dessen Sohn, Maler in Arnsberg.

Schaffer, Franz Josef, Schriftsteller und Dichter in Wien.

Schneider, Barbara, die durch tapferes Wirken im wälschen Kriege geschichtlich gewordene Gattin des Artilleriehauptmanns Schneider.

Senn, Johann, pens. Lieut., Dichter in Innsbruck.

Schefer, Leopold, Dichter zu Muskau in der Niederlausitz in Preußen.

Stolterfoth, Adelheid v., verw. Baronin Zwierlein zu Eltville am Rhein, Dichterin.

Schroll, Dr. Constantin, Kreismedizinalrath in Mitterburg in Istrien. Ein bewährter Patriote.

Schwarz, Franz, Bezirksvorsteher in Istrien. (Tiroler.)

Scherer, P. Aug., in Fiecht, corresp. Mitglied des Gabelsberger-Stenographen-Centralvereins zu München.

Straube, Emanuel, Schriftsteller in Wien.

Spamer, Otto, Buchhändler in Leipzig, Verleger der „Radetzky-Lieder".

Schwind, Moriz v., Professor der Malerakademie in München.

Schneider, Louis Ritter, k. preuß. Hofrath, Schriftsteller in Berlin. (Der Gründer der bestandenen Preuß. Wehr-Ztg.)

Sieberer, Maurus, P. Subprior und Professor in Kremsmünster.

Sauter, Andreas, Forstrath in Hall, hochgeachteter Botaniker, Ritter des Franz-Josef-Ordens &c. &c.

Staffler, Dr. Joh. Jak., jub. Gub.-Rath, Schriftsteller in Innsbruck.

Sweth, Kajetan Karl, Beamter bei der Staatsbuchhaltung in Innsbruck. Dieser merkwürdig geschichtliche Veteran war 1909 Adjutant beim Sandwirth Hofer, wurde mit ihm gefangen im Jahre 1810 nach Mantua gebracht, zum Tode verurtheilt, mit demselben zugleich zum Erschießen ausgeführt (20. Februar 1910) und — pardonirt.

Strickner, Jos., Oberschützenmeister und Schützenhauptmann der Obermieminger Komp.

Schmid, Jos., Schützenhauptmann der 2ten Neumarkter Komp., besitzt die mittlere goldene Verdienst-Medaille.

Sterzinger, Dr., Johann, Schützenhauptmann der Rattenberger Komp.

Stecher, Anton, Schützenhauptmann der Vasser Komp.

Schmid, Gebh., Schützenhauptmann der 2. Brunecker Komp.

Schwarz, Jos., Oberschützenmeister und Schützenhauptmann der Möllener Komp.

Staffler, Johann, Schützenhauptmann der Ultener.

Schmuck, Ign. v., Schützenhauptm. der 2. Rattenberger Komp.

Stimpfl, Johann, Schützenhauptm. der Karneider.

Scherer, Jos. v., Schützenhptm. der 2. Ehrenberger Komp.

Seifert, Jos. Oberschützenmeister und Schützenhauptm. der Zamser Komp.

Stabler, Franz, Schützenhptm. der Wippthaler Komp.

Sauter, Jos., Feldkaplan der 1. Landecker Schützen-Komp., besitzt das silberne geistliche Verdienstkreuz.

Schärmer, Christian, Oberlieutenant der Rieder Schützen-Komp.

Schlapp, Polik. P., Feldkaplan der 1. Telfser und 2. Haller Schützen-Komp., besitzt das geistl. silberne Verdienstkreuz.

Schmitzberger, Franz, Lieutenant der Nauderser Schützen-Komp., Vorstand des Filial-Radetzky-Vereins für Nauders.

Schönach, Prof., Feldkaplan der Innsbr. akademischen Schützenkompagnie, besitzt das silb. geistl. Verdienstkreuz.

Steiner, Anton, Oberlieutenant der Wippthaler Komp.

Spaiser, Wendelin, Feldkaplan der Zamser Schützen-Komp.

Senn, Bernhard, Lieut. der Pfundser Schützen-Komp.

Schuler, Franz, Lieut. der Nauderser Schützen-Komp.

Schöpf, Johann, Lokalkaplan zu Ochsengarten.

Strasser, Alois, Advokat in Hall, war Adjutant beim Landesdefensions-Kommandanten Ritter von Roßbach im J. 1843.

Scheuchenstuel, Anton v., Oberlandesgerichtsrath, der patriotische Gelegenheits-Dichter.

Schuler, Dr. Johann, Prof., war Vizepräsident des Tiroler Landtags 1848, Mitglied der Landesdefension und Abgeordneter, und hat sich sehr verdient gemacht.

Schönherr, David, Unterschützenmeister vom Landeshauptschießstande in Innsbruck, Redakt. der „Volks- und Schützenztg."

Speckbacher, Kasp., der patriotische Sänger in Imst.

Schnell, Jos. v., Freiwilliger der Miltauer Schützen-Komp. (jetzt bei dem Konsulat in Trapezunt angestellt.)

Stolz, Michael, Fähnrich der Wippth. Kompagnie.
Stiller, Jakob, der tapfere Schütz der Stubaier Komp.
Steiner, Jos., Schütz der Wippthaler Komp.

T.

Therese, reg. Königin von Baiern, Prinzessin von Sachsen-Altenburg.
Therese, reg. Königin beider Sizilien.

Thurn-Valle-Sassina, Georg Graf, F. Z. M.
Turszky, August Frhr. v., F. Z. M.
Thurn und Taxis, Hannibal Friedrich Fürst v., G. d. C.
Teimer, Ignaz Ritter v., F. M. L.
Thun-Hohenstein, Karl Graf, G. M.
Török v. Szendrö, Alex. Graf, F. M.
Traka, Franz, Ritter v., Oberstlieutenant.
Thóth de Ják, Stephan, Hauptmann.
Thóth de Ják, Theodor, Hauptmann.
Toulon, Ign., Ritter v. Rosenthal, Rittmeister.
Thurn, Maximilian, Oberlieutenant in der Armee.
Taubner, Dr. Karl, Feldprediger der evangelischen beiden Konfessionen der Armee in Italien.
Tschanel, der belobte Oberjäger beim Tirol. Kaiserjäger-Regiment, besitzt die goldene Tapferkeits-Medaille.
Treitel, der tapfere Unterjäger bei den Tirolerjägern, besitzt die gold. und silb. Tapferkeits-Medaille und den russ. St. Annen-Orden 6. Klasse.

Thinfeld, Frhr. v., Minister des Ackerbaues in Wien.
Thomas, Abt zu Kremsmünster.
Thiersch, Friedrich v., Geheim-Rath und Präsident der k. k. Akademie der Wissenschaften in München.

Tschabuschnigg, Adolf Ritter v., Oberlandesgerichtsrath in Klagenfurt. (Dichter.)
Trimmel, Jos. E., (der Schriftsteller Emil in Wien).
Thaler, Josef, Pfarrer in Kuens, der rühmlich bekannte Dichter „Bertha".
Tinkhauser, G., Reg. der Domschule zu Brixen, der gelehrte Conservator und Schriftstler.
Trautmann, Dr. Franz, Schriftsteller in München.

Tschurtschenthaler, Josef, Schützenhauptm. der Buchensteiner Kompagnie.
Tamerl, Johann, Oberlieutenant der Jamser Schützen-Kompagnie.

U.

Urban, Karl Frhr. v., G. M.
Unukic, Georg Frh. v., Hauptmann.

Unterberger, Franz, Magistratsrath, Kunsthändler und Verleger klass. Kunstwerke.
Unterrainer, Rupert, Schützenhauptmann der Windischmatreier Kompagnie.
Unterrainer, Christian, Schützenhptm. der 1. Kitzbichler Kompagnie.

V.

Vinzenz, Eduard, Fürsterzbischof in Wien.
Vikari, Hermann Frhr., Fürsterzbischof zu Freiburg.
Vinzenz (Gasser) Fürstbischof von Brixen.

Vesque v. Püttlingen, Joh., k. k. Hof- und Ministerialrath im Ministerium des kais. Hauses und des Aeußern in Wien.
Varnhagen v. Ense, geh. Legationsrath, Schriftstlr. und Geschichtsforscher in Berlin.
Volpi, Alessandro Ritter v., Schriftsteller, Mitglied der Akademie in Mailand.

Vogl, Dr. Joh. Nep., in Wien, Dichter.
Villanus, Schriftsteller in Bonn. (Siehe Maier.)

Verzi, Jos., Schützenhauptmann der 2. Ampezzaner Komp.
Vinazer, Joh., Feldkaplan bei E. H. Albr. Infant.-Reg.

W.

Wilhelm, Franz Karl, Erzherzog von Oesterreich.
Wilhelm, Herzog von Braunschweig.
Wilhelm, Prinz von Anhalt.
Wasa, Gustav Prinz v., Königl. Hoheit, F. M. L.

Windisch-Grätz, Alfred Fürst zu, Feldmarschall.
Wimpffen, Maxim. Frhr. v, Feldmarschall.
Wellington, Arthur Herzog v., englischer (und österr.) Feldmarschall.
Wallmoden-Gimborn, Ludwig Graf, G. d. C.
Wrangel, v., k. preuß. G. d. C., Oberbefehlshaber in den Marken, zu Berlin.
Welden, Ludwig Frhr. v., F. Z. M.
Wocher, Gustav, F. Z. M.
Wratislaw, Eugen Graf, F. Z. M.
Wimpffen, Franz Graf, F. Z. M.
Wallmoden-Gimborn, Karl Graf, F. M. L.
Wohlgemuth, Ludwig Frhr. v., F. M. L.
Wengersky v. Ungerschütz, Eduard Graf, F. M. L.
Wirth, Anton, Oberst.
Weckbecker, Hugo Ritter v., Oberst und Kommandant des Tiroler Jäger-Regiments Kaiser Franz Josef I.
Wildburg, Adolf Frhr. v., Major.
Wolf, A., Regiments-Kaplan vom Tirol. Kaiserjäger-Regim., besitzt das geistliche silberne Verdienstkreuz.
Weibele, Dr., Oberarzt, besitzt das goldene Verdienst-Kreuz mit der Krone.

Westmoreland, Graf v., engl. General und Gesandter am k. k. österr. Hofe, besitzt den Maria-Theresien-Orden.

Wiederhold, Frhr. v., k. württ. Gen. M., Generaladjutant Sr. Majestät des Königs von Württemberg.

Wolf, Anton v., Fürstbischof von Laibach

Wolkenstein, Leopold Graf v., Landtagspräsident im Jahre 1848 und Landes-Oberstschützenmeister.

Wolkenstein-Rodenegg, Ernst Graf v., k. k. Kämmerer und Vorstand der Liedertafel in Innsbruck.

Waagen, K., Konferenzrath in München.

Weidenbach, A. J., hessischer Hofrath, Gelehrter und Schriftsteller zu Bingen.

Wachsmann, Karl v., badischer Kammerherr, Schriftsteller in Dresden

Wachsmuth, Wilhelm, Dr. jur. et phil., Prof. und Schriftsteller in Leipzig.

Waldow, Hermann, Rittergutsbesitzer und Schriftsteller in Dresden.

Weis, Josef, Professor der Religionswissenschaft an der Milit. Akademie zu Wiener-Neustadt.

Wörndle v. Adelsfried, Edmund Maler in Wien. (Tiroler.)

Wolf, Maler und Lithograph in München.

Weber, Beda, Domherr und Pfarrer in Frankfurt a. M. (Schriftsteller.)

Wurzbach, Dr. Konstant, Schriftsteller (der Dichter der „Parallelen" in Wien.)

Waldburg, Rudolf, (der Dichter Alex. Popowitsch,) in Czernowitz.

Weiß, Gebhard, Dichter in Bregenz.

Weigl, k. k. Polizeibeamter, Dichter in Wien.

Wolkenstein, Friedr. Graf v., Defensions-Kommissär und Schützenhauptm. im J. 1848 jetzt k. k. Major und Ritter der eis. Krone 3. Klasse.

Witsch, Joh. G., Schützenhauptmann der Imster Komp., Oberschützenmeister.

Witting, Al., Schützenhauptm. der Kauderser Komp.

Witting, Joh., Defensions-Kommissär in Landeck.

Wolfsegger, Barth., Feldkaplan der 1. Kufsteiner-Komp.

Weiß, Alex., Feldarzt der Karneider Schützen-Komp.

Walchinger, J., Gemeindevorsteher und Vorstand des Filial-Radetzky-Vereins zu Sexten, besitzt die kleine goldene Verdienst-Medaille.

Z.

Zeisberg, Karl Ritter v., F. M. L.

Zitta, Emanuel, F. M. L.

Zobel v. Giebelstadt und Darstadt, Thomas Frhr. v., F. M. L.

Zhovini, And. Frhr. v. Artillerie-Hauptmann (der Einzige, welcher zugleich die große silberne, die goldene Tapferkeits-Medaille und den milit. M. Theresienorden besitzt.)

Zedlitz, Frhr v., Rittmeister, Dichter.

Zigan, Jos., Major bei den Tiroler Kaiserjägern.

Zerboni di Sposetti, Julius v., Hauptmann, Dichter schöner Kriegslieder.

Zarco del Valle, k. spanischer G. L.

Zilvady, Stephan, Probst und Pfarrer in Semlin, patriotischer Dichter.

Zahradnik, Math., geb. Gräfin Balza, Hauptmannsgattin, Gründerin des Offiziers-Töchter-Institutes in Oedenburg.

Zingerle, Ignaz Vinzenz, Professor in Innsbruck, patriotischer Dichter und Gelehrter.

Zingerle, Pius, Gymnasiums-Direktor in Meran, der fromme Sänger der Marienlieder &c. und der Hymne an Radetzky.

Zingerle, Jos., in Meran. (Dichter.)

Ziegler, Karl (der Dichter Carlopago) in Wien.

Zusner, Vinzenz, Dichter in Graz.

Zöllner, Andrä, Kompositeur und Musiker in Meiningen.

Zimmermann, Albert, Prof. der Malerakademie in Mailand.

Zöll, Ritter v., Schützenhauptmann der 1. Tiroler freiwilligen Scharfschützen-Komp., Ritter der eisernen Krone 3 Klasse.

Zoderer, Martin, Feldkaplan im J. 1848 u. 1849, besitzt das gold. geistl. Verdienstkreuz.

Zoderer, Jos., Oberschützenmeister, Gemeinderath und Lieutenant der Prader Komp.

Zimeter, Dr., Freiwilliger bei der Tirol-Wiener Schützen-Komp. 1848, erhielt die goldene Verdienst-Medaille. (Jetzt Arzt in Glurns.)

Die VI. Abtheilung

besteht aus Autographien jener Helden und berühmter Personen, welche im Kampfe gefallen, oder durch den Tod entrissen, sich nicht eigenhändig einschreiben konnten. An diese kostbaren Reliquien reihen sich die Helden aus den früheren blutigen Kriegsepochen, und geschichtlich große Persönlichkeiten des Tirolerlandes. Sie bilden gleichsam den ehrwürdigen Schluß des Radetzky-Albums.

Bis zum heutigen Tage sind eingelegt:

Ferdinand d' Este, Erzherzog. F. M. L. † am 15. Dezember 1849 als Opfer der Nächstenliebe Ein Originalbrief, eingesendet von dessen hoher Wittwe Erzherzogin Elisabeth.

Hentzi, G. M Der Held von Ofen, † im blutigen Sturm von Ofen am 21. Mai 1849. Ein Befehl von seiner Hand (eingesendet von dessen Verwandten).

Salis-Soglio, Gf. Ulisses v., G. M. Der † Held des Schlachtentages von St. Lucia am 6. Mai 1848, (eingesendet von einem begeisterten Patrioten).

Pollini, Ingen.-Hauptmann, wurde von einer 24pfündigen Kugel zerrissen im Sturme von Ofen am 21. Mai 1849. Das Autograph hat der hochverehrte Herr F. M. L. Frhr. v. Dietrich eingesendet

Pirquet, Frhr. v., Hauptmann vom Tiroler Kaiserjäger-Regiment, fand den Heldentod am Schlachtfelde von Rivoli am 22. Juli 1848.

Knezich. Hauptmann vom Tiroler Kaiserjäger-Regiment. Der Held von Goito, † am 8. April 1848. Als dessen Arm zerschmettert war, nahm er den Säbel in die Linke und commandirte, ward dann von vielen Kugeln durchbohrt und fiel.

Hofer, v., Lieutenant vom Tiroler Kaiserjäger-Regiment, der Enkel des Sandwirths. † ebenfalls zu Goito mit Knezich.

Diese drei Helden vom Tiroler Jägerregiment ließ Se. Maj. der Kaiser nebst einem dort gefallenen Gemeinen in die Hofkirche zu Innsbruck in ein Ehrengrab legen. Diese drei Autographien sind ein werthes Geschenk vom Herrn G. M v Burlo.

Schaumburg, Karl, der tapfere Lieutenant von den Auersperg-Kürassieren, † in der Schlacht von Acs am 11. Juli 1849. Eingesandt von dessen Hrn. Vater Buchhändler Schaumburg in Wien.

Scheder, Ferdinand, der rühmlich bekannte Fuhrwesen-Gemeine, welcher mit abgeschossenem Fuße noch Stunden lang in der mörderischen Schlacht von Czolnok die Kanonen lenkte, die goldene Tapferkeits-Medaille erhielt, aber leider starb. Ein Brief von dessen alten Mütterl Magdalena Scheder zu Theneberg bei M. Mariazell eingesendet. In seinem Geburtsort wurde ihm ein Ehrendenkmal gesetzt.

Mayr, Michael, vom verstorbenen biedern Landsmann und Unterstaatssekretär in Wien ein Brief. Geschenk des Herrn Gen.-Prokurators Dr. Haßlwanter in Innsbruck.

Roschmann, Oberlandeshofkommissär im J. 1813 zu Innsbruck. (Handschrift.)

Bildain, geheimer Rath der Hofkommission zu Innsbruck 1813. (Handschrift.)

Mohs, v., Hofrath und Professor, der berühmte Mineraloge, (ein Brief an Herrn v. Partsch.)

Schreibers, Hofrath, berühmter Mineralog in Wien, (ein Brief.)

Meinold, Wilh., Originalbrief des berühmten Pastors und Dr. der Theologie, (Verfasser der Bernsteinhexe) kurz vor seinem Tode geschrieben an die k. k. Sternkreuzordensdame Julie Gräfin Oldofredi-Hager. Ist ein werthes Geschenk benannter Gräfin.

Schmeller, J. A. Schriftsteller und Forscher von Sitten und Sagen. (Ein Brief.) Geschenk vom Dr. Holland in München.

Lenau, Nikolaus, ein Gedicht, Geschenk von dessen Schwager Schurz in Wien.

Meßmer, Alois, der gelehrte Professor der Theologie in Brixen. (Das Originalconzept seines preisgekrönten Tiroler-Schützenliedes.) Geschenk vom Hrn. Prof. Mitterrutzner in Brixen.

Speckbacher, zwei Steinzeichnungen und Handschriften nebst einer Preismappe, welche der junge Speckbacher im Jahre 1813 in München eigenhändig verfertigte. Ist ein werthvolles Geschenk vom Dr. Holland in München.

Hofer, Andreas, Edler v. der Sandwirth, Oberkommandant im Jahre 1809. (Brief.)

dto. eine Anweisung vom 30. Oktober 1809. Geschenk von Joh. Danninger in Salzburg.

Speckbacher, Josef, der bekannte Schützenmajor. (Befehl.)

Blattl, Christian, Schhptm. von Pillersee, berühmt von 1796, 1799, 1800, 1805, 1809. (Ausschreibung.)

Schlechter, Josef, Schützenmajor von Kitzbichl, berühmt von 1796 und 1809. (Handschrift.)

Oppacher, Anton, Schhptm. vom Jochberg. Sehr verdient in den Jahren 1796, 1800, 1805, 1809. (Schrift.)

Sternbach, Therese, Freifrau v., die berühmte Kriegsheldin von 1809, erhielt die große goldene Medaille mit Kette. (Inschrift und Name unter in Seide gestickten Blumen.)

Sternbach, Karl Mathias, Frhr. v., in Mühlau, deren Sohn, ein verdienter Patriot. (Brief.) Geschenk von Ferdinand Frhr. v. Sternbach, der Ersten Enkel und des Zweiten Sohn.

Aschbacher, Johann Anton, Schützenhauptm. von Achenthal im Jahre 1797. (Schriftstück.)

Aschbacher, Anton, der tapfere Schützenmajor im Achenthal im Jahre 1809. 2 Briefe, einer davon der letzte vor seinem Tode in Frankreich (Troyes.)

Cazan, Domenico, Frhr. v., berühmter Schützenhptm. in Wälschtirol 1797. (Unterschrift.)

Hensinger, Schützenhauptmann von Schwaz 1806. (Befehl.)

Lanser, Josef v., Landesoberst im Jahre 1797. (Befehl.)

Prantl, Johann, Schützenhptm. von Pertisau im Jahre 1797 und 1809. (Lieferschein.)

Schärfenberg, Emanuel Graf, tapferer Landsturmführer im Jahre 1797. (Befehl.)

Wolkenstein, Wenzl Graf, Schützenmajor des tirol. Landsturms im Jahre 1797. (Ordre.)

Wolkenstein, Paris Graf, Landeshauptmann von Tirol im Jahre 1797. (Aufruf.)

Wallner, Anton, Schützenmajor und Ober-Commandant des salz. pinzgauer'schen Landsturmes im Jahre 1809. (Brief.)

Lodron, Paris Graf, Erzbischof von Salzburg. (Auftrag vom 31. Jänner 1635.)

Thun, Guidobald Graf v., Erzbischof von Salzburg. (Verleihbrief auf Pergament, vom 7. Februar 1660).

Hohenems, Markus Sittikus Graf v. (Verleihbrief auf Pergament vom 26. Sept. 1664.)
Diese drei erzbischöflichen Autogr. sind ein Geschenk des Hrn. Joh. Danninger in Salzburg. (Die Erzbischöfe waren Tiroler.)

Zur größeren, theils inneren, theils äußern Zierde dienen jene Liebesgaben von fern und nah, welche dem Radetzky-Denkmale eingesendet wurden, und einen werthvollen Anhang bilden. Die bis jetzt eingelaufenen Gegenstände sind folgende:

VII. Abtheilung.

Gedichte, Proklamationen, Biographien, Beschreibungen von Schlachten, Bravouren, patriotische Handlungen und erhebende Drucksachen.

Radetzky, Jos., Graf, Feldmarschall. — Eine Sammlung von Proklamationen; Befehle, Gedichte und Schriften, welche sich auf den hochverehrten Helden beziehen, bis jetzt schon 60 Dokumente, nebst zwei von ihm selbst geschriebenen Briefen. Gesammelt und in dem Denkmal bewahrt vom tirolischen Radetzky-Verein.

Schön, Anton, Frhr. v., F. M. L. — Biographien und authentisirte Zeugnisse des hochverdienten tapfern Landmanns, besitzt das Theresien-Kreuz von 1813, und die tirol. landständische Ehrenmedaille für Tapferkeit vom Jahre 1796 und 1797.

Stefanovic, Joh. (jetzt Johann Ritter Stefanovic v. Vilovo), Hauptmann. Authentisirte Zeugnisse und Zusammenstellung seiner Heldenthaten zu Vilovo im Ungarkriege von 1848 und 1849 in der Eigenschaft als Generalstabsoffizier im serbischen Armeecorps unter dem berühmten General Knicanin.

Czerkas, der wackere Regimentskaplan, decorirt und besungen, leider †. Viele seiner hinterlassenen Schriften und Gedichte, wobei sein herrliches „Armeelied" in Musik. Ein theures Liebesgeschenk von dessen Hrn. Bruder Hauptmann Czerkas von Nugent-Infant. Nr. 30.

Gaßl, Johann, Großhändler in Brünn. Der große Patriot und bekannte Wohlthäter der Menschheit. Derselbe sandte zu Ehren des Denkmals ein Prachtwerk ein, nämlich die kunstreich mit Zeichnungen ausgeführte Dankadresse an Kaiser Nikolaus von Rußland für die geleistete Hilfe im letzten Ungarkriege.

Hundert und zwei, (102) Stücke patriotische Gedichte, Flugschriften, Zeichnungen ꝛc., welche nach §. 4 der Statuten des Central-Radetzky-Vereins von demselben herausgegeben und verbreitet wurden.

Die Adressen des ständischen Ausschusses von Tirol an den Herrn Feldmarschall am 30. Aug. 1848. und die Antwort Hochdesselben am 10. September 1848. Geschenk vom Herrn Landtagspräsidenten Grafen Wolkenstein in Innsbruck.

Originalgedichte für das Radetzky-Denkmal bestimmt, von Julie Gräfin Oldofredi-Hager, Dr. J. N. Vogl, Deinhardstein, Dr. Justinus Kerner, Julius Günthert, Dingelstädt ꝛc.

Gruß an Franz Josef. Gedicht vom romanischen Dichter Stause in Czernowitz, bei Ankunft Sr. Majestät alldort.

Ein neues Lied an Vater Radetzky. Vom Naturdichter Christian Blattl, Bauer von St. Johann, mit Musikbeilage.

Zwei auf die Landesvertheidigung Bezug habende Aufsätze von Ritter v. Leitner in Graz.

Sonnet über die glückliche Rettung Sr. Majestät am 18. Februar 1853.

Votivsäule auf die Bastion zur Genesung Sr. Majestät.

Sonnet an den Tiroler Radetzky-Verein.

Ehrenkranz für den Helden Radetzky.

Diese vier Gedichte sind vom patriotischen Probst und Pfarrer zu Semlin Stephan Zeilvay verfaßt und als Geschenk eingesendet worden.

„Worte des Herzens“ und „Epheuranken“, verfaßt von Ludwig Bowitsch.

„Votivzeilen“, verfaßt und Geschenk von Jos. Schaffer in Wien.

„Ein schönes Gedicht von Radetzky“, verfaßt und Geschenk von Albert Werfer.

Plakate und Drucksachen, welche 1848 in Wien von Adolf Karl Naska herausgegeben worden sind. Geschenk vom Verfasser.

Blätter der Ehre, Liebe und Treue.

Ehret die Frauen.

Der Schnurbart von Novarra. (Golddruck.) Verfaßt und Geschenk von J. B. Jüngling in Wien.

Die 1. akademische Feld-Compagnie der k. k. Universität zu Innsbruck 1848. Herausgegeben und Geschenk von Dr. Josef Ritter v. Peer und Dr. Johann v. Schmuck.

Vorlesung zur Gedächtnißfeier des 13. August 1809, als dem siegreichen Tage der Tirol. Landesvertheidigung und des jährlich in Wien abgehaltenen Seelenamtes für die Gefallenen. Vom Stifter und tirolischen Veteran Josef Lutz.

Eine Sammlung von 32 Proklamationen u. s. w. aus den Sturmjahren 1848 und 1849, gesammelt von Ritter v. Alpenburg und allda hinterlegt.

Ein Originalbrief von Feldmarschall Radetzky an die patriotische Freifrau von Rechenberg in Wien, ein Geschenk von besagter Dame.

Eine höchst interessante „offene Ordre“ vom Jahre 1785, des hochgeehrten Herrn Feldmarschall Grafen v. Radetzky, zur Zeit als er Rittmeister bei Erzherzog Franz Karl war.

Ein Geschenk in's Radetzkydenkmal vom gelehrten Reiseschriftsteller und Buchhändler K. Bädeker in Koblenz.

Ein Brief des Nestors der Naturwissenschaften, des großen Alexander Humbold an den Ritter v. Alpenburg, das Radetzky-Album betreffend. (Unter Glas, die Rücknahme vorbehalten.)

Gedankenflug am 11. Juli 1856. Der 21e November 1867. Radetzky und sein Kaiser.	Gedichte von Johann Bapt. Jüngling. Geschenk des Verfassers.

Erinnerung an Radetzky und sein Heer. }
Nachruf an Radetzky. Jänner 1858. } Gedichte von Joh. Bapt. Jüngling. Geschenk des Verfassers.
Oest'reichs Flehen. }

Eine Musik-Composition zu Ehren Radetzky's in's Album geschrieben von Franz Lachner in München.

64 Stück Manuscripte und Dokumente, die tapfere Kurtatscher Schützen-Kompagnie vom J. 1798, 1805 und 1809, wie auch den wackern Landesvertheidiger Kommandanten J. Schweigl in Kurtatsch betreffend.

30 Flugschriften und Drucksachen, vorzüglich aus der Zeit von 1848 und 1849. Geschenk von Alpenburg.

Ein elegant eingebundenes Gedicht „Festgruß der Stadt Graz an den k. k. Feldmarschall Herrn Josef Grafen v. Radetzky, bei Hochseiner Durchreise zur feierlichen Vermählung Sr. Majestät des Kaisers in Wien, im April 1854. Verfaßt von Ignaz Frhrn. v. Lazarini, k. k. Kämmerer und Statthaltereirath. Geschenk von dem Verfasser

„Als Feldmarschall Graf Radetzky's Leichenzug Graz passirte am 17. Jänner 1858." Ein autogr. Gedicht von Julie Gräfin Oldofredi Hager.

„Am Grabe des Feldmarschalls". Von Wilhelm v. Marsano G. M. in Mailand.

„Sachsengruß" am Tage der Vermählungsfeier Ihrer Königl. Hoheit Prinzessin Margaretha von Sachsen mit Sr. K. K. Hoheit Erzherzog Karl Ludwig, Statthalter in Tirol. Von Eduard Gatthwald. Geschenk vom Verfasser.

Hirtenbrief vom 5. April 1848 an die Seelsorger des F. B. Ordinariats Brixen, das Volk von Tirol zur Landesvertheidigung aufzumuntern. Geschenk vom Domkapitular Hirn in Brixen.

Notizen vom Herrn Canonikus Hirn nebst einem Belegeverzeichniß, welche sich im Archiv zu Brixen befinden für einen künftigen Historigraphen des Jahres 1848.

The battle of Novarra, by Charles Bonner. Die Schlacht von Novarra. Englisch und deutsch von Karl Bonner in Regensburg. Geschenk vom Dichter.

Das Mutterherz. Worte auf das Grab J. K. H. Erzherzogin Margarethe, Königl. Prinzessin von Sachsen. Von Ritter v. Alpenburg. Geschenk vom Verfasser.

VIII. Abtheilung.

Porträte.

1. Se. M. Franz Josef, reg. Kaiser von Oesterreich. Geschenk von Hrn. Unterberger, Kunsthändler.
2. Ihre Maj. Elisabeth, reg. Kaiserin von Oesterreich.
3. dto. von Baldi.
4. Herzog Maximilian in Baiern. } Geschenk Sr. k. Hoheit Herzog Maximilian in Baiern.
5. Herzogin Ludovika in Baiern. }
6. Ernst, reg. Herzog von Sachsen-Koburg-Gotha. } vom Ritter v. Alpenburg.
7. Alexandrine, reg. Herzogin von Sachsen-Koburg-Gotha. }

8. Maximilian, reg. König von Baiern. Geschenk von Sr. Majestät, welches im Jahre 1848 sammt einem Autograph dem Vorstande des Vereines, Ritter v. Alpenburg, eigenhändig übergeben wurde.
9. Ludwig, König von Baiern. Geschenk von Sr. Majestät.
10. Der Prinz von Preußen. (Wilhelm.) Geschenk von Allerhöchstdemselben.
11. Ludwig, Großherzog von Hessen. Geschenk von Allerhöchstdemselben.
12. Mathilde, Großherzogin von Hessen. Geschenk von Allerhöchstderselben.
13. Erzherzog Ludwig, als Feldzeugmeister. Geschenk von H. Major Sonklar von Innstädten.
14. Adalbert, k. Prinz von Baiern, von Allerhöchstdemselben.
15. Ferdinand, Erzherzog von Oesterreich. Geschenk von Alpenburg.
16. Erzherzog Albrecht.
17. Friedrich August, Prinz von Anhalt. Geschenk von Höchstdemselben.
18. Se. Excell. Graf Radetzky, F. M.
19. Wratislaw, G. d. C.
20. Haynau, F. Z. M.
21. D'Aspre, F. Z. M.
22. Wohlgemuth, F. M. L.
Geschenk vom Herausgeber Hptm. Skalitzky.
23. Herzog von Wellington, Arthur. Ein Prachtkupferstich. Geschenk vom Grafen Buol-Schauenstein.
24. Radetzky im Ordenskranz, Prachtbild fein illum.
25. Radetzky in russischer Marsch. Uniform.
26. Radetzky in österreichischer Marsch. Uniform.
Geschenk vom Lithogr. J. Schöpf.
27. Der Serbengeneral und Woiwode Knicanin. Geschenk von demselben.
28. Jellacic, Joseph, Graf v., Ban von Kroatien, F. Z. M. Geschenk von demselben.
29. Jellacic dto. Geschenk von Major Sonklar v. Innstädten.
30. Ficquelmont, Graf, G. d. C. Geschenk von demselben.
31. Wimpffen, Franz Graf, F. M. L. Geschenk von Ritter v. Kofler in Triest.
32. Giulay, Franz Graf, F. M. L. Geschenk von Ritter v. Kofler in Triest.
33. Heyntzel, Jos. F. M. L. Geschenk von demselben.
34. Szirmai, Graf, der Kriegsheld mit seinem getreuen Husaren Gyurka dargestellt. Geschenk von Major Sonklar von Innstädten.
35. Kopfreiter, Johann Frhr., G. M., ein sehr schönes Daguerotyp-Porträt von demselben.
36. Beulwitz, G. M. und General-Adjutant des Großherzogs von Sachsen-Weimar. Von demselben.
37. Schön, Anton, Frhr. v., F. M. L. Geschenk von demselben.
38. Kempen v. Fichtenstamm, Frhr. v., F. M. L. Geschenk von demselben.
39. Gerstner, Jos., Ritter v., F. M. L. Von demselben.
40. Fürstenwärther, Frhr. v., F. M. L. Von demselben.
41. Degenfeld-Schönburg, August, Graf, F. M. L. Von demselben.
42. Ramberg, Georg, Frhr. v., F. M. L. Von demselben.
43. Degenfeld-Schönburg, Gustav, Graf v., G. M. Von demselben.
44. Csörsch, Franz, Frhr. v., G. M. Von demselben.
45. Pergen, Graf, G. M. Von demselben.
46. Wallner, Anton, der muthige Schützenmajor. Geschenk von dessen Tochter Elisabeth.
47. Capo d'Istria, Graf. Geschenk vom Herrn G. M. v. Beulwitz zu Weimar.
48. Karageorgievics, Fürst von Serbien.
49. Thomas, Abt von Kremsmünster. Von demselben.

50. Rajacic, Jos., serbischer Patriarch.
51. Nenadovics, Prota Matia, serbischer Senator.
52. Supljikac v. Vitez, Wojwode und österr. G. M.
53. Stratimirovits, Georg, Präsident der Central-Commission und Oberbefehlshaber der Serben im Jahre 1849, jetzt österr. Oberl. Gesch. v. Hr. Pr. Isilvay in Semlin.
54. Dondorf, Ritter v., Oberst, von demselben.
55. Bigga, k. k. Major, von demselben.
56. Martinich-Martinck, Franz, Frhr. v., Oberst, von demselben.
57. Pannasch, Oberst in Wien, von demselben.
58. Beesay, Frhr. v., Oberstlieutenant, von demselben.
59. Hurban, J. M., Anführer des slowakischen Landsturms, von demselben.
60. Schwarzenberg, Friedr., Fürst v., von demselben.
61. Vicari, Frh. v., Fürsterzbischof von Freiburg, mit einem Autograph. drunter „Deus fortitudo mea!“ von demselben.
62. Haulik, Georg, Cardinal und Erzbischof zu Agram. Von demselben.
63. Beroldingen, Franz, Graf v.
64. Manteuffel, Otto Theodor, Frhr. v., Minister-Präsident in Berlin.
65. Hammer-Purgstall, Hofrath in Wien. (Vom Ritter v. Alpenburg.)
66. Klenze, Leop. v., Oberhofbaurath in München. Von demselben.
67. Ettenreich, Jos., Ritter v., in Wien von demselben.
68. Heintl, Franz, Ritter v. in Wien. Geschenk von demselben.
69. Gredler, Dr. Andreas, Ritter v., von demselben.
70. Manussi, Ferdinand Karl, Vorsteher vieler Humanitäts-Vereine.
71. Reslhuber, P. Augustin, Direktor der Sternwarte in Kremsmünster. Von demselben.
72. Obofredi-Hager, Juli, Gräfin, von derselben.
73. Schmid, Christoph v., Domherr in Augsburg.
74. Schraudolf Johann, Maler in München. Von demselben.
75. Castelli, Dr. J. F., von demselben.
76. Grillparzer, Franz.
77. Anastasius Grün (Gf. Ant. Alex. Auersberg.)
78. Vogl, Dr. Joh. Nep.
79. Prechtler, Otto.

Geschenk von Dr. J. N. Vogl in Wien.

80. Haidinger, Karl, Hofkammer-Bergrath in Wien.
81. Haidinger, W. (Sohn) Vorstand der k. k. geolog. Reichsanstalt in Wien. Geschenk von demselben.
82. Holtei, Karl v. Dichter und Schriftsteller in Graz. Von demselben.
83. Lieber, Dr. Moriz, Legat.-Rath in Camberg. Von demselben.
84. Quant, Johann Gottlieb v., in Dresden. Von demselben.
85. Perner, Dr., Hofrath. Von demselben.
86. Seidl, Johann Gabriel.
87. Deinhardstein.
88. Leitner, Ritter v.
89. Hebbel, Dr. Friedrich.

Geschenk von Dr. J. N. Vogl in Wien.

90. Hirsch, Dr. Rudolph.
91. Zedlitz, J. Ch., Frhr. v.
92. Mosenthal, Dr. S. H., in Wien.

Geschenk vom Ritter v. Alpenburg.

93. Schallhammer, Anton, Ritter v., Hauptm. und Schriftsteller in Salzburg, von demselben.

94. Panzl s., der ehemalige Schützenmajor und Veteran. } Doppelbild.
95. Panzl j., der tapfere Tirolerschütze. }
96. Gritsch, Thomas, Schützenhauptmann.
97. Puffer, Rosa, die muthige Oberstengattin. Geschenk von Ritter v. Alpenburg.
98. Löwenthal Max, Dichter in Wien, von demselben.
99. Bechstein Ludwig, Schriftsteller in Meiningen, von demselben.
100. Wachsmann, Karl v., Kammerherr und Schriftsteller in Dresden. Von demselben.
101. Trimmel, Franz Josef, Beamter im Ministerium des Innern in Wien (Schriftsteller „Emil"), von demselben.
102. Kaltenbrunner, Karl Adam, Schriftsteller in Wien, von demselben.
103. Böttger, Adolf, Schriftsteller in Leipzig, von demselben.
104. Leo, Heinrich Dr., Geschichtschreiber zu Halle. Von demselben.
105. Mosen, Julius, Dichter in Oldenburg, von demselben.
106. Horn, Uffo, Dichter in Trautenau, von demselben.
107. Zusner, Vinzenz, Dichter in Graz, von demselben.
108. Merz, Georg, Optiker in München (Vater.)
109. Merz, Dr. Ludwig (Sohn), von demselben.
110. Ebersberg, Josef Sigmund, Schriftsteller und Redakteur des Zuschauers. Geschenk von dessen wackern Hrn. Sohn, Oberlieutenant Julius Ebersberg.
111. Haase, Andreas Edler von Wranau, Bürgermeister von Prag, von demselben.
112. Mohs,
113. Schreibers } die berühmten Mineralogen, Geschenk von Dr. Moriz Hörnes in Wien.
114. Partsch,
115 Proschko, Dr. Franz Isidor, Schriftsteller in Linz.
116. Ein Prachtexemplar des Banus von Kroatien, Jelacic, F.-Z.-M. Geschenk v. Alpenburg.
117. Peer, Alois, Schützenhauptmann der Kurtatscher im Jahre 1809. Von demselben.
118. Zöllner, Andreas, Compositeur zu Meiningen. Von demselben
119. Schwarz, Dr. Karl, Oberkonsistorialrath in Gotha. Von demselben.
120. Rever, Constanze v., in Triest. Von derselben.
121. Kühne, Dr. F. Gustav, Schriftsteller in Dresden. Von demselben.

IX. Abtheilung.

Zeichnungen, Bilderwerke, Gemälde, Schlachtenscenen, Büsten, plastische und andere Kunstwerke und Erinnerungs-Gegenstände.

1. Oesterreichischer Heldensaal, d. i. 20 Darstellungen der Tapferkeit österreichischer Krieger, schön illuminirt.
2. Soldatenlied, groß Format.
3. Pirquet's Tod, groß Format.
4. Das Regiment Kinsky und d'Aspre, groß Format.
5. St. Lucia, groß Format.
6. Das Grab Kopals, gr. Format.
7. Waffenstillstands-Unterhandlung nach der Schlacht von Novara.

3 *

8. Heldenthat des Unterjägers D. Mayer beim Tiroler Kaiserjäger-Regiment.

9. Heldenthat des Wachtmeisters Brzezinsky.

10. „ „ „ Kadet-Feldwebels Martinelli.

(Von 1 bis 10 sind Geschenke von Ritter v. Alpenburg.)

Radetzky und sein Grenadier. Geschenk vom Lithographen J. Schöpf.

Ein tirolisches Gränzgefecht im Jahre 1848, Gemälde vom Maler Alois Reisacher in Wien.

Einzug der 1sten freiwilligen Vorarlberger Landesschützen-Kompagnie in Feldkirch unter Hauptmann Dr. Dürr. Von Demselben.

Vertreibung der wälschen Freischaaren vom Kreuzberge. Vom Schützenhauptmann Franz Anich.

Ein herrlich großes galvanographirtes Bild: Kaiser Franz Josef mit Umgebung.

Detto: Radetzky mit Umgebung.

Erinnerungen an die Feldzüge der k. k. Armee in Italien in den Jahren 1848 – 49. In Handzeichnungen nach der Natur. Lithographirt und herausgegeben von den Gebrüdern Adam in München. 24 Blätter in Umschlag mit Beschreibung der Bilder. Geschenk von Benno Adam, Maler in München.

Die Reiterstatue Radetzky's, welche im Jahre 1850 nach Angabe Sr. Majestät des Königs von Baiern von Münchner Künstlern, nämlich von Professor Halbig modellirt und vom Hofmaler Adam auf Stein gezeichnet, und mit des Königs Bemerkungen und Maß-Bestimmungen lithographirt wurde. Dieses Standbild sollte auf dem Rennplatz zu Innsbruck zur Verehrung der Nachkommen errichtet werden, wozu Se. Majestät der König von Baiern Guß und Erz dem Radetzky-Vereln spenden wollte, um den Helden zu ehren, und dem Vereine Seine Anerkennung zu zeigen, welchem der hohe Kunstfürst als Ehrenmitglied beigetreten war. Die Reiterstatue wäre 18', das Postament von Stein 21½', das ganze Standbild 39½' hoch geworden. Die Ausführung mußte leider darum unterbleiben, weil nach Eröffnung von Wien (wohin um die Bewilligung angesucht wurde) an den Statthalter Grafen Bissingen, Se. Majestät der Kaiser von Oesterreich den Zeitpunkt für unthunlich, und Allerhöchstderselbe selbst dem Feldherrn ein Denkmal zu setzen bestimmt hatte. Hierüber ist ausführlich zu lesen der Jahresbericht, und in Dr. Hirtenfeld's österreichischen Militär-Kalender vom J. 1856, S. 163.

Der große werthvolle Kupferstich: „Die Zerstörung Jerusalems," nach Kaulbach; Geschenk vom Herrn Konsistorialrath Waagen in München.

Drei lithographirte Blätter: „Der Schlern," „die Erd-Pyramiden" und „das Schloß Ganbegg;" aufgenommen und auf Stein gezeichnet von Sr. kais. Hoheit Erzherzog Rainer jun., Geschenk vom Landschaftsmaler Reimeyer in Bozen.

Die zwei Schlüssel des Kastells zu Mailand. Unser verehrter Landsmann Generalmajor Ritter v. Burlo war beim Aufstand in Mailand Major des Kaiserjäger-Regiments, und mußte dasselbe vertheidigen, bis der Abzug der Armee vor sich gegangen war. Nach tapfer gelöster Aufgabe sperrte er eigenhändig die Thore, und folgte um ½ 3 Uhr dem österreichischen Heere. Derselbe übergab sie dem National-Museum zur ewigen Erinnerung.

Scene aus dem Tiroler Landsturm. Geschenk vom Hrn. Kunsthändler Groß.

Eine Judith mit zu ihren Füßen liegenden Haupte des Holofernes als Allegorie wie Radetzky die Revolution von 1848 – 49 niedergeschlagen. Zeichnung vom Maler Kupelwieser in Wien, ins Radetzky-Album.

Ein prächtig gemaltes Bild, vom Maler Wolf in München, darstellend Otto von Wittelsbach mit dem Kaiseradler im wehenden Banner, und dem gezückten Schwerte. Darunter bedeutungsvoll mit Anspielung auf die bei der Veroneser Klause bewiesene Tapferkeit gegen die Welschen der Reim:

Ein Wittelsbacher stand schon oft für Oestreich treue Wacht,
D'rum achtet euch, falsche Sarden, vor diesem Leu'n in Acht!

(Ins Radetzky-Album.)

Eine Handzeichnung „Viribus unitis" vom Maler Bonaventura Emler in Rom, in das Radetzky-Albumsblatt gezeichnet.

Ein Prachtexemplar „der Heldenberg im Park zu Wetzdorf" mit illuminirten Ansichten und Goldlettern vom Eigenthümer und Gründer Hrn. v. Pargfrieder. Geschenk von demselben.

Ein herrliches Denkblatt „die Vermählung Sr. Majestät des Kaisers Franz Josef" unter dem Titel: Te Deum laudamus. Geschenk vom Soldatenvater Danninger in Wien.

Eine Madonna mit dem Kinde. Zeichnung vom Maler Keßler in Wien, ins Radetzky-Albumsblatt.

Denkblatt zur Erinnerung an O'Donnel und Ettenreich. Herausgegeben von der Staatsdruckerei in Wien.

Ansicht der Festlichkeiten zu Basiach und Weißkirchen bei Ankunft Sr. Majestät des Kaisers am 17. und 18. Juli 1852.

Ansicht von Belgrad.

Eine silberne Denkmünze an die Kämpfe der Tiroler im J. 1809 Sie wurden ausgegeben vom Veteran Josef Lutz in Wien. Geschenk von demselben.

Ein grün-weißer Fußteppich von Tuch für das Radetzky-Denkmal im Museum bestimmt von Joh. J. Moriggl in Innsbruck.

Denkblatt des 87. Geburts- und 70. Dienstjahres Sr. Exz. des Feldmarschalls Graf Radetzky am 4. November 1853, herausgegeben vom tirolischen Radetzky-Verein.

Eine allegorische Handzeichnung: „Radetzky als Kind liebt Soldatenspiele," vom Maler und Professor Eugen Neureuther in München, ins Radetzky-Albumblatt gezeichnet."

Denkblatt der Dank- und Jubelfeier für die Rettung Sr. Majestät, vom Hauptschießstand zu Innsbruck.

Drei plastische Werke: Die Büste Sr. Majestät des Kaisers Franz Josef und die Ihrer Majestät der Kaiserin Elisabeth von Oesterreich, beide nach dem Leben modellirt; dann eine herrliche Reiterstatuette Radetzky's. Werthvolle Geschenke vom Verfertiger, dem wackern Künstler Prof. Halbig aus München.

Als werthe Reliquie „die Haare des in Brennbichl in Tirol verunglückten guten Sachsenkönigs," in einer Kapsel aufbewahrt. Geschenk vom Ritter v. Alpenburg.

Eine schöne Arbeit in Eisen-Bronce: „Weihwasserkrügl," vom Soldatenvater Danninger in Wien selbst verfertigt und als Geschenk eingesendet.

Die Statue des heiligen Schutzengels, vom Bildhauer Franz Erler in Wien. Schöne Photographie. Geschenk von Franz Erler.

Ein photographisches Bild, vom Bildhauer Peter Lutt, eines Tirolers in München.

Eine außerordentliche Prachtphotographie, darstellend das architektonische Meisterwerk, der gothische Altar für Stadt Steier bestimmt, erfunden von Adolf Guggenberger in München. Geschenk von Dr. Holland in München

Ein natürliches Lorbeerblatt aus dem Lorbeerkranze, welcher den verstorbenen Feldherrn schmückte, als er zu Mailand ausgestellt war. Es wurde am 14. Jänner 1858 von Sr. Exzellenz dem Herrn Statthalter zu Venedig, Grafen v. Bissingen, selbst gepflückt, und dem Vorstande des Radetzky-Vereins, Ritter v. Alpenburg, nebst einen Brief nach Innsbruck eingesendet. (Reliquie und Brief zur Rücknahme vorbehalten.)

Zur Zierde ist auch hier die durch eigene Mittel des Ritters v. Alpenburg geschaffene und der Landesdefension geschenkte Bergbatterie mit verschiedenen Waffen aufgestellt.

X. Abtheilung.

Bücher.

„Soldatenspiegel," und zwei Bände „poetische Schriften," von Dr. R. Hirsch. Geschenk vom Verfasser.

„Zeitklänge," von Dr. J. F. Castelli. Geschenk vom Verfasser.

„Soldatenlieder," von Dr. Joh. Nep. Vogl. Geschenk vom Verfasser.

„Bilder aus dem Soldatenleben." Geschenk vom Verfasser.

„Illustrirter Volkskalender." Geschenk vom Verfasser.

„Feldsträußchen," von Dr. August Schilling. Geschenk vom Verfasser.

„Ein Jahr in Liedern," und „Radetzky-Reiterlied," in Musik gesetzt. Ein Gedicht von Otto Prechtler. Geschenk vom Verfasser.

„Kleine Streifzüge," von Ign. Frhr. v. Lazarini Geschenk vom Verfasser.

„Das Lied von Wien und Schwechat," von F. M. L. Kräutner. Geschenk vom Verfasser.

„Schützenlieder für das Jahr 1848," von A. Wildgruber, Feldkaplan der Flaurling-Leutascher Schützenkompagnie. Ein Geschenk vom Verfasser.

„Zither und Pflug." Zeitbilder vom Jahre 1848. Gedichte von Hans Christ, Bauer in Stans. Geschenk vom Verfasser.

„Die Biographien von Radetzky, Windischgrätz und Gorzkowsky;" herausgegeben von David Schönherr, Redakteur der Schützenzeitung. Geschenk vom Verfasser.

„Geschichte Tirols," von Kink. Geschenk von A. Witting.

„Gelbe Blätter," Geschenk von der Verfasserin Julie Gräfin Oldofredi-Hager.

„Preis und Dank dem Kaiser." Geschenk vom Verf. Ludwig W. Staufe.

„Die Alpenzither aus Tirol." Geschenk vom Verfasser Ritter v. Alpenburg.

„Das Tiroler Jägerregiment Kaiser Franz Josef I. in den Jahren 1848 u. 1849." Geschenk vom Verfasser Herrn Hauptmann Jos. Strack.

Das Prachtwerk: „Oesterreichisches Militärlexikon," höchst elegant gebunden, dann Militär-Kalender pro 1853, derselbe pro 1854. Geschenke vom Verfasser J. Hirtenfeld in Wien.

„Die Eroberung Istriens im J. 1813." Ein Beitrag des Befreiungskampfes, sammt Abbildung des Monumentes in Mitterburg. Geschenk vom Verfasser G. M. Frhr. v. Lazarich.

Ein Prachtwerk mit Stahlstichen: „Ansichten von Tirol, Schweiz und Italien mit Text." Geschenk vom Schuldirektor Sebastian Hieß in Wien.

Tagebuch der Therese Freifrau v. Sternbach in Mühlau über die Kriegsereignisse von 1809. Geschenk von deren Enkel Ferd. Frhr. v. Sternbach.

„Seelengröße und der Landsturm in Tirol" von Ziegler. Ein Denkmal der Vaterlandsliebe der Tiroler. Geschenk vom Ritter v. Alpenburg.

1. Josef II., Kaiser von Deutschland; verfaßt von Dr. Schneidawind.

2. Der Feldzug des Herzogs Friedrich Wilhelm von Braunschweig im J. 1809; verfaßt von Dr. Schneidawind.

3. Letzter Feldzug und Heldentod des Herzogs Fr. W. von Braunschweig 1815; verfaßt von Dr. Schneidawind.
4. Der Krieg im Jahre 1805 auf dem Festlande; verfaßt von Dr. Schneidawind.
5. Das Buch vom Erzherzog Carl; verfaßt von Dr. Schneidawind.
6. Die Willauer tiroler Schützenkompagnie im J. 1848; verfaßt von Dr. Schneidawind.
7. Soldatenlieder von zwei deutschen Offizieren.
8. Mainsagen, von Alex. Kaufmann.

(Diese acht Bücher sind Geschenke von Prof. Schneidawind.)

1. Oesterreichs Walhalla, von Emil.
2. Oesterreichisches Schlachtenbrevier, von Emil.
3. Tirol und die Tiroler, wie sie waren und sind, von Emil.
4. Edelinde von Strochner, von Emil
5. Erinnerungen an Hofgastein, von Emil.
6. Gedichte, von Emil.
7. Paris vor 100 Jahren, von Emil.
8. Neulerchenfeld, von Emil.
9. Reisehandbuch nach Wildbad Gastein von Emil.
10. See- und Alpenbesuche, von Emil.
11. Sagen und Bilder aus der Geschichte Oesterreichs, von Emil.

(Diese 11 Bücher sind Geschenke vom Verfasser Emil (Franz Emil Trimmel in Wien).

Oesterreichischer Militär-Kalender vom J. 1855, elegant in Goldschnitt gebunden; Geschenk von J. Hirtenfeld.

Vermischte Gedichte, von Louise v. Rechenberg. Prachtausgabe in Sammt und Goldschnitt. Geschenk von der Verfasserin.

Biographien von Tirolerhelden vom Jahre 1809; von Anton Wallner. Geschenk von dessen Tochter Elisabeth.

Gedanken-Flug; von J. B. Jüngling. Gedichte; nebst zwei andern Gedichten: „Glaube, Hoffnung und Liebe," und „Soldaten-Bitte." Geschenk vom Verfasser.

Heimathsgrüße aus Niederösterreich; Gedichte von Ludwig Adolf Clause. Geschenk vom Verfasser.

Se. k. k. Majestät bei dessen Ankunft in der Bukowina am 22. Oktober 1851; vom Prof. Ernst Rudolf Neubauer. Gedicht. Geschenk vom Verfasser.

Militärkalender für 1856. Geschenk vom Verfasser Hirtenfeld in Wien.

Praktische Anleitung zur Terrainlehre; von Wenzel Kaeziczka, k. k. Oberlieutenant. Geschenk vom Verfasser.

Streifzüge im Gebiete der österreichischen Geschichte und Sage, von F. J. Proschko. Geschenk vom Verfasser.

Thelephos, Tragödie von Friedrich Beck. Geschenk vom Verfasser.

Militär-Kalender pro 1857 und 1858 } Geschenke vom Herausgeber Dr. J. Hirtenfeld.
Militär-Zeitung von 1857 und 1858 }

Eine Biographie, von Carl v. Holtei. Geschenk vom Verfasser.

„Der Kaiser kommt!" Gelegenheitsspiel von Carl v. Holtei. Geschenk vom Verfasser.

Walther von Plettenberg, Herrmeister des deutschen Ordens in Liefland; von J. S. Seibertz. Geschenk vom Verfasser.

Uebersicht der Geschichte des Regierungsbezirks Arnsberg; von J. S. Seibertz. Geschenk vom Verf.

Der Ober-Freistuhl zu Arnsberg; von J. S. Seibertz. Geschenk vom Verfasser.

Geschichte der Edelherren von Grafschaften; von J. S. Seibertz. Geschenk vom Verfasser.

Reden gehalten am 8. Juli 1856 zu Ehren des Ritters v. Heintl in Wien. Geschenk vom Ritter v. Heintl.

Kriegerische Ereignisse im Herzogthume Salzburg; von Anton v. Schallhammer. Geschenk des Verfassers.

Biographie des Tiroler Heldenpriesters Joachim Haspinger; von Anton Ritter v. Schallhammer. Geschenk des Verfassers.

Märzenveilchen. Gedichte von Ritter v. Alpenburg Geschenk vom Verfasser.

Ehrenhalle des k. k. Militär-Fuhrwesens-Corps. Prachtexemplar.
Mantua im J. 1848. Ein Beitrag zur Kriegsgeschichte, von C. S. W. Prachtexemplar.
} Geschenke vom Hrn. F. M. L. Frhr. Ellatschek v. Elebenburg.

„Dem Andenken des Marschalls Radetzky geweiht." Von einem Oberösterreicher. Vom Stiftskapitular und Prof. P. Marcus Holler in Kremsmünster. Geschenk vom Verfasser.

Predigt am Tage der allerhöchsten Vermählungsfeier Sr. Majestät am 24. April 1854, und Predigt am Tage der allerhöchsten Namensfeier des Kaisers am 4 October 1857; von Josef Wolf, Professor der Religionswissenschaft an der Militärakademie zu Wiener Neustadt. Geschenke von Demselben.

Der k. k. österreichische Feldmarschall Graf Radetzky. Eine biographische Skizze nach den eigenen Dictaten. Geschenk von Georg Frhr. v. Cotta in Stuttgart.

Tirolische Monatblätter pro 1858, von Ritter v. Alpenburg. Geschenk vom Herausgeber.

XI. Abtheilung.

Das Stammbuch des tirolischen Radetzky-Vereins.

Dieses enthält die große Anzahl der in allen Theilen von Tirol und Vorarlberg zerstreuten Mitglieder des obgenannten Vereines, welche sich mit patriotischem Eifer als treue Wächter der äußersten deutschen Felsenburg Tirol verbrüdert haben.

Im Stammbuche sind auch die „Ehrenmitglieder" — aus allen Ländern die gefeiertsten Namen — eingetragen, welche jenes nun von Fremden wie Einheimischen bewunderte „Radetzky-Album" angelegt, somit den kostbarsten Ehrenkranz um die Stirne des greisen Helden gewunden haben.

XII. Abtheilung.

Das Denkbuch.

Dieses ist bestimmt, damit Durchreisende oder Einheimische am tirolischen Ehrendenkmal des theuren Heldenvaters, in Gesang und Prosa freundliche Erinnerungsworte einschreiben, welche als willkommene Liebesgaben das Ganze verschönern, und für die Nachwelt ein werthvolles Vermächtniß bilden werden.

Blumenlese aus dem Radetzky=Album.

(Aus der 1 Abtheilung.)

In der Zeit, da wo den Andern die Lorbeern verdorren,
Blühen am blühendsten nun jugendlich herrlich sie Dir,
Greis an Jahren, doch jung an Kraft des Körpers und Geistes,
Einzig, wahrlich! bist Du Oesterreichs rettender Held! –

König Ludwig von Baiern.

Ohne Liebe kein Muth, ohne Gerechtigkeit keine Ehre, ohne Ehre kein Glück: nur wer sich auf den Fels des Rechtes stellt, der steht auf dem Fels der Ehre und des Glückes.

Friedr Wilhelm, König von Preußen.

In Deinem Lager war Oesterreich!

Königin Elisabeth von Preußen.

Ein kluger, erfahrner und zugleich entschlossener Feldherr ist der edelste Stein in der Krone seines Monarchen. In seiner Hand liegt die Rettung oder das Verderben des Vaterlandes.

Maximilian, König von Baiern.

Durch Geist, Treue und Beharrlichkeit hat der Feldmarschall Radetzky das Mißgeschick in glänzende Siege verwandelt. Seine Kraft verjüngt Ihn im spätesten Alter, und den Tod selbst wird Er vernichten durch die Unsterblichkeit Seines Ruhmes.

Oskar, König von Schweden.

Et dedit Dominus ipsi fortitudinem et usque in senectutem permansit illi virtu. *Eccl. c. 46, v. 11.*

Johann, König von Sachsen.

Die Geschichte aller Zeiten weiset uns zahlreiche Beispiele von Feldherrn, welche an der Spitze mächtiger Heere, unterstützt von den Hilfsquellen großer Staaten, den Feind geschlagen und das bedrängte Vaterland gerettet, oder durch Eroberungen dessen Gränzen erweitert und seine Macht vergrößert haben. Selten aber sind die Beispiele, wo ein Mann, in den schwierigsten Verhältnissen auf sein treues und tapferes Heer beschränkt, nach Außen und Innen von Verrath umgeben und von Uebermacht gedrängt, wo das an innern Wunden blutende Vaterland wenig bieten kann, auf Gott und dem guten Rechte vertrauend, unerschütterlich steht, den Muth nicht sinken läßt, diesen bei seinem Heere zu beleben weiß und dieses wieder von Sieg zu Sieg führt, dann aber nach solchen Thaten durch Mäßigung sich noch größer zeigt.

So ein Mann ist Radetzky. Durch Ihn hat Gott dem bedrängten Kaiserstaate einen mächtigen Schutz und die alten Ueberlieferungen für Oesterreichs Heil bewährt.

Dankbar ehrt Ihn Sein Kaiser, das Vaterland und die Provinzen wetteifern in der Anerkennung Seiner Verdienste.

Innig liebt das Heer den neunzigjährigen Führer, den Helden, den Vater seiner Krieger.

So denke ich, sein alter Freund,

Erzherzog Johann.

4

So lange als in des Tirolers biederem Herzen Frömmigkeit, Treue und Tapferkeit bewährt bleibt — wie bisher — wird Tirol fortan als unüberwindliche Burg jedem Feinde trotzen.

Erzherzog Maximilian d'Este.

Von einem Seiner wärmsten Verehrer aus den Reihen der k. k. Armee in Italien.

Erzherzog Albrecht.

Tirol nahm mich liebevoll auf. Es ist mein neues Vaterland geworden, darum rufe ich zugleich mit ihm:

Heil Radetzky, Oesterreichs bestem Sohne,
Der den Schild hielt über Habsburgs Krone,
Und das Schwert geführt hat siegreich ihr zur Wehr.

Margaretha,
Erzherzogin von Oesterreich und
k. Prinzessin von Sachsen.

Jedem Verdienste seine Krone, dem Helden aber die Lorbeer-Krone.

Friedr. Wilhelm, Prinz von Preußen.

„Für Gott, Kaiser und Vaterland!"

Konstantin, Großfürst von Rußland.

Nicht die ruhmgekrönte Austria allein, Europa selbst reicht dankend den Lorbeer dem greisen Helden Radetzky.

Prinz Karl von Baiern, FM.

In Treue fest!

Prinz Luitpold von Baiern.

Gott erhalte noch lange den biedern alten Helden, und lohne die oft bewährte Treue der lieben Tiroler.

Herzog Maximilian in Baiern.

Wollte Gott, Oesterreichs siegreicher Held bliebe Seinem Kaiser so lange erhalten, bis Tirols Berge und die felsenfeste Treue seiner Bewohner wanken.

Ludovika, Herzogin in Baiern.

Ich fühle mich beglückt, demnächst einem Lande anzugehören, welches den schönen Vorzug besitzt, einen thatkräftigen Kaiser, einen heldenmüthigen Radetzky und oft bewährte tirolische Treue sein eigen nennen zu dürfen.

Elisabeth, Herzogin in Baiern.
(Jetzt unsere geliebte Kaiserin von Oesterreich.)

Gott, Ehre und Vaterland!

Ludwig, regier. Großh. von Hessen.

Nunquam retrorsum.

Wilhelm, reg. Herzog von Braunschweig.

Glücklich ist der Herrscher und der Staat, der einen Feldherrn, — einen Radetzky besitzt, und auf Tirolertreue und Vaterlandsliebe bauen kann.

Friedrich Wilhelm,
Prinz der Niederlande, FM. und Admiral.

Fideliter et constanter!

Herzog Ernst von Sachsen-Coburg-Gotha.

„Er wußte die Umsturzpartei zu beurtheilen und den Aufstand zu bändigen."

Leopold, regier. Herzog von Anhalt-Dessau-Köthen.

Fideliter et constanter!

Bernhard,
regier. Herzog von Sachsen-Meiningen.

In Gott den Sinn,
Durch Alles hin!

Maria,
reg. Herzogin von Sachsen-Meiningen.

Treu, fest und wahr
In jeglicher Gefahr!

Georg,
Erbprinz von Sachsen-Meiningen.

Des Menschen wahre Hoheit ist Demuth.

Feodora,
Erbprinzessin zu Sachsen-Meiningen

In Allem Gott die Ehr!

Alexander, regierender Herzog von Anhalt-Bernburg.

Treu seinem Wahlspruch: „Honneur et fidelité," schloß mein Vater 1814 seine militärische Laufbahn an den Ufern der Etsch. An den nämlichen Ufern hat „Ehre und Treue" unter Radetzky 1849 Oesterreich gerettet.

Maximilian, Herzog von Leuchtenberg.

(Aus der II. Abtheilung.)

Wer kennt nicht die Männer von felsenfester Treue und heldenmüthiger Tapferkeit, die biedern, kraftvollen Männer Tirols? — Gleich den Vätern von 1805 und 1809 fand ich auch die Söhne von 1848 und 1849 stets in den vordersten Reihen, wo es galt, die Ehre des Vaterlandes für den Kaiser und das gute Recht! — Euch und den edlen Frauen des herrlichen Alpenlandes, vereint zur werkthätigen Bruderliebe *) ein herzliches Glückauf und innigen Dank vom

Gr. Radetzky, F. M. **)

Von seinem alten Verehrer, Freund und Kameraden, der sich glücklich schätzt, bekennen zu dürfen, daß er des gefeierten Helden unvergeßliche Siege und Unternehmungen, wenn auch aus fernen Landen, dennoch die erste Stütze war.

Alfred Fürst Windisch-Grätz, Feldmarschall.

---

*) Der Radetzky-Verein.

**) Nachdem im J. 1850 dem Helden-Marschall der Jahresbericht und das Namens-Verzeichniß des Radetzky-Vereins, wie auch des Radetzky-Albums eingesendet, und Hochderselbe gebeten wurde, das Album durch ein von Seiner Hand geziertes Blatt zu schmücken, sandte er obige denkwürdige Worte ein.

„Mo Bog dade i sreca junacka!"
Wer's recht meint, der versucht und prüft
Mit Gottes Hilf sein gutes Schwert,
Ist auch der Ausgang nicht verbrieft:
Das Wollen hat den Mann geehrt!

Josef Graf v. Jellachich, FZM., Ban v. Croatien.

Ihm lieh der Kaiser Oest'reichs Degen,
Er zog ihn siegend für des Kaisers Recht,
Er hielt ihn schirmend vor das blutig' Land,
Und schonend führte er als Richterschwert:
— den heil'gen Stahl!

Laval Graf Nugent, Feldmarschall.

An old Soldier, Knight of Maria Theresia, to his ancient and admired Companion in Arms the Marshal Radetzky.

Graf Westmoreland, k. großbr. General.

Die Allegorie der tirolischen Radetzky-Album-Blätter.

Die dargestellte Verklärung des Helden, eine Hinweisung auf die Zukunft, ist jetzt schon eine Wirklichkeit; denn der Herr Feldmarschall Graf Radetzky hat bereits schon in Seinen Zeitgenossen die Stimme der Nachwelt vernommen.

Vor Ihm, vor Seiner reinen Größe verstummten die gehässigsten Leidenschaften; es ließ sich über Ihn nirgends weder ein Wort des Neides, noch des Tadels hören. Von allen Seiten und von allen Höhen kam Ihm die lauteste Zustimmung; sie wurde dem Krieger und dem Menschen gezollt. Diese einmüthige Anerkennung wird alle Blätter seiner Krone immer grün erhalten. Heil dem hehren Alpenlande, welches Ihm in der Noth treu und muthig zur Seite stand.

Graf Ficquelmont, G. d. C.

Nur zusammen gehalten, Ihr Helden! Mit Gott ist alles möglich, mit Gott könnt Ihr es selbst auf dreihundert Teufel wagen.

Knicanin, serbischer General.

4*

Dem Verdienste seine Krone!

Alexander Fürst Gortschakoff,
russischer General.

Unerschütterlich wie Eure Berge, und treu wie ihre Schützen.

Heinrich Freiherr v. Heß,
Feldzeugmeister.

Ist Kaiser und Vaterland bedroht, baut man mit Recht auf des Tirolers Muth und Treue.

Gustav Prinz v. Wasa, FML.

Zwanzig Jahre bin ich dem Manne zur Seite gestanden, dessen Name dieses Album trägt; ich weiß daher, wie fest er auf Tirols Treue und Tapferkeit zählte. Er fand sich in seiner Zuversicht nicht getäuscht. Beim Nahen der Gefahr füllten sich Tirols Felsenmauern mit Schützen, und verzweifelnd blickte der Feind nach jenen Bergen, von denen Trug und Verrath ewig zurückschrecken wird.

Carl Ritter v. Schönhals, FZM.

Frangas non flecles!

Mein Wahlspruch, den fend' ich Dir über die Alpen.

Frangas non flecles!

So tönt's aus Deinen Thalen zurück.

Wrangel,
k. preuß. G. d. C. u. Militär-Commandant in den Marken.

Treu meinem Kaiser, wie ein Tiroler!

Franz Fürst Liechtenstein,
Feldmarschall-Lieutenant.

„Warm das Herz und treu der Pflicht,
Hell im Haupt des Geistes Licht,
Jugendfrisch zu rascher That,
Allen aber Greis im Rath.
Dem besiegten Feind gerecht,
Seinem Gott ein frommer Knecht,
Seinem Herrn ein fester Schild,
Seinem Heer ein Musterbild!

Eugen Graf v. Haugwitz,
Feldmarschall-Lieutenant.

Je m'estime heureux de pouvoir rendre hommage à l'illustre Capitaine, qui s'est rendu par tant de glorieux exploits.

Lüders, k. russischer General-Lieutenant.
(Erhielt 1849 den Maria-Theresien-Orden.)

„An's Vaterland, an's theure schließ dich an.
Das halte fest mit deinem ganzen Herzen!"

Joh. Freih. Kempen v. Fichtenstamm, F. M. L.

Immer und vorzüglich in unsern bewegten trüben Tagen ist es erhebend, ein Volk zu sehen, dem heilig sind Gesetz und Ordnung; das über seinen Rechten nicht seiner Pflicht vergißt, — das in seinem reinen unverdorbenen Gemüthe den besten Grund behält für des Glaubens Anker. Es ist natürlich, daß dieses Volk den größten Helden seiner Zeit, eine der kräftigsten Stützen des Vaterlandes, der Ordnung und des Rechtes zu bewundern versteht, und seine Bewunderung in der Sprache der Menschenliebe ausspricht. Ich habe eilf glückliche Jahre in Tirol verlebt, darum ist mir der unbefleckte Glanz, in dem es jetzt mehr als je strahlt, kein unerklärliches Ereigniß und es erfüllt mich mit Freude und Stolz, auf ein Blatt seines Albums den Namen setzen zu dürfen seines Hochschätzens und Hochachtens.

Laz. Frhr. v. Mamula,
Militär- u. Civil-Gouverneur in Cattaro.

Wohl überdacht — rasch ausgeführt — das Uebrige findet sich! —

Franz Grf. v. Schlick, G. d. C.

Radetzky's Name wird durch Niemanden würdiger vertreten und verherrlicht, als durch — das treue und tapfere Volk der Tiroler.

Fürst Edmund v. Schwarzenberg,
Feldmarschall-Lieutenant.

„Nicht für Oesterreich allein haben seine Heere gekämpft, gelitten, gesiegt!"

Bernard v. Rabenhorst,
k. sächs. Kriegsminister.

Es gereicht mir zur besondern Ehre und Befriedigung, dem Radetzky-Vereine meine Hochachtung sowohl für meinen hohen Gönner und Waffengefährten, dem Feldmarschall Grafen Radetzky, — dem ich im Feldzuge 1848 zur Seite stand, — als für das edle Nationalgefühl der tapfern Tiroler, welche dieses Album veranlassen, bezeugen zu können.

Ludw. Grf. Wallmoden-Gimborn,
General der Cavallerie.

Was ist des Kriegerstandes höchste Zier und Wehre?
Der treue Muth, und makellos die — Ehre!

Wenzel Freiherr Cliatscheck
v. Siebenburg, F. M. L.
Militär-Commandant für Tirol und Voralberg in den Jahren 1848, 1849 und 1850.

Im Wollen fand der greise Held die Macht, —
Dies Wollen hat Ihm Sieg — und Heil gebracht.

Freiherr v. Roßbach,
F. M. L. und Militär-Commandant von Tirol.

Gott grüß dich, festes Kaiserschloß!
Gott grüße dich Tirolerland.
Und wär' der Teufel selber los —
Tirol macht Widerstand.
Dort muß der treue Burgwardein
Der nie kapitulirt,
Der treue Held Radetzky sein,
Der euch so liebt, den Ihr so ziert!
Fehlt ein Konstabler auf dem Wall,
Laßt ihm den alten Dietrich sein —
Für's Kaiserhaus bei Rauch und Schall
Fegt er so manche Tenne rein!

Emanuel Frhr. v. Dietrich,
FML. der Artillerie.

Im Felde, da ist der Mann noch was werth,
Da wird das Herz ihm gewogen.

Edmund Grf. Wengersky,
F. M. L. u. Divisionär.

Wer kräftig nur das Recht geübt,
Der kann zum Tadel lachen.

Frhr. v Welden, F. Z. M.

Biederes Tiroler Volk! dessen Treue für Gott, Kaiser und Vaterland so fest wie seine Berge sind, herzlichsten Dank für das ehrende Andenken, das ihr dem unsterblichen Helden Oesterreichs, dem Vater seiner Krieger weiht. —

Joh. Borbolo v. Boreo, FML.

Mit Gott für Recht und Ehre!
Rief ich als mich der Held
Radetzky mit dem Heere
Zum Sieg geführt in's Feld.
Mit Gott für Recht und Ehre!
So ruf ich dienstbereit,
Ob er nach mir begehre
Im Frieden oder Streit.
Mit Gott für Recht und Ehre!
Soll auch mein Leichenstein —
Entsinkt mir einst die Wehre —
Schlicht überschrieben sein.

Heynzel, FML.

Nichts Erhebenders gibt es auf Erden,
Als ein vorleuchtend Beispiel zu werden.

Wilh. Frhr. v Langenau, GM.

Gar sehr thut's Noth dem allzu heißen Land,
Daß von den Bergen frische Lüfte weh'n,
Die Erde ihre Eingeweide schüttle,
Und eine kräft'ge Fluth den Schlamm verschwemme,
Aus dem der Menschen Tollsinn sich verbreitet.
D'rum laßt uns immer stürmen, fluthen, rütteln,
Bis sich ein neues Leben hier gestaltet,
Und sorget nicht, wie es sich enden wird;
Denn hat es einmal sattsam ausgewettert,
Färbt sich der Himmel wieder blau von selbst.

Anton Pannasch, Oberst.

Wie eine Sonne über beiden strahlt,
Wie einer Sprache eng verwandte Laute
Die beiden Nachbarvölker Brüder nennt:
Wie ein Strom zieht durch beider Segensauen,
So eine auch ein eng verschlung'nes Band

Fortan den Oesterreicher und den Baier,
Die beiden Häuser Wittelsbach und Habsburg.

Dr. Carl v. Spruner,
kön. baier. Oberst.

Heiter glänzten mir die Sterne
An den Ufern des Mincios,
Und, gleich einer schönen Sage,
Hört ich Thaten schön und groß,
Vom geliebten, greisen Krieger,
Den als Mensch, so wie als Sieger,
Hoch die ganze Welt verehrt:
Der auch mir vom Krieg gelehrt,
Und von Arads Festungswällen
An der Marosch düsterm Fluß,
Drang in's Lager der Rebellen
Oft begeistert dieser Gruß:
„Hoch Radetzky! – Hoch die treuen
Muthigen Tirolerreihen!“
Und – mein Marschall, in der Schlacht
Hat dein Bild uns stark gemacht!

Unicic,
Hauptmann u. Theresiens-Ordensritter.

Wo zeigt uns wohl die Geschichte einen zweiten Helden gleich Ihm, der mit einem kleinen Häuflein Getreuer in unglaublich kurzer Zeit nicht nur tapfere äußere und verruchte aufs Aeußerste entschlossene innere Feinde glänzend besiegte, sondern auch ihre Liebe und Verehrung derart gewann, daß sie Seinem erlauchten und unsterblichen Namen das rührende Epitheton: „Vater“ einstimmig vorsetzten. Heil Ihm! ruft mit ganzer Seele einer, der unter dem Helden-Marschall vor Venedig stand.

Julius Ebersberg,
Oberl. u Prof. der Artillerie in Olmütz.

Und wenn der Tod blutig um uns hergelangt
Die Hörner uns riefen: „Bajonnete gepflanzt!“
Da schallten drei Rufe gar freudig und voll
Für Kaiser – Radetzky und dich mein Tirol!
Und lag dann manch' Braver dahin so gestreckt,
Das brechende Auge schon Todesnacht deckt,
So murmelt' drei Bitten er schmerzlich und hohl:
Für Kaiser – Radetzky und dich mein Tirol.

Josef Tschanet,
Oberjäger v. Tir.-Kaiserjäger-Rg., mit der gold. Tapf.-Med. u. ruff. Georgs-kreuz. (Siehe Ruhmeshalle österreichischer Krieger.)

Habt uns verpflichtet, Tirols edle Männer!
Habt Segen gespendet uns blutenden Brüdern,
D'rum bestehe, so lang es „Radetzky!“ erschallt
Ein grünender Kranz euch bei heimischen Liedern
Zum Wohle der Krieger ewig!

Giov. Bartoletti,
Invalid, mit zwei Dekorationen. (Siehe Ruhmeshalle österr. Krieger.)

(Aus der III. und IV. Abtheilung.)

Der Same ist gesät,
Die Pflanze reift,
Aus gutem Boden
Auf zur Frucht.

Graf v. Buol-Schauenstein,
Minister-Präsident.

Besonnen, aber entschieden vorwärts!

Frhr. v. Bach, Minister des Innern.

Oest'reich in Freud' und Leid'
Trag' ich dein Ehrenkleid,
Schneeweiß und schwanenrein
Leid' keinen Flecken d'rein:
Hoch Oestreich hoch!

Frhr. v. Bruck, Finanzminister.

Kein Deutschland ohne Oesterreich!

Ludw. v. d. Pfordten,
kön. baier. Minister-Präsident.

„Hinweisen will ich darauf, daß wir es unsern Truppen, unsern Brüdern und Söhnen verdanken, daß sie unter ihrem heldenmüthigen Führer den Angriff auf die Gränzmarken Oesterreichs und Deutschlands tapfer zurückgeschlagen, und das italienische „Morte ai Tedeschi!“

durch den siegreichen Flug des österreichischen Adlers von Udine bis Verona und Mantua und bis auf den Dom von Mailand erwiedert haben. (Beifall vom Centrum und der Rechten, Zischen von der Linken.)

J. v. Lasser, Ministerialrath.
(Gesprochen am 21. August 1848 im österr. Reichstage.)

Als Glaub' und Pflicht dem Erdball schien entschwunden,
Warst du, Tirol! der Hort für Treu und Recht,
Mit Oestreichs Heer in einem Ruhm verbunden:
Ein Vorbild sei dem kommenden Geschlecht!

Vinzenz Fürst v. Auersberg.

Wer ist stark außer unserem Gott? Gott ist's, der mich gürtete mit Kraft, der meine Hände lehrte den Streit und meine Arme zurichtete, wie einen ehernen Bogen. 2. Kön. 22, 32, 33, 35.

Herman Frhr. v. Vicari, Fürsterzb.

Victoribus victisque charus.

„Wer mich verherrlichet," — so spricht der Herr. — „den will auch ich verherrlichen." I. Reg. II., 30.

Vinzenz, Fürstbischof in Brixen.

Der biedern Tiroler oft bewährte erhabene Treue an Kaiser und Vaterland wird bei allen Völkern des großen vereinten Oesterreichs Bewunderung und Nachahmung finden.

Hoch Tirol! Hoch Radetzky! Der Heldenmarschall, dem eure Pietät dieses schöne Denkmal weihe.

Cam. Rudiger Graf Starhemberg.

Weil Jeder, der Dir naht, edler Held, von Deinem Beispiel angeregt, zum Ungewöhnlichen ermuthigt wird, so verleihst Du Selbst der schüchternen Jungfrau den Muth, sich inmitten von Kriegern und Würdenträgern zu stellen, und Dir ungescheut zu bekennen, wie hoch sie in Dir die starke Hand des Helden, — aber noch höher das warme Herz des edlen Menschen verehrt. Freut sich doch selbst die Natur ihres Werkes, und gibt Dir ewige Frische und Jugend.

Leopoldine Coeur d'ange.

„Wissen ist etwas, Sein ist mehr, Handeln ist Alles. Und Radetzky wußte, was Er wollte, war, was Er sollte, und handelte, als es galt."

Theodor Georg v. Karajan.

(We la galib ill Allah.)
„Es ist kein gewaltiger als Gott"
— Wie die Inschrift von Alhambra lehrt —
Der durch Dich die Kriegesnoth
Oesterreichs in Sieg verkehrt.

Frhr. v. Hammer-Purgstall.

Wenn unserem Streben es auch gelingt, Alles, was verkörpert oder sichtbar dem Auge vorgeführt zu werden vermag, auf irgend eine Weise unserer Druckmanieren vervielfältigt wiederzugeben, — wenn auch unserer Natur selbst darunter jede Kopirung ohne Nachhilfe der Menschenhand auch das Original selbst möglich erscheint, so scheitert unsere Presse leider bei Einem — ein ganz getreues Bild von dem unvergeßlichen Feldmarschall Radetzky zu Tage zu fördern.

Ritter v. Auer,
Reg.-Rath u. Direkt. der k. k. Staatsdruckerei.

Wie vor mehr als tausend Jahren Pelayo in Asturiens Bergen die treuen Anhänger des Christenthums um sich vereinte, dann hervorbrach, die Mauren schlug und christliche Lehre um und um verbreitete; so versammelte Held Radetzky in Verona's Mauern die treuen Krieger Oesterreichs, kräftigte sie durch Wort und Beispiel, zog gegen den Feind, und dieser zerschellte an ihm „wie Glas am Felsen" und Oesterreichs Panier wachte siegreich als Retter christlicher Lehre, der Ehrfurcht vor dem Kaiser, dem Gesetze und dem gemeinsamen Vaterlande.

Josef Arneth.

Welchem Deutschen hätte nicht Radetzky's Sieg über die Wälschen froh das Herz bewegt? Möge unser theures Vaterland einmal innen zur Freiheit und Einigkeit erstarken, dann wird es uns ein leichtes Spiel sein, frisch erblühende Helden an unserer Seite, alle Feinde von Außen abzuwehren.

Jakob Grimm.

Oft pflegt das Alter ihr zu schelten
Ihr Jungen! nennt es dumm und schwach,
Nur ihr, ihr seid die starken Helden,
Schlagt Gott und Teufel auf das Dach.
O schaut, ihr Helden mit der Feder,
O schaut, ihr Helden mit dem Maul,
Vorschielend unter dem Spritzleder,
Den Held Radetzky auf dem Gaul.
Wie Er ein Cid von hohem Rosse
Schaut, zählend drei und achtzig Jahr,
Und trägt nach Mailands Marmorschlosse
Sieghaft zurück den deutschen Aar.
Dies Bild beschaut euch liebe Jungen
Und denket, daß ihr (seh's und schweigt)
Habt ihr dies Alter einst errungen,
Nicht einen Esel mehr besteigt.

Dr. Justinus Kerner.

Tugend muß bei Schilden wohnen,
Ist der Helme Zier und Kronen,
Frommer Glaube treu bewährt,
Schmückt allein der Helden Schwert.

Franz Graf Pocci.

Dein unsterblicher Ruhm, edelster Helden-Greis,
Strahlt noch helleres Licht, als es dem Sieg' entströmt;
Denn um jegliche That Deiner Verherrlichung
Sproßt die Blume der Menschlichkeit

Friedrich Thiersch.

„Non inferiora secutus."

Georg Frhr. v. Cotta.

Mit andern Helden wird Sein Name prangen,
Und zu den spät'sten Zeiten hingelangen,
Doch mancher, der in's Album sich geschrieben,
Wär' sicher unbekannt der Zukunft einst geblieben;
Nun ziehet er mit jenem Meteor,
Wenn auch nicht zu den Sternen just empor,
Mit seinem Namen — Held Radetzky Dank! —
In Innsbrucks aller Ehren werthen Schrank.

August Lewald.

Groß ist nur, der Großes vollenden, nicht nur beginnen kann.
Gut ist nur, der sich selbst vergißt, aber Andere nicht vergessen kann, wo es gilt, zu helfen.
Reich ist nur, der sich ewige Schätze sammelt durch Geben, nicht durch Nehmen.
Freudig ist nur, der dieses Leben als eine Vorschule für die Ewigkeit nimmt, und gegen diese Alles gering achtet.
Heilig ist nur, der Gott gehorcht in allen Dingen und die Menschen nicht fürchtet.

Hans Frhr. von und zu Aufseß.

Schüttelt die Hand er zum Wohlthun, so ist sie ein Meer,
Schüttelt die Hand er zum Kampfe, so ist sie ein Speer.
Wenn sich die Erde verfinstert, so ist er die Sonne,
Wenn sie verdorret, erfrischt er als Guß sie mit Wonne.

Fallmerayer.
(Wassaf, Geschichte der Mongolen in Persien.)

Dein Herz war eisern, wenn es galt,
Zu brechen feindliche Gewalt,
Und zu vernichten den Verrath
Und der Empörung Drachensaat. —
Dein Herz war mitleidsvoll und mild,
Wenn Deine Sendung Du erfüllt
Und reuvoll ob der bösen That
Dir ein Verführter nahe trat.
Wo ist, wie Du, so reich ein Held
Geschmückt mit Kraft und Seelenadel?
D'rum rühmt und preist Dich auch die Welt,
Als Ritter ohne Furcht und Tadel!

Hermann Waldow.

Sie san wohl kemma wie d' Wölf' daher
Und grauft hamm's tho', wie der Lux, wie der Bär,
Aber was' an' d'ersunna und was' an' probirt,
Radetzky, der Held, hat's dengerscht d'erwihrt.
Wie hat er's d'ermacht? Dees will i' dir sagn:
A Schneid hat er g'habt zum wagn und schlagn,
Und brav is er gwest sei' lebta und treu.
Und schau, drum is g'standn an' Engl dabei

In Gfahr und in Noth allewei' auf der Wacht,
Da hat ihm nix a'kinnt, da hat er's d'ermacht.
Jetzt nimm an' Exempl und spiegl' di' dro',
Und willst aa' so an' Engl, sei aa' so a' Mo'!
Dr. F. v. Kobell.

Von des Lebens Gütern allen
Ist der Ruhm das Höchste doch;
Wenn der Leib in Staub zerfallen
Bleibt der große Name noch.
(Schiller, das Siegesfest.)
Den edlen greisen Helden Feldmarschall
Grafen Radetzky begrüßt ehrfurchtsvoll
Alexander v Humboldt.

Besungen aller Zeit von Dichtern werden
Die Schwerter; aber mir will es erscheinen,
Der Wunsch sei gut, selbst bei dem tapfern Deinen:
„Wolle Gott, das letzte Schwert auf Erden!"
Dr. Ludwig August Frankl.

Im Sommer im acht und vierziger Jahr,
Ich auf der Reise nach Hamburg war.
Der Wagen trug rothe Demokraten,
Die haben des Volkes Heil berathen.
Ich mengte mich nicht in ihren Spott;
Ich bethete innerlich: Lieber Gott,
Verläng're Vater Radetzky's Leben,
Gern will ich von meinem eig'nen geben
Für jeden Monat ein volles Jahr!
Da wär nun längst die Rechnung gar?
Gott hat mich nicht beim Wort genommen;
Ich sollte noch in dies Album kommen.
Karl v. Holtei.

Das beste Gut,
Das Gott verleiht;
Ein fester Muth
In schwanker Zeit.
Em. Geibel.

Von Schlachten weiß ich nichts zu sagen,
Und nicht nach Siegen werd' ich fragen;
Doch wie das Bild *) mich droben ansieht,
Erfüllt es mich mit Wohlbehagen:

Gewiß, es muß bei solchen Zügen
Ein menschlich Herz im Busen schlagen:
Das Heldenhaupt, froh mög' es lange
Die Menge seiner Kränze tragen.
Friedrich Rückert.

Was wundert ihr euch, daß er Wunder thut?
Er, der ja Selber ein Wunder,
Der im Alter, das sonst hinter'm Ofen ruht,
Noch heiß von der Jugend Zunder.
Spart euer Wundern noch manches Jahr,
Bis Er, statt neunzig, hundert,
Bis grau Seine Kraft, wie leider Sein Haar;
Jetzt, statt euch zu wundern, bewundert.
Franz Grillparzer.

So ist des Heldengreises Ruhm geschrieben:
Im Wechsel des Krieges
In Fülle des Sieges
Ist groß und mild Sein tapferes Herz geblieben!
Julius Mosen.

So lange Erzherzog Karls Name lebt,
Ist der Name Radetzky mit ihm verwebt,
In fröhlicher Jugend Ehrenglanz
Im gleichen deutschen Lorbeerkranz.
Fast glücklicher brach sich der Heldengreis
Im weisesten Alter noch grünstes Reis;
O trag er noch manches frohe Jahr
Den jüngsten Schmuck in dem Silberhaar!
Ernst Moritz Arndt.

Ein Wagen rollt aus der Hofburg hinaus,
Der Posten am Thor ruft: Gewehr heraus!
Der Kaiser selbst leitet das muth'ge Gespann
Und neben ihm sitzet ein anderer Mann.
Das muß wohl ein Mann sein vom höchsten Stand,
Denn der Kaiser läßt ihm die rechte Hand,
Vielleicht ein König, ein Kaiser gar?
Er ist voll Orden, hat weißes Haar. —
Ihr irrt, der besitzt keinen Königsthron.
Doch schmückt eine Kron' ihn: die Lorbeerkron'
Auch scheint er irrig ein Kaiser Euch,
Doch hat er gerettet ein Kaiserreich.
Es ist Radetzky. Sein Nam' ist genug,
Der spricht wohl mehr als ein ganzes Buch.

---

*) Radetzky-Bild des Albumblattes.

Der Kaiser, ehrend den Bravsten im Land,
Läßt die rechte Hand Seiner rechten Hand.

Dr. J. F. Castelli.

Wenn ein Geschlecht zum Verfalle sich neigt, so rettet die Gottheit
Oft in ein großes Herz Alles, was edel und groß,
Daß es darin, wie auf heiligem Herd' das Feuer der Vesta,
Unentweiht fortglüh' in der entweiheten Welt.
Bis ein neues Geschlecht durch der Väter Thorheit gewitzigt,
D'ran zu reinerer Gluth sich zu entflammen verlangt.
Solch' ein Herz bist Du! Halt' aus, o Greis! und erlisch nicht,
Bis das Geschlecht gereift, dem Du die Flamme bewahrst!

Joh. Gabriel Seidl.

Daß Du den Helden ehrst Tirol,
Ist für Dich selber ehrenvoll,
Doch ehrenvoller noch fürwahr,
Daß selbst zum Helden, kühn und stark,
Ein jeder wird in Deiner Mark,
Erheischt's Gefahr! —

Dr. Joh. Nep. Vogl.

Fahnen, gute alte Fahnen,
Die den Cid so oft begleitet
In und siegreich aus der Schlacht,
Rauschet ihr nicht in den Lüften
Traurig, daß euch Stimm' und Sprache,
Daß euch eine Thräne fehlt!
Denn es brachen seine Blicke
Er sah euch zum letzten Mal.

(Die Romanze vom Cid.)

Wer wohl ist dem Cid vergleichbar, als Held Radetzky, wie er unvergeßlich, wie er groß, stark, ergeben schlicht und treu? —

Hackländer.

Durch den Sieg den Weg zum Frieden!
Eisern hast Du ihn angebahnt
Wahnbethörten Völkern; — —
Gerettet das Vaterland!
Durch der Heimath grüne Fluren
Streicht des Friedens ew'ges Sinnbild
Wieder: Pflug und Spaten; — —
Deines Stammes Wappenbild!

Karl Frhr. zu Leoprechting.

Sie lehrten uns: „nur die Neuen
Die können uns heben und halten,"
Wer hielt uns? die alten Treuen,
Wer hob uns? die treuen Alten.

„Das ein'ge Oesterreich unheilbar ist,
Zerfallen muß es mürben Scherben gleich!"
Du sprachst: Hier ist das einige Oesterreich,
Versuchet denn, wie leicht es theilbar ist.

Dr. S. H. Mosenthal.

Was einer soll, er kann's nicht immer,
Was einer kann, er thut's nicht immer;
Das aber ist der rechte Held
Der, ob die Welt in Trümmer fällt,
Wie, greiser Feldherr, Du gethan,
In frischem Drang und treuem Muth
Das, was er soll, urkräftig kann,
Das, was er kann, hochherrlich thut.

Friedrich Halm.

Durch Kleines Großes schafft die Zeit,
Minuten bilden das Jahrhundert,
Entfloh's erst eurem Blicke weit,
Schaut ihr zurück und steht verwundert;
Und was erheitert, was erbaut,
Der Goldschnitt ist's am Buch zu nennen,
Das, wenn ihr Blatt um Blatt beschaut,
Kaum einen Schimmer läßt erkennen.
Wenn in's Exil der Tag verreist,
Ihm baut das Jahr die Ruhmespforte:
Im Geist der Zeit spricht Gottes Geist,
Die Kunst soll deuten seine Worte.
Soll für das schüchterne Gemüth
Des Blöden jene Höh' erkunden,
Wo schon die Morgensonne glüht,
Bevor das Abendroth verschwunden;
Dann schmückt mit Grün des Menschen Pfad
Alljährlich auch ein Lenz, ob brausend
Die Stürme weh'n: der Menschheit Saat
Bringt erst zur Reife das Jahrtausend

Dr. Gustav Pfarrius.

Alles bringet Huld'gung Dir –
Nehm' sie Held auch an von mir;
Doch für das, was ich empfinde,
Viel zu arm die Sprach' ich finde.

J. B. Jüngling.

Wenn Gott Unsterblichkeit
In Deine Glieder gösse,
Ich zagt' in keiner Zeit
Für Oestreich's stolze Größe.

Dein Beispiel und Dein Ruhm
Noch nie besiegter Waffen,
Wird uns ein Heldenthum,
Das ähnlich Dir erschaffen.

Es wird der Ball der Welt
In neuen Bahnen treiben,
Dein Name, greiser Held,
Wird „Heldenlosung" bleiben!

Dr. Konstant Wurzbach.

Heil den Helden, die ihr Leben
Schließen auf dem Bett der Ehren.
Ihnen Heil, die in den Flammen
Sich als Märtirer bewähren!
Welch' ein Segen in dem Leibe,
Welche Lust in letzter Noth,
Wenn ein Opfer für das Große
Uns're Qual und unser Tod!

Amara George.

Wenn der Gedanke seine Art
Verläugnet und zum Schwerte ward,
Zum Schwert, das mit kein gutes heißt,
Im Weltbrand, statt um Kränze ficht;
Dann wird das harte Eisenschwert
Mild zum Gedanken wohl verklärt,
Der noch mit seinem Strahl erhellt
Die bange, nachtversunk'ne Welt,
Der Wildheit bändigt, Tobsucht zähmt,
Das Siechthum heilt, das Alle lähmt:
Dann ist der große Schlachtenlenker
Zugleich der mild'ste klarste Denker.

Anastasius Grün.

Wie muß Dein Auge lächeln wohl, – wenn es die Blätter überblickt
Die Dir in Achtung, Liebe, Stolz, ein ganzes Volk zu Hauf geschickt,
Die wunderliche Mischung schaun, von Fürsten, Kriegern und Poeten,
Die – einig hier zum ernsten Mahl – dem greisen Held entgegen treten.
Die Schaar ist bunt, und bunt der Sinn, mit dem sie huld'gend sich Dir näh'ren,
Sie wollen auch dem Wandersmann den klein bescheid'nen Raum gewähren,
Nicht dank' ich Dir für Sieg und Schlacht, für all' das Blut, das dort vergossen,
Für all' die Thränen, die darauf – nothwend'ges Leid – dem Sieg geflossen,
Nein, für die Leben dank' ich Dir, die milde Du dem Licht erhalten,
So groß als Feldherr, bist Du doch mir größer durch der Gnade walten,
Ein Fels im Meere standest Du der wilden Feindesmacht entgegen,
Doch schöner als des Sieges Kranz ehrt Dich der Ueberwund'nen Segen.
So trugst Du Oestreichs Banner hoch und flatternd in des Südens Zone,
Die Ehre wahrtest Du dem Land, dem Fürsten wahrtest Du die Krone.
Dir dankt das Volk, und jubelnd wird's den Siegesruf der Nachwelt melden,
Ich stimme ein, doch klagt's im Herz, – o hätte Deutschland solche Helden!

Friedrich Gerstäcker.

Zwei ehrwürdige Männer nur nennt die Geschichte vor Allen,
So Dir erhabener Held an Kraft und Ausdauer gleich:
Massinissa, der Numidien König, neunzig der Jahre
Zählend, doch fünfmal besiegend Karthagos Stolz!
Dandolo Heinrich dann, Venedigs ruhmvollen Degen,
Der fast erblindet, rüstig hundert der Jahr'
Getragen, und Stambuls eherne Mauern bezwungen!
Beiden genügte die Kraft auch ohne Geistes Gewalt;

Daß aber diese und jene groß und bewundernd einen
Sich konnten, zeigtest Du der staunenden Welt.

Dr. J. Hirtenfeld.

Obgleich der Aufruhr eine lernaische Hyder ist, so findet diese doch immer und überall, wo sie sich zeigt, und wäre es mit hunderttausend Häuptern, ihren **Herakles**. Möge die Weltgeschichte, welche die Namen unsterblicher Helden mit Goldbuchstaben in ihre Annalen einzeichnet, nur nie vergessen, daß jener Hydra ein gefährlicher Krebs zu Hilfe kam, und daß es dem Sohn des Zeus und der Alkmene Aufgabe war, auch diesen unschädlich zu machen.

Ludwig Bechstein.

Held mit gebleichten Haaren,
Im Herzen Jünglingsglut,
Treu und gerecht und gut,
Geliebt von Deinen Schaaren,
Voll Gottvertrau'n und Muth,
Du triebst den Feind zu Paaren!
Gott gab dem Kaiserstaate,
Erfaßt vom wilden Brand,
Der flog von Land zu Land,
Nach seinem weisen Rathe,
In deinem Sieg die Hand,
Zur Rettung vom Verrathe.
Mann Gottes! Die Geschichte
Verkündet aller Zeit,
Wie mild Du nach dem Streit
Verfahren im Gerichte,
Wodurch Treubrüchigkeit
Und Aufruhr ging zu nichte.

Adolf Bube.

Gedaehte man ir ze guote niht,
Von den der werlde guot geschiht,
So waere ez allez alse niht
Swaz guotes in der werlde geschiht.
Der guote man, swaz der in guot
Und niwan der werlt ze guote tuot,
Swer daz iht anders wan in guot
Vernemen wil, der missetuot.

(Aus Gottfried's von Straßburg Tristan u. Isolt.)

Dr. G. Carl Frommann.

Voll Lieb und Freude haben wir begonnen
Ein Werk zu Ehren Oesterreichs Heldenvater,
Ein Werk aus Erz, das hin durch alle Zeiten
Radetzky's Ruhm verkünden und bewahren soll;
Und da auch hier zu gleichem hehren Zwecke
Ein geistig Denkmal zu errichten man beschäftigt ist,
So tragen freudig wir, durchdrungen von dem Geiste,
Der alles Edle wahrt, auch einen Baustein zu.

J. D. Burgschmied,
Christoph Lenz und Georg Herold,
Kunstgießer zu Nürnberg.

Ein treues Blut, bewährt in jeder Noth,
Ein starker Arm, der Trutz dem Zwingherrn both,
Ein freier Sinn, den keiner noch bestand,
Ein deutsches Herz, — das ist mein Vaterland.
Und weil es treu, d'rum ist es Dir so gut,
Und weil es kräftig, ehrt es Deinen Muth,
Und weil es frei, d'rum bist Du ihm ein Hort,
Und weil es deutsch, — vertraue seinem Wort!

Vinzenz Ehrhart v. Ehrhartstein.

Als ich die Hunnenschlacht gemacht,
Hab' ich wahrhaftig nicht gedacht,
Daß heut zu Tag und auf der Erde
Noch ein Radetzky nöthig werde!

Wilhelm Kaulbach.

(Dazu wurde vom berühmten Künstler auch ein Münchnerkindl ins Album gezeichnet.)

„Der Mensch ist nur was sein Wille, nicht was sein Verstand ist: der Wille ist der Mensch im Menschen, des Menschen eigenstes Geheimniß." —

Virescit vulnere virtus.

Ernest v. Lassaulx.

Als Du umringt von wildentflammten Rotten,
Ein Gideon mit kleiner Heldenschaar
Zu Felde zogst gen wälsche Sanscülotten
An Zahl dir überlegen viermal gar,
Als sich erfrechte seines Herrn zu spotten
Ein Bubenvolk, der Treu und Ehre baar,
Und nur gewandt, den Meucheldolch zu zücken:
Da schirmten Tirols Männer Dir den Rücken!

Lertha.

Zehnte Jahresrechnung

des Zentral-Radetzky-Vereines zu Innsbruck

vom 1. März 1858 bis Ende Februar 1859.

Einnahmen.

Kasserest vom vorigen Jahr (siehe Jahresabschluß vom 1. März 1858 veröffentlicht in der Schützenzeitung am 12. April Nr. 44)	168 fl. 8 kr.
Außerordentliche Beiträge im Laufe des Jahres	26 fl. 24 kr.
Jahreszins von dem Kapitale per 150 fl. zu 4 Perzent	6 fl. — kr.
Summe	200 fl. 32 kr.

Ausgaben.

Auf Postporto	14 fl. 51 kr.	
Für Druckkosten, für Papier und andere Auslagen bezüglich des Radetzky-Albums	21 fl. 31 kr.	
Summe		36 fl. 22 kr.

Nach Abzug der Ausgaben verbleibt mit Ende Februar 1859 ein Kasserest von . 164 fl. 10 kr. K. W. oder 143 fl. 55 kr. österreichische Währung, mit dem Bemerken, daß davon 131 fl. 25 kr. fruchtbringend anliegen, und die übrigen 12 fl. 40 kr. österr. Währung sich baar in der Vereinskasse befinden.

Seit der Gründung des Innsbrucker Central-Radetzky-Vereins (am 1. März 1849) ist nun ein Dezennium verflossen, innerhalb welchen derselbe einen Gesammtaufwand von 12.274 fl. 24 kr. K. W. bestritten und verrechnet hat, worunter 2339 fl. 30 kr. für verpflegte und mit Geld unterstützte invalide und kranke Soldaten und Landesvertheidiger; dann 5210 fl. 52 kr. als baare Abfuhr an den vaterländischen Invalidenfond begriffen sind; wogegen die übrigen 4724 fl. 2 kr. auf anderweitige Auslagen entfallen, als: Für die Aufstellung und Ausstattung des Radetzky-Denkmals, für die Errichtung und Vermehrung des Radetzky-Albums, für Charpien, Leinwand, Leintücher u. s. w. für die Verwundeten in den Jahren 1848—49, für die Aufstellung der aus dreißig schweren Gewehren bestehenden Bergbatterien; endlich für Schießübungen, für Postporto, für Druck-, Lithographie- und Buchbinder-Kosten, für Sammlung von Schriften, Gedichten und für andere Gegenstände.

Uebrigens muß hiezu noch insbesonders bemerkt werden, daß die Kosten für die aufgestellte Bergbatterie per 994 fl., dann ein weiterer Betrag per 1411 fl. 7 kr. für verschiedenartige Auslagen zusammen per 2405 fl. 7 kr. K. W. zwar im Interesse des Vereins, jedoch aus Privatmitteln des Vereinsvorstandes bestritten worden sind.

Innsbruck, am 28. Februar 1859.

Joh. Nep. Ritter v. Alpenburg, als Vorstand.

Niederegger,
k. k. Rechnungsrath, als Vereinskassier.

Schlußrede.

Der im Sturmjahre 1848 gegründete, am 1. März 1849 statutenmäßig geregelte Radetzky-Verein, wozu der greise Feldherr auf dem Schlachtfelde bei Novara eigenhändig seinen Namen spendete, und dadurch dem Vereine eine höchst merkwürdig geschichtliche Weihe verlieh, besteht aus Tausenden von Mitgliedern von Berg und Thal, welche statutengemäß durchreisende Invaliden gepflegt, bewirthet, mit Geld betheilt, für den vaterländischen Invalidenfond gesammelt, und mit Wort und That solche Resultate erzielet haben, daß öffentliche Blätter und Organe laut und anerkennend darüber berichten konnten. Wir dürfen daher mit zufriedenen Bewußtsein den zehnten Jahresbericht veröffentlichen, und noch zufriedener auf das Radetzky-Denkmal im Nationalmuseum blicken, welches wir dem guten Heldenvater in dankbarer Liebe aufgebaut haben, der „an seine braven Tiroler" manch' freundlich anerkennendes Wort gesprochen, und uns verstanden hat. — Wenn auch das Denkmal nicht so vornehm und großartig ist, wie das projektirte Standbild von Erz gewesen wäre, von welchem wir mit schweren Herzen Umgang nehmen mußten, so birgt es dennoch einen unschätzbaren Autographenschatz in sich, der einzig in seiner Art in der Welt ist, und weil immer vermehrt, auch nie von einem andern Monumente erreicht werden wird: denn dieses Denkmal ist lebendig, mit Geist und Seele rauschen aus ihr die Zeitstimmen, *) und werden fortrauschen über die nie ruhenden wechselvollen Kämpfe der Menschen um an der Todtenhalle des großen Menschenfreundes auf dem Heldenberge zu Wetzdorf wie ein heiliger Hymnus für die Nachwelt fortzuklingen. Dieses begeistere uns zum weitern Fortbau; einzelne Hemmnisse, die Vermehrung der Auslagen, und die Verkleinerung der Einnahmen kann uns nicht den Muth rauben, weil wir im edlen Werke unsere Aufmunterung, unseren Lohn suchen.

Im Hinblicke auf die zehnte Jahresrechnung, und um gestellte Fragen zu lösen, erlaube ich mir als Vorstand folgendes beizusetzen. Die kleine Jahreseinnahme von 30 fl. 24 kr R. W. und die Ausgabe von 36 fl. 22 kr. zeigt, wie sparsam wir gewirthschaftet, und wie sparsam wir noch künftig sein müssen, weil wir die Radetzky-Albumblätter, welche wir früher in Berücksichtigung der öffentlichen Huldigung von Oesterreichs Retter und ältesten Feldmarschall des Kaisers, von der k. k. Hof- und Staatsdruckerei in Wien (wo die Kupferplatte liegt) unentgeltlich erhielten, seit dessen Tode aber nun (Druck und Papier) bezahlen müssen, ja sogar Nachtragszahlungen für frühere Blätter leisten mußten. Zur Rubrik der Gesammtausgaben von 4724 fl. 2 kr. gehören die zu Geburts- und Namensfesten des Feldmarschalls angeschafften und übersendeten Geschenke. So das große „Erinnerungsblatt an das 87ste Geburtsfest und 70ste Dienstjahr für den 2. November 1853. Der „Ehrenkranz" ein einziges in Prachtausgabe dem Marschall zu dessen 90sten Geburtsfeste am 2. November 1856 übersendetes Buch, eine Blumenlese aus dem Radetzky-Album enthaltend.

Endlich das schöne Gemälde vom Maler Rothbart in München: „wie das Tirolervolk dem Vater Radetzky huldiget," welches demselben gleich nach seiner Krankheit zum 91sten Geburtsfeste

---

*) Leider verbiethet der beschränkte Raum viele längere Gedichte zu bringen, haben daher auch viele im Ehrenkranze schon veröffentlichte Stimmen auslassen müssen, wie die vortrefflichen Geistesprodukte von Otto Prechtler, K. Simrock, Zerboni, Tschabuschnigg, Hermannsthal, Neumann, Hirsch, Holzwart, Alexander Kaufmann, A. Bötziger u. A. m. Dankbar erwähnt muß werden der sinnreichen Ausfüllung der Albumblätter von Künstlerhänden, welche Bild und Spruch vereinen, wie Maler Wolf in München ein Muster gegeben (siehe S. 36 u. 37). O wollte auch fernerhin uns die edle Kunst mit solchen Schätzen bereichern!

am 2. November 1857 übersendet wurde, und wozu Fräulein Emilie v. Ringseis in München, die Dichterin der „Veronika" folgende gemüthvollen Verse schrieb:

Zur Genesung, edler Held!
Der Du siegreich die Soldaten,
Wie die Herzen kommandirt —
Jüngst bei Deines Unfalls Kunde
Ging Ein Schrei aus jedem Munde;
Mit Gebeten statt Granaten
Ward der Himmel bombardirt.
War in Waffen da zu schauen
Volk aus aller Herren Gauen,
Sonder Zahl.
Wie bedrängen, wie bekriegen
Sie den höchsten General!
Huldreich läßt er sich besiegen;
Ohne Säumen
Schon muß räumen
Krankheit auf sein Wort das Feld.
Hörst Du's freudig rings erklingen,
Eine Welt Dir Glückwunsch bringen?
Heil, Genesung, theurer Held!

Das rührende Dankschreiben zeigte, wie tröstlich und erfreulich dem kränkelnden Feldherrn diese zarte Aufmerksamkeit ergriffen hatte. Das war unser letzter Akt der Pietät, — das war sein letzter Brief: nach zwei Monden lag seine Leiche auf dem Paradebette, von Freund und Feind betrauert und gesegnet, und von uns aufrichtig beweint. Radetzky starb am 5. Jänner 1858, lebt aber unsterblich fort in unsern Herzen. Daher schrieb in den gegenwärtigen kriegerischen drohenden Zeiten der wackere Verfasser des „Jungfriedel," August Becker in das Radetzky-Album:

Nicht todt, wenn auch gestorben ist der Held:
Er lebt in jedem Herzen, jedem Munde.
Mit seinem Geist zieht Oesterreich ins Feld,
Und Deutschland jubelt ob dem stolzen Bunde ꝛc. ꝛc.

Innsbruck, am 1. März 1859.

Alpenburg.

Berichtigungen und Druckfehler.

Seite 1 nach der 2. Zeile, nach dem A muß hinzugefügt werden: Anna, Erbgroßherzogin von Toskana.

Seite 4 Zeile 11 lies Prechtler anstatt Brechtler.

Seite 6 nach der 14. Zeile, nach dem E muß hinzugefügt werden: Enzenberg Gustav Graf v., Oberlieutenant in der Armee.

Seite 12 nach der 30. Zeile, nach dem K muß hinzugefügt werden: Kotz, Luise Freiin v., Stiftsdame in Prag.

Seite 18 Zeile 4 und 6 von unten lies Bach anstatt Pach.

Seite 35 müssen nach dem 121. Porträte noch folgende drei beigefügt werden: Porträt von Anton Graf Thun, August Graf zu Leiningen-Westerburg, J. M. L., Luise Freiin v. Kotz. Geschenke von Letzterer.

Seite 36 nach der 15. Zeile muß beigefügt werden: Fliegende Blätter des Radetzky-Vereins. Zwölf Bilder aus den Jahren 1848 — 50; von Ritter v Alpenburg. Geschenk vom Verfasser.

Seite 37 nach der 9. Zeile muß beigefügt werden: Das ehrenvolle Gründungsdiplom für den Radetzky-Verein. Ein großes Bild in Goldrahme, mit der Inschrift: „Dem löblichen tirolisch-vorarlbergischen Radetzky-Verein in Innsbruck, als Mitgründer der fünf österreichischen Invaliden-Versorgungsfonde." Dieses wichtige Dokument ist eigenhändig unterzeichnet von den Helden Radetzky, Welden, Jellacic, Hainau und Czorle, letzterer im Namen der Latour-Stiftung.

Seite 37 am Ende der Seite (nach dem Lorbeerblatte) ist beizufügen: Der geschichtliche Ehrenstutzen, dessen Rohr in den blutigen Kämpfen der Tiroler von 1797 bis inklusive 1848 im Feuer gewesen, dann prachtvoll neu geschiftet und geziert, und mit folgender eingravirter Widmung versehen worden ist: „Andenken für Tapferkeit und Großmuth dem Feldmarschall Grafen Radetzky. 1848." Dieses Geschoß wurde von einer Anzahl Schützenhauptleute als Deputation des gesammten Landes dem greisen Sieger von Custozza nach Mailand überbracht, und am 10. September 1849 um 11 Uhr Vormittags in der *Villa reale* übergeben. Diese Aufmerksamkeit erfreute den Feldmarschall so sehr, daß Thränen von seinen Augen rollten. Nun ist der Heldenvater todt, — sein Ehrenstutzen kam in sein geliebtes Land zurück, und bleibt nun im Museum neben dem Radetzky-Denkmale ausgestellt. (Ueber Reise und Uebergabe dieses Gewehres berichtet die Schützenzeitung vom Jahre 1849 Nro. 17 — 20 ausführlich.)

Seite 40 nach Zeile 21 muß beigefügt werden: Ehrenkranz, eine einfache Copie des einzigen in Prachtausgabe zur 90sten Geburtstagsfeier Radetzky's angefertigten, und am 2. November 1856 übersendeten Buches, enthaltend: Eine Blumenlese aus dem Radetzky-Album und das Verzeichniß aller Mitglieder.

Für Recht und Pflicht das Schwert gezückt,
Den Blick zum Himmel unverrückt,
Beschützend mit der Heldenhand
Den Kaiser und das Vaterland,
Das Herz an Menschenliebe reich,
Ein Kriegs- und Friedensfürst zugleich,
Im Handeln stark, im Strafen mild,
Das ist — Radetzky's Lebensbild.

Deinhardstein.

(Radetzky-Album.)

Reden

bei der Beerdigungsfeier

des

Geh. Raths Professors Dr. Rau

gehalten in der

Providenzkirche zu Heidelberg

von

Oskar Schellenberg, Stadtpfarrer; Dr. Zittel, Dekan;
Dr. Schenkel, Kirchenrath und Professor.

Heidelberg.
Akademische Buchhandlung von Ernst Mohr.
1870.

Eingangsworte

von

Stadtpfarrer Oskar Schellenberg.

Im Namen Gottes des Vaters, des Sohnes und des h. Geistes! Amen!

Es steht ein Sarg in unserer Mitte, der ein reiches, ein theures Leben umschließt.

Geheimer Rath, Professor Dr. Rau ist der Todte, zu dessen Bestattung, zu dessen letztem Ehrengeleite wir uns hier versammelt.

Und wie es ein natürlicher Zug, ein Bedürfniß unseres Herzens ist, das Bild des Entschlafenen noch einmal in unsere Mitte, in unsere Herzen zurückzurufen, so ist dies ebenso eine h. Pflicht der Liebe und der Dankbarkeit. Das wird denn auch geschehen durch den Mund von Männern, die dem Entschlafenen lange nahe waren, die in innigem Verkehre tief in sein Leben und Wesen geblickt.

Ich aber möchte, ehe wir unsere Herzen im Gebete sammeln, über diesem Sarge, über dem Manne voll lebendiger Frömmigkeit, voll kindlicher Religiosität, im Namen der Kirche, im Namen auch unserer Gemeinde nur ein Wort des Herrn sprechen, das verheißend in jedes wahrhaftige Christenleben hineintönt, und das uns heute der Rahmen ist, der uns das reiche und selige Leben des theuren Heimgegangenen umschließt.

Ich lege in diesem Worte auf diesen Sarg einen Ehren- und Siegeskranz, der das Haupt des Vollendeten schmückt, reicher als alle Ehrenzeichen der Welt. — Das Wort des Herrn heißt:

Selig sind die reines Herzens sind, denn sie werden Gott schauen! (Matt. 5, 8.)

Wißt Ihr ein kürzeres, treffenderes Wort, das Wesen des Hingeschiedenen zu zeichnen, als mit dem einen Worte „reinen Herzens"? O, es zeichnet uns jenen Adel der Gesinnung, jene Feinheit und Weichheit der Empfindung, jene Lauterkeit des Charakters, jene Frömmigkeit des Herzens, wie sich das Alles in dem Hingeschiedenen zu einem Bilde einte, das, ebenso wohlthuend als gewinnend, unvergeßlich in unserer Mitte lebt.

Und weiter, wißt Ihr eine lieblichere Verheißung, die solch' einem Leben gilt, als die in dem Worte gegeben ist: Selig sind die reines Herzens sind, denn sie werden Gott schauen?

Selig die reinen Herzen in sich, in der Reinheit ihres Wesens, ihrer Empfindung, selig aber vor Allem im Schauen Gottes.

O das hat sich ganz besonders an unserem Entschlafenen bezeugt und bewährt: Ja er hat diese Seligkeit empfunden, er hat seinen Gott geschaut, seinen Gott gefunden, seinen Gott erfahren: Geschaut in seinen Werken, in den Wundern seiner Schöpfung; gefunden in seinem Wort, in seinem Walten; erfahren in seinem Herzen als Friede, als Kraft und Stärke im Leben und Wirken, ja als Muth und Freudigkeit im letzten, schweren Kampfe des Todes!

Darum: Selig die reinen Herzens sind, denn sie werden Gott schauen, so sprechen wir in voller Empfindung über diesem Sarg, über diesem nun abgeschlossenen Leben, so sprechen wir aber auch getrost, Angesichts des Grabes und der Ewigkeit und ergreifen das Wort als ein kühnes Wort der Verheißung, das in eine sel'ge Zukunft deutet: Was aus Gott geboren kann den Tod nicht schauen.

Und so rufen wir denn, in Liebe und Dank, in Glaube und Hoffen, dem theuren Hingeschiedenen das Wort seines und unseres Erlösers nach:

Selig sind die reines Herzens sind, denn sie werden Gott schauen! Amen!

Gedächtnißrede

von

Decan Dr. Zittel.

Röm. 1, 16.

Wir blicken mit tiefer Wehmuth auf den hier aufgestellten Sarg. Was für eines Mannes Hülle er einschließt, davon zeugt diese große und ansehnliche Versammlung, davon zeugt die Ehre, die ihm noch im Tode erwiesen wird, die Liebe, welche dem Heimgegangenen nachfolgt, die Trauer um den Verlust einer so hochverdienten und so vielgeliebten Persönlichkeit.

Mit trauerndem Herzen sehen wir die Leiche an dieser Stelle, wo jetzt aller Augen auf sie gerichtet sind. An eben dieser Stelle stand vor etwa anderthalb Jahren der Mann, an Jahren ein Greis, aber in der vollsten Geistes- und Lebensfrische, ein Bräutigam mit der treuen Gefährtin seines Lebens zur goldenen Hochzeit. Es war ein schöner Tag, und ich freute mich, in diesem Hause den Gefühlen der Freude und des Dankes das Wort leihen zu können. Jetzt nimmt die Leiche des Mannes die Stelle ein, an der er damals gestanden, und wieder verlangt mein Beruf von mir, den Gefühlen, wie sie heute uns erfüllen, einen Ausdruck zu geben. Verehrte Versammlung! Ich thue es mit einem schweren Herzen. Es sind jetzt nahezu zwei und zwanzig Jahre, als ich zum erstenmal in diese Kirche trat und von dieser Kanzel aus zu der Gemeinde sprach. Da trat der Geschiedene an eben der Stelle, wo jetzt seine Leiche ruht, an der Spitze des Kirchengemeinderathes mir entgegen, um mich als Pfarrer dieser Gemeinde zu begrüßen, mich zu mahnen und zu ermuntern, und das Alles in so herzlichen und doch so ernsten Worten, daß sie mir stets unvergeßlich geblieben sind. Seitdem war es mir vergönnt, in meinem Berufe stets mit ihm zusammen zu gehen und in ihm überall eine treue Stütze und einen guten und redlichen Rathgeber zu haben. Darum wird es die verehrte Trauerversammlung mir gerne glauben, daß ich heute meiner Berufspflicht mit einem schweren Herzen nachkomme.

Niemand wird von mir erwarten, daß ich des Heimgegangenen Verdienste als Gelehrten und als akademischen Lehrers zu schildern versuche. Das mag aus anderm Munde viel besser gewürdigt werden, als von mir. Doch wissen wir es Alle, wie der Bahn brechenden wissenschaftlichen Arbeit seines Lebens auf diesem Gebiete eine ebenso große als verdiente Anerkennung zu Theil geworden ist, und wie dem Dahingeschiedenen insbesondere in seinem hohen Alter große Ehre erwiesen worden ist. Auch diejenigen unter uns, die als Laien seiner Wissenschaft, gleich mir kein Urtheil auszusprechen wagen, sind doch Alle darin eins, daß er der Universität Heidelberg einen Namen hinterläßt, der ihr zur höchsten Zierde gereicht.

Auch seine Theilnahme an dem politischen Leben darf ich kaum berühren. Er war kein Parteimann im gewöhnlichen Sinne des Wortes, hatte keine Führerschaft oder hervortretende Stellung in den großen Zeitkämpfen angestrebt; aber er nahm stets den innigsten Antheil an den Entwickelungen des politischen und socialen Lebens, und hat seine persönliche Mitwirkung nie einer von ihm als gut erkannten Sache entzogen. Wo das Vertrauen seiner Standesgenossen oder des Fürsten ihm eine Stellung im öffentlichen Leben zuwieß, da suchte er nie seine eigene Ehre, sondern mit der gewissenhaftesten Treue stets nur das Wohl des Volkes und des Staates.

Wie ihm aber ein bis in das sieben und siebenzigste Jahr fast ungetrübtes, reichgesegnetes Leben zu Theil ward, wie heiter und glücklich diese Lebenszeit im glücklichen, herzlichen Vereine mit den Seinigen zurückgelegt worden, welche Liebe und Verehrung er nicht nur innerhalb des Familienkreises, sondern überhaupt soweit seine Bekanntschaft reichte, genossen hat, das tritt ja uns Allen in die lebhafteste Erinnerung, so bald nur der Name Rau genannt wird.

Das aber möge mir noch vergönnt sein mit einigen Worten zu berühren, was sein innerstes Wesen bewegte, was die eigentliche Seele seines Denkens, Strebens und Verhaltens gewesen ist. Ich weiß dem keinen bessern Ausdruck zu geben, als das vorgelesene Wort des Apostels Paulus (Röm. 1, 16.): „Ich schäme mich des Evangeliums von Christo nicht; denn es ist eine Kraft Gottes selig zu machen, die daran glauben."

Eine tief innere Frömmigkeit war der Grundzug seines Wesens; eine Frömmigkeit, lauter und rein in ihrer Quelle, nicht aus irgend welchen Rücksichten und Gewohnheiten, sondern aus der klaren Erkenntniß des unaustilgbaren Bedürfnisses, des unauslöschlichen Durstes der Seele nach dem Idealen, Ewigen, Göttlichen. Und wie klar und rein diese Frömmigkeit in ihrem Grunde, so rein und bestimmt war sie in ihren Zwecken, überall nur auf das gerichtet, was er als gut und wahr erkannt hatte. Daraus ist diese Reinheit des Charakters erwachsen, die gewissermaßen in seinem Aeußern sich spiegelte, aus seinen Augen leuchtete, und ihm die Liebe und Achtung Aller erwarb; in ihm war das Wort: „Gott vor Augen und im Herzen“ keine blose Phrase. Daher denn auch die Lauterkeit und Wahrhaftigkeit seines Lebens; eben darum fühlte man sich so wohl in seinem Umgang, weil man das Gefühl hatte, daß etwas Unwahres in Wort und That bei ihm eine Unmöglichkeit sei. Aus seiner Frömmigkeit ist sein demüthiger Sinn hervorgegangen, der sich in all' seinem Thun und Lassen der Rechenschaft bewußt war vor einem höheren Willen, der sich selber nie genug that und doch so bescheiden in seinen Anforderungen an die Menschen war. Daraus endlich sein wohlwollendes, humanes Wesen, in welchem er so mild in seinem Urtheil über andere Menschen, so anerkennend auch gegen entgegenstehende Bestrebungen, in denen er stets irgend einen sittlichen Beweggrund anzuerkennen suchte, so freundlich und dienstbereit gegen Jedermann war.

Solche Frömmigkeit trug Niemand weniger zur Schau, als er; sie war und blieb ihm das verborgene Kleinod seines Herzens. Aber er schämte sich auch ihrer nicht, und verschmähte nicht, es zu zeigen, daß er sich ihrer nicht schäme, wo es irgend wie galt, ein offenes Zeugniß abzulegen vor der Welt im Gegensatz gegen den Indifferentismus und gegen die vielfach zur Schau getragene Geringschätzung des religiösen Lebens. Wie er mit voller Ueberzeugung unserer Kirche angehörte, so war es ihm eine Gewissenssache, für das kirchliche Leben zu wirken, wo und wie er konnte. Der Platz hier unten an der Kanzel hat ja vielfach es der Gemeinde bezeugt, daß ihr Kirchengemeinderathsmitglied Rau sich des Evangeliums von Christo nicht schäme, daß ihm dieses Evangelium lieb und werth sei, und daß er gerne ein offenes Ohr dafür habe in Mitte der Gemeinde. Mit der größten Hingebung hat er seit vielen Jahren her in den Landes- und Diöcesansynoden das Wohl unsrer evangel. Kirche mitberathen und geholfen an ihrer Neugestaltung; und auch außerdem nahm er den thätigsten Antheil an den ernsten Zeitbestrebungen auf diesem Gebiete. Auch im örtlichen Kirchengemeinderathe war es ihm nie zu viel, sich jedem Dienste zu unterziehen; es war ja noch einer seiner letzten Versuche, einer Kirchengemeinderathssitzung anzuwohnen, da schon die Kraft dazu nicht mehr ausreichte; hat doch der mit allen Ehren überhäufte Geheimerath es nicht verschmäht, die

Kinder der Stadt an diesen Altar zur Confirmation zu führen und in jeder öffentlichen kirchlichen Handlung als Vertreter der Gemeinde mitzuwirken. So war sein ganzes Verhalten ein offenes Zeugniß, daß er sich des Evangeliums von Christo nicht schäme.

Wie aber dieses Evangelium in ihm selbst eine Kraft Gottes geworden ist, selig zu machen, die daran glauben, — um das zu erkennen, mußte man freilich Gelegenheit haben, zu sehen, was für ein innerer Friede in ihm war, und wie von ihm aus ein solcher über seine Umgebung sich verbreitete und sie beglückte. Als er seine goldene Hochzeit feierte, da lag ein reich gesegnetes Leben hinter ihm, und er konnte mit großer Befriedigung der Vergangenheit gedenken; aber die volle Freudigkeit für ihn wie für seine Gattin lag doch darin, daß sie mit einander aus der Tiefe ihrer Seelen sagen konnten: Bis hierher hat der Herr geholfen. Daß er in all' dem Guten, was ihm zu Theil geworden war, Gottes Führung erkannte und Gott dafür danken konnte, das war seine Seligkeit. Und Gott hat ihm nun auch geholfen über den letzten Erdenschmerz hinaus. Wie war in seinem schweren Kampfe seine Seele voll freudiger Hoffnung. „Ich bin ein sündiger Mensch, sagte er mir, aber ich habe die Zuversicht, daß ich in Gnaden angenommen werde.“ Und als ich das letzte mal ihn sah — er konnte nicht mehr sprechen —, da wir mit ihm beteten, das Gethsemane-Gebet, da legte sich seine Hand auf das Herz, und sein Angesicht verklärte sich in einer solchen Freudigkeit, daß ich nur wünschen kann, ihr hättet es Alle gesehen, um es vor Augen zu haben, daß das Evangelium von Christo wirklich diejenigen beselige, welche daran glauben.

Verehrte Trauerversammlung! Es ist wohl etwas Schönes und des Strebens eines Mannes Werthes, in seinem Berufe Etwas geleistet zu haben, das uns die Anerkennung der Menschen in unserm Tode verbürgt. Der Verstorbene hat dieß in vollem Maaße erreicht.

Es gibt aber noch ein Schöneres und Wünschenswertheres, nämlich scheiden zu können mit dem Bewußtsein, daß man nicht blos die Anerkennung, sondern auch die Liebe der Menschen sich erworben habe und mit sich nehme; der Heimgegangene nimmt sie mit wie wenig Menschen.

Das Größte und Schönste aber ist, daß man am Ende sich sagen kann: Ich habe treu und redlich vollbracht, wozu mich Gott berufen hat; in seine Hände befehle ich getrost meinen Geist. So ist unser Rau geschieden. Amen.

Gedächtnißrede

von

Dr. D. Schenkel.

Eine schwere, eine schmerzliche Pflicht ist es, die ich jetzt erfülle, wenn ich im Namen und Auftrag unserer Universität dem theuern Verstorbenen, dessen sterbliche Hülle wir zu seiner Ruhestätte begleiten, einen kurzen Nachruf widme. Und doch wird die Erfüllung dieser Pflicht mir durch das erhebende Gefühl erleichtert, auf ein so reiches, so reines, in sich so vollendetes Leben zurückblicken zu dürfen. Oefters knickt der Tod wie ein Hagelsturm ein frisch aufblühendes Leben; diesmal hat er vom reich beladenen Baum die edle ausgereifte Frucht gebrochen. Es ist schön so zu sterben, von den Thränen der Liebe benetzt, geschmückt mit dem wohlverdienten Ehrenkranze auf dem lebensmüden silberweißen Haupt.

Aber nur um so tiefer empfinden wir, die Collegen des Verstorbenen, die Größe des erlittenen Verlustes. Wir vor Allen wissen es ja, was uns der Verstorbene gewesen, was uns in ihm entrissen worden ist. Wenigen Menschen nur ist es vergönnt, in einem der großen Kreise des öffentlichen Lebens, der Wissenschaft, des Staates, der Kirche, Ausgezeichnetes zu leisten. Noch wenigern ist es verliehen, diese Kreise sämmtlich zu umfassen, in allen zugleich segensreich und erfolgreich zu wirken. Unser verstorbener Freund ist einer der Auserwählten gewesen, denen dieses seltene Glück beschieden wird. Schon in früher Jugend hat er in der Wissenschaft einen geachteten, bald einen hervorragenden Namen sich erworben. In die höchste politische Versammlung seines Landes hat ihn für längere Zeit das Vertrauen seiner Collegen berufen, und mit gewohnter Umsicht hat er darin gewirkt. Auch in den Dienst der Kirche hat er seine reichen Gaben gestellt und sich durch langjährige Thätigkeit ein unauslöschliches Gedächtniß darin gesichert. In diesen so verschiedenen Richtungen, in so mannigfaltigen Thätigkeiten ist aber eine Grundtugend die bestimmende und beseelende Kraft gewesen, die seltene Lauterkeit und Gewissenhaftigkeit seiner Gesinnung, begleitet von einer eben so seltenen Besonnenheit seines Geistes und einer liebenswürdigen Milde seines Gemüthes.

In der Wissenschaft gehörte er allerdings nicht zu den kühnen und kecken Geistern, die auf Eroberungszüge ausgehen; nicht mit zermalmender Kraft hat er die Fundamente überlieferter Anschauungen zertrümmert, und ungewohnte, ungeahnte Bahnen gebrochen; nicht mit überraschenden Theorien und glänzenden Systemen hat er das Erstaunen seiner Zeitgenossen herausgefordert. Die Grundzüge seines Wesens, jene Besonnenheit und Gewissenhaftigkeit, hätten einen solchen Lebens- und Berufsgang ihm nicht zugelassen. Aber noch in jugendfrischer Manneskraft stellte er die Grundlagen des wissenschaftlichen Hauptwerkes seines Lebens fest. Und mit welchem unermüdlichen Bienenfleiße, mit welcher alles erwägenden Sorgfalt, mit welcher sich selbst niemals zufriedenstellenden Emsigkeit hat er an diesem Werke fortgearbeitet, von Jahr zu Jahr, von Jahrzehnt zu Jahrzehnt daran gefeilt und gebessert, Stockwerk auf Stockwerk weiter gebaut, mit der fortschreitenden Zeit immer gleichen Schritt gehalten, und gerade darin sich als den ächten Forscher bewährt, daß er bis in sein hohes Alter nicht fertig geworden ist. Er, der von Hunderten von Schülern verehrte und bewunderte Lehrer und Meister, hat bis in seine letzten Lebenstage immer fortgestrebt und fortgelernt. Auch zählte er nicht zu jener Klasse von Gelehrten, die genug gethan zu haben meinen, wenn sie die Errungenschaften ihres Scharfsinns, die Schätze ihres Fleißes in Bücherwerken aufgespeichert haben. Wie er stets sinnig der Natur der Dinge nachdachte und aus dem frischen Leben selbst schöpfte, so hat er auch für die Erfahrung und das Leben gearbeitet und gewirkt. Seine Gedanken fruchtbar zu machen für seine Zeitgenossen, an den großen Culturaufgaben der Gegenwart nach seinem Theile mitzuarbeiten, auch *seinen* bescheidenen Beitrag darzubringen zur Lösung der schwierigen, verwickelten socialen Probleme, zur Beantwortung jener brennenden Fragen, welche gegenwärtig die ernstesten Geister beschäftigen, das war ihm nicht nur eine Sache des Kopfes, sondern vor Allem eine Angelegenheit des Herzens. Und wie im Großen treu, so war er es auch wieder in dem Kleinsten. Mit nie erlöschendem Eifer hat er insbesondere sich im engeren collegialischen Kreise der Verwaltung unserer Universität gewidmet. Ein ganzes Menschenalter hindurch hat er als thätiges Mitglied der Verwaltungsbehörde derselben angehört; in einer äußerlich wenig lohnenden und gleichwohl mit einem erheblichen Müheaufwande verbundenen Stellung hat er bis an's Ende ohne Ermatten ausgehalten. Schon bereit den Pilgerstab niederzulegen, bis zum Tode erkrankt, hat er vor wenigen Wochen noch einer Sitzung beigewohnt und mit zitternder Hand den letzten geschäftlichen Bericht niedergeschrieben. Denn leben hieß ihm wirken, und gewirkt hat er bis an seinen Tod.

Ist auch seine politische Thätigkeit eine begrenzte gewesen, um so unbegrenzter war seine Vaterlandsliebe. Kaum hat je ein Herz wärmer als das seine für die Ehre und das Wohl des deutschen Volkes geschlagen, kaum je ein Gemüth inniger geglüht für gesunde, auf den Grundlagen der Ordnung und des Rechts ruhende, Volksfreiheit. Seine Liebe zum Vaterlande glich nicht einer Leuchtkugel, die in den Tagen nationaler Erhebung und Hoffnung glänzend emporsteigt und Strahlen auswirft, aber in den Tagen des Druckes und der Erschlaffung schnell im Dunkel verschwindet. Sie glich vielmehr einem milden reinen Stern, der sein Licht auch noch durch dunkle Wolken sendet, und in Sturm und Wetter nicht untergeht. Unerschüttert ist auch in der beklommensten Zeit sein Glaube an die Zukunft des Vaterlandes geblieben, ungebrochen auch unter dem schwersten Drucke sein Muth. Auch als er längst abgetreten war vom Schauplatz öffentlicher politischer Thätigkeit hat er als ein einfacher Bürger seine treue Gesinnung eingesetzt für die höchsten nationalen Güter. Hat er auch den Sonnenaufgang einer bessern Zeit nicht mehr erlebt, so hat er sich doch an dem Schimmer des anbrechenden Morgenrothes noch erfreut. Und seine Liebe zum großen Vaterlande hat die Treue gegen sein kleineres und engeres nicht abgeschwächt. Mit ganzem Herzen hat er unserm Baden angehört; in aufrichtigster Anhänglichkeit hat er seinem Fürsten gedient, der auch heute durch hohe Abgeordnete der großherzoglichen Regierung und des großherzoglichen Hauses den Verstorbenen und in demselben sich selbst geehrt hat.

Was er in herzlichster Theilnahme und mit vollster Hingebung der Kirche gewesen, das ist in treffenden Zügen schon geschildert worden. Daß er als ein Mann der Wissenschaft der Kirche so treue Dienste dargebracht — das hat aber noch seine besondere Bedeutung. Das weitverbreitete Vorurtheil, daß Wissenschaft und Frömmigkeit, Denken und Glauben sich gegenseitig ausschließen, hat er durch Beispiel und Leben gründlich widerlegt. Wenn einer unserer großen Denker die Religion als die Ehrfurcht bezeichnet vor dem, was über uns, was in uns und was unter uns ist, dann zeichnet er ein Bild von der kirchlichen

Gesinnung unseres verstorbenen Freundes. Ehrfurcht vor dem Heiligen und Ewigen auch in dem geringsten seiner Brüder war mit ein Grundzug seines Wesens Und auch auf diesem Gebiete hat er in seltener Weise sonst schwer vereinbare Kräfte und Gaben in sich vereinigt. Wie er auf der einen Seite frei war von allen dogmatischen Fesseln und es kaum verstehen konnte, wie es möglich sei das Christenthum in eine Theorie zu verwandeln; so war er auf der andern durchdrungen von der innigsten Religiosität, erfüllt mit der wärmsten Pietät für das Heilige und das Göttliche, und diese Pietät machte es ihm auch möglich so rücksichtsvoll, so schonend, so mild in seiner Beurtheilung selbst der ihm fremdesten Ueberzeugungen und Standpunkte zu sein. Mit vollem Recht hat ihn darum das Vertrauen seines Landesfürsten und seiner Mitbürger in die großen berathenden Versammlungen seiner Landeskirche berufen, auf deren Entschließungen er durch seinen weisen Rath und seine erprobte Erfahrung in förderndster Weise eingewirkt hat. Gleichwohl hat er es auch nicht verschmäht, Jahre lang seine Dienste dem hiesigen örtlichen Kirchengemeinderath zu widmen, in dem seine Stimme niemals blos gezählt, sondern immer gewogen wurde. In jenem entscheidenden Zeitpunkte aber, in dem es sich um die künftige Entwicklung unserer Landeskirche handelte, da hat er, alle untergeordneten, wenn auch an sich noch so berechtigten, Rücksichten bei Seite lassend, keinen Augenblick gezögert, oder geschwankt, auf welche Seite er sich wenden sollte; er hat das Vollgewicht seiner Stimme auf die Wagschale der kirchlichen Freiheit gelegt. Auch ihm insbesondere verdanken wir die nunmehr gesicherte freie Gestaltung unserer Landeskirche.

Von welcher Seite wir aber die Wirksamkeit unseres Verstorbenen betrachten mögen, ob wir ihn als Gelehrten und Lehrer, als Patrioten und Vaterlandsfreund, als kirchlichen Vertreter und Führer in's Auge fassen: ihren Abschluß, ihre Weihe, gewissermaßen ihre Verklärung findet sie erst in dem, was er als Mensch gewesen ist. Ja, er war ein ganzer, ein edler, reiner, guter Mensch. Menschenfreundlichkeit und Menschenliebe waren die unversieglichen Quellen, mit denen er sein oft steiniges und dorniges Berufs- und Arbeitsfeld immer wieder in einen fruchtbaren Garten zu verwandeln wußte, an dessen reifen Früchten sich so Viele erquickten. Was er als Mensch war, das wissen wir, seine Collegen, die wir seine ächte Humanität an uns selbst so oft zu erfahren hatten. Als er bereits auf seine ihm so werthe akademische

Thätigkeit wegen vorgerückter Erkrankung hatte verzichten müssen, freuten wir uns um so mehr, daß er als College und Mensch noch in unserer Mitte zurück blieb und den Glanz edler Humanität über unsere Universität ausstrahlte. Er, der niemals Parteien an derselben, sondern nur von ihm geachtete Collegen kannte, war uns das Vorbild der schönsten Verbindung von ächt wissenschaftlicher und ächt humaner Bildung. Was er als Mensch war, das wissen besonders auch die, welche so glücklich waren, unter seine vertrauten Freunde zu zählen, die seine unerschütterliche Treue in den Tagen der Sorge erproben konnten, die den Mann mit dem milden Ernst auf der Stirne in jenen Stunden sahen, in denen geselliger Frohsinn und heiterer Humor um seine Lippen spielten. Was er als Mensch war das wisset Ihr, Bürger und Bürgerinnen dieser Stadt, die ihr ihn stets hülfsbereit zu Rath und That in Eurer Mitte fandet. Was er als Mensch war, das wissen vor Allen seine Nächsten, die Glieder seines um ihn aufgeblühten Hauses, von denen er, wie ein Patriarch verehrt, als segnendes Haupt geschieden ist. Hatte er doch sein Haus geweiht zu einem Tempel edler Gatten- und Vaterliebe, zu einer umfriedeten Stätte jener Tugenden, welche die schönsten schon deshalb sind, weil sie in stiller Verborgenheit blühen.

Eine Krone ist von unserm Haupte gefallen; ein Edler ist aus unserer Mitte geschieden. Mit gerechtem Schmerze haben wir die Kränze unserer Dankbarkeit auf seinen Sarg niedergelegt. Diese Kränze werden welken. Einen unverwelklichen Kranz hat er sich in seinem Leben und Wirken selbst geflochten. Es ist der Segen, der von einem guten, edeln, reinen Menschen auf die Mitwelt ausgeht, an dem auch noch die Nachwelt sich erbaut.

Druck von G. Mohr in Heidelberg.

Abfertigung

für

Herrn Kuno Fischer

in Heidelberg.

Von

Dr. D. Schenkel.

Heidelberg, 1854.
Akademische Anstalt für Literatur & Kunst.

Abfertigung

für

Herrn Kuno Fischer in Heidelberg.

Von

Dr. D. Schenkel.

Facta, non ficta.

Heidelberg, 1854.
Akademische Anstalt für Literatur & Kunst.
Karl Groos.

Herr Kuno Fischer, früher Privatdozent in Heidelberg, hat aus Veranlassung eines in Nro. 12 der „Allgemeinen Kirchenzeitung" ihn betreffenden Artikels eine besondere Schrift gegen mich ergehen lassen *), deren Ton von einer Beschaffenheit ist, welcher ursprünglich in mir den Entschluß hervorrief, sie mit wohlverdientem Stillschweigen zu beantworten. Nur die Wünsche meiner Freunde vermochten mich, von diesem Entschlusse abzugehen, und hiermit in Kürze das zur Sache Dienliche zu sagen.

Die Schrift des Herrn Fischer zerfällt eigentlich in zwei Theile. Der eine ist mit den rohesten persönlichen Ausfällen und Schmähungen gegen meine Person angefüllt und scheint den Zweck zu haben, mich, wenn immer möglich, moralisch zu vernichten. Der zweite scheint sich mit der Sache befassen zu wollen, die übrigens auch nur dazu dienen muß, zu persönlichen Invektiven stets erwünschte Veranlassung zu bieten. Die Schrift selbst verdient im Ganzen keinen anderen Namen als den einer von persönlichen Injurien strotzenden Schmähschrift.

Was die, meist sogar ohne alles Salz des Piquanten, in steifster und plumpster Weise gegen mich vorgebrachten persönlichen Injurien betrifft — so bin ich, wie gering ich

---

*) Unter dem Titel: Das Interdikt meiner Vorlesungen und die Anklage des Herrn Schenkel, Direktor des Heidelberger Prediger-Seminars, in der Darmstädtischen Kirchenzeitung. Mannheim. Verlag von Bassermann u. Mathy.

1*

auch von dem sittlichen Zartgefühle meines Gegners nach Veröffentlichung seines Libells zu denken Ursache habe, dennoch der Meinung: in einer Stunde ruhiger Selbstbesinnung werde er sich wenigstens dessen schämen, so gar alle Anstandsformen eines gebildeten Mannes außer Acht gelassen zu haben, wie er dies in der Beurtheilung meiner Person thut.

Meine Erwiderung wird sich vorzüglich auf Darlegung des Sachverhältnisses beschränken, und es wird mir in dieser Beziehung zweierlei obliegen: 1) zu zeigen, was ich in der Fischer'schen Sache gethan habe; 2) was Hr. Fischer für seine Sache in seinem Libell selbst gethan hat.

I.

Es ist schon seit längerer Zeit absichtlich die Meinung verbreitet worden, als ob ich der ursprüngliche Urheber der wider Herrn Fischer ergangenen „Maßregel" sei, und Hr. Fischer selbst hat wiederholt in Druckschriften behauptet, daß ich eine „geheime Anklage" gegen ihn insinuirt habe. Hierauf muß ich einfach erwiedern, daß wenn Hr. Fischer Freude daran hat, gegen seinen Ankläger Schmähschriften zu schreiben, er dies vor Allem gegen seine eigene Person thun muß. Denn Hr. Fischer ist sein eigener und erster Ankläger gewesen. Er hat die von ihm gehaltenen Vorlesungen, ohne irgend eine Nöthigung von außen, aus eigenem Antriebe und auf eigene Verantwortlichkeit hin veröffentlicht, und mußte von diesem Augenblicke an auch das Gericht der öffentlichen Meinung über dieselben ergehen lassen. Darüber, daß der Verfasser mit einer gewissen Aufdringlichkeit sich darin zum modernen Pantheismus bekenne, waren alle Die einverstanden, welche diese Vorlesungen gelesen hatten *); und daß Freunde sich ihre Gedanken offen darüber mittheilten, das wird wohl Hr. Fischer nicht für etwas Unberechtigtes erklären. Auch ich theilte meine Ansicht über die Fischer'schen Vorlesungen einem mir befreundeten

---

*) Ich bitte in dieser Beziehung in dem von sachkundiger Hand geschriebenen Artikel der „Allgemeinen Zeitung" (Beilage Nro. 203) folgende Stelle zu vergleichen: „Manchem mochte im stillen der Erfolg der Philosophie überhaupt nicht recht sein; manche dagegen sprachen unverhohlen ihr Bedenken aus gegen Dr. Fischer's Doctrin. Zu letzern gehörte Prof. Schenkel. Innig vertraut mit der Entwicklung der deutschen Philosophie und lebhaft interessirt für eine ächt wissenschaftliche Pflege derselben an der Universität, konnte er, bei aller Anerkennung von Dr. Fischer's Talent, das nicht als einen Gewinn für die letztere oder gar als einen Fortschritt betrachten, daß der Junghegel'sche Pantheismus, nachdem er allenthalben seine Phasen durchlaufen und der Gesetzmäßigkeit seiner eigenen Dialektik gründlich erlegen war, also ganz eigentlich post festum durch Dr. Fischer für Heidelberg noch einmal aufgewärmt und ziemlich schroff, in der gewohnten absprechenden Manier gepredigt wurde, gleichsam um an der unphilosophischen Universität Deutschlands nun endlich die neue philosophische Aera zu eröffnen. Als „Schweizer" mag Prof. Schenkel durch eine nüchterne Betrachtung der deutschen Zustände zu der Ueberzeugung geleitet worden sein, daß durch die genannte Weltanschauung an sich die wissenschaftlichen Interessen Deutschlands im Grund ebensowenig gefördert worden seien, als seiner Zeit die praktischen durch bekannte parlamentarische Repräsentanten jener Weltanschauung unzweifelhaft schwer benachtheiligt worden sind. Als „vielgenannter Reiseprediger" und noch mehr als wissenschaftlicher Theolog aus eigener Erfahrung und Uebung mit der rechten Art vertraut Irrthümern in der Wissenschaft zu begegnen, mag er vor allem das zu der rechten Art gerechnet haben, dem philosophischen Pantheismus zu begegnen, daß für ein tüchtiges wissenschaftliches Gegengewicht wider denselben auf dem philosophischen Lehrstuhl selbst Sorge getragen werde. Daß er mit diesem Bemühen vielleicht manche stark vor den Kopf stoßen würde, konnte ihm voraus nicht unbekannt sein. Da aber auf einem erlaubten Weg für ein anerkanntes Universitätsbedürfniß Sorge tragen zu helfen bis jetzt in thesi noch keinem Universitätslehrer verdacht worden ist, so mag Prof. Schenkel, als „Vorfechter des Protestantismus" gegen Hurter und Ronge, gegen Dulon und Hengstenberg, der Meinung gewesen sein, es komme in praxi auf ein paar Köpfe und Stöße mehr oder weniger nicht an."

Manne bei einer zufälligen Veranlassung (auf einer Prediger-Conferenz zu Durlach im October 1852) mit; es war unter uns davon die Rede, daß durch die Anstellung eines entschieden gläubigen Philosophen dem Umsichgreifen des Fischer'schen Pantheismus unter den Studirenden zu Heidelberg gesteuert werden sollte. Wenn jenes Gespräch mit eine Veranlassung zu der später gegen Fischer wirklich erhobenen Anklage geworden sein sollte, so ist es doch wohl ein unverantwortliches Verfahren, einer zufälligen Veranlassung zur später erfolgten Anklage, die in einem ganz unvorbereiteten Privatgespräche bestand, den Titel einer „geheimen Anklage", die „privatim" stattgefunden habe, beizulegen, ein Verfahren, nach welchem alle diejenigen Personen, die sich ein Verwerfungsurtheil über die schriftstellerischen Erzeugnisse des Herrn Fischer erlaubten, sich in eben so viele geheime Ankläger dieses Herrn verwandeln müßten.

Schon ein klein wenig logischer Scharfsinn sollte einen Philosophen, der sich nicht für den Geringsten Einen hält, von solcher gar zu ordinärer Sophistik zurückhalten. Und wenn Hr. Fischer bei diesem Anlasse mir gar noch „stilistische" gute Räthe ertheilt, und in Nro. 12 der Kirchenzeitung mich sagen läßt: „eine persönliche Verdächtigung sei nur dann zu rechtfertigen, wenn sie sich auf genaue Aktenkenntniß stütze," so lerne der junge Mann, der so selbstgefällig das hohe Roß seines Stiles reitet, vorerst wenigstens lesen; denn an der von ihm angeführten Stelle der Kirchenzeitung heißt es: „eine solche persönliche Verdächtigung lasse sich nur dann entschuldigen, wenn sie sich auf genaue Aktenkenntniß stütze;" und daß rechtfertigen und entschuldigen zwei sehr verschiedene Begriffe sind, das weiß auch Einer, der kein Philosoph ist.

Es hat also damit seine Richtigkeit: Hr. *Fischer* hat durch die Veröffentlichung seiner gehaltenen Vorlesungen nur *sich selbst denuncirt*, und früher oder später *mußte* die Art und Weise, wie er in jenen seinen Pantheismus vor aller Welt *ohne alles Geheimniß* bloslegte, irgend welche Maßregel in Beziehung auf seine akademische Thätigkeit hervorrufen.

An der wirklich später erfolgten Anklage gegen Hrn. *Fischer* habe ich auch nicht den geringsten Antheil*). Meine Ueberzeugung blieb vom ersten Augenblicke an, in welchem ich ein Urtheil über die Fischer'schen Vorlesungen äußerte, bis zu *dem* Zeitpunkte, wo ich in dieser Angelegenheit ein *amtliches Votum* abzugeben hatte, stets *dieselbe*; ich wünschte, daß dem mir als *verderblich* erscheinenden Einflusse *Fischer's* durch ein kräftiges intellektuelles und moralisches *persönliches Gegengewicht* gesteuert werde. Diejenigen, welche mir ein Schwanken in meinen Ueberzeugungen vorwerfen, sind nicht im Stande, auch nur eine Thatsache für ihre Behauptung aufzuweisen; auch Hr. *Fischer* führt in seiner Schrift keine einzige an; er *verdächtigt* nur, und so leichtfertig geht er hierin zu Werke, daß er die Bemerkung des Artikels in der Allg. Kirchenztg.: „die Heidelberger Professoren der Theologie hätten wohl von sich aus *Fischer's* Einfluß auf die *Theologie-Studirenden* unschädlich zu machen gewußt," als *Beweis* dafür aufführt, daß es mir mit der Berufung eines anderen

*) Eine freche Lüge und eine boshafte Herabwürdigung der Behörde ist es, wenn Hr. *Fischer* den Evang. Oberkirchenrath als einen *von mir informirten* darstellt. Traut Hr. *Fischer* dem Oberkirchenrath in der That nicht Selbstständigkeit genug zu, um selbst zu lesen und *sich selbst zu informiren*?

Philosophen überhaupt *nie* Ernst gewesen sei, als ob der Einfluß *Fischer's* auf die *Nicht-Theologie-Studirenden* in meinen Augen gar nicht in Betracht gekommen wäre. Das wäre also die scharfsinnige Dialektik dieses von sich selbst so großdenkenden Philosophen, und er hat alle Ursache, nach dieser Meisterprobe syllogistischer Kunstfertigkeit, in die triumphirenden Worte auszubrechen: „Es ist also *klar*, daß nach *seinen eigenen Worten* (!) Hr. *Schenkel* mit jener Anklage, die er in einem Privatgespräche mit einem Mitgliede des Oberkirchenraths niedergelegt, *nichts Anderes gewollt haben kann, als das Interdikt meiner Lehrthätigkeit!*"*)

Mein amtliches, in meiner Eigenschaft als Senatsmitglied abgegebenes Votum über die Fischer'sche Angelegenheit ist kein „geheimes" gewesen; meine Herren Collegen im engeren Senate haben es gelesen und geprüft; ich kann mich daher einfach auf ihr Urtheil berufen, ob es diejenigen Attribute in Wirklichkeit verdiene, welche Hr. *Fischer* ihm, vielleicht in einer Anwandlung von absolutem Wissensdrange ertheilt, *ohne es gelesen*, und also *ohne es geprüft zu haben*. Ich habe mich

—

*) Von der Kunstfertigkeit der Fischer'schen Dialektik, die Sätze des Artikels in der A. K. Z. zu verdrehen, aus vielen nur noch ein Beispiel. Die A. K. Z. spricht von dem bereits *sinkenden Beifall Fischer's*, in *dem* Satze, wo von seinem Einfluß auf die Theologie-Studirenden die Rede ist. *Fischer* übersetzt nun den sinkenden Beifall in *abnehmende Zuhörerzahl* (als ob *Beifall* für ihn nur ein *quantitativer* Begriff wäre) und reißt die Stelle aus ihrer natürlichen Satzverbindung heraus, nur um zum Windmühlenritter an seinem Gegner werden zu können. — Selbst Druckfehler müssen ihm dazu dienen, seitenlange Tiraden von sich zu geben, wie z. B. der Druckfehler „*undeutlich*" für „*deutlich*", den jeder ABC-Schütze gleich erkennt. Und dieser Mann will ein Philosoph sein!

offen und entschieden gegen die pantheistische Theorie des Hrn. Fischer darin erklärt; ich habe eine ernste Verwarnung des jungen, nach meiner Ueberzeugung auf einem Irrwege befindlichen, Mannes von Seiten der Behörde für nothwendig gehalten; ich habe das Recht des evangelischen Oberkirchenrathes, in Fällen, wo das Christenthum durch öffentliche Vorlesungen in seinen Grundlagen angegriffen wird, ein Einschreiten der Staatsbehörde zu veranlassen, befürwortet; aber ich wünschte auch die Person des Angeklagten möglichst zu schonen, der mich heute zum Danke dafür schmäht, daß ich, wie meine nächsten Collegen aktenmäßig wissen, redlich und standhaft bemüht war, die äußerste Maßregel von ihm abzuwenden. Ich hielt den Dr. Fischer damals für einen irregeleiteten jungen Mann, der den rechten Weg vielleicht noch finden könne, wenn eine ernste Gewissenserschütterung über ihn komme. Sofort die härteste Strafe über ihn zu verhängen, dazu zu rathen, das ging mir wider das Gewissen. Ich bin deßhalb von Männern, — die mir persönlich werth sind — augenblicklich verkannt, ich bin an meine Stellung als Vorstand des Predigerseminars unserer evangelischen Landeskirche erinnert, ich bin vielleicht hie und da seit dieser Zeit sogar mit Mißtrauen angesehen worden: das Alles nur deßhalb, weil ich nicht schärfer gegen Fischer auftreten wollte, sondern eine schonende Behandlung gegen ihn eingeschlagen wünschte. Und was soll ich nun jetzt, wo die Schmähschrift Fischer's gegen mich vorliegt, denen antworten, welche damals mir sagten und schrieben: „Sie verlangen Schonung für einen Menschen, dessen Charakter es nicht verdient?"

Als das Dekret zur Entfernung Hrn. Fischer's von der Universität eintraf, waren auch Freunde von mir der Meinung, daß der engere Senat noch Schritte zu seinen Gunsten bei der Regierung thun sollte. Ich war überzeugt, daß diese erfolglos bleiben müßten; und zum Werkzeuge einer zu nichts führenden, höchstens bittere Stimmungen hervorrufenden, Demonstration wollte ich mich nicht hergeben. Es geht dergleichen überhaupt gegen meine Natur und mein Gewissen; ich votirte nach meiner Ueberzeugung. Und nun werfe ich einen Schleier über die Behandlung, welche mir von jetzt an widerfuhr. Leute, deren Mund sonst von Toleranz überfließt und die als Horte deutscher Freiheit eifrigst gegen alle Gewissenstyrannei zu declamiren gewohnt sind, setzten von nun an die gewöhnlichsten Anstands- und Höflichkeitsrücksichten gegen mich außer Acht, ja, übten eine Art von moralischer Excommunication gegen mich aus, weil auch ich mir die Freiheit genommen hatte, meiner eigenen Ueberzeugung zu folgen. Sogenannte „freisinnige" Zeitungen füllten sich mit Schmähartikeln gegen mich.

Aufrichtig gestanden, kümmerte ich mich um diese erbärmliche Hetze wenig; aber um manche schöne Täuschung über Personen und Parteien ward ich dadurch ärmer. Eine öffentliche Erklärung abzugeben, verschmähte ich in der ruhigen und getrosten Ueberzeugung, vom Anfange bis zum Schlusse in der Fischer'schen Sache folgerichtig gehandelt, mein Gewissen und die innerste Ueberzeugung meines Lebens dabei zur steten Richtschnur genommen, keine Ungerechtigkeit gewollt oder begangen, daher auch keine Vorwürfe verschuldet zu haben; und diejenigen meiner Freunde, die alle meine Schritte, ja, meine innersten Gedanken während des Verlaufes der Angelegenheit kannten, werden es mir bezeugen, daß ich wenigstens stets aufrichtig und in redlicher Absicht gehandelt habe, und daß der junge Mann, der jetzt so muthwillig die Ehre meines Namens antastet und mich der öffentlichen Verachtung Preis geben möchte, nur in einer bedauerlichen Verirrung seines Kopfes und seines Herzens und als ein Opfer sinn- und gewissenverwirrender Leidenschaft handelt, wenn er den Mann der Doppelzüngigkeit anklagt, den er einst zum Behufe einer Unterredung in seiner Wohnung aufsuchte, und der ihm dort so offen ins Angesicht sagte: was er von seiner Philosophie halte, und wie ihm die Pflicht gebiete, für eine Verwarnung gegen ihn zu stimmen.

Fasse ich mithin nochmals zusammen, was ich in der Fischer'schen Sache gethan habe, so habe ich:

1. privatim den Wunsch geäußert, daß Hr. Fischer ein entschiedenes persönliches Gegengewicht im Lehrpersonale der Universität erhalten möge;
2. zu amtlicher Stimmgebung aufgefordert für eine ernste Verwarnung des Hrn. Fischer, aber nicht für seine Entfernung gestimmt;
3. diese Ansicht von Anfang bis zum Ausgange der Sache folgerichtig festgehalten;
4. eine für Hrn. Fischer möglichst schonende Lösung immer herbeizuführen gesucht;
5. mich dadurch selbst unrichtiger Beurtheilung von Freundesseite her ausgesetzt;
6. und nur zuletzt dem Reize, erfolglose Demonstrationen zu Gunsten Fischer's zu machen, entschieden widerstanden.

Daß ich so und nicht anders gehandelt habe, dafür stehen mir schriftliche Urkunden und mündliche Zeugen zu Gebote. Und diese Handlungsweise sollte die Bezeichnung verdienen, welche Hr. Fischer ihr so plump und frech in seiner Schmähschrift ertheilt?

II.

Und jetzt noch ein Wort über die Frage, was denn Hr. *Fischer* selbst in seiner Schmähschrift zur Vertheidigung seiner Sache gethan hat? Ohne Zweifel ist er der Meinung — was er schon durch seinen hochfahrenden Ton verräth — derselben einen großen Dienst geleistet zu haben. Seine scharfsichtigeren Freunde und Geistesverwandte haben ihm aber vielleicht bereits bemerkt, daß zwanzig Artikel in der „Allgemeinen Kirchenztg." ihm nicht so viel hätten schaden können, als die Art und Weise, wie er sich selbst vertheidigt, bei allen Ehrenmännern ihm schaden muß.

Hr. *Fischer* hat in einer seiner gedruckten Vorlesungen mit einem gewissen Pathos seine Zuhörer darauf verwiesen, daß ein Philosoph ein „*Charakter*" sein müsse. Zu einem Charakter gehört aber vor Allem, *daß man seine Ueberzeugungen nicht verläugnet, daß man vielmehr mit dem freudigen Bewußtsein, das Rechte zu denken und zu wollen, auch öffentlich für das einsteht*, was man als höchste Wahrheit erkannt zu haben glaubt. Wir werden gleich sehen, wie es sich mit dem Hrn. *Fischer* in dieser Beziehung verhält.

In seinen gedruckten Vorlesungen S. 216 hat Hr. *Fischer* unter Anderem gesagt: „So weit die Begriffe reichen, reicht auch der immanente Zusammenhang *der Dinge*, so weit reicht also auch die *Weltordnung*, so weit erstreckt sich auch der *Pantheismus* *). *Mithin* ist **jede** *Philosophie*,

---

*) Hr. *Fischer* läugnet S. 54, daß er Gott eine *Ordnung der Dinge* genannt habe. Natürlich: si fecisti, nega. Man vergleiche nun die obigen wörtlich angeführten Stellen seines Buches.

wenn sie sich selbst treu bleibt, nothwendig Pantheismus. Eine Philosophie, welche aufhört zu begreifen, hört auf, Philosophie zu sein; und eine Philosophie, welche damit anfängt, nicht begreifen zu wollen, also die menschliche Vernunft verläugnet und die autonome Welt in eine begriffslose Creatur verwandelt, wollen wir gar nicht bemerken; wir rechnen eine solche Philosophie dahin, wohin sie nach ihrer eigenen Vorstellung gehört, unter die vernunftlosen Geschöpfe." Ich habe diese Stelle gelesen und wieder gelesen, und jedesmal nur den einen Eindruck aus derselben erhalten, daß Hr. Fischer hier sagt: „jede Philosophie, die sich selbst treu bleiben, d. h. die, wie es in der Natur der Philosophie liegt, begreifen und die menschliche Vernunft nicht verläugnen wolle, müsse nothwendig Pantheismus sein." Hr. Fischer dagegen behauptet jetzt unter lebhaften Aeußerungen anscheinender größter moralischer Entrüstung, daß wer diese Stelle in meinem Sinne verstehe — nicht etwa sie mißverstehe — sondern ein absichtliches Falsum begehe, und ihn auf gewissenlose Weise zu verdächtigen suche. Und indem er mit einem Wortschwalle von Beschimpfungen mir die Absicht eines arglistigen Falsums unterlegt, begeht er gleichzeitig ein Falsum an sich selbst, behauptet S. 35 seiner Schrift, die bezügliche Stelle wörtlich anführen zu wollen und läßt in der Anführung die Stelle aus, welche ihn gründlich überführt, nämlich die Stelle: „Mithin ist **jede** Philosophie, wenn sie selbst treu bleibt, nothwendig Pantheismus," im Zusammenhange mit welcher er in derselben Satzfolge jede nichtpantheistische, d. h. jede nach seiner Vorstellung die Vernunft verläugnende Philosophie, unter die vernunftlosen Geschöpfe zählt. Wenn ich also behaupte: Hr. Fischer lasse keine andere Philosophie (als wahre, vernünftige) gelten, als die pantheistische; wenn ich annehme: er rechne nach seinen eigenen Worten, die sich selbst untreuen, d. h. nichtpantheistischen Systeme, unter die vernunftlosen Geschöpfe, dann verbittet er sich, daß „seine Worte damit in ihr baares Gegentheil verkehrt" werden; er selbst aber verkehrt sie dadurch wirklich in ihr Gegentheil, daß er die den Beweis für meine Behauptung unwiderleglich mit sich führende Stelle unter dem trügerischen Vorgeben: er führe die Stelle wörtlich an, als Falsarius wegläßt. So handelt der große philosophische „Charakter", der seinen Gegner mit affektirter moralischer Salbung in dem Augenblicke der Fälschung beschuldigt, in welchem er seine eigenen Worte zu fälschen sich nicht einmal schämt. Wenn man ihn bei seinen so trotzig und hochfahrend ausgestoßenen Sätzen faßt, dann handelt er nach dem bekannten Spruche: „Si fecisti. nega", und benimmt sich als philosophischer Charakter ähnlich wie sein Geistesverwandter, der „moderne Winkelried", der, als es galt, für die mit prahlerischen Worten verfochtene Sache mit einer That einzustehen, sich unter das schützende Spritzleder verkroch.

Ja, unser philosophischer Held *), der in derselben Satzfolge unmißverständlich das theistische System verhöhnt, der sich

*) Zur näheren Qualification seines Heldenthums mögen noch folgende zwei Belege dienen: 1) Hr. Fischer bemerkt in der neuesten Vorrede zu seinen Vorlesungen: Das Ministerium des Innern habe kein Urtheil, sondern nur eine Maßregel gegen ihn vollzogen, deren Grund weder in seiner Lehre, noch auch in einem Mißverständniß derselben, sondern lediglich in einer Combination fremder Umstände

rühmt, die **Welt** als absolute und mündige zu betrachten, die sich selbst regiert und nicht von fremden Zügeln gelenkt wird, der über die spottet, welche die Welt „als eine Creatur und die Creatur als ein Mirakel

---

zu suchen sei. Hr. Fischer wußte als eine notorische Thatsache, daß er von dem Ministerium des Innern auf Grund seiner Lehre entfernt worden war. Wenn er nun läugnet, daß dieser Grund der wirkliche gewesen sei, wenn er es für unmöglich erklärt, daß das Ministerium auch nur in Folge eines Mißverständnisses, d. h. eines Irrthums, ihn um seiner Lehrthätigkeit willen habe entfernen können, wenn er also behauptet, daß das Ministerium jenen Grund zu seiner Entfernung absichtlich fingirt habe, weil kein in ihm liegender vorhanden gewesen sei: — bezeichnet er damit seine Entfernung von der Universität nicht als eine höchst ungerechte, ja als eine höchst unsittliche, durch eine bewußte Unwahrheit motivirte Maßregel? Und schämt er sich nicht, jetzt vor aller Welt zu sagen: er habe die „Maßregel" nicht als eine ungerechte bezeichnen wollen, nachdem seine Freunde über diese „Ungerechtigkeit" so viel Zeitungslärm erhoben haben, nur aus Furcht vor den möglichen Folgen seiner versteckten Injurie gegen die Staatsbehörde? — 2) In seiner „Vorrede" hatte Hr. Fischer weiter behauptet: die geistliche Behörde habe namentlich den Satz als strafwürdige Irrlehre aus seiner Schrift hervorgehoben, daß die Philosophie mit dem Zweifel beginne. Weil der Artikel der A. K. Z. hierin die Absicht gefunden hat, die badische Kirchenbehörde lächerlich zu machen — weiß Hr. Fischer vor tiefster moralischer Entrüstung über eine solche Zumuthung sich gar nicht zu fassen. Diese „charaktervolle" Entrüstung imponirt uns aber gar nicht. Hr. Fischer zeigt sich über die Verhandlungen der philosophischen Fakultät in seiner Sache so gut unterrichtet, daß er nicht nur den Inhalt der abgegebenen Voten, sondern auch die Zahl und die Namen der Votanten kennt; er weiß auch, daß die Anklage noch auf „andere Sätze" sich gründete (Vorrede, S. VIII). Ein so gut informirter Mann wird nicht unterlassen haben, diesen „andern Sätzen" ebenfalls nachzufragen. Daß er nun die andern Sätze, welche die Hauptpunkte der Anklage enthielten, klug verschweigt, und den Satz, der nur einen ganz vereinzelten Nebenpunkt derselben betrifft, als namentlichen Anklagepunkt einzig hervorhebt — das beweist eben für seine Absicht, die Kirchenbehörde in ein lächerliches Licht zu stellen. Folgerichtiger Weise

nehmen," der vernünftigerweise unter dieser creatürlichen, miraculösen Welt nur die theistisch-christliche Vorstellung von einer durch göttlichen wunderbaren Schöpferakt in der Zeit geschaffenen Welt und unter den fremden Zügeln, an welchen die Welt gelenkt wird, nur die theistisch-christliche Vorstellung von einer überweltlichen, von dem persönlichen Gotte ausgeübten Weltregierung verstehen kann: er will uns jetzt glauben machen, er habe eigentlich an jener Stelle nur „gewisse Materialisten, gewisse Socialisten, gewisse Rechtsphilosophen von heute" (!) bekämpfen wollen; er maßt sich jetzt gar noch das Verdienst an, ein Vorkämpfer des conservativen Ordnungssystemes gegen den revolutionären Materialismus und Socialismus zu sein!! In der That, eine wunderliche Art, die Materialisten und Socialisten, welche bekanntlich in schönster Eintracht mit Hrn Fischer die Welt für autonom und mündig erklären, zu bekämpfen, wenn man über diejenigen spottet, welche, wie die Christen, die Welt für eine Creatur halten, wenn man den Glauben an „Mirakel" verhöhnt und es als vernunftwidrig erklärt, die Welt von fremden Zügeln gelenkt werden zu lassen. Gewiß: — es ist dem philosophischen „Charakter" hier gelungen, seine Polemik außer-

---

muß er auch die Anklage derselben zum mindesten für eine lächerliche halten. Denn sagt er nicht selbst: seine Lehren hätten für die Behörde nur den Scheingrund seiner Entfernung gebildet? Muß aber eine Anklage, die nicht einmal auf Irrthum, sondern auf bloßem Scheine ruht, nicht zu Lächerlichkeiten ihre Zuflucht nehmen? Allein Hr. Fischer — aus Furcht vor den möglichen Folgen der versteckten Persiflage gegen die Kirchenbehörde — verläugnet seine Absicht, und indem er den natürlichen Sinn seiner eigenen Gedanken „charaktervoll" verdreht, verdächtigt er den Verfasser des Artikels in der A. A. Z. als Verdreher!

ordentlich geschickt zu verhüllen, und er wird inskünftige wohl thun, wenn er seinen Schriften gleichzeitig einen Commentar beigibt; denn in der Verhöhnung der „Mirakel" und der Verspottung der Vorstellung, daß die Welt eine Creatur, d. h. in der Zeit geschaffen sei — hat wohl noch Niemand außer Hrn. Fischer selbst eine Bekämpfung der Materialisten, Socialisten und Rechtsphilosophen erblickt.

Hr. Fischer sagt: jede Philosophie, wenn sie sich selbst treu bleibt, ist nothwendig Pantheismus. Er betrachtet die Welt als ein in sich gegründetes Ganzes, als absolute Welt. Er erklärt: die mündige, d. h. die sich selbst nach immanenten Gesetzen regierende, die mithin durch keinen persönlichen Gott mit fremden Zügeln regierte Welt, sei der Inhalt des Pantheismus, d. h. seiner Philosophie. Er sagt das nicht etwa in problematischer Form, mit bescheidener Zurückhaltung, mit rücksichtsvoller Vorsicht. Er sagt es mit aufdringlicher Keckheit, mit dem unverkennbaren Bestreben, der akademischen Jugend damit als ein starker Geist, als ein über die Vorurtheile „vernunftloser Geschöpfe" hoch erhabener freigeistischer Mann zu imponiren; er sagt es im Tone des modernen Winkelrieds junghegel'scher Philosophie. Und dieser starke Geist — wie schwach ist er in seinem Libelle geworden! Jetzt will er zwar so gnädig sein, seinem „Ankläger" zuzugeben, daß die angeführte Stelle „bei ihren unbestimmten und allgemeinen Ausdrücken" **auch** in einem engeren Sinne so gedeutet werden könne: „daß die Welt nicht durch einen freien Willensakt des persönlichen Gottes erschaffen und erhalten werde, sondern sich aus sich selbst mit Nothwendigkeit herauswirke." Aber — sie kann nur so, nur **auch** so gedeutet werden —;

2

der Ankläger, der „gewissenlose“ Mann hat sie so gedeutet *); allein warum könnte man sie nicht auch anders, warum nicht so deuten, daß sie das Gegentheil des Pantheismus bedeutete? Sie ist ja so „unbestimmt“, so „allgemein“ gehalten. Die Welt regiert sich selbst, sie ist mündig, sie ist absolut, sie ist die Weltordnung, der immanente Zusammenhang der Dinge, sie wird nicht von fremden Zügeln gelenkt, sie ist keine Creatur: — diese Ausdrücke sind ja so „unbestimmt“, so „allgemein“ gehalten, daß man sie gar wohl in Folge „gewissenhafter“ Deutung auch so ausdeuten könnte: „die Welt ist nicht absolut, nicht mündig, sie regiert sich nicht selbst, sie wird von fremden Zügeln, dem außer- und überweltlichen persönlichen Gott regiert, sie ist eine Creatur, der persönliche Gott hat sie in der Zeit geschaffen.“ Es ist ja richtig; mit einer ganz kleinen stilistischen Veränderung, mit einer ganz kleinen geschickten Wendung der Balancirstange auf dem Seile seiner dialektischen Gymnastik schiebt unser philosophischer Aequilibrist ein „nicht“ dazwischen, und das Wörtchen „nicht“ ist so ein kleines Wörtchen, und dann „schließt die Stelle keineswegs mehr den Schöpfungsbegriff aus,“ und dann ist „das autonome und absolute Weltgesetz begriffen als göttlicher Schöpfergeist,“ und dann ist man wenigstens bei dem Weltgeiste Schellings, mit welch letzterem und Jacobi man sich in bescheidenster Weise zusammenstellt, angelangt, und dann weist man weiter darauf hin, daß „diese ewige Ordnung auch gedacht werden könne als Geist oder als Persönlichkeit,“ und was wir die Welt nennen, „als freie Schöpfung dieses ewigen Geistes,“

*) S. 83 behauptet Hr. Fischer wieder: diese Deutung sei gar nicht erlaubt gewesen. Er will also immer orthodox gewesen sein.

und dann ruft man mit charaktervoller Miene unter dem Spritzleder der Orthodoxie hervor, unter das man sich so glücklich während des Kampfes geborgen hat, (S. 54) aus: „Und das wäre rohe Weltvergötterung?!“ Und dann stellt man sich moralisch tief empört und schwer verletzt an über den „gewissenlosen“ Hrn. Schenkel, daß er nicht auch die Balancirstange von ja zu nein und von nein zu ja so geschickt schwingen, wenden und drehen kann, und nicht auch mit so charaktervoller „Gesinnungstüchtigkeit“ und „Ueberzeugungstreue“ die autonome Welt des Hrn. Fischer in die „freie Schöpfung des ewigen Geistes, der ewigen Persönlichkeit Gottes“ verwandelt hat. Und wenn man nun gar vernimmt, daß der Charaktervolle „mit so vielen anderen Christen die Menschwerdung Gottes und die Versöhnung des Menschen“ für die Grundlehre des Christenthums hält, während der Theologe Schenkel noch im trüben Dualismus befangen ist, von dem uns das Christenthum gerade erlöst hat, wenn hieraus unwidersprechlich erhellt, daß Hr. Fischer eigentlich der orthodoxe Christ und Hr. Schenkel der heterodoxe Dualist ist: so muß man nur um so mehr staunen und um so mehr sich empört fühlen, daß ein so orthodoxer Mann wie Hr. Fischer je in den schlimmen Ruf eines gottläugnerischen Pantheisten hat gelangen können.

In der That, was könnte ein solcher Dialektiker nicht Alles beweisen, und was könnte aus einem solchen Philosophen nicht Alles noch werden! Ich habe in einer vor sieben Jahren veröffentlichten Schrift unter Anderem von dem Systeme des Philosophen Schelling gesagt: „Troß seines pantheistischen Charakters gebe es kein philosophisches System, welches so viele Anknüpfungspunkte an das Christen-

2*

thum enthalte, als dasjenige Schelling's." Hieraus will mich Hr. Fischer eines Widerspruchs überführen, weil in dem bezüglichen Artikel der Kirchenzeitung von mir gesagt werde: Pantheismus und Christenthum seien „unversöhnliche Gegensätze". Also, wenn ich von einem Manne sage: „trotz seiner jämmerlichen Charakterlosigkeit hat er auch noch einige gute Eigenschaften," so legt Hr. Fischer diese Stelle so aus: „wegen seiner jämmerlichen Charakterlosigkeit hat er auch noch gute Eigenschaften." Hat denn der scharfsichtige Dialektiker, der an unserer Universität mit so viel Erfolg junghegelsche Logik gelehrt hat, nicht einmal so viel eingesehen, daß wenn ich sage: ein System habe Anknüpfungspunkte mit dem Christenthum trotz seines pantheistischen Charakters: diese Anknüpfungspunkte eben in den nicht-pantheistischen Elementen desselben zu suchen sein müssen? Und wo hat denn Schelling je die Welt, den immanenten Zusammenhang der Dinge, Gott genannt? Und wenn ich in jener Schrift sage: Kants System sei von allem wahren religiösen Inhalt entleert gewesen (weil es ein blosses Moralsystem war), kann denn nicht trotz seines religionsentleerten Systems die Person Kants ehrfurchtsvoll vor dem geheimnißvollen Jenseits dagestanden haben? Hätte Hr. Fischer, statt einige Sätze meiner Schrift aus dem Zusammenhange blindlings herauszureißen, mein Buch wirklich gelesen, so hätte er S. 184 auch lesen können, wie sehr ich es an Kant anerkenne, daß er „dem Hochmuthe philosophischer Hypothesensucht und Allwisserei" ein Ziel gesteckt hat.

Doch es ist wahrhaftig Schade um Zeit und Papier, die in einem solchen Schriftstreite verschwendet werden. Auch nicht eine Stelle ist mir in der Schrift meines schmähsüchtigen Gegners aufgestoßen, in welcher der bezügliche Artikel der Kirchenzeitung besprochen würde, ohne in derselben Weise verdreht zu werden, wie Hr. Fischer seine eigenen Worte und Gedanken verdreht. Ich habe z. B. gesagt: Hier, d. h. in der „Kirchenzeitung" könne es nicht unsere Aufgabe sein, zu untersuchen, in wiefern Hr. Fischer die Systeme des Cartesius und Spinoza richtig dargestellt habe, und Hr. Fischer zieht hieraus den abgeschmackt=boshaften Schluß: ich hätte überhaupt seine Sache gar nicht untersucht, sondern nur über ihn geurtheilt (S. 8). Hr. Fischer sagt S. 543 seiner Vorlesungen: „es gebe gar keine Erkenntniß, wenn nur etwas Unbegreifliches existire," und redet sich nachher aus: Unbegreifliches heiße ihm hier so viel als Unvernünftiges, so daß in der That Hr. Fischer sich selbst etwas Unvernünftiges sagen läßt; denn sollte in der Welt wirklich gar nichts Unvernünftiges existiren? Und in gleicher Verdrehung geht es weiter fort bei stetem Uebersprudeln des charaktervollen Philosophenmundes von Schmähung und Beschimpfung meiner mißliebigen Person.

Nein, wahrhaftig, es ist genug, und meine Leser werden begreifen, weßhalb ich gleich von vorn herein erklärt habe: nur auf Freundeswunsch hin hätte ich diese Zeilen geschrieben. Ich bin in meinem Leben schon manchem Gegner Rede gestanden; aber noch niemals Einem, der mir übermüthiger in Worten, und nichtiger in der That erschienen wäre, niemals Einem, der auf dem Kampfplatze das Schwert seiner Ueberzeugung selbst so jämmerlich zerbrochen und so feig weggeworfen hätte, wie dieser Hr. Fischer.

Wäre Hr. Fischer gegen mich aufgetreten als gegen einen Mann, der seine Philosophie verderblich genannt, aber seine

Person geschont hat; hätte er sich mit Wärme und Kraft seines mit Ostentation einst von ihm proclamirten pantheistischen Systems gegen mich angenommen; hätte er mich selbst einen orthodoxen Finsterling genannt; hätte er für sich das Recht, öffentlich gleich wie ich zu lehren, in Anspruch genommen: — dann hätte er wenigstens wie ein „Charakter", wie ein Mann gehandelt, und fürwahr, ich hätte ihm meine Achtung nicht versagt. Wer sich seiner Ueberzeugung nicht schämt, wer offen und ehrlich auch für seinen Irrthum einsteht, so lange die bessere Ueberzeugung ihm fehlt, der hat immer Anspruch auf meine Anerkennung, wie sehr auch seine Wege und die meinigen auseinander gehen mögen. Aber wer seine Ueberzeugung gerade in dem Augenblicke, wo er dafür kämpfen sollte, verläugnet, wer Andere Fälscher nennt und seine eigenen Gedanken und Worte verfälscht, wer das Christenthum höhnt und nachher sich doch des Christenthums rühmt, wer die Welt „absolut" nennt und zugleich behauptet, daß er doch an einen überweltlichen absoluten persönlichen Gott glaube, wer über die „Mirakel" spottet und das größte aller Wunder, das Wunder der Menschwerdung Gottes anzunehmen sich den Schein gibt, wer als Philosoph den Freigeist, und als Religiöser den Gläubigen spielt: — der ist — auch abgesehen von dem Schmähinhalte seiner Schrift — schon an und für sich nicht würdig, daß man sich in irgend einen Schriftstreit mit ihm einläßt; der hat sich selbst **gerichtet.** Ein Solcher will im Grunde auch nichts Anderes, als allen Parteien dienen, und indem er den Aufgeklärten die eine Seite seines Janusgesichtes zeigt, und ihnen zuruft: „Seht, ich halte diejenigen für vernunftlose Geschöpfe, welche an eine von fremden Zügeln gelenkte Welt glauben," zeigt er den „vernunftlosen Geschöpfen" dagegen die andere Seite und ruft diesen zu: „Seht, ich glaube auch an das „Mirakel“ der Menschwerdung Gottes.“

Fürwahr, dieser Hr. Fischer ist kein philosophischer Schwärmer und auch kein pantheistischer Fanatiker; — er ist nur ein Mann, der Carrière machen will, und aus seiner gegen mich gerichteten Schmähschrift zu schließen, scheint es: Carrière um jeden Preis.

Anhang.

Der Pantheismus des Herrn Kuno Fischer, mit seinen eigenen Worten documentirt.

(Geschichte der neuern Philosophie S. 215—221.)

„In diesem Sinne, wonach die Welt nicht ein Fragment, sondern ein gesetzmäßiges und in sich gegründetes Ganzes bildet, nennen wir sie das Universum, das All oder das Πᾶν. Und indem wir außer ihr, d. h. außer dem absoluten Zusammenhange der Dinge, nichts Anderes begreifen, weil wir hier nichts zu begreifen haben, so müssen wir behaupten, daß dieses Πᾶν die absolute Substanz oder Gott sei.

Man hat diesen Begriff Pantheismus genannt, und die Philosophie von Malebranche ist ihrem Geist nach auf diesen Begriff gerichtet, sie sucht ihn, obwohl sie nicht klar und sicher genug ist, um ihn zu erreichen. —

Ich habe Ihnen bereits bei Cartesius dargethan, und zwar bei Gelegenheit des ontologischen Argumentes, daß die Immanenz Gottes in der Welt der regierende Gedanke der neueren Philosophie sei. Ich habe damals unter der Immanenz Gottes nichts Anderes verstanden, als was ich so eben Pantheismus genannt habe. Man macht sich von dieser verrufenen

Ansicht gewöhnlich eine so abenteuerliche und begrifflose Vorstellung, daß ich einen Augenblick inne halten und näher auf die Bedeutung des Pantheismus eingehen muß.

Gott ist in der Welt — so wird gemeiniglich die Formel des Pantheismus ausgesprochen. Das ist offenbar ein sehr unklarer Ausdruck, denn unter Gott stellt man sich gewöhnlich ein besonderes Wesen vor, aber mit einem besondern Wesen kann der Verstand schlechthin die Allgegenwart nicht vereinigen. Ein besonderes Wesen lebt auch an einem besonderen Orte und seine Allgegenwart ist nicht ohne Magie zu denken. Sie ist ein Wunder. Wir entfernen also von Gott die Vorstellung eines besonderen Wesens, und um das allgemeine Wesen zu bezeichnen, sagen wir das Absolute. Das Absolute ist der Welt immanent, d. h. nichts Anderes, als die Welt ist in sich absolut. Also sie ist nicht abhängig von einem Wesen außer ihr, sondern sie ist in sich selbst gegründet und entwickelt sich aus eigenem Vermögen. Mithin muß die Welt aus sich selbst erklärt werden und der Zusammenhang ihrer Erscheinungen oder die Ordnungen der Natur und der Menschenwelt sind nicht zufällig, weil sie nicht von Außen herein angeordnet sind, sondern sie sind nothwendig, weil sie von Innen heraus gebildet worden sind, oder weil sie ihren Grund in sich selbst haben. Diese Welt, die sich aus ihrem eigenen Vermögen entwickelt und diese Entwicklungen aus ihrer eigenen Vernunft begreift, ist die absolute oder die göttliche Welt. Das ist der einfache und deutliche Inhalt des Pantheismus.

Ich muß verneinen, daß der Pantheismus bloß eine Ansicht der Philosophie sei, er ist die nothwendige und durch den Begriff gerechtfertigte Weltbetrachtung. Die Welt vernünftig betrachten, heißt doch wohl, die Vernunft in der Welt betrachten, und wenn man die Vernunft in der Welt findet, so weiß ich nicht, was man noch außerdem sucht. Wenn man die Vernunft nicht in ihr findet, so begreift man die Welt nicht und dann ist man freilich genöthigt, die Welt als eine Creatur und die Creatur als ein Mirakel zu nehmen.

Die vernünftige Weltbetrachtung zielt auf die vernünftige Welt. Die vernünftige Welt ist der nothwendige Zusammenhang oder das System ihrer Erscheinungen, sie ist die Weltordnung, und diese allein will die Philosophie darstellen. — Die Welt begreifen heißt nichts Anderes, als den absoluten Zusammenhang ihrer Erscheinungen begreifen, d. h. die Welt als ein in sich gegründetes Ganzes oder als absolute Welt betrachten. Mithin liegt einfach in dem Begriffe der Philosophie, weil sie die vernünftige Weltbetrachtung ist, auch die Tendenz auf die vernünftige Welt, d. h. auf die Welt, die sich nach ihren eigenen Gesetzen ordnet; die sich selbst regiert und nicht von fremden Zügeln gelenkt wird. Diese mündige Welt ist der Inhalt des Pantheismus. Darum ist der Pantheismus auch kein besonderes Philosophem, nicht etwa ein System neben andern, sondern er ist die Philosophie selbst. So weit die Begriffe reichen, reicht auch der immanente Zusammenhang der Dinge, so weit reicht also auch die Weltordnung, so weit erstreckt sich auch der Pantheismus. Mithin ist jede Philosophie, wenn sie sich selbst treu bleibt, nothwendig Pantheismus. Eine Philosophie, welche aufhört zu begreifen, hört auf, Philosophie zu sein; und eine Philosophie, welche damit anfängt, nicht begreifen zu wollen, also die menschliche Vernunft verläugnet und die autonome Welt in eine begrifflose

Creatur verwandelt, wollen wir gar nicht bemerken; wir rechnen eine solche Philosophie dahin, wohin sie nach ihrer eigenen Vorstellung gehört: unter die vernunftlosen Geschöpfe.

Der Pantheismus, der sich in der Philosophie von Malebranche unter der Form theologischer Vorstellungen hervorhebt und noch nicht deutlich ans Tageslicht tritt, ist nur eine spezifische Form des Pantheismus, und zwar eine ungenaue und unvollendete Form. Wir haben uns deßhalb den Pantheismus überhaupt klar gemacht, wir haben das Genus desselben bestimmt und die ungereimten Vorstellungen entfernt, welche unverständige Gegner von allen Seiten auf diese Weltanschauung gehäuft haben.

Aus dem deutlichen Begriffe des Pantheismus ergab sich seine Bedeutung in der Philosophie. Philosophie und Pantheismus sind identisch. Jede echte Philosophie ist ein Weltsystem. Jedes Weltsystem ist die aus sich selbst begriffene Weltordnung, d. h. die in sich selbst gegründete Welt: das ist Pantheismus. Alle echten Philosophen sind Pantheisten gewesen, die größten Philosophen waren zugleich die größten Pantheisten und die vollkommene Philosophie wird vollkommener Pantheismus sein.

Daraus folgt von selbst, daß sich der Pantheismus mit der Philosophie entwickelt, daß er von niederen Stufen zu höheren emporsteigt und deßhalb nicht angesehen werden darf als eine besondere Entwicklungsstufe der Philosophie. Wir schränken daher den Pantheismus nicht etwa auf den Begriff der Substanz ein, und wenn in diesem Begriffe klassische Beispiele des Pantheismus statuirt werden — im Alterthum durch Parmenides, in der neuen Zeit durch Spinoza —

so erinnern wir schon im Voraus, daß diese klassischen Beispiele des Pantheismus weder die einzigen, noch die höchsten sind.

Darum liegt uns daran, diese Weltanschauung, welche den Philosophen eigenthümlich ist, aus ihren trüben und unwahren Vorstellungen zu befreien, in welche sie eingehüllt worden ist, sei es aus Unverstand, sei es unlauterer Absicht.

Das bedeutungsvolle πᾶν in dem Worte Pantheismus übersetzen wir nicht durch „Jedes". Der Pantheismus bedeutet daher nicht: jedes Ding oder jedes Individuum ist Gott oder ist absolut. Eine solche unsinnige Vorstellung ist gerade das Gegentheil des Pantheismus. Aber man hat sehr oft den Pantheismus in dieser unglaublichen Weise verstanden und darin ein erwünschtes Mittel gefunden, ihn zugleich lächerlich und verdächtig zu machen. Wir entfernen also ein für alle Mal diese abenteuerliche und unmögliche Vorstellung.

Das πᾶν übersetzen wir auch nicht durch „Alles". Denn Alles bedeutet die Summe der Dinge, den äußerlichen Inbegriff aller Erscheinungen. Das ist eine chaotische oder schlechte Unendlichkeit, das ἄπειρον der Addition, das seit Pythagoras das Ansehen der Philosophie eingebüßt hat und dem wir zuletzt den Werth des Absoluten beilegen. Der Pantheismus bedeutet also nicht: Alles zusammengenommen ist Gott, denn diese äußerliche und summarische Verknüpfung der Dinge ist eine rohe und begrifflose Vorstellung, eine Confusion, welche nicht dem Pantheismus, sondern denen zur Last fällt, die sie ihm Schuld geben.

Vielmehr wir übersetzen das πᾶν in Pantheismus durch „das Ganze". Unter dem Ganzen verstehen wir aber den innern Zusammenhang und die Harmonie der Theile, die natürliche und sittliche Weltordnung, welche die Individuen in sich begreift nnd regelt, wie der Organismus seine Glieder.

Nicht in einem abgerissenen Theile des Körpers erscheint uns die Seele, auch nicht in allen Theilen, wenn wir sie nur äußerlich zusammensetzen, sondern in dem ganzen lebendig-gegliederten Körper. Nicht in einem Torso seiner Statue erscheint uns Apollo der Gott, auch nicht in allen Fragmenten, wenn wir sie äußerlich an einander reihen, sondern in dem ganzen, harmonisch-entwickelten Kunstwerk.

Wenn nun die Philosophie die vernünftige und sittliche Weltordnung als das Absolute begreift, so wird man doch nicht sagen könneu, daß sie das Ganze auflöse, daß sie das Kunstwerk in Stücke schlage, daß sie die Harmonie der Weltordnung in die Anarchie oder in das Chaos der Theile zersplittere, so huldigt sie gewiß am wenigsten der Libertinage und der Willkür, so will sie nimals, daß die Willkür des Individuums zur Herrschaft komme und der Kampf der Geister in einen Kampf der Fäuste verwandelt werde, sondern sie will, daß jedes Individuum in freier Hingebung dem sittlichen Ganzen diene. Ihr Streben also ist, die Weltvernunft zu begreifen und diese begriffene Vernunft zu dem Gesetze des menschlichen Daseins zu machen. Das ist der Sinn des Pantheismus, und so ist der wohlverstandene Pantheismus nicht bloß ein großer, erhabener Begriff, sondern auch eine große sittliche Aufgabe, die sich nicht in einem einzelnen Menschenleben, sondern in dem Proceß der Geschichte erfüllt und die das ernste Gewicht energischer Charaktere erfordert.

Diese Weltanschauung ist nicht blos den Philosophen eigenthümlich, sondern eben so sehr den Dichtern, wenn sie nämlich in Wahrheit Dichter sind. Man frage Goethe, wo ist die Gottheit? und er wird antworten:

Wölbt sich der Himmel nicht da droben,
Liegt die Erde nicht hier unten fest,
Und steigen freundlich blickend
Ewige Sterne nicht herauf?

Er wird mit den Ordnungen der Natur antworten.

Man frage Schiller, wo ist die Gottheit? so wird er sagen:

Flüchte aus der Sinne Schranken
In die Freiheit der Gedanken
Und die Furchterscheinung ist entfloh'n
Und der ew'ge Abgrund wird sich füllen;
Nimm die Gottheit auf in deinen Willen;
Und sie steigt von ihrem Wolkenthron.

Er wird mit dem Geiste des Menschen antworten.

Wenn aber dies der Sinn des Pantheismus ist, wenn in diesem Sinne seit dem ersten Philosophen und dem ersten Dichter der Pantheismus gestrebt hat, so sollen die Ankläger schweigen oder wenn sie bei ihrer Anklage beharren, so wollen wir wenigstens das Recht des Sokrates üben und dem Pantheismus seine Strafe bestimmen: „wir versprechen ihm den Ehrenplatz im Prytaneum“.

Wir fragen zum Schlusse jeden ehrlichen und verständigen Leser, ob Hr. Fischer berechtigt ist, gegen den eine Schmähschrift zu schreiben, welcher sagt, daß er sich in krasser Weise zum Pantheismus in seinen Vorlesungen bekenne? — Wir fragen: wenn Hr. Fischer dem Pantheismus den Ehrenplatz im Prytaneum verspricht, welcher Platz gehört denn jetzt ihm, der seine eigenen Worte fälscht, um nicht für einen Pantheisten gelten zu müssen?

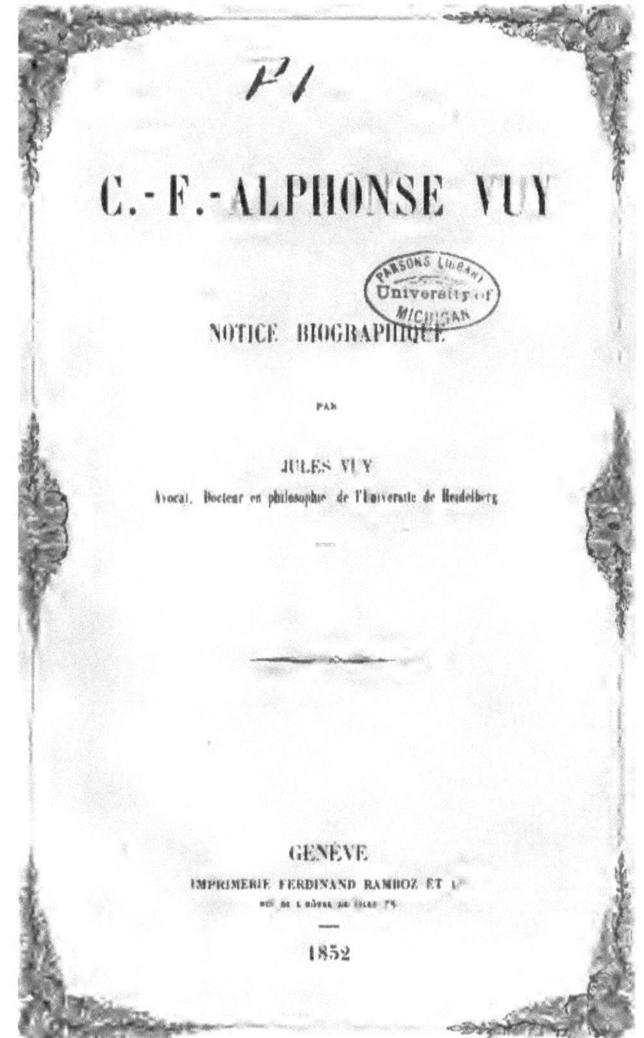

C.-F.-ALPHONSE VUY

NOTICE BIOGRAPHIQUE

PAR

JULES VUY
Avocat, Docteur en philosophie de l'Université de Heidelberg

GENÈVE
IMPRIMERIE FERDINAND RAMBOZ ET

1852

14

C.-F.-ALPHONSE VUY

NOTICE BIOGRAPHIQUE

PAR

JULES VUY
Avocat, Docteur en philosophie de l'Université de Heidelberg

GENÈVE
IMPRIMERIE FERDINAND RAMBOZ ET Cie
RUE DE L'HÔTEL-DE-VILLE, 78.

1852

AVANT-PROPOS.

En écrivant cette notice, je n'ai point eu l'intention de faire une œuvre scientifique.

Cette petite publication s'adresse, en effet, moins à des savants proprement dits qu'à des parents et à des amis auxquels, pour la plupart, les systèmes de philosophie et les questions de droit ne sont point choses familières; c'est pourquoi je me suis borné à indiquer, sans l'examiner de plus près et sans l'approfondir, le sujet des investigations et des travaux de mon frère.

C'est à dessein aussi, quoique parfois à regret, que j'ai omis bien des détails intéressants sur les hommes distingués qu'il a pu connaître, sur les contrées qu'il a parcourues, sur les événements contemporains dont il a été témoin oculaire, en particulier sur le mouvement politique de la Toscane. Il n'entrait pas dans mon plan de reproduire ces détails qui auraient naturellement trouvé place dans une biographie plus circonstanciée et plus étendue.

Mon but était avant tout de faire connaître Alphonse Vuy lui-même ; je ne sais si j'y ai réussi. Tout au moins dois-je dire qu'en remplissant envers lui ce que je considérais comme un devoir sacré, j'ai éprouvé une véritable consolation. Heureux si ces pages pouvaient éveiller dans quelques esprits ce sentiment de sympathie et d'estime que l'on doit à une vie studieuse, exemplaire, bien remplie et trop tôt moissonnée !

Jules VUY.

Carouge, 30 novembre 1852.

Claude-François-Alphonse Vuy naquit à Malbuisson (Savoie), le 27 novembre 1813. C'est dans ce petit hameau, situé sur une des dernières pentes du Salève, du côté d'Annecy, qu'il passa les premières années de son enfance. Son père, docteur de la faculté de Strasbourg, avait servi de 1800 à 1810, comme chirurgien, dans les armées de la République et de l'Empire; il avait pris part à plusieurs des batailles mémorables du commencement de ce siècle, et parcouru en tous sens cette Allemagne où son fils devait, dans une époque moins guerrière, séjourner à son tour avec toute l'ardeur d'une jeunesse studieuse et cet amour passionné de la science qui le distingua toujours. Après la restauration, le père d'Alphonse Vuy avait établi son domicile dans le canton de Genève; il acquit plus tard la bourgeoisie de la ville de Carouge, devint maire de sa commune adoptive, et membre du Conseil représentatif dont il faisait encore partie au moment de la première assemblée constituante genevoise.

Les souvenirs de ses premières années eurent sur la vie entière d'Alphonse Vuy l'influence la plus heu-

1

reuse. Nourri par une mère pieuse et dévouée, entouré des soins de deux vieillards vénérables qui chérissaient leur petit-fils, imbu de bonne heure des sublimes principes de la foi chrétienne, il se rappelait souvent, avec une vive émotion, ces jours si purs et si calmes de l'enfance, et cette grande maison blanche, entourée de noyers et de frênes, qui se détache dans le ciel et qu'on aperçoit de loin, sur la pente de la montagne.

Devenu successivement élève des colléges de Carouge et de Genève, puis étudiant à l'académie de cette dernière ville, c'est encore auprès de ces deux vieillards qu'il passait ses vacances, entretenant, dans cette retraite, à la fois animée et solitaire, une constante activité d'esprit, que rendait plus douce la paisible contemplation des beautés de la nature.

Dans le sein de l'académie de Genève, dont il fut un des meilleurs élèves, cette activité intellectuelle commença à prendre un plus grand essor, un développement plus étendu. Il présida la société connue sous le nom de *Société de belles-lettres*, et qui a rendu à Genève d'éminents services, au point de vue de la littérature et des beaux-arts. Il fit partie durant quelque temps de la *Société de Zofingen*, dont le noble but est, avant tout, d'établir entre les étudiants suisses des rapports affectueux qui puissent, jusqu'à un certain point, servir de digue aux discordes civiles et aux déchirements politiques. Cependant, ses études préparatoires une fois terminées, le moment était venu pour lui de se livrer à des études spéciales.

Alphonse Vuy se destinait au droit, car il fallait choisir une carrière; mais ses goûts l'entraînaient avec force vers le côté philosophique de la science et vers la philosophie en général. — Depuis longtemps, il désirait pouvoir suivre les cours des universités allemandes.

Le 10 juillet 1835, il partit pour Berlin, en compagnie d'un de ses condisciples, M. Henri Blanvalet, auteur du volume de poésies, intitulé : *Une Lyre à la mer*. Il venait d'obtenir le grade de maître ès arts : mais alors déjà un travail exagéré, presque imprudent, avait quelque peu affaibli sa santé. Toutefois, confiant dans l'avenir et plein d'espérance, il était heureux de voir s'ouvrir devant lui un plus vaste champ d'étude, il partait joyeux, tout en s'éloignant, non sans regret, du toit paternel et de sa famille. Il voyagea à pied jusqu'à Bâle. Les Zofingiens de Berne lui firent un accueil affectueux; notre nature parlait vivement à son cœur. « Jusqu'à présent, écrivait-il de Bâle à ses parents, j'ai traversé la Suisse et j'ai toujours cru être bien près de vous, car je n'avais pas quitté la patrie; il m'a toujours semblé que, si je le voulais, dans un instant je serais au milieu de vous. Mais demain, je sors de Suisse, c'est alors que je vais vraiment vous quitter. — Chers parents, l'attachement que vous avez toujours eu pour moi me fait sentir vivement votre absence; mais du courage, sans courage, on ne fait rien. Fiez-vous à ma prudence, je pense à vous et j'espère en Dieu, tout ira bien. »

A peine était-il arrivé à Berlin que ce travail opiniâtre, dont je parlais tout à l'heure, recommença plus ardent et plus soutenu que jamais. Dès la première année, sans négliger le moins du monde ses cours de droit, il suivit parallèlement des cours de philosophie. Il apprit à connaître de plus près les philosophes allemands, à puiser directement aux sources originales, s'imposant comme un devoir de ne pas étudier de seconde main, de voir au contraire de ses propres yeux, et de juger directement par lui-même. Il complétait en même temps ses études préparatoires en prenant quelques autres cours, notamment des cours d'histoire et d'économie politique. Il entendit ainsi successivement à Berlin, durant un séjour de près de vingt-sept mois, les professeurs les plus distingués de l'université, en particulier MM. De Savigny, Gans, Rudorff et Steffens. Dès lors déjà, la carrière d'avocat lui souriait peu et il avait fait le projet de vouer, autant qu'il dépendrait de lui, sa vie entière à la science, et de s'occuper plutôt de la théorie que de la pratique du droit. Par un effort qui lui coûta beaucoup, mais qu'il jugea nécessaire, il avait résolu de se livrer presque exclusivement à l'étude du droit civil romain qu'il désirait approfondir, dans l'intérêt même de ses études philosophiques.

Cependant quelquefois, malgré toute sa force de caractère, la maladie du pays venait l'assaillir, au milieu de ses livres et de ses travaux ; il regrettait le foyer domestique, nos lacs, nos Alpes, et comparait involontairement à notre Suisse « cette nature froide et monotone » du Brandenbourg, « ces plaines de sable à l'infini, sur lesquelles s'élèvent, de distance en distance, quelques arbres solitaires et quelques huttes de paysans; l'aride Berlin lui faisait peur. » Il se souvenait alors des causeries du soir, sur les bords de l'Arve; il aurait voulu un « ami studieux pour charmer son exil, » un jeune homme qui mît dans ses études « cette ardeur de perquisition, d'examen et de philosophie qui le dévorait. »

« Les visages qui m'entourent, écrivait-il, (mai 1835), ne disent rien à mon cœur; où sont les figures sereines qui ont attiré la bénédiction du ciel sur mon enfance, et à qui je dois des principes et une conduite pour lesquels j'aurai toujours une reconnaissance à toute épreuve? où sont les douces conversations du soir, le laisser-aller des épanchements de l'amitié? Il y a des jours où le ciel de l'Allemagne me paraît si noir, le sol si aride, les habitants si morts, que je fais tous mes efforts pour chasser de mon esprit tout ce qui m'entoure. Alors je m'élance en pensée vers le meilleur des pères, vers la meilleure des mères, vers vous tous, et je me figure étancher ma soif aux fontaines de la patrie! »

Parfois aussi la même pensée se présentait à lui d'une manière plus calme : « Ce qui fait supporter l'absence et la terre étrangère, ajoutait-il dans une autre lettre (mars 1835), c'est le souvenir de la patrie, des amis, des parents. Le bonheur domestique, l'accord, l'unité, c'est la vie, c'est le soutien de l'homme; il serait utile et beau de voir un jour deux frères se soutenant mutuellement, se donnant la main dans les traverses de la vie publique, faisant disparaître par l'amitié les nuages que quelques opinions différentes pourraient jeter dans leur union, et procurant ainsi à leurs parents une vie douce et fortunée. »

Et ailleurs (13 octobre 1833) : « J'ai loué une mansarde dans la *Marienstrasse*, n° 19, à un quart de lieue de l'université. La rue n'est bâtie que depuis six ans ; elle est assez déserte. Je suis là au sommet d'une haute maison, ma chambre est agréable quand il fait beau, elle est tournée au midi et il n'y a pas de maison de l'autre côté de la rue, de sorte que, si je me mets à la fenêtre, je regarde Genève et le Cheval-Blanc [1]. »

Ailleurs encore (27 novembre 1833) : « Il y a ici une habitude poétique qui m'a donné de vraies jouissances. Quand on approche de Noël, les élèves de l'académie de chant chantent le soir dans les rues ; ils sont couverts de manteaux noirs et de chapeaux à deux cornes et précédés de deux de leurs condisciples qui portent des lanternes. L'harmonie de ces voix

[1] Propriété appartenant à la famille Vuy, et située à Carouge, sur les bords de l'Arve. Il y a eu là, jusque dans le dernier siècle, un petit hôtel qui y existait déjà à l'époque de la réformation. En 1535, le pont d'Arve se trouvait à l'extrémité du faubourg Saint-Léger et aboutissait précisément à cet hôtel ; lorsque les sœurs de Sainte-Claire partirent de Genève, dans le seizième siècle, elles reçurent chacune, de l'hôtelier du Cheval-Blanc, une miche pour leur voyage.

enfantines éveille des idées douces et mélancoliques ; j'aurais alors aimé être avec toi..... »

Mais ces instants de rêverie ou de tristesse n'étaient pas fréquents dans son existence ; sa vie était trop studieuse, ses moments trop bien employés, sa soif de science trop vive, pour qu'il se laissât souvent aller à cette pente délicate de mélancolie que parcourent plutôt les hommes d'imagination et les natures littéraires. La science, qu'il poursuivait sans relâche en jeune homme avide de connaître, était pour lui comme un combat presque continuel, où les heures de loisir et de rêverie ne se montraient que de loin en loin, à de rares et longs intervalles.

La science le préoccupait avant tout ; c'est vers elle qu'il dirigeait avec persévérance ses efforts les plus constants. Elle l'absorbait tout entier. Il lui dut, dans la suite, plus d'un succès, mais peut-être aussi (oh ! qui sondera les desseins de Dieu, les voies de la Providence!) contribua-t-elle à diminuer le nombre de ses jours.

Il profita des vacances de 1834 pour visiter quelques contrées du Nord ; le 22 août, il partit avec deux étudiants hanovriens, munis comme lui d'un passeport, pour la Suède ; mais le choléra ne leur permit point de mettre leur projet à exécution, dans son entier, et ils durent forcément modifier leur plan de voyage. Après avoir suivi le cours de l'Oder et visité l'île de Rugen dans la mer Baltique, ils se dirigèrent sur le Danemark, visitèrent Copenhague, où ils parvinrent après un orage de plusieurs jours, puis

Lubeck et Hambourg, et traversèrent enfin, pour regagner la Prusse, le Mecklembourg dans toute sa longueur. Ce voyage, qui dura plusieurs semaines, fut une distraction puissante et douce pour Alphonse Vuy; la vue d'une nature moins misérable et moins monotone que celle des environs de Berlin, le ranimait; il se rappelait involontairement sa patrie et il puisait. dans ce voyage, des forces nouvelles pour ses études, et une nouvelle ardeur.

Depuis son retour, il suivit encore, durant près d'une année, les cours de l'université. Peu à peu il s'était rendu maître des éléments de la science et il commençait à voler de ses propres ailes; aussi désirait-il, avant de quitter l'Allemagne, voir de près une autre université où l'étude du droit fût enseignée par des professeurs qui eussent une tendance moins exclusivement historique qu'à Berlin, et dans les cours desquels le côté philosophique de la science jouât un plus grand rôle. En effet, l'école historique, à Berlin, supprimait presque entièrement la philosophie, comme, en sens contraire, le rationalisme exagéré tendait ailleurs à supprimer l'histoire.

Dans l'automne de 1835, il parcourut le Hanovre et les bords du Rhin, pour se rendre à Heidelberg, où nous nous retrouvâmes ensemble. Peu de temps après, la faculté de droit proposa, pour sujet de concours, *les origines et la nature du droit emphytéotique chez les Romains;* il conçut aussitôt le dessein de prendre part à cette lutte scientifique, et de donner une année d'études laborieuses à ce sujet difficile et intéressant, dont la première partie surtout (*les origines de l'emphytéose*), n'avait presque pas été explorée jusqu'alors. Il fit une grave maladie au milieu de ces recherches persévérantes et d'un travail exagéré; mais il réussit, avec son ardeur infatigable, à terminer son mémoire et à le déposer quelques instants avant l'heure où le concours allait être clos.

Le 22 novembre 1836, ce travail consciencieux et perspicace fut jugé le plus digne de remporter la médaille d'or; il fut en conséquence couronné par la faculté de Heidelberg[1], qui comptait dans son sein des hommes d'un haut mérite, dont quelques-uns (deux d'entre eux sont décédés dès lors) ont une réputation européenne : le vieux professeur Thibaut, chef de l'école philosophique au delà du Rhin, partisan déclaré d'une codification unique pour toute l'Allemagne, « qui aurait fait un grand artiste, s'il n'avait été un grand jurisconsulte; » Zachariæ, le commentateur du code civil français, l'auteur de l'ouvrage intitulé : *Quarante livres sur l'Etat*, et qu'on a quelquefois surnommé lui-même le *Montesquieu allemand*;

[1] Voir le discours de M. le professeur Schwarz, prorecteur de l'université. (Heidelberg, 1836, page 22.) — Voir aussi à ce sujet dans le *Fédéral* du 29 novembre 1836, un article qu'on attribue à l'une de nos illustrations scientifiques, et qui se termine par ces mots : « C'est avec joie que nous enregistrons les succès de nos compatriotes, heureux de penser qu'ils feront plus tard jouir leur pays des connaissances qu'ils auront acquises. » — La même idée est reproduite dans la publication intitulée : *Souvenirs et vœux* (Genève, 1838, p. 40) : « Il (Alphonse Vuy) promet à Genève un savant distingué qu'elle sera heureuse et fière de compter au nombre de ses enfants. »

enfin le célèbre M. Mittermaier, aussi respectable par son caractère que profond par sa science, l'homme éminent qui, plus tard, eut l'insigne honneur de présider le premier parlement de Francfort.

Ce mémoire, qui est tout un ouvrage, et sur lequel j'aurai l'occasion de revenir, valut à Alphonse Vuy l'estime de ses professeurs, qui l'avaient déjà remarqué au milieu de cette foule d'étudiants, et tout particulièrement l'amitié de MM. Thibaut et Mittermaier, avec lesquels il noua désormais une liaison étroite et intime que son âge ne comportait guère. Thibaut, qui le précéda dans la tombe, assurait n'avoir jamais aimé un jeune homme autant que lui; quoiqu'il fût peu partisan des voyages, il avait fait le projet de visiter une fois Genève pour y renouveler avec lui les entretiens de Heidelberg; il parla, jusque dans ses derniers jours et avec le plus vif intérêt, de celui qu'il honorait du nom d'ami. M. Mittermaier, qui survit au contraire à son élève, avec lequel il entretenait une correspondance suivie, essentiellement cordiale et affectueuse, garde de lui un souvenir des plus délicats et des plus tendres, et il répéta, en apprenant sa mort, ce qu'il m'avait écrit déjà précédemment de lui, qu'il l'aimait comme son enfant[1].

[1] Lettre du 19 mars 1841 : « Ich liebe Ihren Bruder wie einen Sohn und weiss wie bei ihm Kopf und Herz im Einklang sind. » — Un professeur de l'université, blessé dans son amour-propre national, par cette victoire scientifique qu'un étudiant genevois venait de remporter en Allemagne, s'écriait avec naïveté dans un

En novembre 1837, Alphonse Vuy subit avec distinction ses examens définitifs, et il fut reçu docteur en droit de la manière la plus honorable (*summa cum laude*). Son séjour à Heidelberg se prolongea jusqu'au commencement de l'été suivant; il prit encore quelques cours, donna comme auparavant tous ses instants à la science et s'occupa de la publication de son mémoire sur l'emphytéose, qu'il fit paraître, après l'avoir revu scrupuleusement, complété et développé dans plusieurs parties[1]. La faculté de droit de Heidelberg voulut aussi lui donner, avant son départ, une preuve touchante de l'intérêt tout particulier qu'elle lui portait. Le 20 mai 1838, elle lui délivra, contrairement à l'usage, un certificat remarquablement honorable, et qui fut signé individuellement par tous les professeurs de la faculté.

Cependant l'heure était venue d'entrer, pour ainsi dire, dans la vie. Après ce séjour de plus de cinq ans en Allemagne, Alphonse Vuy désirait ardemment revoir enfin la Suisse et sa famille; cette longue absence pesait à son cœur, mais il fut, à ce moment-là même, vivement combattu par des projets divers. D'un côté, on lui faisait, de la part d'un prince allemand, les propositions les plus brillantes: il s'agissait d'accom-

moment de mauvaise humeur : Unser Geld geht also nach Frankreich, « *notre or s'en va donc en France,* » appelant les Suisses romands *Français*, à peu près comme, il y a trois siècles, on appelait à Genève *Allemands* les Suisses de Berne ou de Zurich.

[1] De originibus et natura juris emphyteutici Romanorum. Heidelberg, 1838, 1 vol. in-8°.

pagner, dans les universités, un jeune homme plein d'espérances, de faire avec lui des voyages, de diriger en un mot son éducation, surtout au point de vue de l'étude du droit. Il aurait pu, de la sorte, continuer ses travaux scientifiques, et, au bout de quelques années, son existence était assurée. D'autre part, son plus vif désir et sa ferme intention étaient d'être utile à sa patrie et de vivre auprès des siens. Il avait rêvé « la vie laborieuse, utile de l'homme de bien, la vie de famille, la vie du pays. » — Il aurait voulu pouvoir se livrer, dans l'académie de Genève, à l'enseignement du droit. Quoique ce dernier parti ne lui pût donner, sous le rapport pécuniaire, qu'une position infiniment moins belle et moins avantageuse que l'autre, il le préférait cependant; il se disait qu'en penchant ainsi du côté de sa patrie, il remplissait un devoir. Une chaire de droit était vacante à Genève; plusieurs personnes l'engageaient vivement à la postuler. Un ami clairvoyant lui faisait toutefois observer qu'il refusait une position certaine pour une position douteuse, et qu'il se laissait bercer par des assurances qui pourraient bien ne se pas réaliser. Son noble cœur ne voulut point écouter des conseils qui avaient quelque chose de dur ou tout au moins de défiant; quoique bienveillants et affectueux, il se plaisait à les croire mal fondés. Il revint donc à Genève. Malgré les résultats dont elle fut suivie, cette résolution l'honore; mais il fut bientôt cruellement détrompé dans ses espérances. Son pays le repoussa; il ne lui tint pas compte de l'opinion qu'avaient conçue de lui des hommes haut placés dans la science, de ses travaux persévérants, de ses longues et patientes études, de ses succès. Genève ne fut point, ainsi que l'avait annoncé une plume anonyme et bienveillante, heureuse et fière de le compter au nombre de ses enfants. Au surplus, de pareilles injustices n'étaient point nouvelles chez nous ; à diverses reprises déjà, des faits de cette nature avaient soumis de jeunes hommes de mérite à de rudes épreuves. C'est ainsi, pour n'en citer qu'un seul mais frappant exemple, que, dans un autre domaine, ce jeune et infortuné Chaponnière, qui promettait à la Suisse un homme de génie, fut dédaigneusement éconduit comme un artiste d'un talent vulgaire et d'un insignifiant avenir[1]. La destinée de Chaponnière présente plus d'une analogie avec celle d'Alphonse Vuy ; tous deux d'un noble extérieur, à la fois distingués et modestes, ayant fait leurs preuves déjà de bonne heure ; tous deux bien doués, l'un dans les arts, l'autre dans la science, méconnus également par leur pays, et ne trouvant guère que dans l'étranger ces encouragements et ces sympathies qui ne créent pas le talent sans doute, mais qui contribuent à lui donner de l'essor et de la vie ; tous deux mourant

[1] « Il est certain que s'il (le groupe de Daphnis et Chloé) est accueilli ici, comme il l'a été par quelques personnes à Genève, *ma carrière est perdue, et il ne me reste plus qu'à me faire soldat, ou à retourner dans mon pays ; et quelles ressources y trouverais-je ? Les hommes qui m'ont si opiniâtrément repoussé changeraient-ils de disposition à mon égard ?* » *Chaponnière.* (Paris, 4 avril 1831.)

jeunes encore et sans avoir fourni la carrière qu'ils étaient en droit de parcourir [1].

Dans de pareilles circonstances, une résolution énergique était nécessaire; Alphonse Vuy se décida sans hésitation à partir immédiatement pour Paris. Chaponnière avait fait à peu près de même autrefois. Alphonse Vuy arriva à Paris dans le mois d'octobre 1838. Son talent ne pouvait que gagner et se développer à ce contact avec l'esprit français; il avait vu de si près et si longtemps l'Allemagne, il avait si bien profité de son séjour au delà du Rhin, que le contraste seul entre les deux pays était pour lui un sujet d'étude d'un vif intérêt, d'une incontestable utilité. Il n'avait d'ailleurs jamais pu se faire entièrement à cette absence de clarté, à cette atmosphère scientifique plus ou moins brumeuse, qui gâte trop souvent, en Allemagne, chez beaucoup d'écrivains, les meilleures, les plus riches et les plus belles qualités. Quoique profondément navré de l'accueil qu'il avait reçu à Genève, il ne se laissa point abattre; il renferma en lui-même sa tristesse, et ne pouvant « épancher son âme dans celle de ses bons amis » dont il était séparé, il s'arma de nouveau de cette persévérance opiniâtre et de ce courage à toute épreuve, que ne connaissent pas les cœurs moralement souffrants, les imaginations maladives, et sans lesquels de grands

[1] « Natura tamen infirmitatis humanæ, tardiora sunt remedia quam mala; et, ut corpora lente augescunt, cito exstinguuntur, sic ingenia studiaque oppresseris facilius quam revocaveris. » *Tacite, Agricola.*

efforts sont impossibles. « Il y a une Providence, écrivait-il, dans les desseins de laquelle il entrait peut-être de nous mettre à l'épreuve quand nous nous pensions heureux et de nous inspirer de nouvelles forces par le baptême de la douleur. » Dans une autre lettre, écrite plus de neuf ans avant sa mort (31 mai 1841), il s'exprime en ces termes : « La vie est une épreuve incessante, où il faut savoir au moins lutter avec courage, et obéir avec résignation à une volonté plus sage que la nôtre. Je n'aurai peut-être qu'une tombe pour récompense : pourquoi s'en effrayer ? La malignité des hommes ne m'a que trop appris ce que vaut la vie, pour que je ne me conforme pas, sans murmurer, aux décrets du ciel les plus sévères comme les plus inattendus. »

Aussi bien dois-je dire que, si l'Allemagne avait été hospitalière et bienveillante pour lui, s'il avait, comme c'était son devoir, conservé de son séjour au delà du Rhin un souvenir de reconnaissance affectueuse, il trouva bientôt également, au milieu de cette France à laquelle il était étranger, de nombreux et dignes encouragements, d'autant plus précieux pour lui qu'ils partaient de savants qui avaient fait leurs preuves, d'hommes éminents dans les lettres ou les sciences. Ces encouragements éclairés ne devaient-ils pas cicatriser une blessure encore saignante, et le fortifier, le soutenir dans cette route parfois ardue de la science, où il avançait d'ailleurs avec sa force d'âme habituelle, sans se laisser abattre et sans trébucher ? Ne devaient-ils pas le consoler un peu des regrets qu'il éprouvait, surtout dans les premiers temps, lorsqu'il songeait, loin de nos montagnes, « à ces charmantes conversations de l'intimité qu'on ne retrouve point chez des étrangers? » Plusieurs publications dans les journaux de droit et dans les revues de législation, prouvèrent bientôt que son activité scientifique ne s'engourdissait point. Il ne tarda pas à se faire remarquer à Paris, comme il l'avait fait précédemment en Allemagne. Qu'on me permette donc, car cette esquisse biographique serait sans cela trop incomplète, d'indiquer brièvement ou de rappeler tout au moins quelques-uns de ses travaux.

Une année environ avant sa mort, qui eut lieu en 1840, M. le professeur Thibaut publia un nouvel écrit sur l'école historique. On sait qu'au moment de la restauration, et après la guerre que les Allemands ont désignée sous le nom de *guerre de l'indépendance*, une grande et longue discussion s'éleva, au delà du Rhin, sur le sujet de la codification. Quelques savants, à la tête desquels se trouvait Thibaut, demandaient un code unique pour toute l'Allemagne; d'autres, qui avaient pour chef Savigny, s'opposaient vivement à ce principe unitaire qui aurait eu, avec le temps, sur le sort de l'Allemagne entière, une si grande influence.

Dans un article assez étendu [1], qu'un célèbre écrivain français qualifia d'*importante brochure*, et où l'on

[1] *Revue de législation et de jurisprudence*, tome X, livraison du 30 septembre 1839, pages 321 à 357. (*Le professeur Thibaut et l'École historique en Allemagne.*)

trouve, à côté d'un style ferme, énergique et pur, une remarquable élévation d'idées et une rare impartialité, Alphonse Vuy exposa les principales phases, et, pour ainsi dire, la substance de cette discussion palpitante d'intérêt, de cette grave controverse qui eut en Allemagne un immense retentissement; cette discussion touchait en effet à une foule de questions vitales. Tout en se posant sur un terrain scientifique, en quelque sorte neutre, elle ne devait, en apparence, attirer l'attention que des hommes de cabinet; mais elle remuait au fond et en réalité, à divers égards, la fibre nationale et populaire, elle réveillait ces sentiments profonds, momentanément assoupis ou tout au moins contenus, réprimés, qui s'étaient produits avec vigueur lors des dernières guerres de l'Empire, et qui devaient tôt ou tard se manifester encore, avec une nouvelle force et ouvertement. Le parlement de Francfort, inférieur, du reste, sous plusieurs rapports, à la grande tâche qui lui était confiée, l'a suffisamment prouvé depuis. Serait-il possible d'ailleurs à un homme éclairé, de nier « tout l'intérêt qui se cache sous les dehors souvent un peu arides du droit civil, et les graves leçons qu'on peut y puiser? »

Cet article, qu'Alphonse Vuy fit tirer à part, eut un véritable succès. Quant à lui, il avait saisi l'occasion « de faire connaître des travaux importants, et de rendre un hommage public à des hommes éminents pour lesquels il professait une haute estime et une grande reconnaissance. » Mais il n'avait pas publié cet article sans avoir quelque peu hésité. En me transmettant le manuscrit, et en demandant à mon amitié de frère de sévères conseils, il ajoutait avec cette modestie qui sied au talent : « il est possible que j'abandonne cet article sur ce que tu m'en diras. » Cet opuscule, dont quelques parties furent reproduites par d'autres feuilles périodiques [1], causa la plus grande joie à M. le professeur Thibaut. De toutes les émotions que fit éprouver à Alphonse Vuy lui-même, ce premier travail publié en France, celle-là ne fut pas la moindre. Peu de mois après, il apprenait, en effet, la mort de son illustre professeur, et il se sentait heureux d'avoir pu lui témoigner à temps toute sa reconnaissance.

Un écrivain genevois, qui a établi son domicile à Paris, et qui a un nom dans le monde littéraire, insérait, à propos de ce travail, le passage suivant dans une correspondance adressée au *Journal de Genève* (numéro du 6 novembre 1839) : « J'ai lu tout entier l'article de M. Vuy, dans la *Revue de Législation*, touchant l'école de Thibaut et de Savigny ; et, bien que je ne partage pas tout à fait ses idées sur la codification des lois germaniques, je ne puis m'empêcher de vous dire tout le bien que je pense de ce jeune jurisconsulte. Chose rare parmi les plumes genevoises, la sienne possède une élégance et une facilité, une pureté d'expression surtout, qui place de suite M. Vuy au meilleur rang de nos écrivains légistes. Ses succès en Allemagne nous avaient prouvé déjà la

[1] Voir entre autres *le Droit*, dans ses numéros des 23 octobre 1839, 10 et 11 février 1840.

profondeur et le savoir de cette jeune intelligence, et voilà que ce grand et beau style achève de nous donner pour elle l'espoir du plus brillant avenir. »

D'un autre côté, Alphonse Vuy recevait, de Genève même, et de celui de nos jurisconsultes qui est le plus connu dans la science, une lettre pleine d'encouragements et où se trouve ce passage : « Vous aurez bientôt une réputation dont vos amis de Genève..... ne seront pas les derniers à répandre l'écho. »

C'est ici le moment peut-être de dire quelques mots de l'ouvrage d'Alphonse Vuy sur l'emphytéose, qui, depuis sa publication, n'avait pas été oublié et qui fut mentionné, au contraire, dans les revues de législation et dans quelques ouvrages de droit, de la manière la plus favorable. Il serait inutile d'insister en détail sur ces divers comptes rendus dont on honorait le jeune jurisconsulte [1]; que je signale tout au moins, dans cette rapide esquisse biographique,

[1] Voir entre autres : *Revue de législation et de jurisprudence*, tome IX, 1839, p. 393-400. — *Revue étrangère et française de législation et d'économie politique*, 1839, pp. 233, 234. — *Allgemeine Litteratur-Zeitung*, August, 1839, p. 173 et suiv., 182 et suiv. — *Annales critiques de jurisprudence*, par Richter, 1839, p. 686-694. — *La Presse* (1839) rendit compte de cet ouvrage en même temps que de l'ouvrage de M. Laboulaye sur l'*Histoire du droit de propriété foncière en Occident*, et de celui de M. Charles Giraud, intitulé : *Recherches sur le droit de propriété chez les Romains*, « trois ouvrages, dit-elle, diversement remarquables. » — Dans son commentaire *de l'Echange et du Louage*, M. Troplong parle à différentes reprises, et en le combattant sur plusieurs points, « du travail si remarquable, du reste, de M. Vuy ; » etc.

l'étude intelligente et détaillée que lui consacra un écrivain français très-compétent, et qui est maintenant membre de l'académie des sciences de Paris, M. Edouard Laboulaye.

L'accueil fait à ses deux premières publications, encouragea vivement Alphonse Vuy et le soutint, malgré ce profond regret qu'il éprouvait de vivre loin de sa patrie. Les Revues de législation, les journaux de droit de Paris lui ouvrirent spontanément leurs colonnes et lui témoignèrent le désir de le compter au nombre de leurs collaborateurs. Au milieu d'un travail de cabinet toujours actif et soutenu, il publia successivement divers articles qui se rattachaient tous plus ou moins directement à la science du droit.

C'est ainsi qu'il rendit compte de l'ouvrage de M. Guizot: *Vie, correspondance et écrits de Washington*[1], où il s'attacha spécialement à l'introduction de M. Guizot, qui « explique admirablement l'influence de Washington dans l'organisation des Etats-Unis; » du *Cours de droit civil français* de Zachariæ, traduit de l'allemand, par MM. Aubry et Rau[2]; *de l'Histoire du droit de propriété foncière en Occident*[3], et de quelques autres ouvrages, en particulier de l'ouvrage de M. Pierre Odier, de Genève, intitulé: des systèmes

[1] *Le Droit*, journal général des tribunaux, n° du 13 décembre 1839.

[2] *Le Droit*, n° du 20 août 1840.

[3] *Revue de législation et de jurisprudence*, 1840, livraison de décembre, tome XII, p. 452 à 467.

hypothécaires[1]. Car il tenait, « pour se venger noblement de son pays, » à propager et à répandre des ouvrages venant de Genève et qui méritaient d'être connus. C'est ainsi que, dans le temps, par ses nombreuses relations en Allemagne, il avait beaucoup contribué à y faire apprécier à sa juste valeur l'ouvrage de M. Bellot sur la procédure civile; c'est ainsi qu'il éprouvait un véritable plaisir à signaler au public français l'un des ouvrages de M. le professeur Odier, jurisconsulte aussi érudit que consciencieux et modeste; et il m'écrivait à cette occasion : « Plus j'ai eu à souffrir dans mon pays, plus je voudrais lui rendre en bons offices les chagrins qu'il m'a causés. »

Au milieu de cette vie calme et laborieuse, où différents devoirs absorbaient un temps précieux qu'il regrettait de ne pouvoir consacrer en entier à des travaux scientifiques, Alphonse Vuy trouvait ses distractions les plus chères, soit dans une conférence de jeunes avocats où il prenait quelquefois la parole, soit dans un comité de patronage dont il faisait partie, soit dans la société d'hommes éminents qui avaient pour lui des sentiments affectueux, soit enfin dans cette cordiale amitié qu'il avait contractée avec un jurisconsulte breton, M. Lepontois, honorablement connu dans le barreau de Paris, par ses talents et par son caractère.

Il s'était, du reste, bien promis, de ne pas éparpiller par de trop fréquentes publications dans les

[1] *Le Droit*, n° du 20 mai 1840.

revues de droit, les connaissances qu'il avait acquises, et il avait pris dès lors la résolution de consacrer, pendant des années, à un seul et grand ouvrage, toutes les heures de loisir que pourraient lui laisser des devoirs sérieusement accomplis. C'est vers la philosophie qu'il tourna de nouveau les yeux, revenant comme par une pente naturelle à ses goûts les plus chers, et qu'il n'avait jamais entièrement abandonnés. — Il avait peu à peu complétement renoncé à l'idée de s'établir à Genève ; les détails intimes qu'il recevait sur l'état scientifique des esprits dans cette ville, sur l'isolement dans lequel on laissait les savants qui ne s'occupaient pas de sciences physiques et naturelles, sur le peu d'encouragements donnés à la philosophie et au droit, lui enlevèrent jusqu'au désir qu'il avait caressé autrefois si vivement de s'établir un jour à Genève. Ces détails, qu'il ne serait pas convenable de reproduire, émanaient d'un des hommes les plus compétents et les plus honorables. Il ne put toutefois que bien difficilement se résigner à y croire, et il ne prit pas sans peine ni sans regret la résolution dont je viens de parler.

Dans l'automne de 1841, l'intérêt de sa santé l'obligeant à suspendre momentanément tout travail, il partit pour la Touraine, où il séjourna quelque temps de la manière la plus agréable, et visita ensuite, avec le même plaisir, la Bretagne et la Normandie. Peu de mois après, une position brillante lui fut offerte, et, sur les conseils de personnes qui lui voulaient du bien, il l'accepta ; mais au moment où il se préparait à quitter Paris, dont l'air en général doux et tempéré, convenait à sa poitrine délicate, et où il avait trouvé beaucoup de bienveillance, il eut la douleur de perdre son ami, M. Lepontois.

Est-il besoin de rappeler ici cette cruelle catastrophe du chemin de fer de Versailles? N'est-ce pas un de ces événements poignants que la mémoire des hommes, si souvent distraite et passagère, n'oublie pas? Un de ces événements terribles qui frappent vivement l'imagination populaire, et où les voies de la Providence manifestent, dans leur sévère majesté, et aux yeux les moins clairvoyants, les plus aveugles, tout le néant de cette terre? Lepontois, qui vivait d'ordinaire fort retiré, mais qui avait reçu à Paris quelques-uns des siens venus exprès pour le voir, de Lorient, sa ville natale, s'était rendu avec eux à Versailles, où Alphonse Vuy, par une circonstance imprévue, ne les put point accompagner. A leur retour, ils périrent tous, à l'exception d'une jeune fille, dans la néfaste catastrophe du chemin de fer. Cette mort fit sur Alphonse Vuy l'impression la plus pénible, la plus profonde; car il connaissait beaucoup Lepontois « qui, avec un peu de raideur dans les formes et d'opiniâtreté dans le caractère, avait toutes les qualités qui tiennent souvent à ces légers défauts. » Ce jurisconsulte breton, « étranger à ces instincts matériels, à ces préoccupations pécuniaires et mercantiles, qui sont trop souvent un des caractères de notre époque, » s'était intimement lié avec Alphonse Vuy. Ils se voyaient souvent et se confiaient l'un à l'autre leurs projets, leurs espérances. L'amitié, a dit un digne écrivain, ne manque pas à ceux-là qui croient en elle.

Aussi, Alphonse Vuy avait-il un douloureux devoir à remplir envers l'infortuné Lepontois. Le jour des funérailles, il prononça, au Père-Lachaise, un discours que reproduisirent les journaux du temps[1], et qui fit sensation. Voici en quels termes il s'exprima après Mr Marie, bâtonnier de l'ordre, et Me Hello, l'un des secrétaires de la Conférence des avocats : « Permettez-moi d'adresser aussi un dernier adieu à l'ami commun dont nous déplorons tous la perte. Je ne dirai que peu de mots, car les paroles éloquentes que vous venez d'entendre et vos propres souvenirs abrégent la tâche de l'amitié. Vous n'avez tous que des regrets, parce que les qualités de Lepontois ne pouvaient inspirer que des sentiments d'affection. La nouvelle de l'événement qui a jeté le deuil dans sa famille, a surtout frappé ceux qui avaient été les confidents et les témoins de ses travaux. Pour se mettre à la hauteur de sa mission d'avocat, Lepontois voulait joindre à la connaissance des affaires l'étude des principes philosophiques et des faits de l'histoire, dont les lois positives ne sont que le corollaire inévitable.

« Tous ses loisirs étaient consacrés à ces graves méditations. Nous aimions surtout à l'entendre, quand il rencontrait quelqu'une de ces questions qui rappellent d'elles-mêmes aux lois éternelles de la morale et de la

[1] Voir la *Gazette des tribunaux*, nº du 19 mai 1842 ; *le Droit*, nº du même jour, et autres journaux.

justice. Son goût pour les hautes études de droit était si prononcé, qu'après quelques hésitations sur le choix du sujet, il avait résolu de donner tous les instants que lui laissaient les affaires, à la composition d'un ouvrage sur l'histoire et la philosophie d'une des parties les plus importantes de la législation.

« Mais au moment où il préparait l'exécution de ses projets, et se détachait de plus en plus des préoccupations intéressées qu'il se plaignait de rencontrer si fréquemment sur sa route, il est frappé d'un coup imprévu, ses travaux restent inachevés, la place qu'il s'était faite demeure vide, il n'avait plus que des succès à espérer, et voilà qu'il nous est enlevé dans un effroyable désastre !

« Cette réflexion, qui nous a frappés tous, Messieurs, nous a fait sentir aussi plus fortement peut-être que jamais, combien nous sommes peu de chose, malgré nos efforts pour nous grandir et masquer notre faiblesse. Lepontois, à qui la foi religieuse l'avait appris, voyait dans toutes les circonstances de la vie, l'intervention de Dieu toujours présente. La veille de la fatale catastrophe, il me disait encore ces mots qui resteront longtemps gravés dans ma mémoire : « Sur beaucoup de choses, mon esprit hésite ; en politique, j'aperçois trop souvent des intérêts et des passions; en droit, des principes dont la vérité me paraît douteuse ; mais en morale et en religion, mes convictions sont profondes, et j'ai la ferme volonté d'en remplir les devoirs. »

« Cette pensée, Messieurs, par laquelle il semblait se

préparer à la mort, serait la seule qui pût adoucir nos regrets, s'il était des consolations auprès de la tombe d'un ami. Hélas! ce triste souvenir, en nous rappelant la pureté de sa vie, augmente encore la douleur que nous a causée sa perte! »

C'est sous cette impression douloureuse qu'Alphose Vuy quitta Paris pour se rendre en Belgique. Il devait, de Bruxelles, accompagner dans des voyages et dans les universités allemandes, les deux fils aînés de Mgr. le duc d'Arenberg, prince puissant et fort considéré. Il séjourna ainsi tour à tour à Bruxelles, à Ostende, au château d'Enghien et surtout à Bonn, sur le Rhin, où les princes suivirent, durant plusieurs semestres, les cours de l'université. — En septembre 1842, dans un voyage qu'il fit à Munich, il parcourut avec bonheur des vallées qui lui rappelèrent celles de son pays, et il traversa tout joyeux cette ville de Heidelberg où il retrouva quelques-uns de ses condisciples et plusieurs de ses anciens maîtres.

L'été suivant, il fit une rapide excursion en Suisse et en Savoie, il revit ce toit connu où il avait reçu le jour, il put s'asseoir quelques instants au moins dans cette forêt de sapins d'où l'on jouit d'une si belle vue, et qui avait plus d'une fois prêté son ombre aux naïfs ébats de son enfance. « Il n'avait pas oublié cette ancienne gaieté naturelle qu'il comptait retrouver tout entière au milieu des siens. » Cette excursion de quelques jours fut, en effet, pleine de charmes; après plusieurs années d'absence, on admire avec délices le ciel natal et on savoure mieux les douces et pures joies de la famille. La sienne était au complet pour le recevoir; dernière, à quelques égards, et touchante entrevue! car deux des membres de la famille, son père et son grand-père, moururent presque en même temps durant son absence, au milieu de l'hiver suivant. Ce voyage si court, si riche en impressions agréables et riantes, était donc aussi un adieu.

La nouvelle position d'Alphonse Vuy était extrêmement honorable et avantageuse. Il faut le dire cependant, il regretta toujours Heidelberg et Paris. En particulier, cette haute société scientifique de France, au milieu de laquelle il avait reçu un accueil si bienveillant, il ne pouvait point espérer de la retrouver ailleurs dans ses voyages; cette vie si occupée de Paris et de Heidelberg n'était donc désormais pour lui qu'un beau souvenir, d'autant plus cher que des lettres d'hommes haut placés, des lettres fréquentes, lui prouvaient, malgré son éloignement, toute l'estime dont il jouissait.

« Vous allez nous manquer cet hiver, » lui avait écrit de Passy, quelques mois après son départ, le premier président de la cour de cassation de France; d'autres lettres assez nombreuses, également honorables, exprimaient à son égard, et en d'autres termes, des sentiments analogues.

D'un autre côté, le climat de Bonn, où il passait la plus grande partie de l'année, lui était extrêmement nuisible; l'air vif et âpre de la vallée du Rhin ne pouvait lui convenir. Il ne s'en aperçut que trop tôt. « Je crains bien, écrivait-il de Bonn, qu'un long séjour dans ce pays n'exerce une influence fatale sur ma santé. » Il devinait en quelque sorte que la Providence devait interrompre une seconde fois sa carrière ; il se voyait déjà refoulé par la maladie dans les contrées du midi, loin des siens, loin de tous ceux qu'il aimait, de tous ceux qui lui avaient témoigné de l'affection ou de l'intérêt. Quoique doué d'un esprit ferme et d'un courage moral qui ne l'abandonnèrent qu'à de très-rares intervalles, il éprouva une vive douleur lorsqu'il dût s'avouer à lui-même que ses pressentiments étaient fondés, qu'il devrait fuir les pays où l'appelaient toutes ses sympathies, qu'il mènerait désormais une vie errante, et qu'il lui faudrait renoncer, en grande partie du moins, à ce travail intellectuel qui remplissait son existence, à ces projets scientifiques qu'il avait toujours poursuivis avec tant d'ardeur. Il accepta toutefois sans trop murmurer cette épreuve nouvelle et pénible. Après avoir, imprudemment sans doute, retardé son départ, il se dirigea enfin vers le midi. « Il n'est personne, écrivait-il des Eaux-Bonnes, qui puisse jouir ici-bas d'un bonheur parfait ; il nous faut à tous, pour alléger notre passage dans cette vie, de la patience et de la résignation. » La même pensée se retrouve dans plusieurs de ses lettres : « Nous avons tous nos devoirs à remplir, dit-il ailleurs, et il n'est pas une situation dans la vie qui n'ait ses ennuis et ses inconvénients. Le principal c'est de remercier Dieu du bien qu'il nous fait et de lui demander pour le reste, le courage et la résignation. »

C'est de résignation, en effet, qu'il avait besoin, il la demanda à Dieu, il « crut l'avoir obtenue » et il s'estimait heureux encore, dans les épreuves auxquelles il était soumis, d'être soutenu et fortifié par de hautes espérances et de ne point se laisser aller à la dérive, au découragement ou au désespoir, comme d'autres auraient pu le faire à sa place. « Peut-être, dit-il dans une de ses lettres, est-il dans les vues de la Providence de ne nous accorder le repos que dans un monde meilleur » (1846).

En 1844, dans le courant de l'été, il se dirigea, pour la première fois, sur les Eaux-Bonnes, dans les Pyrénées, où il retourna dès lors à plusieurs reprises. Chemin faisant, il alla voir, à quelques lieues de Bordeaux, le château gothique de la Brède, où naquit Montesquieu. Ce ne fut pas sans intérêt qu'il visita le lieu de naissance de ce grand écrivain, dont il avait étudié de près les ouvrages. Il se promena dans les belles prairies, dans la garenne et dans les vastes forêts qui entourent le château; il comprit mieux alors le soin avec lequel Montesquieu a traité du régime féodal. Il admira aussi de nouveau « le génie de cet homme qui sut s'élever au-dessus des préjugés de la naissance et des souvenirs de la famille, pour tracer l'évangile politique des sociétés modernes, malgré les clameurs intéressées du fanatisme religieux et politique de son temps. »

Alphonse Vuy passait l'hiver à Pise, et il s'en éloignait durant la belle saison. C'est au milieu de cette existence « errante et monotone » qu'il assista au grand mouvement qui avait pour but la régénération de l'Italie et qui ne dévia que trop tôt de la route que lui avait imprimée un vénérable pontife. Alphonse Vuy vit, avec émotion, cette illustre contrée « commencer l'apprentissage difficile de la liberté; » un moment même il eut l'idée de donner à Pise un cours de droit constitutionnel; mais son médecin le lui défendit positivement. Il assista donc en spectateur tranquille à ce grand mouvement, et il dut « ne demander à l'Italie que de l'air et du soleil. » Au surplus, pour lui qui se plaignait « d'avoir été toujours en butte aux exagérés de tous les partis, » pour lui surtout qui se sentait malade sans espoir de guérison, ce fut sans doute un bien à tous égards; car ce projet aurait eu pour conséquence de lui imposer un travail que sa santé ne permettait plus guère, et de diminuer encore le nombre de ses jours.

La belle saison, il la passait quelquefois chez ses parents, quelquefois aux Eaux-Bonnes, ou à Viareggio, petit port de mer situé à quelques milles des montagnes du Lucquois. — Un été, il trouva aux Eaux-Bonnes quelques jeunes littérateurs dont la société lui fut très-agréable; mais, en général, cette vie des eaux était pour lui pleine de solitude et d'isolement, quoique les étrangers y fussent en assez grand nombre.

Quelques passages épars de sa correspondance ne seront peut-être pas sans intérêt pour donner une idée de cette vie des eaux :

« J'ai passé ici, écrivait-il le 28 août 1844, à notre

sœur, Madame Armand-Vuy, une saison assez triste, parce que j'ai presque toujours été indisposé. Les gens qui se portent bien, et même les malades, font de grandes parties à cheval dans les montagnes, il en est résulté un accident bien triste; il y a quelques jours, le procureur général de la cour royale de Nîmes est tombé de cheval et s'est fracassé la tête, il n'avait avec lui que son petit-neveu, auquel il servait de père; le pauvre enfant en a presque perdu la raison; j'ai assisté à l'ensevelissement de son oncle; mort loin de sa famille, il n'a eu, pour suivre son convoi, que quelques étrangers. Comme l'accident était très-connu et avait fait beaucoup d'impression, la cérémonie a été publique. D'ordinaire, quand il meurt ici quelqu'un, on l'enlève clandestinement pour ne pas frapper l'imagination des malades; hélas! on cherche en vain à leur faire oublier la mort; lors même que la maladie ne les forcerait pas à y penser, j'en connais plusieurs à qui les souvenirs de famille la rappelleraient sans cesse. »

Il rendait ainsi, dans une gorge des montagnes, les derniers devoirs à la mort douloureuse et prématurée d'un magistrat français, comme plus tard, des étrangers devaient, suivant les voies de la Providence, les lui rendre un jour à lui-même, sur les bords de l'Arno.

Ailleurs (17 juillet 1845): « Arrivé tout fatigué aux Eaux-Bonnes, je ne remarque pas encore d'amélioration dans ma santé; les eaux sont assez tristes, cette année; on compte un certain nombre de personnes gravement malades; on rencontre beaucoup de visages tristes et préoccupés; les fièvres pernicieuses ou cérébrales viennent s'ajouter aux autres maux et frappent de préférence ceux qui sont ici seuls, sans parents et sans amis. Les hommes ont beau faire; c'est tout au plus s'ils parviennent, à force de soins, à prolonger un peu leur existence; que ne songent-ils à l'adoucir par le culte du vrai Dieu qui commande, quoi qu'on en dise, la bonté, la douceur et la pratique de toutes les vertus. »

Ailleurs encore (5 août 1846) : « Ma santé m'a permis, cet hiver, de jouir un peu de mon séjour en Italie sans que j'aie cependant osé entreprendre de longs voyages.

Aujourd'hui je suis de retour aux eaux, entouré de souvenirs lugubres; plusieurs des personnes que j'y ai connues sont mortes ou bien malades; ce sont les meilleurs qui sont le moins épargnés. Au milieu de ces misères de l'humanité, la pensée se porte vers le ciel où se trouve notre refuge. Nulle part le retour aux idées sérieuses ne se fait plus sentir, la chapelle ne désemplit pas, et c'est une religion douce, compatissante qui ne laisse pas le cœur dur et la conduite déloyale, mais qui élève et purifie. »

A Viareggio, logé dans une maisonnette, derrière laquelle s'élevaient quatre ceps de vigne, et qu'un laborieux artisan lui abandonnait pour gagner quelque argent durant la saison des bains, son existence était plus calme et plus retirée encore ; sur cette plage brûlée par le soleil du midi, et « où quelques malades erraient comme des âmes en peine, » il se promenait dans ses solitaires méditations, ramassant sur les bords de la mer quelques coquillages pour sa jeune nièce, n'ayant d'autre distraction que le murmure sourd du vent d'ouest et le bruit de la vague qui se brisait en ondulant à ses pieds. Cette solennelle monotonie lui rappelait l'éternité; il aimait cette imposante solitude qui parlait profondément à son cœur. Quelquefois aussi, le matin, et surtout au coucher du soleil, il allait, comme il le raconte lui-même, chercher un peu de fraîcheur sur le môle, jetée qui protége le port et qui s'avance de quelques centaines de pas dans la mer. Il y jouissait, quand le vent était fort, du spectacle de la mer agitée qui s'élevait quelquefois jusqu'à la hauteur du môle, et, de ses vagues inondait les promeneurs; quand le vent tombait, que le temps était clair, la mer présentait un coup d'œil magique qui le faisait souvent rêver. Les paransèles entraient et sortaient poussées légèrement par la brise; elles portaient des amis de la belle nature dont on entendait les chants dans le lointain, ou de pauvres pêcheurs qui allaient tendre leurs filets dans tous les sens. C'était un ravissant spectacle que celui de cette mer si pure et si calme, éclairée au loin par la pâle lumière de la lune, et semée de voiles qui dessinaient leurs formes gracieuses à l'horizon.

Paisible distraction d'un pauvre malade qui ne pouvait se livrer désormais que peu de temps à l'étude, et à qui Dieu avait donné dans son exil, pour le consoler, patience, force et résignation!

3

Quoique « cette espèce d'oisiveté » dont il se plaignait, et dans laquelle il était forcé de vivre, contrastât beaucoup avec son incessante activité d'autrefois, cependant le travail était toujours encore ses plus chères délices et sa principale préoccupation. Comme je l'ai dit précédemment, il avait fait le projet, à l'époque même où il insérait des articles dans les revues de législation, de consacrer à l'avenir tous les instants dont il pourrait disposer, à un ouvrage de longue haleine. Ce projet, il l'exécuta fidèlement et avec persévérance, autant que ses forces le lui permirent. Toutes ses méditations s'étaient tournées vers la philosophie et concentrées sur cette science pour laquelle il avait un goût très-prononcé. Il désirait exposer, dans un ouvrage développé, les divers systèmes des philosophes allemands, et faire suivre d'une étude critique cette œuvre considérable, résultat d'un examen direct et approfondi des ouvrages publiés en Allemagne sur la philosophie. Il devait s'attacher plus spécialement à Kant, à Fichte, à Schelling et à Hegel; ces quatre auteurs auraient fait en quelque sorte le centre de l'ouvrage. Il se serait occupé de leurs devanciers dans une étude qui aurait servi comme d'introduction à son travail qu'il aurait terminé par un coup d'œil jeté sur la philosophie allemande contemporaine. Ce travail achevé aurait formé « un ensemble utile et intéressant sur la marche philosophique de l'esprit humain en Allemagne. » C'est à la réalisation de ce plan qu'il consacra, durant plusieurs années, tous les loisirs et tous les instants que lui laissait une santé souffrante ; mais il se plaignait de ne pouvoir se livrer, comme il l'aurait voulu, à ses études de prédilection : « Je ne puis, si je veux vivre, m'écrivait-il un jour, leur accorder que quelques moments dérobés au far-niente que ma santé exige ; et cependant, il faut, dans toute espèce de travail, de l'esprit de suite, sans parler du plaisir qu'il y a à se livrer tout entier à ses pensées ; moi, je suis toujours obligé de m'observer et de travailler à bâtons rompus ; aussi j'avance peu et je ne sais si je réussirai à mettre au net quelques pages que je veux soumettre à ton jugement..... Mais remercions Dieu qui nous a donné le pain quotidien ; la science est une jouissance dont je devrais aussi savoir me passer, si j'étais plus sage. L'état de ma santé m'a fait renoncer à tous les projets de ma jeunesse ; pourquoi ne me résignerais-je pas à renoncer aussi à la science qui en a fait le charme et qui n'est plus désormais pour moi qu'un luxe inutile ; car je n'ai pas assez bonne opinion de moi pour croire que mes travaux, quoique consciencieux, puissent servir beaucoup la cause de l'humanité. »

Les études de droit qu'il avait faites, lui étaient extrêmement utiles dans « ce travail à bâtons rompus » pour lequel il fit bien des sacrifices, notamment celui du voyage de Rome et de Naples auquel il tenait beaucoup. Au plus fort de la guerre d'Italie (1848), il reprenait ses études sur Fichte, et il s'était proposé souvent de faire un nouveau séjour scientifique en Allemagne et des voyages pour compléter et approfondir son œuvre. Parfois il se plaisait à croire qu'elle ne resterait pas entièrement inachevée. « A défaut de cette activité pratique que m'interdit ma poitrine, dit-il dans une de ses lettres (25 février 1847), je serais heureux si je pouvais laisser dans la science un faible souvenir attaché à notre nom. »

La Providence ne devait point lui permettre de terminer cette œuvre si dignement commencée, et où l'on trouve, à côté d'une étude sérieuse de la philosophie allemande, un grand et beau style, à la fois clair, élégant et concis, d'une netteté ferme, et d'une remarquable dignité. Il avait embrassé l'étude entière de son sujet pour mieux en saisir l'ensemble, et pour le dominer en quelque façon, comme du haut d'une montagne on voit mieux toutes les sinuosités de la plaine ; mais il ne put exécuter qu'en partie ce vaste plan pour lequel il aurait eu besoin de quinze ans de vie, et d'une vie plus occupée que celle qu'il pouvait mener. Ses papiers renferment nombre de données, d'études, de notes, de fragments plus ou moins incohérents et illisibles, plus ou moins imparfaits. Tous ces matériaux étaient classés dans sa tête d'une manière admirable ; il s'agissait de les revoir, de les grouper, de les coordonner ; l'œuvre était conçue, il lui a manqué le temps nécessaire pour l'exécution. Ce n'est que sur Kant et Fichte que j'ai pu retrouver des fragments considérables, travail inachevé sans doute, et incomplet dans différentes parties, travail qui aurait besoin d'être revu, mais qui est suffisant, tel qu'il est, pour faire apprécier déjà et deviner la portée de l'œuvre entière et la capacité philosophique d'Alphonse

Vuy; dans ces belles et nobles pages si bien mûries, lentement et consciencieusement méditées, l'on reconnait facilement un penseur chrétien, un ami sincère, persévérant et dévoué de la science et de l'humanité.

Quelques-uns de ces fragments épars seront-ils imprimés un jour? Ne serait-ce point aller contre les intentions de l'auteur, que de les publier ainsi inachevés, isolés? D'autre part, doivent-ils rester à jamais inédits, enfouis, comme un précieux souvenir de famille? Et quelle est la meilleure manière d'honorer la mémoire de ce savant modeste, moissonné dans la fleur de l'âge, de ce jurisconsulte à qui des hommes illustres de France, d'Allemagne et d'Italie rendirent une justice sérieuse que lui refusa son pays[1]? Questions délicates qui sont, pour moi, dans ce moment même, l'objet d'une grande incertitude. Quoi qu'il en soit, et quoique bien incomplète encore, c'est là l'œuvre capitale d'Alphonse Vuy; à ce titre je devais la mentionner dans ce travail qui m'est cher, que j'ai entrepris si volontiers, qui m'a donné des jouissances réelles; et cependant je dois le dire, à plusieurs reprises en l'écrivant, la plume m'est tombée des mains; j'avais, en effet, le cœur navré devant cette tombe récente d'un frère qui m'aimait, qui devait mourir loin de nous et qui ne put, à sa dernière heure « respirer l'air pur de nos montagnes, où la

[1] Chaque nation est pour l'autre une postérité contemporaine, mot profond d'un grand écrivain.

pensée retrouve des ailes, où le cœur s'ouvre avec délices aux impressions les plus pures, aux sentiments les plus élevés! »

Comme les instants dont il pouvait disposer n'étaient pas nombreux, il en était facilement avare; précieux pour lui, il ne les prodiguait pas. Il les consacrait au contraire scrupuleusement à son grand travail sur la philosophie allemande. Il fit, toutefois, en faveur d'un des ouvrages de Mme Ferrucci, exception à la règle presque inflexible qu'il s'était tracée. En parlant avec détail dans la *Revue Suisse*, du volume « sur l'éducation morale des femmes italiennes, » il se plut à rendre justice à la fois à un bel ouvrage et à un noble cœur. C'était un témoignage d'estime et de reconnaissance envers l'auteur qu'il avait eu souvent l'occasion de voir et d'apprécier en Italie, où Mme Ferrucci jouit, à juste titre, d'une grande réputation. Voici comment il caractérise cette dame dans une de ses lettres : « C'est une femme d'une âme supérieure, d'un grand talent et d'une rare énergie. Avec les éminentes qualités dont elle est douée, elle pourrait jouer un grand rôle, en se faisant l'instrument servile d'un parti quelconque; elle préfère rester indépendante au milieu des intrigues et ne servir d'autre maître que la justice et la vérité. »

En 1847 et en 1849, Alphonse Vuy vint à Carouge, durant la belle saison. La permière fois, il traversa le Simplon et s'arrêta quelques semaines à Sion, dans le Valais; il se trouva bien de son séjour en cette ville. En 1849, après avoir passé quelques jours dans la vallée de l'Isère et joui de cette cordiale hospitalité qui distingue la Savoie, il arriva à Genève, lorsque la saison était déjà un peu avancée. Il avait un désir extrême de revoir le toit natal et ses parents; mais l'air toujours vif de nos montagnes lui fut plus que jamais extrêmement nuisible, et sa poitrine, de plus en plus délicate, avait peine à le supporter. Il partit de Carouge dans le commencement d'octobre, presque mourant, mais serein et résigné, quoique sentant bien toute la gravité de sa position. Ses traits avaient pâli; la mort avait répandu d'avance une teinte mélancolique sur cette belle figure, maintenant amaigrie, qu'encadraient des cheveux blonds. Il s'affaiblissait à vue d'œil; sa voix, que fatiguait vite la moindre conversation, prenait de plus en plus ce timbre argentin, presque musical, qui est assez fréquent dans les maladies de cette nature. Mais il était calme, tranquille, et, à côté de ces consolations qui se puisent dans les idées religieuses, dans les idées d'en haut, et qui le soutenaient à cette heure difficile, il trouvait encore du plaisir à revoir quelques pages de ses manuscrits. L'étude, compagne de toute sa vie, devait le suivre fidèlement et pas à pas jusqu'au tombeau. — Le climat plus tempéré de Chambéry lui convenant mieux que le nôtre, il y fit, à son passage, une halte de quelques jours et y retrouva un peu de force. A Turin, il se vit entouré de beaucoup d'égards par quelques-unes des notabilités scientifiques d'Italie, notamment par MM. Sclopis et Cibrario, et par plusieurs des députés de la Savoie. Il arriva à Pise, au commencement de novembre, et, chose singulière, sans être fatigué de son voyage. L'un des fils de M. Mittermaier devait y séjourner également durant l'hiver ; jeune savant d'un excellent caractère, plein de talent et d'instruction, sa présence aurait été, pour Alphonse Vuy, agréable sous tous les rapports, si des motifs de santé n'avaient conduit ce jeune homme des rives du Necker sous le ciel d'Italie ; « l'exil est en effet plus doux quand il est partagé, la terre étrangère est moins froide quand on y a près de soi un ami ; » mais Alphonse Vuy ne comprenait que trop, et il l'écrivait un jour à M. Mittermaier lui-même, « combien il est dur de renoncer à sa carrière et d'être condamné par la maladie à passer dans une sorte d'exil les plus belles années de sa jeunesse. » Aussi faisait-il des vœux ardents, que Dieu dans sa miséricorde paraît avoir exaucés, pour le fils de son savant et digne maître, pour un des membres de cette famille distinguée, où le talent se marie si bien à une exquise bienveillance, à un caractère plein de noblesse et de simplicité, à des mœurs hospitalières et chrétiennes.

L'hiver, durant lequel il ne sortit presque pas, lui parut bien long. « Pour nous, écrivait-il le 2 février 1850, nous semblons disgraciés du ciel cette année. Le froid continue ; et je crains bien que, pour faire les parts égales, vous ne nous ayez envoyé, sans pitié pour nos maux, un peu de l'air de vos montagnes. Cependant le temps froid et nébuleux qu'il fait ce matin me donne l'espoir que les beaux jours vont revenir. Car le peuple de ce pays a un dicton qui relève mon courage : *A santa Maria ceraiola, se piove*, etc., ce qui veut dire que s'il pleut ou s'il neige à la Chandeleur, nous sommes hors de l'hiver ; que s'il fait le soleil, nous n'en avons pas encore atteint la moitié. Aussi tu dois penser qu'au milieu du brouillard, je ne rêve que brise de printemps, parfums d'orangers en fleurs, promenades délicieuses au bord de l'Arno. Et pourquoi ne rêverais-je pas un peu ? Quand il rêve, le malade oublie ses maux, et les illusions les plus riantes lui cachent, pour un instant au moins, la triste réalité. »

Malgré ce froid rigoureux, Alphonse Vuy se trouva moins mal qu'on ne le pouvait craindre, mieux qu'on ne pouvait l'espérer. Au printemps même, il « se sentait revivre. » Dans le mois de juin, il était mieux encore, et il partit pour Livourne, où il put jouir de nouveau « du spectacle magnifique de la mer et de ses rivages. » Mais, sur les bords de la Méditerranée, la maladie du pays ne le laissa pas entièrement tranquille, « cette maladie, qui n'atteint que les grandes âmes, et qui révèle chez celui qui y succombe autant de faiblesse que de noble ardeur, » ainsi que l'a fort bien remarqué l'ingénieux éditeur des poésies de Monneron ; cette maladie, peut-on ajouter, qui révèle chez celui qui sait la dominer et s'en rendre maître, autant de noble ardeur que d'énergique force d'âme, de foi vivante et de véritable croyance. Après avoir, dans une lettre adressée à notre sœur[1], plaisanté quelques instants avec elle, comme on le fait volontiers dans l'intimité de la causerie ou de la correspondance, il continue ainsi : « Et, pour prendre un langage plus sérieux en essuyant une larme, n'as-tu pas tous les jours, à ton gré, la vue du lac et de ses bords enchantés? N'as-tu pas sans cesse devant toi nos monts aériens, nos eaux limpides et nos fraîches vallées? Ah! pourquoi suis-je exilé loin du ciel de la patrie? Pourquoi l'horizon cache-t-il à mon œil altéré, nos fleuves, notre verdure, nos montagnes et l'air embaumé des sapins alpestres, pour ne me laisser voir que ces forêts factices de mâts qui s'élèvent, devant ma fenêtre, par-dessus les baïonnettes autrichiennes du fort voisin? »

Il séjourna à Livourne jusqu'au milieu du mois d'octobre suivant; de retour à Pise, il venait de louer pour l'hiver une chambre sur le quai de l'Arno, lorsqu'un jour, passant la soirée chez M. Conticini, l'un des professeurs de l'université, il se sentit tout à coup plus mal. Cette crise sembla se dissiper bientôt, et il paraissait vouloir se rétablir; mais il ne se faisait point illusion sur ce mieux momentané. Il devinait que sa fin était prochaine; et, comme il savait que la mort n'est pas un mal quand elle succède à une bonne vie[2]; comme il avait d'ailleurs, depuis longtemps, *jeté l'ancre au milieu des incertitudes humaines*, son âme

[1] Livourne, 18 août 1850. Mme Armand était alors à Carouge.
[2] *Saint-Augustin, Cité de Dieu.*

croyante, son esprit naturellement religieux, se tournaient avec confiance vers un monde meilleur. Mgr. Louis Della Fanteria, grand vicaire de Pise, qui avait pour lui une estime particulière, lui prodiguait, au point de vue spirituel, des soins empreints d'une amitié toute chrétienne. Un soir, le 1er novembre 1850, il l'avait confessé, et dans une longue et intime conversation, ils avaient beaucoup parlé ensemble « de tout ce qui peut intéresser l'éternité. » Alphonse Vuy n'avait pas communié parce que tout le monde pensait qu'il n'y avait point urgence, et que le danger n'était pas pressant. Mgr. Della Fanteria venait de le quitter depuis peu de temps; Alphonse Vuy se trouva de nouveau tout à coup plus mal, et il mourut presque subitement dans la nuit.

De tous les étrangers qui passaient l'hiver à Pise, ce fut le premier que Dieu rappela; cette mort inattendue et prématurée d'un jeune homme généralement aimé, causa l'impression la plus pénible, même sur ceux qui ne le connaissaient pas personnellement; c'est, du moins, ce que j'ai appris plus tard d'un de nos compatriotes de la Suisse orientale, qui était alors à Pise. Au milieu de cette population de malades accourus de pays lointains et divers, sous le ciel d'Italie, pour soutenir une santé chancelante et prolonger leurs jours, le départ du premier de ceux que la Providence retire de ce monde, est pour les autres comme un avertissement solennel qui ne passe jamais inaperçu.

Quelques années auparavant, Alphonse Vuy écrivait, dans une circonstance douloureuse, les lignes suivantes : « Il me semble..... que pour celui qui va quitter la vie, ce doit être une suprême consolation que d'être entouré des siens. » Cette consolation lui manqua à sa dernière heure; la crise à laquelle il succomba fut si rapide, si prompte, que ses parents qui, sur la foi des dernières nouvelles reçues de lui, le croyaient mieux, eurent la douleur de n'en être informés que plusieurs jours après sa mort[1]. Mais il ne fut point privé de cette autre consolation dont il parlait aussi dans sa correspondance, lorsqu'il disait : « Quand il plaira à Dieu de m'enlever d'ici-bas, je lui demande encore, pour ce suprême voyage, beaucoup de patience et de résignation. » Ce vœu fut accompli. Il s'était, en effet, préparé depuis longtemps au départ, et il quitta cette terre tout nourri des espérances éternelles que le Dieu des chrétiens ne refuse jamais à ses enfants.

Au moment de sa mort, Alphonse Vuy n'avait pas 37 ans accomplis, c'était mourir jeune encore; il y avait eu pourtant bien des années d'exil dans cette vie si courte. — A un extérieur agréable, à une belle figure ovale, à la fois simple et digne, Alphonse Vuy joignait un caractère ouvert et expansif, ou, pour me servir des paroles de M. le professeur Mittermaier, « il possédait d'une manière distinguée de remar-

[1] «.....Sed mihi..... auget moestitiam, quod assidere valetudini, fovere deficientem, satiari vultu, complexu, non contigit.....Noster hic dolor, nostrum vulnus........... novissima in luce desideravere aliquid oculi tui.» *Tacite, Agricola.*

quables avantages : un caractère pur et sans tache et les plus brillantes qualités de l'intelligence. » Sa diction était facile, et sa conversation d'une élégance rare; à ces deux égards, le séjour de Paris lui avait été très-profitable. Sans être artiste ni littérateur, puisqu'il s'occupait avant tout de droit et de philosophie, il avait du goût pour tout ce qui tient aux beaux-arts, dont il parlait souvent avec M. le professeur Thibaut, dans leurs causeries animées, dans leurs promenades familières aux environs de Heidelberg. Relire quelques pages de nos bons auteurs était une de ses plus agréables distractions. Comme je le disais en commençant cette notice, il avait eu le bonheur d'être nourri dans des idées religieuses, et il unissait à une croyance ferme et sincère, mais sans affectation, une haute tolérance et beaucoup de charité. Les saintes Ecritures, l'Imitation de Jésus-Christ, les Elévations de Bossuet sur les mystères, et quelques autres livres excellents, nourrissaient sa vie religieuse et entretenaient en lui cette foi vive qui fortifia son courage naturel et lui donna, au milieu des épreuves qu'il devait traverser ici-bas, et des regrets qui en étaient parfois la conséquence presque inévitable, une patience exemplaire et une profonde résignation.

Il fut enseveli dans le Campo-Santo, ce cimetière célèbre destiné jadis à la sépulture des illustres Pisans; aujourd'hui ce sont des hommes distingués, des savants, des poètes, des artistes qui y obtiennent une place. Quoique étranger à l'Italie, Alphonse Vuy fut jugé digne de cet honneur ; preuve nouvelle et touchante de la considération dont il jouissait à Pise, et de l'intérêt sérieux qu'il avait inspiré.

Sur une petite tombe de marbre, on lit l'épitaphe suivante :

« *Ici repose Alphonse Vuy, de Carouge, docteur en droit, mort loin des siens le 1er novembre 1850. — Que le Dieu de justice et de bonté lui donne, dans la céleste patrie, le prix de ces vertus qui le rendaient si cher à ses parents et à ses amis.* »

FIN.

Ludwig Häusser.

Ein Vortrag

gehalten am 26. März im Arbeiterbildungs-Vereine zu Heidelberg

von

Professor Wattenbach.

Heidelberg.
Verlagsbuchhandlung und Buchdruckerei von Adolph Emmerling.
1867.

Meine Herren!

Für den Vortrag des heutigen Abends war ursprünglich ein anderer Gegenstand bestimmt, allein für mein Gefühl wenigstens ist es unmöglich, in diesen Tagen in Heidelberg öffentlich zu reden über etwas anderes als über den großen schmerzlichen Verlust, welchen wir vor wenigen Tagen erlitten haben. Wir? so fragen Sie vielleicht — wir haben den Verstorbenen ja gar nicht gekannt; es mag mancher unter Ihnen sein, der seinen Namen noch gar nicht gehört hatte, ehe er den unabsehlichen Leichenzug sah, der heute vor acht Tagen, am 19. März, die theure Hülle zur letzten Ruhe begleitete. Ja, es kann auch wohl einer oder der andere von Ihnen ungünstige Urtheile über ihn vernommen haben, denn wie an warmen Freunden, so fehlte es ihm auch nicht an erbitterten Gegnern; um so mehr aber halte ich es für meine Pflicht, Ihnen, so weit ich es im kurzen Umriß vermag, ein Bild des Mannes zu entwerfen, der als akademischer Lehrer Ihnen fern stand, als einer der edelsten deutschen Männer aber dem Andenken des ganzen deutschen Volkes theuer und unvergeßlich bleiben muß.

Geboren am 26. October 1818 zu Cleeburg im unteren Elsaß, unter französischer Herrschaft, ist *Ludwig Häusser* schon als Kind mit seiner Mutter nach Mannheim, dem Geburtsort seiner Mutter, übergesiedelt, und hat auf dem Lyceum daselbst seine Schulbildung erhalten. Er war immer ein echter Pfälzer mit Leib und Seele, und nichts Französisches in ihm; das wird jeder, der ihn gekannt hat, freudig bezeugen. Er war ein Pfarrersohn, wie so viele unserer ausgezeichnetsten Männer. Kaum giebt es eine bessere Bildungsstätte für den jugendlichen Geist, wie die frische, gesunde Stille des Pfarrhauses auf dem Lande, wo zugleich die höhere Bildung des Vaters der Erziehung des Knaben von den ersten Regungen des Seelenlebens an die sorgfältigste Pflege zu widmen gestattet. Häusser freilich war eine solche Pflege nicht beschieden, da er schon im zweiten Lebensjahre den Vater verlor, aber in der treuen Obhut der Mutter wirkte der Geist des Pfarrhofes fort, und nie hat Häusser diesen Ursprung verleugnet. Unerbittlicher Feind jeglicher Heuchelei, Feind der Versuche, den Geist in unwürdige Fesseln zu schlagen, und ihm unverstandene Sätze aufzuzwingen, die verderblichen Ränke der Jesuiten, sind von ihm mit vorzüglicher Lebendigkeit geschildert.

Auf den Universitäten zu Heidelberg und Jena beschäftigte sich Häusser sehr ernstlich mit den alten griechischen und lateinischen Schriftstellern, deren Kenntniß zur gründlichen Geistesbildung und vorzüglich auch zum Verständniß der Weltgeschichte unentbehrlich ist. Denn diese, die Geschichte, war es, welche Häusser schon früh und mit immer wachsender Kraft an sich zog; in ihr erkannte er bald seinen eigentlichen Beruf und gab sich ihr vollständig hin. Die deutsche Geschichte vorzüglich fesselte ihn, denn die Geschichte war für ihn nicht eine Beschäftigung, die seinen Geist angenehm unterhielt; ein echter Schüler des alten Schlosser, faßte er sie auf als eine wahre Herzenssache. Tief empfand er den traurigen Zustand unseres zerstückelten und unter vielfachem Druck gehaltenen Vaterlandes; in der Geschichte der vergangenen Jahrhunderte suchte er die Ursachen auf, aus denen der gegenwärtige Zustand entsprungen war; er hoffte darin auch den Weg zu finden, der zur Wiedergewinnung der Einheit und Freiheit führen sollte. Weil aber die Geschichte keines Volkes auf sich allein ruht, und die unsrige mehr fast wie irgend eine andere, die Eingriffe der Nachbarn empfunden hat, suchte er auch von der Geschichte dieser Völker, von dem Gange der gesammten Weltgeschichte sich eine möglichst klare und gesicherte lebendige Kenntniß zu verschaffen. Reisen nach verschiedenen Orten, vorzüglich ein längerer Aufenthalt in Paris, vollendeten seine Vorbereitung; überall war er emsig bei seiner Arbeit, ohne doch deßhalb seinen Blick von dem Leben der Gegenwart abzuwenden, dessen Kenntniß nicht minder nothwendig ist, um die Geschichte nicht als eine todte Anhäufung von Kenntnissen, sondern als eine lebensvolle Entwicklung und Gestaltung der Dinge sich anzueignen.

So von allen Seiten vollständig vorbereitet, konnte der 22jährige Jüngling im Jahre 1840 sein Lehramt beginnen, dieses Amt, welches er durch fast 27 Jahre hindurch treu verwaltet hat, mit immer gleicher Gewissenhaftigkeit und immer wachsendem äußerem Erfolge; nachdem es ihm geglückt war, die allgemeine Anerkennung sich zu erringen, faßten die größten Hörsääle kaum die Schaaren der Jünglinge, welche mit der gespanntesten Aufmerksamkeit auf jedes seiner Worte lauschten. Sorgsam und mit strengster Wahrheitsliebe den wahren Zusammenhang der Dinge erforschend und seinen Zuhörern mittheilend, sah er doch nicht darin sein höchstes Ziel. Ihm war es die höchste Aufgabe, gute Bürger, gute Deutsche zu bilden. An dem Spiegel der Vergangenheit lehrte er die feste Richtschnur für das Leben in der Gegenwart, im Staate finden. Nicht allein Gegenstand des Wissens waren ihm die vergangenen Zeiten: wie ihm die Gestalten der Männer, von denen er redete, hell und klar vor dem geistigen Auge standen, so wußte er sie auch dem Zuhörer vorzuführen, und in jedes Wort seines Vortrages legte er seine ganze Seele. Er war mitten in der Zeit selbst, von der er redete, Begeisterung für jeden edeln und großen Character, Unwille und scharfer Tadel für jede Schlechtigkeit erfüllten seine eigene Seele und ergriffen eben darum auch den Hörer mit unwiderstehlicher Gewalt. Die ersten Jahre seiner Wirksamkeit waren dieselben, in welchen die jugendliche Begeisterung für Freiheit und Recht, für die Erhebung des Vaterlandes aus langer Versunkenheit, immer lebendiger und mächtiger die Herzen erfüllte, und viele noch in Gemeinsamkeit verband, deren Wege sich später getrennt haben. Dieselben Ideen lebten auch in Häussers Vorlesungen, sie trieben ihn zu jener ersten Adresse an die Schles-
ig-Holsteiner, welche 1846 von Heidelberg ausging: eine Sache, die er
der größten Lebendigkeit und Wärme von Anfang an ergriffen, für
er treu und unablässig gekämpft hat bis in die Jahre seiner letzten

Die Worte, die Adressen, die Zeitungsartikel, mit welchen Häusser und seine Freunde damals für die Neugestaltung Deutschlands arbeiteten, wurden plötzlich unterbrochen durch den gewaltigen Sturm des Jahres 1848. Viele waren damals der Meinung, daß der, welcher immer von Freiheit geredet habe, nun auch an der Spitze der Freiheitskämpfer stehen müsse. Viele haben Häusser einen Vorwurf daraus gemacht und thun es noch, daß er vielmehr der badischen Revolution mit heftiger Feindschaft sich entgegen stellte. Es war wahrlich nicht Mangel an Muth, nicht Mangel an Freiheitsliebe, was Häusser zu dieser Stellung brachte, es war die feste Ueberzeugung, daß auf diesem Wege das Ziel nicht zu erreichen sei, eine Ueberzeugung, welche der Erfolg vollkommen gerechtfertigt hat. Und um so mehr erregte jene Bewegung seinen Unwillen, weil er mit der sicheren Klarheit seiner geschichtlichen Einsicht sogleich erkannte, daß hier der bewaffneten Gewalt die Handhabe geboten wurde, die Oberhand zu gewinnen und auch das zu ersticken, was man sonst vielleicht noch an Freiheiten hätte retten können. In der Gewaltsamkeit und Ueberstürzung der Bewegung sah er den Keim des Verderbens, welcher den hoffnungsvollen Bau untergrub.

Es ist möglich, und wir können das wohl sagen, ohne dem Andenken Häusser's zu nahe zu treten, daß er in seiner Leidenschaftlichkeit gegen die Urheber und Leiter jener Bewegung zu weit gegangen ist; ich selbst habe jedoch diesen Stürmen zu fern gestanden und kenne sie zu wenig, um mir ein Urtheil darüber zu erlauben.

Unmittelbar nach dem Siege der Gewalt finden wir Häusser wieder auf dem Kampfplatz, um von den einst erstrebten Gütern so viel zu retten, als noch möglich war. In dem Erfurter Parlament trat er zum ersten Male auf einer größeren Bühne auf; bisher außer dem engeren Kreise seiner badischen Heimath und der Heidelberger Universität wenig bekannt, erregte er hier das Erstaunen der fremden Abgeordneten, als er, noch ein junger Mann, in glänzender Rede die allgemeine Bewunderung sich erzwang. Schon war man müde von den vielen Reden, die Bänke leer geworden, die Versammlung unruhig, aber kaum hatte Häusser die ersten Sätze gesprochen, so fesselte er die Aufmerksamkeit aller Anwesenden durch alle jene Eigenschaften, welche ihm nach und nach als einem öffentlichen Redner ersten Ranges allgemeine Anerkennung verschafften: die Wärme des Vortrags, durchdrungen und getragen von der Sicherheit der eigenen Ueberzeugung, der Fülle eigener lebhafter Empfindung, durch die vollendete Form des Ausdrucks, die schlagende Widerlegung der Gegner. Niemand vermochte wie er, die vorgebrachten Gründe und Einwände im Gedächtniß zu behalten, sie bald mit gewichtigen Gründen, bald mit leichtem Spott zu beseitigen, und doch die Einheit der Rede, die niemals abschweifende Beziehung auf den eigentlichen Gegenstand zu bewahren, den Faden unverrückt festzuhalten. Die Gegner fürchteten seine vernichtenden Erwiederungen, aber da es ihm immer nur um die Sache zu thun war, so blieb er auch mit politischen Gegnern, welche nur verschiedene Ansichten und Ueberzeugungen von ihm trennten, in freundschaftlichem geselligem Verkehr, und wußte auch ihre

Geschichte der nationalen Erhebung, des Wiedererwachens deutscher Gesinnung, die endliche Vertreibung und Ueberwindung des fremden Feindes. Klar und scharf stellte er hin, was durch das Volk erreicht, was durch die Diplomaten verdorben war; er bezeichnete die Aufgabe, welche zu lösen noch übrig geblieben war, und man kann wohl sagen, daß kein anderes Werk mehr beigetragen hat, die Kenntniß der wirklichen Geschichte jener Zeiten zu verbreiten, die Ansichten darüber aufzuklären und zu befestigen, das politische Bewußtsein des deutschen Volkes zu wecken. Nach dreizehn Jahren ist jetzt die dritte Auflage fast erschöpft, und es wird eine neue verlangt, welche er selbst nicht mehr wie die früheren, mit sorgsamer Arbeit zu immer größerer Vollendung fortbilden kann.

Durch dieses Werk vorzüglich wurde Häusser's Name in ganz Deutschland bekannt und gefeiert, während seine Vorlesungen die studierende Jugend begeisterten. Es gab eine Zeit, wo fast nur noch in seinem Hörsaal ein freies Wort öffentlich gesprochen wurde. Es fehlte auch nicht an Leuten, denen das ein großer Stein des Anstoßes war; schon waren andere Hörsäle geschlossen, andere Docenten von unserer Universität verdrängt. Da kam an ihn (1853) ein Ruf an die Erlanger Universität, und die Regierung war, wie es schien, froh, den gefährlichen Mann entfernt zu sehen, sie that nichts, um ihn dem Lande zu erhalten, und Häusser war geneigt, die hiesige Universität zu verlassen, wo ihm durch die Verfolgung seiner Freunde der Aufenthalt verleidet, wo ihm eine Wirksamkeit in der bisherigen Weise nicht gesichert war. Wenn er dann aber schließlich doch in Heidelberg gehalten wurde, so war das, wie man erzählt, allein das persönliche Werk unseres Großherzogs, welcher einst als jugendlicher Prinz Häusser's Unterricht genossen hatte, und wenn er auch damals noch anderen Rathgebern folgte, doch zu entschieden von der reinen Gesinnung, der klaren Einsicht, der hingebenden Vaterlandsliebe Häusser's überzeugt war, um den Einflüsterungen seiner Feinde Gehör zu geben.

Wiederholt ist Häusser noch in späterer Zeit an andere Universitäten gerufen worden, allein nie hat er Heidelberg verlassen wollen, wo er heimisch war, die Ruperto-Carola, in der er wurzelte, der seine ganze Liebe gehörte, wie er das mit so beredten, herzbewegenden Worten ausgesprochen hat, als nach seiner einstimmigen Wahl zum Rector die Studenten ihn mit dem üblichen Fackelzug begrüßten.

Ein neuer großer Abschnitt seiner Wirksamkeit begann, als der Druck, welcher auf allen Gebieten des Lebens lastete, auf dem kirchlichen im Jahr 1859 durch den Abschluß des Concordats und die gewaltsame Einführung einer neuen Agende unerträglich wurde. Da finden wir Häusser wieder als Vorkämpfer der Freiheit, seine Beredtsamkeit bewegte das Land, und unter dem Eindrucke dieser Vorgänge entließ der Großherzog seine bisherigen Rathgeber, um nun fortan im Frieden mit seinem Volke jene gesegnete Zeit zu eröffnen, in welcher auf allen Gebieten des Staatslebens die Umformung der alten Gesetze im Einklang mit den Anforderungen der gereifteren Einsichten einer neuen Zeit in Angriff genommen wurde. Häusser konnte sich der Aufgabe nicht entziehen, dabei mitzuwirken. In die Kammer gewählt, hat er unablässig für die Sicherung und den Ausbau der gewonnenen Freiheiten, für die Wegräumung alter Beschränkungen gewirkt. Alle Schranken der ungehemmten Ausbildung und Bewegung des freien Bürgers hatten an ihm einen unversöhnlichen Gegner; gesetzmäßige Freiheit war das Ziel seines Strebens. Es war die Zeit seiner auf's Höchste gesteigerten Thätigkeit. In Karlsruhe emsig arbeitend in den Ausschüssen der Kammer, in den öffentlichen Sitzungen durch seine mächtige Rede Alles fortreißend, machte er es doch nicht selten möglich, an demselben Tage zugleich Morgens noch als Schriftsteller thätig, durch wissenschaftliche Arbeiten und durch zahlreiche Artikel in verschiedenen Zeitungen. Arbeit über Arbeit schien ihm nur ein Vergnügen zu sein. Und doch behielt er noch Zeit übrig zum geselligen Verkehr mit seinen Freunden: wie freute man sich, wenn man ihn erblickte, wie belebte er jeden Kreis, in den er eintrat! Treu wie Gold war er seinen Freunden, und nie vergaß er über den allgemeinen Angelegenheiten seine persönlichen Verbindungen.

Seine Thätigkeit in der Kammer eingehend zu schildern, muß ich anderen überlassen, es würde uns auch hier zu weit führen. Nur das will ich, da ich seiner unvergleichlichen Beredtsamkeit schon gedacht habe, hier noch hervorheben, daß es ihm immer einzig und allein um die Sache zu thun war, wie denn überhaupt die größte Uneigennützigkeit ihn überall ausgezeichnet hat. Frei von persönlichem Ehrgeiz strebte er niemals nach einer höheren amtlichen Stellung, welche zu erlangen, ihm sicher nicht schwer geworden wäre, aber eben deßhalb machte sein Wort so großen Eindruck, weil er für sich nichts wollte und suchte. Ihm blieb immer seine Thätigkeit als akademischer Lehrer der eigentliche Mittelpunkt seines Strebens, dahin kehrte er immer am liebsten zurück, da hoffte er Erholung zu finden, nachdem er auf die Wiederwahl zum Abgeordneten verzichtet hatte.

Wie Vieles wäre noch aus jenem reichhaltigsten Abschnitt seines Lebens zu erwähnen, seine Thätigkeit für eine neue freiheitliche Gestaltung des ganzen deutschen Vaterlandes im Verein mit gleichgesinnten Genossen aus allen deutschen Landen, seine rastlose Thätigkeit für die schleswig-holsteinische Sache, seine stets rege Theilnahme an den Bestrebungen für eine freiere Gestaltung der Kirche, aber ich muß zum Schlusse eilen, denn wie könnte ein Vortrag die ganze Wirksamkeit dieses Mannes schildern!

Schon lange sahen Häusser's Freunde mit wachsender Besorgniß, wie die übermäßig angestrengte Thätigkeit seine scheinbar so unerschöpfliche Kraft doch zuletzt lähmte; völlig vergeblich war es, ihm größere Schonung anzurathen. Und doch zeigten sich schon die ersten Spuren der Herzkrankheit, welche ihn uns entreißen sollte. Er aber erwartete Alles von der größeren Ruhe, welche der Austritt aus der Kammer ihm bringen würde; bis dahin irgend eine seiner Pflichten zu versäumen, so lange es nicht seine Gesundheit unbedingt nothwendig machte, das war seinem Pflichteifer geradezu unmöglich.

Schon im Februar 1865 war Häusser sehr ernstlich erkrankt; den ganzen Sommer hindurch hielt er sich nur mit Mühe aufrecht, ohne doch darum sich Ruhe zu gönnen.

In hohem Grade angegriffen, trat er endlich in den Herbstferien eine Erholungsreise an, von welcher er eine Stärkung seiner Kräfte hoffte, anstatt dessen aber viel kränker heimkehrte. Sein Herzleiden trat bald mit so großer Heftigkeit auf, daß es ihm völlig unmöglich war, seine Vorlesungen zu halten; unter unsäglichen Leiden brachte er ein volles Jahr zu. Im Sommer freilich besserte sich sein Zustand so weit, daß er sich wissenschaftlich beschäftigen konnte, und am Anfang des vergangenen Winters ließ er sich durch nichts mehr abhalten, eine Stunde täglich in seiner Wohnung seine gewohnte Vorlesung über die neuere deutsche Geschichte zu halten. In der Lebendigkeit des Vortrages, der Kraft des Ausdruckes war keine Abnahme zu bemerken, wohl aber sahen die Zuhörer mit Sorge, wie namentlich seit Neujahr, da seine Schmerzen wieder zunahmen, er oft sichtlich nur unter schwerem Kampfe mit seinem hinfälligen Körper den Vortrag zu Ende führen konnte. Wahrhaft heldenmüthig hat er seine Aufgabe durchgeführt, er stet, und Genesung hätte sie ihm doch nicht mehr bringen können. Am Schluß seiner Vorlesungen sprach er selbst von den heftigsten Schmerzen, welche ihm häufig den Vortrag erschwert hätten, und doch, fügte er hinzu, gehörten gerade die Stunden meiner Vorlesungen zu denen, wo ich diese Schmerzen am wenigsten gefühlt, aus denen ich am meisten Trost und Kraft geschöpft habe. Er führte dann noch weiter aus, wie er, durch seine Krankheit zur Unterbrechung der Vorträge gezwungen, nicht den ganzen Stoff habe erschöpfen können; das aber könne auch keine Vorlesung, aber das Urtheil schärfen und den Weg zeigen, das Gelernte zu verwerthen, und Liebe erwecken für Ihr Volk,' Anleitung geben zu eigenem Studium.

„Habe ich das bei Ihnen erreicht, so habe ich meine Aufgabe erfüllt; und ich hoffe es. Anregung und Interesse an dem mächtigen Gegenstand wollte ich in Ihnen erwecken, und in der Hoffnung, daß mir das gelungen — Sie haben es mir durch Ihre Ausdauer gezeigt — scheide ich von Ihnen. Leben Sie alle recht herzlich wohl! So schwer mir in körperlicher Beziehung die Vorlesungen geworden sind, so habe ich doch, Sie können davon überzeugt sein, kaum je in einem Semester so viel Trost und innere Befriedigung aus ihnen hinweg genommen, als in diesem; sie haben mich wieder in engere Verbindung mit meiner Wissenschaft gebracht, das ist mit meiner Welt. Und so sage ich Ihnen denn nochmals allen ein herzliches Lebewohl!"

Mit diesen ergreifenden Worten nahm Häusser Abschied von seinen tief bewegten Zuhörern. Es sind die letzten Worte, welche er öffentlich gesprochen hat. Sanft und schmerzlos ist er wenige Tage später am 17. März entschlummert.

Schmerzlich haben wir Häussers vielseitiges Wirken, seine gewohnte Thätigkeit schon in den letzten Jahren vermißt; wie gerne hätten wir in den betrübenden Wirren und Kämpfen des vergangenen Sommers seine wohlbekannte Stimme vernommen! Jetzt schweigt er für immer. Seinen Freunden, der Universität, dem Vaterland fehlt er überall, die Lücke ist unersetzlich. Nichts bleibt uns übrig als sein Andenken heilig zu halten, das Andenken an dieses reiche und edle Leben, an seine aufopfernde Uneigennützigkeit, an seine redliche, pflichttreue Arbeit. Die glänzenden Gaben, welche die Natur ihm verliehen, sind nicht sein Verdienst gewesen, allein es wäre ein Irrthum zu glauben, daß er es deshalb etwa leicht genommen hätte mit der Aufgabe, die er sich gestellt hatte. Nicht von Anfang an sind ihm seine Leistungen in gleichem Maaße gelungen, wie in den letzten Jahren; er war unablässig thätig zur höheren Ausbildung seiner Kräfte, er hat unverdrossen, redlich und pflichttreu gearbeitet wie wenige. Die von der Natur ihm verliehenen Gaben hat er von Anfang an und unermüdet bis zuletzt, treu und gewissenhaft benutzt und ausgebildet, mit völliger Hingabe an den Beruf, welchen er sich erwählt hatte, und darin kann er uns allen ein Vorbild sein.

DÉFENSE

DE FEU LE CHEVALIER

AUTEUR DU VOYAGE DE LA TROADE

ET DU FEU

COMTE DE CHOISEUL GOUFFIER

CONTRE

M. P. BARKER WEBB.

Prix : 50 centimes.

PARIS,

TYPOGRAPHIE DE FIRMIN DIDOT FRÈRES,

RUE JACOB, 56.

Octobre 1844.

DÉFENSE

DE FEU LECHEVALIER,

AUTEUR DU VOYAGE DE LA TROADE,

ET DU FEU

COMTE DE CHOISEUL-GOUFFIER,

CONTRE

M. P. BARKER WEBB.

Trois mois s'étaient écoulés depuis que j'ai adressé aux membres des Académies de l'Institut royal de France les plus susceptibles d'y prendre intérêt, les premiers exemplaires de l'opuscule auquel j'ai ajouté, en dernier lieu, un précis des démarches que j'ai faites auprès du gouvernement français, en vue d'obtenir qu'une mission soit envoyée dans l'Asie Mineure, à l'effet de constater authentiquement l'état actuel du théâtre de l'Iliade, lorsque j'eus connaissance d'une dissertation dont le contenu me met encore dans l'obligation de reprendre la plume. Il s'en faut de beaucoup que cette dissertation soit nouvelle; mais, jusqu'ici, publiée successivement d'abord en italien, et un peu plus tard en allemand, elle

1

avait été seulement répandue hors de France. J'ai sujet de croire que si on la reproduit cette fois chez nous et en français, c'est par forme d'opposition à ce que la satisfaction que je sollicite, dans l'intérêt des sciences historiques, géographiques et archéologiques, me soit accordée. Elle est intitulée *Topographie de la Troade ancienne et moderne*. Son auteur, M. Webb, dans la préface, s'exprime, au sujet du livre que j'ai publié à peu près sur le même sujet, ainsi qu'il suit :

« En 1840, M. Mauduit fit paraître un ouvrage remar-« quable sur la Troade, avec des cartes et des dessins « excellents. Cet auteur non-seulement adopte, mais « croit confirmer le sytème de Lechevalier par ses propres « découvertes, et surtout par l'existence de débris et de « fondations sur le Balli-Dagh. Nous avons également vu « ces fondations ainsi que M. Gell, et, selon nous, elles « ne peuvent avoir appartenu au Pergame d'Homère. »

Dès les premières pages de cet écrit, j'ai pu reconnaître que j'ai, dans M. Webb, un antagoniste beaucoup plus prononcé que je ne l'avais pu supposer, sur les termes de sa préface. En effet, son refus tient à un motif susceptible d'agir très-puissamment sur le jugement des hommes en général, quelque consciencieux qu'ils puissent être.

La dénégation de M. Webb provient de ce que, il y a maintenant vingt-cinq ans écoulés, ayant visité la Troade avec une attention particulière, mais aussi avec l'esprit un peu trop prévenu par ce que Strabon a écrit sur cette contrée d'après Démétrius de Scepsis, lequel partageait les erreurs de son temps, et s'étant rangé, dès ce moment, à l'opinion de ceux qui voient dans le Mendéré-son, le vrai Scamandre, il a, dès lors, avancé une opinion diamétralement opposée à celle de Lechevalier et du comte de Choiseul-Gouffier, que j'ai pour but de maintenir en crédit. C'est ce qui fait que ce même savant, bien qu'il n'ait à produire aucun indice matériel qu'une ville quelconque ait existé sur le point où il lui a convenu de placer la ville de Priam, revient aujourd'hui soutenir qu'aucune autre position que celle qu'il a indiquée dès le principe, ne peut réunir aussi complétement les données de la ville homérique.

Dans un tel état de choses, ne pouvant me dissimuler l'impuissance où je suis de gagner à mon opinion un écrivain aussi avancé dans la sienne que l'est M. Webb, j'ai pensé que le seul parti que j'aie à prendre doit être celui de dire : Vous avez exposé de votre mieux les faits sur lesquels vous vous appuyez, j'ai agi de même relativement au système que je soutiens; que les hommes convenablement instruits et désintéressés dans cette question nous jugent. C'est aussi le parti que je me propose de suivre, quand, toutefois, j'aurai réfuté les arguments sur lesquels ce savant fait le plus de fond; mais avant d'entrer dans la discussion, il nous faut établir entre M. Webb et moi, ou plutôt entre M. Webb et ses véritables adversaires, le comte de Choiseul et Lechevalier, qui ne peuvent revenir au monde pour repousser l'inculpation d'*absurdité* (1) qu'on leur adresse; il nous faut établir, dis-je, entre ces trois adversaires, l'un vivant et les deux autres qui n'existent plus, la partie tant soit peu égale.

(1) On lit dans le livre de M. Webb, page 27, ligne 17 : « Néan-

1.

Je commence par faire observer que le nouvel apôtre de Strabon, suivant en cela un usage malheureusement reçu dans toute espèce de polémique, arrange, pour l'intérêt de sa cause, le champ de la dispute. Ainsi, d'abord, il nous présente une carte très à peu près copiée sur celle que M. de Choiseul a donnée, et que moi-même j'ai reproduite ; mais il y fait diverses modifications assez sensibles pour qu'il m'importe tout au moins de les signaler : je ne citerai que les plus importantes.

1° Non-seulement, dans sa carte, il ne tient aucun compte des traces de l'ancien lit de notre Simoïs indiquées sur la mienne, et qui offrent à la pensée, comme ayant existé plus anciennement, un champ très-convenable aux mouvements de deux armées, mais il réduit même l'espace que les deux fleuves ont conservé entre eux de nos jours.

2° Il a élevé aussi haut qu'il a cru pouvoir se permettre de le faire, la position qu'il assigne à l'*Ilium vetus*, afin qu'elle puisse répondre tant soit peu à certaines paroles d'Homère plus caractéristiques qu'il ne voudrait.

3° Enfin, il a négligé de tracer sur sa carte les principaux indices qu'une baie dut exister, au temps de Priam,

« moins Lechevalier *découvre Troie, les ruines de ses palais* *, etc.,
« etc., et nous verrons dans quel dédale d'*absurdités* il nous con-
« duit.... » Plus loin, page 30, on lit encore : « Mais dispensons-nous
« d'énumérer toutes les *absurdités* où a fait tomber l'aveugle ambition
« d'établir une nouvelle théorie.... »

* Lechevalier n'a rien dit qui autorise à employer de telles expressions, en parlant de son livre : il a dit au contraire dans ce livre, tome II, pag. 225 : « Ces belles « sources et les tombeaux des princes troyens sont les seuls monuments qui nous « restent de la splendeur d'Ilion. »

entre le champ de Troie et l'Hellespont, fait dont Pline a constaté la réalité, en citant ce qui, de son temps, restait encore de cette baie.

Eh bien, malgré la défaveur que peut jeter sur notre opinion la concession que je vais faire, j'accepte le plan présenté par M. Webb, du moins comme étant conforme aux localités actuelles, car je me sens de force, même dans cette hypothèse, à démontrer que c'est cependant lui qui s'est abusé, et non pas mes auteurs; que l'opinion de ceux-ci est la seule fondée en raison, la seule qui puisse concilier les paroles d'Homère avec les termes les plus précis qui aient été écrits en vue de déterminer ce qui, il y a 1800 ans, caractérisait encore le théâtre de l'Iliade.

Si je puis prouver, par la carte même de M. Webb, et par son propre témoignage, que son Scamandre et son Simoïs ne peuvent être le Scamandre et le Simoïs d'Homère, que les écrivains qui soutiennent en cela les opinions du comte de Choiseul et de Lechevalier sont seuls dans le vrai, je puis espérer que tout sera dit touchant la position de la véritable Pergame, puisque l'on convient que cette position ne peut être bien déterminée que par la reconnaissance formelle de ces deux courants et par la situation qu'ils ont l'un à l'égard de l'autre (1). C'est donc à ces deux seuls points que je vais

(1) M. Webb en tombe d'accord, puisqu'il dit, p. 32, lig. 10 : « Si « les sources de Bounar-Bachi sont les sources du Scamandre, Bounar-« Bachi *a donc été Troie*. » Il est vrai qu'il ajoute : « Et les Grecs et « les Troyens se sont rencontrés dans l'étroite langue de terre qui se « trouve resserrée entre le *ruisseau* et le *fleuve*. » Mais cette observation n'a aucune valeur; car tout nous dispose à concevoir qu'il y a trois mille ans, le cours du Mendéré, c'est-à-dire de notre Simoïs, devait se

m'attacher, laissant de côté toutes les puériles objections que l'on a faites sur les contradictions remarquées par tels et tels dans les nombreux récits de notre poëte, et que, en supposant qu'elles portent toutes à vrai, il conviendrait d'imputer beaucoup plus justement aux réviseurs de ses œuvres qu'à lui-même. Je vais entrer en matière sur-le-champ, et aussi succinctement que l'importance des sujets me le permettra; car j'ai à cœur d'en finir, attendu que ce n'est point par spéculation que j'écris, mais bien par conviction, et, principalement aujourd'hui, par considération pour la mémoire de deux hommes illustres dont la sagacité et les lumières ont honoré notre pays, et dont l'un particulièrement mérita, en tous points, les nombreux témoignages d'estime qu'il reçut de son vivant, tant en France qu'à l'étranger, et l'hommage qu'on lui a rendu après sa mort.

Ce qui nuit beaucoup à M. Webb, selon moi, c'est d'être trop érudit. Quiconque a le désir de savoir à quoi s'en tenir sur les récits d'Homère, sur le plus ou moins de fidélité de ses descriptions topographiques, doit se mettre l'esprit en repos, en se dégageant de tous vains embarras. Il ne faut pas qu'il se préoccupe de ce que les Bellonius, les Pietro della valle, les Wheler, ni même Démétrius de Scepsis, Strabon, et surtout Ovide et

porter beaucoup plus à l'Est de la plaine; en outre, ce Simoïs n'ayant jamais été qu'un torrent tandis que notre Scamandre au contraire fut toujours un fleuve, n'a pu communément mettre obstacle aux mouvements des deux armées, puisque, si ce n'est à l'issue des orages, ou après la fonte simultanée des neiges, qui en un temps assez restreint couvrent la cime du mont où il prend sa source, le reste de l'année il est très à peu près à sec.

Virgile, et tous autres poëtes grecs et latins, ont pu écrire, en prose ou en vers, touchant les contrées que le père des historiens et des géographes a illustrées dans ses œuvres si généralement honorées jusqu'à nos jours. Il faut tout simplement, en explorant ces contrées, le prendre pour guide, et, si l'on juge convenable de comparer son dire avec celui de quelques autres des écrivains de l'antiquité les plus en crédit, il n'en faut pas moins cependant se fier toujours de préférence à ses propres paroles, s'appliquant seulement à distinguer ce qui, dans ses œuvres, appartient à la fable ou à la vérité. Or, cette tâche est rarement fort difficile, car le grand poëte, même dans ses inspirations les plus vives, prend le soin de nous mettre à même d'apprécier l'un et l'autre. J'ai eu plus d'une fois l'occasion d'en faire voir des exemples frappants, et je vais en citer dans l'instant même un des plus remarquables et des plus propres à fixer l'opinion des érudits, sur la grande question que je vais essayer de résoudre d'une manière définitive.

Sur quoi M. Webb s'appuie-t-il pour refuser de reconnaître le véritable Scamandre dans ce courant d'eau qui prend sa naissance au pied du Balli-Dagh? C'est d'abord, sur ce que les sources de ce petit fleuve n'offrent, selon ce qu'il prétend, aucune différence dans leur température, tandis que, à entendre Homère, l'une des deux seulement devait être froide en été et chaude en hiver; ensuite sur cette considération que l'exiguïté de ce courant ne répond point aux grandes expressions que ce même poëte emploie en parlant du Scamandre. Relativement au premier point, auquel j'attache peu d'importance, je renvoie notre adversaire à ce qu'il trouvera écrit sur ce sujet dans la première partie de mon livre, plus particulièrement aux pages 118-124 et 192-196. Je ne veux m'occuper, pour le moment, que de la seconde objection, parce qu'elle seule me paraît tant soit peu sérieuse.

M. Webb ne peut admettre que des épithètes telles que celles-ci : le grand, le terrible, le profond, le tourbillonnant, même *le divin*, puissent s'appliquer à un courant de quinze pieds de large... En s'exprimant dans cette occasion, comme il le fait, ce voyageur oublie que, lui-même a émis ailleurs l'opinion fort sensée que dans le chantre de la guerre de Troie, il convient de distinguer le poëte de l'historien. Or, assurément ces épithètes dont on veut s'armer contre les opinions de Lechevalier et du comte de Choiseul, appartiennent au poëte, et d'ailleurs elles font allusion à quelque état extraordinaire du fleuve; car cet Homère, en employant dans certaines circonstances que notre critique néglige de mentionner, des expressions si propres, j'en conviens, à égarer des esprits peu attentifs, ce même Homère, ami du vrai, comme il l'est, ne tarde pas à nous faire connaître ce qu'il convient de voir dans ces poétiques expressions. S'il a représenté le Scamandre grand, rapide, tourbillonnant, c'est, comme je viens de le faire entendre, parce qu'il avait alors à nous le montrer dans quelque crise de la nature, gonflé par quelque orage éclaté subitement, ou refoulé en arrière par les flots des eaux réunies de la mer Égée et de l'Hellespont, qu'a bien pu lancer plus d'une fois sur son cours, d'ordinaire si paisible, le vent impétueux du nord, ou celui de l'ouest;

c'est plus particulièrement quand il représente notre fleuve luttant contre Achille; mais cet Achille va tout aussitôt rectifier nos idées, et nous convaincre qu'il s'en faut de beaucoup que son adversaire ait habituellement les proportions et la puissance que lui prêtait notre imagination exaltée par les vers du poëte, puisque, sans le secours d'aucun de ces dieux qu'il implorait un moment auparavant, nous allons voir ce même Achille surmonter soudainement tous les obstacles. Un orme, probablement déjà sensiblement incliné vers le fleuve, s'offre à la portée du héros; de ses seules mains il achève de le dégager du sol, et le courbant de l'une à l'autre rive, il s'en sert comme d'un pont et s'élance à l'autre bord...

Assurément Homère n'a pas prétendu nous faire accroire que l'émule, le vainqueur d'Hector, tout supérieur aux autres hommes qu'il se soit proposé de nous le peindre, ait pu arracher et jeter ainsi au travers d'un fleuve, quelque arbre de cent à cent cinquante pieds de hauteur... Ce Scamandre dont le poëte vient de décrire les emportements passagers, ne peut donc être le Mendéré-sou, dont le lit, M. Webb nous l'atteste, a six cents pieds de large. Par ce seul témoignage que je suis bien loin de récuser, notre adversaire, on le voit, concourt déjà lui-même à prouver que, sur ce premier point, c'est bien lui qui est dans l'erreur. Pour le cas où il ne se contenterait pas de cet argument que lui-même nous a fourni, je vais lui en opposer un second tout à fait du même genre, et d'autant plus concluant, ce me semble, qu'il sera la confirmation du premier.

Pourquoi le poëte qualifie-t-il notre Scamandre de

2

divin? C'est en raison d'une tradition de son temps, laquelle veut que les sources de ce fleuve aient apparu soudainement, par l'effet d'un coup de foudre lancée par Jupiter en faveur d'Hercule, pour procurer à ce héros le moyen de se désaltérer. Or cette tradition, tout en écartant d'elle ce qui appartient évidemment à la fable, fait passer à l'état de conviction la persuasion où nous étions déjà, qu'Homère, dans ce qu'il dit de son Scamandre, n'a jamais pu avoir en vue le Mendéré, dont l'unique source, depuis un temps immémorial, descend du Cotylus à une cinquantaine de kilomètres en arrière de celles du véritable Scamandre. En effet, cette même tradition nous fait bien connaître qu'Hercule se montra dans la plaine de Troie, mais elle ne nous dit point que le fils d'Alcmène ait porté ses pas jusqu'aux régions les plus élevées de l'Ida, lesquelles, jusqu'au moment de son arrivée, remarquons-le bien, n'auraient pas eu d'eau à offrir à boire à leurs habitants, si l'existence du prétendu Scamandre ne remontait pas au delà du temps où vécut Hercule.

La tradition curieuse que je viens de rappeler, tend encore à nous maintenir dans l'opinion que le fleuve qui porte maintenant le nom de Mendéré, n'a jamais été qu'un torrent dont le lit était le plus habituellement à sec, puisque le maître des dieux, pour étancher la soif ardente du héros, se trouve dans la nécessité de faire jaillir une source à la naissance de cette plaine où, certainement, dès cette époque, le torrent dans lequel nous ne pouvons voir que le Simoïs, répandait seulement, de temps à autre, comme il le fait encore de nos jours, ses dévastations.

Eh puis, avons-nous jamais vu, ou entendu rapporter qu'en aucun lieu du monde, une commotion terrestre quelconque ait fait apparaître subitement à la clarté du jour, un fleuve capable d'occuper un lit de six cents pieds de large? Nous savons seulement que de semblables convulsions font parfois disparaître et reparaître des fontaines, ainsi que des fleuves ou rivières de la capacité de notre Scamandre, et moi-même j'ai cité dans mon livre, Ire partie, p. 122, le fait d'une charmante cascade que j'ai vue à Golling, dans la haute Autriche, et qui, au mois de janvier de l'an 1833, ayant inopinément et complétement cessé de se répandre, reprit tout d'un coup son cours deux mois après, au milieu du mois de mars de la même année. De tels faits n'expliquent-ils point parfaitement les modifications que les sources de notre Scamandre ont pu éprouver dans leur caractère, et même dans leur volume? Si quelque chose peut nous étonner relativement à ces sources, n'est-ce pas de les voir conserver, après trois mille ans, comme elles le font encore en aussi bonne partie, les traits peu communs qu'elles offraient au temps du poëte?

Quoique j'aie lieu de me flatter que je viens de prouver autant qu'il est humainement possible de le faire, en traitant de semblables questions, que le Mendérésou ne peut être le Scamandre d'Homère, mais bien le courant que le poëte historien et géographe nous dépeint sous le nom de Simoïs, toutefois, pour ne laisser subsister aucun doute dans l'esprit de ceux de mes lecteurs qui n'ont point été jusqu'ici engagés par aucun intérêt d'amour-propre à soutenir le contraire, je vais encore démontrer que le petit fleuve qui, dans nos cartes, porte le nom de Tumbrek, et que M. Webb nous donne pour le Simoïs, puisse être ce courant impétueux dont le Xante, ou Scamandre, dans sa lutte contre Achille, invoque le secours, en l'appelant *mon frère*.

Il m'en coûte d'avoir à le dire, mais je dois croire que M. Webb a complétement méconnu les plus importants changements que les nombreux courants qui affluaient dans la haute antiquité et qui affluent même encore de nos jours dans la plaine de Troie, ont opérés dans cette localité célèbre. J'ai donc à l'en instruire. Je pourrais presque lui affirmer l'exactitude de ce que je vais exposer, parce que je crois pouvoir fournir deux témoignages matériels de la réalité de ce fait.

Au temps de Priam, la majeure partie du vaste champ compris entre la pointe du cap Rhétée et la côte de Sigée, à partir à peu près de Koum-Keui jusqu'à l'embouchure de l'Hellespont, était alors encore sous les eaux. J'ai touché quelque chose de ce fait au commencement du présent écrit, en me plaignant de ce que M. Webb n'a point tenu compte, sur sa carte, des indices très-sensibles qui sont sur la mienne, et que le comte de Choiseul-Gouffier a très-justement fait valoir. On conçoit qu'il pourrait être par trop fastidieux pour un bon nombre de mes lecteurs, si je reproduisais ici en entier ce que j'ai écrit sur ce sujet dans la première partie de mon livre, d'accord avec le noble auteur que je viens de citer; je me restreins donc encore cette fois à renvoyer à ce même livre, M. Webb et toutes les personnes plus ou moins disposées en ma faveur, qui désireraient acquérir une plus ample instruction sur cette partie de notre dispute. Je recommande spécialement à leur attention la pièce intitulée *la Troade au temps de Pline*, et la dissertation qui vient à la suite, comprenant de la page 209 à la page 229 de cette première partie. Quiconque, en commençant cette lecture, voudra bien écarter de son esprit toute prévention, ne tardera pas à reconnaître un fait important, c'est que Pline est, de tous les écrivains de l'antiquité dont les écrits nous sont parvenus, celui qui a le mieux connu le véritable état des choses. Ce savant amiral, commandant la flotte romaine à laquelle la garde de la Méditerranée était confiée, a décrit la Troade probablement *pro visu;* il paraît, ainsi que je l'ai fait remarquer ailleurs, l'avoir observée du pont de son navire; car il n'entre dans aucun détail sur chaque objet, se bornant à les mentionner dans l'ordre où ils peuvent avoir apparu à ses yeux. Il cite trois Scamandres, celui qui passait pour tel au temps de Démétrius de Scepsis et de Strabon; il convient d'ajouter, et d'*Hérodote;* un second qui est le véritable Scamandre, c'est-à-dire le Scamandre d'Homère, provenant des sources de Bounar-Bachi, et qu'il appelle le vieux Scamandre (*Palæ Scamander*); et enfin un troisième Scamandre qu'il qualifie de *navigable* (*Scamander amnis navigabilis*), lequel avait son embouchure dans la mer Égée. Or, certainement ce troisième Scamandre ne pouvait être autre chose que le canal que nous connaissons, et qui fut ouvert, pour des raisons fort puissantes que j'ai déterminées, et en un temps que j'ai démontré devoir être fort antérieur à ceux où vécurent Alexandre le grand et Xercès, à l'effet de faire passer à la mer Égée tout le produit du cours supérieur de notre fleuve.

Ce nouveau lit creusé au Scamandre dut avoir, dans les premiers temps, comme son nom l'indique, une largeur et une profondeur telles que les navires de cette époque pouvaient s'y engager et s'avancer, par son moyen, jusqu'à l'entrée de la plaine de Troie, afin de servir la ville d'Achillée dont le port a dû occuper, selon moi, cette partie de la plaine qui, depuis bien des siècles, par suite de l'encombrement du canal, a été convertie en un vaste marécage, qu'il faut traverser pour se rendre de Koum-kalessi par Erkessi-Keui, au village de Bounar-Bachi.

Ce passage de l'écrivain latin, si mal compris jusqu'à nous, et d'un si grand intérêt pour ma cause, donne tout sujet de croire qu'au moment où il fut écrit, la baie qui avait servi de port aux Grecs n'avait encore pu être entièrement comblée par les terres, les sables et les débris que depuis douze cents ans le véritable Simoïs, et les autres courants maintenant connus sous les noms de Tumbrek ou Gheumbrek-sou, et Kamara-sou, avaient successivement charriés chaque année, et que cette baie existait encore en partie, à cette époque, à quinze cents pas romains seulement d'*Ilium novum*.

Il est donc évident que ce qui restait alors de l'ancien port des Grecs se trouvait encore fort au-dessus du torrent que M. Webb appelle Gheumbrek. Ce torrent ayant son cours parallèle à l'Hellespont, et tout à fait au bas de la plaine actuelle, laquelle, en dix-huit siècles, a été certainement reculée de tout au moins quatre kilomètres vers la mer, il est de toute impossibilité que nous puissions reconnaître en lui le Simoïs; car il est bien avéré que celui-ci et son *frère* le Scamandre avaient leur confluent en avant du retranchement des Grecs du côté de Troie.

J'ai avancé, page 12, que je crois pouvoir fournir deux témoignages matériels qu'au temps d'Homère, l'état des choses dans la plaine de Troie était tel à peu près que je viens de le décrire, c'est-à-dire que cette plaine ne se portait pas alors plus loin que Koum-Keui. En effet, je crois voir ces témoignages dans l'existence de deux tumuli qui se correspondent à cette hauteur dans cette même plaine, l'un qui est encore très-visible, m'a-t-on dit, un peu en arrière au sud-ouest de ce même Koum-Keui, village dont le nom indique qu'il fut établi sur des dunes, et l'autre que Lechevalier et moi nous avons pu voir encore distinctement sur la rive gauche du Mendéré, et qui, étant également composé en grande partie de sable mêlé de coquillages de mer, ne permet pas de douter que la plage de la baie dont M. Webb a méconnu l'existence, ait dû s'étendre tout près de là, au temps où ce tumulus et celui de Koum-Keui furent élevés, conséquemment à l'époque de la guerre de Troie.

Si, particulièrement le fait que j'ai rappelé au souvenir de ceux de mes lecteurs érudits qui ont lu M. Webb, ce fait qu'Achille traversa notre Scamandre au moyen d'un arbre abattu de l'une à l'autre rive, en dissipant la prévention que les arguments de notre adversaire ont pu faire naître en eux, a encore pour effet de réduire dans leur esprit celui des deux fleuves que le grand poëte s'est complu à mettre le plus souvent en scène, à des proportions presque mesquines, j'espère que leur raison pourra concevoir facilement que ce fleuve ait pu cependant, au temps de Priam, mériter de conserver son nom jusqu'à l'Hellespont, de préférence au Simoïs; car c'est seulement à lui, à notre Scamandre, que peuvent se rapporter les gracieuses expressions d'Homère que M. Webb veut appliquer au Mendéré-son : c'est bien notre Scamandre qui est le fleuve sur lequel les saisons n'avaient presque pas d'action, dont les eaux abondantes coulaient presque toujours paisiblement et à plein bord jusque dans la baie qui servit de port à la flotte grecque. Restreint, pour son cours, à l'étendue de la plaine; préservé, jusqu'à sa jonction au Simoïs, de tout envahissement des eaux étrangères à ses sources, c'est de lui dont le divin poëte nous vante les ondes habituellement limpides et argentées, et c'est encore sur ce qui reste de ses rives, jadis beaucoup plus séduisantes, il n'y a point à en douter, que croissent le Lotus, l'Apium, le Tamaris, et tant d'autres plantes et arbustes que le père des historiens, des géographes et des naturalistes, cite aussi fréquemment avec tant de complaisance. En vain l'on veut prêter de tels charmes au Mendéré qui ne peut être autre chose que le Simoïs; car, je ne saurais trop l'affirmer, puisque cette assertion est vraie, et parce que j'ai été à même de bien le reconnaître, ce Mendéré n'est qu'un torrent dont le lit, estimé en effet à six cents pieds de largeur, ne présente à l'œil, la plupart du temps, comme le fait notre Loire en été, qu'une vaste voie de graviers parsemée de flaques d'eau, et montrant, parfois d'un côté, parfois de l'autre, et rarement sur toute sa largeur, une mince nappe qui peut à peine voiler les galets et les débris de roches qu'au temps des fontes de neiges, ou après avoir été subitement enflé par des orages, il entraîne dans son cours, alors véritablement formidable.

Relativement à ce refus qu'a fait M. Webb de reconnaître le courant produit des sources de Bounar-Bachi pour le vrai Scamandre, à cause de son exiguïté, je crois convenable de faire encore une observation. C'est que notre critique déprécie hors de raison les proportions de ce courant, quand il affirme que ce n'est qu'un *simple*, qu'un *petit* ruisseau, puisque lui-même, au commencement de sa dissertation, page 28, lui accorde 15 pieds de large. Or, tout devant être apprécié comparativement, lors même qu'on aurait toute raison de croire que notre Scamandre n'a jamais eu plus d'importance, il faudrait toujours admettre qu'une rivière de quinze pieds de large, et qui offre un cours toujours égal, peut être considérée pour quelque chose dans cette contrée de l'Asie Mineure, où ce qu'on appelle fleuve n'est le plus communément, comme notre Simoïs, qu'un torrent presque toujours très à peu près à sec. J'ajouterai qu'on peut fort sensément présumer que le petit fleuve dans lequel nous croyons voir le véritable Scamandre, dut avoir plus de valeur au temps de Priam. Il est assurément fort admissible que ces belles sources qui ont perdu, à un faible degré toutefois, l'un des principaux caractères décrits par le poëte, peuvent avoir également perdu une quantité plus ou moins considérable de leurs eaux. En tout cas, nulle autre position que celle du Balli-Dagh, voisine de ces belles sources, ne peut réunir à ce point les données que l'on peut chercher dans les œuvres du grand poëte, quand il s'agit de déterminer le lieu précis où fut l'antique cité que ses chants ont rendue si fameuse.

Le moment me paraît venu de faire pour la Troie de

M. Webb ce que je viens de faire pour ses fleuves. Je vais démontrer que la position assiguée par lui à la ville homérique, ne répond aucunement aux données dont il s'agit et que je vais exposer.

De toutes les observations que l'on peut faire dans les œuvres du poëte, il résulte évidemment que la véritable Pergame occupait une colline qui s'élevait d'abord peu sensiblement, à partir d'une plaine dont cette colline formait le fond, jusqu'au pied d'une citadelle dont les murs avaient pour bases, en bonne partie, des escarpements. Ce premier point est indiqué par la considération que des chars descendaient habituellement de cette cité, et que, si l'on put y introduire le cheval colossal qui reçut dans ses flancs Ulysse et un assez bon nombre de ses compagnons, il fut aussi question de précipiter cette monstrueuse machine du haut des rochers. La disposition des localités s'opposait à ce que cette ville fût investie, puisqu'elle ne le fut jamais. Elle n'était facilement accessible que du côté du couchant, puisque c'était toujours vers les portes Scées que les Grecs venaient l'assaillir, et certainement elle se trouvait à une assez grande distance du camp ennemi, puisque les Troyens, après avoir battu ces mêmes Grecs, préférèrent bivaquer sur les positions intermédiaires, plutôt que de se retirer entièrement pour aller passer la nuit dans ses murs, et que l'infortuné père d'Hector, s'étant rendu au poste d'Achille, où il arriva un peu après la chute du jour, se trouva dans la nécessité de passer la nuit sous la tente du meurtrier de son fils. Enfin des sources abondantes, et offrant une particularité peu commune, se trouvaient dans le voisinage presque immédiat de ces portes dites du couchant, puisque du haut des tours qui défendaient cette entrée de la ville, on voyait très-distinctement tout ce qui se passait près des sources.

Or non-seulement, de toutes ces principales données, il n'en est aucune qui soit applicable à la position de Tchiblak que M. Webb a en vue, mais, bien pis, cette position pêche par l'une des conditions les plus essentielles à une population nombreuse, par le manque d'eau. Pour se convaincre de la vérité de cette assertion, il ne faut que jeter un coup d'œil sur le plan joint à l'œuvre de cet auteur, et entendre ses propres paroles. Si nous nous en rapportons au plan, le point le plus rapproché du faible ruisseau que l'on y voit tracé, le Kalifatli, est distant de deux kilomètres du pied de la colline où notre adversaire suppose que la Troie d'Homère a existé; et pour ce qui est de ses paroles, il a lui-même la maladresse de nous dire que ce kalifatli sort d'un marais, lequel contient si peu d'eau que « dans la plaine, à l'en« droit où il commence, il disparaît sous un tapis de « gazon; qu'en été il est presque entièrement à sec, et « que *c'est tout simplement un égout.* »

Il faut convenir que M. Webb n'est point heureux dans ses conjectures sur des positions de ville. Les personnes qui auront accordé tant soit peu d'attention à ce que j'ai dit de l'état de la plaine au temps d'Homère, pourront difficilement deviner où ce voyageur s'est avisé de placer la ville de Scamandria dont Pline a fait mention. Ayant en vue le même passage de cet écrivain qui m'a fourni le sujet de la dissertation à laquelle je me suis permis (p. 12) de renvoyer mes lecteurs, ainsi que l'opinion de quelques philologues modernes, lesquels ont conclu des termes du passage en question que Scamandria devait être à l'embouchure du Scamandre; toujours préoccupé de ce qu'a écrit Strabon, c'est à l'embouchure actuelle du Mendéré-sou qu'il a établi cette Scamandria, ville que nous avons sujet de croire fort ancienne : il donne ainsi pour site à cette ville un sol qui, certainement, à l'époque de la guerre de Troie, était encore sous les flots, et qui, probablement, n'avait point apparu entièrement à la clarté du jour quand cette Scamandria fut fondée.

Voilà pourtant où la foi exclusive dans l'infaillibilité de Strabon a conduit M. Webb.... Je ne puis expliquer autrement par quelle singularité ce voyageur, qui nous est présenté comme un géologue, un naturaliste distingué, se refuse aveuglément à admettre que les champs illustrés par Homère puissent nous offrir quelques grands exemples de ces changements que le renouvellement annuel des saisons, l'action alternative de la chaleur et des frimas, le travail incessant de la terre, opèrent pendant le cours des siècles dans des localités quelconques, soit par les atterrissements considérables que causent les alluvions des fleuves, soit par leurs affaiblissements progressifs, et la disparition totale de ces fleuves. M. Webb a pourtant beaucoup voyagé; il a vu, au fond de l'Italie, une contrée bien renommée par des effets de ce genre, où des terres plus ou moins élevées se sont abaissées au-dessous du niveau de la mer; où parfois, au contraire, des monts ont jailli soudainement du sol.... Avant d'explorer la Troade, il avait visité Athènes : dans son scepticisme, aura-t-il donc contesté à ses habitants que la position de leur ville puisse être celle qu'occupait

la ville de Thésée, en se fondant, pour le nier, sur ce que, dans celle-ci, on voyait un fleuve assez remarquable qu'on appelait *Ilissus*, et qu'il ne se trouve chez eux rien qui puisse mériter même le nom de ruisseau?..... Assurément, il n'est pas présumable que le lit de ce fleuve et la fontaine Callirhoë aient été, aux plus anciens temps, ce qu'ils sont de nos jours. Si, en quinze à vingt siècles, l'un et l'autre ont pu disparaître à peu près complétement, on peut bien admettre, ce me semble, qu'en trente siècles, par des causes à peu près pareilles, le Scamandre a pu aussi perdre quelque peu de son importance (1).

Tous les hommes judicieux et impartiaux qui auront daigné consacrer un moment de loisir à la lecture de cette défense que j'ai dû faire des opinions communes à Lechevalier et au comte de Choiseul, reconnaîtront du moins, je l'espère, que, si, entre ces opinions et celles qu'on leur oppose, il en est auxquelles on peut justement appliquer certain terme dont M. Webb a cru pouvoir se servir, ce ne sont assurément point les opinions de mes auteurs; mais je ne veux aucunement appuyer sur cette remarque : je préfère terminer cette

(1) Le lit de l'Ilissus est absolument à sec pendant toute la belle saison, et, dans celle des pluies, il est seulement *imbibé d'une humidité suffisante pour produire quelques plantes herbacées.* Pour ce qui est de la fontaine qui doit avoir reçu le nom de *Callirhoé* en raison de la beauté de ses sources, on ne voit plus guère à Athènes que les trous par lesquels ces eaux réputées belles et abondantes, se répandaient, déjà assez faiblement au temps de Strabon. (Voyez les Antiquités d'Athènes de Stuart et Revett, publiées par Landon; pour ce qui est de la première assertion, au tome III, p. 73, et, pour la seconde, le même tome, p. 22, la note au bas de la page.)

discussion par le récit d'un fait propre à faire sentir combien peu est fondé le refus d'admettre qu'un faible courant, de la proportion de notre Scamandre, puisse jamais avoir eu, fût-ce momentanément, assez d'importance pour justifier des épithètes comme celles dont le poëte historien fait parfois usage, tantôt pour l'un, tantôt pour l'autre des deux principaux courants qui, de son temps, affluaient dans la plaine d'Ilion (1).

Un neveu du fameux Souvarof, traversant la Rimnick, rivière qui était, en ce moment, aussi très-modeste, et dans laquelle le général a déclaré, par bulletin, avoir noyé plusieurs milliers de Turcs, avait exprimé son incrédulité sur la possibilité d'un tel fait, en termes fort peu révérencieux pour la mémoire de son oncle. A quelques semaines de là, lorsqu'il lui fallut repasser cette même rivière, il dut reconnaître, un peu trop tard, qu'il avait eu tort de taxer le rapport officiel d'*absurdité*; car il se noya dans cette même rivière devenue impétueuse, et précisément au même lieu où il avait fait pis que révoquer en doute la véracité du général.

CONCLUSION. La conclusion la plus naturelle qu'on puisse tirer de toutes ces disputes qui, depuis un demi-siècle et plus, se sont élevées, et ont été soutenues de

(1) Il faudrait d'abord s'assurer si toutes ces épithètes traduisent exactement les termes du texte original; si, par exemple, l'expression que l'on a rendue par celle-ci, *tourbillonnant*, n'indique pas tout simplement les méandres que le cours du fleuve dessine dans la plaine. J'ai sujet de me défier un peu des connaissances de M. Webb dans la langue grecque, depuis que j'ai pu voir dans son livre, les mots *chalkerea doura* traduits par *javelots armés de fer*, tandis qu'ils ne peuvent signifier que des javelots de *cuivre* ou d'*airain*.

part et d'autre, avec une sorte de véhémence, entre un si grand nombre des érudits les plus considérés de notre Europe, au sujet des œuvres d'Homère, disputes qui, jusqu'ici, n'ont eu d'autre résultat que de porter quelques-uns de ces écrivains plus ou moins haut placés dans l'estime publique, à nier que ces brillantes œuvres aient pour fond *des faits historiques*, et même *qu'il y ait jamais eu un Homère;* cette conclusion, dis-je, me paraît être qu'il y a bien réellement importance et urgence à donner suite aux propositions que j'ai itérativement adressées à notre gouvernement, au commencement de l'année courante. J'ai dit *importance*, parce que, selon moi, ces propositions offrent le seul moyen efficace auquel l'administration de l'instruction publique puisse recourir, pour peu qu'elle tienne à déterminer, relativement à ces objets, une opinion assez manifeste, pour que les écrivains à venir ne puissent s'en écarter sans nuire à leur propre considération; et j'ai dit *urgence*, parce que, si l'on est disposé à donner suite à ces propositions, il ne faut pas attendre, on doit bien le concevoir, que tout ce qui aurait pu concourir à faire reconnaître de quel côté la vérité se trouve, ait été anéanti, tant par la main des hommes que par le travail des saisons, ou les convulsions du globe.

Par toutes ces considérations, je crois terminer convenablement le présent écrit en engageant ceux de mes lecteurs en possession de quelque crédit, soit qu'ils partagent les opinions que je soutiens, soit, au contraire, que, jusqu'à ce jour, ils aient été portés pour celles de mes adversaires, à se joindre à moi, dans un intérêt commun, à l'effet de décider, par l'expression uniforme de leurs vœux, notre gouvernement à profiter de l'une des premières circonstances favorables qui se présenteront pour envoyer sur les lieux mêmes, un petit nombre d'hommes convenablement instruits, consciencieux, et conséquemment dégagés de tout intérêt personnel, ayant simplement pour mission de décrire et d'offrir à notre pensée, au moyen d'un plan topographique levé géométriquement, l'état bien positif des localités, au moment où l'on fera ce travail; car, je le répète, c'est seulement sur un exposé bien complet, bien authentique du véritable état des choses, et sur ce qu'il aura été possible de constater des changements opérés dans ces lieux, par quelque cause que ce soit, depuis qu'ils ont été décrits par le poëte historien, qu'on pourra constituer, comme il est désirable que cela soit fait, une opinion, sinon unanime, du moins dominante chez les meilleurs esprits, par rapport aux principales questions que j'ai plus particulièrement tenté de résoudre dans le livre dont le présent écrit, je l'espère, aura formé le dernier appendice.

Paris, le 2 octobre 1844.

MAUDUIT.

ADHÉSION DE HUOT, GÉOGRAPHE FRANÇAIS,

aux opinions émises dans le présent opuscule.

Le savant Huot, que les sciences ont perdu tout récemment, envisageant les dissertations dont nous commençâmes la publication en 1840 sous ce titre : *Découvertes dans la Troade*, relativement aux lumières qu'elles peuvent jeter sur quelques points de la géographie ancienne, dans les notes supplémentaires dont il a enrichi sa traduction de Pomponius Méla, publiée en 1844, sous la direction de M. Nisard, chef de la deuxième division du ministère de l'instruction publique, s'est prononcé en termes des plus positifs en faveur des opinions que nous venons de défendre :

« M. Mauduit, » dit en effet le continuateur de Malte-Brun au début de sa note 28e, « a, dans un travail publié « en 1840, sous le titre de *Découvertes dans la Troade*, « parfaitement déterminé, selon nous, la position de « Troie et de sa forteresse. L'antique cité s'élevait en- « tre le pied méridional du mont Ida et le pied occi- « dental d'une montagne que les Turcs nomment *Kara-* « *dagh* (montagne noire). Le village appelé *Bounar-bachi* « occupe une partie de la capitale de Priam. Au nord « de la ville s'élevait sur une colline escarpée et trian- « gulaire, baignée de deux côtés par le Simoïs, le *Per-* « *gama*, ou l'Acropole. M. Mauduit y a reconnu, cou- « verte de terre et cachée par les broussailles, une « portion de muraille troyenne.

« Le cours d'eau que Strabon appelle le *Scamandre*, « par une erreur populaire qui était probablement ré-

3

« pandue de son temps, puisqu'elle s'est conservée jus-
« qu'à nos jours dans le nom de *Mendereh-sou* que lui
« donnent les Turcs, paraît être celui qu'Homère nomme
« *Simoïs*, puisqu'on reconnaît les sources de son *Sca-*
« *mandre*, qu'il indique près de Troie, dans des sources
« que l'on voit encore au sud de Bounar-bachi, et que
« la rivière à laquelle elles donnent naissance paraît
« bien constituer le véritable Scamandre de l'Iliade, ou
« le Xanthe, qui se joint au Simoïs, et dont un bras ca-
« nalisé, qui va se jeter dans la direction du sud-est à la
« mer, paraît être le *Palæ-Scamander* de Pline et son
« *Scamander amnis navigabilis.* »

Observation relative à la note précédente.

Nous ne croyons pas que Bounar-bachi soit positivement sur l'emplacement de l'ancienne Troie, mais bien que ce village se trouve immédiatement au pied de la colline que cette ville occupait. A cela près, ce paragraphe du traducteur de Pomponius Méla, et celui qui complète la 28e note supplémentaire, d'où il est tiré, établissent on ne peut mieux la situation de la ville de Priam. Aux partisans de M. Webb, comme à tous les voyageurs qui prétendent assigner à la Troie d'Homère une localité autre que celle du *Kara-dagh*, il ne convient plus maintenant de répondre que par la citation de cette expression si positive de Pline : *Palæ-Scamander*. . . .

Pline l'Ancien ne considérait donc pas celui des cours d'eau qui, de nos jours, porte le nom de Mendereh, comme le Scamandre d'Homère, puisqu'il qualifie un autre cours d'eau par ces mots : *vieux*, ou plutôt *ancien Scamandre;* et, certainement, le petit fleuve qu'il désigne ainsi est celui que Lechevalier et le comte de Choiseul-Gouffier eurent en vue. En vain les adversaires de nos auteurs s'obstineraient-ils, au mépris d'un témoignage déjà si concluant, à refuser de reconnaître, dans les belles sources qui avoisinent le village turc, celles du véritable, de l'*ancien* Scamandre; car il resterait aux défenseurs de nos opinions à faire valoir, contre tous les arguments spécieux que pourraient leur opposer les apôtres présents et à venir de Démétrius, la position du *Scamander amnis navigabilis*, qui, prenant sa naissance sur la gauche (en marchant de l'est à l'ouest) et au-dessus de l'ancien confluent dont les voyageurs attentifs peuvent distinguer encore quelques vestiges, portait, au temps de ce même Démétrius et de Strabon, toutes les eaux de l'ancien Scamandre, par la vallée d'Érin-Keui, à la mer Égée, ainsi que l'indique clairement l'ordre suivi par le savant amiral romain dans la description si précieuse qu'il nous a laissée de ce qui constituait, dans ce même temps, tout le littoral de la Troade, à partir d'Hamaxite, sur cette mer Égée, jusqu'au *Rhœteum promontorium* (cap Rhétée), dans l'Hellespont (1).

(1) Voy. Découv. dans la Troade, 1re partie, p. 209, l'article intitulé : *La Troade au temps de Pline*, et la dissertation, d'un si grand intérêt dans cette cause, qu'on trouve à la suite.

Zur Erinnerung an das Schillerfest in Heidelberg.

Zwei Reden

gehalten

von

Direktor Dr. Weber

und

Professor Dr. K. B. Stark.

Nebst einer kurzen Beschreibung des Festes.

Heidelberg.
Akademische Buchhandlung von Ernst Mohr.
1859.

Zur Erinnerung an das Schillerfest in Heidelberg.

Zwei Reden

gehalten

von

Director Dr. Weber

und

Professor Dr. K. B. Stark.

Nebst einer kurzen Beschreibung des Festes.

Heidelberg.
Akademische Buchhandlung von Ernst Mohr.
1859.

Bereits am 9. Nov. Nachmittags ½3—4 Uhr fand eine Vorfeier des festlichen Tages in der höheren Bürgerschule statt, wobei der Direktor derselben in längerer Rede das Leben Schillers, besonders die Jugendzeit den Schülern und Zuhörern vorüberführte, die Schüler in Gesang und stufenweis geordneten Vorträgen von Schillers Gedichten sich betheiligten. In der höheren Bürgerschule wie in dem Lyceum und der Oberklasse der Volksschulen hatte am selbigen Tage die Vertheilung der Auswahl der Schiller'schen Gedichte auf Veranstaltung des Festausschusses statt.

Bei eingebrochener Dunkelheit erstrahlte die reich mit Kränzen und mit der Büste des Dichters geschmückte Façade des Theaters in glänzendster Beleuchtung und das überfüllte, auch im Innern festlich gezierte und erleuchtete Haus sah Schillers Wilhelm Tell unter dem wetteifernden Zusammenwirken des ganzen Theaterpersonales über die Bühne gehen.

Konnten die vorhergehenden Tage die ernstlichsten Befürchtungen über das Gelingen der öffentlichen Feier wegen der Witterungsverhältnisse erregen, so lösten sich dieselben an dem Morgen des 10. Nov. mit dem sich vollständig erheiternden Himmel gänzlich auf, und die Novembersonne beleuchtete auf das Heiterste und Erfreulichste die im Festschmuck von Kränzen und Fahnen prangende Stadt.

Das Lyceum eröffnete um 8 Uhr die Feier des Tages mit einem Aktus in ihrer Aula, wobei Dr. von Langsdorff den Festvortrag hielt und die Schüler Theile der Schiller'schen Glocke musikalisch vortrugen.

Um 9½ Uhr fanden sich die verschiedenen Corporationen zur Bildung des Festzuges in der Nähe des Karlsthores zusammen. Der unabsehbare Zug setzte sich dann unter Böllerschüssen vom Schlosse in Bewegung, um die ganze Länge von der Hauptstraße bis zum Mannheimerthor zu durchmessen und sich durch die Plöckstraße zum Paradeplatz, dem Mittelpunkt des Festes zurückzubewegen.

Festredner, Fahnen und zwei Musikchöre gliederten den Zug wesentlich in zwei Haupttheile. Die Spitze bildete der Liederkranz, dem der Festausschuß und das Theatercomité folgten; dann bildete die Universität, in Fakultäten getheilt, welcher sich Geistliche, Lehrer, Beamte, Aerzte, Advokaten rc. angeschlossen hatten, mit dem Zug der nach Verbindungen geordneten Studirenden die eine Hauptmasse. In dem anderen Haupttheil stellte sich die Bürgerschaft dar, zunächst in ihren Behörden und zwei Ausschüssen repräsentirt, dann in Handelskammer, den Gewerbeverein und die Zünfte mit ihren Fahnen und Emblemen, zum Theil, wie die Schiffer und Bierbrauer, mit großen beweglichen Schaustücken, sich gliedernd; die Feuerwehr und die uniformirten Arbeiter der Metz'schen Fabrik mit einer Prachtspritze verliehen diesem Theile noch einen besondern militärischen Glanz.

Auf dem Paradeplatz, der nach Außen durch Barrieren abgeschlossen war, erhob sich ein mit großem Geschicke erbauter mit Grün bedeckter Bühnenhalbkreis, in dessen Centrum die kolossale Schillerbüste, in den Originalformen des Dannecker'schen Atelier zu Stuttgart gegossen, auf hohem Postament hervorragte. Vier niedrige Postamente trugen Blumenvasen und nach vorn trat die Rednerbühne hervor. Die Sänger und Instrumentalmusik nahmen auf den Tribünen Platz; auf dem erhöhten Raum um die Büste gruppirten sich die zwölf weißgekleideten Jungfrauen. Direktor Dr. Weber trat auf die Rednerbühne, der Ausschuß nahm in einem besonders abgeschlossenen Halbkreis Platz und der Zug, zwischen den sich eine Menge von Zuschauern gedrängt, ordnete sich auf dem Platze. Häuser, Platz, Straßen mit Reihen überfüllter Wagen dehnten die engere Festgemeinde zu einer großen, aus allen Ständen, Geschlechtern und Altern bestehenden Festversammlung der ganzen Bevölkerung aus.

Posaunentöne eröffneten mit dem Priesterchor aus der Zauberflöte die Feier, dem die von V. Lachner componirte Festcantate sich anschloß. Zum Schluß der Rede des Direktor Dr.

Weber legten die Jungfrauen die Kränze am Fuße der Schillerbüste nieder, und ein Hoch erscholl von Tausenden von Stimmen dem Dichter. Der Marsch aus dem Sommernachtstraum von Mendelsohn führte über zu dem Vortrag des Weihliedes, gedichtet von Dr. Otto, ausgeführt durch Theaterregisseur Richter und ein Gesang von demselben gedichtet, nach bekannter Melodie von allen Anwesenden gesungen, endete die Feier auf dem Platz um $11^1/_2$ Uhr.

Bereits hatten sich die Räume des großen Museumssaales, wozu Karten an den vorhergehenden Tagen ausgegeben waren, gefüllt, und um 12 Uhr begann hier der zweite Act der öffentlichen Feier. Die vereinigten Kräfte instrumentaler Musik von Heidelberg führten unter der Leitung des Musikdirektor Boch zur Einleitung die Jubelouvertüre von Weber aus und schlossen dann mit dem herrlichen Schlußsatz der C Moll-Symphonie von Bethoven, dieser Apotheose eines durch Mühsale siegreich durchgekämpften Heldenlebens an die Festrede innerlich passend sich an. Diese wurde von Professor Stark gehalten und liegt hier gedruckt vor.

Während den ganzen Nachmittag die Straßen von lustwandelnden Gruppen der auch zahlreich herzuströmenden Landbevölkerung belebt waren, um die besonders reich gezierten Häuser (wir nennen, nur ohne andere in Schatten stellen zu wollen, den Gasthof zum Adler) eine große Menge um sich sammelte, vereinigte man sich im Museum und in dem Badischen Hofe zu festlichen, durch Trinksprüche belebten Mahlen.

Die einbrechende Nacht mahnte zum Aufbruch, um an dem großen von einer eigenen Commission von Bürgern und Studirenden vorbereiteten Fackelzug sich zu betheiligen. An gleichem Orte und in ähnlicher Weise wie am Morgen sich in zwei Hauptmassen scheidend, versammelte sich die Menge der Fackelträger. Drei Musikchöre theilten das Ganze ab.

Nach dem Ausschuß folgte die lange Reihe der Feuerwehr, dann die Studirenden nach Fakultäten geordnet und von ihren Dekanen geführt, dann die Bürgerschaft überaus zahlreich mit der diesmal besonders festlichen Erscheinung der Bäcker und Metzger. Ein überaus mannichfaltiger, ja zauberhafter Lichteffekt ward in der klaren Mondnacht durch die Beleuchtung des Schlosses, dem bengalischen Feuer am Riesenstein, durch die die Tausend gewiß erreichende Zahl der sich bewegenden Fackeln, durch die oft glänzende Beleuchtung der Häuser hervorgerufen. Der Zug folgte dem Wege des Tagesfestzuges, nur daß ein Theil der Anlage statt der unteren Plöck nun durchschritten wurde.

Der Paradeplatz bildete bald ein wogendes Feuermeer, in dessen Mitte die in einer Strahlenkrone glänzende Dichterbüste durch verschiedenfarbiges bengalisches Feuer, das aus den Vasen der vier kleinen Postamente emporloderte, in ein blendendes alles Andere in dunkle Massen zurückdrängendes Licht gesetzt wurde. Instrumentalmusik, das von der ganzen Versammlung gesungene Lied von Claudius: „Stimmt an mit hellem hohen Klang,“ eine kurze, kräftige Ansprache von Hrn. Ritzhaupt, ein Hoch auf den Dichter folgten sich, während die Fackeln von allen Seiten zusammengelegt wurden und so eine große Flamme mit mühsam aufsteigenden Rauchwolken den Anblick des Ganzen noch feenhafter gestaltete.

Eine freie gesellige Abendunterhaltung von Gliedern aller Stände, besonders Bürgern und Studirenden unter Musik, Gesang vaterländischer Lieder, Ansprachen und Toasten, wobei vor Allem die allgemeine Verehrung gegen den in der Mitte weilenden, auch für das Gelingen dieses Festes nächst dem Vorsitzenden des Comités, Geh. Rath Rau, besonders thätig gewesenen Geh. Rath Mittermaier sich aussprach, schloß in tiefer Nacht den auch für Heidelberg ewig denkwürdigen Tag, an welchem Behörden und Bürgerschaft in taktvollem Benehmen und richtiger Würdigung des Gegenstandes der Feier gewetteifert haben.

Worte

gesprochen

vor der Büste des Dichters am 10. Nov. 1859.

Von

Direktor Dr. Weber.

Mir ist der ehrenvolle Auftrag geworden, bei dem heutigen Feste an dieser Stätte dem Geiste Schillers ein feierliches Hoch auszubringen. Es kann dabei nicht meine Absicht sein, das Leben und Wirken des Dichters zu schildern, dies wird an anderer Stelle in angemessenerer Weise geschehen. Ich will hier nur andeuten, was Schiller für uns ist, nur die Seiten berühren, die ihn zum Lieblingsdichter des deutschen Volkes gemacht haben, nur die Züge und Eigenschaften hervorheben, denen wir die seltene Erscheinung zu danken haben, daß in unserem gespaltenen und zerrissenen Vaterlande am heutigen Tage Ein Gefühl Aller Herzen durchzieht, das Bewußtsein nationaler Einheit einen lebendigen Ausdruck findet.

In Schillers Gedichten weht der Hauch der Freiheit, lebt das Gefühl der Menschenwürde, der Menschenrechte, der Vaterlandsliebe.

In jener gährenden tiefbewegten Zeit, in die seine Jünglingsjahre und sein angehendes Mannesalter fielen, und die man bezeichnend die Zeit des Sturmes und Dranges genannt hat, da hat er eifrig mitgerungen, den Menschengeist zu befreien von den Banden der Convenienz, von der Macht verjährter Vorurtheile, von den tausend Fesseln, womit Gewohnheit, Herkommen und veraltete Gesetze und Gebräuche die Menschheit gefangen hielten und den freien Lebensgang hemmten; er hat die Schranken niedergeworfen, welche die Stände in kastenartiger Gebundenheit von einander schieden, er hat dem Grundsatz Geltung zu verschaffen gesucht, daß Seelenadel über Stand und Geburt gehe, daß Tugend, Geistesgröße und Charakterstärke ein höherer Adelsbrief seien, als eine zweifelhafte Ahnenreihe, daß Ehrgeiz, Standeshochmuth und starres Festhalten am Ueberlieferten die Quelle unendlichen Elendes und Jammers in sich schließen.

Als die französische Revolution mit dem Grundsatz der „Freiheit und Gleichheit" die Welt erschütterte und ihr „Krieg den Palästen und Friede den Hütten" auf der Spitze der Bajonette über den Rhein trug, da suchte Schiller, damals Professor in Jena, an der Geschichte vergangener Zeiten und in gedankenreichen Dichtungen den lebenden Geschlechtern die Lehre einzuprägen daß das Glück des Lebens nicht durch gewaltsames Niederreißen aller Formen und Schranken begründet werde, daß die wahre Freiheit im Innern wohne und sich kund gebe in der Herrschaft der Seele über die Welt der Erscheinungen und des Wechsels, daß nur ein geordneter, harmonisch-gebildeter Geist der Freiheit fähig sei. Vor dem Sclaven, wenn er die Kette breche, müsse man erzittern, nicht aber vor dem wahrhaft freien Manne. — Sie hatten Unrecht, jene gewaltigen Männer, die im Anfang der neunziger Jahre zu Paris die Welt nach selbstgeschaffenen Theorien umgestalten wollten, in Schiller einen Gesinnungsgenossen zu erblicken und ihm durch ein Diplom, das noch jetzt von Danton's Hand unterzeichnet in Weimar aufbewahrt wird, das Ehrenbürgerrecht eines citoyen français zu verleihen; er theilte ihre himmel stürmenden Ansichten keineswegs; er wendete sich mit Abscheu von den Schreckensmännern, die den neuen Weltbau der Freiheit und Gleichheit auf Blut und Leichen aufführen wollten. Wer kennt nicht das Lied von der Glocke, jene „Tonleiter aller menschlichen Empfindungen", worin der Dichter in so edler, Weise die heil'ge Ordnung preißt die segensreiche Himmelstochter, die das Gleiche frei und leicht und freudig bindet, die der Städte Bau gegründet und vor dem Verderben warnt, wenn rohe Kräfte sinnlos walten und das Volk zerreißend seine Ketten, zur Eigenhülfe schrecklich greift, wenn Würgerbanden umherziehen und Weiber zu Hyänen werden, denn der schrecklichste der Schrecken — sei der Mensch in seinem Wahn.

Die Revolution gebar aus ihrem gährenden Schooße ihren gewaltigen Bezwinger. Als Schiller am stillen Plätzchen zu Jena, wo noch jetzt ein Denkstein die Stelle zeigt, seinen „Wallenstein" schrieb, da begann Napoleon in Italien seinen Siegeslauf, der ihn bald zum Gebieter Europa's machte. Das deutsche Reich stand noch aufrecht, aber es glich einer alten Ritterburg, an der schon manche Mauer umgestürzt war, und die bereits in ihren Grundvesten zu wanken begann. Schiller erlebte seinen Fall nicht; aber kaum hatten einige Verehrer den todten Sänger in einer schönen Mainacht ohne Gepränge und Leichenfeier in die stille Gruft gesenkt, so wurde in Paris jener Vertrag geschlossen, der den deutschen Reichskörper in drei Gliedmaßen zerriß, die seitdem keine politische Heilkunst wieder zu einem lebendigen Ganzen zu verbinden verstanden hat. Es folgten die Tage von Jena, von Tilsit, von Erfurt, zum Theil ganz nahe an der Stätte, wo seine Gebeine ruhen, und eine schwere Zeit brach über Deutschland herein, wo jedes freie Wort Verderben brachte, wo die ehrliche Mahnung an den Zustand der Erniedrigung einen wackern Mann durch kriegsrichterlichen Spruch in den Tod führte. In diesen schwülen Tagen waren Schillers Dichtungen ein Lichtstrahl auf dunkeln Wegen: sie wiesen die empfänglichen Seelen in das Reich der Ideale, wo allein die wahre Freiheit und das wahre Lebensglück wohne; sie gossen Trost, Ruhe und Hoffnung in's wunde Herz und stählten den Sinn durch hohe Vorbilder zum Ertragen wie zum dereinstigen Handeln. Die verklärte Gestalt des Marquis Posa im „Don Carlos" wurde das Ideal der strebsamen deutschen Jugend. Wie Er zu leben und zu sterben für Freiheit und Menschenbeglückung galt für die würdigste Lebensaufgabe; wie Er den König Philipp, so suchte jener hochherzige Schill und seine tapfern Gefährten mit der loyalsten Gesinnung ihren König zum Handeln zu nöthigen und ihn durch selbstgewählte Mittel in die Lage zu bringen, daß er dem Kampf für die Freiheit seinen Lauf lasse; wie Er knüpften sie ihr Leben an ihren Plan und gingen beim Scheitern desselben freudig in den Tod. In der „Jungfrau von Orleans“ und noch mehr im „Wilhelm Tell“ wurden die jungen Geschlechter an fremden Beispielen belehrt, welche Kraft in der begeisterten Vaterlandsliebe liege, wie auch ein niedergeworfenes, verrathenes Volk durch Erweckung des Nationalgefühls, durch einträchtiges Handeln, durch Festhalten am alten Rechte, seine Freiheit, seine Unabhängigkeit und eine würdige Stellung in der Reihe der Nationen erringen könne.

Waren in diesen Tagen der Noth und Erniedrigung Schillers Dichterworte ein Stecken und Stab auf dunkeln Pfaden, so wurden sie eine starke Wehr und Waffe, als die Zeit zum Handeln kam. Im Prolog zum Wallenstein hatte Schiller im Jahr 1798 von diesem Kriegshelden gesagt:

Ihr kennet ihn — den Schöpfer kühner Heere,
Des Lagers Abgott und der Länder Geißel,
Des Glückes abenteuerlichen Sohn,
Der von der Zeiten Gunst emporgetragen,
Der Ehre höchste Staffel rasch erstieg
Und ungesättigt immer weiter strebend
Der unbezähmten Ehrsucht Opfer fiel.

Wer erkennt hier nicht die prophetischen Seherworte, die eben so gut auf Napoleon als auf Wallenstein gedeutet werden können! Auch Napoleon fiel; aber die Mittel und Kräfte, die ihn zu Falle brachten, waren edlerer Art, als jene wild dämonischen Naturen, die fast zwei Jahrhunderte früher die Bluthat in Eger vollführten. Und auch zu dieser Veredlung hat Schiller mehr als alle andern Stimmführer des Volkes beigetragen: jener Idealismus zu dem er die Seelen emporgerichtet, hat sich im wilden Kampfe herrlich bewährt, das deutsche Volk hat bewiesen, daß es die Wahrheit des Spruches begriffen habe:

Das Leben ist der Güter höchstes nicht,
Der Uebel größtes aber ist die Schuld.

Die Freiheitskriege waren ein Kampf der edelsten Begeisterung für die höchsten Güter der Nation, und daß dieser Kampf rein und unbefleckt geblieben ist von Thaten, vor denen die Nachwelt zu erröthen gehabt hätte, davon lag der Hauptgrund in der veredelten Gesinnung, in der Kraft der Humanität, welche unsere großen Dichter zu erwecken gewußt, in der idealen Lebensspeise, womit sie in den Tagen der Noth die verlangende Seele genährt hatten. Der edle Same trug edle Früchte. Sie suchten die Menschheit für die Ideen des Schönen, Guten und Wahren zu entzünden, die wilden Triebe und Leidenschaften durch schöne Menschlichkeit zu bändigen, und ihre Bestrebungen wurden herrlich belohnt. Was unser Zeitalter an bürgerlicher Freiheit, an Rechtssinn, an Tugend und Ehrgefühl vor der Vergangenheit voraus hat, das danken wir zum guten Theil den geistigen Einflüssen unserer großen Dichter und Schriftsteller, unter denen Schiller in erster Linie steht. Denn er hat stets, wie Plato in Raphaels Schule von Athen, auf den Himmel, auf das Reich der Ideen, als die Heimath der Seelen hingewiesen; unter seinen Händen hat selbst das Gewöhnliche eine edle Gestalt gewonnen. Dies hat Niemand mehr anerkannt als Goethe, da wo er von dem heimgegangenen Freunde den schönen Ausspruch that:

Indessen schritt sein Geist gewaltig fort
Ins Ewige des Wahren, Guten, Schönen,
Und hinter ihm in wesenlosem Scheine
Lag, was uns Alle bändigt, das Gemeine.

Ich will Sie nicht länger ermüden, meine verehrten Zuhörer! Ich könnte Ihnen noch manche andere Seite vorführen, durch welche sich Schiller einen Ehrenplatz in den Herzen des Volkes errungen hat; ich könnte Ihnen schildern, welchen Einfluß er auf die Veredlung des Familienlebens geübt hat, dadurch daß er dem Verhältniß der Geschlechter ein ideales Gepräge verlieh, daß er die Liebe über die niedrigen Triebe der Sinnlichkeit hinaus in ein verklärtes Licht stellte, daß er den heiligen

Bund der Ehe auf die Sympathie der Herzen, auf die Uebereinstimmung der Seelen zu gründen bemüht war, daß er die Frauen zu ehren gebot, welche himmlische Rosen ins irdische Leben flechten; aber ich denke mir, daß Sie mit Spannung dem Ende meiner Worte entgegensehen. Nur Eine Bemerkung lassen Sie mich noch über die Bedeutung des Tages hinzufügen. Ist auch die heutige Feier zunächst ein Fest der Pietät und Dankbarkeit für alle die hohen Güter und edlen Gaben, die uns Schiller hinterlassen; so hat sie doch auch noch eine andere Seite; sie beweist, daß die deutsche Nation, wie gespalten sie auch in kirchlicher und politischer Hinsicht erscheinen mag, doch noch auf Einem Gebiet sich als ein Ganzes fühlt, auf dem Gebiet des Geistes, der Kunst, der Wissenschaft; der heutige Tag gibt Zeugniß, daß die deutsche Nation noch ein gemeinsames Palladium besitzt, das sie sich nicht rauben lassen wird, daß noch auf dem gemeinsamen Herde des Vaterlandes eine heilige Flamme glüht, die wir alle mit gleicher Liebe und Hingebung zu hüten und zu wahren entschlossen sind.

Rede

gehalten

im Museumssaale am 10. November 1859

von

Dr. K. B. Stark,

a. o. Professor der Alterthumswissenschaft in Heidelberg.

„So feiert ihn, denn was dem Mann das Leben
„Nur halb ertheilt, soll ganz die Nachwelt geben.“

Mit dieser Aufforderung schließt Göthe jenes herrliche Bekenntniß über seinen dahingeschiedenen Freund. Und selten hat sich eine Dichtermahnung im Laufe der nächsten Jahrzehnte so rasch und reich erfüllt, als diese an Schiller. Ja freilich war auch der erste Theil der Worte an Schiller eine Wahrheit gewesen: blicken wir hin auf die äußeren Schicksale desselben, in die kleine Parterrestube des Marbacher Hauses, wo er heut vor 100 Jahren in dieses Leben hineintrat, hin auf die Flucht des Jünglings aus unerträglichen Verhältnissen seines ursprünglichen Berufes, der Heimath, auf die oft tiefe äußere Noth des Jahrelang unstät Umhergetriebenen, auf die schwere Krankheit, die ihn überfiel, als er kaum einen festen Sitz, ein stilles Familienglück errungen, die ihn nie ganz wieder verließ, auf die engen äußeren Verhältnisse des unablässig Strebenden und Ringenden, auf den frühen Tod des nicht sechsundvierzigjährigen Mannes, ja selbst noch auf den stillen, unfeierlichen Zug in dunkler Nacht zu dem düstern Grabgewölbe — das Leben hatte ihm nur halb seine Gaben ertheilt.

Und wie hat die Nachwelt in immer höherem Maße die Schuld des Lebens getilgt. Es giebt heutzutage keinen deutschen Schriftsteller, dessen Werke so massenhaft verbreitet wären in Pallästen und Hütten, in dem Hause des norddeutschen Bauers wie der Schweizerhütte am Fuße der Alpen, unter den Gliedern der verschiedensten religiösen Bekenntnisse; keiner dessen Gedichte in so viel tausend Schulen gelernt und begeistert deklamirt werden, der auch dem Alter die eigene Jugendfrische so unmittelbar wieder hervorzaubert. Unbewußt ist schon unsere Lebenssprache durchzogen von einer Fülle seiner Bilder und Sentenzen, ja wir müssen uns oft besinnen, wenn wir sie bei ihm wiederfinden im geschriebenen Wort, ob sie der Dichter dem Leben, das Leben dem Dichter gegeben. Kein Dramatiker mit Ausnahme des deutsch gewordenen Shakespeares fesselt noch heute in seinen Schauspielen so dauernd und allseitig das Publikum! mit einem Zauber wird die Masse des Volkes durch seine Gestalten auf den Brettern, die die Welt bedeuten, nicht allein in Deutschland, auch selbst unter fremder Zunge z. B. in Italien beherrscht.

Und wie strebt die individuelle Liebe, die in historischer Treue und Fürsorge sich ausspricht, wie das Dankgefühl der Nation, das durch die Kunst den Künstler ehrt, Schillers Lebensspur mit Denksteinen zu bezeichnen, ihn in Erz gegossen oder mit dem Pinsel auf der Leinwand oder auf der Bühne als dramatische Gestalt offen dem Volke hinzustellen! Eben wird das Geburtshaus zu Marbach von einem der ersten und talentvollsten Baumeister Schwabens ganz wieder in den Zustand von 1759 versetzt. Bänke und Namen bezeichnen seit lange die Schillerhöhe bei Rudolstadt und Loschwitz; wo das Lied an die Freude zuerst gedichtet wurde, in Gohlis versammelte der 11. November seit Jahrzehnten eine Festversammlung. „Hier schrieb Schiller seinen Wallenstein" diese Worte in Granit gegraben, ziehen Fremde fortwährend in den Garten des Schillerhauses zu Jena. Und das letzte bescheidene Wohnhaus zu Weimar bewahrt als städtisches Eigenthum in strenger Treue sein Arbeitszimmer und Reliquien aller Art häufen sich hier. Wie marktet man seit lange um wenig Zeilen von Schillers Hand, die einst so unermüdlich schreiben mußte um zu leben! Seine Gebeine ruhen nun seit 32 Jahren in einer Fürstengruft.

Dannecker's des Jugendfreundes Werk, die Büste von Schiller ist in unzähligen, oft kaum noch kenntlichen Wiederholungen verbreitet. Es sind gerade 20 Jahre, daß in kolossaler Größe Schiller von der Meisterhand des Dänen Thorwaldsen, der in Rom von deutschem und antikem Geiste umweht war, gebildet in Stuttgart aufgestellt wurde. Und vor zwei Jahren fiel die Hülle unter dem begeisterten Zurufe des Volkes von dem Dioskuren-Paar zu Weimar: neben dem vornehm edeln, ruhig waltenden Göthe, der vertraulich seine Hand auf die Schulter des Freundes legt und in der Rechten den Kranz nicht für sich allein behalten will, wendet sich Schiller in innerer Erregung nach Oben, gleichsam höherer Eingebung lauschend. Auf der Bühne ist Schillers Gestalt durch eines der besten neueren Lustspiele, durch Laube's Karlsschüler eingebürgert. Den jungen Dichter, der die Räuber liest, verbreitet eine gelungene Lithographie in die entlegensten Orte. Sein Name deckt die große sich immer erweiternde Stiftung, die den Dichter und Schriftsteller der drückenden Sorge um die Zukunft seiner Familie zu entheben bestimmt ist.

So ist es denn kein urplötzlicher Wahn, der die Gemüther ergriffen hat, keine künstlich gemachte Begeisterung, keine Thätigkeit irgend einer Partei, welche heute an Schillers hundertjährigem Geburtstage, so weit die deutsche Zunge reicht, so weit deutsche Herzen sich in fremden Landen zusammenfinden, die Tausende und aber Tausende versammelt in mannigfacher Kundgebung der festlichen Freude, des Dankes, der geistigen Erhebung. Es ist diese Stimmung geworden und gewachsen in immer steigernder Progression aus vereinzelten Kreisen zu einem großen Zusammenklang des deutschen sonst so zerrissenen Volkes. Es ist erfüllt, was der Dichter in prophetischer Sehnsucht geschaut, als ihm dem Schwaben nach Mannheim im zarten Geschenk und brieflichen Erguß aus der norddeutschen Stadt der Geistesgruß von vier mit ihm zusammenklingenden Seelen gebracht ward; „wenn ich's nun weiter verfolge und mir denke, daß in der Welt vielleicht noch mehr solche Zirkel sind, die mich unbekannt lieben, daß vielleicht in hundert und mehr Jahren, wenn auch mein Staub längst verwehet ist, man mein Andenken segnet und mir noch im Grabe Thränen und Bewunderung zollt, dann meine Theuern, freue ich mich meines Dichterberufes und versöhne mich mit meinem oft harten Verhängniß."

Auch wir haben soeben Bürgerschaft, Universität, die Diener des Staates, Glieder aller Stände, Alter und Jugend, Männer und Frauen unter dem Brustbilde des Dichters gestanden, ihn gefeiert in Wort und Gesang, mit dem Lorbeer und der Eiche, in festlichem Schmucke der Stadt; wir finden uns nun hier versammelt, dieser Feststimmung gehoben durch die Töne von zwei großen deutschen Meistern einen umfassenderen Ausdruck im gesprochenen Wort zu geben, uns dessen bewußt zu werden, was unmittelbar uns ergriffen hat.

Wohl mag es uns nahe liegen herauszuheben, was Schiller auf Pfälzer Boden erlebt und geschaffen, wo ihm zuerst ein Asyl und eine Stätte der Thätigkeit für sein Talent gegeben ward, wo zuerst ein deutsches Nationaltheater ihn als dramatischen Dichter den Seinigen nannte, wo er geliebt und gelitten, wohl mögen wir ihn uns heute gern denken, wenn er mit Freunden hieher nach Heidelberg geilt und wenn vor dem uns benachbarten Wohnsitze der La Roche ihm der stille Platz am Neckar in dem Blick auf das nahe Gebirge die Herrlichkeit der Landschaft erschloß, wohl könnten wir versucht sein, Schiller's Verhältniß zu dem Buchhändler Schwan näher zu bezeichnen, der hier später gelebt hat und auf unserem Kirchhofe ruht. Wohl haben wir ein Recht als eine der ältesten und auch heute nicht der kleinsten deutschen Universitäten Schiller als den Unsern zu begrüßen, der auf dem Katheder gelehrt, dem die akademische Jugend nicht bloß im Hörsaal, nein im eigenen Hause nahe stand, der mit seiner Begeisterung hunderte von Zuhörern mit sich fortriß und den göttlichen Funken in Männern wie unserm Creuzer entzündete. Wir können sagen, daß die geschichtlichen Studien, denen ein Schiller das große Publikum gewann, hier vor allem ihre Pflege gefunden, ihren Zauber auf jugendliche Gemüther noch heute bewährt.

Doch nein! Einem Schiller gegenüber sind wir nicht Pfälzer, scheiden wir nicht die Akademie, aus dem Volke ab, wir stehen als Deutsche, als eine große Gemeinde, die nach sittlicher Bildung ringt, als Menschen Schiller gegenüber. Ihn als Ganzes, als *eine große Persönlichkeit* wollen wir fassen, wollen wir ehren, wollen wir auf uns wirken lassen.

Wir treiben keinen Heroendienst des Genius, der so schön und berechtigt auf griechischer Glaubensstufe heute nur zur Menschenvergötterung zur schwächlichen Selbstbespiegelung führt. Wir wollen aus Schiller keinen Heiligen machen, ängstlich und sorgfältig jeden Flecken von ihm abwischen, ihn nicht in eine Form hineinzwängen, die ihm fremdartig wäre. Nein! Aber als eine Persönlichkeit stehe er vor uns eigenster Art, die aus einem Einheitspunkt heraus sich gebildet, die in fortwährendem glühendem Vorwärtsstreben und sich Umgestalten begriffen, doch immer wieder zu dem Born ihres eigenen Selbst zurückgekehrt ist und aus ihm immer neu geschöpft hat, als eine Persönlichkeit, in der das wirkliche Leben und die Welt der Phantasie nicht zwei ruhig neben einander hergehende, sich nicht berührende Dinge sind, sondern in deren inneren Schicksale und Erlebnissen wir vorgebildet finden die idealen Verhältnissen, an denen wir uns in seinen Werken erheben, als eine Persönlichkeit endlich so recht in eine Zeit der Umgestaltung gesetzt, um die innersten treibenden Ideen derselben zu gestalten, ja fast über eigenes Wissen und Wollen hinaus prophetisch in künstlerischer Form zu verkünden.

Nicht gehen wir heute literärhistorisch den einzelnen Werken seiner dichterischen Muse nach, um kühlen kritischen Sinnes große Schwächen mit noch größeren Glanzseiten abzuwägen, nicht fragen wir heute, ob man ihn wohl einen Philosophen einen Historiker nennen dürfe — genug, daß ihm Philosophie, und Geschichte die Schwestern der Poesie waren, daß er dieser nur mit ihnen und durch sie ganz mächtig wurde, daß ihm der Einheitspunkt dieser drei verschiedenen Auffassungen des Geisteslebens lebendig vor der Seele stand, genug daß er noch heute in seinem Abfall der Niederlande, seinem dreißigjährigen Kriege, seinen ästhetischen Aufsätzen wirkt. Im Hinblick auf alle Richtungen seines literarischen Schaffens und auf die

Wechselfälle seines so vielfach verschlungenen Lebensweges, dessen Thatsachen ich bei Ihnen, hochverehrte Anwesende als allbekannt voraussetzen darf, wollen wir uns Schiller vergegenwärtigen, wie er als ganze Persönlichkeit in seiner gereifteren Epoche sich seinen Freunden in Schwaben nach langer Trennung darstellte, wie er erscheinen mochte, wenn in lebendigster Wechselwirkung mit Göthe und Wilhelm von Humboldt er in seiner allaufregenden Superiorität über alles Niedere und Gewöhnliche, dem auch ein Göthe, ein Humboldt sich gewissermaßen unterworfen fühlten in seiner vollen Liebenswürdigkeit, die Jedem sein Recht werden ließ, die sich ganz dem nahegebrachten Gegenstand hingab, erschien.

O, daß er unter uns für einige Augenblicke lebendig werden möchte, unter uns hinträte seine schlanke, hohe, gebeugte Gestalt, mit dem auf schmaler Stütze ruhenden gehobenen Haupte, daß unter seiner breiten Stirn aufleuchtete der milde Glanz des begeisterten Auges, daß das kühn gezeichnete Profil der Adlernase, daß die Unterlippe seines Mundes uns die ganze Keckheit und Selbständigkeit seines Strebens entgegenbrächte, die fliegende Röthe uns vergessen ließe, wie blaß und schmächtig diese Wangen schon waren, welche Todesängste darüber hingezogen, daß seine Worte in rascher Heftigkeit, wechselnd mit sanfter Weichlichkeit uns entgegenströmten, die Bewegung der Arme die Worte lebendig begleitete! Auch die geniale Unordnung seines Anzuges, auch die Reste alter Ungeschicklichkeit möchten wir an ihm nicht missen. Was wir ihm gegenüber empfänden, wir müssen es nun auf mühsamerem Wege im reflektirenden Wort auseinanderlegen.

Kann der Redner irgend hoffen, daß ihm in einer Versammlung so vieler, mehr dazu Berufener dieses Ziel einigermaßen gelinge, daß Schillers Persönlichkeit als ganze und lebendige uns entgegentrete so stützt er diese Hoffnung auf die ihm von Kindheit an darin zu Theil gewordene persönliche Erfahrung. Ehe er Schiller gelesen, noch viel früher als er hat Schiller kritisiren hören, wandelte ihm des Dichters Gestalt auf den Spielplätzen seiner Kindheit, traten ihm die Scenen seines Lebens aus den Erzählungen in der eigenen Familie wie dem Munde der langjährigen Freundin und Schwägerin Schillers und so vieler anderer Augenzeugen entgegen. Und aus seiner Schülerzeit ist ihm eine der liebsten Erinnerungen eine Wallfahrt mit Freunden unternommen hin zu dem stillen Asyl von Bauerbach, zu dem Ort wo der Don Carlos entstand.

Mensch zu sein, aber es nur sein zu können als Glied der ganzen Menschheit, als Glied endlich einer alle Geschöpfe umfassenden, in der Gottheit ihren Schlußpunkt findenden Kette der Sympathie, der Vollkommenheit und Glückseligkeit, ist der Grundgedanke in Schillers Person. Nicht ist es das Vollgefühl des Genies, das sich hinausgestellt weiß über die Masse, sich als Genie gerade dem Göttlichen verwandt weiß, das instinktartig aus dem Drange seiner Natur schafft, was den Grundton in Schiller bildet. Nicht hat das Streben individueller Schönheit und Vollkommenheit, unbekümmert um anderer Vollendung ihn vorwärts geführt, nein, der Mensch als solcher, mag er zunächst Dichter oder nicht Dichter sein, steht ihm als Lebensideal vor, aber wahrer Mensch ist ihm nur denkbar in dem Gefühl der Sympathie mit der Gesammtheit der Menschen, in der Thätigkeit aus dieser Sympathie.

Dieser Grundgedanke ist bereits ausgesprochen in seinen ersten Liedern an Laura, er bildet die Grundlage in dem Lied an die Freude, er klingt wieder in dem Künstler, in dem eleusischen Feste; seinen begeisterten Ausdruck hat er gefunden in der Bezeichnung des höchsten Zieles, das eine gute stehende Schaubühne nach seiner Ansicht erreichen soll; — „Und dann endlich, wenn Menschen aus allen Zonen und Kreisen abgeworfen alle Fesseln der Künstelei und Mode durch eine allwebende Sympathie verbrüdert in ein Geschlecht wieder aufgelöst, ihrer selbst und der Welt vergessen und ihrem himmlischen Ursprunge sich nähern. Jeder Einzelne genießt die Entzückungen Aller, und seine Brust gibt jetzt nur einer Empfindung Raum, es ist diese ein Mensch zu sein.“

Dieses Ideal des Menschen zunächst abgelöst von allen nationalen Banden, von der Macht der Sitte und des äußeren Gesetzes, von der verschiedenen Stellung der Geschlechter, gegründet auf den Glauben an den göttlichen Funken in eine beschränkte Form eingesenkt und allen fühlenden Wesen gegeben, ist Schillers praktisches und künstlerisches Ziel, ein Ziel als dunkle Idee seine Jugend beherrschend, in seinem Leben wie in seiner Kunst von Stufe zu Stufe mehr gereinigt und veredelt. Wie es der einzelnen *Persönlichkeit* zunächst Berechtigung gab zur Geltendmachung aller in ihrer Natur gegründeten Ansprüche; wie sie von vornherein alle gegebenen äußeren Schranken nicht zu scheuen braucht und mit dem Dichter „kühn durch's Weltall steuern die Gedanken, fürchte nichts als seine Schranken," so schließt dasselbe Ideal mit diesem Setzen der einzelnen Persönlichkeit, als nothwendig die *Liebe*, das sich nur vollständig Fühlen in und unter der Menschheit, und dadurch war von vornherein in Schillers Wesen die Selbstsucht des Individuums, auch die Selbstsucht des größten Genie's verurtheilt. Es war der einzelnen Natur ein Spiegel im Ganzen und Großen und die Frage vorgehalten, wie sie diesem Ganzen sich einfügen könne. Es war dem Dichter unter den Menschen sein Platz angewiesen, einfach ausgesprochen in dem an Charlotte von Kalb gerichteten Worte: „Wohl alle sind erfahren im Dulden, Leiden, müssen gefesselt sein; wer es auszusprechen vermag, den nennen wir Dichter."

Mußte ein solcher Grundgedanke, ausgesprochen in der vollendeten Kunstform des Wortes, bewährt in dem persönlichen Leben nicht zünden zu jeglicher Zeit, seitdem das Bewußtsein einer Menschheit überhaupt in der Welt lebendig geworden ist? Er mußte aber zünden vor Allem in jenem Jahrzehnt vor dem Ausbruch der französischen Revolution, wo, man kann sagen, die ganze gebildete Welt, diesseits und jenseits des Oceans durchzogen war, fieberhaft erregt in dem Gefühl der Unhaltbarkeit und des Zerfallens der bestehenden Lebensformen, wo sie sich zusammenfand in der dunkeln verworrenen Sehnsucht nach der Natur, nach einer neuen auf die Natur gegründeten menschlichen Ordnung. Ja dieser Grundgedanke des Menschenthums und der Sympathie der Menschheit, er zündet noch heute trotz aller Veränderung in den herrschenden Lebensansichten, er gewinnt die Massen des Volkes, doch nicht dies allein, Herzen aus allen Völkern unserem Dichter. Er zieht ebensosehr die zartbesaiteten duldenden Seelen hin an das Dichterherz, wie er die ungeduldig drängenden, überkräftigen Naturen berauscht. Es ist das Gefühl: er hat als Mensch, als ein gedrückter nach Befreiung und Erhebung strebender Mensch in dieser Sympathie gedichtet, er steht mit uns, nicht über uns in stolzer Einsamkeit, er zieht uns mit hinauf auf die Sonnenhöhen des Ideals.

Jedoch Schiller würde kein großer Dichter sein, keine reiche Persönlichkeit, wenn dieser Grundgedanke in ihm nur als dunkler Mittelpunkt gelebt, ungeformt, roh und ungegliedert ausgesprochen wäre. Nein, in der Entwickelung und Ausarbeitung, in dem sich Ausleben desselben liegt seine Bedeutung und unser tieferes Interesse an ihm.

Zwei Betrachtungsweisen machen literarhistorisch an ihm sich bemerklich, beide werden in der That dem aufmerksamen Betrachter von Schillers Leben und Werken abwechselnd näher stehen, doch müssen sie beide sich gerade bei ihm einigen. Auf der einen Seite ist man bei jedem Zurückgehen auf die Jugendwerke des Dichters überrascht, wie hier dieselben Klänge angeschlagen sind, die noch in seinen vollendetsten Schöpfungen rein und voll austönen, wie das specifisch dramatische Talent die philosophische Gott, Welt, Menschheit im Zusammenhang denkende Reflexion, ja die Gewalt der erhabenen Sprache wie des bittersten Humors sich dort bereits glänzend offenbarten. Schiller's eigener Ausspruch, „wir sind in alle Ewigkeit wir selbst", scheint sich an ihm ganz zu bewahrheiten, und doch folgen wir seinen Studien, seinem Anschluß an Rousseau und Shaftesbury, an Shakespeare, an Kant, an Göthe, an die Griechen, seinem sich Versenken hier in Geschichte, dort in reinste Spekulation, so kommt es uns vor, als wenn derselbe Schiller uns als ein drei und vierfacher erscheine, wie er alles erst geworden sei durch die Receptivität vor Anderen. Wer jedoch ein Auge hat für das Werden eines Menschen und nicht auf einen schließlich doch sehr trockenen Schematismus ausgeht, wird bei Schiller am Augenscheinlichsten erkennen, daß sein ganzes Wesen wie künstlerisches Schaffen auf jenem einen Grundprincipe ruhte, wie die Hauptrichtungen unmittelbar neben und ineinander von vorn herein embryonisch gegeben waren, allerdings in den Hauptepochen seines Lebens ihre wechselnd hervorragende Bedeutung erhielten aber schließlich doch nur in ihrem Zusammenklange das Höchste von Schiller geleistet ist.

In drei Hauptrichtungen hat Schiller jenen Grundgedanken seines Wesens vor allem offenbart und auseinander gelegt: in der Bewährung der Kraft der Freiheit, in der Erkenntniß und Bethätigung der Menschenbildung durch Schönheit, in der Verkündigung des Glaubens an die Ewigkeit der sittlichen Weltordnung und die Forderung ihrer Verwirklichung in den Formen des irdischen Lebens.

„Wir bewundern die Kraft in jeder Sphäre." „Es giebt eine Sprache, die alle Menschen verstehen, diese ist: gebrauche deine Kräfte." „Alle Geister streben nach dem Zustande der höchsten freien Aeußerung ihrer Kräfte, Alle besitzen den gemeinschaftlichen Trieb, ihre Thätigkeit auszubehnen." „Sehen Sie sich um in Gottes herrlicher Natur, auf Freiheit ist sie gegründet und wie reich ist sie durch Freiheit! Ihre Schöpfung wie eng und arm." Diese letzten Worte im Munde des Marquis Posa zu Philipp, wie die vorhergehenden, bei verschiedener Gelegenheit von Schiller ausgesprochenen drücken unmittelbar jenes volle Bewußtsein der Kraft der Freiheit, die Forderung der freien Selbstbestimmung für den Menschen als einen ethischen und ästhetischen Gesichtspunkt unseres Dichters aus. Und in der That sein Leben wie seine Werke sind uns ein fortwährendes Zeugniß für diese Kraft der Freiheit. Sie erweist sich uns im abwehrenden endlich die äußeren Bande sprengenden Kampfe gegen jede fremdartige, auch süßeste Gewalt über den eigenen Lebensberuf. Sie erweist sich in noch höherem Maaße, was freilich der oberflächlichen Betrachtung meist entgeht, in der scharfen Selbsterkenntniß, Selbstkritik, Selbstbekämpfung innerer roher Mächte.

Gegen Neigung und Wunsch unter die strenge Zucht eines fürstlichen Pädagogen genöthigt, bricht er offen mit dem für ihn auserwählten Studium der Jurisprudenz. In der Medizin glaubte er sich jener Thätigkeit in und für die Menschheit näher gebracht. Er zerreißt aber schließlich das ganze wohlgeordnete Netz militärischer Dienstbarkeit und bricht für den Augenblick mit seiner ganzen Vergangenheit, mit Vaterland und Familie, um auf eine unbestimmte Hoffnung hin im anderen Lande seinen Dichterberuf bekennen zu können. Und was ist es, das Schiller aus dem idyllischen Leben von Bauerbach, aus jenem Zusammenleben edelster Freundschaft mit Frau von Wolzogen wieder nach Mannheim führt, was ihn von Mannheim aus Freundeskreise, aus den Banden gewaltigster Leidenschaft für eine wunderbare weibliche Natur wie Frau von Kalb forttreibt in den unbekannten Norden, was ihn nach zwei Jahren glücklichster Vereinigung mit Körner in Leipzig und Dresden wieder in das Ungewisse hinausstößt um ihn endlich an das kleine und doch so reiche Asyl des Geisteslebens nach Weimar zu führen, als der Drang sich seinem innersten Berufe treu zu bleiben, Keiner Macht auch der der Liebe und Freundschaft nicht schließlich die Bestimmung über das eigene Selbst zu überlassen? Und wie steht er hier, als er endlich in Jena einen äußern Beruf, als er in Rudolstadt einen festen Mittelpunkt für sein Herz gewonnen, so lange noch fast spröde gegen die literarischen Kreise, vor Allem gegen die Sonne um die sie sich bewegten, wie zurückhaltend gegen das fürstliche Wohlwollen und daher demselben nicht die äußere Bedürftigkeit nahebringend! Wie weiß er hier jeden Einfluß, der ihn schliesslich als Partei beherrschen will, von sich abzuweisen!

Größer, edler ist aber sein Kampf mit noch andern Gewalten, die ihm näher waren. Schon in Mannheim sehen wir ihn unter Fieberschauern an Fiesko, an Kabale und Liebe arbeiten. Seit 1792 war sein Leben nur ein Wechsel von kurzer Erholung und schwersten, oft an den Todesrand führenden Körperleiden. Und nicht er litt allein, er sah Frau und Kinder oft um sich schwer erkrankt. Er hat diesen Körper beherrscht, dem leidenden Geist in gewaltigster Neigung, in tiefen Nächten, unter Zusammenfassung aller Kräfte immer neue Schöpfungen abgerungen und — das ist die Hauptsache, nicht Schöpfungen einer überreizten Phantasie, nicht durchzogen von dem Hauch der Bitterkeit, selbst der Wehmuth, nicht allmälig dahinschwindend an Kraft mit dem körperlichen Instrumente, nein immer vollendeter in immer reineren Wohlklängen ertönend.

Jedoch noch höher steht uns die Kraft der Freiheit in Schiller, die selbst über sich Herr wird, die selbst sich läutert und reinigt ethisch wie ästhetisch. Wohl konnte Schiller von sich selbst sagen, was er seinen Posa bekennen läßt: „ich bin gefährlich, weil ich über mich gedacht;" er verläugnete nie sein großes Interesse, ja sein Wohlgefallen an gewaltigen Verbrechern. In seiner Freigeisterei der Leidenschaft hat er einmal den offenen Bruch mit geheiligten Banden der sittlichen Welt ausgesprochen. Seine eigene äußere Erscheinung in früherer und späterer Zeit ist aber das beste Zeugniß, wie die Sinnlichkeit, die zur Gemeinheit werden kann, wie der Drang nach Selbständigkeit, der zum kecken Trotz führen kann, in seinem ganzen Wesen, speziell in seinem Gesicht mehr und mehr überstrahlt, und verklärt worden ist durch die Himmelstochter, „die Begeisterung" für das Ewige, jenseits der irdischen Welt Liegende. Selten hat ein Dichter nach dem Schaffen des Werkes eine so scharfe und die schwachen Seiten treffende Kritik über sich geübt, wie Schiller über die Räuber, über den Don Carlos, selten ein so klares Bewußtsein über die Art und Gränzen seines Schaffens errungen, als er. Und wie groß steht er uns, wie groß Göthe in jenem Freundschaftsbund da, der nach Jahrelangem Nebeneinanderhergehen, nach jenem beiderseitigen Vollgefühl ihrer Verschiedenheit, ja nach jener Mischung von Haß und Liebe in Schiller geschlossen wurde auf dem vollen Bewußtsein ihrer gegenseitigen Bedürftigkeit in dem Streben nach gemeinsamer künstlerischer Läuterung.

Diese Kraft der Freiheit, die in unserem Dichter lebt, sie führt ihm nach jener Sympathie der Geister in der Menschheit, ohne die er als Mensch sich nicht fühlt, das Ideal edler Freundschaft zu als eines Bundes freier Seelen zu gegenseitiger Veredlung und Durchbildung. Was die Freundschaft ihm gewesen, in einem Streicher, Beck, Körner und Huber, in Wilhelm von Humboldt und Göthe, endlich in edlen und leidenschaftlichen Frauennaturen wie Frau von Wolzogen, Frau von Kalb, Sophie Albrecht, das Schwesterpaar Stock, seine Schwägerin Caroline von Wolzogen wollen wir hier nur erwähnt haben. So fremdartig uns bereits dieser freie Geisterbund erscheint, so groß die Gefahren in ihm zu allen Zeiten waren und sind, ob!

urtheilen wir nicht ab über eine Zeit und über Menschen, denen sie inneres Bedürfniß und Mittel der Veredelung war.

Doch die Freiheit lebt in Schiller auch als Ideal für die ganze Menschheit. Nicht erkennt er hier zunächst die Nation als Grenze an, ja er erklärt es wohl für ein armseliges kleines Ideal für eine Nation zu schreiben, bei einem Fragment der Menschheit kann der philosophische Kopf nicht stehen bleiben. „Geben Sie Gedankenfreiheit", diese Forderung an Philipp II. ist die vielgedeutete Losung aller liberalen Parteien der modernen Völker geworden. Der Lügenbrut wird der Untergang verkündet, der Inquisition soll der Dolch an die Brust gesetzt werden. Und doch wie weise zieht der Dichter seine Grenzen! Er ist sich bewußt nicht für die praktische Durchführung eintreten zu können und zu dürfen, das einzige Mal, wo er darnach brennt es zu thun, ist es nach Paris zu gehen, und Ludwig XVI. zu vertheidigen. Er nennt den Verkünder der politischen Freiheit einen Bürger derer, welche kommen werden; in diesem lebt das Ideal nicht einer bestimmten Staatsform, sondern „der sanftern Jahrhunderte, die Philipps Zeiten verdrängen, wo Bürgerglück versöhnt mit Fürstengröße wandelt."

Eine dichterische Natur, der diese Kraft der Freiheit des Einzelnen, wie der ganzen Menschheit Lebenslust und Zielpunkt war, mußte nothwendig die poetische Form vor Allem wählen, in der die Freiheit der einzelnen Persönlichkeit kämpfend, unterliegend und doch innerlich siegend gegenüber den Mächten der Sitte, des Staates, der dunkeln Schicksalsgewalt zu Tage tritt, also das Drama und speciell die Tragödie. Und so hat das Drama dem jugendlichen Dichter zuerst tausend Herzen gewonnen, so hat er am Schluß seiner kurzen Lebensbahn mit aller Kraft dem dramatischen Schaffen gelebt. Wir müssen ihn einfach den größten deutschen Dramatiker nennen. Es mußten ihn im bürgerlichen Leben vor Allem jene tiefen sittlichen Conflikte der einzelnen freien Persönlichkeit mit der Sitte eines heuchlerischen Familienlebens, mit der Stellung des niedergedrückten Bürgerthums gegenüber der Willkür der Fürstenhöfe erfassen, ihn in der geschichtlichen Welt vor Allem die Zeiten innerer Umwandlung und Lösung der alten Bande und Neugründung beschäftigen, so der Kampf in einer italienischen Republik zwischen Tyrannis und ächt republikanischer Gesinnung, die Begründung schweizerischer Selbstständigkeit, der Rettungskampf des 15. Jahrhunderts, aus dem das neue Frankreich hervorging, die Zeiten der Reformation, des Aufstandes der Niederlande, die inneren religiösen und politischen Kämpfe des 16. Jahrhunderts in England und Frankreich, endlich jene verhängnißvolle Zeit des 30jährigen Krieges mit Gestalten, wie Gustav Adolf und Wallenstein. Und alle seine tragischen Personen von Karl Moor bis Wilhelm Tell tragen von jener Kraft der Freiheit, die in Schiller lebte, einen Grundzug in sich. Sie alle fesseln uns gerade dadurch, sie fesseln uns zugleich in einer Sprache, die selbst übervoll quillt, die jedes Ding in seinem vollsten Umfang uns entgegen bringt; dieses Satte, Volle, Runde seines Ausdruckes, welches die Gedanken und das Gefühl erregt und sich tief jedem empfänglichen Gemüthe einprägt, ist selbst nur der Ausdruck jener innern Kraft der Freiheit.

Ist die Kraft der Freiheit die Grundbedingung zum wahren Menschen in Schiller, seine Führerin auf dem Wege der Ausbildung der menschlichen Natur zur wahren Kultur im irdischen Leben ist die Schönheit und deren Bethätigung die Kunst. „Kunst ist die Freiheit in der Erscheinung.“

„Im Fleiß kann Dich die Biene meistern,
In der Geschicklichkeit ein Wurm Dein Lehrer sein
Dein Wissen theilest du mit vorgezognen Geistern
Die Kunst, oh Mensch hast Du allein ....
Die furchtbar herrliche Urania
Mit abgelegter Feuerkrone
Steht sie als Schönheit vor uns da,
Der Anmuth Gürtel umgewunden
Wird sie zum Kind, daß Kinder sie verstehen;
Was wir als Schönheit hier empfunden,
Wird einst als Wahrheit uns entgegen gehn ....
Der freisten Mutter freie Söhne,
Schwingt Euch mit festem Angesicht
Zum Strahlensitz der höchsten Schöne,
Um andre Kronen buhlet nicht.“

Diese wenigen Worte aus dem herrlichen Gedichte, das uns die Erziehung der Menschheit durch die Kunst von Stufe zu Stufe vorüberführt, das sie uns als die Amme der Kindheit wie als die Geleiterin des Menschen am Ende der Tage, in die Arme einer höheren Wahrheit zeigt, enthalten das vollste Bekenntniß dessen, was dem Dichter sein Beruf im großen Ganzen der Erziehung der Menschheit bedeutete.

Wir verkennen nicht, daß es ein Irrthum war, der Kunst eine so absolute Stellung anzuweisen, ehe der religiöse Kreis und der Kreis sittlich praktischer Thätigkeit daneben festgestellt war, daß ihr Verhältniß zur Wissenschaft zunächst von dem Dichter gezeichnet ist, aber wir möchten unserer Zeit, der Zeit der materiellen Emsigkeit, des Pochens auf technische Geschicklichkeit, des kahlen Nützlichkeitsprincips, einer Zeit, wo das Band geistiger und materieller Welt oft gänzlich und unwiderbringlich zerrissen scheint, wo zwischen religiösen und politischen Parteien kaum ein Platz sich zeigt für eine harmonische Menschenbildung, ihr möchten wir dieses Ideal der Kunst, wie es von keinem der Neuern so unermüdlich gesucht, so glücklich gefunden, so meisterhaft ausgesprochen ist, recht oft entgegen halten.

Und wie arm waren damals die Mittel dieses Kunstlebens, wie wenig hatte Schiller gesehen, gehört an Meisterwerken, und doch was macht er aus diesen Elementen! An den Gypsabgüssen der Mannheimer Sammlung hat Schiller, wie Göthe, zuerst den Zauber der Plastik erfahren; mit Dannecker dem Jugendgenossen bei späterem Winteraufenthalt in Stuttgart viel durchgesprochen, von den Kunstfreunden in Dresden und Weimar, von der eigenen Gattin einzelne Anregung erhalten. All' dieses rundet sofort in ihm zu einem großen Ganzen sich ab. Wie schildert er in der Macht des Gesanges die ganze Skala bei seltenem Kunstgenuß selbstdurchlebter Empfindungen von höchster Entzückung und weichster Wehmuth! Und was war ihm die Schaubühne als Bildungsschule der Menschheit, welche Zeit, welche Hingebung hat er ihrer technischen Ausbildung in den letzten Jahren seines Lebens gewidmet!

Von diesem Mittelpunkte der menschheitbildenden Schönheit

mußte ihm ihre Macht vor Allem aufgehen in dem Hellenenthum, in der Antike und in der Natur der Frauen. Wohl mag heutzutage mancher Schüler unseren Dichter an technischer Kenntniß griechischer und lateinischer Sprache hinter sich lassen, aber wir danken ihm neben Göthe, Winkelmann und Lessing die künstlerische Neubelebung des griechischen Geistes in seinem ganzen Umfange, wir danken ihm eine fortwährend fließende Quelle idealer Lebenskräfte, eine Bildungsschule alles Edeln und Hohen für die weitesten Kreise. Seine Uebersetzungen aus Virgil, der Euripideischen Iphigenie und Phönicierinnen, seine Götter Griechenlands, sein eleusisches Fest, sein Versuch den antiken Chor in das Drama einzufügen sind Resultate solch künstlerisch erziehenden Strebens für sich und Andere. Durch Schiller sind wir uns des Unterschiedes antiker und moderner Poesie erst bewußt geworden. Wenn er den Künstler früh von der Mutterbrust seiner Heimath reißen und unter griechischem Himmel reifen läßt, so will er ihn doch nur gereift, nicht entfremdet der Heimath zurückgeben, und Schiller hat offen genug die Gräkomanie einer jüngeren Generation bekämpft.

Ebenso ist ihm in der Frauenwelt die unbewußte Schönheit, die aus Natur geborene zur Natur wieder gewordene Anmuth und Würde und deren Zaubermacht auf den nach Freiheit strebenden Mann aufgegangen.

„Kraft erwart' ich vom Mann, des Gesetzes Würde behaupt' er,
„Durch die Anmuth allein herrschet und herrschet das Weib."

Er zeichnet uns in der Elisabeth des Don Carlos im Gegensatz zur Eboli: „jenes Ideal, das aus der Seele mütterlichem Boden in stolzer schöner Grazie empfangen freiwillig sprosst, und ohne Gärtnershülfe verschwenderische Blüthen trägt." Er hat die Frauen verherrlicht im Lied und in dramatischen Gestalten der letzten Epoche, er zeichnet aber auch die Gefahren weiblicher Schönheit, wenn sie „die schmale Mittelbahn des Schicklichen" verlassend untreu der edeln Natur den Dämonen der Leidenschaft verfällt. Und dieser Preis der Frauen war für ihn kein leeres Spiel der Worte, kein idealer Traum, nein ihm vollste Ueberzeugung gereift und bewährt in dem Verkehr mit edeln

Frauen, vor allem in dem durch die neue Veröffentlichung der Briefe so reich bestätigten Seelenbunde mit seiner Lotte. Diese war ihm in der That das lebendige Zeugniß einer schönen und wahren Natur.

Wir würden das höchste am Menschheitsideal, wie es in Schiller gelebt und in seinen Werken sich ausgesprochen, wir würden die reichste Stufe seines Bildungsganges missen, wollten wir hier abbrechen und in ihm nur die Kraft der Freiheit und die bildende Macht der Schönheit verkündet finden; nein wer genauer den beiden Richtungen in ihm nachgegangen, der wird nothwendig noch auf ein Drittes geführt, und dieses Dritte ist nicht etwa ein in ihm durch ein philosophisches System oder durch besonderen Akt künstlich Erzeugtes; die Grundlage dazu hat er aus seinem Elternhause und aus der schwäbischen Heimath mitgebracht, es ist nie geschwunden, wohl verdunkelt, an Anderes angeschlossen aber tritt durch die strenge Schule Kantischer Philosophie wie vor allem die eigenen Lebenserfahrungen immer geläuterter und reiner bei ihm auf. Es ist dies der Glaube an eine unsichtbare Welt, deren Bürger der Mensch zu sein bestimmt ist, an eine göttliche Weltschöpfung und einen göttlichen Funken in jede Menschenbrust gesenkt, an eine sittliche Weltordnung, der der freie Mensch frei sich beugen soll, die er zu seiner Freiheit mehr und mehr machen soll. Als Spiegel göttlicher Seligkeit, so schuf der große Weltenmeister den Menschengeist. Hoffnung und Genuß sind die zwei Blumen die auf Erden nie vereint gebrochen werden. „Genieße wer nicht glauben kann, wer glauben kann entbehre.“ Es war etwas Großes, als von ihm dem Dichter die Worte des Glaubens verkündigt wurden, als er inmitten der gewaltigsten philosophischen Bewegung, umgeben von der Aristokratie des Genius und der Talente aussprach:“

„Und was kein Verstand der Verständigen sieht,
„Das übet in Einfalt ein kindlich Gemüth.“

Er hat es meisterhaft verstanden diese zarte, wunderbare Pflanze des Glaubens gepflanzt in eine weibliche und kindliche Natur oder einen Sohn kindlicher Zeiten in seiner Jungfrau von Orleans, in seinem frommen Knecht Fridolin, in dem Taucher, dem Grafen von Habsburg, in Wilhelm Tell zu zeichnen. Er macht den Glauben in seiner Verirrung als Sternenglauben zur Grundlage seines Wallenstein. Ja wir haben allen Grund anzunehmen, daß, wenn ihm ein längeres Leben beschieden gewesen wäre, er einen Glaubensheld wie Gustav Adolph, mit dem er sich lange in Gedanken trug, ja vielleicht einen Mann wie Luther zum Mittelpunkt einer gewaltigen Poesie gemacht haben würde.

Um nicht mißverstanden zu werden, sprechen wir es also hier noch einmal bestimmt aus: das eigenthümliche Gebiet des Glaubens als Seite des Seelenlebens ist von Schiller erkannt und immer bekannt worden, der objektive Inhalt dieses Glaubens ist darum noch nicht der specifisch christliche aber er ist unserer Ueberzeugung nach die nothwendige Grundlage zu jenem. Vergessen wir nie, daß Worte, die heutzutage im Vulgärglauben abgebraucht und abgeblaßt erscheinen, ihre vollste Bedeutung bei Schiller wie bei einem Kant hatten, und wenn es sich um eine religiöse Verständigung aller redlich Strebenden handelt, werden wir zu diesen Begriffen von dem persönlichen Gott, von Unsterblichkeit, vom sittlichen Gesetz einfach uns zunächst zurückwenden müssen.

Dieser Glaube an eine überirdische sittliche Welt schwebte aber für Schiller nicht in der Luft, ohne Berührung mit dem thätigen Leben, mit der Aufgabe des Einzelnen wie der Menschheit. Nicht sind es die Götter des Epikur, die da selig leben ohne alle Berührung mit der irdischen Welt, diese dem Zufall, dem Widerstreben und der Anziehungskraft der Atome überlassen, denen Schiller huldigt. Nein, aus jenem Glauben heraus geht die sittliche Beurtheilung alles menschlichen Wollens und Handelns, geht die freudige Anerkennung aller der Lebenskreise hervor, in denen auf Erden jene sittliche Weltordnung möglichst verwirklicht wird und so gewinnen für ihn, sowie er sich läutert, Ehe und Familie, Bürgerthum und staatliche Ordnung, das Vaterland, auch die Kirche eine immer höhere Bedeutung. Schiller hat diese praktische Seite des Glaubens nie verkannt, sie ist aber auf der letzten Stufe seiner Entwicklung erst zu ihrem vollsten und reinsten Ausdruck gelangt. Schon in dem Lied Eberhard der Greiner weht uns die volle Liebe zur deutschen, zur schwäbischen Heimath entgegen. In der Vorrede zu den Räubern bekennt er sich als Vertheidiger der Religion gegenüber den sogenannten witzigen Köpfen, die „die edle Einfalt der Schrift in alltäglichen Assembléen“ mißhandeln und ins Lächerliche verzerren, „denn was ist so edel und ernsthaft, das wenn man es falsch verdreht, nicht belacht werden kann?“ In seiner eigenen Kritik des Don Carlos spricht er es aus: „durch praktische Gesetze, nicht durch gekünstelte Geburten der theoretischen Vernunft soll der Mensch bei seinem moralischen Handeln geleitet werden.“ Er spricht es aus: „daß in moralischen Dingen man sich nicht ohne Gefahr von dem natürlich praktischen Gefühle entfernt, um sich zu allgemeinen Abstraktionen zu erheben, daß sich der Mensch weit sicherer den Eingebungen seines Herzens oder dem schon gegenwärtigen oder individuellen Gefühl von Recht und Unrecht vertraut als der gefährlichen Leitung universeller Vernunftideen.“ Seine vollendetsten Dramen der letzten Zeit sind aber der künstlerische Ausdruck jenes Schlußgedankens der Braut von Messina:

„Das Leben ist der Güter Höchstes nicht,
„Der Uebel größtes ist die Schuld.

Wie stellt er uns den Gegensatz einer freien sittlichen That und einer That unsittlicher Freiheit in Tell und Parricida gegenüber! Diese Begründung des ganzen menschlichen, zunächst des deutsch bürgerlichen Lebens von der Wiege zum Grab, in Krieg und Frieden, Glück und Noth auf einen einfachen, religiös sittlichen Glauben ist endlich von ihm in seinem Lied von der Glocke für alle Zeiten meisterhaft hingestellt worden.

„Concordia soll ihr Name sein,
Zur Eintracht zum herzinnigen Vereine
Versammle sie die liebende Gemeine.“

„Hoch überm niedern Erdenleben,
Soll sie in blauem Himmelszelt,
Die Nachbarin des Donners schweben.“

„Soll eine Stimme sein von Oben,
Wie der Gestirne helle Schaar,
Die ihren Schöpfer wandelnd loben,
Und führen das bekränzte Jahr."

Und so ist uns der Dichter, der Mann, den wir heute feiern, nicht allein ein Prophet der Freiheit, der Schönheit, nein auch ein Prophet der Einigkeit in deutschem Bürgersinn, in heiliger Ordnung, in frommer Sitte, im sittlichen Glauben. Nicht treffender können wir sein Bild zum Schluß zusammenfassen, als mit den Worten Göthe's, deren letzte uns in diese Betrachtung eingeführt haben:

„Es glühte seine Wange roth und röther
Von jener Jugend, die uns nie entflieht,
Von jenem Muth, der früher oder später
Den Widerstand der stumpfen Welt besiegt,
Von jenem Glauben, der sich stets erhöhter
Bald kühn hervordrängt, bald geduldig schweigt,
Damit das Gute wachse, wirke, fromme,
Damit der Tag dem Edlen endlich komme."

„Auch manche Geister die mit ihm gerungen,
Sein groß Verdienst unwillig anerkannt,
Sie fühlen sich von seiner Kraft durchdrungen,
In seinem Kreise willig festgebannt,
Zum Höchsten hat er sich emporgeschwungen
Mit allem was wir schätzen eng verwandt."

Das Bild solcher Persönlichkeit wird begeisternd, mahnend, läuternd auf alle kommenden Geschlechter wirken, wenn wir unserem Besten und Edelsten nicht fremd werden sollen; dann können wir, dann können kommende Zeiten mit dem Dichter noch hinzusetzen zur Mahnung das tröstliche Wort:

„So bleibt er uns, der vor so manchen Jahren —
Schon zehne sind's — von uns sich weggekehrt,
Wir haben alle segensreich erfahren,
Die Welt verdankt ihm, was er sie gelehrt;
Schon längst verbreitet sich in ganze Schaaren
Das Eigenste, was ihm allein gehört,
Er glänzt uns vor wie ein Komet entschwindend
Unendlich Licht mit seinem Licht verbindend."

Zeitfracht Medien GmbH
Ferdinand-Jühlke-Straße 7
99095 Erfurt, Deutschland
produktsicherheit@kolibri360.de